세상을
바꾼
법정

AND THE WALLS CAME TUMBLING DOWN : Closing Arguments That Changed the Way We Live-from Protecting Free Speech to Winning Women's Suffrage to Defending the Right to Die by Michael S Lief and H. Mitchell Caldwell

Copyright ⓒ 2004 by Michael S Lief and H. Mitchell Caldwell

All rights reserved.

This Korean edition was published in 2006 by Kungree Press, with arrangement of The Free Press(Scribner), Simon & Schuster, Inc., New York, New York through KCC(Korea Copyright Center Inc.), Seoul.

....

이 책의 한국어판 저작권은 (주)한국저작권센터(KCC)를 통하여 저작권자와 독점 계약한 궁리출판에 있습니다. 저작권법에 의해 한국 내에서 보호를 받는 저작물이므로 무단 전재와 복제를 금합니다.

세상을
바꾼
법정

마이클 리프 · 미첼 콜드웰 지음
금태섭 옮김

이 책을 잭 해리 콜드웰(1922~2003), 마조리 케이 콜드웰(1929~2004) 그리고 1916년부터 1923년까지 미육군 제3기갑대 E 중대 하사로 근무한 해리 리프에게 바친다.

감사의 글

무엇보다도 우리의 정신적 지주이자 탁월한 대리인 모린 래셔와 에릭 래셔 그리고 뛰어난 편집자인 리사 드류에게 감사를 드린다. 마이클 블린드, 조시 스탬바우, 윌리엄 볼러드, 제이슨 바산티, 찰스 케니언, 마이클 서노비치, 크리스틴 그레이엄, 수전 힐, 특히 채러티 한센 등 로스쿨 학생들은 성실함과 창조력으로 이 책에 생명을 불어넣었다.

폴크 사건의 재판 기록을 제공해 준 필립스 나이저 로펌의 매리 코스그로브 씨께도 감사드리며 카렌 앤 퀸란 사건에서 폴 암스트롱 변호사의 변론을 인용할 수 있도록 승낙해 준 폴 콘래드 부인과 《로스앤젤레스 타임스 Los Angeles Times》에게도 이 자리를 빌어 사의를 표한다.

우리의 글을 하나하나 읽고 검토해 준 리사 슈미트, 캔데이스 워런, 쉴러 맥도널드 그리고 알런 제이크스 등 모든 이에게 감사한다.

차례

감사의 글 ··· 7
머리말 ··· 11

1장 ◆ 살 것인가 죽을 것인가 ··· 15
— 카렌 앤 퀸란과 인간답게 죽을 권리

2장 ◆ 아미스타드 선상의 반란 ··· 101
— 자유를 되찾기 위한 흑인 노예들의 슬픈 항해

3장 ◆ 우리 안의 적 ··· 171
— 매카시 선풍에 맞선 라디오 스타

4장 ◆ 투표권 없는 자유는 가짜다 ··· 263
— '투표한 죄'로 구속된 수전 B. 앤서니

5장 ◆ 진리가 너희를 자유롭게 하리라 ··· 329
 - 식민지 시대의 언론 자유를 위한 투쟁

6장 ◆ 포르노 황제와 전도사 ··· 387
 - 언론 자유의 상징이 된 《허슬러》의 발행인

7장 ◆ 생명의 가격 ··· 481
 - 의료보험 회사를 상대로 한 환자의 투쟁

8장 ◆ 훌륭한 태생을 위한 유전자 개량 ··· 577
 - 캐리 벅의 강제 불임시술과 출산의 자유 제한

옮긴이의 말 ··· 631

머리말

2001년 9월 11일에 일어난 9·11 테러, 1963년 11월 22일에 일어난 케네디 암살, 1941년 12월 7일에 일어난 진주만 공습. 미국인들은 이 엄청난 사건들이 벌어졌을 때 자신이 무엇을 하고 있었는지 기억한다. 한순간에 모든 것이 바뀌었다. 쌍둥이 빌딩으로 돌진하는 제트여객기의 엔진소리, 댈러스의 총소리, 공습을 당한 사람들의 비명 소리와 함께 미국은 깊은 상처를 입었다.

그러나 역사의 대전환이 항상 계시록적인 사건을 동반한 것은 아니다. 세상을 바꾼 사건들은 오히려 조용하면서도 미묘한 방식으로 전개되었다. 미국의 문화, 사회, 법률의 지각 변동은 언론의 관심으로부터 벗어난 곳에서 더 많이 발생했고 상대적으로 소수만이 역사의 변화를 목격하는 행운을 누렸다. 별로 중요해 보이지 않은 사건들이 마치 연못에 던진 돌멩이가 파문을 일으키듯 아무도 예상하지 못했던 변화의 계기가 되었다.

어떤 한 여성이 투표소에 가서 투표를 했다는 죄로 경찰에 체포당한다. 절망에 빠진 가족이 의사에게 딸의 안락사를 요청했다가 거절당한다. 정부에 소속된 의사들이 평균 이하의 지능을 가진 여성은 그 자녀 역시 유전적 결함을 가지고 태어날 위험성이 높다는 이유로 강제 불임시술을 한다.

이제 여성들은 아무런 걱정 없이 투표권을 행사한다. 수술을 앞 둔 남편은 아내와 함께 생명유지 장치를 사용하지 않겠다는 서류에 서명을 한다. 오늘날 미국인은 자신의 재산과 신체에 대한 결정권이 있고 표현의 자유와 투표권을 향유하고 있다. 이러한 권리는 150년에 걸쳐 캘리포니아 주에서 메인 주에 이르기까지 수많은 사람이 힘겹게 투쟁하고 뼈아픈 패배를 겪으면서 쟁취한 값진 승리이다.

사회가 안락사와 같이 복잡하게 얽힌 문제에 직면했을 때 정치적으로 해결하려는 방식은 종종 무력함을 드러내곤 한다. 그때마다 문제 해결을 떠맡은 사람들은 법률가였다. 의회가 나설 수 없거나 혹은 나서려고 하지 않을 때 미국인은 사법에 의지했다. 그리하여 변호사와 판사들이 국가가 당면한 가장 복잡한 딜레마를 해결하는 역할을 맡았다. 과거를 돌이켜보면 이러한 사건 중에는 올바르게 처리된 것도 있고(아미스타드호 노예들의 석방), 잘못된 것도 있다(캐리 벅에 대한 불임시술). 그러나 이러한 사건들은 미국인들에게 복잡하고 중요한 문제 해결에 더 가까이 다가서도록 하였다.

세월이 흘러도 소송절차 자체는 크게 바뀌지 않았다. 법정에서는 민주주의 전통의 근본 원칙과 우리 사회의 미래가 함께 만난다. 사건이 결정되는 구체적인 모습은 다음과 같다.

증언을 마치고 나면 증인들은 법정을 떠난다. 배심원들은 자리에 앉아서 조용히 양측 대리인의 주장을 기다린다. 변호인들은 법대 앞으로 나가서 배심원들을 바라본 다음 변론을 시작한다. 배심원들은 증언과 사실관계의 해석을 경청한다. 어떤 사람들은 변호사의 주장과 웅변에 귀 기울이고 어떤 사람들은 들은 내용을 메모하고 또 어떤 사람들은 방관자적 태도를 견지한다.

변호사들이 배심원들에게 올바른 결정을 내려 달라고 요청하거나 요구하면서 변론은 막바지에 이른다. 그 후 배심원들은 자신들이 들은 내용을 숙고하기 위해 퇴정한다. 배심원들이 재입정하면 판사는 배심원단 대표에게 묻는다.

"배심원들은 평결에 합의하였습니까?"

배심원 대표는 자리에서 일어나 대답한다.

"예, 재판장님."

법정에는 긴장이 감돈다.

"평결 내용이 무엇입니까?"

배심원 대표가 평결 내용을 낭독하는 순간 미국인들의 생활에는 변화가 일어난다.

우리는 세상에 변화를 가져온 판결들을 선별해서 그 최종 변론을 모아놓았다. 우리가 선정한 사건들은 기본적인 인권 문제를 다룬 것으로 사건에서 보여 준 뛰어난 변론들은 미국 사회에 큰 영향을 미쳤다. 그 중에는 아직까지 유명한 것도 있고 잘 알려지지 않은 것도 있다.

이 책에 실린 변론은 알맞은 분량으로 편집해 놓은 것이다. 변호사들은 법정에서 구체적인 사실관계를 상세히 설명한다. 그와 같은 설명은 배심원들에게는 중요할지 모르나 독자가 이해하고 즐거움을 얻는 데에는 도움이 되지 않는다. 최대한 정교한 분석을 거쳐 불필요한 부분은 제거하면서도 변론의 핵심에는 손상이 가지 않도록 노력했다. 물론 저자들이 덧붙인 부분은 없다.

 실제 법정에서는 사건을 결정할 권한이 있는 12명의 배심원들이나 혹은 9명의 연방대법관들이 본인들에게 향한 변론을 경청한다. 이 글을 읽는 독자들도 변론에서 제기하는 주장을 듣고 스스로에게 질문을 던질 수 있을 것이다. "나라면 어떻게 결정했을까? 내가 법관이라면 어떤 주장을 받아들였을까?"

1장

살 것인가 죽을 것인가

카렌 앤 퀸란과 인간답게 죽을 권리

전선과 튜브, 기계장치로 그럴듯하게 보이기만 하면 죽음도 속일 수 있다는 착각에, 깨어날 가망도 없는 사람의 생명을 억지로 연장하는 것만큼 인간의 존엄성을 해치는 일이 또 있겠습니까?

—카렌 앤 퀸란의 변호사 폴 W. 암스트롱

만일 카렌 앤 퀸란이 다시 살아날 가능성이 천분의 일, 만분의 일이라도 있다면, 아니 백만분의 일이라도 소생할 가능성이 있다면, 우리가 어떤 존재이기에 그 가능성을 부정할 수 있겠습니까? 무슨 권리로 우리가 생명을 빼앗을 수 있단 말입니까?

—카렌 앤 퀸란의 주치의들의 변호사 랠프 포르지오

존엄사를 희망하는 생전 유언, 생명유지 장치의 제거, 비정상적인 치료 행위. 사람들은 〈ER〉 같은 텔레비전 드라마 시리즈를 통하여 이런 말들에 익숙하지만 그 뒤에 감추어진 슬픈 사연은 알지 못한다.
 조지프(조) 퀸란과 줄리아 퀸란 부부는 딸을 잃었다. 그리고 그 과정에서 사람들은 죽는 방식을 스스로 선택할 권리를 얻게 되었다.
 퀸란 부부는 1953년 서부 뉴욕에서 뉴저지의 랜딩으로 이사한 젊은 부부였다. 독실한 가톨릭 신자인 그들은 아이들로 가득 찬 가정을 꿈꾸었지만 줄리아는 계속 유산을 하였다. 입양이 그들의 기도에 대한 유일한 해답으로 보였다. 1954년 퀸란 부부는 카렌 앤이라는 아기를 키우기로 결심하였다. 가톨릭 자선단체의 수녀는 부부에게 카렌 앤을 건네주며 "당신들은 우리에게서 이 아이를 받지만, 이 아이는 하느님이 주시는 선물입니다"라고 말하였다. 카렌 앤을 입양하고 나서 줄리아는 마침내 2명의 아이를 낳았지만, 카렌 앤은 변함없는 가족의 사랑을 받으며 자랐다.

1975년 4월 15일, 스물한 살의 카렌 앤은 기숙사 친구들과 생일 파티에 참석하였다. 술을 몇 잔 마시자 카렌은 이상한 행동을 하기 시작하였고, 마치 기절할 것처럼 보였다. 나중에 친구들은 카렌 앤이 취할 만큼 술을 많이 마시지는 않았다고 했다. 카렌은 이미 치명적인 양의 신경안정제와 알코올을 마신 상태였으나 당시에는 이러한 사실을 아무도 몰랐다. 그리고 그 이유는 끝내 밝혀지지 않았다.

　친구들은 비틀거리며 고개를 가누지 못하는 카렌 앤을 차에 태워 집으로 데리고 갔다. 위층 침실에 카렌을 눕히고 아래층에서 얘기를 나누던 친구들이 그의 상태를 확인하러 갔을 때 카렌은 숨을 쉬지 않았다. 신경안정제와 뒤섞인 술이 심장마비를 일으킨 것이다.

　놀란 친구들은 인공호흡을 하고 구급차를 불렀다. 카렌 앤의 안색은 푸른색으로 변했고 출동한 경찰관이 인공호흡을 하고 나서야 다시 숨을 쉬기 시작했지만, 이날 이후 카렌 앤은 다시는 의식을 찾지 못했다.

　뉴턴 메모리얼 병원 응급실에서 의사들이 카렌 앤을 진찰했을 때 체온은 37.7도였고, 동공은 풀려 있었으며, 자극에 대한 반응도 없었다. 퀸란 부부는 딸의 소식을 듣고 달려왔다. 줄리아는 카렌 앤의 이마에 입맞춤하면서 딸이 다음날 아침에 아무 일도 없던 것처럼 깨어나기를 간절히 기도했다.

　3일 후, 응급실 의사의 요청에 따라 로버트 모스 박사가 카렌 앤을 진찰했다. 모스 박사는 대뇌피질이 손상되어 카렌 앤이 인공호흡기에 의존하는 혼수상태라고 진단했다. 그는 카렌이 뇌손상을 입은 정확한 원인은 알 수 없었으나 나중에 법정에서 신경의학적 진단을 하려면 그러한 자료가 필수적이라고 증언하였다. 빈약한 병원 기록과 관찰로 모스 박사가 내린 결론은 혈액 중 산소 결핍이 카렌 앤의 혼수상태를 초래했다는 것이다.

의식을 잃고 인공호흡기에 의존한 채 카렌 앤은 뉴저지의 덴빌 시에 있는 세인트클레어 병원으로 옮겨졌고 그곳에서 기관절개술을 받았다. 모스 박사가 시행한 뇌파검사 결과, 카렌 앤의 뇌는 '비정상적이지만 활동성이 약간 보이고 현재 상태와 부합'하였다. 뇌 단층촬영, 혈관조영술, 척수검사 등 중요한 신경의학 검사 결과는 정상이었다.

모스 박사는 혼수상태에는 '수면 혼수상태'와 '비수면 혼수상태'의 두 종류가 있는데 카렌 앤은 현재 수면 혼수상태지만, 곧 수면 혼수상태와 비수면 혼수상태를 반복할 것이라고 설명하였다. 혼수상태의 환자들이 3~4주가 지나면 그러하듯이 카렌 앤도 비수면 혼수상태일 때는 눈을 깜빡이거나 울부짖기도 하겠지만, 주위에 무엇이 있는지 전혀 의식하지 못한다고 덧붙였다.

카렌 앤은 영구적인 식물인간 상태라는 진단을 받았다. 그의 몸은 단순하고 기계적인 기능유지는 할 수 있지만 뇌의 지적 활동은 멈추었다. 식물인간 상태의 환자들 뇌는 의식 없이 체온을 조절하고, 혈압을 유지하고, 음식물을 소화하고, 잠들고 깨어나는 기본 기능만을 수행한다. 한마디로 말해서 카렌 앤이 말하고 느끼고 노래하고 생각하는 일을 담당하는 뇌 활동은 이미 죽은 것이다.

카렌 앤은 코에 삽입된 튜브로 영양을 공급받으며 원시적인 반사운동의 단계에서 살고 있었다. 뇌에 남아 있는 부분만으로는 호흡을 조절하기도 힘들기 때문에 인공호흡기를 뗄 수가 없었다.

일반인들은 보통 혼수상태의 환자들은 '잠자는 숲속의 공주'처럼 움직이지 않을 것이라고 생각한다. 하지만 카렌 앤은 주위에 무엇이 있는지도 모르면서 자주 몸을 움직였다. 카렌 앤과 같이 영구적인 식물인간 상태인 환자들도 자극에 반응하거나 얼굴 표정을 바꾸거나 심지어 팔다리를 움직이기도 한다. 하지만 그러한 행동은 '의식 없이 깨어나 있는' 상태일 뿐이다. 눈동자를 움직일 때도 있지만, 주위의 사물에 초점을 맞추지는 못한다.

카렌 앤의 피부는 창백했고 끊임없이 땀을 흘렸다. 고통스러운 자극을 주면 인상을 찌푸리며 사지가 경직되었고, 계속 자극하면 눈을 깜빡이거나 눈동자를 움직였다. 주기적으로 근육이 위축되거나 경련을 일으키고 때때로 크게 하품을 하기도 하였다. 피부에 발진이 생겨서 간호사들은 수시로 카렌 앤의 자세를 바꿔 주고 목욕을 시켰다.

처음 딸의 상태를 보았을 때, 줄리아는 딸아이가 뇌에 손상이 있더라도 살아 있기만을 기도드렸으나 시간이 흐르면서 피할 수 없는 현실을 받아들였다. 5월 중순이 되고, 카렌 앤이 입원한 지 6주가 지나자 줄리아는 신이 카렌 앤을 부르는 것이라고 믿기 시작하였다. 줄리아는 딸아이가 나이에 어울리지 않는 말을 하던 기억을 떠올렸다. 딸아이는 줄리아에게 자신이 죽으면 안구를 기증해 달라고 부탁했고 친구들에게 자신은 젊어서 죽을 것 같다는 말을 하기도 하였다.

줄리아는 친구이자 교구 사제인 톰 트래파소 신부에게 인공호흡장치를 이용하여 딸아이의 생명을 연장하는 것은 신의 의지에 반하는 것 같다고 털어놓았다.

트래파소 신부는 카렌 앤이 처한 상황이 '비정상적인 방법에 의존해 아무런 희망이 없는 생명을 불필요하게 연장하는 전형적인 사례'라고 믿었다. 그는 줄리아에게 비정상적인 수단을 동원하여 단순히 생명을 연장하는 것은 가톨릭 신자에게 부여된 의무가 아니라고 설명하였다. 이러한 믿음은 의학이 과학으로 인정받기 시작한 16세기에 뿌리를 두고 있으며, 마취제가 아직 발견되지 않은 시대에 의료 윤리 문제로 논의되었다.

어떤 환자의 팔이나 다리가 치명적으로 감염되어 절단을 해야 하는 상황을 가정해 보자. 환자는 단순히 생명을 유지하고자 참을 수 없는 고통을 견뎌야 할 의무가 있는 것인가. 가톨릭 교리는 이를 부인하였다. 마취제가 없는 상황에서 환자는 극심한 고통뿐만 아니라 시술 자체로 생명을 잃을 수 있는 의료 행위에 몸을 맡기지 않고 자연스러운 죽음을 선택할 수 있다는 것이다. 마취제 없이 팔과 다리를 절단한다는 것은 '비정상적인 수단'으로 간주되었고, 환자에게는 설사 생명을 잃을 수 있더라도 그러한 시술을 거부할 권리가 인정되었다.

줄리아 퀸란은 '비정상적인 수단'이라는 말을 들어본 적이 없었기 때문에 신부에게 인공호흡 장치를 이용하여 카렌 앤의 생명을 연장하는 것이 비정상적인 수단인지 물어보았다. 트래파소 신부는 의문의 여지가 없다고 대답하였다. 그의 의견은 1957년 교황 피우스 12세가 일단의 마취학자들에게 한 연설에 기반을 둔 것이었다. 교황은 소생할 가능성이 전혀 없을 때는 의학기구를 이용하여 환자 생명을 연장할 도덕적 의무가 없다고 말하였다. 트래파소 신부는 줄리아에게 다음과 같은 설명을 해 주었다.

과학기술의 발달에 따라 더는 가망이 없는 환자의 생명을, 그가 극심한 고통 속에 있든지 혹은 자비롭게도 의식이 없든지 간에 유지하게 되었다. 이때 의료 장비는 환자의 죽음을 막는 댐과 같은 역할을 하게 되고, 이 댐을 제거하기로 결정한다면 환자는 자연스러운 죽음을 맞는다.

환자에게서 의료 장비를 제거하려면, 먼저 환자가 인간다운 삶을 유지하고 있는지, 아니면 단순히 생물학적 기능만을 유지하는지 결정해야 한다. 만일 후자라면 이미 인간의 존엄성을 상실한 것이다.

줄리아는 카렌 앤의 죽음을 피할 수 없는 것으로 받아들였지만, 아버지인 조와 동생인 존과 메리 앨런은 받아들이기 힘들었다. 제2차 세계대전 참전용사로서 뉴저지 주의 모리스 플레인스에 있는 워너-램버트 회계사무소에 근무하던 조는 끝까지 카렌 앤의 소생에 매달렸다. 어떤 날에는 딸아이가 눈을 깜빡이는 것을 보면서 의식을 회복할 것이라고 믿었고, 애리조나와 같이 공기 맑은 곳에 가면 산소호흡기를 제거해도 살 수 있지 않을까 생각하였다.

하지만 카렌 앤의 아버지도 딸아이의 몸에 일어난 변화를 무시할 수는 없었다. 당시 카렌 앤을 면회한 기자는 그의 상태를 다음과 같이 묘사했다.

31킬로그램밖에 되지 않는 카렌 앤의 몸은 시트에 감싸 있었고 손발만 밖으로 나와 있었다(사고 당시 카렌 앤의 몸무게는 52킬로그램이었다). 양팔은 가슴에 붙인 채 손목을 아래로 꺾어 연필처럼 가느다란 손가락은 발쪽을 향해 있었고, 머리는 마비되어 있는 몸에서 벗어나려는 듯 계속해서 앞뒤로 경련이 일어났다. 눈동자는 초점을 맞추지 못한 채 끊임없이 움직였고, 입은 심한 고통 때문에 소리 없이 울부짖는 듯 일그러지곤 했다. 한때 황갈색으로 빛나던 금발은 땀에 젖은 채 묶여 있었고, 뒤로 물러난 턱 때문에 치아가 아랫입술을 파고들지 못하도록 윗니를 플라스틱 틀로 덮어 놓았다. 카렌 앤의 몸과 의료기기 사이에는 수많은 튜브가 있었는데, 콧구멍으로 연결된 두 개의 튜브에는 영양분이 공급되고, 신장으로 직접 연결된 튜브에는 항생제가 투여되었다. 폐와 연결된 호스에서는 인공호흡기에서 산소를 주입할 때마다 그르렁거리는 소리가 들렸다. 때때로 카렌 앤은 낮은 신음 소리를 뱉어 냈다.

7월 중순에 조 퀸란은 트래파소 신부를 만났다. 신부는 가톨릭 교리에 따르더라도 카렌 앤의 생명을 유지할 의무는 없다고 조를 설득했다. 7월 말이 되자 마침내 조 퀸란도 아내와 같은 결정을 내렸다.

우리 딸은 뇌사 상태이고 곧 죽게 될 겁니다. 왜 우리에게 이런 일이 일어났는지 알 수 없지만, 모든 일을 주관하는 하느님은 이유가 있으시겠죠. 의사의 말에는 틀렸다고 소리칠 수 있고, 운명에도 거역할 수 있지만 하느님의 뜻에는 따를 수밖에 없습니다. 이제는 어떻게 해야 할지 알 것 같습니다.

이제 퀸란 가족은 카렌 앤의 자연스러운 죽음을 가로막는 '비정상적인 수단'을 제거하고자 이론적, 의학적, 법률적 투쟁을 벌였다. 카렌 앤의 생명을 연장해 온 '비정상적인 수단'은 인공호흡 장치였다. MA-1 인공호흡기는 가로 60센티미터, 세로 90센티미터, 높이 1미터가량의 회색 상자처럼 생겼다. 여기에서 나온 튜브가 펌프를 거쳐 카렌 앤의 가슴뼈 바로 위에 뚫린 구멍으로 연결된다. 카렌 앤의 여동생 메리 앨런은 이 장치에 대해서 이렇게 말했다.

"정말 차가운 기계처럼 생겼는데, 언니는 그 기계보다도 생명력이 없는 것 같았어요."

의사들의 고뇌

카렌 앤이 의식을 잃은 지 석 달이 지난 1975년 7월 31일, 퀸란 부부는 병원 관계자와 의사들을 만나 인공호흡기의 제거 문제를 의논했다. 퀸란 부부는 딸아이가 자연 상태로 돌아가기를 원한다고 말했고, 병원 측은 이러한 내용이 기재된 서류를 작성하였다. 이 서류에는 주치의인 모스 박사가 인공호흡 장치를 비롯하여 모든 비정상적인 의료기기를 제거하고, 병원이나 의사들은 이와 관련된 모든 책임을 면제받는다는 내용이 담겨 있다. 재판 과정에서 줄리아는 의사들이 이 서류에 서명하는 것을 보았다고 증언했지만, 서류에 의사들의 서명은 없었다.

퀸란 부부는 곧 그들의 희망대로 카렌 앤의 인공호흡기가 제거될 것이라고 믿었다. 그러나 모스 박사도 나름대로 고뇌가 있었다. 서른여섯 살의 이 신경과 전문의는 퀸란 부부와 마찬가지로 독실한 가톨릭 신자였다. 그리고 정말 우연하게도 그의 딸 이름도 카렌 앤이었다. 모스 박사는 퀸란 부부를 동정하지 않을 수 없었지만, 히포크라테스 선서를 저버릴 수는 없었다. "누구라도 나에게 죽음을 가져올 약품이나 방법을 청한다면, 나는 이를 거절할 것이다."

모스 박사는 퀸란 부부가 인공호흡기를 카렌 앤의 자연스러운 죽음을 가로막고 있는 '비정상적인 수단'으로 생각한다는 것을 잘 알고 있었다. 하지만 의사로서 아무리 희망 없는 식물인간 환자라도 생명유지 장치를 제거해서는 안 된다고 믿었다. 그는 인공호흡기를 제거한다면 카렌 앤이 몇 분 지나지 않아 사망할 것을 알고 있었다. 환자에게 해를 끼치지 않겠다고 선서한 의사가 이러한 행위를 할 수 있을 것인가. 모스 박사는 인공호흡기 제거를 거부했다.

이제 카렌 앤의 문제는 법정으로 갈 수밖에 없었고 모든 사람이 그의 이름을 기억하게 되었다. 수세기 동안 법률가와 철학자들을 괴롭혀 온 문제의 재판이 시작된 것이다. 누구에게나 인간답게 죽을 권리가 있는가?

1975년 가을, 미국 전역이 들끓기 시작했다.

안락사 논쟁의 역사

'죽을 권리'를 둘러싼 논쟁은 오랫동안 계속되었지만 시대의 변화에 따라 그 개념도 많은 변화를 겪었다. 어떤 사람들에게는 고통을 덜어 주는 방편으로 지지를 받기도 했지만 또 다른 사람들에게는 환자를 죽도록 방치하는 행위이거나 심지어 살인으로까지 인식되기도 하였다.

오늘날 논의되고 있는 안락사는 주로 의사의 행위 측면에서 다루어지지만, 19세기에는 주로 환자의 입장에서 논의되었다. 안락사란 환자에게 '편안한 죽음'을 의미하는 말이다. 안락사euthanasia라는 단어는 17세기 영국의 철학자인 프랜시스 베이컨이 만들었는데 '편안한 죽음'을 뜻하는 그리스어를 직역한 말이다.

1894년 필라델피아의 한 외과의사는 이렇게 말했다.

"아무런 희망이 보이지 않을 때에…… 고통 속에 죽어 가는 환자의 요청을 받아들여 안락사를 시행하는 것은 의사에게 단순한 의무가 아니라 영광이라고 할 수 있다."

20세기가 되자 논의의 초점은 환자의 심리 상태에서 죽음을 앞당기는 의사의 결정이 적절한지 여부로 전환되었다. 의학기술이 점점 정교해지자 생명을 연장하는—그리하여 고통도 연장하는—능력도 발전한 것이다.

1906년 안락사를 합법화하려는 오하이오 주 의회의 노력이 실패로 끝나자 사람들이 더는 안락사를 '편안한 죽음'으로 여기지 않는다는 것이 분명해졌다. 한 신문 사설의 제목은 '살인을 합법화할 것인가?'였다. 또 다른 사설은 안락사의 '끔찍하고 노골적인 잔인성과 야만성'을 탄식하였다. 유사한 법안이 1967년과 1969년 플로리다 주와 아이다호 주에서도 제출되었으나 입법에는 이르지 못하였다.

1930년대부터 1940년대에 걸쳐 일어난 역사적 사건들은 안락사 논의의 진전에 걸림돌이 되었다. 미국안락사협회(The Euthanasia Society of America, ESA)는 안락사를 합법화하고자 많은 노력을 기울였으나 제2차 세계대전 발발은 이들의 노력에 찬물을 끼얹었다. 나치 치하의 유럽에서 사회 부적응자들을 살해하는 프로그램이 진행되고 있다는 소문이 퍼져 나갔기 때문이다. 사실 나치 정권은 안락사가 아닌 우생학을 신봉하고 있었다. 안락사는 고통 없는 죽음을 의미하지만, 우생학은 정신적, 육체적 혹은 유전적으로 열등하다고 여겨지는 사람들을 솎아 내어 우수한 종족을 강화하려는 시도를 말한다.

미국안락사협회는 우생학의 오명에서 벗어나려고 노력했지만 실제로 안락사협회 회원 중 많은 사람들이 우생학의 열렬한 신봉자였다. 홀로코스트의 참상이 백일하에 드러나자 안락사도 우생학과 관련된 것으로 여겨져 함께 터부시되었다.

1930년대부터 1960년대 사이에 있었던 안락사를 둘러싼 재판은 서로 다른 다양한 결론에 이르렀다. 동정심이나 순간적인 감정에 못 이겨 환자를 죽인 때에는 용납되는 반면 아이로니컬하게도 의료인의 객관적이고 냉정한 판단은 살인죄로 처벌받곤 하였다.

서른두 살의 존 스티븐스는 전직 선교사인 고모 앨리 스티븐스를 깊이 사랑하여 이미 소생할 가망이 없다는 것을 알면서도 앨리의 병상에서 많은 시간을 보냈다. 1933년 그는 골수암으로 고통받는 고모의 모습을 더는 볼 수가 없어 꽃병으로 고모의 머리를 내리쳤다. 스티븐스는 "고모를 고통에서 벗어나게 해 주고 싶어서 죽음을 앞당겼습니다"라고 말했다.

검시배심(사망의 원인을 결정하려고 검시의coroner가 소집하는 배심─옮긴이)은 그에게 책임이 없다고 선언했다. 배심원들은 앨리 스티븐스의 사인을 질병으로 말미암은 자연사로 판정하고 존의 가해는 중요한 요소로 보지 않았다. 그의 행위가 없었더라도 말기 암 환자인 앨리는 몇 시간 더 살지 못했을 것이라고 판단했기 때문이다. 피해자의 가족은 증언대에 서서 앨리는 자신의 병이 가망 없다면 누군가 자신을 죽여 주었으면 좋겠다는 말을 한 적이 있다고 증언했고, 존 스티븐스는 고모가 자기에게 죽여 달라고 호소했다고 증언했다.

1939년 루이스 그린필드는 정신지체아인 열일곱 살 아들을 클로로포름으로 마취시켜 죽였다. 17년 동안 아들 뒷바라지를 해 온 그린필드는 과실치사죄로 기소되었으나 무죄판결을 받았다.

캐롤 패이트는 1950년 2월 13일자 《뉴스위크Newsweek》에서 '아버지를 죽인 딸'로 묘사된 인물이다. 코네티컷 주 스탬포드 출신의 패이트는 스물한 살의 키가 큰 금발 여성이었다. 경찰관으로 일하던 아버지가 암에 걸려 석 달을 넘기지 못할 것이라는 소식을 들은 패이트는 아버지의 차를 몰고 어머니와 함께 병원으로 갔다. 차에서 아버지의 총을 꺼내 든 딸은 어머니에 앞서 병실로 달려갔고 수술을 마치고 잠이 들어 있는 아버지의 머리를 향해 쏘았다. 병실 밖으로 나온 패이트는 간호사에게 아버지의 상태를 살펴봐 달라고 부탁했다.

경찰이 도착하자 패이트는 "의무를 다했을 뿐이며 아버지가 고통스러워하는 것을 볼 수 없었다"고 말했다. 패이트는 쇼크로 입원했다가 깨어나자 조용한 목소리로 "아버지가 아직 살아 계셔? 아버지가 돌아가실 때까지는 잘 수 없어"라고 말했다.

패이트의 어머니는 딸이 집안 대대로 내려오는 배짱이 있었다면서 만일 용기만 있었다면 자신도 똑같은 일을 했을 것이라고 말했다. 총을 쏜 지 8일이 지난 10월 1일, 패이트는 2급 살인죄로 기소되었다. 재판에서 피고인 측 증인으로 출석한 47명 중에 30명이 피고인의 성격을 증언하려고 나온 사람들이었다. 패이트의 어머니는 행복하던 가정생활과 부녀간의 사랑을 증언했다. 어머니는 또한 패이트 집안 사람들이 암으로 많이 죽었고 그래서 딸이 암에 대해 일종의 공포증이 있었다고 말했다.

패이트는 작은 십자가와 하얀색 손수건을 손에 쥔 채 증언대에 올랐다. 그는 아버지가 암에 걸렸다는 말을 들은 사실과 다음날 깨어난 일 외에는 아무런 기억이 없다고 증언했다. 패이트는 무죄평결을 받았다. 12명의 배심원 중 9명은 자녀를 둔 어머니였고 3명은 아버지였다. 그들이 무죄평결에 합의하는 데는 다섯 시간도 걸리지 않았다.

이와 대조적으로 1949년에 허먼 샌더스 박사의 재판은 많은 논쟁을 야기했다. 샌더스는 암에 걸려 절망적인 상태에 이른 환자 애비 뷰로토의 혈관에 산소를 주입했지만 자신의 행동이 정당한 것이라고 말하지 않았다. 그의 주장은 단순히 그가 주입한 40cc의 산소로는 환자가 사망할 수 없다는 것이었다. 샌더스는 무죄평결을 받았지만 재판은 오래 걸렸고 논란의 대상이 되었다. 신문지상에서는 이 사건에 대한 논쟁이 벌어졌다.

1950년대 중반이 되자 사람들의 관심은 개인에게 부여된 죽을 수 있는 권리라는 측면으로 바뀌었다. 안락사는 이제 19세기와 같이 '편안한 죽음'으로 생각되지 않았다. 이제 안락사 문제에 대한 논의는 더 복잡해지고 논쟁의 초점은 다시 의사의 선택에서 환자의 권리로 바뀌었다. 안락사는 단순히 '편안한 죽음'으로 미화될 수 있는 단계를 넘어섰다. 어떤 사람들은 안락사에 대해 누구에게나 죽음을 선택할 수 있는 권리가 있고 죽을 수 있는 권리를 지키고자 투쟁하려는 마음도 있었다.

그러나 죽을 수 있는 권리란 정확히 무엇을 의미하는가? 카렌 앤 퀸란 사건이 이러한 의문에 답을 제공할 수 있을지도 모른다.

법에 호소하다

조 퀸란이 처음 법률구조 사무실을 찾았을 때 수입이 많다는 이유로 도움을 줄 수 없다는 답변을 들었다. 그러나 그는 변호사가 필요한 것은 자신의 딸이며 딸아이는 수입이 없고 무엇보다 의식이 없다고 말했다. 그는 법률구조 사무실의 폴 암스트롱 변호사에게 보내졌고 그날 저녁 내내 젊은 변호사에게 자신이 원하는 것이 무엇인지 설명하였다. 조 퀸란이 보기에 서른 살의 암스트롱 변호사는 '아이비리그 대학 준비학교에 다니는 부잣집 도련님' 같아 보였다.

조 퀸란은 암스트롱 변호사의 법률적 도움을 받아 카렌 앤의 생명유지 장치가 제거되기를 바랐다. 그러려면 우선 조 퀸란은 카렌 앤의 후견인 자격을 인정받아야 했다.

암스트롱 변호사가 사건을 맡기로 결심하는 데 두 주가 걸렸다. 퀸란 가족과 마찬가지로 그 역시 독실한 가톨릭 신자였고 이 사건을 맡고 싶다는 강한 충동을 느꼈다. 그러나 고려할 사항이 많았다. 카렌 앤의 몸에서 생명유지 장치를 제거할 수 있는 권리가 퀸란 가족에게 있다는 점을 인정받으려면 어떠한 주장을 펼쳐야 하는가? 우선 종교의 자유를 규정한 수정헌법 1조를 들 수 있다. 카렌 앤과 그의 부모는 독실한 가톨릭 신자였다. 암스트롱 변호사의 논리는 퀸란 부부에게는 종교적 믿음에 따라 딸이 비정상적인 수단에 의존해 생명을 연장하지 않고 자연스럽게 죽음을 맞을 권리가 있고 정부는 이에 간섭할 수 없다는 것이다.

암스트롱 변호사는 또한 프라이버시에 관한 헌법상 권리를 떠올렸다. 이것은 사회에 위험이 되지 않는 한 누구나 자신에 관한 일은 스스로 결정할 수 있는 권리를 의미했다. 프라이버시가 또 다른 논거가 될 수 있었다. 그러나 소송을 어떻게 진행할 것인지 결정하기 전에 우선 이렇게 중대한 사건을 맡을 수 있는 능력이 있는지 스스로 숙고할 필요가 있었다. 그는 노트르담대학 로스쿨을 졸업한 지 2년밖에 되지 않았다. 더구나 이 사건은 그의 시간과 노력을 모두 투자해야만 진행할 수 있는 사건이었다.

암스트롱 변호사는 아직 신혼인데다가 야간에는 뉴욕대학에서 헌법 관련 학위를 받기 위해 수업을 듣고 있었다. 그가 이 사건을 맡으려면 학문적 성취는 포기해야 할 뿐만 아니라 적어도 1년 반 정도 직장을 그만두고 이 사건에만 매달려야 한다는 사실을 깨달았다. 또한 퀸란 가족이 반대하더라도 이 사건의 수임료를 받아서는 안 된다고 생각했다.

아내와 상의하고 빈약한 재정 상태를 점검하고 나자 암스트롱 변호사는 이 사건을 맡기로 결심하였다. 그의 아내는 도서관 사서로 일하면서 암스트롱의 비서를 맡기로 했고, 필요하다면 자신들이 소유한 얼마 안 되는 주식도 팔 계획이었다. 마침내 암스트롱 변호사는 대학에 자퇴서를 제출하였다. 퀸란 기족은 그들의 책 『카렌 앤*Karren Ann*』에서 이렇게 말했다.

"암스트롱 변호사는 기존의 헌법 해석을 더 공부할 이유가 없었다. 그의 목적은 헌법 해석을 변화시키려는 데 있었기 때문이다."

조 퀸란은 암스트롱 변호사가 수임료 없이 이 사건을 맡겠다고 수락했을 때 했던 말을 기억한다.

"숭고한 목적을 이루는 데 도움을 줄 수 있다는 것만으로도 충분합니다."

암스트롱 변호사는 1975년 9월 12일 첫번째 서류를 법원에 접수시켰고, 언론은 즉시 관심을 보이기 시작했다. 카렌 앤 퀸란은 갑자기 유명 인사가 되었다.

뉴저지 주 랜딩 출신의 카렌 앤 퀸란이 심바이어니즈 해방군The Symbionese Liberation Army에 19개월간 납치되었다가 풀려난 후 체포된 패트리샤 허스트(신문왕 윌리엄 랜돌프 허스트의 손녀. 십대 때 좌익 과격 단체에 납치되었다가 그들과 함께 은행 강도 사건에 연루되어 기소되었다―옮긴이), 살인마 찰스 맨슨과 함께 지낸 시절을 뒤로 하고 제럴드 포드 대통령을 암살하려던 스퀴키 프롬(히피족을 이끌고 집단생활을 하다가 여배우 샤론 테이트를 살해한 찰스 맨슨의 추종자 중 한 명으로 1975년에 포드 대통령을 암살하려다가 체포되었다―옮긴이)과 함께 신문 지상을 장식할 것이라고 누가 예상했겠는가?

카렌 앤 퀸란 사건은 세 가지 근본적인 물음을 던진다.

카렌 앤과 같이 '영구적인 식물인간 상태'로 쇠약해져 가는 사람을 살아 있는 것으로 간주해야 하는가? 생명을 보호해야 하는 국가의 의무와 회복할 가망이 없는 환자의 죽을 권리 사이의 경계는 어떻게 정해야 하는가? 마지막으로 누가 이 결정을 내려야 하는가―부모인가, 의사인가 혹은 판사인가?

암스트롱 변호사가 조 퀸란을 카렌 앤의 후견인으로 지정해 달라는 청원을 제출하고 나서 재판이 시작될 때까지 5주 동안 전국적으로 논쟁이 벌어졌다. 재판에서는 배심원 없이 판사가 결정을 내릴 예정이었다.

이 기간에 퀸란 가족은 수천 통의 편지를 받았다. 이 사건은 너무나 유명해져서 받는 사람의 주소를 '카렌 앤 퀸란 가족 앞, 미국'이라고 쓴 편지도 배달될 정도였다. 편지를 보낸 사람들 대부분은 퀸란 가족의 고통에 동정심을 보냈다. 그런 사람들은 회복할 가능성이 없는 가족이나 친척이 있었고 퀸란 가족이 카렌 앤의 고통을 끝내 주기를 희망했다. 그러나 카렌 앤이 입원해 있는 병원으로 편지를 보낸 사람들 중 많은 수는 '생명이 있는 곳에 희망이 있다'는 명제를 지지하는 사람들이었다.

재판

카렌 앤 퀸란 사건의 재판이 열리는 법정은 사람들로 가득 찼다. 로버트 뮤어 2세 판사는 재판 전 법정 안에 카메라, 텔레비전, 라디오 혹은 녹음 장치를 가지고 들어오지 못하도록 하였다. 변론이 진행되는 동안 법정의 정원 초과로 들어가지 못하는 사람들은 입장이 금지됐고 기자들이 변호사석으로 나오는 것도 허용하지 않았다. 방청석 첫번째 줄은 소송 당사자, 증인, 변호인의 조수들에게 배당되었고, 두번째 줄부터 네번째 줄까지는 공인된 언론기관의 몫이었다. 나머지 자리는 선착순으로 방청객에게 배정되었다.

법정에 등장한 양측의 모습은 대조적이었다. 퀸란 가족의 대리인은 암스트롱 변호사 한 명인 반면, 피고 측은 이 사건에 이해관계가 있는 여러 당사자를 대리하는 변호사들이었다. 뉴저지 주 검찰총장 윌리엄 하이랜드는 주 정부를 대리하여 카렌 앤 퀸란의 '사형집행'을 막고자 출석했다. 모리스 카운티 검사인 도널드 콜레스터는 모두진술에서 퀸란 가족에 대한 동정심보다는 생명을 유지해야 하는 의무가 우선한다고 주장했다.

의사들도 대리인을 동반하였다. 랠프 포르지오 변호사는 카렌 앤의 주치의인 모스 박사와 애쉬드 제이브드 박사를 대리했고 세인트 클레어 병원의 대리인은 시어도어 아인혼 변호사였다. 의료인을 대리한 변호사들은 법원이 사망 기준을 보다 구체적으로 제시해 주기를 바랐다. 그러한 기준을 적용하여 사망 여부를 판정할 때 민사상 혹은 형사상 책임을 걱정하는 일이 없기를 희망한 것이다.

마지막으로 법원에서 카렌 앤의 후견인으로 지정한 다니엘 코번 변호사는 카렌 앤의 생명이 유지되어야 한다는 주장을 하려고 법정에 나왔다. 뉴저지 법에 따르면 법원은 소송이 진행되는 동안 카렌 앤 퀸란의 이해관계를 대변할 수 있는 후견인을 지정해야 하는데 그 후견인이 코번 변호사였다. 후견인의 자격이 유지되는 동안 코번 변호사는 카렌 앤의 치료와 관련해 모스 박사, 제이브드 박사와 상담을 할 권리가 있었다.

천장이 높고 붉은색의 방청석 쿠션이 있는 법정으로 들어서면서 줄리아 퀸란은 성당과 비슷하다는 생각이 들었다. 그의 옆에는 조, 톰 트래파소 신부, 카렌 앤의 여동생인 메리 앨런, 절친한 친구들과 성직자들이 앉았다. 그들의 뒷자리에는 보도진과 방청권을 얻고자 빗속에서 네 시간 이상 기다린 방청객들로 가득 차 있었고 가장자리에는 텔레비전과 신문에 실을 재판 장면을 스케치하는 사람들이 앉아 있었다.

암스트롱 변호사가 이 소송에서 승리하려면 두 가지 중요한 걸림돌을 제거해야 했다. 첫째는 역사적 선례였다. 나치의 만행은 아직도 사람들 기억 속에 생생히 자리 잡고 있었다. 퀸란 가족이 소송에서 승리하면 걷잡을 수 없는 사태가 벌어지는 것은 아닐까? 카렌 앤에게 죽을 권리를 인정한다면 삶의 질을 충분히 누리고 있지 못한 사람들의 생명을 보호하려는 경계선은 어떻게 설정해야 할 것인가? 카렌 앤을 치료한 의사들을 대리한 랠프 포르지오 변호사는 다음과 같은 말로 모두변론을 마쳤다.

"따라서…… 카렌 앤의 죽을 권리를 인정하는 판결은 가스실을 다시 작동하는 것과 마찬가지가 될 것입니다."

또 다른 걸림돌은 '케네디 메모리얼 병원 대 헤스턴' 사건이라는 법원 판례였다. 그 사건에서 스물두 살의 여성인 헤스턴은 교통사고를 당해 신장 파열상을 입었다. 병원에 도착했을 때 그 여성은 쇼크 상태였고 의사들은 즉시 수술을 하지 않으면 사망할 것이라고 판단했다. 헤스턴과 그의 어머니는 여호와의 증인 신도였고 그들의 신앙은 수술에 꼭 필요한 수혈을 금지하고 있었다. 헤스턴의 어머니가 교리를 지키려고 딸에 대한 수혈을 거부하자 병원은 수혈을 승인할 법정 후견인을 지정하려는 절차를 밟았다. 수술을 받은 헤스턴은 살아났으나 병원을 상대로 소송을 제기했다. 종교의 자유와 자기 결정권을 침해했다는 것이 소송의 근거였다. 뉴저지 주 대법원은 만장일치로 소송을 기각했다. 헤스턴의 개인적 권리보다는 생명을 보호해야 하는 정부의 의무가 더 중요하다는 이유에서였다. 헤스턴 판례가 이번 사건에 걸림돌이 되는 것은 명백했다.

암스트롱 변호사는 우생학과 관련한 쟁점만큼은 상대방을 공격하지 않을 생각이었다. 피고 측은 카렌 앤을 홀로코스트의 희생자에 비유할 수도 있을 것이다. 그러나 카렌 앤은 인종청소의 희생자라기보다는 의료 기술의 희생자라고 해야 할 것이다. 암스트롱 변호사는 모두변론에서 다음과 같이 말했다.

"카렌 앤의 삶의 시간은 사실상 지나갔습니다…… 치료를 계속하는 것은 카렌 앤의 생이 더 완전한 단계로 나아가는 것을 방해하는 행위일 뿐입니다. 피고들은 수정헌법 1조에 따른 카렌 앤의 권리를 침해하고 있습니다. 그에게는 신앙의 자유가 있습니다. 조 퀸란을 후견인으로 지정해 그가 신앙의 자유를 누리고 생명유지 장치를 제거할 수 있어야 합니다."

암스트롱의 변론은 거기에서 그치지 않았다. 그는 카렌 앤이 잔인하고 비정상적인 처벌을 금지하는 수정헌법 8조의 권리도 빼앗겼다고 주장하였다. 암스트롱 변호사는 전통적으로 형벌에만 적용되던 이 조항을 의료 행위에까지 확장하려고 시도했다. 카렌 앤에게 고통을 준 주체가 정부는 아니지만 정부가 그의 상태를 유지해야 한다고 결정한다면 그러한 행위는 잔인하고 비정상적인 처벌에 해당한다는 것이다.

또한 암스트롱 변호사는 카렌 앤은 프라이버시에 관한 권리를 침해받았다고 주장했다. 이는 아주 예리하면서 동시에 논쟁의 여지가 있는 주장이었다. 미국 연방대법원이 이 재판이 있기 직전인 1973년에 '로 대 웨이드Roe v. Wade(낙태의 합법성을 인정한 유명한 판결—옮긴이)' 사건에서 피임과 낙태에 있어서 여성의 프라이버시에 관한 권리를 인정했기 때문이다.

모두변론을 마친 후 암스트롱 변호사는 2명의 의사를 증인으로 신청했다. 첫번째 증인은 카렌 앤의 주치의인 모스 박사였다. 암스트롱 변호사는 모스 박사의 증언에 따라 카렌 앤이 회복될 가능성이 없고 따라서 생명유지 장치를 제거해야 한다는 점을 입증하려 한 반면, 피고 측 변호사들은 그의 증언대로 기적적인 회복이 일어날 수도 있고 설사 그렇지 않더라도 환자가 살아 있는 한 치료를 계속하는 것이 합당하다는 점을 입증하려고 시도했다. 피고 측 변호사들은 모스 박사와 그의 동료 전문의들이 카렌 앤의 생명을 유지하고자 온힘을 다하는 모습을 그려내는 데 성공했다. 그들은 다른 환자들을 대할 때와 마찬가지로 카렌 앤과 그 가족에게 가장 도움이 되는 길을 찾는 의사들로 묘사되었다.

암스트롱 변호사는 카렌 앤의 생명이 사실상 끝났다는 점을 입증하려는 노력의 일환으로 줄리어스 코레인 박사를 증인으로 신청했다. 모스 박사보다 열 살 많고 자신감이 가득 찬 코레인 박사는 뉴욕대학의 교수였고 벨뷰 병원 뇌전도 연구실의 책임자로서 수많은 의학 논문을 저술했다. 암스트롱 변호사는 코레인 박사가 의학적인 경험을 권위 있게 전달해 주기를 바랐다. 그러나 학문적 업적이나 성취와는 달리 코레인 박사는 증인으로서는 끔찍한 수준이었다. 그는 사건에 무관심한 인상을 주었고 지나치게 의학 전문용어를 사용했다. 카렌 앤의 생명유지 장치를 제거해야 한다는 그의 말은 뮤어 판사에게 전혀 설득력이 없었다.

소송의 시작은 퀸란 가족에게 불리한 것처럼 보였다. 이제 암스트롱 변호사는 가장 강력한 증인인 조 퀸란과 줄리아 퀸란 부부를 내세웠다. 먼저 조가 증언대에 섰다. 그의 목소리는 너무 작아서 때로는 거의 들리지 않을 정도였다.

"그건 정말 어려운 결정이었습니다…… 결정을 내리기까지 6개월이나 고민을 했습니다."

조는 뮤어 판사에게 카렌 앤의 상태가 돌이킬 수 없는 지경에 이르렀을 때 생명유지 장치를 제거하고 나머지는 하느님의 손에 맡겨야 한다는 점을 깨달았다고 설명했다.

"제가 원하는 것은…… 딸아이의 몸에서 온갖 튜브들을 제거하고 하느님의 손에 맡기는 것입니다. 어떤 조치를 취하더라도 결국 제 딸은 죽을 테니까요."

진심이 느껴지는 조 퀸란의 증언은 강력하고 효과적이었다. 피고 측 변호사 중 한 명이 조에게 '비정상적인 수단'이 무엇이라고 생각하느냐는 질문을 하자 그는 이렇게 대답했다.

"제가 아는 유일한 비정상적인 수단은 딸아이의 몸에 달려 있는 기계입니다. 물론 그 외에도 많은 장치가 있겠지요."

줄리아가 남편의 뒤를 이어서 증언을 했다. 그의 증언도 카렌 앤을 위한 진심이 그대로 드러났다. 줄리아는 카렌 앤이 생명유지 장치에 대해서 말했던 것을 증언했다. 첫번째는 카렌 앤의 친척 아주머니가 유방암으로 죽어갈 때였고, 두번째는 친구의 아버지가 뇌종양에 걸렸을 때였다.

"딸아이는 활기차고 매우 적극적인 성격입니다. 만일 자기가 죽어 간다면 절대 비정상적인 수단으로 생명을 연장하지 말아 달라고 얘기하곤 했어요."

퀸란 부부는 처음 자신들이 카렌 앤의 몸에서 생명유지 장치를 제거해야겠다고 결심했을 때 제이브드 박사가 당연히 동의할 것이라고 생각했다고 말했다. 그들은 제이브드 박사도 그렇게 하라고 충고하는 줄 알았다고 털어놓았다. 제이브드 박사는 그런 충고를 한 일이 없다고 강하게 부정했고 그들의 증언은 카렌 앤의 자연스러운 죽음에 반대하는 사람들의 신뢰성을 떨어뜨렸다.

언론은 퀸란 부부를 "충격에 싸여 있고", "슬픔에 잠겨 있고", "감정에 북받쳐 있었다"라고 보도했다. 줄리아의 증언을 두고 한 신문기사는 "빨간 머리의 가냘픈 주부로서…… 눈물이 가득 고인 채 다리를 떨고 있었다"라고 전했다. 퀸란 부부의 가슴을 에는 증언과 함께 카렌 앤은 전국 신문의 제1면을 장식했다.

1975년 10월 22일자 《데일리 뉴스 Daily News》는 '아버지 : 카렌 앤을 하느님의 손에 맡깁니다'라는 표제 기사를 실었다. 《로스앤젤레스 타임스》는 40포인트의 크기로 '엄마, 저를 억지로 살아 있게 하지 마세요'라는 제목을 뽑았다.

3일째 재판에서 증인으로 출석한 톰 트래파소 신부는 사후 삶의 중요성을 강조하고 내세의 삶까지 포함할 때 이승에서 누리는 생명이 절대적으로 중요한 것은 아니라고 증언했다. 신부는 그러한 관점에서 볼 때 '존엄한' 죽음은 보다 중요하다며 안락사에 대한 교황 피우스 12세의 견해를 말하였다.

피고 측 변호사들은 자신들이 불리한 처지에 놓였다는 것을 깨달았다. 변호사들은 성직자를 상대로 반대신문을 할 때 매우 조심스럽게 행동해야 하며, 특히 그 성직자가 교황의 권위에 호소할 때는 질문에 유의해야 한다는 점을 알고 있었다. 의사들의 대리인 랠프 포르지오가 반대신문을 시도하였다. 포르지오는 피우스 12세가 영구적인 식물인간 상태에 있는 사람을 사망했다고 판단하는 것은 교회의 권한에 속한 일이 아니라고 말한 점에 비추어, 카렌 앤 퀸란의 생명을 연장하는 것이 죄악에 해당된다고 말할 수는 없는 것 아니냐고 물었다. 트래파소는 포르지오의 견해가 논리적이라는 점에 동의할 수밖에 없었다.

카운티 검사인 도널드 콜레스터는 한 걸음 더 나아갔다. 검사는 카렌 앤이 아직 살아 있는 것이라면 그의 영혼이 아직 육체 안에 있는 것이 아니냐고 물었다. 트래파소는 이에 동의했다.

"살아 있는 사람을 시신으로부터 구분 짓는 생명의 원천은 아직 카렌 앤의 육체 안에 있습니다."

포르지오 변호사와 콜레스터 검사는 1957년에 교황이 한 연설의 성격에 대해서 질문을 던졌다. 그들은 교황의 무오류성과 관련한 의문은 제기하지 않으면서 구체적인 교시의 성격을 문제 삼은 것이다. 그들이 트래파소 신부로부터 듣고 싶어한 답변은 특정한 사건에 특정한 사람들을 대상으로 한 이 교시는 가톨릭 교리의 일반 원칙이 아니라는 것을 인정하는 말이었다. 바꿔 말하면 그들의 주장은 이 교시는 교황의 권위로부터 내려진 것이 아니므로 무오류성이 아니라는 것이다. 그렇다면 이 교시는 해석의 대상이 될 수 있다. 해석할 문제는 물론 '정상적인' 수단과 '비정상적인' 수단의 구별이다.

암스트롱 변호사는 세인트클레어 병원의 원목인 팻 캐커벌 목사를 증인으로 신청했다. 그는 6월 중순에 퀸란 부부를 만났을 때 트래파소 신부와 마찬가지로 교황의 연설을 설명했다고 증언했다. 목사는 퀸란 부부에게 생명유지 장치를 떼어 내서는 안 된다는 어떠한 도덕적인 의무도 없다고 설명해 주었다고 했다.

암스트롱은 카렌 앤의 여동생인 메리 앨런 퀸란을 증언대에 세워 언니가 만일 혼수상태에 빠진다면 어떻게 하기를 원했는지 물었다. 어머니와 마찬가지로 메리 앨런도 언니는 가망 없는 상태에서 생명연장을 원하지 않았다고 답변했다.

암스트롱 변호사의 마지막 증인은 카렌 앤의 친구인 로리 가피니였다. 가피니는 카렌 앤과 어머니가 비정상적인 수단을 이야기할 때 그 자리에 있었고 줄리아의 증언이 사실이라고 증언했다. 카렌 앤의 남동생도 이 문제에 대해 증언하려고 했으나 뮤어 판사는 같은 증언을 반복할 필요가 없다면서 증인 신청을 기각했고 암스트롱의 증인 신문은 끝났다.

소송에 있어 카렌 앤의 후견인이 된 다니엘 코번 변호사는 신경과 전문의 3명을 증인으로 신문했다. 3명 모두 현대적인 의학 기준에서 보면, 카렌 앤은 뇌사라고 할 수 없으며 영구적인 식물인간 상태에 있을 뿐이라고 증언했다.

이미 6명의 의사들이 증언을 했으나 뉴저지 주 차장검사인 데이비드 베임은 다시 한 명의 의사를 증인으로 신청했다. 새로 등장한 신경과 전문의는 앞서 증언한 의사들과 마찬가지로 카렌 앤이 뇌사에 빠지지 않았다고 증언했을 뿐만 아니라 퀸란 가족에게 타격을 줄 수 있는 추가 증언을 하였다. 그는 카렌 앤 퀸란이 처한 상황에서 생명 유지 장치를 떼지 않는 것이 현대의 의료 규범에 부합한다고 지적한 것이다. 이는 퀸란 가족이 자신들의 희망을 들어줄 다른 의사를 찾으려고 해도 아무런 소용이 없다는 것을 의미했다.

카렌 앤의 상태에 대한 의사들의 구체적 증언이 이어진 넷째 날이 지나고 1975년 10월 27일, 변호사들은 최종 변론을 했고 재판은 끝났다.

○━━┓

카렌 앤의 주치의들을 위한 랠프 포르지오 변호사의 변론

존경하는 재판장님, 이제 증거 제출은 끝나고 이 사건의 쟁점에 대한 결정을 내릴 때가 되었습니다. 이 사건에 관여한 모든 변호사들을 대신하여 재판장님의 노고에 경의를 표합니다.

이 사건에는 논쟁의 여지가 없는 사실이 몇 가지 있습니다. 이러한 사실은 다른 증거들을 판단하는 근거가 되어야 할 것입니다.

첫번째, 제일 중요한 사실은 뉴저지 법률과 표준적인 의학 지식에 근거할 때 카렌 앤 퀸란은 법적으로나 의학적으로나 살아 있다는 점입니다.

두번째, 카렌 앤 퀸란이 사망에 관한 전통 기준인 심장사 기준(사망 시기를 판단하는 기준으로 심장의 영구적인 종지를 내세우는 견해. 전통적으로 사망을 판단하는 기준이었으나 의학기술의 발달과 장기 이식의 필요성이 강조되면서 최근에는 뇌 기능의 종국적인 정지를 기준으로 하자는 뇌사설도 유력하다—옮긴이)—사망 기준으로—에 따를 때에도 살아 있다는 사실입니다. 최근의 견해인 뇌사설을 따르더라도 카렌 앤 퀸란은 사망했다고 할 수 없으며 증언대에 섰던 의사들은 현존하는 어떠한 기준을 따르더라도 카렌 앤이 뇌사 상태는 아니라고 말했습니다. 하버드대학 특별위원회의 기준이든, 시드니 선언의 기준이든 혹은 듀케인 선언이나 국제의학협회 위원회가 정한 기준을 따르더라도 카렌 앤 퀸란을 뇌사 상태라고 할 수는 없습니다.

세번째, 이 환자는 불가역적 뇌손상 탓에 영구적인 식물인간 상태에 있다는 점입니다.

네번째, 다툼이 없는 사실은 퀸란 가족이 카렌의 상태 때문에 심한 고통을 겪고 있으며 그들이 처한 상황은 우리 모두의 동정과 이해를 받기에 충분하다는 점입니다.

자, 이러한 사실만으로 법원이 카렌 앤의 생명을 박탈하는 것을 정당화할 수 있습니까? 여기에는 윤리, 도덕, 신학, 법학 그리고 의학과 심리학, 경제학, 사회학까지 복잡한 문제가 얽혀 있습니다. 하지만 법이 무엇이라고 판단해야겠습니까?

재판 과정은 물론 변론 요지서에도 법이 규율할 수 있는 사항에는 한계가 있을 수밖에 없다는 점이 충분히 강조되지 못하였다고 생각합니다. 의학적 증언으로는 카렌 앤은 혼수상태이고 고통을 느끼지 못할 가능성이 높다고 합니다. 하지만 재판장님 그러한 사실이 판결의 근거가 되어서는 안 된다고 생각합니다.

퀸란 가족이 큰 고통과 슬픔에 잠겨 있는 것은 사실입니다. 그것은 분명한 사실이고 바로 그러한 고통 때문에 그들이 이 법정에 청원을 제기한 것이라고 생각합니다.

증언대에 섰던 의사들은 고통을 덜어 주는 데 의학이 할 수 있는 일에는 한계가 있다는 점을 인정하였습니다. 재판장님, 법이 퀸란 가족의 고통을 덜어 주는 데 의학보다 더 나은 수단이 될 수 있습니까? 이 세상에는 법률이나 사법제도가 해결해 줄 수 없는 고통과 슬픔이 있습니다. 성실함과 헌신과 종교적인 믿음으로 우리에게 깊은 감명을 준 퀸란 가족뿐만 아니라 수십만의 다른 가족들도 마찬가지입니다.

일반적으로 우리 모두는 고통 속에서 태어나고 고통과 함께 살아갑니다. 그리고 운이 좋은 사람들을 제외하면 대개 고통 속에서 죽어갑니다.

밖에 나가서 노는 아이를 생각해 보겠습니다. 놀다가 넘어져서 다친 아이는 어머니에게 돌아와서 울음을 터뜨립니다. 우리는 이런 것을 보고 안됐다고 생각합니다. 법은 이런 일에 어떤 도움이 될 수 있습니까? 사랑하는 가족을 잃은 사람들도 마찬가지입니다. 그들은 법원으로 달려가서 슬픔과 고통을 없애 달라는 판결을 청구할 수 없습니다. 법은 이런 때에 아무런 힘이 없습니다. 사랑하는 사람이 교통사고를 당해서 회복하기 어려운 장애를 입었다고 생각해 봅시다. 법이 이러한 일을 없앨 수 있습니까? 법이 시간을 되돌릴 수 있습니까? 법은 이때에도 아무런 일을 할 수 없습니다. 그렇다고 해서 우리가 퀸란 가족에게 동정심을 느끼지 않는다고 말할 수는 없습니다. 우리는 고통 없는 사회에 살 수 있음을 믿어야 한다고 말할 수는 없습니다. 적어도 이 세상에 죽음과 질병과 장애가 있는 한, 그리고 인간 본성에 잔인성이 있는 한 그렇게 말할 수는 없을 것입니다.

재판장님, 인생에는 눈물을 흘릴 수밖에 없을 때가 있습니다. 그렇기 때문에 이 사건에 법원이 개입하기보다는 오히려 권한 행사를 자제해야 한다고 생각합니다.

이제 증거 관계에 대해 몇 마디 말씀드리겠습니다. 청원서의 2쪽에는 원고가 청구하는 조치가 카렌 앤 퀸란으로부터 "생명을 연장하는 모든 비정상적인 조치를 중단할 수 있는 명시적인 권한 부여"라고 기재되어 있습니다.

저는 다음과 같은 점을 지적하고 싶습니다. 첫번째로 증언대에 섰던 의사들 중에 단 한 명도 카렌의 주치의가 결정한 조치가 일반적으로 받아들여지는 의술을 벗어난 것이라고 말하지 않았습니다.

두번째, 단 한 명의 의사도 카렌 앤 퀸란을 죽도록 내버려 두어야 한다고 말하지 않았습니다. 오히려 의사들은 퀸란이 표준적이고 탁월한 의술 혜택을 받았다고 증언하였습니다.

세번째, 코레인 박사는 심지어 몇몇 극단적인 상황을 가정하면서 그때에는 '사려 깊은 방치'가 가능하다고 말했습니다만 그도 카렌 앤 퀸란이 처한 상황이 그럴 때에만 해당한다고 말하지는 않았습니다.

네번째, 저명한 신경과 전문의인 스튜어트 쿡 박사는 지금도 희망은 있으며 카렌 앤 퀸란이 회복할 가능성을 완전히 배제할 수는 없다고 합니다. 그러한 주장의 근거가 무엇입니까? 첫째, 의학은 누구도 절대적인 확신을 가지고 판단할 수 없다는 점입니다. 둘째, 현재의 상황을 초래한 정확한 원인이 밝혀지지 않았다는 점입니다. 셋째, 1년 이상 혼수상태에 있다가도 회복된 사례가 실제로 있기 때문입니다.

넷째, 가능성이 높지는 않습니다만, 쿡 박사의 말을 빌리자면 "언제든지 획기적인 의학의 발전이나 새로운 연구 결과가 나올 수" 있습니다.

존경하는 재판장님, 이 가능성의 문제를 접어놓기 전에 전에도 말씀드렸습니다만, 다시 한 번 강조하고 싶은 것이 있습니다. 만일 카렌 앤 퀸란이 다시 살아날 가능성이 천분의 일, 만분의 일이라도 있다면, 아니 백만분의 일이라도 소생할 가능성이 있다면, 우리가 어떤 존재이기에 그 가능성을 부정할 수 있겠습니까? 무슨 권리로 우리가 생명을 빼앗을 수 있단 말입니까? 이것이야말로 우리가 절대 잊어서는 안 될 점이라고 생각합니다.

만일 원고에게 승소판결을 내린다면 법원이 해결해야 할 문제가 또 있습니다.

첫째, 재판장님께서는 '비정상적인 조치'가 정확히 무엇을 말하는지 결정해야 합니다. 이 문제를 간과할 수는 없습니다. 원고인 조 퀸란이 생각하는 비정상적인 조치가 있을 수 있고 의학계에서도 비정상적인 조치가 정확히 무엇을 말하는지 다툼이 있습니다. 예를 들어 다이아먼드 박사는 카렌 앤 퀸란으로부터 생명유지 장치를 떼는 것이 비정상적인 조치라고 증언했습니다. 생명유지 장치에 연결된 채로 놓아두는 것이 비정상적인 조치가 아니라는 것입니다.

둘째, 이 환자의 치료에 관계된 의사, 간호사, 기술자, 병원 직원 모두에게 명확한 의미를 전달하려면 청원서에 기재된 것과 같은 일반적인 말로는 불가능합니다. 그 사람들이 해야 하거나 하지 말아야 할 일을 세밀하게 적시해야 할 것입니다. 이것은 재판장님이 직접 의술을 하는 것과 다를 바 없는 결과가 될 것입니다. 누가, 언제, 어디서, 어떻게 무엇을 해야 하는지 구체적으로 적시해야 할 것입니다. 만약 그렇게 하지 않는다면 이 사람들은 어떻게 해야 법원의 지침을 어기지 않는 것인지 혼란을 겪을 것입니다. 따라서 판결을 집행하려면 전문가의 도움이 필요할지도 모릅니다. 적어도 이 사건에 관여한 의사들은 의사로서 그러한 행동을 할 수 없다고 증언했습니다.

원고가 청원한 것이 '간섭을 하지 않는 것'에 불과하다는 점을 상기한다면 그런 것이 지나치게 부당한 것은 아니라고 생각할 수도 있습니다. 그러나 한마디 덧붙인다면 나치 치하에서 의료인들이 좀더 독립성을 보여 주고 생체실험에 참여하는 것을 거부하였다면, 아마도 홀로코스트가 그렇게 많은 사람의 목숨을 앗아가지 않았을지도 모릅니다.

이제 의료 기준의 와해에 대해 말씀드리겠습니다. 재판의 초기 단계에서는 어떤 증거가 제출될지 알 수 없기 때문에 이 점을 말씀드릴 수 없었습니다. 의학 전문가들은 사망 여부를 판단할 때 일반적으로 인정된 기준을 따라가려고 노력한다는 증언을 했습니다. 그들의 증언을 보면 의료인들이 이러한 기준을 지키는 것은 명백해 보입니다. 의사들은 모두 일반적으로 인정되는 의학 기준이 있다고 증언했으며 이 사건에서는 모스 박사와 제이브드 박사가 이 기준을 지켰다고 증언했습니다.

각각의 의사들은 카렌 앤 퀸란의 상태를 평가한 뒤에 전 세계적으로 인정되는 기준을 따르더라도 그가 뇌사 상태가 아니라는 점을 명확히 했습니다. 주치의들이 의학적인 전통을 따랐고 환자에게 완전한 배려를 기울였고 의료 기준을 준수했으며 관련된 윤리규범을 지켰다는 사실을 모든 사람이 인정하고 있는 상황에서, 법원이 암스트롱 변호사의 청구를 받아들여 카렌 앤의 생명을 앗아갈 수 있는 조치를 승인하는 것은 이렇게 말하는 것과 같습니다.

"카렌 앤에게는 어떠한 배려도 하지 말아야 합니다. 그의 생명을 즉시 앗아가거나 혹은 급격히 단축하는 조치를 취해야 합니다."

존경하는 재판장님, 법원이 이러한 판단을 내린다면, 알든 모르든 간에 그러한 결정은 의학과 윤리와 전통의 기준을 퇴행시키는 것입니다. 그러한 판결이 가져올 결과를 생각해 보십시오. 의사들뿐만 아니라 환자들과 그러한 윤리, 기준, 전통, 규범들 사이의 관계에 미칠 영향을 생각해 보십시오. 이 법원은 환자들이 의지하는 의료 윤리 그 자체에 악영향을 미치는 것입니다.

이제 암스트롱 변호사가 강조한 헌법상의 쟁점에 대해서 한마디 하겠습니다. 저는 암스트롱 변호사를 공격하려는 것이 아닙니다. 그러나 헌법에 관한 그의 주장은 오류로 가득 찬 것이고 이에 대해서는 제가 제출한 변론 요지서에 자세히 있습니다. 이 자리에서는 단지 신앙과 그 실천에는 중요한 차이가 있다는 점을 강조하고 싶습니다. 종교의 자유에 관한 수정헌법 1조에서 신앙의 자유는 절대적인 불가침의 인권입니다. 국가는 이러한 권리에 간섭할 수 없습니다. 그러나 신앙에 따른 실천은 국가의 제한으로부터 자유로운 것이 아닙니다. 만일 미국 내에 인간을 제물로 바쳐야 한다고 믿는 종교가 있다고 가정해 봅시다. 백만 명의 사람들이 그 종교를 믿는다고 합시다. 신자들이 그러한 종교를 믿는 것 자체는 자유입니다. 그러나 그들이 자신들의 믿음을 실행에 옮기려고 한다면 그들의 행동은 실정법에 저촉될 수밖에 없습니다. 그리고 이때에는 실정법이 우선합니다.

재판장님, 저는 모두변론에서 법원에 두 가지 중요한 의문을 제기하였습니다. 모든 증거가 제출된 이때, 이제는 이 사건에서 가장 중요한 쟁점을 다루어야 한다고 생각합니다. 첫번째 문제는 원고가 법원에 법적으로나 의학적으로나 살아 있는 사람의 생명에 종지부를 찍어 달라고 청구하는 것은 그 삶이 가치 없다는 이유로 사형 선고를 청구하는 것과 마찬가지라는 사실입니다.

그러한 질문은 아직도 유효합니다. 저는 재판의 첫 단계에서 삶의 질에는 여러 가지 다양한 등급이 있다는 언급을 했습니다. 만일 그러한 등급이 이 사건을 결정하는 요소가 된다면 저는 이렇게 말할 것입니다. 그 등급은 법원이 신과 같은 처지에서 판결하는 것을 의미한다고 말입니다. 그러한 결정은 수십만의 사람들에게 삶의 질이 낮다는 이유만으로 사형 선고를 할 수 있는 길을 열어 주는 것입니다. 저는 현재뿐 아니라 미래에도 이러한 결정이 갖는 위험성을 지적하고자 합니다. 광범위하게 존재했던 생체실험에 대한 우려도 말씀드리지 않을 수 없습니다. 이것은 실제로 있었던 일입니다. 나치가 민족 개량이라는 이름으로 저지른 생체실험은 끔찍한 죽음과 장애를 초래했고 이러한 일들은 우리 기억에 아직도 생생합니다. 저는 그러한 일을 할 수 있는 사회나 문화에 이르는 문을 열지 말 것을 간청합니다.

삶의 질을 기준으로 하여 삶과 죽음의 문제를 결정하는 것은 엄청난 결단을 요하는 것입니다. 또한 이 사건은 민사사건입니다. 이 환자의 생명은 형사 문제와 아무런 관계가 없습니다. 재판장님께서 만일 그러한 결정을 내린다고 하더라도 그것으로 끝이 아닙니다. 또 다른 심각한 결정이 기다리고 있습니다. 무엇을 기준으로 의학적으로나 법률적으로 살아 있는 사람들 중 어떤 사람은 계속 살아 있어도 좋다고 결정하고 어떤 사람은 죽어야 한다고 결정하느냐는 것입니다. 만일 법원에서 원고 승소판결을 내린다면 반드시 그러한 기준도 정해야 된다고 생각합니다.

재판장님께서 상기해야 할 점이 또 하나 있습니다. 영미법은 세계 곳곳에 뿌리를 내렸습니다. 영국과 오스트레일리아, 뉴질랜드, 동아시아, 캐나다, 미국, 그리고 심지어 아프리카와 남미 일부에서도 영미법을 채택하고 있습니다. 만일 이 법원이 카렌 앤 퀸란의 생명을 빼앗아야 한다는 선고를 한다면 그것은 오랜 영미법의 전통에서 형사사건이 아닌 민사사건의 판결로 법적·의학적으로 살아 있는 사람의 생명에 종지부를 찍은 첫번째 사건이 될 것입니다. 더구나 이 사건은 실제로 죽음을 맞는 당사자가 아닌 대리인이 제기한 사건입니다.

몇몇 사람들은 이 사건을 전례 없는 사건이라고 부르고 있습니다. 만일 재판장님께서 카렌 퀸란의 죽음을 초래할 결정을 한다면 이 사건은 진정으로 전례 없는 사건이 될 것입니다. 그러한 결정으로 열릴 의학, 법률, 윤리와 도덕 문제의 판도라 상자를 생각하면 두려움마저 생깁니다. 재판장님께서 이 사건의 판결 효과가 이 사건 자체로 그칠 것이라고 생각한다 하더라도 이 판결이 앞으로 있을 사건에 영향을 주지 않도록 한다는 것은 나이아가라 폭포를 멈추려는 것과 같습니다.

이제 모두변론에서 제가 제기했던 두번째 문제를 말씀드리겠습니다. 암스트롱 변호사와 그 의뢰인이 원하는 것은 안락사의 법적 승인을 받겠다는 것입니다. 그들의 청구에 어떤 이름을 붙이느냐는 중요하지 않습니다. 만일 의도적으로 한 생명을 죽음에 이르게 하는 것이라면 실제로 어떠한 행위로 말미암아 그 결과를 가져오건 혹은 어떤 행위를 하지 않아 똑같은 결과를 초래하건 무슨 차이가 있겠습니까? 법적으로나 의학적으로나 아직 살아 있는 사람에게 의도적으로 생명을 유지하는 데 필수적인 약이나 기구를 빼앗고 혹은 독약을 주사하거나 투약한다면 그 모든 면에서 효과는 똑같습니다. 사람의 생명을 빼앗는 행위입니다.

저는 완곡하게 말을 돌리지 않겠습니다. 말의 의미를 두고 의미 없는 집착을 하지도 않겠습니다. 저는 이 사건의 본질을 바라보고 있으며 재판장님도 사건의 본질을 보아 주시기 요청합니다. 영국에서부터 내려온 형평법의 전통은 형식이 아니라 실질을 평가하는 것입니다. 그러한 원칙을 지켜 주시기 바랍니다.

존경하는 재판장님, 결론을 말씀드리면 우리는 이 사건에서 다투지 않은 바위 같은 전제를 무시할 수는 없습니다. 카렌 앤 퀸란은 법적으로나 의학적으로나 살아 있는 사람입니다. 우리가 살고자 하는 자연의 본성을 무시할 수 있습니까? "살인하지 말라"는 신성한 명제를 부정할 수 있습니까? 성경의 계시록을 보면 말을 탄 사람이 "절망, 절망"이라고 외치면서 태초부터 있었던 말씀에 귀를 기울이라고 간청하는 장면이 나옵니다. 마지막으로 저는 재판장님께 희망, 인도주의, 생명의 소중함에 귀 기울여 달라고 간청합니다.

○━━▬

모리스 카운티 도널드 콜레스터 검사의 변론

원고의 청원서에 기재된 단어 중에서 제가 이 사건에 적절하다고 생각하는 단어가 하나 있습니다. 그것은 '두려움'입니다. 이 법정에 모인 사람들은 이 사건을 보면서 두려움을 느끼고 있습니다. 이 사건에서 제 역할은 직책과 의무에서 나온 것입니다. 그 의무는 생명을 보호하고 모리스 카운티에서 형사적 정의를 실현하는 것입니다.

전통적으로 이 주의 법률에 근거해 살인죄는 불법적인 생명의 박탈이라고 정의되어 있습니다. 훌륭한 동기가 있다는 사실만으로는 책임을 면할 수 없습니다. 동정받을 만한 동기가 있다는 것도 살인을 정당화할 수 없습니다. 안락사는 살인 행위입니다. 그리고 살인은 범죄입니다. 저는 이 법정에서 딸의 고통으로 괴로워하는 부모에게 책임을 추궁할 생각은 전혀 없습니다.

제가 이 자리에 선 것은 법원의 도움을 청하기 위해서입니다. 저는 이 가족이 청구하는 조치에 법적인 의미를 확인하는 판결을 요청하고자 여기에 왔습니다. 만일 법원이 원고의 청구를 인용하여 생명유지장치의 제거를 허용한다면 이 카운티의 검사로서 형법을 집행해야 하는 제 의무의 한계를 확인하는 판결을 해 주실 것을 요청합니다.

저는 이 사건에 적용할 법적인 원칙은 명백하다고 생각합니다. 원고들은 그 원칙을 변경해 달라고 요청하는 것입니다. "어려운 사건은 잘못된 판결을 낳는다"는 오래된 법언法諺이 있습니다. 이 말뜻은 청구인의 처지를 동정할수록 그 청구를 들어주고 싶은 자연스러운 욕구가 생기게 되고, 그 결과 잘못된 판결이 나오는 수가 많다는 것입니다.

포르지오 변호사가 적절히 지적했듯이 이 사건은 그러한 사례 중 하나입니다. 이 사건에서 원고가 청구하는 것은 일반적으로 안락사로 받아들여지는 범위마저 넘어서는 것입니다. 안락사는 극심한 고통을 겪고 있는 환자를 대상으로 하기 때문입니다. 이 사건에서 우리가 아는 바로는 카렌 앤 퀸란은 고통을 느끼지 못합니다. 고통을 느끼는 것은 불행한 가족입니다. 원고들의 청구는 자신들의 고통을 끝내고자 딸의 생명유지 장치를 제거해 달라는 것입니다.

포르지오 변호사는 '삶의 질'이라는 단어를 사용하면서 두려움을 느낀다는 말을 하였습니다. 저도 두려움을 느낍니다. 우선 삶의 질이라는 말 자체가 하나의 주장을 내포합니다. 카렌 앤 퀸란이 누리고 있는 삶의 질은 너무나 낮은 것이어서 그가 살아 있다고 말하기조차 어렵기 때문에 생명유지 장치를 제거하는 것이 그의 생명을 박탈하는 행위가 될 수 없다는 주장입니다. 이러한 주장이 인정되어서는 안 될 것입니다.

이 자리에서 증언한 카렌 앤의 어머니의 증언처럼 온전한 삶을 누리는 것이 아니라면 차라리 죽기를 원한다는 마음은 충분히 이해할 수 있습니다. 그것은 '삶의 질'에 관한 문제입니다. 그러나 삶의 질이 이 사건을 결정하는 요소가 되거나 혹은 삶의 질이 생물학적인 생명에 우선해야 한다고 주장하는 것은 위험합니다.

우리가 어떻게 삶의 '질'을 판단할 수 있습니까? 도대체 '삶의 질'의 정확한 의미는 무엇입니까? 볼 수 있는 능력입니까? 들을 수 있는 능력입니까? 사랑할 수 있는 능력입니까? 의사소통을 할 수 있는 능력입니까? 생명의 존엄성을 잊고 삶의 질로 대체하는 데에는 큰 위험이 따릅니다. 일단 그 문을 열면 어떤 결과가 기다리고 있을지 짐작할 수 없기 때문입니다.

현재 이 법정에는 이 사건 하나만이 있을 뿐입니다. 그러나 더 많은 사건이 이 법정이나 또 다른 법정에서 제기될 것입니다. 만일 삶의 질이 이 사건의 결정에 한 요소가 된다면 또 다른 병든 아이들의 부모들이 법정에 와서 자신의 자녀는 이런 식으로 살기 원하지 않았다거나 온전한 삶을 살기 원했다는 말을 할 것입니다. 심장마비로 혼수상태의 부모를 둔 자녀도 똑같은 말을 할 것입니다. 고령으로 망령이 난 사람들을 두고도 똑같은 말을 하는 사람들이 나올 것입니다. 삶의 질조차 이해할 수 없는 불행한 사람들—뇌에 손상을 입은 사람, 정신지체 장애인, 다운증후군—을 두고도 같은 말이 나올 것입니다.

재난은 작은 것에서부터 시작합니다. '생명의 존엄성'이 '삶의 질'이라는 말로 대체되는 순간 재난이 시작되는 것이라고 생각합니다.

생명을 지키는 것은 무엇보다 중요합니다. 이 나라에서 생명의 존엄성은 매우 존중되어 왔고 이에 예외를 인정하는 것은 그 중요성이 약화될 위험성이 있습니다. 인도주의란 우리가 불행한 처지에 놓인 사람들을 어떻게 대하는지 카렌 퀸란과 같이 불행한 사람들을 어떻게 다루는지에 달려 있다고 말할 수 있습니다.

카렌 퀸란은 언젠가 죽을 것입니다. 우리 모두가 그렇습니다. 카렌은 고통을 겪을 것이고 그의 가족도 마찬가지입니다. 그들이 느끼는 슬픔을 우리도 쉽게 잊기 어려울 것입니다. 그러나 그러한 슬픔은 생명의 존엄성을 지키고 법을 지키는 데 우리가 지불해야 하는 대가일지도 모릅니다.

뉴저지 주 검찰총장 윌리엄 하이랜드의 변론

저는 한 개인의 이익 때문에 이 자리에 온 것이 아닙니다. 저에게는

800만 명에 이르는 뉴저지 주 주민들을 보호해야 할 의무가 있고 이 사건의 결과는 그들에게 매우 중요한 영향을 미칠 것입니다.

이 사건은 지난 몇 주간 뉴저지 주에서 일어난 일 가운데 가장 중요한 일입니다. 이 재판의 결과는 어떤 사건보다도 사람들의 생명에 큰 영향을 줄 것입니다.

신문에서 제가 생명유지 장치의 전기 코드를 뽑는 것을 살인죄와 동일시한다는 기사를 읽었습니다. 그것은 사실이 아닙니다. 제가 얘기한 것은 이 사건에서 청구된 조치는 범죄에 해당할 가능성이 매우 높다는 의견이었을 뿐입니다. 물론 그때에도 고의적인 살인보다는 과실치사에 해당할 것입니다.

이 사건의 형사적인 면에서 제가 걱정하는 것은 이 사건 청원이 과실치사죄에서 의료인은 예외로 인정할 것을 추구하고 있다는 점입니다. 이러한 예외는 다른 전문직에도 적용될 가능성이 있습니다. 그러한 예외 설정은 법원의 권한을 벗어나는 일이 될 것입니다. 어떻게 한 가족의 불행이나 혹은 하나의 신앙을—저도 같은 종교를 믿고 있습니다만—특정한 한 사건에만 적용하여 우리에게 생명을 단축시킬 수 있는 권한이 있는가라는 심오한 문제에 해답을 제공할 수 있는지 의문입니다.

이 사건에서 생명유지 장치를 제거하는 것은 인간적인 조치라고 생각할 수도 있을 것입니다. 그러나 사회 윤리를 무너뜨릴 수 있는 단초를 제공한다는 점에서 그것은 문명이 아닌 타락의 길로 나아가는 첫 발걸음이 될 위험성이 있습니다. 원고가 승소한다면 이 나라에서 최초로 민사사건에서 사형집행을 선고하는 선례가 될 것입니다.

법원은 그와 같은 권한이 없다고 생각합니다. 원고는 의심의 여지가 없을 만큼 자신의 청원을 정당화하지는 못하였습니다. 이 사건 청원을 기각해 주실 것을 요청합니다.

카렌 앤 퀸란의 법정 후견인 다니엘 코번의 변론

처음 이 사건에서 후견인으로 지정되었을 때 저는 열 손가락으로 둑에 생긴 20개의 구멍을 막아야 하는 네덜란드의 소년이 된 느낌이었습니다. 이 사건이 어떻게 전개될지 알 수 없고 더구나 제가 어떠한 태도를 취해야 하고 올바른 결정을 해야 할지 전혀 생각나지 않았습니다. 이 사건의 결과가 어떻게 되어야 하는지 제가 생각한 몇 가지 사항을 말씀드리도록 하겠습니다.

우선 어떠한 기준에서 보더라도 퀸란 씨는 훌륭한 아버지입니다. 그는 누구도 하기 힘든 의무를 자신에게 부과하였습니다. 어떤 행동은 의심의 여지가 있게 마련입니다. 도대체 어떤 동기 때문입니까? 그러나 제 의견으로는 이 사건은 의심의 여지가 없습니다. 퀸란 씨의 동기의 순수성만큼은 그 무엇보다 확신할 수 있습니다. 종교적 관점에서나 아버지의 관점에서나 퀸란 씨의 동기는 가장 숭고한 것이고 적어도 제 의견으로는 이것은 매우 중요한 점이라고 생각합니다.

우리는 이 사건을 안락사 문제로 다루고 있습니다. 원고의 청구는 종교적 안락사입니다. 이 점은 매우 명백합니다. 이 사건은 의학적 안락사가 아니라 종교적 안락사입니다. 그러나 종교라는 이름이 붙더라도 원칙은 변할 수 없습니다. 아무리 동기가 순수하다고 하더라도 법에는 예외가 있을 수 없습니다. 종교적 틀에서 논의되든 다른 틀에서 논의되든 안락사는 허용될 수 없습니다.

이 사건의 중요성은 법률적인 면에 있지 않습니다. 뇌사의 정의를 내리거나 이 사건을 어떤 절차에 따라 처리해야 하는지 결정하는 것은 이 사건에서 판단할 문제가 아닙니다. 이 사건은 우리 앞에 놓인 쟁점을 중심으로 결정되어야 할 것입니다. 그 쟁점은 카렌 앤 퀸란의 생명입니다. 그는 뇌사 상태가 아닙니다. 분명 살아 있습니다.

저는 희망이라는 단어를 사용합니다. 이 법정에 온 어떤 사람도 카렌 앤을 회복시킬 방법이 있다고 말하지는 않습니다. 만일 카렌이 어느 정도 회복된다 하더라도 스물한 살 젊은 여성의 모습으로 돌아가지는 못할 것입니다. 육체적인 면에서 볼 때 카렌은 결코 회복될 수 없습니다. 플럼 박사는 그의 근육은 위축되었고 관절에는 노화 현상이 일어나서 외모가 항상 기괴할 것이라고 증언하였습니다. 그러나 그런 것은 기준이 될 수 없습니다. 외모를 기준으로 삶의 질을 논할 수는 없습니다. 마치 카렌의 배경을 기준으로 삶의 질을 논할 수 없는 것과 마찬가지입니다.

저는 카렌의 가족에게 존경심을 가지고 있습니다. 그렇다고 해서 논점을 빠뜨릴 수는 없습니다. 카렌의 현재 상태를 초래한 원인을 두고 많은 논의가 있었습니다. 그러나 그러한 원인은 중요하지 않습니다. 납 중독 때문이든 일 때문에 발생한 현상이든 집에서 넘어져서든 혹은 약물 과용 때문이든 어떤 원인에서든지 카렌은 현재 상태에 이른 것입니다. 의학적으로는 그러한 원인이 중요할지 모르지만 법률적으로는 아무런 문제가 되지 않습니다.

카렌이 이 상태에 이르기 전에 어떠한 삶을 살아왔는지도 아무런 의미가 없습니다. 성모 마리아와 같은 삶을 살았건 혹은 막달레나 마리아처럼 살았건 그런 것은 중요하지 않습니다. 카렌의 현재 상태가 있을 뿐입니다. 이 사건은 그러한 사실 위에서 결정되어야 합니다. 현재의 상황이 가족에게 경제적으로 부담이 되는지 아닌지도 문제가 안 됩니다. 그것은 중요한 요소가 아닙니다.

카렌은 이 세상에서 가장 부유한 사람처럼 치료를 받을 권리가 있습니다. 모든 사람이 똑같이 그러한 권리가 있습니다. 이 사건을 둘러싸고 흥분한다 해도 카렌 퀸란 사건은 적법절차에 따라 결정될 것입니다. 이 사건에는 돌팔이 의사도 없고 보험금을 타려는 가족도 없습니다. 여기 모인 사람들 중에 개인의 이익을 목적으로 하는 사람은 아무도 없습니다. 이 사건에 관계된 변호사들 중에 금전적 소득을 얻게 될 사람도 없습니다. 경제적 면에서 보자면 이익을 얻는 변호사도 있고 그렇지 못한 사람도 있을 것입니다. 그러나 우리 모두가 지불한 대가는 어떠한 보상을 얻기에도 부족할 뿐입니다.

저는 희망이 존재한다는 말을 하고 싶습니다. 기적을 일으킬 수 있는 사람은 없습니다. 그러나 희망은 존재합니다. 그리고 카렌 앤 퀸란은 희망의 권리가 있습니다. 포르지오 변호사가 말했듯이 천분의 일이건 혹은 백만분의 일이건 희망은 항상 존재합니다. 만일 아무런 일도 이루어지지 않는다면 카렌 퀸란의 가능성은 백만분의 영입니다. 카렌은 죽을 것입니다. 그 점에는 의심의 여지가 없습니다. 생명유지 장치가 계속 작동되든 그렇지 않든 아무런 일도 하지 않는다면 결국 죽을 것입니다. 그러나 카렌은 그 어떤 일이 일어날지 기대할 권리가 있습니다. 만일 그가 수술실에서 수술을 받다가 죽는다면 적어도 그는 생명을 위해서 싸운 것입니다. 그냥 주저앉은 것이 아닙니다. 그것이 우리 모두가 여기 있는 이유입니다.

코레인 박사의 요구에 관해 말씀드리자면, 저는 그가 선의에서 그러한 요구를 했다고 믿습니다. 저는 전후관계를 무시하고 싶지 않습니다. 코레인 박사는 법을 명확히 해 달라고 요청한 것입니다. 그러나 저는 코레인 박사와 암스트롱 변호사 그리고 퀸란 씨의 신앙에 덧붙여 해 주고 싶은 말이 있습니다. 십계명 중에서 제일 중요한 것은 "살인하지 말라"는 점입니다. 이것은 우리 모두가 명심해야 한다고 생각합니다.

조 퀸란을 위한 폴 암스트롱 변호사의 변론

로스코 파운드(미국의 법학자. 하버드대학 로스쿨 학장을 역임했다 — 옮긴이)는 그의 역작 『법학』 서문에서 "정의는 인류에게 극히 중요한 것이다. 정의를 이루어 내는 세 가지의 사회통제 수단은 종교와 도덕 그리고 법이다. 오늘날 그 중 가장 중요한 것은 법이다"라고 했습니다.

그들의 딸이자 누이인 카렌 앤 퀸란이 식물인간의 상태로 세인트 클레어 병원의 중환자실에 누워 있는 상황에서 퀸란 가족은 현대의 의료기술로는 그가 회복될 가능성이 전혀 없다는 사실을 받아들여야 했습니다. 신앙에 따라 상담을 하고 가톨릭 교리의 가르침을 받고 자신들만의 사랑과 믿음, 용기에 의존한 채 이제 퀸란 가족은 법의 인도를 받고자 이 법정에 나왔습니다.

이 사건에서 전문의들은 모두 카렌 앤 퀸란이 회복하기 어려운 뇌 손상으로 영구적인 식물인간 상태가 되었으며 생명유지 장치에 의존해 신체 기능을 유지하고 있다고 증언했습니다.

퀸란 가족의 청원은 단순히 인간적인 동정심에 호소하고 있는 것이 아닙니다. 가장 근본적인 보통법의 원칙과 미국 헌법에 근거하는 것입니다. 법원은 당연히 이 청원을 받아들일 수 있는 권한이 있고 이 자리에 모인 모든 사람들의 이해관계를 보호할 수 있는 적법한 방법으로 그러한 결정을 내릴 수 있습니다. 영국 대법원이 이런 종류의 사건에 내린 판례는 우리에게 중요한 길잡이가 될 것입니다. 영국 대법원은 '대리 판단의 원칙'을 채택하여 의식을 잃은 사람을 위해 본인 스스로 판단이 가능하다면 내렸을 결정을 대리인이 대신하더라도 그 효력을 인정하고 있습니다.

카렌 앤 퀸란에게 판단 능력이 있다면 이 법원에 청원한 것 같은 결정을 적법하게 내릴 수 있을 것입니다. 그렇다면 일정한 조건에서 법원이 그의 대리인에게 같은 결정을 내릴 수 있는 권한을 부여하는 것도 가능할 것입니다. 사실 판단 능력이 있는 성인이라면 누구도 회복할 가능성이 없는 치료법에 자신의 몸을 내맡기도록 강요당하지 않습니다. 저와 반대의 견해를 주장하는 사람들이 근거로 인용하는 일이 많습니다만, '케네디 메모리얼 병원 대 헤스턴' 판결에서도 이 원칙이 등장합니다. 그 사건에서 의사들은 부모의 반대를 무릅쓰고 환자에게 수혈을 했습니다. 이 사건에서 뉴저지 주 대법원은 "헌법상 죽을 수 있는 권리는 인정되지 않는다"라고 판결했습니다. 그러나 헤스턴 사건과 이 사건은 내용에 있어 상당한 차이가 있습니다.

헤스턴 사건에서 기억해야 할 사실은 헤스턴 양의 상해는 완전한 치료가 가능했다는 점입니다. 그리고 그 치료법은 하루에도 수천 번씩 일상적으로 하는 것입니다. 반면에 카렌의 상태는 회복될 수 없다는 점에 이론이 없습니다.

그러한 점에 비추어 볼 때 헤스턴 판결은 이 사건에 시사하는 바가 큽니다. 법원은 헤스턴 양의 치료를 거부하는 것은 자살을 돕는 것과 마찬가지라고 판시하면서도 다음과 같이 말했습니다.

"병에 걸린 환자가 자연의 경과에 맡기겠다고 결심했을 때에는 상황이 달라질 수도 있을 것이다."

실제로 이 사건과 사실관계가 거의 같은 사건들을 두고 법원은 의학적으로 가망이 없는 상황에서 치료를 중단하는 것은 합법적이고 허용된다는 판결을 하였습니다. 만일 카렌이 적법하게 치료 중단에 동의할 수 있다면 법원은 그러한 동의가 적절한지 판단해야 할 것입니다. 즉 선례에 따라서 법원은 어떤 결정이 카렌에게 가장 이익이 되는지 결정해야 합니다. 그러한 결정을 하는 데 법원은 카렌의 육체적, 도덕적, 영적, 물질적 행복 등을 검토해야 합니다.

이 사건에 제시된 증언을 종합하면 우리는 의술이 인간을 위해서 봉사해야 하며 과학기술은 의술을 위해서 봉사해야 한다는 것에 동의할 수 있을 것입니다. 의사의 진정한 역할은 환자의 건강을 증진하는 데 있습니다. 카렌의 주치의나 다른 전문의들의 증언을 종합해 볼 때 현대 의학에 카렌에게 어떠한 회복 가능성을 제공하거나 혹은 악화를 방지할 수 있는 치료법은 없습니다. 실제로 카렌이 갑자기 출혈을 일으키거나 혹은 대규모 외과 시술이 필요하다 할지라도 어떤 의사도 그러한 치료를 하지 않을 것이라는 증언도 있었습니다. 그러한 증언을 고려할 때 '건강을 되찾는 최선의 방법'이라는 말은 사뭇 다른 뜻일 겁니다. 이러한 상황에서 치료는 아무런 의학적인 진전을 가져다주지 못할 것이고 따라서 치료를 계속하는 것이 건강상 카렌에게 최선의 이익라고 할 수 없습니다. 카렌에게 온 정성을 쏟을 수 있는 길을 찾아주어야 하는 의무가 있는 법원은 당연히 그의 영구적인 식물인간 상태를 연장하는 것이 카렌에게 도움이 된다거나 최선의 길이라고 선언할 수 없을 것입니다.

다음으로 도덕적인 면에서 카렌이 최선의 길을 선택하는 데 저희는 '인간의 존엄성'이라는 말이 뜻하는 심오한 가치와 의미를 고려해주실 것을 요청합니다. 바로 이 순간 세인트클레어 병원에 누워 있는 카렌의 몸무게는 30킬로그램 정도에 불과하고 본능적인 신경 반사 외에는 아무런 능력도 없습니다. 의학적으로 설명한다면, 전체로서 기능하지 못하고 아무런 느낌도 가질 수 없는 그의 육체는 자연 경과를 따르지 못한 채 단순한 기능만을 유지하고 있습니다.

이 세상에 태어나서 사랑과 희망을 느끼고 평화와 즐거움을 알고 한 가족의 일원이었던 인간에게 이보다 비참한 일이 있겠습니까? 전선과 튜브, 기계장치로 그럴듯하게 보이기만 하면 죽음도 속일 수 있다는 착각에, 깨어날 가망도 없는 사람의 생명을 억지로 연장하는 것만큼 인간의 존엄성을 해치는 일이 또 있겠습니까?

이러한 상황에 처한 사람들에게 카렌이 한 말을 인용해 보겠습니다. 카렌이 가장 사랑했던 어머니, 형제자매, 친구들에게 했던 그의 말은 우리가 어떤 결정을 해야 하는지 깨닫게 할 것입니다. 증거에 비추어 볼 때 의학적 견지에서나 종교적 견지에서나 카렌을 중환자실에 두고 생명유지 장치를 가동시키는 행위는 비정상적인 수단으로 판단됩니다. 회복할 가능성이 전혀 없는 카렌의 상태와 의학적으로 현재의 치료법이 유용하다는 아무런 선례가 없다는 점을 생각하면 더욱 분명합니다.

또한 법원은 카렌을 후견하는 의무를 다하는 데 있어서 그의 신앙에 따른 믿음을 고려해야만 할 것입니다. 생명은 소중한 것이지만 절대적인 것은 아니며 죽음은 피해야 할 것이지만 절대적으로 나쁜 것은 아니라는 그의 믿음에 따르면, 생명을 유지하고자 비정상적인 수단을 사용할 필요는 없다는 결론에 이르게 됩니다. 후견인으로서 법원은 혼수상태인 환자에게 드는 비용과 책임에는 최소한의 희망이 있어야 한다는 점을 인식해야 할 것입니다. 증거를 살펴보면 계속되는 의학적 조치가 카렌에게 아무런 도움이 되지 못한다는 점은 분명합니다. 따라서 그 자신이나 사회 전체에 계속되는 치료 부담을 져야 할 아무런 이유가 없습니다.

위와 같은 이유에 근거해 카렌 앤 퀸란에게 연결되어 있는 비정상적인 장치를 제거하라고 결정하는 것이 타당할 것입니다.

조지프 퀸란이 제기한 청원은 자신을 카렌의 후견인으로 지정해 달라는 것입니다. 만일 법원이 치료를 중단하는 것에 찬성하지 않는다고 하더라도 조지프 퀸란이 후견인으로서 가장 적합한 사람임에는 분명합니다. 그는 딸의 가장 훌륭한 후견인 후보입니다. 증언에서 알 수 있듯이 그는 딸을 사랑하는 아버지이며 가족과 자녀들의 행복에만 관심이 있는 사람입니다. 증언뿐만 아니라 그의 행동을 보더라도 건전한 판단력은 물론 선의의 사람이라는 점을 인정할 수 있습니다. 어떠한 행동을 하기 전에 조지프 퀸란은 의학적인 충고를 구하고 도덕적인 충고를 구하고 무엇보다도 법원의 결정을 구했습니다. 그는 법원이 어떤 결정을 하든지 이를 따르고 이에 반하는 행동은 하지 않겠다고 말했습니다.

조지프 퀸란이 가진 선의와 카렌 앤과의 관계를 생각할 때 적어도 아버지이자 후견인으로서 그의 자격을 부정해서는 안 될 것입니다.

이제 원고의 청원을 뒷받침하는 헌법적인 주장을 말씀드리겠습니다. 이 사건을 결정하는 데 헌법적인 논쟁을 할 필요는 없다고 하더라도 원고의 청원을 기각하는 것은 카렌 앤 퀸란과 그의 가족의 헌법상 권리를 침해하는 것입니다.

헌법상의 원칙은, 국가는 비종교적이고 중대한 근거가 없는 한 퀸란 가족의 종교적 행동에 간섭할 수 없습니다. 그들 개인이 내린 결정이나 자신의 신체에 대한 결정에 국가가 간섭할 여지가 없는 것입니다. 개인의 프라이버시권은 아무런 소용이 없는 비정상의 의학적 방법을 중단할 수 있는 권리를 포함합니다.

카렌 앤이 비정상적인 치료를 받지 않겠다는 의사를 분명히 했다는 증거는 충분합니다. 그리고 가족은 그의 희망을 들어주기로 결정했습니다. 신체에 대한 개인의 완전한 결정권은 '그리스월드 대 코네티컷Grisworld v. Connecticut' 판결에서 자세히 논의된 바 있습니다. 그 판결에서 법원은 헌법상의 기본권 조항은 물론 수정헌법 9조의 헌법에 열거되지 않은 기본권도 보호된다는 조항에 따라 프라이버시가 개인의 권리로서 인정된다고 판시하였습니다. 그러한 권리는 생명에 영향을 미칠 수 있는 개인과 가족의 결정에도 작용합니다. 가족에게 그러한 결정을 내릴 권한이 있다는 원고의 청구는 부정되어서는 안 될 것입니다.

또한 원고는 수정헌법 14조에 근거해 주에 적용되는 수정헌법 1조의 종교 행위의 자유에는 카렌 앤 퀸란과 그 가족이 아무런 소용이 없는 비정상적인 의료 조치를 중단하는 권리도 포함된다고 주장합니다. 이러한 요구는 종교에 기반을 둔 판단의 산물이며 조 퀸란과 그

가족이 믿는 종교의 교리와 부합하는 것입니다.

카렌 앤 퀸란을 포함한 그의 가족들은 가톨릭 신자이며 교황 피우스 12세가 말한 바와 같이 가톨릭의 교리는 자신이나 혹은 자신이 돌보는 사람이 심각한 질병에 걸렸을 때 생명과 건강을 유지하도록 적절한 조치를 취할 의무를 부과하고 있습니다. 자기 자신과 하느님과 인류 공동체와 다른 사람들을 위한 이런 의무는 자비와 신을 위한 헌신, 사회 정의는 물론 가족을 위한 헌신에서 나옵니다. 그러나 이 의무에는 그 사람이 처한 환경과 문화, 때와 장소에 따른 정상적인 수단의 사용을 의미합니다. 즉 자기 자신에게나 다른 사람에게 지나치게 무거운 부담을 주지 않는 것입니다.

더 엄격한 의무를 부과하는 것은 대부분 사람들에게 지나치게 부담스럽기 때문에 더 중요한 선을 실천하기가 어렵습니다. 생명과 건강 그리고 행위는 사실상 영적인 목적에 종속됩니다. 반면에 더 중요한 의무에 위반하지 않는 한 생명과 건강을 유지하는 데 반드시 필요한 조치 이상을 취하는 것은 금하지 않습니다. 이러한 전체적인 상황을 고려할 때 영적인 선을 실천하려는 의도에서 이루어진 이상 실제 행위가 의무를 따른 것인지 혹은 단순히 선택을 따른 것인지는 중요하지 않습니다. 그러한 범위 내에서 한 것이라면 수정헌법 1조에 근거해 종교적 행위의 자유로 보호됩니다.

더구나 퀸란 가족은 영적인 목적을 달성하려는 행위이므로 가족의 결정도 개인의 결정과 똑같이 중요하게 취급되어야 한다고 믿고 있으며, 특히 본인 스스로 결정할 수 없을 때에는 더욱 그렇습니다. 의학적인 조언은 개인과 가족의 결정에 영향을 줄 수는 있지만 반드시 따라야 하는 것은 아니라고 생각합니다.

일반적으로 가족의 권리와 의무는 혼수상태에서 스스로 결정을 내릴 수 없는 환자의 추정 의사에 달려 있습니다. 그리고 가족의 의무는 원칙적으로 정상적인 수단을 사용하는 데 한정됩니다.

결과적으로 회복을 위한 시도가 도저히 가족의 의무라고 할 수 없을 만큼 부담스러운 것일 때 가족은 적법하게 그 중단을 요청할 수 있고 의사들은 적법하게 그러한 요청을 받아들일 수 있습니다. 이를 두고 직접적으로 생명에 대한 결정을 내리는 것이라고 할 수 없고 또한 안락사라고 부를 수도 없습니다. 생명을 직접적으로 중단해 버리는 것은 합법적이라고 할 수 없습니다. 그러나 치료를 중단하고 나서 심장이 멈추었다고 하더라도 이는 생명의 중단과 직접적인 관계가 없습니다.

이 사건에는 정부가 퀸란 가족의 사생활을 침해하거나 그들의 종교적 행위의 자유를 제한할 아무런 근거가 없습니다. 피고 측은 원고들의 권리는 특정한 상황에서는 제한될 수 있다고 주장하였습니다. 일반적인 법 원리에서 이것은 맞는 주장입니다. 그러나 피고 측은 이 사건에서 원고들의 권리 행사를 제한할 만한 아무런 근거도 제시하지 못했습니다. 또한 이 사건과 유사한 어떠한 선례도 제시하지 못했습니다.

의학적인 증언에 비추어 볼 때 현재 카렌이 받고 있는 치료를 계속하라고 법원이 명령한다면, 그 명령은 수정헌법 8조에 근거해 금지되는 불합리하고 비정상적인 처벌에 해당합니다.

검사와 병원에 기준이 될 수 있는 결정이어야 한다는 피고 측의 주장에 동의합니다. 아울러 의사들에게도 원고의 청구를 받아들일 때는 어떤 효과가 있는지 명확해야 합니다.

치료를 중단하는 것이 카렌의 뜻에 가장 부합한다는 사실이 인정되는 이상 법원은 그러한 중단에 동의해야 할 것입니다. 그러한 동의가 적법하다는 것은 의사들과 병원이 내린 판단에 근거합니다. 즉 희망이 없고 회복하기 어려운 혼수상태에 비정상적인 수단으로만 생명이 유지될 때 계속되는 치료는 의학적으로 아무런 의미가 없는 판단을 말합니다. 이때에는 비정상적인 수단을 중단하는 것은 살인죄에 해당하지 않습니다. 중단하여 환자가 목숨을 잃는다고 하더라도 이는 카렌을 보호할 의무를 위반한 것이 아니므로 처벌 대상이 아닙니다.

당사자의 권리 관계를 결정하는 일은 확인 판결에 적합한 대상이고 형사소추나 민사 또는 행정절차의 기초가 될 수 있습니다. 이것이 이 슬프고 무거운 쟁점에 대한 우리의 결론이고 재판장님 앞에 서게 된 이유입니다. 이 재판에서 우리 모두가 추구하는 것은 이러한 쟁점을 해결하도록 도움을 청하는 것입니다.

이 사건에서 퀸란 가족의 청구는 다음과 같이 명백합니다.

"우리는 카렌 앤을 사랑하지만 희망이 사라졌다는 사실을 잘 알고 있습니다. 그를 하느님의 품으로 돌려보내 주십시오. 그와 같은 질병으로 고통받는 사람들에게 이제 더는 고통을 안겨 주지 마십시오."

법원은 동정심에서가 아니라 정의를 실현하는 데 원고의 청구를 받아들일 수 있습니다. 법원은 카렌이 평화롭게 잠들 수 있다고 선언할 수 있을 뿐만 아니라 다음과 같은 말을 덧붙일 수 있습니다.

"하이랜드 박사, 콜레스터 박사, 이것은 살인 행위가 아닙니다. 아인혼 변호사, 당신의 의뢰인들은 환자의 요청을 들어줄 수 있습니다. 그들은 법이 요구하는 이상의 일을 해냈습니다. 모스 박사, 제이브드 박사, 당신들은 어떤 결정을 해야 할지 물으려고 이곳에 왔습니다. 이제 그 대답을 드리겠습니다.

당신들은 6개월 동안 카렌의 병상을 지켰고, 6개월 동안 고통받는 퀸란 부부와 대화를 했고, 6개월 동안 의문 속에서 해답을 찾아 헤매었습니다. 이제 복잡한 법정을 떠나서 스스로 깊이 생각해 보십시오. 당신들은 올바른 결정을 내릴 수 있습니다. 동료 의사들과 상의하고, 여러분의 마음속 깊은 곳을 들여다보고, 위법행위의 책임을 져야 할지도 모른다는 두려움을 떨쳐 버린다면 여러분은 계속되는 치료가 단지 불필요한 고통의 연장일 뿐이라는 것을 깨달을 것입니다. 우리의 축복과 함께 카렌을 그가 속한 곳으로 돌려보내십시오. 그는 평화 속에 잠들 것입니다."

카렌 앤 퀸란과 그의 가족을 대리한 폴 암스트롱 변호사의 변론은 실력 있고 헌신적인 소송 변호사의 최종 변론의 훌륭한 전범과도 같다. 그의 주장은 열정이 담겨 있고 체계적이고 카렌 앤의 가족에게 모든 비정상적인 치료를 중단할 수 있도록 허용해야 한다는 법률적 근거를 제공한다.

법원의 결정

변론이 끝나자 모든 관심은 뮤어 판사에게 쏠렸다. 뮤어 판사는 745쪽에 이르는 재판 기록, 12권의 메모 노트, 재판 기간 중에 참조한 의학서적과 법률서적을 가지고 판사실로 돌아가면서 2주 후에 결정을 하겠다고 발표하였다.

재판 이후 두 주일 동안 2천 통의 편지가 퀸란 가족의 집에 도착했다. 대부분 가족의 결정을 지지하는 내용이었다. 십자가와 성수를 담은 소포는 법원에 배달되었다. 점술가와 신앙요법 치료사들은 카렌 앤이 입원한 병원으로 찾아와 병실에 들어가게 해 달라고 졸라댔다.

뮤어 판사는 카렌 앤의 병실을 방문해 달라는 암스트롱 변호사의 요청을 거절하였다. 그는 자신의 결정은 증거를 기초로 해야 하고 감정의 영향을 받아서는 안 된다며 이해를 구했다. 뉴어크 출신의 뮤어 판사는 머리가 벗겨지기 시작한 마흔셋 근육질의 중년 남자였다. 세 아이의 아버지로서 장로교회의 장로이자 공화당원이었다.

11월 10일 뮤어 판사는 판결을 내릴 준비가 다 되었다고 발표했다. 판결문에서 그는 감정의 일단을 드러냈다. "퀸란 부부와 그 두 자녀에 대한 연민과 공감은 비길 데가 없습니다."

그러나 뮤어 판사는 개인의 감정은 사법적 양심과 객관성에 우선할 수 없다고 말했다. 그는 카렌 앤이 회복될 수 있는 일말의 가능성이라도 있다면 생명유지 장치를 제거할 수는 없다고 결정하였다. 생명유지 장치를 계속 가동해야 할 의무가 있다는 것이다. 판사는 또한 자신의 결정이 의료계에 미칠 영향도 우려하였다. 환자를 치료하는 데 의사의 의무를 상세히 설명한 후에 뮤어 판사는 수사적인 질문을 던졌다.

"의사에게서 환자에 대한 결정권을 빼앗아 법원에 넘겨주는 것이 어떻게 정당하다고 할 수 있겠습니까?"

그 다음 뮤어는 암스트롱 변호사의 주장을 하나하나 반박해 나갔다. 프라이버시의 권리나 종교의 자유나 혹은 불합리하고 비정상적인 처벌을 금지하는 조항도 카렌 앤의 주치의의 권한을 박탈하는 근거가 될 수 없다. 설사 이러한 권리가 인정된다 하더라도 조 퀸란의 감정 상태를 고려할 때 그는 카렌 앤의 후견인이 될 수 없다. 후견인은 본인 스스로 판단할 수 없는 사람을 위해 객관적이고 논리적인 결정을 내려야 하기 때문이다.

법정 밖에는 200명이 넘는 보도진들이 퀸란 가족의 반응을 보고자 대기하고 있었다. 지상파 방송국의 세 곳 모두가 가족들의 기자회견을 생중계하려고 준비를 하고 있었다. 가족들은 보도진들에게 판결 결과에 실망했지만 재판이 끝나서 마음이 편하다고 했다. 기자회견 도중 한 기자가 큰 소리로 질문을 던졌다.

"이제 어떻게 할 건가요?"

퀸란 가족은 잘 모르겠다고 대답했다.

세인트 마거릿 성당 지하실에서 열린 두번째 기자회견에서 조 퀸란은 판결에 대한 좌절감을 털어놓았다. 그러나 조는 뮤어 판사가 의사에게 결정권이 있다고 선고한 것은 용기 있는 판결이었다고 말했다.

보수적 칼럼니스트인 조지 윌은 판결을 지지하는 칼럼을 썼.

"퀸란 가족의 승소판결은 살인을 정당화하는 결정이나 마찬가지였을 것이다."

《로스앤젤레스 타임스》는 판결이 법적으로는 올바를지 모르지만 "법의 경직성은 인간적인 비극을 해결하는 데 실패했다"고 썼다.

상소 여부의 결정

퀸란 가족과 암스트롱 변호사가 뮤어 판사의 판결에 상소 여부를 결정하는 데는 오랜 시간이 걸리지 않았다. 암스트롱 변호사는 뉴저지 주 대법원은 그들의 주장을 받아들일 가능성이 보다 높다고 퀸란 가족을 설득했고 상소심에서는 다시 증언할 필요가 없다는 설명을 들은 퀸란 가족은 상소에 동의했다.

1975년 11월 17일 암스트롱 변호사는 뉴저지 주 트렌턴에 가서 상소장을 제출하였다. 대법원은 즉각 반응을 보였다. 상소장을 제출한 당일 이 사건을 심리하겠다고 발표하였으며 변론기일을 1976년 1월 26일로 지정하였다. 뮤어 판사의 판결이 선고된 날로부터 두 달 반 뒤였다.

카렌 앤이 입원한 병원과 퀸란 가족의 집으로 편지가 쏟아졌다. 톰 트래파소 신부는 1,200명의 교구민들에게 편지를 썼다.

법은 1974년 1년 동안 미국에서 89만 2천 명의 낙태를 허용했습니다. 그런데도 카렌 앤이 평화 속에 잠드는 것은 허용할 수 없다는 것입니까?

그러나 이때 카렌 앤 퀸란의 고난은 전혀 예상하지 못한 곳에서 찾아온다. 1975년 12월 16일 《뉴욕 포스트 *New York Post*》는 '혼수상태 소녀에 대한 폭행혐의 조사' 라는 제목의 기사를 대서특필했다. 기사에 따르면 카렌이 혼수상태에 빠진 날 저녁, 그와 함께 있던 사람들 중 스물두 살의 윌리엄 자이옷이라는 사람이 카렌을 폭행해서 혼수상태를 초래한 혐의로 조사를 받고 있다는 것이었다. 하이랜드 검찰총장은 자이옷을 신문하여 카렌의 머리에 있는 달걀 모양의 혹이 그의 폭행 때문에 생긴 것인지 그리고 그 혹이 카렌의 상태와 관계가 있는지 밝혀낼 것이라고 발표했다.

기사가 보도된 다음날 검찰총장의 지시를 받은 수사관들이 자이옷을 뉴저지 주 트렌턴으로 데려갔다. 그는 몇 시간 동안 조사를 받은 뒤 풀려났다. 조사에서 밝혀진 것은 아무것도 없었지만 조 퀸란은 이러한 상황 전개에 큰 충격을 받았다. 그는 나중에 이러한 일련의 사건 때문에 좌절감은 물론 음식을 먹거나 제대로 말을 할 수도 없는 지경에 이르렀다고 회상했다.

어떻게 이제 와서 언론과 검찰이 자신의 딸 이름을 더럽히는가? 최초의 검진 때 카렌 앤의 혼수상태는 외상과 아무런 관련이 없음이 분명히 밝혀졌었다. 이제 카렌의 사생활이 사람들 입에 오르내리게 된 것이다.

트래파소 신부는 다시 글을 썼다.

검찰총장은 이제 와서 범죄의 가능성이 없다고 발표했습니다. 그는 카렌 앤의 상태를 가장 잘 아는 의사들과는 아무런 접촉도 해 보지 않았습니다. 의사들은 한 번도 카렌 앤의 혼수상태가 외상에 기인하는 것이라고 생각하지 않았습니다. 언론은 물론 카렌 앤과 동네 불량배 사이에 "관계가 있을 수 있다"는 말을 흘린 익명의 경찰관에게 분노를 금할 길이 없습니다. 수사는 늘 철저한 보안과 신중성을 유지해야 합니다. 정말로 사람들은 혼수상태인 30킬로그램의 소녀를 심판하고 싶어 하는 것입니까?

그러나 이 사건으로 충격을 받은 것은 트래파소 신부와 조 퀸란만이 아니었다. 12월 20일 줄리아 퀸란은 가슴을 칼로 찌르는 듯한 통증을 느끼며 잠에서 깨어났다. 심각한 불안 장애가 엄습한 것이다. 같은 날 밤 카렌 앤의 남동생은 술집에서 싸움을 벌여 경찰의 조사를 받았다. 퀸란 가족은 상소심이 열리는 1월 26일까지 힘든 시간을 보내야 했다.

마침내 상소심 재판이 열렸다. 뉴저지 주 대법원의 대법관 7명은 오전 9시 정각에 법정에 입정했다. 법대의 가운데 자리에는 대법원장인 리처드 J. 휴즈가 앉았다. 뉴저지 주 주지사를 지낸 그는 가톨릭 신자로서 자녀를 11명 둔 아버지였다. 변론은 네 시간 동안 긴장된 분위기에서 진행되었다.

폴 암스트롱 변호사가 먼저 구두변론을 시작했다. 다음은 그 중 일부를 발췌한 것이다.

조지프 퀸란을 위한 폴 암스트롱 변호사의 구두변론

대법관 암스트롱 변호사, 원고가 법원에 청구하는 것이 구체적으로 어떤 것입니까?

암스트롱 영구적인 식물인간 상태에 빠진 사람을 대신하여 퀸란 가족이 청구하는 것은 무의미한 치료 행위를 중단하고 환자가 자연스러운 상태에 있도록 허용해 달라는 것입니다. 그것이 저희가 주장하는 바입니다.

대법관 법원이 어떤 조치를 해 달라는 것입니까?

암스트롱 아닙니다, 대법관님. 저희가 바라는 것은 원고의 행위가 헌법상의 권리 행사에 합법적인 것인지 그 여부를 결정해 달라는 것입니다. 특정한 사람에게 그의 믿음에 반하는 행위를 하도록 지시해 달라는 것이 아닙니다.

대법관 제가 제대로 이해한 것인지 모르겠습니다. 법원이 의사에게 의료 장치를 제거해 달라는 당신 의뢰인의 요구에 따를 것을 명하는 것이 소송 대상이 될 수 없다는 말입니까?

암스트롱 의사의 신념에 반하는 일을 하도록 판결할 것을 요청하는 것은 아닙니다.

대법관 그렇다면 원고는 의사에게 생명유지 장치를 제거해 달라고 요구하는 것이 민사적으로나 형사적으로나 책임이 없다는 것을 확인해 달라는 것입니까?

암스트롱 그렇습니다.

대법관 우리가 보기에는 원고의 청구는 그 이상의 내용을 담고 있는 것으로 생각됩니다. 원고는 이미 의사에게 생명유지 장치를 제거해 달라는 요구를 했고 의사는 이를 거절했습니다. 그러한 의사의 결정을 뒤집어 달라고 요청하는 것이 아닙니까?

암스트롱 아닙니다. 제가 보기에 주치의의 증언은 본인은 그러한 일을 할 수 없다고 생각하지만, 다른 의사들 중에는 생각이 다른 사람도 있다는 것입니다. 우리가 요청하는 것은 만일 주치의가 원고의 요구를 들어줄 수 없다고 생각하더라도—이 사건에서 모스 박사와 제이브드 박사는 그렇게 생각하고 있습니다—원고의 요구를 들어줄 다른 의사에게 간섭하지는 말아 달라는 것입니다.

대법관 암스트롱 변호사, 당신이 이 소송에서 승리하려면 법원이 퀸란 가족에게 생명유지 장치를 제거할 헌법적인 권리가 있다고 판결해야 하는 것 아닙니까? 당신이 승소하려면 우리가 그런 태도를 취해야 하는 것 아닙니까?

암스트롱 또 다른 방법이 있습니다.

대법관 그것이 무엇입니까?

암스트롱 보통법에 따라 법원이 카렌 앤의 희망과 가치관 등을 고려할 때 가장 좋은 선택은 생명유지 장치를 제거해야 한다는 결정을 내린다면 헌법 문제는 논쟁할 필요가 없다고 생각합니다.

대법관 그러나 그러한 점이 인정되지 않는다면 우리는 퀸란 가족에게 카렌의 생명유지 장치를 제거할 결정을 내릴 헌법상의 권리가 있는지 살펴보지 않을 수 없습니다. 그렇지 않습니까?

암스트롱 맞습니다.

대법관 암스트롱 변호사, 당신의 답변은 퀸란 가족이 그러한 결정을 내리더라도 아무런 책임을 질 필요가 없다는 확인을 구할 뿐만 아니라 의사들이 퀸란 가족의 요청을 들어주더라도 아무런 책임이 없다는 확인을 구하는 것으로 보입니다. 맞습니까?

암스트롱 예, 그렇습니다.

대법관 그렇다면 당신은 법원에 이 사건에서 의사가 생명유지 장치를 제거하겠다는 결정을 내리고 실행에 옮기더라도 그것은 적법한 행동이고 소송을 당할 이유가 없다는 확인을 구하는 것입니다. 말하자면, 당신은 이러한 사실관계에서는 의사가 환자의 요구를 받아들여 생명유지 장치를 제거하더라도 민사상 혹은 형사상 아무런 책임이 없다는 주장을 하는 것입니다.

암스트롱 그렇습니다.

대법관 다시 확인하겠습니다. 당신은 여기에서 세 가지 청구를 하고 있습니다. 이 세 가지 청구가 논리적 순서에 따른 것을 보면 분명히 많은 생각을 한 것으로 보입니다. 첫번째로 당신은 카렌 앤이 정신적으로 무능력하다는 확인을 구하면서 원고를 후견인으로 지정해 달라고 청구하고 거기에 명시적으로 '신체 기능을 유지

하는 데 필요한 모든 비정상적인 수단'을 제거할 권한을 포함해 줄 것을 요청했습니다.

암스트롱 예, 그렇습니다.

대법관 두번째로 당신은 위의 청구가 받아들여지면 검찰이 이에 관여하거나 혹은 법원 결정에 따르는 행위를 소추해서는 안 된다는 확인을 구하고 있습니다. 마지막으로 위의 두 가지 청구가 받아들여진다면 의사들이 그 결정의 실행을 방해해서는 안 된다는 확인을 구하고 있습니다. 이것이 당신이 청구하는 것입니까?

암스트롱 예, 맞습니다.

대법관 좋습니다. 다른 것은 없습니까?

암스트롱 없습니다.

휴즈 대법원장 암스트롱 변호사, 당신의 의뢰인이 바라는 것을 얻으려면 당신이 답변한 바와 같은 판결이 필요하다는 점에 동의합니다. 퀸란 양의 능력 부분과 후견인 지정 부분을 제외한다면, 결국 당신이 법원에 청구하는 것은 의사들이 치료를 중단하고 이 때문에 카렌 앤이 사망한다고 하더라도 의사들이나 가족에게 아무런 법적 책임이 따르지 않는다는 확인이 아닙니까? 제가 알기로는 현재까지 그러한 판례는 존재하지 않습니다.

암스트롱 제가 청구하는 것이 바로 그것입니다.

대법관 결국 당신은 새로운 판례를 만들기 바라는 것입니까?

암스트롱 이 사건의 사실관계를 말한다면 그렇습니다.

휴즈 대법원장 이 사건의 사실관계에 한해서란 말입니까? 그렇다면 헌법상 새로운 권리가 필요한 것은 아니라는 것입니까?

암스트롱 예, 그렇습니다. 보통법에서 당사자에게 최선의 선택이라는 법 원리로 그런 판결을 내릴 수 있을 것이라고 생각합니다.

휴즈 대법원장 의회를 거치지 않고 새로운 법 원칙을 만든다는 것인데 법원이 입법부의 권한을 행사하는 것이 아닌가요?

암스트롱 그렇지 않습니다, 대법원장님. 그것은 영국에서부터 유래한 보통법의 발전을 반영하는 것입니다. 그러한 판결은 현존하는 판례법을 이 사건에 특수한 사실관계에 적용하는 것일 뿐입니다. 저는 법원이 그러한 판결을 할 권한이 있다고 생각합니다.

대법관 암스트롱 변호사, 카렌 앤 퀸란이 지금과 같은 상태가 아니라 의식과 분별력은 있으나 질병 때문에 죽음을 앞둔 상황에서 의사와 병원에 인위적인 치료를 중단해 달라고 요청한다면 어떻습니까? 그런 때에 판례는 어떻게 만들어집니까?

암스트롱 만일 죽음이 임박하고 의사가 제공하는 치료 방법은 아무런 효과가 없어서 회복될 가능성이 없다면 환자는 치료를 중단해 달라고 법에 호소할 헌법적 권리가 있다고 생각합니다.

대법관 어떤 사람들은 기적적인 약품이나 치료 방법이 개발될 가능성은 항상 있다고 말합니다. 환자가 치료를 중단하고 사망했을 때와 만일 생명유지 장치의 도움을 받아 생명을 연장했을 사이에 그런 약품이 개발될 수도 있다는 주장에는 어떻게 답변하겠습니까? 그러한 가능성은 고려하지 않아도 된다고 말할 것입니까?

암스트롱 일반적으로 말한다면 그러한 주장을 할 수도 있을 것입니다. 그러나 퀸란 가족은 모스 박사와 제이브드 박사의 도움을 받아 카렌과 같은 종류의 뇌손상을 완화할 수 있는 연구가 진행되고 있는지 철저히 점검했습니다. 그러한 연구는 존재하지 않고, 이와 관련된 아무런……

대법관 기적은 그런 식으로 일어나지 않습니다. 예를 들어 소아마비 백신은 하루아침에 개발된 것입니다. 사전에 아무런 예고도 없었습니다. 왜 카렌 앤의 증상을 완화할 방법은 불가능하다는 것입니까?

암스트롱 기본적으로 그런 기적이 있으려면 거액의 연구기금이 필요합니다. 불가역적인 뇌손상의 회복에는 그러한 기금이 존재하지 않습니다. 이와 관련해 진행되는 연구는 전혀 없는 것이 현실입니다.

대법관 이 분야를 연구한 것이 아닌데도 우연히 어떤 약품을 개발할 수도 있습니다. 그런 때에는 어떻게 생각합니까?

암스트롱 그런 때라면 모든 사람에게 도움이 될 것입니다.

대법관 퀸란 양도 포함해서 말입니까?

암스트롱 물론 퀸란 양도 포함됩니다.

대법관 그렇다면 어떻게 답변하겠습니까?

암스트롱 물론 그런 가능성이 전혀 없다고 말할 수는 없습니다. 그러나 실제로 그것은 거의 실현되기 어려운 일입니다.

대법관 만일 그런 가능성이 존재하고 그러한 가능성 때문에 의심이 생긴다면 마지막까지 생명을 유지하는 쪽으로 결정을 해야 하지 않겠습니까?

암스트롱 그 문제는 환자나 환자의 가족이 헌법상의 권리에 따라 스스로 결정을 내릴 때 고려할 요소라고 생각합니다. 물론 일말의 가능성이 있다면 결정을 내리기 전에 고려하는 것이 맞습니다. 또한 의사가 그런 가능성을 알고 있다면 환자나 가족에게 진행 중인 연구를 알려 주고 주어진 상황에서 상태를 나아지게 할 가능성이 있는지 여부를 판단하도록 해 주어야 합니다.

대법관 암스트롱 변호사, 제 생각에는 당신의 주장은 입증되지 않은 가정에 입각한 것으로 보입니다. 1심 재판 과정에서 그러한 가정을 입증하려고 노력했는지 모르겠습니다. 그 가정은 의사들이 희망이 없는 환자를 도우려고 생명유지 장치를 중단하는 결정을 일상적으로 한다는 것입니다. 그러한 가정을 입증하려는 시도를 했습니까? 1심 재판에서 이를 입증할 증거를 제출했습니까?

암스트롱 코레인 박사가 그러한 요구를 들어주는 것이 의학적인 전통이라고 증언한 것이 그 입증이라고 생각합니다.

대법관 그래서 그 점이 증명된 것이라고 생각합니까?

암스트롱 예, 물론입니다.

대법관 그렇습니까? 만일 그 점이 입증되었다면 상당히 중요한 증거일 것입니다. 그러나 제가 들은 바로는 의사들은 환자들 편에서 결정을 하고 그들의 생명에 위해를 주지 않으려고 주의합니다. 그들에게 해가 될 약품은 주지 않습니다. 하지만 아무런 희망이 없고 살아 있는 것이 오히려 고통인 환자들에게 인공적인 생명유지 장치를 제거하는 결정을 내린다는 말은……

암스트롱 저는 그렇게 생각합니다.

대법관 제 생각에 당신이 여기에서 주장하는 것은 만일 카렌 앤 스스로 그러한 요구를 할 능력이 있고 의사가 그런 요구에 따랐다면 아무런 책임이 없다는 점을 법원이 받아들여야 한다는 것으로 보입니다.

암스트롱 그것이 제가 주장하는 것 중 일부입니다. 또 다른 주장은 만일 카렌이 그런 결정을 하리라고 입증하지 못한다면 그 가족에게 결정권이 주어져야 하고 카렌이 직접 결정을 내린 것과 마찬가지로 책임을 지지 않아야 한다는 것입니다.

대법관 검사가 범죄의 증거를 찾지 못한다면 형벌은 있을 수 없습니다. 당신이 말한 것처럼 의사들이 일반적으로 생명유지 장치를 제거하는 결정을 내리는지는 검사에게 물어야 하는 질문입니다. 검사가 실제로 그러한 사실을 알고 있는지, 혹은 검사나 수사관들에게 그러한 것이 잘 알려진 사실인지 묻는다면, 내 생각에는 틀림없이 부정적인 답변을 할 것입니다. 암스트롱 변호사, 그런 증거가 발견된다면, 즉 의사들이 생명유지 장치를 제거하거나 혹은 다른 방법으로 환자의 생명을 단축시킨 증거가 나타난다면 어떠한 형태로든지 기소를 하지 않겠습니까?

암스트롱 맞습니다, 대법관님.

대법관 제 생각에도 물론 기소를 할 것입니다. 그렇다면 그러한 일들이 일상적으로 일어난다고 하는 것은 지나친 주장 아닙니까?

암스트롱 소송에서 그러한 사실을 자백 받기란 매우 어려울 것입니다.

대법관 물론 그렇겠지요. 스스로 범죄를 자백하는 것이니까요.

암스트롱 그렇습니다.

대법관 암스트롱 변호사, 이 사건을 단순하게 볼 수 있도록 두 개의 유사한 예를 들어 보겠습니다. 첫번째는 어떤 환자가 심한 화상을 입고 엄청난 고통에 시달리면서 병원에 실려 왔습니다. 얼핏 보기에도 소생할 가능성이 없어 보이는 환자입니다. 이때 의사는 자신의 판단에 따라 생명유지에 필요한 조치를 취하지 않았습니다. 두번째는 똑같은 환자가 실려 왔는데 주말이어서 의사가 자리를 비운 사이에 조수가 생명유지 장치를 연결했습니다. 월요일에 출근한 의사는 조수가 취한 조치와는 상관없이 생명유지 장치를 제거하였습니다. 이 두 사건 사이에, 즉 처음부터 아무런 조치를 하지 않았을 때와 적극적으로 조치를 취했을 때 책임의 정도에 차이가 있다고 생각합니까?

암스트롱 의사가 어떠한 조치를 취하기 전에 그것이 아무런 도움이 되지 않을 것이라고 판단을 하고 나서 환자나 그 가족과 상의를 한 뒤에 그러한 조치를 취하지 않았다면 책임을 물을 수 없을 것입니다. 만일 의사가 실제로 어떤 조치를 취한 다음에 결정을 했다면 그 결정은 더욱더 보호받아야 할 것입니다. 이때 의사는 모든 가능성을 배제하지 않았기 때문입니다. 의사는 실제로 조치를 취한 뒤 그것이 아무런 효과가 없다는 것을 스스로 확인한 것입니다. 그러한 조치는 자연스러운 진행을 왜곡하는 것에 불과합니다.

휴즈 대법원장 당신 생각에는 두 가지 예가 아무런 차이가 없다는 것이군요?

암스트롱 이 사건에서는 그렇습니다. 화상을 입은 환자의 경우는 환자가 어떠한 의사를 표시했는지 설명을 듣지 못했습니다.

휴즈 대법원장 만일 이 사건에서 모스 박사가 카렌을 처음 본 순간 치료 방법이 전혀 없다고 판단했다고 가정해 봅시다. 생명유지 장치를 가동한다고 하더라도 한두 달 생명을 연장할 가능성밖에 없다고 판단했다고 합시다. 그때에는 그가 생명유지 장치를 사용하지 않았다면 그의 형사적, 민사적 책임이 조금이라도 가벼워질 수 있습니까? 혹은 히포크라테스 선서에 따른 그의 직업적인 책임이 조금이라도 가벼워질 수 있습니까?

암스트롱 저는 먼저 모스 박사가 환자나 가족의 의사를 물어야 한다고 생각합니다. 그들에게 결정권이 있기 때문입니다. 매우 긴급한 상황이라면 의사는 히포크라테스 선서에 따라 생명유지 장치를 사용해야 한다고 생각합니다.

휴즈 대법원장 아무런 효과가 없을 때도 말입니까?

암스트롱 글쎄요, 완전히 아무런 효과가 없다면…… 그렇다면……

휴즈 대법원장 저는 완전히 효과가 없을 때를 말하는 것입니다. 의사의 경험과 의료 지식에 비추어 환자가 하루 뒤에 사망하거나 혹은 심한 고통을 겪은 뒤 3개월 뒤에 사망할 것이 분명하다면 생명유지 장치를 사용하지 않겠다는 의사의 결정은 법적인 책임이 있습니까?

암스트롱 만일 환자나 가족과 상의 없이 그러한 결정을 내린다면 책임을 져야 한다고 생각합니다.

대법관 좋습니다. 그렇다면 의사들이 그러한 결정을 내릴 때 사망의 정의에 사법적인 판단이 도움이 될 것이라고 생각합니까? 그러한 개념이 법원이 고려할 대상이라고 생각합니까?

암스트롱 파쉬만 대법관님, 제가 주장하는 것은 의사의 역할은 환자에게 무엇이 문제인지 그 진단을 알려 주어야 한다는 것입니다.

대법관 의사들은 그런 일을 합니다.

암스트롱 의사들은 치료의 성격을 알려 주고 환자들이 어떠한 선택을 할 수 있는지 알려 주어야 한다는 것입니다.

대법관 그렇습니까?

암스트롱 예, 그리고 그 뒤에 환자나 가족이 스스로 결정을 내려야 한다는 것입니다.

조지프 퀸란을 위한 제임스 M. 크로울리 변호사의 구두변론

암스트롱 변호사는 변론을 시작하기 전에 수정헌법 1조를 전문가인 제임스 크로울리 변호사와 함께 변론을 하겠다고 법원에 요청했다. 크로울리 변호사는 헌법에 규정된 종교적 행위의 자유 원칙에 따라 조 퀸란은 종교 지도자의 가르침을 따르고 카렌 앤에게서 비정상적인 장치를 제거할 헌법상의 권리가 있다는 변론을 하였다.

크로울리 존경하는 대법원장님, 그리고 대법관 여러분, 저에게 퀸란 가족을 대리하여 변론할 기회를 주셔서 감사드립니다. 저는 퀸란 가족의 결정이 사생활을 다룬 헌법 규정에 따라 보호될 뿐만 아니라 종교적 믿음을 실현하는 행위로서 보호된다는 주장을 한 바 있습니다. 그러한 주장을 판단하는 데 '위스콘신 대 요더 Wisconsin v. Yoder' 사건에서 설시된 바와 같이 세 가지 기준을 고려해야 한다고 생각합니다.

　첫째, 당사자의 행위가 진실한 신앙에서 비롯되었는가? 둘째, 그러한 행위가 일상생활과 밀접한 관련이 있는가? 셋째, 당사자의 믿음은 그 종교적 집단이 공유하는 것인가? 종교적 성격의 행위를 금지하려면 정부는 그 행위를 금지할 만한 중대하고 비종교적인 이유를 입증해야 합니다.

　조지프 퀸란의 행위는 요더 사건의 세 가지 기준을 모두 충족합니다. 하급심이 이를 종교적 행위가 아니라고 판단한 것은 오류입니다.

우선 증거를 보면 조지프는 독실한 신자라는 사실을 인정할 수 있습니다. 그는 자신의 종교에 따라 생명의 신성함을 믿고 내세의 존재를 믿으며 희망이 없는데도 생존에 매달리는 것은 헛된 일로 하느님의 의지를 실천해야 한다고 믿습니다. 그리고 영적인 선을 이루는 데 가족의 역할이 중요하다고 믿습니다.

두번째로 종교를 믿는 사람에게 인생의 마지막을 생각하고 그에 대비하는 것만큼 일상생활과 밀접한 일은 없습니다.

세번째로 퀸란 씨가 다니는 성당의 신부 및 병원 목사의 증언, 교황의 강연, 그리고 가톨릭교회에서 법정에 제출한 의견서에 기재된 케이시 주교의 말대로 퀸란 씨가 선택한 행동은 그가 다니는 성당으로부터 지지를 받고 그 가르침에 충실한 것이라는 점이 명백합니다.

대법관 질문을 하나 하겠습니다. 제가 알기로는 이 문제에서 가톨릭은 중립적인 태도를 취하고 있습니다. 가톨릭은 생명을 단축하는 데 지지하는 견해도 반대하는 견해도 아닙니다. 직접적으로 관련된 사람들의 판단에 맡기는 태도를 취할 뿐입니다.

크로울리 대법관님, 그 점이 하급심이 저지른 실수입니다. 제1심 판사는 결정의 근거가 되는 종교적 원칙을 심사하려고 했고 그것이 전체적으로 가톨릭에 어떠한 의미를 갖는지 판단하려 했습니다. 그러한 심사는 헌법에 어긋나는 것입니다.

대법관 가톨릭의 가르침이 의사가 아니라 가족에게 결정권이 있다는 뜻입니까? 그것이 교회의 가르침이라는……

크로울리 그것이 가톨릭의 가르침을 실행하는……

대법관 가톨릭에서는 그러한 결정이 퀸란 씨의 권리라는 것입니까?

크로울리 생명에 영향을 미치는 결정은 본인과 가족이 결정할 일입니다.

대법관 크로울리 변호사, 수정헌법 1조의 권리에는 그에 따르는 부담을 인정한 헌법 이론이 아닙니까? 판례에는 자유로운 종교의 실천에는 한계가 있다고 되어 있지 않습니까?

크로울리 물론 한계가 있는 것이 사실입니다. 그러나 보다 엄격한 기준을 따르더라도 그 행위가 사회적 이해관계에 명백히 반할 때 금지된다는 것입니다.

대법관 크로울리 변호사, 이 문제에 가톨릭의 태도가 중립적이지 않느냐는 질문을 한 것은 여호와의 증인은 중립적이지 않았을 때가 있었기 때문입니다. 여호와의 증인은 특정한 방식의 치료를 받아서는 안 된다는 교리가 있습니다. 그런데도 그러한 종교적 행위를 금지해야 할 사회적 이해관계가 있을 때에는 법원은 망설임 없이 사회적 이해관계를 지지해 왔습니다.

크로울리 맞습니다.

대법관 만일 이 사건처럼 특정 종교가 중립적인 태도를 취할 때에는 법원이 더 적극적으로 개입할 수 있는 것 아닙니까?

크로울리 교회와 국가를 나누는 경계선은 교회와 관계된 영역에는 국가가 개입할 수 없어야 한다고 생각합니다. 종교 일은 국가가 관할하는 영역과 관계가 없고 사회적 이해관계에 반하지 않는 한, 교회가 결정할 수 있어야 하고 개인도 자신의 신앙에 따라 행동할 수 있어야 합니다. 만일 그러한 행동이 사회적 이해관계에 반한다면 그때는 국가가 간섭을……

대법관 좋습니다. 여호와의 증인 사건에 비추어 볼 때 이 사건에서 법원이 사회적 이해관계를 고려하여 원고의 청구를 기각해야 한다고 판단한다면 원고의 종교적 믿음은 어떻든 간에 결과에 영향을 주지 못하는 것이지요?

크로울리 그렇습니다.

대법관 좋습니다. 우리가 결정할 쟁점은 사회적 이해관계가 무엇이냐는 것입니다. 그리고 당신 의뢰인의 종교적 선택은 이 사건과 관련이 없습니다. 그렇지 않습니까?

크로울리 원고가 헌법상 명백히 보호받는 권리를 주장할 수 있다는 점에서 관련이 있습니다.

대법관 원고가 주장하는 종교상의 권리는 막을 수 없습니다. 하지만 법원이 사회적 이해관계에 반대되는 생각을 가지고 있다면 원고의 믿음을 고려해야 할 이유가 있습니까?

휴즈 대법원장 법원이 여호와의 증인 신도들의 교리를 인정하지 않았을 때 그것은 수혈로서 치료하는 것이었습니다. 그것은 확실한 치료법……

크로울리 예, 그 사건의 내용은 그렇습니다.

휴즈 대법원장 이 사건에도 똑같은 원칙이 적용되는 것 아닙니까? 만일 그 사건에서도 수혈을 하더라도 전혀 희망이 없었다면 그때도 법원이 여호와의 증인 신도들의 주장을 기각해야만 했을까요? 말하자면 환자의 회복 가능성이 있는 때에만 사회적 이해관계도 있는 것 아닙니까?

크로울리 제 생각에 사회적 이해관계는 세 가지 요소가 결합된 것이라고 생각합니다. 질병의 성격과 예후, 환자의 상태 혹은 치료의 성격, 그리고 치료를 거부하는 사람의 사회적 책임입니다. 종교적 믿음의 성격은 사회적 이해관계와는 관련이 없습니다.

대법관 그렇다면 당신의 주장은 개인의 자유에 있어 가톨릭의 교리는 원고 측에 유리하게 고려되어야 할 요소이기는 하지만 그 자체가 결정적 요소는 아니라는 말입니까?

크로울리 저는 내용에 상관없이 종교적 믿음만으로도 헌법적 요건에 충분하다고 생각합니다. 국가는 그러한 행위를 금지해야 할 아무런 사회적 이해관계를 입증하지 못하였습니다. 피고 측은 사회적 이해관계를 주장하고 하급심은 그러한 주장을 받아들였지만, 실제로 침해되는 구체적 이해관계는 제시된 바 없습니다.

모리스 카운티 도널드 G. 콜레스터 검사의 구두변론

휴즈 대법원장 검사에게 질문을 하나 하겠습니다. 카렌 앤이 병원에 도착한 때에 현재 모스 박사가 알고 있는 환자의 상태와 예후를 모두 알고 있다고 가정합시다. 그가 카렌 앤의 부모에게 동의를 받고 나서 생명유지 장치를 하지 않겠다는 결정을 한다면 모스 박사가 기소되어야 한다고 생각합니까?

콜레스터 그렇게 생각하지 않습니다.

휴즈 대법원장 그럴 때에는 기소할 수 없지요? 그렇지 않습니까?

콜레스터 예, 기소할 수 없을 것 같습니다.

휴즈 대법원장 생명유지 장치를 하지 않기로 하는 결정과 작동 중인 생명유지 장치를 제거하는 행위 사이에 본질적인 차이가 무엇입니까? 논리적으로 차이가 있습니까?

콜레스터 예, 제 생각에는 차이가 있다고 생각합니다. 무엇보다도 두 행위는 작위와 부작위로 나눌 수 있습니다. 이 사건에서 실제로 플러그를 뽑는 것은 하나의 행위이고 그것은 범죄에 해당합니다.

휴즈 대법원장 보다 쉬운 예를 들겠습니다. 만일 생명유지 장치의 퓨즈가 나갔다고 가정해 봅시다. 의사가 퓨즈를 갈아 끼우지 않으면 어떻게 됩니까?

콜레스터 그때에도 형사상 책임질 가능성이 있다고 생각합니다.

대법관 산소 텐트를 교환하지 않은 때에는 어떻습니까?

콜레스터 현행법에 의거해 형사 소추의 가능성이 있다고 생각합니다.

대법관 당신은 다른 행위들보다 플러그를 뽑는 행위에 극도의 혐오감을 표시했습니다. 그러한 행위들은 결국 똑같이 사망이라는 결과를 초래하는데도 말입니다.

콜레스터 아닙니다. 그렇지 않습니다. 형법의 기본적인 기능 중 하나는 사람들이 범죄를 저지르지 못하도록 억지하는 것입니다. 그리고 살인죄는 이러한 점에서 상대적으로 그 의미가 분명하다고 생각합니다.

휴즈 대법원장과 대법관들이 판결을 내리는 데 두 달하고 4일이 걸렸다. 이 기간에 조 퀸란의 태도는 보다 평온하고 철학적이 되었다. 언론으로부터 떨어져 있으면서 그는 어떤 일이 일어나든지 하느님께서는 자기 가족과 특히 카렌 앤을 위한 특별한 계획이 있을 것이라고 믿었다. 어떠한 판결이 내려지든 그는 받아들일 준비가 되었다.

조 퀸란은 제2차 세계대전 때 벌지 전투에 참전해 독일군의 포탄에 맞은 일을 회상했다. 동료 병사가 시체에 섞여 있던 그를 후송하여 목숨을 구해 주었다. 당시 하느님께 살려 달라고 빌던 조 퀸란은 인생에서 이루지 못한 일이 많다고 생각했다. 그때까지 그에게는 가족이 없었다. 그러나 뉴저지 주 대법원의 판결을 기다리며 죽음에 대한 조 퀸란의 생각은 큰 변화를 겪었다.

인생에서 무엇인가를 이루었다면 편안한 마음으로 죽음을 맞을 수 있다. 나는 가족을 이루었다. 다음번에 죽음과 직면할 때에는 편안한 마음일 것이다. 전쟁 중에 있었던 일을 회상해 보면, 하느님이 나를 시험해 본 것 같고 더 큰 계획 안에서 나에게 어떤 역할을 맡기고자 살리셨다는 생각이 든다. 나는 카렌 앤이 그 계획의 일부라는 강한 믿음이 있다. 카렌 앤을 평화롭게 보내려는 결정은 우리 가족만의 것이 될 수 없을지도 모른다. 아마도 하느님은 변호사와 의사를 포함한 모든 사람들이 그 결정에 참여하기를 원하신 것 같다. 내 생각에 하느님은 목적을 이루고자 우리 모두를 쓰시는 것 같다. 이제 대법원에서 판결을 내리면 카렌 앤은 마침내 하느님의 품으로 갈 것이다. 왜냐하면 하느님은 누구도 벌하지 않으며, 특히 스스로 부린 사람들을 벌하지 않기 때문이다.

뉴저지 주 대법원의 판결

휴즈 대법원장과 대법관들은 3월 30일 논의를 마쳤다. 판결문이 완성되었고 다음날 오전 10시 폴 암스트롱은 트렌턴에 있는 대법원에서 59쪽에 이르는 판결문을 받았다. 긴장한 암스트롱 변호사는 법원 서기에게 판결문을 읽어 볼 수 있는 조용한 장소가 있냐고 물었다. 서기는 대법원 안에 있는 넓고 편안한 서재로 안내하였다. 암스트롱은 판결문의 마지막 부분을 읽은 뒤 맨 앞장부터 차례로 읽어 나갔다. 법원의 결정문을 읽으면서 그는 눈물을 흘렸다. 뉴저지 주 대법원은 만장일치로 조 퀸란을 딸의 후견인으로 지정했고 카렌 앤의 프라이버시 권리를 아버지 조 퀸란이 행사할 수 있다고 선언했다.

휴즈 대법원장이 판결문을 작성하고 각 당사자의 주장과 견해를 상세히 설명하였다. 대법원장은 카렌 앤의 상태와 현재 제공되는 치료법을 자세히 설명하고 나서 사망에 관한 논점과 헌법상의 권리 문제를 다루었다.

> 기록상 나타나지는 않지만 우리는 카렌 앤의 상태가 더 악화되고 죽음이 임박했을 것이라고 판단한다. 현재 주치의들이 판결 이후 다른 태도를 취할 수가 있으며, 후견인으로 지정한 원고가 선택한 의사들이 다른 의견이 있을 수 있기 때문에 이 판결로서 원고의 청구에 다음과 같이 판단한다.
>
> 카렌의 후견인과 가족 동의를 조건으로, 주치의들이 카렌 앤이 혼수상태에서 회복되어 분별력을 되찾을 가능성이 없고 생명유지 장치를 제거하겠다는 결정을 내릴 때 그들은 병원에 소속된 '윤리위원회' 혹은 이와 동등한 기관과 협의해야 한다. 그 위원회에서 카렌이 회복되어 분별력을 되찾을 가능성이 없다는 점에 동의한다면 생명유지 장치를 제거할 수 있다. 이러한 조치에 관여한 후견인, 의사, 병원 기타 관계자들은 민사상 혹은 형사상의 책임을 지지 않는다.

판결문은 일련의 쟁점에 대해 퀸란 가족의 승소를 선언했다. 첫번째 단계로서 법원은 조 퀸란이 권리를 주장할 자격이 없다는 주장을 기각했다. 통상적으로 소송에서는 자신의 권리만을 주장할 수 있을 뿐이다. 엄밀하게 말하면 그는 딸의 헌법상 권리를 주장한 것이지만 법원은 그가 이 사건의 당사자에 해당한다고 판시했다. 그는 이 소송에 법률적인 이해관계가 있으며 중요한 문제를 제기했다는 것이다. 카렌 앤이 의사 능력이 없는 이상 조 퀸란에게 딸의 헌법상 권리를 제기할 자격이 있다고 판단했다. 만일 법원이 조 퀸란이 이 소송을 제기할 자격이 없다고 판단했다면 소송의 실질을 다룬 논점은 아무런 판단을 받지 못했을 것이다.

다음으로 법원은 카렌 앤의 종교적 행위의 자유와 불합리하고 비정상적인 처벌을 금지하는 헌법상 원칙이 이 사건에 적용되어야 한다는 주장을 기각했다. 법원은 종교적 행위의 자유의 중요성을 인정하면서도 중요한 사회적 목적과 상반될 때에는 공공 이익이 우선한다고 판시하였다.

> 간단히 말해서 신앙의 자유는 절대적 권리지만, 그에 따른 행동은 국가의 제한으로부터 자유로울 수 없다.

이 사건에서 국가가 자유를 제한할 수 있는 근거로 제시한 것은 생명을 보호해야 하는 사회적 이해관계였다. 헤스턴 판결을 고려할 때 퀸란 가족도 이 쟁점에 법원이 이와 같이 판단할 것으로 어느 정도 예상하고 있었다. 법원은 또한 불합리하고 비정상적인 처벌을 금지하는 수정헌법 8조의 적용 대상을 확대해야 한다는 주장을 받아들이

지 않았다. 수정헌법 8조는 오직 형벌에만 적용된다고 판시했다. 이를 '사회적인 부정이나 고통에 확대 적용'할 수 있는 어떠한 선례도 찾을 수 없다는 것이다.

휴즈 대법원장이 작성한 판결문의 대부분은 프라이버시 권리를 다룬 것이다. 이 권리는 헌법상 명시되지는 않았지만, 1965년 '그리스월드 대 코네티컷' 사건에서 연방대법원은 사생활 권리가 "헌법상의 권리장전에 속해 있으며" 일정한 영역에서 프라이버시는 헌법의 보장을 받는다고 판시하였다. 휴즈 대법원장은 다음과 같이 판결했다.

> 이러한 불행한 상황에서 만일 카렌이 기적적으로 잠시 명료한 의식을 되찾는다면 회복이 불가능한 자신의 상태를 인식하고 생명유지 장치를 제거하는 결정을 내린다는 데 의심의 여지가 없다. 현실적으로 지각을 되찾을 수 있는 아무런 가능성이 없는 상태에서 국가가 카렌에게 식물인간이라는 견디기 어려운 상태를 유지하라고 강제할 수 있는 아무런 근거를 찾을 수 없다. …… 그러한 권리를 보장할 수 있는 유일한 현실적 방법은 카렌의 가족과 후견인이 이 판결에 기재된 조건 아래서 카렌을 위한 최선의 판단을 내리도록 허용하는 방법밖에 없다.

퀸란 가족이 그토록 기다리던 내용이었다.

뉴저지 주 대법원 결정의 효과

이 판결은 회복될 수 없는 환자가 불필요하게 생명을 연장해야 하는 것을 비인간적인 것으로 생각하는 사람들에게 기념비적인 승리를 의미한다. 법원의 결정은 명백했고 퀸란 가족은 원했던 권리를 모두 얻었다. 조 퀸란은 카렌 앤의 후견인으로 지정되었고 주치의와 병원 윤리위원회의 동의를 받아 생명유지 장치를 제거하더라도 형사상 책임을 면할 수 있었다.

법원은 이 판결이 현대 의료 기준에 어긋나는 듯한 인상을 주지 않도록 주의를 기울였다. 의사들에게 복잡하고 어려운 증언을 들은 뒤에 법원은 환자를 치료하는 것과 죽어 가는 사람을 편안하게 해 주는 행위는 다르다고 판시했다.

의사들은 때로 아무런 회복 가능성이 없는 환자의 치료를 중단해 왔다. …… 이것은 삶과 죽음의 심오한 통찰이 반영된 균형 잡힌 태도를 뜻하며 의사들이 유대교와 기독교로 이어지는 인간의 삶에 대한 전통적인 태도를 존중한다는 의미라고 생각한다.

대법관들은 의학기술의 발전과 인공적인 생명유지 장치의 출현에 따라 이러한 구분이 어려워졌다는 점을 인정하면서도 많은 사람이 어려워하는 의학적 딜레마에 평이한 용어로 상식적인 결론을 내렸다.

이 사건에 제출된 증거에 기초해 판단의 초점은 환자의 예후와 분별력을 회복할 가능성에 맞춰야 한다는 것이 분명하다. 식물인간의 상태로 살아가야 하는 생물학적인 생존은 판단의 기준이 될 수 없다.

이렇듯 간단한 말로 법원은 쟁점을 흐리는 복잡한 의학 용어의 벽을 뚫고 카렌의 마지막 날을 평안하게 해 주고 싶어 하는 사람들의 청구를 받아들였다. 치료할 수 있는 사람과 단지 죽음을 기다리는 사람들을 구별한 것이 이 사건에서 의학적인 쟁점을 해결하는 중요한 전환점이 되었다. 카렌 앤은 치료가 어렵고 죽음을 기다릴 뿐이라는 것은 명백했다. 이제 조 퀸란은 딸의 식물인간 상태를 중단시킬 수 있는 선택권이 있었다.

조 퀸란이 어떠한 결정을 내리든지 사회는 이를 받아들여야 한다. 대부분 사람들은 그런 상황에서 자신이나 자신이 사랑하는 사람들을 위하여 그와 같은 결정을 내릴 것이다.

암스트롱 변호사는 퀸란 가족에게 전화를 걸어 "우리의 기도가 이루어졌습니다"라고 말했다. 퀸란 가족은 눈물을 흘렸다. 그러나 아직도 그들의 고통이 끝나지 않았다는 사실은 모르고 있었다.

조 퀸란은 뉴저지 주 대법원의 결정이 하느님의 뜻이라고 확신했지만 모스 박사를 위해서 인내하기로 결심했다. "그가 어떤 기분일지 짐작이 갑니다. 모스 박사는 이제 어려운 선택을 해야 합니다. 법원의 명령을 따르거나 아니면 주치의를 그만두어야 합니다. 그에게 미안한 생각이 들 정도입니다. 그가 결정할 동안 기다리겠습니다."

퀸란 가족은 실제로 며칠을 기다렸다. 법원의 판결이 나고 8일이 지난 4월 8일이 되어서야 그들은 모스 박사에게 만나 달라는 요청을 했다. 모스 박사는 퀸란 가족이 자기를 만나려 한다는 데 놀라는 것 같았다. 그는 기꺼이 만나겠다고 했지만, 아무런 일도 일어나지 않은 것처럼 행동했다. 퀸란 가족이 언제 어떤 식으로 법원의 결정을 집행하겠느냐고 묻자 그는 아직 판결문을 읽어 보지 않았으며 읽어 본다고 하더라도 특별히 달라질 것은 없다고 대답했다. 모스 박사는 카렌 앤의 생명유지 장치를 제거하지 않을 것이며 자신이 의학적인 기준이라고 믿는 바에 따라 행동할 것이라고 밝혔다. "아시겠지만", 그는 엄숙하게 말했다. "이 일은 제가 남은 생애 동안 지고 갈 짐이 될 것입니다."

모스는 푸에르토리코로 2주간 휴가를 다녀온 후에 퀸란 가족을 다시 만났다. "저를 믿으세요." 퀸란 가족을 사무실로 안내하면서 그는 이렇게 말했다. 그러나 퀸란 가족의 믿음은 곧 의심으로 바뀌었다. 그 다음 주에 모스는 생명유지 장치를 제거하지 않았을 뿐만 아니라 튜브와 기계로 둘러싸인 카렌의 침대에 새로운 장치를 추가로 설치했다. 새로운 기계 중에는 체온 조절기도 포함되어 있었는데, 모스가 설명하기를, 카렌에게 감염이 있을 때 열을 내리는 데 도움이 된다는 것이었다.

몇 차례 긴장된 만남이 있은 후 퀸란 가족과 모스는 양쪽 모두 만족할 만한 합의에는 이르지 못하였다. 모스를 포함한 카렌 앤의 의사들은 서서히 생명유지 장치를 제거하여 카렌 앤이 스스로 호흡할 수 있도록 노력하기로 했다. 카렌 앤으로부터 생명유지 장치를 제거하려는 퀸란 가족의 희망을 달성하는 동시에 모스도 자신이 생각하는 의료 윤리를 위반하지 않을 수 있었다. 그렇게 하면 생명유지 장치의 제거가 직접적인 사망 원인이 되지 않기 때문이다.

5월 22일에 이르러 이 일은 실행되었다. 그날의 차트에는 다음과 같이 적혀 있다.

인공호흡기(MA-1)를 제거하고도 아무런 문제없음. 폐는 깨끗함. 환자는 편한 자세로 누워 있음. 혈색은 양호함. 호흡은 고르고 편안함.

놀랍게도 카렌 앤은 호흡을 계속했다. 며칠이 지나고 몇 주가 지났다. 조 퀸란은 혼란에 빠졌다. "하느님은 카렌 앤을 통해서 도대체 무엇을 하려는 것인가? 인공호흡기를 제거하고도 카렌 앤이 아직 살아 있는 상황에서 다음 단계는 무엇인가?"

생명유지 장치를 제거한 이상 카렌 앤이 계속 입원할 이유는 없었다. 카렌을 장기 요양시설로 옮기고 의사도 새로 찾아야 했다. 모리스 뷰 요양원과 그곳 감독자인 리처드 왓슨이 카렌 앤의 마지막 안식처가 되었다. 그곳에서는 그에게 죽음이 닥치더라도 어떠한 소생술도 시행하지 않을 예정이었다. 왓슨은 모리스 카운티의 납세자들에게 카렌 앤을 돌보는 데 새로운 직원을 채용할 필요는 없다고 설명했다. 카렌은 '일반적인 의술과 일상적인 간호'만을 받기로 되어 있었다. 이는 코를 통한 영양제 주입과 제산제를 이용한 욕창 방지, 8시간에 한 번씩 하는 기관지 소독, 도뇨관의 교환, 거담제와 경련 방지제 투약 등을 의미했다.

아이로니컬하게도 카렌 앤에게 가장 비용이 많이 든 것은 병실 앞에 24시간 무장 경비원을 배치하는 일이었다. 호기심에 찬 대중과 기자들이 병실에 침입하는 것을 막으려는 조치였다. 카렌 앤의 유명세 때문에 세인트클레어 병원에서 요양원으로 옮기는 일은 간단하지 않았다. 가족들은 카렌을 옮긴다는 소식이 언론에 알려지면 사진기자들이 몰려들어 카렌 앤에게 좋지 않은 영향을 주지 않을까 걱정했다. 경찰과 함께 이동 계획을 짜는 데도 며칠이 걸렸다.

카렌 앤 퀸란이 마침내 죽을 수 있는 권리를 부여받았다.

    옮기는 날은 1976년 6월 9일 저녁 9시로 정해졌다. 퀸란 가족은 예정 시간 직전에 아무런 일도 없다는 듯이 병원에 도착했다. 그러나 유감스럽게도 이 소식은 언론에 흘러 나갔고 기자들은 구름처럼 몰려왔다. 카렌 앤은 안전하게 구급차에 실려 요양원까지 갔지만 카렌을 돌보는 사람들은 요양원에 입원하는 과정을 걱정할 수밖에 없었다.

    카렌 앤을 실은 구급차가 모리스 요양원에 도착했을 때 비가 내리기 시작했다. 그리고 카렌 앤을 들것에 실어 건물 안으로 옮기기 직전에 요양원 입구에서 번개가 쳤다. 기자들은 놀라 흩어졌고 카렌 앤은 무사히 입원할 수 있었다.

    퀸란 가족은 변함없이 카렌 앤에게 문병을 갔고 1985년 6월 11일 폐렴으로 사망할 때도 자리를 지켰다. 생명유지 장치를 제거한 지 9년

이 훨씬 지난 뒤였다. 줄리아 퀸란이 딸의 병상을 지켰다.

"저는 하느님께 기도를 드렸습니다. …… 그리고 제 얼굴을 딸아이의 얼굴에 대고 울고 또 울었습니다."

카렌이 사망하자 언론은 다시 그에 대한 기사를 실었다. 《로스앤젤레스 타임스》의 만화가 폴 콘래드는 카렌 앤이 천사의 날개를 달고 천국으로 날아가는 만평을 그렸다. 그녀의 옷 아래에는 뽑힌 플러그가 달려 있었다. 그리고 "카렌 앤 퀸란이 마침내 죽을 수 있는 권리를 부여받았다"라는 글귀를 넣었다.

끝나지 않은 이야기

카렌 앤 퀸란 판결은 임박한 죽음을 앞둔 사람들과 가족의 죽음을 앞둔 사람들에게 즉각적이고도 지속적인 영향을 미쳤다. 무엇보다도 그 판결은 오늘날까지 효력 있는 선례로 자리 잡았다. 퀸란 가족과 유사한 상황에 놓인 가족이 혼수상태인 환자에게 위엄 있는 최후를 희망한다면 휴즈 대법원장의 판결문에서 헌법적 근거를 찾을 수 있다.

퀸란 판결의 또 다른 의의는 대중이 '죽을 권리'를 인식하기 시작했다는 점이다. 가족과 의사, 의료시설, 신학자, 철학자들에게 언제, 어떻게 생명유지 장치를 거부할 수 있는지는 판결 이후에 중요한 쟁점으로 떠올랐다. 1976년 캘리포니아 주는 '자연적인 사망에 관한 법률'을 통과시켰고 존엄사를 희망하는 생전 유언의 적법성을 인정한 최초의 주가 되었다. 이 법률에 따라 의사들은 소생하기 힘든 환자를 치료하지 않더라도 소송당하지 않게 되었다. 얼마 지나지 않아

10개 주에서 같은 내용의 법률을 제정하였다.

1980년 교황 요한 바오로 2세는 '안락사 선언'을 발표했다. 이 선언은 인위적인 안락사는 금지하지만 고통을 줄이는 데 다량의 진통제 사용을 허용하고 생명을 연장하는 데 필요한 비정상적 수단을 거부할 권리를 인정하는 내용을 담고 있다. '죽을 수 있는 권리'는 전국적인 관심사가 되었고 정당의 정책과 종교 지도자들의 설교 주제로 자리 잡았다.

퀸란 판결이 가져온 실제 변화는 병원과 의료시설에 윤리위원회가 설치된 점이다. 이 위원회는 퀸란 가족이나 카렌 앤의 의사들과 유사한 상황에 처한 사람들에게 길잡이가 되었다.

퀸란 판결의 또 하나의 의의는 존엄사를 희망하는 생전 유언과 생명유지 장치를 거부하는 사전 지시가 가능해졌다는 것이다. 이러한 문서는 당사자가 건강할 때 작성되며 죽음이 임박했을 때 생명유지에 관한 희망 사항을 담고 있다. 퀸란 사건 전에는 잘 알려지지 않은 '생명유지 장치를 거부하는 사전 지시'는 혼수상태일 때 자연스럽게 죽음에 이르기를 희망하는 의사를 표현하는 표준 방법으로 자리 잡았다. 2004년 기준으로 48개 주에서 이러한 지시를 법으로 정하고 있다.

1990년에 미국의학협회는 환자가 충분한 정보를 알고 있는 상태에서 위와 같은 문서를 작성한 때에는 의사는 죽음에 임박한 환자나 영구적인 혼수상태인 환자를 치료하지 않거나 중단할 수 있다는 견해를 공식적으로 채택했다.

퀸란 판결의 또 다른 의의는 오리건 주의 '자살 조력법'이다. 오리건 주의 주민들은 1994년 이후 두 차례에 걸쳐 이 법을 승인했다. 이 법은 엄격한 요건에서 의사가 마지막 순간에 이른 환자에게 치사량의 수면제 처방을 허용한다. 이 법의 적용 대상은 6개월 이하의 시한부 생명을 선고받은 성인이며 다른 의사에게 정신적으로 문제가 없고 우울증에 걸리지 않았다는 확인을 받아야 한다. 의사의 조력을 받으려면 환자는 구두로 두 번, 서면으로 한 번 요청을 해야 하며 15일을 기다린 후에 처방받을 수 있다.

이 법이 제정된 후 5년 동안 129명의 환자가 오리건 주에서 의사의 처방을 받아 안락사의 길을 택했다.

연방법무부는 오리건 주의 법에 문제를 제기했고 자신들에게 치사량의 수면제 처방을 금지할 수 있는 권한이 있다고 주장해 왔다. 연방정부는 그러한 수면제는 엄격히 통제되어야 하며 오직 치료 목적으로만 사용할 수 있다고 주장한다. 모든 점에서 오리건 주 법률의 운명은 연방대법원의 판결에 따라 달라질 것으로 보인다.

카렌 앤 퀸란의 삶과 죽음을 단지 존엄사를 희망하는 사전 유언이나 생명유지 장치를 거부하는 사전 지시 혹은 비정상적인 치료 방법의 문제로만 생각할 수는 없다. 퀸란 부부에게 존엄사는 딸을 '평온과 안식으로 이끄는 목소리를 들을 수 있는 상태'로 되돌리는 일이었다.

2장

아미스타드 선상의 반란

자유를 되찾기 위한 흑인 노예들의 슬픈 항해

우리 영토에서 자유인의 신분으로 발견된 사람을 강제로 노예로 만드는 절차에 미국 정부가 협력할 수 있습니까?

— 로저 셔먼 볼드윈

콜린 파월 국무장관은 흑인이고, 국가안보보좌관인 콘돌리자 라이스(현 미국 국무장관―옮긴이)도 흑인이다. 오프라 윈프리는 미국에서 가장 높은 소득을 올리는 연예인이고 마이클 조던은 아마도 지난 20년 동안 팬들의 사랑을 가장 많이 받은 운동선수일 것이다. 21세기 초 미국에서 큰 성공을 거둔 저명하고 존경받는 시민들, 즉 정치가, 학자, 연예인, 예술가, 운동선수들 중 상당수는 흑인이다. 그러나 140여 년 전 남북전쟁으로 부끄러운 노예제도에 영원히 종지부를 찍기 전에는 이 유명 인사들의 조상도 남부의 노예시장에서 사고파는 물건에 지나지 않았다.

　인간이 소유의 대상에서 시민으로의 변화는 엄청난 패러다임의 변화를 뜻한다. 이러한 변화는 단순히 남부와 북부의 전쟁이 아니라 자유의 정의를 둘러싼 일련의 법률적 투쟁에서 출발한 것이다. 자유로운 인간이란 무엇을 의미하는가? 어떻게 자유인이 노예가 되었는가? 인간이 소유의 대상이 될 수 있는가? 일단 재산이 된 다음에도 다시 자유인이 될 수 있는가?

　흑인 노예들이 자유를 찾는 이야기와 미국이 혐오스러운 노예제도에서 벗어나는 과정은 노예선 아미스타드호에 타고 있던 아프리카인들의 반란과 그들을 변호하였던 사람들의 용기 그리고 그 사건을 판단한 법원의 고결성에서 시작된다.

부끄러운 역사

노예제는 미국 특유의 제도가 아니다. 18세기 동안 서유럽과 그 식민지에서는 노예제도가 생활방식의 일부였고 오늘날에도 아시아와 아프리카, 중동 일부 지역에는 여전히 존재하고 있다. 그러나 18세기가 끝날 무렵에는 이미 노예제를 '전통적이고 필요한 제도'로 보던 서유럽의 일반적인 시각에도 많은 변화가 오고 있었다.

　1794년 미국 정부는 노예제도에 반대하는 여론에 힘입어 미국 국민이 노예매매에 참여하는 것을 금지하였다. 1802년에는 덴마크가 노예제도를 폐지한 유럽 최초의 국가가 되었고 영국이 그 뒤를 따랐다. 이러한 유럽의 추세에 자극받은 미국은 1808년 노예 수입을 금지하는 법을 제정하였다.

　1835년까지 프랑스, 네덜란드, 스웨덴 그리고 심지어 인신매매 시장에서 주도권을 행사해 오던 포르투갈과 스페인마저 국제노예시장을 폐지하는 데 동의하였다. 이러한 목적을 달성하고자 영국은 국제기구를 설립하여 공해상에서 노예선을 나포하고 노예상인을 처벌하고 붙잡힌 노예를 풀어 주며 노예선은 경매에 부치는 국제조약을 시행하기도 했다.

　비록 유럽 국가와 미국에서 노예로 팔려고 사람들을 납치하거나 수입하는 것은 금지되었지만 노예제도 그 자체는 아직 남아 있었다. 이미 노예가 되어 유럽 땅에 살고 있는 사람들은 여전히 노예였고, 그 자식들은 태어나면서부터 노예가 되었다. 더구나 법적으로 금지되었음에도 여전히 전 세계에서 불법적인 노예 거래가 성행하고 있었다. 19세기 전반기 동안 노예상인들은 해적죄로 기소되어 사형에 처해질 위험을 무릅쓰고 25만 명의 노예를 미국으로 수입하였다.

　스페인 정부는 1820년에 노예 거래를 금지했으나 스페인 사람들과 포르투갈인들은 여전히 노예상인을 유지하고 있었다. 1837년 스페인 정부는 당시 식민지였던 쿠바의 총독에게 구바 땅에서 노예매매를 철폐하라는 명령을 내렸다. 그러나 그 내용은 아주 애매했다. 다른 나라로 수출하려고 쿠바 땅에 노예를 들여오는 행위를 일체 금지하면서도 기존의 노예를 두 종류로 구분하여 각기 다르게 다루었다.

　보잘bozal은 노예 거래를 금지한 1820년 이전에 노예가 된 자들로서 주인이 개인 용도로 아프리카에서 수입한 흑인을 가리키는 용어였고, 라디노ladino는 노예 자손들이거나 1820년 이전에 쿠바로 수입된 노예들을 일컫는 말이었다. 보잘은 매매하거나 선적할 수 없었지만 라디노는 적법한 서류만 있으면 스페인의 영토 안에서는 거래할 수 있었다. 이 서류를 검토하고 법을 집행하는 공무원들은 약간의 돈만 쥐어 주면 서류에 문제가 있어도 쉽게 눈감아주곤 했다. 노예상인들이 라디노라는 것을 증명하는 서류를 사서 노예를 선적하는 것은 결코 어려운 일이 아니었다.

　당시 노예매매는 처벌의 위험성을 감안하더라도 큰돈이 되는 사업이었다. 브란츠 메이어는 1854년에 발간된 그의 책 『20년간의 노예상인 생활Twenty Years of an African Slaver』에서 노예선을 끌고 서아프리카에서 쿠바까지 한 번 운항하면 4만 1천 달러를 벌 수 있었다고 한다. 이는 현재 가치로 환산하면 약 75만 달러에 해당하며, 당시 수십 척의 배를 살 수 있는 돈이다.

노예매매의 현실은 충격적이고 야만적이다. 붙잡힌 아프리카인들은 바라쿤barracoon이라고 불리는 노예수용소에 감금되었다. 노예선이 바라쿤에 도착하면 노예상인과 노예선의 선장은 가격을 흥정한다. 일단 노예선에 실을 노예의 수와 가격이 정해지면 노예상인과 선원들은 아프리카인들을 배불리 먹여 재운 다음 노예선에 싣고 발가벗겨 선창에 가둔다.

선창의 환경은 형편없었다. 천장의 높이가 3피트(약 90센티미터)에 불과해 앉아 있기도 힘들었다. 5명 또는 10명씩 쇠사슬로 묶인 노예에게는 아침과 오후에 두 번 식사가 주어졌다. 10명분의 식사가 한꺼번에 양동이에 담겨 나왔으며 노예들은 양동이에 담긴 밥이나 콩 또는 감자를 맨손으로 퍼먹어야 했다. 엄격한 감시 속에서 식사를 했는데 음식을 먹지 않아 '상품에 손상을 입히면' 채찍질이 기다리고 있었다. 병에 걸리면 치료가 가능한지 검사를 받은 뒤 불가능하다고 판단되면 바다에 던져졌다.

고난의 시작

1839년 이른 봄, 롬보코에 있는 바라쿤은 끊임없이 잡혀 오는 아프리카인들로 가득 찼다. 어느 날 싱베라는 이름의 남자가 노예상인에게 붙잡혀 서아프리카 해안의 시에라리온에 있는 노예수용소로 끌려왔다. 싱베는 스물다섯 살가량의 나이에 키는 약 166센티미터였고, 마니라는 마을에서 아버지, 아내, 아들, 두 딸과 함께 농사를 짓던 사람이었다. 수용소에 갇히기 며칠 전 일을 하러 밭으로 가던 싱베는 4명의 아프리카인에게 납치당하여 노예상인에게 팔렸다.

싱베가 갇힌 곳에는 비슷한 처지의 아프리카인들이 많았다. 싱베와 같은 멘데족인 길라바루는 삼촌이 진 빚 때문에 잡혀 왔고 킴보는 자기가 모시던 추장에 의해 팔려 왔다. 부르나와 쿠앙은 다른 남자의 아내와 간통을 해서 노예로 팔려 왔고 풀리와는 부족간의 전쟁에서 포로로 잡혀 노예가 되었다 수용수에는 또한 칼레리는 이름의 어린 소년과 테메, 케그니, 마르그루라는 3명의 소녀가 있었다. 모두 백인 노예상인들이 주는 돈에 눈이 먼 아프리카인들에게 붙잡혀 온 사람들이었다. 싱베는 바라쿤에 두 달간 갇혀 있다가 노예선에 실렸다.

노예선 테코라호가 도착하자 노예들은 발가벗긴 채로 5명씩 묶여 배에 실렸다. 선창은 너무 좁아서 누우면 한 사람의 머리가 다른 사람의 허벅지 위에 놓일 정도였다. 선창에 갇힌 채 노예들은 쿠바로 실려 갔다. 항해는 석 달이 걸렸다.

노예상인들은 테코라호에 실려 온 노예들을 작은 보트에 나누어 싣고 쿠바에 상륙했고 노예들은 그곳에서 또 다른 바라쿤에 수용되었다. 며칠 후 돈 호세 루이즈라는 스페인 사람이 쿠바의 푸에르토 프린시페에 있는 가족 농장에서 일할 노예를 사겠다고 나타났다. 루이즈는 노예들을 미국으로 밀수출하려는 의도였으나 쿠바에 있는 농장으로 데려갈 것이라고 말하고 다녔다. 쿠바 안에서 노예를 데려가려면 총독에게 일인당 15달러를 지불해야 했다.

루이즈는 49명의 노예를 일인당 450달러를 주고 샀다. 각각의 노예에게는 총독이 발행한 '트라스파소traspaso'라는 서류가 딸려 있었다. 트라스파소에는 루이즈가 흑인 노예 49명의 주인이며 노예들을 푸에르토 프린시페로 데리고 갈 수 있는 허가를 받았다는 사실이 기재되어 있었다. 또한 트라스파소에는 49명의 노예들이 모두 '라디노'라고 적혀 있었는데 이것은 허위였다. 라디노는 1820년 이전부터 쿠바에 살고 있는 노예를 가리키기 때문이다.

아미스타드호

루이즈에게 팔린 아프리카인들은 목둘레의 굴레에 쇠사슬이 연결된 채 아바나 항구로 끌려갔다. 배에 실릴 때 아프리카인들은 모두 서양식 이름을 부여받았다. 이들이 1820년 이전부터 쿠바에 살고 있던 사람들이 아니라는 사실을 감추고자 트라스파소에 스페인식 이름을 적었던 것이다. 싱베는 호세프 신케이Joseph Cinquez라는 이름을 받았다.

부두에서 루이즈는 돈 페드로 몬테즈를 만났다. 몬테즈는 루이즈와 같은 스페인 사람으로 칼레, 테메, 케그니, 마르그루를 샀고 역시 푸에르토 프린시페로 여행하는 것처럼 가장하였다.

노예선 아미스타드호의 선장은 라몬 페레르였고 안토니오와 셀레스티노라는 2명의 노예 선원과 2명의 스페인 항해사가 있었다. 항해사들은 배의 조종과 운행을 담당했고 노예 선원들은 요리를 하고 마실 물을 관리했다. 안토니오는 선장의 심부름도 맡고 있었다.

세관 공무원들이 아미스타드호에 승선하였지만 별다른 조사는 하지 않았다. 루이즈와 몬테즈는 노예들의 소유자임을 증명하는 트라스파소를 제시했다. 세관 공무원들은 몬테즈가 사들인 어린아이들을 포함해 흑인들이 18년간 쿠바에 거주한 라디노라고 적힌 것을 보면서도 별다른 의문을 제기하지 않았다.

아미스타드호는 6월 27일 아바나 항구를 출발하였다. 항해 첫날 페레르 선장은 날씨는 좋지만 바람은 목적지 방향으로 불고 있지 않다는 것을 알아차렸다. 바람 때문에 목적지까지는 예정보다 더 오래 걸릴 것으로 보였다. 배에 실린 노예들을 위한 식량은 4일 내지 5일 치뿐이었으므로 페레르는 배급을 줄였다. 노예들은 불평하기 시작했고 그 중 2명이 허용된 것보다 많은 물을 마시자 선원들은 두 노예를 채찍질하고 상처에 소금과 화약, 럼주를 뿌렸다. 전통적으로 배에서 염증 예방에 사용되는 처방이기는 하지만 노예들은 극심한 고통을 겪었고 큰 흉터가 남았다.

항해 나흘째 아미스타드호가 역풍을 안고 나아가고 있을 때 노예들은 노예 선원인 셀레스티노에게 목적지에 도착하면 자신들의 운명이 어떻게 되는지 물었다. 셀레스티노는 백인들이 자신들을 잡아먹을 것이라고 말하자 노예들은 깜짝 놀랐다. 싱베는 동료들에게 "아무것도 안 하고 있으면 죽임을 당할 수밖에 없다. 그냥 잡혀 먹히느니 싸우다 죽자"라고 말했다.

반란

닷샛날 밤 선원들이 자러 가자 싱베는 팔 밑에 감추어 두었던 못으로 자신과 노예들의 쇠사슬을 풀었다. 노예들은 화물칸에 있던 벌채용 칼로 무장을 하고 선창을 뛰쳐나갔다. 페레르 선장과 셀레스티노가 살해되고 2명의 스페인 항해사들은 작은 보트를 타고 탈출했다. 처음에는 루이즈와 몬테즈도 죽이려고 했지만 아미스타드호의 항해를 돕도록 살려 두었다.

한때 배의 선장이었던 몬테즈는 항해술을 잘 알고 있었다. 안토니오의 더듬거리는 통역으로 싱베는 몬테즈에게 아프리카로 배를 몰고 가지 않으면 죽여 버리겠다고 말했다. 몬테즈는 협조하겠다고 약속하였다.

싱베는 몬테즈와 루이즈에게 아프리카를 향해서 동쪽으로 항해할 것을 명령했다. 몬테즈는 낮에는 싱베의 말을 들었으나 밤에는 서쪽으로 방향을 바꾸어 북아메리카 해안을 이탈하지 않으려고 온힘을 기울였다. 해안 부근에서 다른 배에 발견되는 것이 몬테즈의 희망이었다. 바람의 방향과 비스듬하게 항해하면서 스페인 사람들은 점차 낮에도 동쪽보다는 오히려 북쪽으로 배를 몰고 갔다. 경험 있는 선원이 부족한 탓에 배의 상황은 점점 악화되었다. 돛은 찢어졌고 배 밑바닥에 어패류가 달라붙으면서 배의 속도는 느려졌다.

7월이 지나고 8월이 되었다. 때때로 작은 섬에 정박하여 마실 물과 먹을 것을 보충했지만, 식량은 점점 줄어들었다. 몇몇 노예들은 병에 걸려 죽었고 그 중에는 화물칸에 실려 있던 약을 잘못 먹고 중독되기도 하였다. 끝없이 지그재그로 항해하는 배에 실린 노예들도 점점 참기 힘들었고 아미스타드호는 조금씩 미국 땅에 가까이 다가갔다.

뉴욕 항에서 그리 멀지 않은 곳에 이르렀을 때 마침내 그들은 다른 배를 발견했다. 블라섬호의 선장이 아미스타드호를 발견하고 접근해 온 것이다. 여러 명의 흑인들이 배를 조종하고 있는 것을 발견한 블라섬호의 선장은 손짓과 안토니오의 서툰 통역의 도움을 받아 싱베로부터 식량이 부족하다는 말을 듣고 물과 음식을 넘겨주었다. 블라섬호의 선장은 자신이 발견한 배를 어떻게 처리할지 고민하며 하룻밤을 지새운 뒤 아미스타드호를 뉴욕 항으로 예인해 가기로 결정하였다. 그러나 선장의 의도를 의심한 싱베와 일행들이 블라섬호로 옮겨 타려고 하자 블라섬호는 예인선을 끊고 이 이상한 배를 보고하려고 항구로 향했다.

아미스타드호 이야기는 미국 동부에 큰 반향을 일으켰다 수수께끼의 배 관련 기사가 신문지상을 장식하는 동안 식량이 떨어지고 절망에 빠진 아프리카인들은 결국 아프리카로 가지 못하고 8월 24일 롱아일랜드 동쪽 끝에 있는 컬로든 포인트에 정박하였다.

싱베는 아프리카로 돌아갈 마지막 시도로 동료들을 상륙시켜 물과 식량을 구해 보기로 결정했다. 다음날 아침 아프리카인들은 아미스타드호의 선창에 있는 화물을 식량과 교환하고자 보트를 타고 상륙하였다. 하지만 페레르 선장의 소지품 중 금덩어리까지 가져갔으나 얻은 것이라곤 물과 약간의 감자뿐이었다. 그 다음날에는 싱베 자신도 동료들과 함께 식량을 구하려고 상륙하였다. 별다른 성과를 올리지 못한 싱베는 헨리 그린 선장과 펠라시아 포드햄과 마주쳤다.

다시 붙잡히다

아프리카인 한 명이 더듬거리는 영어로 질문을 던졌다.

"여기가 어디입니까?"

그린 선장이 미국이라고 대답하자 아프리카인들은 그곳이 노예 국가인지를 물었다. 그린 선장은 대답했다.

"아닙니다. 미국은 자유 국가입니다."

이 말을 들은 아프리카인들은 기쁨에 겨워 환호성을 질렀다. 그들은 가지고 있던 몇 개 안 되는 무기를 그린 선장에게 주고 아미스타드호가 보이는 곳으로 그를 데리고 갔다. 그곳에서 아프리카인들은 그린에게 아프리카까지 항해하는 데 필요한 식량을 제공하고 도움을 주면 그 대가로 아미스타드호의 화물 전부를 주겠다고 제의하였다. 그린은 그 제안을 마음에 들어 하는 것 같았다. 그러나 그때 미 해안경비대 소속 함정인 워싱턴호가 나타나 그 거래는 성사되지 못했다.

워싱턴호의 함장인 토머스 제드니 소령은 아미스타드호를 조사하려고 부하 몇 명을 승선시켰다. 7명의 군인들이 배에 올라타서 아프리카인들에게 갑판 밑으로 가라고 명령하는 것을 보고 싱베는 배로 달려갔으나 이미 군인들이 갇혀 있던 스페인 사람들을 발견한 뒤였다.

루이즈와 몬테즈는 아프리카인들의 반란과 살인에 대해 떠들어대기 시작했다. 루이즈는 싱베를 가리키며 말을 이었다.

"이 흑인들은 내 노예입니다. …… 반란을 일으켜 배를 차지했습니다. 이놈이 두목입니다. 저희를 보호해 주세요."

싱베는 난간을 넘어 바다로 뛰어들었다. 해안경비대는 바다 밑으로 잠수했다가 다시 떠오르는 싱베를 30여 분 만에 결국 보트로 끌어

올렸다.

　제드니 소령은 커다란 행운이 찾아온 것을 알아챘다. 만일 아미스타드호가 해적이나 반란 선원들의 손에 있던 것이라면 그 배를 되찾아 준 그로서는 배와 화물의 권리를 주장할 수 있었다. 제드니는 부하들에게 아미스타드호를 코네티컷의 뉴런던 항으로 예인하라는 명령을 내렸다.

　8월 27일 마침내 아미스타드호는 항구에 도착했다. 제드니는 뉴헤이븐의 연방보안관에게 메시지를 보냈고 연방보안관은 지방법원 판사인 A. T. 저드슨과 함께 다음날 뉴헤이븐 항에 도착하였다. 제드니, 보안관 그리고 특히 판사는 수많은 법적인 문제가 해결되어야 한다는 것을 알고 있었다. 아미스타드호의 법적 지위는 무엇인가? 배에 승선한 사람들의 법적 지위는 무엇인가? 아프리카인들을 노예로 보아야 할 것인가? 이러한 문제의 일부라도 해결해 보려고 저드슨 판사는 1839년 8월 29일 미국 해안경비대 소속 함정인 워싱턴호의 선상에서 조사를 위한 재판을 열었다.

　몬테즈와 루이즈는 각각 '호세프 신케이'가 다른 노예들을 이끌고 반란을 일으켜 사람들을 살해하고 노략질을 했다는 내용의 고발장을 제출했다. 싱베는 쇠고랑을 찬 채 알아들을 수 없는 공소장이 낭독되는 것을 듣고 있었다. 공소장 낭독이 끝난 후 판사는 증거조사를 시작하였다. 제드니가 아미스타드호에서 찾아낸 서류들을 증거로 제출했고 그 중에는 루이즈와 몬테즈가 가지고 있던 '트라스파소'도 있었다.

　루이즈는 아바나에서 '노예들'을 사서 쿠바의 푸에르토 프린시페로 항해하던 도중에 '노예들'이 반란을 일으켰다고 증언하고, 아프리카인들이 배를 차지하고 자신을 가둔 상황을 자세히 설명했다. 몬테즈로부터도 비슷한 증언을 들은 판사는 보안관, 제드니 그리고 루이즈와 몬테즈를 데리고 워싱턴호 옆에 계류되어 있던 아미스타드호를 한 바퀴 돌면서 현장조사를 벌였다. 아미스타드호 조사가 끝난 후 판사는 워싱턴호의 선장실에서 결정문을 낭독하였다.

호세프 신케이와 공소장에 기재된 38명의 피고인들은 9월 17일 하트퍼드에서 개정되는 순회법정에 출두하여 재판을 받아야 한다. 3명의 소녀와 배의 심부름꾼인 안토니오는 100달러의 보석금을 지불하면 석방될 수 있다.

아프리카인들이나 안토니오나 100달러가 있을 리 없었고, 결국 그들은 다가오는 재판을 기다리며 감방에 갇히는 신세가 되었다. 조사는 끝났고 판사는 보안관에게 피고인들을 뉴헤이븐의 감옥으로 이송하라는 명령을 내렸다.

재산 반환 청구

루이즈와 몬테즈는 신속하게 뉴런던의 신문에 광고를 게재했다.

돈 호세 루이즈와 돈 페드로 몬테즈는 잔인무도한 아프리카 해적들의 손아귀에서 죽음의 공포에 떨고 있을 때 천우신조로 T. R. 제드니 소령을 비롯한 미국 해안경비정 워싱턴호의 승무원들을 만난 덕분에 목숨을 건졌습니다. 이에 그들에게 감사의 뜻을 표합니다. 그들은 끝없는 환대와 친절로써 우리의 재산을 지킬 수 있도록 했습니다. 우리는 또한 미국 정부의 도움에 감사의 뜻을 표합니다. 자비로운 스페인 여왕 폐하께서는 이번 일을 반드시 기억할 것입니다.

이 광고는 구조에 대한 단순한 감사 표시가 아니었다. 스페인 사람들은 아프리카인들이 자신들의 재산임을 선언하는 동시에 위 광고에 등장하는 사람들 이외에는 해난 구조에 따르는 보상을 하지 않겠다는 의사를 분명히 한 것이었다.

스페인 사람들의 주장을 받아들일 것인가? 그럴 가능성은 분명히 있었다. 1839년 미국 정부는 노예매매를 금지하면서 노예 재산권은 인정하였다. 더구나 미국 법원은 이와 유사한 사건을 판결한 일이 있었다.

1797년 가을, 영국 군함 헤르미오네호의 선원들이 반란을 일으켜 선장을 살해하고 미국 영토로 들어와 배를 팔아 버리고 도망간 사건이 일어났다. 영국 정부는 폭도들을 반드시 처벌하겠다고 결의했고 철저한 수색이 뒤따랐다. 그러던 중 사우스캐롤라이나 주의 찰스턴에서 영국 영사가 미국 정부에 조너선 로빈스라는 사람을 체포해 넘겨 달라고 요청하였다. 영사는 로빈스가 반란 지도자였던 토머스 내시의 가명이라는 사실을 밝혀냈다. 로빈스-내시는 체포된 후 자신은 원래 미국 시민이었는데 강제로 영국군에 끌려간 것이라고 주장했다. 그는 부당하게 박탈당한 자유를 되찾았을 뿐이므로 영국 해사법이나 형법의 처벌을 받지 않을 것이라고 믿었다. 그러나 로빈스-내시의 주장에 미국 법원은 그가 영국 국민이라고 판단하고 그를 영국 정부에 넘겼다. 로빈스-내시는 자메이카에 있는 영국 해군 법정에서 재판을 받고 교수형에 처해졌다.

　일반적인 법이론대로라면, 로빈스-내시가 원래 미국 시민이었다가 강제로 영국군에 복무한 것이므로 그는 자유를 되찾으려고 무슨 행동이든지 할 수 있었고 그 과정에서 반란이나 심지어 살인을 하더라도 처벌받지 않았을 것이다. 그러나 루이즈와 몬테즈가 아프리카인들을 상대로 낸 고발장과 트라스파소는 허위로 작성된 것이었는데도 '노예'들은 쿠바에 있는 스페인 정부의 법에 따라야 했다.

　로빈스-내시 사건은 유일한 선례가 아니었다. 1819년 주로 미국인들이 승선했던 해적선 아라겐타호는 서아프리카 해안에서 한 척의 미국 선박, 두 척의 포르투갈 선박 그리고 280명의 아프리카인들을 싣고 있던 스페인 선박 앤털로프호를 습격하였다. 브라질로 앤털로프호를 끌고 오던 아라겐타호는 항구에 도착하기 직전 좌초했고 아프리카인들을 포함한 아라겐타호의 생존자들은 앤털로프호로 옮겨 탔다. 앤털로프호는 플로리다 연안에서 미국 해안경비정이 발견했음에도 경비정의 선장은 해난 구조에 따르는 권리를 주장하고 나섰다. 미국 정부 관리는 아프리카인들이 노예 거래를 금지한 미국법을 위반하고 미국 영토로 들어왔으므로 이들은 모두 자유의 몸이 되어야 한다고 맞섰다. 스페인과 포르투갈 정부는 이 귀중한 아프리카인들의 소유 권리를 되찾고자 앤털로프호의 '화물'과 포르투갈 선박 소유권을 주장하였다.

　미국 법원은 해안경비정 선장의 해난 구조에 따르는 보상 청구를 기각했다. 미국 정부의 주장에 대해서는 아라겐타호에서 미국 선박으로부터 옮겨 실은 아프리카인들을 제외한 나머지 아프리카인들은 스페인과 포르투갈의 재산으로 반환해야 한다고 판결하였다. 이 사건은 연방대법원으로 상고되었으나 대법원은 하급심의 판결을 유지했다.

미국인들의 고민

이러한 선례와 관계자들의 증언, 자신들이 갖추고 있는 서류에 근거해서 루이즈와 몬테즈는 그들의 '재산'을 반환받을 것이라고 굳게 믿었다. 그러나 이미 유명해진 이 사건의 해결을 놓고 미국인들은 고민에 빠졌다. 노예해방 운동에 강한 반대를 표명해 온 《뉴욕 모닝 헤럴드 New York Morning Herald》 같은 신문마저도 아미스타드호의 아프리카인들이 유죄라고 쓰는 것을 망설였고 1839년 9월 2일자 사설에서 스페인 사람들의 주장에 의문을 제기했다.

우리는 노예해방의 광신자들과 그들의 터무니없는 주장을 경멸한다. 하지만 만일 아프리카의 해안에서 사람들을 납치해 쿠바에 있는 농장에 팔아먹는 자들이 있다면 그런 인신매매범들은 자기들이 납치한 불쌍한 사람들로부터 살해당한다고 하더라도 크게 불평할 수는 없다고 생각한다.

그 사이 아프리카인들은 뉴헤이븐 감방에 수용되고 소장인 펜들턴 대령이 감독하였다. 펜들턴 대령 부인은 4명의 아이들을 다른 죄수와 떨어져서 지낼 수 있도록 해 주었고 펜들턴 대령은 아프리카인들 중 환자들은 3층에, 다른 사람들은 2층에 수용하였다. 예일대학의 언어학 교수인 윌라드 깁스가 아프리카인들을 찾아와 그들의 고향을 알아내고 통역인을 찾아보려고 애썼다. 호기심에 가득 찬 사람들이 갇혀 있는 아프리카인들을 구경하려고 찾아왔고 '기업가'들은 이들의 명성을 이용해 돈 벌 궁리만 하고 있었다. 펜들턴 대령은 수용자들을 보러 오는 사람들에게 1실링씩 받으며 이 돈이 아프리카인들의 '복지 향상'에 쓰일 것이라고 선전하였다.

뉴욕에서 노예폐지론을 주창하던 조슈아 리비트 목사는 수용되어 있는 아프리카인들을 보려고 뉴헤이븐을 찾았다. 리비트 목사는 의사소통을 위해서 여러 부족의 언어에 능통한 아프리카인 한 명을 데리고 왔지만 콩고 출신인 이 사람은 멘데어를 할 줄 몰랐고 갇혀 있는 사람들과 의사소통을 하는 데 실패했다.

《하트퍼드 커런트 Hartford Courant》에 실린 리비트 목사의 글은 이들에 대한 동정심을 강하게 불러일으켰다. 리비트 목사는 심지어 '악명 높은' 싱베마저도 신사처럼 행동했으며 사람들이 걱정했던 것과 달리 그들은 흉악한 해적이나 살인을 일삼는 폭도들이 아니라고 말했다. 또한 싱베를 비롯한 아프리카인들은 혼란과 깊은 절망에 빠져 있지만 "그들은 모두 조용했고 성격도 부드럽고 밝았습니다. …… 서로 싸우는 일도 없었고 심지어 따로 떨어져 지내는 불쌍한 아이들마저 하나같이 친절하고 다정했지요"라고 말했다.

뉴욕으로 돌아온 리비트는 또 다른 노예해방 운동의 지도자인 루이스 테판과 함께 아프리카인들을 돕고자 위원회를 조직했다. 부유하고 영향력 있는 상인인 루이스 테판은 미국노예해방협회 뉴욕지부의 회원이었다. 사람들은 리비트 목사가 편집자로 있는 미국노예해방협회 계간지인 《해방자 The Emancipator》 사무실에 모였다. 그들은 이 잡지에 아프리카인들을 위한 모금운동과 법률적 도움을 구하는 기사를 실었다. 언론은 아프리카인들을 수많은 고난을 겪고 나서 낯선 나라의 해안에 던져진 사람들로 묘사했다. 미국인들의 동정심은 점점 커갔다.

모금이 성공하자 위원회는 3명의 변호사를 고용했다. 바로 로저 S. 볼드윈, 세스 P. 스테이플스 그리고 시어도어 세드윅이었다. 로저 셔먼 볼드윈은 미국 헌법제정회의 의원이자 독립선언서에 서명한 사람 중 하나인 로저 셔먼의 손자였고 저명한 변호사이자 공공연한 노예제도 철폐론자이며 뉴헤이븐 시장을 지낸 시메온 볼드윈의 아들이었다. 시메온 볼드윈은 '불법적으로 노예가 된 사람들의 자유와 해방을 위한 코네티컷협회'의 창설을 도왔다.

로저 볼드윈은 성공 가도를 달리던 변호사로 1831년 뉴헤이븐에 건설 중이던 흑인들을 위한 직업훈련원의 건설을 방해하려는 폭도들과 당당히 맞선 노예해방론자로서도 명성을 얻고 있었다.

헌신적이고 노련한 변호사들에게도 중대한 약점이 있었다. 언어장벽 때문에 초보적인 의사소통만을 할 수 있는 의뢰인을 어떻게 변호할 것인가? 예일대학의 언어학 전문가인 깁스 교수가 다시 아프리카인들을 방문했다. 그는 손가락 하나를 쳐들고 말했다.

"하나."

잠시 침묵이 흐른 후 한 아프리카인이 대답했다.

"이타."

이 획기적 진전에 용기백배하여 깁스는 멘데어로 열까지 세는 방법을 배우고 이 말을 이해할 수 있는 사람을 찾아 뉴헤이븐과 뉴욕을 뒤지기 시작했다. 루이스 테판은 여러 나라 말에 능통한 3명의 아프리카인들을 데리고 감옥을 찾았다. 그 중 한 사람인 존 페리가 그의 고향 언어인 비시어와 약간의 멘데어 그리고 롬보코의 바라쿤에서 쓰는 말들을 섞어서 아프리카인들과 기초적인 의사소통에 성공했다. 테판은 이때의 기쁨을 다음과 같이 적었다.

같은 흑인으로부터 자기가 아는 언어를 들었을 때 이 불쌍한 아프리카인들이 얼마나 기쁨에 가득 찼는지 상상에 맡기겠습니다.

테판과 페리는 싱베에게도 말을 걸었다. 테판은 이때를 이렇게 말했다.

싱베는 자주 그랬듯이 자신의 손을 목에 대고 긋는 시늉을 했습니다. 그리고 이곳에 있는 사람들이 자신을 죽이려고 하는지 물었습니다. 그에게 아무런 일도 일어나지 않을 것이고 이곳 사람들은 당신의 친구들이라고 말했습니다. 해가 떠오르는 쪽을 향해서, 즉 고향에 그를 보내 줄 것이라고 말하자 그의 얼굴은 금세 기쁨에 빛나기 시작했습니다.

아프리카인들의 변호사 대표가 되기로 한 로저 볼드윈과 세스 스테이플스도 테판과 함께 그곳에 갔다. 페리로부터 아프리카인들의 이야기를 들은 변호사들은 비로소 그들이 겪은 고난을 이해하기 시작했다. 이 이야기를 전해들은 《하트퍼드 커런트》는 다음과 같은 사설을 실었다.

미국법은 노예 거래를 해적 행위로 규정한다. …… 자기 나라에서 납치되어 노예로 끌려온 이 사람들이 자신의 자유를 되찾으려는 행위 때문에 처벌된다면 그것은 정말로 터무니없는 일이 될 것이다.

스페인의 카드

이러한 일이 벌어지는 동안에도 루이즈와 몬테즈는 자신들의 재산을 되찾으려는 결의를 다지고 있었다. 그들은 보스턴에 있는 스페인 영사에게 하소연했고 스페인 영사는 앙헬 칼데론 데 라 바르카 공사에게 서신을 보냈다. 루이즈와 몬테즈를 만나 본 데 라 바르카는 미국 정부에 압력을 행사해야겠다고 판단하고 존 포사이스 미국 국무장관에게 편지를 보내 법원은 행정부의 권한에 개입하지 말아야 할 것이라고 주장했다. 스페인 외교관은 자국인을 구출해 준 미국에 감사 표시를 하고는 스페인 사람들의 '재산'을 법원의 판단에 맡기지 말고 신속히 되돌려 달라고 요청하였다.

국무장관은 편지를 마틴 밴 뷰런 대통령(미국 8대 대통령 1837~1841년 재임—옮긴이)에게 전달했다. 이 문제에 휩쓸리고 싶지 않던 밴 뷰런은 보다 자세한 정보를 수집하라고 지시하였다. 그때가 9월 23일이었고 법적인 절차는 이미 시작된 상태였다.

스페인인들은 미국 정부의 침묵에 좌절하지 않고 더욱더 전력을 기울였다. 데 라 바르카가 국무장관에게 보낸 편지의 사본을 받아 본 보스턴의 스페인 영사는 문제를 빨리 해결하려고 코네티컷으로 가서 지방검사인 윌리엄 홀러버드를 만났다. 그도 지방검사에게 똑같은 주장을 했다. 아프리카인들은 스페인의 재산이다. 미국 법원의 간섭 없이 즉시 스페인에 반환되어야 한다. 홀러버드는 이 문제가 행정부의 문제라는 데 동의했다. '노예'들은 미국-스페인 정부 간의 조약에 따라 스페인에 반환되어야 한다. 스페인인들은 아프리카인들을 '회수한 상품'으로 간주하고 있었기 때문이다. 두 국가간 조약 문구에 따르면 모든 재산은 원형 그대로 반환되어야 했다.

9월 9일 홀러버드는 아프리카인들을 즉시 스페인 사람들에게 인도하도록 허용해 달라는 내용의 편지를 국무장관에게 보냈다. 이틀 뒤 홀러버드가 받은 대답은 아프리카인들을 즉시 인도하지 말고 기다리되, 이 사건에서 정부의 이해를 대변하라는 것이었다.

"순회법원의 어떠한 절차에도 선박, 화물 또는 노예가 연방집행부의 영향력 밖에 놓이지 않도록 주의하시오."

법적인 절차는 1839년 9월 18일 수요일에 하트퍼드 법원에서 시작되었다. 변호사와 기자, 호기심에 찬 방청객들이 법원을 가득 채웠고 행상꾼들은 싱베와 아미스타드호의 조각품을 팔고 다녔다. 사람들은 아프리카인들이 도착하는 것을 보려고 코네티컷 강둑에 모여들어 법정은 '질식할 정도로' 가득 찼다고 보도했다.

테판을 비롯한 노예해방 운동가들은 볼드윈 등 변호인들로 하여금 3명의 소녀들을 풀어 줄 것을 법원에 요청하였다. 변호인들은 소녀들만 석방 요청을 하여 아미스타드호 선상에서 일어난 반란과 살인에 아무런 역할을 하지 않은 어린이들에게 관심을 집중시키면 아프리카인들이 겪은 고난에 대중의 동정심을 더 유발할 수 있을 것이라고 생각했다. 더욱이 일단 석방 요구가 받아들여지면 나머지 아프리카인들에게도 훌륭한 선례가 될 수 있었다. 스페인 사람들의 주장은 상당 부분 아프리카인들이 법적으로 스페인 시민이며 라디노라는 데 근거를 두고 있었다. 변호사들은 소녀들의 나이와 스페인 말을 전혀 못한다는 점을 감안할 때 법원이 소녀들이 스페인법에 따라 적법하게 거래된 노예라고 판단하기 어려울 것으로 믿었다.

사건은 복잡한 법률 문제를 안고 있었다. 법원은 아프리카인들의 변호사들이 청구한 석방 신청은 물론 페레르 선장과 셀레스티노의 살인에 따른 형사사건, 화물과 '인간 화물'을 두고 벌어진 재산분쟁, 제드니 소령과 그린 선장이 청구한 해난 구조 보상금 청구사건을 다루어야 했다. 또한 재판관할권 문제도 있었다. 지방검사 홀러버드는 1795년 스페인과 체결한 조약에 따라 아프리카인들 문제는 행정부가 국제법에 따라 처리해야 한다고 주장했다.

심리가 시작된 지 닷새 만에 스미스 톰슨 판사는, 순회법원은 형사사건과 관련해 재판권이 없다고 결정했다 모든 범죄는 스페인 시민과 관계된 것이며 공해상을 항해 중인 스페인 선박 위에서 벌어졌다. 따라서 이 재판은 스페인 영토에서 다루어야 한다는 것이 판사의 소신이었다.

톰슨 판사는 또한 소녀들의 석방 신청도 기각했다.

"소녀들이 처한 처지가 아무리 혐오스럽게 느껴지고 이들을 풀어 주고 싶다고 하더라도 감정에 따라 재판할 수는 없습니다. 오직 법에 근거한 재판만이 가능합니다."

"노예제도는 외국 정부도 인정하고 있을 뿐만 아니라…… 연방대법원도 인정한 제도입니다."

톰슨 판사는 아프리카인들이 절대로 노예가 될 수 없다고 규정한 법을 찾을 수 없었다. 법을 지키려면 이들의 재산권을 주장한 사람들이 실제로 적법한 권리가 있는지 결정할 때까지 아프리카인들을 석방할 수 없었다. 톰슨 판사는 이와 관련한 판단은 순회법원 판사가 아닌 연방지방법원에서 결정해야 한다고 판시하고 연방지방법원에서 재판이 열리는 11월까지 사건을 연기하였다. 아프리카인들은 감방으로 되돌아갔다.

그들의 이야기를 듣다

손가락 한 개 : "에타."
손가락 두 개 : "필리."
손가락 세 개 : "키아우와."
손가락 네 개 : "나에니."

깁스 교수는 선창가와 항구를 헤매고 다니면서 아프리카 사람을 만날 때마다 멘데어로 말을 걸어 보았다. 그는 막 항해를 마친 영국 여객선이 미국으로 오는 길에 노예선 두 척을 나포했다는 소식을 들었다. 교수는 스테이튼 섬에 정박하고 있는 영국 여객선에서 젊은 아프리카 사람을 만났다. 어렸을 때 붙잡혀서 노예가 된 그 사람은 포르투갈 선박에 실려 가다가 영국 배를 만나서 풀려났다. 그 아프리카인은 시에라리온으로 돌아가서 선교사와 함께 살면서 영어를 배우고 이름도 제임스로 바꾸고 영국 여객선에서 선원이자 통역원으로 일하고 있었다. 제임스 코비는 미소를 띤 채 깁스 교수가 한 말은 멘데어로 수를 세는 단어라고 말했다. 깁스 교수는 마침내 그토록 찾아 헤매던 통역원을 만났다.

코비는 붙잡힌 아프리카인들을 도우려고 선장으로부터 휴가를 얻었다. 이제 아프리카인들은 오역 걱정 없이 자신들의 이야기를 할 수 있었다. 그들은 붙잡힌 경위를 상세히 말하고 테코라호와 아미스타드호의 항해 이야기, 롬보코와 바라쿤 이야기를 하기 시작했다. 스페인 사람들의 주장과 각종 서류가 가짜임을 밝히고 갇혀 있는 사람들이 쿠바 노예가 아니라 아프리카인이라는 사실을 입증할 증언을 확보한 것이다.

　미국노예해방협회 회원들은 아프리카인들이 석방되도록 노력을 계속하였다. 테판은 노예상인들을 처벌하는 국제기구에서 일했는데 쿠바의 아바나에서 해방된 노예들의 영국 감독관으로 일하는 로버트 메이든과 접촉할 수 있었다. 메이든은 직업상 쿠바의 노예 거래에 필요한 수입에서부터 공무원이 작성한 허위 트라스파소의 발급에 이르기까지 해박한 지식을 가지고 있었다. 그는 아프리카인들을 위해 증언하고자 코네티컷에 오기로 동의하였다.

　모든 일이 잘 풀려 가고 있을 때 통역을 맡은 제임스 코비가 중병에 걸려 11월 재판에 참석하기가 어려웠다. 저드슨 판사는 재판을 1월로 연기하는 데 동의했지만 재판 연기로 또 다른 문제가 생겼다. 쿠바의 노예 거래를 잘 알고 있던 메이든은 1월까지 하트퍼드에 머물 수 없었다. 판사는 변호사들이 메이든으로부터 선서진술서를 받을 수 있도록 허가했다. 메이든의 진술서는 재판 과정에서 증언 대신에 증거로서 사용될 것이었다. 예상대로 메이든은 허위와 부패 그리고 잔혹함으로 가득 찬 쿠바의 노예 거래 시스템을 진술했다.

　그 사이에 새로 스페인 공사가 된 카발레로 데 아르가이즈는 포사이스 국무장관에게 편지를 보냈다.

　스페인 국민은 아직 원수를 갚지 못했습니다. 공사관은 노예의 인도를 요청한 것이 아니라 살인자를 넘겨 달라고 요구한 사실을 기억하시기 바랍니다. 그 소유자들은 큰 손해를 입었고 스페인 국민의 자부심에 상처를 남겼습니다.

국무장관은 미국의 이익과 외국 정부와 관련한 의무를 지키려면 법무장관이 개입해야 한다고 판단했다. 이러한 개입으로 미국 정부는 노예상인들과 연대해서 아미스타드호의 아프리카인들을 탄압하는 난처한 입장에 놓였다.

포사이스는 지방검사인 홀러버드에게 서신을 보내 아미스타드호 사건은 법원이 아닌 행정부에서 처리되어야 한다고 말했다. 또한 법원이 스페인 측에 승소판결을 내리면 즉시 아프리카인들을 스페인에 인도하고 아프리카인들에게 승소판결을 내리면 항소하라고 지시하였다.

재판

재판은 1840년 1월 7일에 시작되었다. 당사자들과 그 변호사들의 숫자를 고려할 때 이 사건을 연구하려고 휴강을 한 예일 법대 학생들을 비롯하여 수많은 방청객들이 좌석을 확보할 수 있었던 것은 놀라운 일이 아닐 수 없다.

아프리카인들은 3명의 변호사가 있었고 스페인 사람들은 한 명의 변호사가 있었다. 미국 정부를 대표한 변호사가 출석했고 제드니 소령의 변호사 2명 그리고 그린 선장의 변호사 한 명이 출석했다.

아프리카인들을 위한 일련의 증인들이 증언대에 섰다. 제임스 코비와 깁스 교수는 이 사람들은 최근에 아프리카에서 붙잡혀 온 자유인이라고 증언하였다. 메이든 박사가 11월에 작성한 진술서가 낭독되었다. 재판 이틀째에는 싱베를 포함한 아프리카인들이 증언대에 서서 코비의 통역으로 증언을 하였다. 언론은 방청객들이 숨소리도 죽인 채 싱베와 아프리카인들의 증언을 경청했다고 보도했다. 그들의 증언은 대개 아프리카에서 붙잡힌 일에서부터 시작해서 다섯 달 동안 겪었던 고난과 아이로니컬하게도 미국 땅에서 다시 붙잡힌 일로 끝났다. 아프리카인들과 배의 심부름꾼인 안토니오의 극적인 증언과 함께 조약과 해사법에 대한 법적인 주장도 제기되었다. 닷새에 걸친 증거조사와 증언, 주장의 전개가 끝나고 나서 1월 11일 법원은 휴정에 들어갔다. 저드슨 판사는 당사자들에게 월요일에 판결을 내리겠다고 예고하였다.

1840년 1월 13일 월요일 아침에 법원은 해난 구조에 따르는 보상금부터 시작하여 판결문을 낭독하기 시작했다. 제드니의 청구를 받아들인 법원은 "제드니 소령이 한 일은 가치 있는 일일 뿐만 아니라 칭송받아 마땅한 것"이라고 설명했다. 저드슨 판사는 제드니의 증언대로 아미스타드호는 표류하고 있었고 이에 따라 그의 구조활동은 보상받을 만한 것이라고 판결했다. 제드니가 받을 보상금은 배와 화물 가치의 3분의 1에 해당한다고 결정했지만 아프리카인들을 화물에 포함하지는 않았다. 그리고 그린 선장의 보상금 청구는 모두 기각하였다.

저드슨 판사는 다음으로 아프리카인에 대해 언급하기 시작했다. 아프리카인들은 "자유인으로 태어났고 현재까지도 노예가 아닌 자유인의 권리가 있다." 따라서 그들 중 누구도 루이즈나 몬테즈의 재산이 될 수 없으며 쿠바에 가서 살인죄나 해적죄와 관련한 스페인 정부의 재판을 받을 의무도 없다고 판결했다. 그는 그들의 행동이 오직 빼앗긴 자유를 되찾으려는 것일 뿐이라고 평결했다.

"아프리카로 돌아가려는 싱베와 길라바루의 희망은 한숨으로만 끝나지는 않을 것이다. 그들의 손은 피로 물들었을지 모르지만 그들은 고향의 품으로 돌아갈 것이다."

법원은 아프리카인들이 정부의 감독을 받은 뒤 아프리카로 송환되어야 한다고 판결했다. 증언대에 설 때를 제외하고는 재판 기간에도 감방에 갇혀 있던 아프리카인들은 이 소식을 듣고 기쁨에 겨워 환성을 지르고 감사의 기도를 드렸다.

그러나 홀러버드는 포사이스 국무장관의 명령에 따라 이 사건을 연방항소법원에 항소하였다. 보석을 받아들이지 않았기 때문에 아프리카인들은 뉴헤이븐의 감방에 갇힌 채 항소법원의 결정을 기다릴 수밖에 없었다.

몇 개월이 지나지 않아 연방항소법원은 항소를 기각하고 저드슨 판사의 판결을 유지하였다. 하지만 스페인 정부의 압력에 굴복한 미국 정부는 연방대법원에 상고를 제기했고 또다시 아프리카인들은 뉴헤이븐에 있는 감방에서 기다려야만 했다.

로저 볼드윈은 아프리카인들을 위한 변호인단의 대표로 계속 활동하고 있었다. 그러나 사건이 연방대법원에 상고되자 로저 볼드윈과 노예해방 운동가들은 더 높은 지위와 명성이 있는 인물이 필요하다고 생각하였다. 1840년 10월 루이스 테판은 매사추세츠 주에 있는 존 퀸시 애덤스의 집을 방문하였다.

애덤스는 미국 제2대 대통령인 존 애덤스의 아들로 그 자신도 미국 제6대 대통령을 지냈다. 하버드대학을 졸업하고 50년 동안 법조계에 있었던 애덤스는 성공한 변호사, 하버드대학 교수, 매사추세츠 주 상원의원으로서 활약했고 토머스 제퍼슨 대통령 때 주독 대사를, 제임스 먼로 대통령 때 주러·주영 대사와 국무장관직을 역임하였다.

잘 알려지지는 않았지만 애덤스는 자주 의회에 노예제도 폐지 청원과 미국 땅에서 태어난 사람이 노예로 팔리는 것을 금지하는 청원을 제출하였다. 노예제도 찬성론자들의 간청에 따라 미국 의회가 1836년 결의안에서 노예제도에 반대하는 청원 제출을 금지하고, 의회에서 노예제도를 논의하는 것을 불법화한 이후에도 애덤스의 활동은 멈추지 않았다. 그는 노예제도 반대 청원이 제출되면 위원회의 조사 절차를 거치지 않고 즉시 의제로 논의되도록 하여 의회가 노예제도를 재검토하도록 강제하려는 시도를 하기도 하였다.

애덤스는 처음에는 테판의 제안을 거절했다. 그는 일흔넷 고령인데다 의원직을 유지하고는 있었지만 대법원에서 변론을 한 지 30년의 세월이 지났다. 그러나 10월 말에 이르러 결국 애덤스는 아프리카인들을 위해서 변론을 하기로 마음먹었다. 애덤스와 볼드윈은 11월에 만나 볼드윈이 서면 의견서를 준비하고 구두변론은 나누어서 맡기로 합의하였다.

재판은 몇 차례 연기되어 1841년 2월 20일로 정해졌다. 밴 뷰런 대통령이 새로 임명한 헨리 길핀 법무장관이 행정부 대표로 나서서 미국 정부의 스페인 정부와 관련한 '의무'를 주장할 예정이었다.

정숙! 정숙! 정숙!

로저 태니 대법원장은 방청객을 마주보고 자리를 잡았다. 노예제도 찬반론자들과 함께 호기심에 찬 군중과 방청객들로 법정은 가득 찼다. 이와는 대조적으로 이 사건에 가장 큰 이해가 달려 있는 사람 중 일부는 법정에 나오지 않았다. 루이즈와 몬테즈는 스페인 공사에게 사건을 위임하고 쿠바로 돌아갔다. 루이스 테판은 사업 문제로 출석하지 못하였다. 무엇보다도 아프리카인들이 보이지 않았다. 그들 중 일부라도 재판에 참석하게 해 달라는 신청은 모두 기각되었다.

19세기와 20세기 초에 대법원에서 변론하는 모습은 오늘날과 완전히 다르다. 아미스타드호 사건의 변론은 대법관들의 간섭 없이 진행되어, 오늘날 기준에서 본다면 연설에 더 가깝다. 최근의 사건(6장 폴웰 대 플린트 사건을 참조하라)에서는 변호사들이 끊임없이 이어지는 대법관들의 질문을 받아넘겨야 한다. 이러한 변화는 점진적으로 이루어졌고 변론이 실제로 '논쟁'에 가까워질수록 법원과 당사자는 그들의 관심사에 변호사들이 주의를 기울여 심리의 초점을 집중시킬 수 있었다. 1841년의 대법관들은 변호사들의 변론 과정에 관여하지는 않았지만 주의 깊게 변론을 경청했다.

길핀 법무장관이 먼저 변론을 했고 볼드윈과 애덤스가 그 뒤를 이었다. 길핀은 세 가지 주요 쟁점을 제기했다. 첫째는 국제조약의 중요성이었다. 둘째는 밴 뷰런 대통령과 포사이스 국무장관의 행정부가 법원의 역할을 빼앗으려고 한다는 지적에 대한 반박이었다. 셋째는 인간이 재산으로 간주될 수 있는지 여부를 놓고 벌인 논쟁이었다.

길핀은 먼저 조약상의 의무를 지켜야 할 필요성에 초점을 맞추었다.

이러한 상황에서 행정부로서는 신의로 이루어진 국제사회에서 가장 신성하고 효력이 있는 조약상의 의무를 돌아보아야 합니다. 1795년의 조약은 양 당사자인 미국과 스페인 정부에게 '모든 권한을 행사하여 자국이 관할하고 있는 상대방의 선박과 소유물 그리고 국민을 보호하도록 노력할 의무'를 부과하고 있습니다.

이러한 조항은 오해의 여지가 없도록 분명하게 규정되어 있고 너무나 중요한 의무이기 때문에 무분별하게 방치되어서는 안 됩니다. 미국 국민이 보호받아야 할 필요가 있을 때에 스페인 정부에게 그들의 의무를 다하도록 요청해야 하지 않겠습니까? 만일 우리가 스페인 정부에 그러한 요청을 할 수 있다면 미국 정부도 스페인의 이익이 침해받을 가능성이 있을 때에는 공공의 수단을 이용하여 그 이익을 보호받도록 할 의무가 있지 않겠습니까?

스페인 대표가 언급하였듯이 이 사건은 의문의 여지없이 미국의 관할에 있는 스페인의 선박과 그 부속물을 다룬 사건입니다. 강도의 손길로부터 구조된 스페인 선박과 화물이 우리 항구로 들어왔고 현재 공공의 보호 아래에 있습니다. 조약은 분명히 미국 정부에게 '모든 권한을 행사하여 이러한 재산을 보호하도록 노력할 의무'를 부과하고 있지 않습니까? 우리에게 '모든 보호와 선의를 베풀도록 노력할 의무'가 부과되어 있지 않습니까? '소유 관계가 입증되는 즉시 진정한 소유자에게 그 재산을 반환'하도록 규정되어 있지 않습니까? 만약 그렇지 않다면 국제조약의 문구는 아무런 의미가 없을 것이고 국가간의 약속은 스치는 바람처럼 헛된 소리에 지나지 않을 것입니다.

길핀 법무장관은 이제 행정부가 이 사건에 관여할 권한이 있는지 그 여부를 설명하기 시작했다.

행정부가 이 사건에 관여할 권한이 없다는 주장이 제기되었습니다. 어떠한 법도 행정부에 그러한 권한을 부여하지 않았기 때문이라고 합니다. 개인간의 소유물 문제는 각 당사자가 스스로 주장해야 하는데 이 사건에서는 이미 당사자들이 주장을 하고 있기 때문입니다. 행정부의 관여는 법원의 권한 앞에 간섭과 침해가 될 것이고 이를 허용하는 어떠한 선례도 없다고 합니다.

그러나 외국의 정부기관과 영사가 관여한 모든 사건이 선례가 될 것입니다. 그들은 문제가 된 재산에 아무런 권한도 없고 이해관계의 당사자도 아니지만 자국민들을 위해서 절차에 관여합니다. 외국의 정부기관이 자국의 이해관계를 법원에서 주장할 수 있는데 우리나라의 정부가 관여할 수 없다는 것은 받아들일 수 없는 주장입니다.

그렇다면 반환해야 할 재산이 법원의 감독을 받고 있을 때는 행정부가 관여할 의무가 없다는 주장은 원칙 면에서나 선례에 비추어 볼 때 더는 유지될 수 없을 것입니다.

국제교류나 조약상 또는 헌법상 의무에 비추어 볼 때 이미 이 문제가 법원의 감독을 받고 있다는 지방 검사의 보고를 받은 상황에서 스페인 공사의 요청에 따라 이 문제에 관여한 행정부의 조치는 적절한 의무 수행이라고 할 수 있습니다.

이 시점에서 길핀은 아프리카인들의 지위를 두고 미묘한 변론을 시작했다.

만일 스페인법에 따를 때 노예가 재산이라면 설사 미국법이 이를 인정하지 않더라도 조약을 해석할 때에는 재산으로 다루어야 할 것입니다. 조약의 의도는 각국의 재산을 보호하는 것이기 때문입니다. 하지만 스페인법과 마찬가지로 미국법도 노예를 재산으로 인정하고 있습니다. 미국 국민들은 노예를 재산으로 보유하고 있습니다. 미국 주들은 연방의회의 입법권에 신중하게 동의한 후에 합중국에 편입된 것입니다. 의회에서 안건을 만들고 의결된 미국 헌법은 노예를 상품으로 인정하고 거래와 운반의 대상으로 다루고 있습니다.

일부 견해에 따르면 미국 정부가 노예의 재산성을 인정한 적이 없다고 합니다. 이 견해에 대해 답변하겠습니다. 다른 증거가 없다고 하더라도 현재 정부가 취하고 있는 행동 자체가 노예제도를 인정한다는 점을 보여 주는 것입니다. 미국 연방헌법은 각 주에 재산권과 관련한 입법권을 위임하고 있는데 헌법 제정 당시에 이미 노예는 재산의 상당 부분을 차지하였습니다. 헌법은 또한 1808년까지 외국으로부터 수입하여 재산을 증식할 수 있도록 주의 권한을 보장하였습니다. 그렇다면 어떻게 이 정부가 이러한 재산을 인정한 일이 없다고 하겠습니까?

설사 노예가 양국에서 모두 재산으로 인정받고 있다고 하더라도 조약에 반환이 보장된 재산은 아니라는 주장도 제기되었습니다. 그러나 재산 보호 및 반환 조약의 해석을 위한 모든 근거는 다른 모든 재산과 마찬가지로 노예에도 전적으로 적용되는 것입니다. 노예제도가 존재하는 주에서 노예는 귀중한 재산으로서 거래 대상이자 이전 대상입니다.

그렇다면 법 해석에 비추어 볼 때 이 재산이 스페인과 조약에 따라 반환이 보장되는 재산이라는 사실은 명백합니다. 따라서 하급심의 판결은 파기되어야 하고 재산 반환을 위한 법원 명령이 내려져야 할 것입니다.

도덕 문제를 제외하면 길핀의 논리적이고 충분한 근거를 갖춘 변론은, 국제사회는 각국이 조약상의 의무를 이행할 때 비로소 제대로 기능할 수 있다는 설득력 있는 주장이었다. 또한 특정 국가의 인물이나 재산이 관련된 분쟁은 실제로 그 국가의 법률에 따라 해결되어야 한다는 길핀의 주장은 일반적인 법 원칙에도 부합하였다.

길핀은 현명하게도 노예 거래의 도덕성 문제를 다루지 않고 ─ 우리가 아프리카인 노예 거래를 아무리 혐오한다고 하더라도 ─ 오직 국제 협력의 성격에만 변론의 초점을 맞추었다. 선례와 그 당시 현실은 길핀의 논리를 탄탄히 뒷받침하고 있었다. 그때까지의 선례를 뒤집고 국가간 조약은 신성시되어야 한다는 주장을 논리적으로 공격하는 것은 이제 볼드윈과 애덤스의 손에 달려 있었다.

로저 볼드윈의 변론

이 사건은 제가 변호하고 있는 불행한 아프리카인들의 운명만이 아니라 전 문명 세계가 미국을 바라보는 시각과 많은 국민이 걱정과 경계의 눈길을 보내고 있는 미국 정부의 권한 문제에도 큰 영향을 줄 것입니다. 독립선언서에 천명된 원칙에 따라 정의를 실현하고자 수립된 정부가 그 영토 안에서 자유인의 신분으로 구조된 사람을 강제로 노예로 만드는 절차의 당사자가 되는 것이 과연 국가 정신에 부합할 수 있는가라는 문제가 최초로 우리 앞에 제기된 것입니다.

제가 앞으로 할 변론에서 특정한 정치적 견해에 호소할 의도는 없습니다. 남부나 북부의 지성인들이 지지하기 어려운 태도를 취할 생각도 없습니다. 저는 항상 질문과 토론의 자유가 최대한 보장되어야 한다는 주장에 동의해 왔습니다. 다행히도 미국 헌법은, 그 남용은 개인이 법적 책임을 진다는 것을 전제로 이를 보장하고 있습니다. 또한 저는 한 국가의 국민이 누리는 자유는 다른 국가와의 관계에서 신중해야 하고 어느 정도 완화되어야 한다는 입장입니다.

설사 미국 정부에 외국 대표가 재산권을 주장하는 해사법 재판에 관여할 권한이 있다고 하더라도 외국을 대신해서 도망간 노예의 반환 청구를 도울 권한은 없습니다. 노예가 그 나라에 살고 있다가 도망쳤을 때도 그렇지만 특히 아프리카에서 노예 거래의 희생자가 되어 미국에서 피난처를 구한 때에는 말할 필요도 없을 것입니다.

아미스타드호의 아프리카인들은 설사 그들이 노예였다고 하더라도 저희는 이 점을 부인합니다만, 뉴욕 주의 관할 경계 안으로 들어올 때 자유로운 상태였습니다. 그들은 미국 관리나 국민의 어떠한 잘못된 행동 때문에 그곳에 온 것이 아닙니다. 그들은 그들을 노예로 만드는 법이 존재하지 않을 뿐만 아니라 오히려 명시적인 법률에 따라 모든 사람이 자유롭다고 보장된 주에 있습니다. 그들이 있던 주의 법률은 대법원의 해석에 따르자면, '미국 헌법에 따라 제한되거나 양여되지 않은 이상 그 경계 안에 있는 모든 사람과 재산에 무제한 관할권을 가지고 이를 보호하는 것이었습니다.

미국 국민은 외국의 노예법에 치외법권적 지위를 부여하여 자유로운 상태에 있는 사람을 노예로 하는 시도에 관여할 권한을 정부에 위임한 일이 없습니다. 그러한 권한 위임은 대다수 국민의 감정과 일치하지 않으며 미국 정부의 근본적인 설립 원칙과 목적에 어긋날 뿐만 아니라 노예 거래를 금지하고 그 희생자에게 자유를 주는 정책과도 모순됩니다.

만일 이 아프리카인들이 스페인 사람들의 소유였다가 미국 국민이 불법적인 방법으로 미국에 데려온 것이라면 이 사건은 앤털로프호와 비슷한 사건이 되었을 것입니다. 그러나 그들은 이곳에 자유의사로 왔고 미국 정부나 국민은 스페인 관할로부터 그들을 빼돌리려는 어떠한 불법도 저지른 바 없습니다. 왜 우리 정부가 그들의 송환에 적극적인 역할을 담당해야 합니까? 그들은 이곳에 자유인으로 왔고 자유인이라는 추정 아래 이 법정에서 재판을 받고 있습니다. 그들과 그들의 소유권을 주장하는 사람들 모두 이 법정에서는 평등한 취급을 받습니다. 이 법원이 모든 당사자들의 주장을 공평하게 청취한 다음에 그들을 자유인이라고 선언한다면 행정부는 그 결정에 관여할 아무런 권한이나 의무가 없습니다.

우리는 스페인 국민인 루이즈나 몬테즈에게는 노예 상태에서 탈출해서 피난처를 찾는 아프리카인들을 다시 노예로 만들어 달라고 미국 관리나 법원에 요구할 아무런 권한도 없다고 주장합니다. 또한 그러한 목적으로 이들을 체포할 어떠한 정당한 권한도 제드니 소령에게는 없다고 생각합니다.

미국 법률은 노예 거래를 비인간적인 해적 행위로 선언하고 있습니다. 노예선에 붙잡힌 사람들이 아프리카에서 쿠바로 항해하는 동안 배를 탈취해 우리 영토로도 피하는 데 성공했다고 가정해 보십시오. 미국의 헌법과 법률이 판사나 해군이나 또는 행정부에게 이 불운한 도망자들을 붙잡아서 노예상인에게 넘겨줄 의무를 부과하고 있습니까? 독립선언서에 천명된 위대한 원칙에 따라 수립된 정부가 있는 미국 국민이 연방행정부나 사법부에게 그러한 비열한 인권 침해 행위의 공범이 될 권한을 위임하였습니까? 그러한 행위를 요구하는 국제법의 원칙이 존재합니까? 우리 법원에 외국의 노예매매법이나 혹은 그 국가에 한 번도 살지 않은 이방인에게 영향을 미치는 법을, 그 법이 자연법 원칙에 위배되는데도 승인해야 할 의무나 혹은 권한이 있습니까? 우리나라에서 가장 존경받는 법학자들은 이러한 질문에 부정적인 답변을 하였습니다.

프랑스법은 식민지의 노예들이 프랑스에 입국하는 즉시 자유인이 됩니다. 뉴욕 주의 법은 외국에서 탈출한 노예가 뉴욕 주에 들어오는 즉시 자유인이 됩니다. 연방법원은 주의 경계 안에서 구조된 사람의 권리를 판단하는 데 있어 연방법에 위배되지 않는 이상 주 법원에서 적용하는 법률을 적용해야 합니다. 미국은 노예 거래를 비인간적인 해적 행위로 금지해 왔고 노예 거래의 희생자들을 다시 노예로 만드는 아무런 법도 없습니다. 한 국가의 법은 그 국민을 보호해야 할 때를 제외하면 국경을 넘어서 적용되지 않는다는 원칙은 너무나 명백하기 때문에 그 근거를 제시할 필요도 없다고 생각합니다.

그러나 이 사건에서 아프리카인들이 비록 '최근에 쿠바로 수입되었지만', 스페인법에 따라 루이즈와 몬테즈의 재산으로 인정된다면 미국 정부는 조약에 근거해 이들을 반환할 의무가 있고, 따라서 행정부가 그러한 목적을 이루고자 이 사건에 개입하는 것은 정당하다는 주장이 제기되었습니다. 이 사건이 조약의 적용 범위 내에 있다고 하더라도 당사자의 청구가 있다면 법원에 조약을 집행할 수 있는 권한이 부여되기 때문에 행정부의 개입은 불필요하고 부적절하다는 것이 이미 충분히 입증되었다고 생각합니다.

법무장관의 주장이 주로 근거로 삼고 있는 스페인과의 조약에는 다음과 같이 규정되어 있습니다.

공해상에서 해적이나 강도로부터 구출된 선박과 상품은 어떠한 것이든 간에 양국의 항구에서 책임자에게 인도되어 보호된다. 또한 소유 관계에서 적절하고 충분한 증거가 제시되는 즉시 온전히 반환되어야 한다.

이 조항을 본 사건에 적용하려면 양 당사국이 '상품'이라는 용어에 노예도 포함한 점이 인정되어야 합니다. 또한 그 자신이 인신매매의 희생자이며 공해상에서 성공적인 반란으로 배를 장악하고 탈출 수단을 손에 넣은 노예들도 '해적이나 강도'로 간주되어야 합니다.

조약의 문구에 대한 해석은 우리 법원을 지배하는 법 해석 원칙과 일치하지 않는다고 생각합니다. 또한 양국의 법이 일반적으로 사람을 상품으로 다루지 않는 이상, 설사 특정 국가가 노예제도를 용인하고 있다고 하더라도 사람을 화물에 포함한다는 특별한 조항이 없는 때에는 양 당사국이 '상품'이라는 일반 용어에 사람을 포함한다는 합의로 해석해서는 안 될 것입니다. 이미 언급한 바와 같이 그러한 조약을 체결할 권한이 미국 정부에 있는지도 의문입니다. 미국 정부의 기초가 되는 1776년에 공표된 독립선언서의 다음과 같은 구절을 상기해 보기 바랍니다.

모든 인간은 평등하게 태어났고 하느님으로부터 불가침의 인권을 부여받았다. 이 불가침의 권한에는 생명, 자유, 행복 추구의 권리가 포함되어 있고 그러한 권리를 보호하려고 정부가 수립되었다.

'해적의 손길로부터 구출된 상품'이라는 용어를 사용할 때 조약 당사국은 재산을 염두에 둔 것이 분명합니다. 그러한 상품을 불법적인 소유자로부터 탈취하는 것은 미국 정부 소속의 선박에 부여된 의무입니다. 그러한 재산을 정당한 소유자로부터 빼앗는 것은 불법이며 그 반환에 협력하는 것은 우리의 의무이기 때문입니다. 그러나 우리의 해군 장교들에게 노예매매를 용인하는 국가에 협력하여 반란 노예들이 납치범에게 복종하도록 강요할 의무가 있습니까? 미국 국민은 국가의 원칙에 어긋나지 않으면서 해군 장병들에게 그러한 의무를 부과하는 조약을 체결할 수 있습니까? 그러한 의무는 모든 국민이 국가에 봉사할 책임을 외면하도록 할 것입니다. 미국에서 피난처를 찾는 사람이 가장 극악한 범죄자라고 하더라도 외면하지 않도록 경계해 온 우리 정부가 '상품'이라는 용어를 사용해서 도망 노예를 체포하고 인도할 의무를 스스로에게 부과하였단 말입니까?

문장 해석상 조약의 문구가 일반적으로 재산으로 다루어지는 화물이나 동물에만 적용되는 것은 분명합니다. 반환되어야 할 것은 '공해상에서 해적이나 강도로부터 탈취한 상품'일 뿐입니다. 적법하게 체포해서 처벌해야 할 '해적'을 넘겨주어야 할 의무 조항은 없습니다. 만일 이 아프리카인들이 우리 해군이 적법하게 체포할 수 있는 '해적'이나 해상 강도들이라면 우리는 그들을 구속하고 처벌해야 할 것입니다. 그렇다면 이때 '상품'이란 무엇을 말합니까?

그러나 그들은 해적이 아닙니다. 그들의 지도자인 신케이는 단지 하나의 목적만 있었을 뿐입니다. 그 목적은 해적이나 노략질이 아니라 불법적인 노예 상태에서 신음하는 자신과 동료들을 구출하는 것이었습니다. 그들은 스페인에 대해 아무런 의무가 없습니다. 그들은 강제로 아미스타드호에 승선한 것입니다. 그들의 목적은 노예 사냥꾼들로부터 탈출해서 동족들이 기다리는 고향으로 돌아가는 것이었습니다. 그 목적을 추구하는 행위를 두고 해적죄의 책임을 물을 수는 없습니다. 만일 그들이 비슷한 방법으로 자유를 되찾은 미국 선원들이라고 가정해 보십시오. 그때에도 그들에게 해적죄나 살인죄의 책임이 있다고 하겠습니까?

미국은 자유 국가이고 모든 사람은 자유인으로 간주됩니다. '상품'이라는 용어가 자유 국가의 조약에서 사용될 때에는 사람이 포함된 것으로 해석해서는 안 될 것입니다.

조약의 문구를 해석할 때는 단어의 관습적 의미, 주제의 적합성, 정부의 적법한 원칙과 최대한 일치하도록 해석하여 타인에게 불의를 저지르거나 자연법에 어긋나지 않도록 해야 합니다. 이것이 법 해석 원칙의 실질적 내용입니다. 스페인 측의 해석은 이러한 원칙과 정면으로 충돌합니다.

노예 거래를 '해적 행위'로 선언하고 1814년 영국 정부와 맺은 신성한 조약에서 '인간의 존엄성과 정의의 원칙에 어긋나는 노예 거래의 완전한 철폐를 위하여' 노력하기로 약속한 국가의 법원이 그 이후에 개정된 조약의 일반적인 표현을 자국 정부에게 인신매매의 희생자를 재산으로 다루는 의무를 부과하는 것이라고 해석한다면 정말 기묘한 일이라고 볼 수밖에 없습니다. 특히 1819년 조약의 개정에 앞서서 스페인 정부가 우리 정부에게 아프리카인들은 이젠 적법한 거래의 대상이 아님을 정식으로 통보한 사실을 고려하면 더욱 그렇습니다.

자연법과 미국법은 조약이 스페인 사람들을 정당하게 다루는 것과 마찬가지로 우리에게 아프리카인들을 정당하게 대우할 것을 요구합니다. 외국의 법정에서, 자유와 노예제도 문제 앞에서 당사자들은 평등한 대우를 받아야 합니다. 아프리카인들은 최근에 고향을 떠났으며 쿠바에 거주한 적이 없었고 그 나라의 법에 복종할 아무런 의무도 없다는 사실이 인정된 이번 사건은, 그들의 권리는 어느 곳에서나 적용할 수 있는 일반 원칙인 자연법에 따라서 결정되어야 할 것입니다.

볼드윈은 화요일 늦게 변론을 마쳤고 법원은 휴정하였다. 볼드윈의 최종 변론은 정확했고 많은 사람들은 법률적 쟁점만 놓고 본다면 볼드윈이 승소할 것이라고 생각하였다. 공동 변호인인 존 퀸시 애덤스는 볼드윈의 변론을 '견실하고 감동적'이었다고 칭찬했다.

그러나 애덤스가 완전히 만족한 것은 아니었다. 역사가들은 볼드윈의 법적인 지적이 탁월하였다는 점에 동의하면서도 그의 변론은 당시 미국의 분위기와 태도를 반영하지 못했다고 생각한다. 개개의 쟁점에서는 훌륭한 변론이었지만, 법원이 결정할 문제의 중요성을 충분히 고려하지 못하였고 법원의 판결이 아프리카인이나 미국 사회에 미칠 충격에 대해서는 미처 인식을 하지 못하였다는 것이다. 아미스타드호 사건은 당장의 법적인 쟁점이나 사실적인 쟁점보다 훨씬 큰 의미가 있었다. 애덤스는 2월 24일 수요일에 자신이 변론을 할 때는 이러한 문제를 충분히 다루어야 할 것이라고 생각했다.

회고록에서 애덤스는 그 순간을 이렇게 회상하고 있다.

> 법정에서 변론을 하려고 일어나기 전까지 나는 깊은 고민과 번뇌에 빠져 있었다. 그러나 나는 분연히 자리에서 일어났고 최선을 다해서 변론을 했다.

애덤스는 법률가로서 변론은 하지 않기로 결정하였다. 볼드윈이 이미 그들의 의뢰인을 대변하여 법률적 주장을 훌륭하게 해냈다. 애덤스는 지도자로서 연설을 했으며 그의 변론이 사회적·도덕적·정치적 주장으로서 법원에 전달되기를 희망했다.

○━━┻

존 퀸시 애덤스 대통령의 변론

오래전에 법률가의 길에 들어선 사람으로서 이 법정에서 변론을 시작하기에 앞서 먼저 사과의 뜻을 표해야 한다는 생각이 듭니다. 제 의뢰인들의 생명과 자유가 전적으로 이 법원에 달린 만큼 저는 노인의 허약함과 젊은이의 무경험을 동시에 드러낼지 모른다는 두려움을 느낍니다. 그러나 이 법원의 소중한 시간을 제 개인적인 상황을 설명하는 데 낭비하고 싶지 않기에 이 사건의 쟁점에 대한 변론을 마칠 때까지 제 사과의 말씀은 유보하기로 하겠습니다.

저는 제 자신과 제 의뢰인을 위한 고민 속에서, 이 사건을 변론하는 데 두 가지 사실에서 위로를 받는다는 점을 말씀드리고자 합니다. 우선 제 의뢰인들의 생명과 자유의 권리는 이미 제가 덧붙여 말할 필요가 없을 정도로 학식 있는 동료가 완벽하게 변호하였다는 점입니다. 그들의 이해관계는 충분한 변론으로 이루어졌고 저는 거기에 잘못이나 불완전함을 더할 수밖에 없을 것입니다.

둘째로 저는 이 법원이 정의의 법정이라는 점에서 위안을 받습니다. 이 같은 자명한 말을 하면서 저는 이 법원에서 정의가 무엇인지 고려해 줄 것을 요청합니다. 정의란, 약 2천 년 전에 유스티니아누스 법전에서 규정한 것과 마찬가지로 인간관계와 인권을 이해할 수 있는 모든 사람들이 느끼는 것, 즉 '모든 사람에게 각자의 권리를 보장하려는 영속적인 의지'입니다.

정의의 법정에서는 당사자에게 자신의 권리를 허용해야 하고 그 권리는 법원이 보호해야 합니다. 이 점은 매우 중요합니다. 저는 각자의 생명과 자유가 이 법원의 결정에 달린 36명의 의뢰인을 대신하여 이 자리에 나왔기 때문입니다. 그러므로 법원이 이 사건을 결정하는 데 이 36명의 운명을 한꺼번에 묶어서 결정해서는 안 되고 한 사람 한 사람을 두고 각각의 결정을 내려야 할 것입니다. 해군 장교가 아미스타드호를 나포한 이후 18개월 동안 그들 모두는 미국 법원의 권위 아래서 죄수로 지내 왔습니다. 따라서 저는 법원이 그들의 운명을 최종 결정하기에 앞서 그들이 처한 환경과 처우를 고려해 줄 것을 요청합니다.

제가 정의의 법정에 서 있다는 사실에서 위안을 얻는다고 말했을 때 이 점을 분명히 해야 할 필요성을 느꼈습니다. 왜냐하면 미국 정부의 어떤 기관은 이 사건에서 완전히 불의에 입각해 있었기 때문입니다. 제가 대리하고 있는 사람들은 이 법정에서 자신들의 운명이 결정되기를 기다리면서 외국 정부뿐만 아니라 이 나라 행정부가 모든 권력을 동원하여 행사하는 압력을 받았습니다. 이 사건의 상고를 기각시키는 것이 제 의무이지만 가장 괴로운 점은, 이 사건에서 미국 행정부가 취한 조치의 형태와 방법뿐만 아니라 당사자들이 개인적 권리를 주장하는 절차에 비정상적으로 개입한 행위의 유효성과 동기까지 조사하고 이를 응징해 줄 것을 법원에 요청할 수밖에 없다는 점입니다.

인생의 초년기에 저는 영국의 가장 위대한 희곡 작가, 아니 세계에서 가장 위대한 희곡 작가의 비극을 관람하는 행운을 누렸습니다. 그 작품에는 거칠 것 없는 권력을 행사하다가 자신이 모시던 왕의 신뢰를 잃고 갑작스럽게 실각하는 울시 경이 등장합니다. 울시 경이 치욕과 고뇌의 순간을 겪을 때 이를 지켜보던 서리 경은 오랫동안 참아 왔던 울시 경의 오만에 분노를 느끼고 자신이 실각했을 때 느꼈던 좌절감을 폭발시킵니다. 서리 경이 울시 경을 모욕하고 책망하는 것을 보던 왕의 시종은 서리 경에게 이렇게 말합니다.

"오, 나의 경이시여. 추락하는 사람을 지나치게 몰아붙이지 마십시오. 그것은 덕망 있는 행동이 아닙니다."

당사자 사이의 상대적인 관계에서 그 대사의 반복은 저에게는 하나의 도덕 원칙으로 다가왔고 제 마음에 큰 울림을 남겼습니다. 저는 이 원칙을 인생의 지침으로 삼아 왔고 아마도 죽는 날까지 잊지 않을 것입니다.

그러므로 지금과 같은 상황에서 미국 행정부의 처신을 이 법원과 문명 세계에 드러내는 것은 저에게는 매우 고통스러운 일입니다. 그러나 저는 이 일을 할 수밖에 없습니다. 그 행정부는 현재도 집권하고 있고 법원의 통제를 받고 있지만 제 의뢰인들의 생명과 자유가 행정부의 손에 달려 있기 때문입니다. 제가 만일 행정부의 처신을 보고도 그냥 넘긴다면 잘 알지 못하는 사람들은 그리고 이 법원은 행정부가 부적절한 일을 하지 않았고 또한 제 의뢰인들에게 불의를 저지르지 않았다고 판단할지도 모를 것입니다.

현재의 행정부를 제가 고발하고자 하는 점은 불행한 사람들의 운명을 다루는 이 절차에서 그들이 정의를 지켜야 했음에도 한 당사자에게는 부당한 호의를, 다른 당사자에게는 부당한 반감을 가지고 행동했다는 것입니다! 백인에게는 부당한 호의를 베풀고 흑인에게는 부당한 압력을 행사한 것입니다.

이 사건에서 미국 정부는, 행정부는 물론 사법부까지도 2명의 스페인 노예상인들만이 피해자라는 전제에서 행동하였습니다. 모든 권리는 그들에게만 있고 모든 잘못은 스스로 해방된 희생자들에게 있다고 본 것입니다.

존경하는 대법관님들께 묻습니다. 이것이 정의입니까? 국무장관인 포사이스 씨 자신은 그렇게 생각하지 않았습니다. 그는 그것을 동정심이라고 말했습니다. 제드니 소령이 최초로 개입한 때부터 이 정부의 행동을 지칭한 편지에서 그는 "루이즈 씨와 몬테즈 씨는 그들의 재산과 자유를 빼앗긴 채 불법적인 폭력의 고통을 겪고 생명에 대한 끊임없는 위험에 직면한 채로 미국 연안에서 발견되었다"고 적고 있습니다.

바라쿤의 노예상인을 향한 국가적인 동정이 이 정부가 취한 행동의 주요한 동기라고 공식적으로 인정했습니다. 노예상인들에 대한 행정부와 나라 전체의 동정 그리고 희망을 잃고 말도 통하지 않는 불행한 사람들에 대한 적개심이 이 절차의 원인과 동기가 되었고 이 사건을 대법원까지 가져온 것입니다.

무슨 이유로 제드니 소령에서부터 국무장관에 이르기까지, 국무장관으로부터 국민 전체에 이르기까지 동정심은 오로지 2명의 쿠바 출신 스페인 사람들에게만 주어지고 그들의 불법적인 폭력에 희생당한 사람들에게는 주어지지 않는 것입니까? 무슨 이유로 스스로 자유를 회복하고 자신들을 탄압한 자들의 폭력의 결과까지 감수하도록 한 사람들에게는 자비가 주어지지 않고 그 폭력 행위를 저지른 당사자만 동정을 받는다는 말입니까?

아미스타드호가 처음 미국 영해 내로 진입하였을 때 스페인 사람들과 아프리카인들이 선상에서 저지른 폭력 행위는 이미 끝난 일이었습니다. 그러나 어떤 사람들의 행동이 불법적이고 어떤 사람들이 탄압자인지는 옳고 그름의 문제입니다. 그 문제를 해결하는 데 미국 정부나 국민이 관여하려 한다면 양 당사자를 똑같이 취급해야 할 것입니다. 또한 미국이 이에 관여하려 한다면 호의나 동정이 아닌 공정과 정의에 근거해 각자에게 정당한 권리를 찾아주어야 할 것입니다.

(법정에 걸려 있는 독립선언서를 가리키면서) 저는 저 법 이외에 이 사건에 적용할 어떠한 법률이나 조문, 조약도 알지 못합니다. 저는 우리의 선조가 미국을 세울 때 기초한 자연법과 하느님의 법 이외에 제 의뢰인에게 적용될 어떠한 법도 알지 못합니다. 이 사건은 너무나 특별한 것이어서 기존에 존재하는 어떠한 법조항이나 조약도 이 사건

에 적용될 수 없습니다. 제 의뢰인의 판결을 선고할 때 이 법원도 자연법에 근거한 판단을 내릴 것으로 믿습니다.

아프리카인들은 아미스타드호를 점유하고 있었고 소유권의 추정을 받는 상태였습니다. 그들은 미국 내에서 평화롭게 항해하고 있었고 법원이 판단하였듯이 해적이 아니었습니다. 단지 고향으로 돌아가고 있었을 뿐입니다. 그들은 자신들의 권리를 획득했고 우리가 아는 한 항해를 계속할 권한이 있었습니다. 선박은 그들의 것이었고 그들은 만인에게 똑같은 권리와 보호를 보장하는 뉴욕 주의 법이 적용되는 미국 연안에 있었습니다.

이러한 상황에서 제드니 소령은 정부로부터 아무런 명령을 받지 않았고 어떠한 법적 권한이 없었음에도 무력으로 그들을 체포하고 무장해제를 했습니다. 또한 평시인데도 선상에서 그들을 몰아내고 권리자의 의사에 반하여 선박을 탈취하고 그들을 타국 영토에 상륙하도록 강제하였습니다. 정의의 이름으로 묻습니다. 무슨 권리로 이러한 일들을 한 것입니까? 만일 실제 해적 행위가 있었다고 하더라도—현명하게도 법원은 그러한 행위가 없었다고 판단하였습니다만—여기에서는 이 나라 국민의 자유, 특히 뉴욕 주 주민의 자유와 깊이 관련된 여러 가지 문제가 발생할 수 있습니다. 미국 해군 장교에게 영장이나 법적 권한 없이 뉴욕 주 안에서 사람들을 강제로 체포하고 그들에게 발포하고 굴복시키고 무장해제하고 그 의사에 반하여 선박에 승선시켜 다른 주로 송환할 권한이 있습니까? 저는 제드니 소령의 죄상을 묻고자 하는 것이 아닙니다. 무슨 권리로 이러한 행위를 했고 법의 원칙을 얼마나 무시하였는지를 묻는 것입니다.

상고가 기각되어야 한다는 제 주장은, 미국 정부가 취한 행동은 처음부터 잘못되었다는 전제에 근거한 것입니다. 해군 장교가 선박을 나포하고 사람들을 체포한 첫번째 조치부터 잘못된 것이었습니다. 뉴욕 주 안에서 강제로 사람들을 체포한 것도 잘못된 행위입니다. 선박이 코네티컷 주의 관할로 끌려온 후에 이들은 처음에는 공해상에서 저지른 살인과 해적 행위의 죄목으로 투옥되었습니다. 다음으로 제드니 소령은 그들을 재산처럼 다루었고 해난 구조에 따르는 보상이 청구됨에 따라 연방보안관은 재산으로서 감금하였습니다. 그 후 루이즈와 몬테즈는 그들에 대한 권리를 주장하였고 법원은 다시 그들을 구속하였습니다. 그 다음에는 스페인 공사가 선박을 반환하고 흑인들을 쿠바에 압송하여 재판을 받게 해야 한다고 요구하였습니다. 스페인 공사는 미국 정부가 자신의 요구를 들어줄 것을 확신한 나머지 미국 대통령이 즉시 코네티컷 법원에 명령을 내려서 그 절차를 정지하고 흑인들을 스페인 정부에 인도하리라고 생각했습니다.

(스페인 공사인) 칼데론 씨가 무슨 근거로 이러한 생각을 했는지 저로서는 알 길이 없습니다. 공사는 미국 대통령에게 사건을 마음대로 결정하고 법원의 관여 없이 사람과 재산을 재량껏 처분할 수 있는 전제적 권한이 있다고 믿은 것이 분명합니다. 무엇이 그에게 이러한 상상을 하게 했는지 정말 알 수가 없습니다.

칼데론 씨가 미국 대통령에게 요구하는 것이 무엇입니까? 이 아프리카인들을 재산으로서 인도하라는 것입니까? 이들을 스페인법에 따라 재판하려고 스페인 정부 대표인 공사 자신에게 인도하라는 것입니까? 아닙니다. 그가 요구하는 것은 이 나라의 최고 지도자가 먼저 교도관 역할을 맡아 이들을 관리하다가 다시 법원 정리의 역할을 맡아 바라쿤의 노예상인들 사이에서 재판받도록 호송해 달라는 것입니다. 한 국가의 정부가 이러한 요구를 받은 전례가 있습니까? 우리의 대통령이 미국의 이익을 희생해 가면서 아프리카인들을 체포하고 수용하였다가 재판을 받도록 다른 나라로 보내야 한다는 것입니다. 도대체 국제법 어디에 이러한 요구를 들어줘야 한다는 법이 있단 말입니까?

존경하는 대법관 여러분, 설사 대통령이 자기 마음대로 권한을 행사할 수 있다고 하더라도 이러한 요구를 들어줄 수는 없을 것입니다. 대통령은 먼저 교도관 역할을 해야 합니다. 그 후에는 아프리카인들을 바다 건너 법정으로 보내서 생명이 걸린 재판을 받게 해야 합니다.

대법관 여러분, 저는 대법관들께 너무나 잘 알고 있는 미국 독립선언의 역사를 상기시킬 의도는 없습니다. 그러나 미국인들이 조지 3세(미국이 독립전쟁을 일으킬 당시 영국 왕. 식민지였던 미국을 탄압한 것으로 악명이 높다—옮긴이)를 비난하는 이유는 사람들을 외국으로 보내서 재판받게 했다는 것이고 그러한 추악한 행위 때문에 미국인들이 독립전쟁을 일으킨 것입니다. 이 사건에 그때의 논리를 그대로 적용하기란 어려울 것입니다. 하지만 만일 미국 대통령에게 아프리카인들을 외국으로 보내서 재판을 받도록 강제할 권한이 있다면 마찬가지로 미국인도 외국으로 보내서 재판받도록 할 수 있습니다. 외국 공사의 요구에 따라 지방 보안관에게 명령을 내리기만 하면 미국 국민을 체포하고 외국의 법원에서 재판받도록 송환할 수 있다는 것입니다. 스페인 공사의 요구는 이에 그치지 않습니다. "만일 코네티컷 주 법원의 간섭 때문에 선박과 노예 송환이 지연된다면 원래의 소유자는 이에 따른 손해를 배상받아야 한다"는 주장입니다.

칼데론 데 라 바르카 씨는 자신이 요구한 근거로서 조약의 문구를 언급했는데, 특히 1819년 조약으로 효력이 연장된 1795년 조약의 제 8조, 제9조, 제10조를 들고 있습니다. 조약 제8조는 조난당한 선박이 입항한 때에는 소유자에게 돌려주어야 한다는 조항입니다.

이 사건에서 어떤 스페인인이 아미스타드호의 소유자라는 말입니까? 그런 사람은 없습니다. 저는 이 배가 아프리카인들의 소유라고 주장합니다. 만일 원래 소유자를 의미하는 것이라고 한다면 이 배가 누구의 이름으로 등록되어 있는지 확인해 보시기 바랍니다. 이 배의 소유자로 등록된 사람은 사망했습니다. 그 사람은 배에 타고 있지도 않았고 조약에 따른 권리를 주장하지도 못할 것입니다. 이 배는 선박을 점유하고 있었던 아프리카인들의 소유라고 보아야 합니다. 이는 어디서나 권리를 추정하는 첫번째 증거가 됩니다. 사실을 말하자면 이 조항은 이 사건에 적용될 만한 것이 아닙니다. 해상에서 재난을 당한 일반적인 상황에 적용되는 조항이고 지금까지 수백 번이 넘게 그러한 때에 적용되어 왔습니다.

조약 제9조의 내용은 다음과 같습니다.

공해상에서 해적이나 강도로부터 탈환된 선박이나 상품은 그 종류가 무엇이든 간에, 소유권의 적절하고 충분한 증명이 이루어지는 즉시 완전한 형태로 소유자가 속한 국가의 항구에 있는 담당 공무원에게 인도되어야 한다.

이 배가 해적이나 해상 강도로부터 탈환된 것입니까? 미국 법원에 그러한 사실을 판단할 권한이 있습니까? 하급심은 이 배의 선상에서 일어난 일에 관하여 미국 법원은 형사재판권이 없다고 판시하였습니다. 따라서 선박 소유권을 차지한 사람을 해적이나 강도라고 판결할 수 없습니다. 국무장관께서 국가적으로 칭찬받아야 한다고 말씀하신 제드니 소령의 동정심이 각 당사자들의 고통에 비례하는 것이라면 과연 누구를 해적이나 강도라고 말해야 하겠습니까? 아프리카인들입니까? 스페인법과 미국법과 국제법을 위반하여 롬보코로부터 납치당해 온 사람들을 미국법이나 스페인법이나 영국법이 강도나 해적이라고 선언할 수 있습니까? 항해 중에 그들은 루이즈로부터 혹독한 처우를 받아 날마다 몇 명씩 죽어 갈 때도 있었습니다. 이때도 그들이 해적이나 강도였다는 말입니까? 기록에는 아바나를 떠날 때 배에 실린 아프리카인들이 54명이었습니다. 루이즈가 제출한 신청서에는 그 중 9명이 미국 해안에 도착하기 전에 사망했다고 적혀 있습니다. 연방보안관의 보고서에는 항해 중에 겪은 고통 때문에 미국 땅에 도착한 이후에도 계속 사망자가 발생했다고 기록되어 있습니다. 뉴런던에서 재판이 열리기 전에 한 명이 사망했습니다. 하트퍼드 법원에 보고서가 제출되기 전에(17일밖에 안 되는 기간에) 3명이 사망했고, 그때부터 11월 사이에 3명이 더 죽었습니다. 11월 이전에 16명의 희생자가 생긴 것입니다.

그러나 그때 이후 지금까지는 아무도 죽지 않았습니다. 상상할 수 없는 인권 침해의 상태에서 구조되었을 때 느꼈을 안도감을 한번 생각해 보십시오. 미국 땅에 상륙한 이후에 최악의 범죄자들에게만 주어지는 비참한 환경에서 18개월 동안 감옥에 갇혔지만 그러한 환경조차도 루이즈에게 잡혀서 한 명씩 죽어갈 때에 비하면 엄청난 변화였고 단 한 명의 사망자도 생기지 않았던 것입니다.

심판의 날이 찾아왔을 때 억울하게 죽은 16명의 영혼은 누가 책임을 져야 합니까? 루이즈는 그들은 상품이고 자기 재산이라고 주장합니다. 그가 최후의 순간을 맞을 때 그 16명의 영혼이 "당신은 죄값을 치러야 할 것이다"라고 말하지 않겠습니까?

그렇다면 누가 법에 따른 처벌을 받아야 할 폭군이고 압제자입니까? 우리가 범죄자로부터 보호해야 할 억울한 희생자는 누구입니까? 루이즈와 몬테즈라고는 절대로 말할 수 없을 것입니다.

그러나 이러한 논의와 별도로 조약 제9조는 노예에게는 적용되지 않습니다. 조약에 따라 반환되어야 하는 것은 선박과 상품입니다. 상품이라는 말에 인간도 포함되는 것입니까? 대법관들께서는 그렇다고 판결하시겠습니까? 조약에는 선박이나 상품은 '완전한 형태'로 반환되어야 한다고 명시되어 있습니다. 이 조약이 식인종들 사이에 체결된 것이 아닌 이상 '완전한 형태'라는 문구가 사람을 반환하기 전에 팔이나 다리를 자르는 것을 금지하는 내용이라고 해석할 수는 없습니다. '완전한 형태'라는 문구 자체가 그 조항이 인간에게 적용되지 않는다는 것을 명백히 하고 있습니다. 만약 이 조항이 인간의 반환에도 적용되는 것이라면 반환하기 전에 발생하는 식비 등 비용 부담 문제와 그 보상 규정도 포함되었을 것입니다. 아마도 반환 전까지 이들이 수용되는 시설 규정도 만들어졌을 것입니다. 사람들을 세관에 수용할 수도 없고 일시 수용된 사람들에게 석방 심사 청구 등 그 국가의 법이 적용되는 것을 막아야 하기 때문입니다.

제9조는 개인적으로도 잘 알고 있습니다. 1819년에 조약을 갱신할 때 당시 스페인 대표와 협상을 한 사람이 본인이기 때문입니다(애덤스는 당시 미국 국무장관이었다). 협상 당시 저와 스페인 대표는 상품이라는 단어에 사람이 포함된다는 생각은 하지 않았습니다.

존경하는 대법관 여러분, 스페인과 맺은 조약 중에서 이 사건에 조금이라도 적용할 수 있는 조항은 없습니다. 스페인 공사의 청구는 국제법에도 근거가 없고 조약에도 근거가 없는 것입니다.

이제 스페인 공사가, 우리 행정부가 이 사건에 개입해서 이 불행한 아프리카인들을 쿠바로 송환해 달라고 요구한 편지와 관련해 말씀드리겠습니다. 대법관들께서는 이러한 편지를 받고 미국 국무장관이 해야 할 일이 무엇이라고 생각하십니까? 아니, 그보다 먼저 국무장관이 실제로 한 일은 무엇이었습니까?

그가 한 첫번째 행동은 스페인 공사가 아프리카인들이 스페인의 재산이니 자신에게 인도하라고 요구한 것에 근거하여 코네티컷의 지방검사에게 미국 정부를 대표하여 이들에 대한 권리를 주장하라고 명령한 것입니다. 또한 이 사건을 결정하는 데 법원이 행정부보다 우위에 있어서는 안 된다고 지시하였습니다. 그러한 지시 때문에 지금 이 재판을 하고 있는 것입니다.

우리는 미국 장관으로부터 스페인 공사가 들었어야 할 정당한 답변이 무엇인지 자문할 필요가 있습니다. 단언컨대 국무장관은 스페인 공사에게 그의 요구는 절대로 받아들일 수 없고 미국 정부는 그러한 일을 하지 않을 것이라는 사실을 명확히 알려 주어야 했을 것입니다. 미국 정부는 소유자에게 선박을 인도할 수도 없고 그러한 방식으로 배를 처리할 수도 없습니다. 그리고 해난 구조에 따른 보상금을 지불할 수 없다는 스페인 공사의 주장에 대해 그 문제는 재판을 담당하는 법원이 결정해야 한다고 말했어야 합니다. 미국에 재판권이 없다고 대통령이 선언해야 한다는 요구는 받아들일 수 없을 뿐만 아니라 모욕적인 것이라고 답변했어야 합니다. 미국 헌법은 대통령에게 그러한 권한을 부여하고 있지 않습니다. 그런 행동은 대통령이 사법부에 압력을 행사하라는 것으로서 전체 헌법의 질서를 파괴하는 것이고, 정부의 기본 원리를 전적으로 위반하는 것으로서 아프리카인과 미국인과 미국의 이익에 반하는 것입니다.

국무장관은 당시 수도에 머무르고 있지 않았던 대통령과 상의하기 전에 즉시 이러한 요구를 거절했어야 합니다. 흑인들을 반환하라는 요구 역시 나머지 요구와 마찬가지로 들어줄 수 없는 것입니다. 대통령은 미국 국민이나 외국인들을 체포할 권한이 없습니다. 그러나 체포 권한은 사람들을 강제로 외국에 보내서 외국 정부의 재판을 받게 하는 권력과 비교하면 아무것도 아닙니다. 국무장관은 스페인 공사에게 지금까지 독립 국가의 정부가 그러한 요구를 받은 일이 한 번이라도 있었는지 물었어야 합니다. 그러한 요구는 미국 대통령을 한 나라의 지도자가 아니라 보안관이나 집행관으로 생각한 것으로서 예의 있는 사람이라면 할 수 없는 것이라고 스페인 공사에게 말했어야 합니다.

그러나 실제로 국무장관이 한 일은 무엇이었습니까? 그는 칼데론 씨(스페인 공사)에게 자신이 대통령에게 서신을 보냈으며, '대통령이 이 문제의 결정을 내리는 즉시' 알려 주겠다고 답변하였습니다.

그날부터 지금까지 국무장관은 스페인의 요구에 아무런 답변도 하지 않았습니다. 그 잘못된 행태를 바로잡지도 않았고 이러한 비정상적이고 받아들일 수 없는 거만한 요구에 정당하고 명예로운 국가의 권리를 주장하지도 않았습니다. 전 문명사회가 지켜보는 가운데 이러한 요구에 단순히 대답을 하지 않았을 뿐만 아니라 오히려 행정부가 그러한 요구를 들어주려는 듯한 모습을 보여 이 나라의 위신을 떨어뜨렸습니다.

스페인 공사관의 요구 사항에 완벽한 답변은 이런 것입니다.

"미국의 헌법과 법률은 행정부의 간섭으로부터 사법권의 독립을 보장해 왔습니다."

미국 연방헌법과 미국 정부가 외국 정부와 체결한 조약은 뉴욕주에서 적용되는 법입니다. 이 법에 따라 루이즈와 몬테즈는 자신들의 권리를 주장할 수 있고 여기에 행정부가 개입할 여지는 전혀 없습니다.

법무장관은 어떤 나라의 법원도 다른 나라의 형법을 적용할 수 없다고 말합니다. 그러면 다른 나라의 노예법을 집행하는 나라는 있습니까? 노예제도는 형법이나 세법처럼 각국에 특유한 것입니다. 피고인들은 자유로운 상태로 구조되었습니다. 이들이 노예의 신분이라고 선언하려면 그들을 노예로 만들 수 있는 법적 근거가 있어야 합니다. 이 법원이 어떤 법적 근거에 따라 이들을 노예로 만들 수 있습니까? 루이즈가 자유로운 상태에 있는 사람들을 자신의 소유물이라고 주장할 수 있는 근거가 있습니까? 구조될 당시 루이즈는 그들을 지배하고 있지 않았습니다. 오히려 그가 피고인들의 지배를 받고 있었습니다. 어떤 나라의 해안 경비대도 다른 나라의 선박에 승선하여 수색할 권한이 없습니다. 도대체 무슨 근거로 이 선박이 점유자들로부터 나포된 것입니까?

이제 이 선박과 노예 거래와의 관련성을 말씀드리겠습니다. 아미스타드호의 항해는 테코라호 항해의 단순한 연장일 뿐입니다. 노예들을 최종 목적지인 농장까지 데려가야만 항해 목적이 달성됩니다. 루이즈와 몬테즈의 항해는 롬보코로부터 출발한 것이며 이러한 항해는 불법입니다. 그들이 제드니 소령에게 발견되었을 때도 그들은 배를 원래 목적지로 몰고 가려고 했습니다. 그들의 원래 목적지는 푸에르토 프린시페이고 이는 불법입니다. 반면에 피고인들은 아프리카로 돌아가려고 했고 이는 적법한 항해입니다. 선상에서 벌어진 일 때문에 항해 성격이 완전히 바뀐 것입니다. 그러나 법무장관은 의회에서 제정된 노예매매금지법을 루이즈와 몬테즈에게 적용할 수 없다는 결론을 내렸고, 결국 1795년 조약 제9조가 적용되어야 한다고 주장하였습니다. 앞에서 말씀드린 바와 같이 그 조항은 이 사건에는 적용될 수 없습니다.

법무장관이 제시한 이 사건의 해결 방안은 이렇습니다. 법원이 구속한 피고인들을 대통령의 독자적인 권한으로 외국으로 송환하여 재판을 받게 해야 한다는 것입니다. 내각도 그러한 의견을 받아들였습니다. 그렇다면 왜 그러한 의견에 따라 행동하지 않습니까? 왜 대통령은 피고인들을 탈취해서 쿠바로 실어 보내거나 혹은 스페인 공사가 요구하는 곳으로 보내라고 연방보안관들에게 명령을 내리지 않았습니까? 저는 부끄러움을 느낍니다. 행정부 소속이든 사법부 소속이든 간에 이 나라의 공무원이 그런 의견을 내놓았다는 것이 정말 부끄럽습니다. 문명사회에서 인정되지 않고 전례도 없는 의견이 제안되었을 뿐만 아니라 정부가 이를 채택했다는 사실이 국제사회에 드러난 것이 정말 부끄럽습니다.

왜 정부가 이를 실행에 옮기지 않았겠습니까? 만일 법무장관의 의견이 집행되었다면 이 불행한 사람들의 문제는 즉시 처리되었을 것입니다. 그들은 법원에 구속된 이후에 받고 있던 정당한 보호를 박탈당하고 아바나에서 '폭도들의 복수' 앞에 끌려갔을 것입니다. 그러나 이러한 일을 집행하려면 군대를 동원해야 했을 것입니다. 강제력을 동원하지 않는 이상, 코네티컷 주의 시민들은 이러한 일이 벌어지는 것을 방관하지 않았을 것이기 때문입니다. 그래서 스페인 공사가 스페인 정부는 이들을 데려갈 배를 제공하지 않을 것이고 미국 대통령이 미국 정부의 배를 동원해서 이들을 송환해야 한다고 말했던 것입니다. 그렇게 해야만 피고인들이 연방법원의 통제를 벗어날 때 주 법원이 이들의 석방 명령을 내리는 것을 피할 수 있기 때문입니다. 지방검사는 법원이 피고인들을 행정부의 처리에 맡겨야 한다고 제안했고, 국무장관은 스페인 공사와 이들을 쿠바로 보내기로 합의하였다고 발표하였습니다.

한 유명한 죄수는 사형장으로 가는 길에 자유를 상징하는 조각을 보고 "자유여, 그대의 이름 아래 얼마나 많은 범죄가 저질러졌는가?"라고 한탄했다고 합니다(프랑스 혁명가 마농 롤랑 부인의 말. 남편 장 마리와 함께 지롱드당의 핵심 인물로 활동하던 롤랑은 혁명의 지나친 잔인성을 비판하다가 체포되어 단두대의 이슬로 사라졌다. 단두대에 오르기 직전 자유를 상징하는 조각상을 보고 남긴 말로 유명하다—옮긴이). 마찬가지로 우리의 용감한 해군을 바라보면서 "도대체 무슨 범죄를 저지르라는 명령을 받았단 말인가! 무슨 이유로 타락하라는 명령을 받아야만 했는가!"라고 한탄해야 할지도 모르겠습니다.

잠시만이라도 국무장관의 의견의 핵심이 무엇인지 생각해 주시기 바랍니다. 이 의견이 실제로 집행된다면 남녀노소 모든 미국인이 누리고 있는 개인의 자유는 어떻게 되겠습니까? 행정부의 무제한에 가까운 재량, 예측할 수 없는 변덕 또는 압제로 대체되지 않겠습니까? 행정부가 외국 정부의 요구에 따라 법원의 보호를 받고 있는 죄수나 증인을 마음대로 낚아채 갈 수 있다는 선례가 한번 생기고 나면 앞으로 법원이 구속된 사람의 석방 명령을 내리기가 어려워지지 않겠습니까? 대통령이 "이 사건에 더는 관여하지 않겠다"고 말한 것은 루비콘 강을 건너기 직전에 내린 판단처럼 이 나라를 위해서 다행스러운 일이었습니다. 그러나 대통령은 자신의 목적을 완전히 포기하지는 않았습니다. 사법부의 권한과 개인의 자유가 행정부에 짓밟힌 것만으로는 스페인 공사나 바라쿤의 노예상인들을 만족시키기에는 부족하다고 생각한 모양입니다.

미국의 대통령이 자유는 개인적인 것이라는 사실을 모른다는 것이 가능하겠습니까? 개인의 자유는 각자에게 속한 것이고 단지 아미스타드호에 함께 있었던 흑인이라는 공통점이 있는 36명의 사람들을 외국 공사의 요구에 따라 체포해서 추방하는 것이야말로 대통령 취임선서에 가장 중대한 위반이라는 것을 몰랐을 수 있습니까? 코네티컷 주의 보안관에게 명령을 내린 행위가 대통령의 취임선서를 의도적으로 어긴 것이 아니라면, 대통령은 지구가 멸망하고 독립선언서가 사라지는 최후의 날까지도 사라지지 않을 명백한 진실을 모르고 있었다고밖에 설명할 수 없습니다.

표면적으로는 불법적이고 전제적인 명령으로 보이지만 그 명령은 냉정한 계산을 하고 내린 것입니다. 스페인 공사의 허위 신청을 법원이 받아들일 때만이 집행할 수 있기 때문입니다.

이야기 속의 소인국에서나 등장할 그러한 속임수가 위대하고 고결한 기독교 국가에서 일어난 일이 있습니까? 미개한 이교도인 신케이와 그라보가 스페인 노예상인으로부터 자신과 고통받는 동족들을 스스로 해방시킨 행동과 이러한 속임수를 비교해 보십시오. 그런데도 미국 국무장관은 루이즈와 몬테즈에게 동정을 표시하고 아프리카인들의 행동을 불법적인 폭력이라고 표현했습니다. 신케이와 그라보는 이국적이고 생소한 이름입니다. 그들을 하르모디오스와 아리스토기톤(기원전 6세기에 아테네의 폭군 히피아스와 히파르코스를 살해하기로 모의하였으나 히파르코스만을 죽이는 데 성공하고 히피아스의 손에 죽임을 당했다. 히피아스가 축출된 후 영웅으로 추앙받았다—옮긴이)으로 불러 봅시다. 그리고 3천 년을 거슬러 올라가 투쟁적이고 영광스러운 아테네 민주주의의 도덕 원칙으로 돌아가 봅시다. 하르모디오스와 아리스토기톤 역시 조국의 자유를 되찾고자 불법적인 폭력에 호소했고 폭군을 살해했습니다. 그들은 이 영웅적인 행동에 목숨을 바쳤지만 3년도 지나지 않아 아테네 시민들은 스스로 폭군을 축출하였습니다. 그리고 그들의 헌신을 기리려는 뜻에서 그때부터 어떠한 노예도 그들의 이름을 쓸 수 없다는 칙령을 내렸습니다. 신케이와 그라보는 노예가 아닙니다. 그들의 이름은 장래에 하르모디오스와 아리스토기톤의 이름처럼 기억될 것입니다.

지금까지 저는 최선을 다해 이 사건에서 행정부가 보여 준 행위를 설명드렸습니다. 이 사건에서 행정부는 정의가 아닌 지극히 편파적이고 부당한 감정의 지배를 받으며 행동했습니다. 이러한 잘못된 감정이 이 사건 관계자들에게 영향을 미친 결과, 미국 국민에게 자유의 근본이 되는 법의 원칙이 무시되고 피고인들에게는 인권 유린에 해당되며 사법부 권한과 독립에도 해가 되는 명령을 내린 것입니다.

[여기서 애덤스는 아미스타드호 사건이 '남부'에 '중요한 사건' 중 하나라는 사설을 꺼내 든다]이 사설의 의도가 무엇인지 정확히 알 수는 없지만, 편견을 불러일으키고 지역간 적대감을 조성하려는 것이

분명해 보입니다. 그러한 감정을 이 사건과 연결하여 대법원이 소위 남부의 이해에 호의적이고 노예 거래 금지에 반하는 판결을 내리도록 유도한 것입니다.

여기서 이 사설의 의도를 분석하려는 것은 아닙니다. 그러한 분석은 이미 여러 사람이 했습니다. 그리고 많은 어려움 끝에 이 사설이 실렸던 신문과 같은 신문에 실리기도 했습니다. 여기서 저는 단지 그 옹호자가 규정한 바에 따라 노예제도의 본래 원리를 언급하고자 합니다. 사설의 필자는 노예제도의 기본 원리를 그가 주장하는 근거로 제시하고 있습니다.

존경하는 대법관 여러분, 만일 그러한 근거에서 작성된 글을 고려할 가치가 있다고 판단하신다면 노예제도의 원리가 미국 법원이 선고하는 판결의 근거가 될 수 있는지 명백히 밝혀 주시기 바랍니다. 사실 노예제도는 인간의 천성에 기인한 활동인 전쟁 때문에 초래되었고 인류 역사상 계속 존재해 왔습니다. 하느님이 인류 최초의 가족을 창조하고 그들에게 지구를 선사했을 때도 그 중 한 명은 인간 본성에 숨어 있는 충동과 분노에 못 이겨 그의 형제를 살해하고 말았습니다. 이러한 인간의 천성은 문명과 법으로 교정되었습니다.

연방대법원이 남부를 대표해서 특정한 판결을 선고해야 한다는 법의 원칙이 있습니까? 그러한 원칙이 연방대법원이 인정하는 원칙입니까? 혹은 독립선언서와 부합하는 원칙입니까? 이 사설은 전쟁의 승리자는 상대방의 생명에 대한 권리를 차지하고 목숨을 살려 주는 대신 노예로 삼을 수도 있다고 주장합니다. 이것이 미국의 입장입니까? 독립선언서는 "모든 인간은 창조주로부터 불가침의 인권을 부여"받았으며 생명, 자유, 행복을 추구할 권리는 천부의 권리라고 규정하고 있습니다. 만일 이러한 권리들이 불가침의 권리라면 전쟁의 승리자라고 해서 패자를 살해하거나 목숨을 살려 주고 노예로 만들 권리가 있다고 할 수는 없습니다. 이러한 원리를 인정한다면 인간은 짐승의 수준으로 격하될 것이고 모든 신성한 인간관계는 오로지 힘 앞에 굴복할 것입니다. 언제든지 적에게 힘으로 빼앗길 수 있는 상태에서는 생명과 자유의 권리가 있다고 할 수는 없습니다. 이것이 이 사설이 내세우는 원리이고 논리입니다.

노예제도를 인정하려는 논리를 옹호하려면 인간은 천성적으로 전쟁을 할 수밖에 없다는 가정이 필요합니다. 남부의 지성인께서도(사설의 필자를 말함—옮긴이) 이 가정에 근거하지 않고는 자신의 논리를 전개할 수 없음을 잘 알고 있습니다. 그는 홉스가 정부와 전제징치를 동의어라고 생각했던 것과 마찬가지로 망설임 없이 그러한 가정을 받아들이고 있습니다. 이곳에서 노예를 소유할 권리가 존재하는지 따져 볼 생각은 없습니다. 그러나 전쟁이 인간의 천성이라는 홉스의 주장은 수세기에 걸쳐 공격받았고 철학자들과 기독교인들은 부정해왔습니다. 그러한 주장은 인권과 관련해 어떠한 이론과도 양립할 수 없고 특히 독립선언서에서 자명하다고 선언한 권리와는 공존할 수 없습니다. 모든 사람에게 생명과 자유에는 불가침의 인권이 부여되었다는 독립선언서를 보는 순간 이 사건의 판결이 어떠해야 하는지 분명해질 것입니다. 저는 이 불행한 피고인들을 위해서 독립선언서 이외에 어떠한 것도 주장하지 않겠습니다.

〔여기서 애덤스는 앤털로프호 사건을 논한다. 결과적으로 애덤스의 주장과 정반대의 판결이었지만 그 판결의 오류를 지적하고 앤털로프 사건과 이 사건의 차이점을 강조한 다음, 마셜 대법원장의 의견

에서 자신의 견해와 부합하는 부분을 찾아낸다.]

이와 같은 사건에 공통적으로 적용되는 원칙은 노예 거래와 관련해 배를 탈취하는 행위의 적법성 여부는 그 배가 속한 국가의 법에 따라 결정되어야 한다는 것입니다. 만약 그 법이 노예 거래를 인정한다면 배는 반환되어야 하겠지만 반대로 그 법이 노예 거래를 금지한다면 배와 화물의 반환은 인정되지 않을 것입니다.

아라겐타호가 앤털로프호를 탈취했을 때 앤털로프호가 속한 스페인은 아직 노예 거래를 금지하고 있지 않았습니다. 그렇기 때문에 연방대법원은 하급심 법원이 결정한 대로 앤털로프호에 승선하고 있던 아프리카인들의 소유자라고 주장하는 스페인 사람들에게 반환해야 한다는 판결을 내린 것입니다.

그러나 아미스타드호 사건에 똑같은 원칙을 적용한다면 제드니 소령에게 나포되었을 때, 스페인 사람들이 아미스타드호를 점유하고 있었고 아프리카인들이 노예 상태에 있었다고 하더라도 스페인 법률은 노예 거래를 금지하고 있었기 때문에, 미국법에 따라 선박은 압수되고 노예 상태에 있던 아프리카인들은 석방되어야 할 것입니다. 아미스타드호를 점유하고 있었던 아프리카인들은 노예 상태가 아닌 이미 해방된 상태에 있었지만 그렇다고 해서 아미스타드호의 노예 거래가 적법한 것은 물론 아닙니다.

마셜 대법원장이 선고한 연방대법원 판결의 원칙에 따른다면 선박은 압수되거나 반환될 필요도 없고 아프리카인들은 법원의 판결을 받을 필요도 없이 자유인으로 남았을 것입니다. 따라서 앤털로프 사건의 판결은 아미스타드호를 스페인에 넘겨야 한다는 선례가 되는 것이 아니라 아프리카인들에게 자유를 주어야 한다는 근거가 됩니다. 만일 아프리카인들이 노예 상태로 발견되었어도 마찬가지일 것입니다. 그렇다면 미국 법원이 아프리카인들을 다시 노예로 만들어 루이즈와 몬테즈에게 돌려주거나 또는 스페인 공사의 요구에 따라 송환해 달라고 요구하는 것이 얼마나 어처구니없는 일입니까!

이 사건의 변론을 시작할 때 제가 마지막으로 의지할 것은 이 법원이 정의의 법정이라는 데 있다고 말씀드렸습니다. 또한 저는 법원이 수많은 사람들의 자유와 생명을 다루는 중요한 사건을 결정할 때는 피고인 한 사람 한 사람의 자연법과 실정법에 따른 권리를 모두 고려할 것이라는 확신이 있다고 말씀드렸습니다. 저는 피고인들이 이 법원으로부터 자유를 보장받을 권리가 있다는 점을 전달하려고 노력했습니다. 그러나 저는 이 사건에서 주장하는 것이 당연한 자유 원칙에 대해 같은 말을 반복하는 것은 의도적으로 피했습니다. 이 사건과 이해관계가 있는 당사자이고, 우리 정부가 소송을 수행하고 있는 루이즈와 몬테즈가 영국법과 스페인법, 미국법을 어겼다는 점을 강조하였습니다. 그리고 이 아프리카인들은 자유인이며 자유를 주장할 권리가 있다는 충분한 증거가 있음에도 단지 쿠바 총독이 서명한 트라스파소가 있다고 해서 그들을 노예 신분으로 판단해서는 안 된다고 주장하였습니다. 아미스타드호 사건의 분석과 피고인들을 위한 제 변론은 여기까지입니다.

대법관 여러분, 저는 37년 전인 1804년 2월 7일 처음으로 이 법원의 변호사가 되었고 아직까지도 변호사로 등록되어 있습니다. 5년 후인 1809년 2월과 3월에 걸쳐 저는 이 법원에서 마지막으로 변론을 하였고 재산상의 이해관계가 걸린 의뢰인들의 이익과 정의를 지키려고 최선을 다했습니다. 이후 저에게 주어진 다른 의무를 다하고자 법원을 떠났고, 처음에는 외국에서 나중에는 미국 정부의 다른 기관에서 일했습니다.

제가 이 법원에서 다시 변론을 할 줄은 정말 몰랐습니다. 그러나 저는 이곳에 다시 왔고 전에 재산상의 이해관계를 지키고자 변론을 했던 곳에서 이제는 의뢰인들의 생명과 자유를 걸고 정의를 호소하고 있습니다. 비록 대법관들과 소속 직원들이 바뀌고 소송 상대도 다르지만 전에 섰던 법정에 다시 서서 마지막으로 정의를 호소합니다.

이제 여러분이 앉아 계신 명예와 신뢰의 자리를 보니 예전에 제 변론에 귀 기울이던 대법관들이 떠오릅니다. 마셜, 쿠싱, 체이스, 워싱턴, 존슨, 리빙스턴, 토드 그들은 모두 어디로 갔습니까? 저와 공동 변호인으로 일하던 달변의 정치가이자 유능한 변호사 로버트 굿로 하퍼는 어디로 갔습니까? 그 당시 저와 반대편의 변호사였으며 오랫동안 메릴랜드와 미국변호사협회의 자랑이었던 선각자 루터 마틴은 지금 어디 있습니까? 모두 사라졌습니다. 그들의 시대에 이 나라를 위하여 충실히 봉사하고 이제는 떠났습니다. 훌륭한 인생을 살았던 그들에게 하늘의 은혜가 있기를 바랍니다.

이제 저는 변호사로서 마지막 임무를 다하고 또한 마지막으로 이 법원을 떠납니다. 대법관 여러분 모두가 위대한 선인들처럼 강인하게 살아가기를 바랍니다. 하느님의 축복이 여러분이 인생을 마치는 그날까지 함께하기를 기원합니다.

'불행한 아프리카인들'을 위한 존 퀸시 애덤스의 변론은 국가에 대한 그의 탁월한 공헌을 마무리 짓는 업적이었다. 연방대법원에서 전직 대통령의 변론은 그가 설정한 목표를 달성하는 데 모자람이 없었다. 첫번째로 그의 변론은 도덕적 우위를 확보하였다. 두번째로 외국 정부의 요구에 굴복하고 사법권을 침해하려는 행정부의 잘못된 행태를 지적해냈다. 세번째로 많은 사람들이 아프리카인들에게 불리한 선례로 생각하던 앤털로프호 판결을 오히려 그의 주장을 뒷받침하는 근거로 만들었다. 마지막으로 그의 변론은 정의를 촉구하였고 대법관들이 '공정한' 태도로 사건을 보도록 하였다.

심판의 날

일주일이 지난 1841년 3월 9일 정오에 판결이 선고되었다. 애덤스는 뉴헤이븐으로 돌아가 볼드윈에게 즉시 편지를 보냈다.

지금 막 스토리 대법관이 아미스타드호 사건의 판결을 낭독하였습니다. 아프리카인들은 자유인입니다.

판결문을 작성한 스토리 대법관은 사실관계를 검토하고 각 당사자의 주장을 간결하게 요약했다.

소송의 원인이 되는 주장이나 상고를 기각해 달라는 주장은 매우 정교한 것이었다. 미국 정부의 주장은 다음과 같다.

  1. 1795년 10월 27일 스페인과 체결한 조약에 따라 선박과 화물과 아프리카인들을 스페인에 반환하도록 허가해야 한다는 점을 충분히 입증하였다.

2. 스페인 공사의 요청에 따라 미국 정부는 재산을 반환하려면 이 사건에 관여할 권한이 있다.

피고인들은 이러한 주장을 강하게 부정하였다.

스토리 대법관은 길핀의 변론 요지를 간략히 요약하면서 그의 주장 요지는 '상품이라는 단어에 아프리카인들이 포함된다면' 스페인과의 조약에 따라 그들을 반환해야 한다는 것이라고 정리했다. 법원은 이러한 주장을 다음과 같이 배척했다.

이 점을 인정할 만한 사실관계나 요건은 충분히 입증되지 않았다. ……… 증거를 고려할 때, 아프리카인들이 루이즈나 몬테즈 또는 그 밖에 스페인 사람이 적법하게 소유하였던 노예가 아니라는 점은 논쟁의 여지가 없다. 그들은 아프리카에 살던 사람들로서 그곳에서 납치되었고 스페인법과 조약을 위반하고 스페인 정부의 신성한 칙령에 반하는 불법적인 방법으로 쿠바에 온 것이다. 스페인의 법률과 조약, 칙령은 아프리카인을 노예로 거래하는 제도를 철폐하였고, 그러한 거래에 관여하는 것은 흉악한 범죄로 간주되며, 스페인 영토에 노예로 팔려 온 아프리카인은 자유인으로 선언되었다. 루이즈와 몬테즈는 이러한 점을 잘 알면서 아프리카인들을 매수하였다. …… 그렇다면 이 아프리카인들은 스페인법에 따르더라도 자유가 보장되는 사람들로서 노예가 아니라 납치되어 쿠바로 끌려오고 아미스타드호의 선상에 감금된 희생자들이다. 이들을 해적이나 해상 강도라고 부를 아무런 이유가 없다.

법원은 개인의 권리를 보호할 의무는 법원에 있으며 이 아프리카인들이 노예가 아니라 납치된 자유인이라면 미국은 스페인 사람들과 똑같이 이들 인권도 보호해야 한다고 판시하였다. 최종적으로 법원은 그토록 오랫동안 갇혀 있던 사람들이 자유인임을 선언하고 석방을 명령하였다.

연방대법원은 대부분 하급심의 판단을 인용했지만 미국 정부가 아프리카인들을 아프리카로 돌려보내야 한다는 부분은 파기했다. 대법원은 아프리카인들은 완전한 자유를 향유하며 그들은 스스로 아프리카로 돌아가거나 미국에 계속 머무를 결정을 내릴 수 있다고 판결한 것이다.

애덤스의 강력한 변론에도 아미스타드호 사건의 판결문이 간행되었을 때 법원의 공식적 의견은 헨리 길핀 법무장관과 로저 볼드윈의 변론이 판결에 가장 큰 영향을 미쳤다는 사실이다. 대법관들에 따르면 "애덤스가 주장한 여러 가지 쟁점은 핵심적인 것이 아니며 판결에 고려되지 않았다"는 것이다.

아프리카인들이 고향에 돌아갈 수 있도록 모금운동을 벌이는 동안 테판은 석방된 아프리카인들이 노예해방론자들이 거주하는 코네티컷 주의 파밍턴에 머물 수 있도록 힘썼다. 그들은 약 8개월 동안 그곳에 머물면서 영어와 기독교 강의에 참석도 하고 자급자족할 식량도 재배하였다.

노예해방론자들은 싱베와 몇몇 동료를 데리고 다니면서 그들의 승리를 내세워 노예해방론을 선전하였다. 그러나 시간이 지남에 따라 아프리카인들은 실의와 향수병에 빠졌다. 1841년 여름 아프리카에 있는 어머니 이야기를 자주 하던 푼이 익사한 채 발견되었고 자살이라는 소문이 돌자 이들을 걱정하는 사람이 점점 늘어났다.

1841년 가을 마침내 이들이 아프리카로 돌아가는 데 필요한 선박을 빌릴 수 있는 돈이 모금되었다. 6명의 선교사가 이들과 함께 젠틀맨호를 타고 시에라리온 항구까지 항해하고 그곳에서 육로로 멘데까지 가서 선교단을 세울 계획이었다. 11월 17일에 아프리카인들은 파밍턴을 떠나 그들을 싣고 갈 배가 정박되어 있는 뉴욕으로 갔다. 노예해방론자들은 맨해튼에 있는 교회에서 며칠에 걸쳐 대규모 부흥회를 열었으며 싱베는 통역원에게 친구가 되어 준 사람들과 자신들을 위해 기도해 주기로 약속한 사람들에게 감사의 뜻을 전했다.

11월 25일 목요일에 아프리카인들은 젠틀맨호에 승선하였다. 선박이 항구 밖으로 예인되는 동안 루이스 테판과 선교사, 몇 사람의 노예해방론자들이 그들과 작별인사를 하려고 예인선의 선실에 모였다. 그들은 함께 기도하고 찬송가를 부르고 싱베와 테판이 간단한 인사말을 하였다. 주기도문을 외운 후에 선교사들과 아프리카인들은 젠틀맨호로 옮겨 탔다.

배는 동쪽을 향하여 50일 동안 항해한 끝에 1842년 1월 중순 시에라리온에 도착했다. 2년 반의 세월이 흐른 후에야 아프리카인들은 귀향했고 마침내 완전한 자유를 찾았다.

그들 중 대부분은 선교단을 떠나서 다시는 볼 수 없었다. 나머지 몇몇은 서구 세계와 접촉을 유지했다. 키나는 목사로 임명되었지만 여러 명의 부인과 함께 고향에 남았다. 소녀들 중 하나였던 마르그루는 미국으로 돌아와서 오벌린대학에 다녔고 다시 고향으로 돌아가서 선교단에서 일했다. 선교단을 떠난 사람들 중 하나였던 싱베는 나중에 모 테판이라고 알려진 작은 선교단 지부로 돌아왔다. 1879년에 그는 자유인으로서 고향 땅에 묻혔다.

아미스타드호 이후

오늘날 아미스타드호 판결의 정당성에 문제를 제기할 사람은 거의 없을 것이다. 당시에 그 판결은 잔인한 노예제도를 향한 놀랄 만큼 당당한 반박이었으며 태어날 때부터 인간을 자유인과 단순한 재산으로 구분하는 압제에 맞선 항거였다. 그럼에도 흔히 아미스타드호 사건에서 '정당성'과 '효율성'은 구별되었다. 복잡하게 얽힌 법률문제를 풀어 나가면서 법원은 아프리카인이 자유인인가라는 문제에만 초점을 맞추고 다른 논점은 언급하지 않았다. 사실 법원은 재산권 청구의 법리에 따라 이 사건을 해결할 수 있다는 사실을 깨닫고는 행정부와 집행부, 사법부의 관계 문제, 조약 자체의 정당성 문제는 피해 갔다.

아미스타드 사건은 의회에 거센 논쟁을 불러일으켰고 20년간 계속된 논쟁은 결국 남북전쟁으로 이어졌다. 손해배상을 요구하는 동시에 '보복'으로 조약을 파기하겠다고 위협하는 스페인 정부의 압력에 대처하기 위한 수많은 법안이 제출되었고 남부와 북부 의원들은 극단적일만큼 다른 반응을 나타냈다. 8명의 대통령이 스페인 정부를 누그러뜨리려고 노력했다. 몇몇 행정부는 연방대법원의 판결에 승복하지 않고 스페인 정부에 '노예'의 손실에 따른 손해를 배상하려고 시도했으나 북부 출신 의원들이 아미스타드호의 청구권을 다루는 어떠한 입법이나 조약 체결에도 반대하여 성공하지 못했다.

다행스럽게도 아미스타드호 판결을 지탱하는 원칙은 살아남았다. 1884년에 이르러 스페인 정부가 공식적으로 청구권을 포기하기까지 40년이라는 세월이 필요했지만 링컨 행정부 때 국무장관인 윌리엄 슈어드가 말한 것처럼 '정의나 도덕적 권리'에 근거하지 않은 청구에 미국 정부는 끝까지 응하지 않았다. 슈어드의 논리는 존 퀸시 애덤스가 대법원에서 20년 전에 했던 변론을 그대로 반영한 것이다.

아미스타드호의 아프리카인들이 자유인이 되어 고향에 돌아간 지 23년이 지나고 나서 미국은 노예를 해방시켰다. 1865년에 승인된 수정헌법 13조는 미국 영토에서 노예제도를 공식적으로 철폐하였다. 3년 후에 수정헌법 14조는 미국에서 태어났거나 미국 국적을 취득한 모든 사람에게 시민권을 인정하여 아프리카 출신의 미국인에게도 시민권을 부여하였다.

아미스타드 판결은 노예제도의 잔인성과 부당성을 미국 정치의 중심에 옮겨 놓았다. 인간은 피부 색깔과 관계없이 자유를 박탈당하지 않는다는 결정은 엄청난 변화의 촉매가 되었다. 이후 전쟁에서는 미국인끼리 총부리를 겨누었고 나라를 갈기갈기 찢어 놓았다. 미국인들은 역사상 어떠한 전쟁보다도 많은 피를 흘렸고 200년에 걸친 끔찍한 노예제도의 흔적도 그 피로 씻겨 내려갔다.

3장

우리 안의 적

매카시 선풍에 맞선 라디오 스타

현명하신 배심원 여러분, 공산주의는 우리나라뿐만 아니라 자유세계 전체와 관용 정신에 해를 끼치는 적입니다. 요람에서 무덤까지 이르는 가장 빠른 길은 공산주의입니다. …… 문제는 공산주의로부터 우리를 보호하는 임무를 정부에 맡기고 적법 절차를 지킬 것인지 아니면 양복 소매에 도청장치를 숨긴 자경단원의 손에 그러한 임무를 맡길 것인지 결정하는 것입니다. 여러분은 돈을 받고 일을 하는 자경단원에게 그러한 임무를 맡기시겠습니까?

— 루이스 나이저, 폴크를 위한 최종 변론에서

때는 1955년이었고 존 헨리 폴크는 다른 미국인과 마찬가지로 성공을 만끽하고 있었다. 제2차 세계대전은 10년 전에 끝났고 머나먼 한국에서의 '평화유지 활동'도 끝났다. 미국은 전에 없는 번영을 누리고 있었다.

폴크는 뉴욕 시 번화가에 있는 WCBS 라디오 방송국에서 프로그램 진행자로 일했다. 그의 사무실 창문으로 붐비는 시가지가 내려다보였고 55년형 포드 선더보드도 심심찮게 눈에 띄었다. 화려하게 디자인 된 선더보드의 후미와 크롬 도금이 사람들의 눈길을 끌었다.

미국인들은 오락거리를 찾고 있었고 라디오와 텔레비전 방송국은 사람들이 원하는 것이라면 무엇이든 제공할 수 있는 만반의 준비를 갖추고 있었다. 칼 퍼킨스의 경쾌한 춤곡 〈블루 수에드 슈즈 *Blue Suede Shoes*〉가 음반 순위 정상을 차지했고 장래의 로큰롤 황제 엘비스 프레슬리는 〈하트브레이크 호텔 *Heartbreak Hotel*〉로 데뷔하였다.

십대들이 열광하는 프로그램의 홍수 속에서 폴크의 유쾌한 성격과 강한 텍사스 억양은 하루의 일을 마치고 귀가하는 뉴요커들에게 휴식을 제공했다. 자신의 청취자들과 마찬가지로 폴크도 아내와 세 아이들과 함께 〈왈가닥 루시〉(1951년부터 미국 CBS에서 방송된 인기 텔레비전 드라마—옮긴이)를 보거나 〈우리 아빠 최고〉(1954년 미국 NBC 방송국이 제작한 인기 텔레비전 드라마—옮긴이)를 보면서 시간을 보내곤 하였다.

제2차 세계대전은 끝났고 미국은 여전히 승리의 분위기에 취해 있었다. 그러나 파시즘에 대항해서 함께 싸웠던 동맹국이 새로운 적으로 등장하고 있었다. 소련은 동유럽 전체에 철의 장막을 쳤고 중공은 한국의 동토에 군대를 투입하여 미군에 대항하였다. 독일과 일본으로부터 무조건 항복을 받아낸 미국 국민에게 판문점에서 이루어진 휴전협정은 충격이었다. 새로운 초강대국과 세계 주도권을 놓고 다시 한판 승부를 벌여야 한다는 것이 분명해졌기 때문이다.

공산주의 공포는 미국인들을 자극했다. 어린이들은 학교 수업을 시작하기 전에 국기에 대한 맹세를 했고 어른들은 자신의 생활방식을 위협하는 그 누구도 용서하지 않겠다고 자랑스럽게 미국에 충성을 서약했다.

이러한 애국심과 편집증의 물결이 자신의 명예와 재산, 자유마저 위협할 것이라고는 존 헨리 폴크는 생각도 하지 못했다.

냉전의 시작

공산주의에 대한 미국인의 공포는 볼셰비키 혁명에서부터 시작되었지만 제2차 세계대전의 참화가 계속되는 동안 직접적인 적대감의 표출은 없었다. 나치 대군이 모스크바로 진격하고 일본이 진주만에서 미국 함대를 기습하자 폭군 스탈린은 파시스트를 무찌르는 용감한 '엉클 조'가 되었다.

연합군이 베를린으로 진격해 가자 전쟁이 휩쓸고 간 유럽 재건 계획이 그려지기 시작했다. 1945년 2월 프랭클린 델라노 루스벨트 대통령은 허약하고 지친 몸을 이끌고 얄타에 가서 윈스턴 처칠 영국 수상, 스탈린 소련 공산당 서기장과 회담했다. 비밀 회담에서 스탈린은 루스벨트 대통령을 농락했고 소련은 향후 40년 이상 동유럽을 지배할 기초를 다졌다. 두 달 후 루스벨트 대통령은 뇌일혈로 사망했다.

해리 트루먼 대통령은 전쟁 막바지에 미국을 이끌었고 포츠담에서 처칠, 스탈린과 회담을 열었다. 이 회담에서 미국 대통령은 연합국 정상들에게 원자폭탄의 존재를 알려 주었고 일본에 투하할 계획을 밝혔다.

제2차 세계대전 이후 소련은 서베를린에서 미국을 몰아내는 일련의 조치를 취했다. 스탈린에게 굴복하고 싶지도 않고 그렇다고 전면전에 따른 위험을 무릅쓸 생각도 없었던 트루먼은 "미국은 베를린에 머무를 것이다"라고 공식 선언을 하였다. 소련은 서구의 영향력 아래 있는 지역에 식량과 연료 공급을 막으려고 베를린을 봉쇄하기 시작했고, 미국은 막강한 공군력을 활용해서 포위된 베를린에 식량을 공수했다. 미국은 제2차 세계대전이 끝난 지 3년도 안 되어서 패배한 적, 독일로부터 환심을 사게 되었고 위기는 지나갔다.

1949년 8월 29일 트루먼과 미국 국민은 전후 세계에서 자신들이 누렸던 무적의 지위가 무너졌다는 소식을 들었다. 소련이 첫번째 핵

실험에 성공한 것이다. 무력으로 동유럽에서 소련을 몰아내려는 구상은 이제 모두 헛된 꿈이 되고 말았다.

냉전이 시작되었고 초강대국과 그 동맹 국가는 수십 년간 계속될 경쟁 체제에 돌입하였다. 많은 미국인이 공산주의자들의 위협을 동유럽에 국한된 것으로 보지 않았다. 공산주의자들에게는 보다 거대한 야망이 있으며 그 최종적인 목적은 미국의 전복이라고 여기고 있었다.

미국 의회도 공산주의 공포로부터 자유롭지 않았다. 국제공산주의 운동의 위협에 대처하고자 의회는 공산주의자로 의심되는 자들을 신문할 충성심사위원회와 조사위원회를 만들었다. 하원에서는 1938년 공산주의자와 연계되었다고 의심되는 개인이나 단체를 조사하려고 하원 반미활동조사위원회(House Un-American Activities Committee, HUAC)를 조직했다. 하원 반미활동조사위원회는 제2차 세계대전 중에 루스벨트 행정부를 공격해서 인기가 폭락했지만 냉전 발발과 함께 새로운 기회를 얻었다.

하원 반미활동조사위원회, 더 커지고 더 나빠지다

하원 반미활동조사위원회에 소속된 의원들의 의무는 그들이 조사하는 사람이 미국과 대중에 위험을 끼칠 수 있는지 여부를 확인하는 것이다. 위원회는 '위험성'이라는 말을 주관적으로 해석했고, 필요하다면 누구라도 위원회에 불러 조사를 했다.

존 에드거 후버 미국연방수사국(FBI) 국장은 공산주의자로 의심되는 사람들의 감시를 강화하였다. 에드거 후버는 거의 50만 명의 사람들을 미국의 안전에 영향을 줄 수 있는 잠재적인 위험인물로 분류했는데 그들 대부분은 단지 자유주의 사상을 가지고 있을 뿐 미국의 안전과 아무런 상관이 없는 사람들이었다. 후버 국장은 용의자 명단을 하원 반미활동조사위원회에 제공했고, 그 결과 수백 명의 죄 없는 러시아인들이 추방되어 하원 반미활동조사위원회와 후버 국장이 경멸한다고 선언한 체제로 보내졌다.

1947년에 이르러 유명 인사들이 대중에게 미치는 영향력에 주목한 하원 반미활동조사위원회는 할리우드로 눈을 돌리기 시작하더니 40명 이상의 참고인을 소환해서 영화산업에 공산주의자들의 침투를 증언하도록 압력을 넣었다. 그레고리 펙, 험프리 보가드, 대니 케이를 비롯한 몇몇 할리우드 스타들은 위원회에 출석해서 자신들을 신문하는 것은 미국 수정헌법 1조에 규정된 언론 자유를 침해하는 것이라고 반발했지만 다른 많은 사람들은 자발적으로 증언을 하거나 동료들을 밀고했다. 하원 반미활동조사위원회는 멈출 생각이 없었다.

비록 영화산업에 종사하는 감독, 배우, 시나리오 작가들 중에 공산당원이었던 사람들도 있지만 그들 대부분은 1930년대 대공황기에 공산당에 가입했던 것이고 그러한 행동이 불법은 아니었다.

위원회에 소환된 참고인 중 10명은 어떠한 질문에도 답변을 거부했고 연방대법원이 그들의 상고를 기각함에 따라 의회모독죄로 6개월에서 1년형이 구형되었다. 에드워드 드미트릭 감독, 작가인 돌턴 트럼보, 앨바 베시, 허버트 비버맨, 레스터 콜, 링 라드너 2세, 존 하워드 로슨, 앨버트 몰츠, 새뮤얼 오니츠 그리고 에이드리언 스코트가 투옥되었다. '할리우드의 10인'은 석방된 후에도 자신들을 채용하는 영화사를 만날 수가 없었다. 더는 의회의 감사를 받고 싶지 않았던 영화사 사장들은 고의로 공산주의자들을 채용한 것이 아니라고 맹세하고 나서 '뉘우치지 않는' 10명을 블랙리스트에 올렸다.

하원 반미활동조사위원회는 수백 명의 사람들을 증인으로 소환해 공산주의자가 아닌지 신문했다. 위원회에 소속된 법률가 중 가장 저돌적이었던 로이 콘은 증인의 개인적인 습관을 신문하고 친구 이름과 소속 단체를 물었을 뿐만 아니라 심지어 성적인 기호까지 캐물었다. 그는 동성애에 대한 사회의 부정적 인식 때문에 동성애자들은 약점이 잡히기 쉽고 따라서 공산주의자들의 표적이 되기 쉽다는 주장을 폈다.

전직 검사인 콘은 소련의 스파이로 활동하면서 원자폭탄 기밀을 누설했다는 혐의로 기소된 로젠버그 부부 사건을 조사한 4명의 검사 중 하나였으며 그들에게 사형이 선고되는 데 결정적 역할을 하였다. 로젠버그 부부의 사형집행은 오늘날까지도 미국 내에서 논란이 되고 있지만 소련 붕괴 후에 해제된 비밀 문서와 로젠버그 부부를 조종한 소련 지휘자의 자서전은 그들이 실제로 유죄였음을 보여 준다.

로젠버그 사건을 잘 처리한 콘은 트루먼 행정부에서 간첩사건을 기소하는 임무를 수행하다가 1953년 하원 반미활동조사위원회의 직책을 맡았다.

하원 반미활동조사위원회는 공산주의자 수색을 보다 광범위하게 실시했다. 단지 미국시민자유연맹ACLU(American Civil Liberty Union : 1920년 로저 볼드윈이 설립한 인권단체. 미국 전역에 지부를 두고 자원 변호사를 조직하여 인권 관련 소송을 지원한다 — 옮긴이) 회원이라는 이유만으로 '친공산주의자'라는 낙인이 찍히는 것도 드문 일이 아니었고 인종 평등에 대한 신념은 몇몇 위원들로부터 곧바로 주목의 대상이 되었다. 충성심사위원회 의장의 말은 당시의 분위기를 전해 준다.

"물론 어떤 사람이 인종간 평등을 신봉한다고 해서 공산주의자라고 단정할 수는 없습니다. 하지만 그런 사람들을 주목해야 하는 것은 사실입니다. 당연하지 않습니까?"

상원도 하원에 지지 않고 자체 조사단인 상원 정부운영위원회를 조직했다. 정부운영위원회의 하부조직 중 가장 공격적인 조직인 상설조사분과위원회 의장은 위스콘신 주 출신 공화당 상원의원인 조 매카시가 맡고 있었다.

1908년에 태어난 매카시 상원의원은 일찍부터 거짓 암시와 허위 폭로의 위력을 깨달았다. 1939년 로스쿨을 나온 지 4년밖에 되지 않은 서른 살의 매카시는 순회법원 판사 선거에 출마했다. 상대 후보가 노망이 들고 금전적으로 부패했다는 허위 사실을 유포하여 선거에서 승리한 매카시는 위스콘신 주의 판사가 되어 적극적으로 활동하기 시작하였다.

법복을 입은 지 얼마 되지 않아 매카시 판사는 한 우유 제조업체의 불공정 거래 혐의를 놓고 관련 법률이 6개월 후에 폐지될 예정이라는 불합리한 이유를 들어 무죄를 선고하고 소송 기록 중 중요 부분을 폐기해 버렸다. 이 때문에 매카시 판사는 주 대법원으로부터 징계를 받았지만 없어진 소송 기록으로 항소심은 매카시 판사의 판결을 파기할 수 없었다. 제2차 세계대전이 발발하자 매카시는 해병대에 입대했다. 정보장교가 된 매카시 중위는 태평양에서 벌어진 전투에서 정찰 임무를 맡았다.

종전 이후 매카시는 법원으로 돌아왔고 상원의원 선거에 출마하기로 결심했다. 1946년 공화당 후보 경선에서 매카시는 접전 끝에 오랫동안 상원의원을 지낸 로버트 라 폴레트를 가까스로 이겼다. 늘 그래왔듯이 매카시는 이때도 비열한 선거전을 펼쳤다. 태평양전쟁이 발발한 1941년에 폴레트 상원의원은 쉰 살에 가까운 나이였는데도 매카시는 그가 참전하지 않았다고 맹렬히 비난했다. 경력에 치명적인 상처를 입은 라 폴레트는 정계를 은퇴했고 오래지 않아 자살했다. 본선에서 민주당 후보를 쉽게 물리친 매카시는 서른여덟 나이에 최연소 상원의원이 되었다.

매카시는 동료 상원의원들을 조롱거리로 삼거나 뉴딜정책에 경멸감을 드러내면서 언론의 머리기사를 장식했다. 점차 '떠버리' 매카시와 관련한 좋지 않은 소문이 나돌기 시작하였다. 그가 펩시콜라 회사로부터 뇌물을 받았고 폭격기 사수로서 큰 공을 세웠다는 말은 거짓말이며 탈세 혐의로 조사를 받고 있다는 의혹이 꼬리를 물었다. 자신의 평판이 위기에 처했다는 사실을 깨달은 매카시는 언론의 주목을 다른 곳으로 돌리는 가장 확실한 방법에 매달리기로 결심했고 반공이라는 집단 히스테리의 물결에 합류하였다.

1950년 2월 웨스트버지니아 주 여성단체를 대상으로 연설하는 자리에서 매카시는 딘 애치슨 국무장관이 국무부에 근무하는 직원 중 200명 이상이 공산주의자라는 사실을 알고 있다고 주장했다. 민주당이 다수를 차지하고 있던 상원은 매카시 의원의 주장을 조사하기 위한 위원회를 구성하였다. 매카시는 한 명의 이름도 제시하지 못했고 위원회는 그가 주장한 어떤 사실도 확인할 수 없었다는 보고서를 제출했다. 이에 굴하지 않고 매카시는 공격을 멈추지 않았다. 1952년 공화당이 다수당이 되자 매카시는 드디어 미국인들에게 '매카시즘'

이라는 용어를 알렸다.

일이 진행된 방식은 이러했다. 미 연방수사국 후버 국장이 혐의자의 평판에 먹칠을 할 만한 정보를 제공하면 매카시는 언론에 이를 폭로했고 콘은 혐의자를 공산주의자들의 국가 전복 음모에 가담했다는 혐의로 기소했다.

하원 반미활동조사위원회나 매카시 위원회의 표적이 된 미국인은 하룻밤 사이에 나락으로 떨어졌다. 그들의 이름은 블랙리스트에 올랐고 경력은 끝장났다. 공범으로 몰리고 싶지 않았던 고용주들은 그들을 해고하고 다른 사람을 채용했다. 매카시의 방식에 의문을 제기하는 사람들은 반역자로 몰렸다.

AWARE를 조심하라

매카시 상원의원의 지도에 따라 미국 사회에서 공산주의자들과 동조자들 그리고 다른 반역자들을 제거하려는 사설단체가 우후죽순처럼 생겨났다. 그러한 단체 중 하나인 AWARE는 무명 시나리오 작가인 빈센트 하트넷과 일단의 뉴욕 시 배우들이 만들었다. AWARE는 매카시 위원회의 사설조직으로 활동하면서 라디오와 텔레비전 방송 관련자들에 대한 '정보'를 수집하고 특정인을 공산주의자나 공산주의의 동조자로 암시하는 간행물을 발간했다. AWARE에 걸려든 사람들은 스스로 무고함을 입증하는 수밖에 없었다. AWARE는 주요 언론인 활동에 관심을 가졌는데 그러한 사람들이야말로 대중에게 공산주의를 선전하는 위치에 있다고 판단했기 때문이다.

AWARE의 간행물에 거론된 사람들은 매카시가 고발한 사람들과 똑같이 사실 여부에 관계없이 공산주의자라는 낙인이 찍혔다. 공산주의의 공포심은 사람들 마음속에 뿌리 깊게 자리 잡았고 방송사들은 설사 표적으로 거론된 유명인이 아무리 뛰어나고 상업적 이익이 되더라도 해고하는 수밖에 없었다. 공산주의나 공산주의와 연계된 사람과 공범이 될 위험을 감수하는 것은 너무나 무모한 도박이었기 때문이다.

라디오와 텔레비전 스타를 향한 관심에 AWARE는 미국 텔레비전라디오예술가연맹(American Federation of Television and Radio Artists, AFTRA)에 관여하였다. 1950년 초반에 미국 텔레비전라디오예술가연맹은 AWARE의 반공주의 강령을 채택하였다. 라디오와 텔레비전 종사자들의 노동조합인 미국 텔레비전라디오예술가연맹의 주된 관심은 조합원들의 권익 증진보다 공산주의자를 색출하는 데 있었다. AWARE의 지원을 받는 연맹의 집행부는 매년 아무런 반대 없이 재선되었다. 1954년 대의원 선거에 경쟁 후보가 나섰으나 선거에서 패배했을 뿐만 아니라 공산주의자로 낙인 찍혀 매카시즘의 희생자가 되었다. AWARE는 패배한 후보들의 간행물을 만들어 라디오와 텔레비전 산업의 고용주들에게 회람시켰고 선거에 패배한 후보자들은 직업마저 잃었다. AWARE는 반대자들은 파멸된다는 것을 분명히 보여 주었고 그들을 고용하는 사람들도 감시에서 자유로울 수 없었다. 예술가연맹의 블랙리스트가 만들어지기 시작한 것이다.

AWARE의 협박 정책의 핵심 요소는 완벽한 부정 전략이다. 어떠한 사람도 해고의 배후에 정확히 누가 있는지 지목할 수 없었다. AWARE는 고용주들로부터 완전히 차단되어 있었다. 정치적 논란을 불러일으키지 않으려고 고용주들은 보통 피고용자의 사소한 실수를 기다렸다가 즉각 해고했다. AWARE의 공동 창설자이자 정기간행물의 발행인인 빈센트 하트넷은 묵시적인 의사표시와 암시의 대가가 되었고 결코 소송에 휘말릴 만한 실수를 하지 않았다.

미 연방수사국이 제공한 정보에 힘입어 하트넷은 『붉은 채널Red Channels』이라는 책을 출간하였다. 책에는 그가 반역적이거나 공산주의자라고 추정하는 사람들의 정황 증거가 적혀 있었다. 『붉은 채널』의 서문에서 하트넷은 그 책에 등장하는 사람들이 반드시 공산주의자는 아니라고 밝혔고 또한 민간인인 하트넷에게 공산주의자들의 활동을 조사할 법적 권한은 없었으나 책에 거론된 사람들은 엄청난 피해를 입었다. 방송국 임원들은 책상 서랍에 『붉은 채널』 사본을 두고 면접에 참조하였다.

AWARE에서 하트넷은 누가 공산주의자이고 누가 아닌지 결정하는 민간인 판사가 되었다. 라디오와 텔레비전 방송국의 채용 담당 임원들은 프로그램에 기용할 스타를 결정하기 전에 미리 하트넷의 허락을 받아 AWARE의 공격을 피하고자 하였다. 시간이 흐르면서 하트넷은 그와 같은 활동으로 이윤을 챙겼다. 채용 예정자에 대해 사전 정보를 알려면 '자문료'를 내야만 했다. 이것은 엄청난 이익이었다. 원래 주급 75달러를 받던 하트넷의 연봉은 2만 6천 달러가 넘었는데 오늘날 가치로 따지면 16만 달러에 이른다.

고용주들이 비용에 대해 불평을 하면 하트넷은 로렌스 존슨으로 하여금 하트넷에게 자문하지 않거나 평가에 의구심을 표시하는 행동의 결과를 설명해 주도록 했다. 뉴욕 주 시러큐스 출신의 존슨은 70대 상인으로서 여섯 개의 슈퍼마켓 체인을 소유하고 있었고 전국 슈퍼마켓협회의 임원으로 수천 종류의 상품에 영향력을 행사할 수 있었다. 1950년대 주요 광고주는 식품 상인들이었다. 만일 어떤 방송국이 자문을 받지 않으려고 하거나 자문 결과와 상관없이 배우를 기용한다면 존슨은 광고주들에게 압력을 행사해서 광고를 주지 못하도록 하였다.

존슨은 광고주들에게 하트넷의 충고를 들으려하지 않거나 공산주의에 동조하는 방송국을 지원해서는 안 된다고 으름장을 놓았다. 또한 협조하지 않는 광고주는 소비자들에게 공산주의를 지지한다고 알려서 파멸시키겠다고 말하곤 했다. 몇 번인가 존슨은 광고주에게 전화를 걸어 그의 상품 옆에 공산주의를 지지하는 회사의 상품을 살 것인지 아니면 바로 옆에 놓여 있는 경쟁 회사의 상품을 살 것인지 묻는 질문서를 붙여 놓겠다고 협박하기도 하였다.

하트넷에게 정보를 제공하는 것은 주로 미 연방수사국이었지만 사설 정보원으로부터도 정보를 받았다. 정보원들의 증언은 여러 사람이 공산주의의 동조자로 유죄판결을 받는 데 주요 근거가 되기도 하였다. 존슨은 하트넷에게 정보원의 이름을 알려 주었고 하트넷은 증거를 조작했다는 이유로 유죄판결을 받은 정보원들이 제공하는 정보도 계속해서 이용했다.

고용주들은 블랙리스트의 존재를 부인했지만 일단 AWARE의 간행물에 이름이 오른 연예인들은 거의 일거리를 찾을 수 없었다. 윌리엄 와일러와 존 휴스턴 감독, 시나리오 작가인 필립 듄, 그리고 배우인 험프리 보가트, 대니 케이와 그레고리 팩은 매카시즘을 비판하고도 살아남았지만 블랙리스트에 오른 많은 스타 지망생들은 하룻밤 사이에 경력을 망치고 사라져갔다. 매카시즘은 일단 공산주의자로 지목

된 사람은 무죄가 입증될 때까지 유죄로 추정한다고 선언하였다.

폴크의 고난

존 헨리 폴크는 블랙리스트의 존재에 격분했다. 무죄 추정의 원칙은 어디로 사라졌는가? 언론의 자유는 어떻게 되었나? 미국인에게 틀에 박힌 신조를 강요하지 않고 스스로 정치적 신념을 결정하도록 허용하는 원칙은 사라진 것인가? 폴크는 미국을 위대한 국가로 만드는 것은 각자에게 자유롭게 의사를 결정하도록 허용하는 데 있다고 믿었다. 이러한 다원주의가 아니라면 국민들이 정부에 반대할 자유는 사라질 것이고 미국은 다양성을 허용하지 않는 독재 국가가 될 것이다. 애초에 미국 정부가 공산주의와 대결하게 된 근본 이유가 개인에게 사상의 자유를 허용하지 않는 공산주의의 독선 때문이 아니었는가?

이러한 점을 염려하던 폴크는 몇몇 미국 텔레비전라디오예술가연맹 조합원들과 함께 1956년 집행부 선거에 나서기로 합의했다. 폴크는 제2부회장 자리에 출마할 예정이었다. 폴크의 그룹은 스스로를 중도파로 일컫고 공산주의도 소름끼치는 것이지만, AWARE가 펼치는 매카시즘 전략도 똑같이 혐오스러운 것이라고 선언했다. 중도파는 AWARE가 부추긴 블랙리스트의 작성에 강력히 반대하며 미국 텔레비전라디오예술가연맹은 반공활동보다는 회원들의 권익 증진에 힘써야 한다고 주장했다.

AWARE의 보복을 두려워한 회원들은 드러내 놓고 중도파를 지지하지 못했지만 블랙리스트에 강한 혐오감을 가지고 있었기에 중도파는 선거에서 승리할 수 있었다. 중도파는 35개 집행부 직책 중 27석을 휩쓸었고 회장, 부회장, 제2부회장 자리를 차지했다. 불행하게도 이것으로 모든 것이 끝난 것은 아니었다. 중도파가 차지하지 못한 여덟 자리는 여전히 AWARE의 끄나풀들이 차지하고 있었고 이들은 사사건건 폴크의 그룹에 반대하며 미국 텔레비전라디오예술가연맹 회원들 사이에 분열을 일으켰다.

2월 중순쯤 AWARE는 새로운 간행물을 발간하면서 다시 한 번 공포의 악명이 허풍이 아님을 입증했다. 이번에 그들의 표적은 중도파였고 그 중에서도 특히 AWARE의 농간을 비판하여 가장 많은 표를 받은 폴크를 겨냥하고 있었다. 전형적인 매카시즘 전략에 따라 AWARE는 '묵시적 의사표시'라는 전가의 보도를 휘둘렀다.

간행물은 AWARE를 공산주의에 대항하는 최후의 보루로 묘사하면서 중도파에 흔들리지 않고 공산주의자와 싸우는 AWARE에 왜 반대하느냐고 질문을 던졌다. 중도파에 속한 사람들의 애국심에 의문을 제기하면서 AWARE가 블랙리스트를 이용한다고 비난하는 것은 국가를 전복하려는 공산주의자들이 협회에 침투하고자 회원들에게 공포심을 조장하려는 시도라고 주장했다. 여기서 AWARE는 폴크를 공격하기 시작하였다.

> 존 헨리 폴크는 "모든 (중도 성향의) 사람들이 공산주의에 반대하는 것과 마찬가지로 AWARE에도 반대하고 있습니다"라고 말했습니다. 그것은 사실일지도 모릅니다. 하지만 폴크도 마찬가지일까요? 그의 기록은 어떻습니까?
>
> (1) 1946년 4월 22일자 《데일리 워커*Daily Worker*》(공산당 기관지)는

'잭 폴크'라는 사람이 뉴욕 시 아스토르 광장의 클럽65에 나타났다고 보도했습니다. 그곳은 공산주의 동조자들이 가장 좋아하는 곳입니다.

(2) 1947년 4월 17일자 《데일리 워커》는 '행동을 위한 무대'가 후원하는 '헤드라인 카바레'의 개막 행사에 '자니 폴크'가 연예인으로 등장할 예정이라고 보도했습니다. '행동을 위한 무대'는 공식적으로 공산주의 단체로 지정된 곳입니다.

(3) 1948년 4월 5일자 《데일리 워커》는 공식적으로 공산주의 단체로 지정된 '미국진보시민연합'이 대통령 선거에 입후보한 헨리 A. 월리스를 지원하려고 만든 시사풍자극 〈월리스의 시대〉에 '존 폴크'가 후원을 했다고 보도했습니다. 비록 월리스가 공식적으로 공산당의 후원을 받는 후보였지만 그의 후원자 전부가 공산주의 동조자라고 말하는 것은 물론 아닙니다. 다만 여기서 문제 삼는 것은 공산주의 단체를 거쳐 입후보한 자를 지원한 행위입니다.

(4) 1946년 4월 25일자의 한 프로그램에는 공식적으로 지정된 공산주의 단체이자 '미국진보시민연합'의 전신인 '미술, 과학, 전문가들의 독립시민위원회'가 후원하는 행사에 '존 폴크'라는 연예인이 공산주의자로 확인된 얼 로빈슨과 2명의 비공산주의자와 함께 출연한다고 인쇄되어 있습니다.

(5) 공식적으로 공산주의 단체로 지정된 '인민의 노래'에서 발간하는 간행물 제3권 1, 2호에는 폴크가 인민의 노래 창립 2주년 축하 인사를 보낸 사람으로 적혀 있습니다.

(6) 한 회람에는 '조니 폴크'가 폴 로빈슨 및 다른 두 사람과 함께 1948년 2월 16일 제퍼슨 사회과학 학교 200호실에서 열리는 '월리스 후원의 밤' 행사에 출연하는 것으로 되어 있습니다. 제퍼슨 사회과학 학교

는 연방정부가 설립했지만 뉴욕 시의 공산주의자들을 위한 훈련장이 되었습니다.

(7) '존 H. 폴크'는 1949년 9월 5일부터 10일까지 멕시코시티에서 개최된 '평화를 위한 아메리카 대륙 회의'의 미국 측 후원자였습니다. 나중에 하원 반미활동조사위원회는 이 회의를 가리켜 "공산주의자들의 또 다른 '평화' 선전선동이며 서구 사회에서 반미 세력을 연합하려는 시도였다"고 말했습니다.

폴크는 다섯 쪽에 걸쳐 실린 기사를 읽고 충격과 공포 그리고 분노에 휩싸였다. AWARE는 한 번도 폴크를 직접적으로 공산주의자라고 부르지 않았지만 정확하게 공산주의자임을 암시하고 있었다. 폴크는 한 번도 공산주의를 지지해 본 일이 없었다. 그러나 '공산주의 단체' 옆에 그의 이름이 적혀 있는 기사는 마치 그가 공산주의를 지원해 온 것처럼 보였다. 하트넷이 보도한 행사 중 몇 개는 실제로 개최되지도 않았다. 또한 폴크가 참석한 행사를 후원한 어떤 단체도 '공식적으로 공산주의 단체로 지정'되지 않았다. 하트넷이 지어냈을 뿐이다. 그는 미 연방수사국이 중도파에 대한 하원 반미활동조사위원회의 비난을 끌어내고 폴크가 위원회에 소환되도록 하였다.

하트넷은 점점 더 압력의 강도를 높였고 폴크가 반역죄로 정부의 조사를 받고 있다는 소문을 퍼뜨렸다. 그는 용서를 모르는 사람이었다. AWARE 간행물을 폴크가 출연하는 모든 방송국과 프로듀서, 매니저, 광고주들에게 보냈다. 그러는 동안 로렌스 존슨은 매디슨가에 있는 광고주들을 찾아다니며 폴크의 프로그램에 광고를 중단하지 않으면 불매운동을 벌이겠다고 협박하였다. AWARE는 단 한 번의 공격으로 폴크의 이름에서 공산주의를 연상시키고 그를 직장에서 커다란 위기에 빠뜨렸을 뿐만 아니라 미국 텔레비전라디오예술가연맹의 회원들이 앞을 다투어 새로운 집행부와 결별하도록 만들었다.

1956년 4월 11일 미국 텔레비전라디오예술가연맹 연례 총회가 뉴욕 시티센터에서 열렸다. 참석자 수는 기록적이었고 AWARE에 동조하는 회원들은 군데군데 모여 앉아 폴크를 노려보고 있었다. 한 명씩 발언권을 얻어 연설을 시작하자 전에 중도파 구성원 중 한 사람이 마이크를 잡고 중도파와 공산당과의 관계를 비난하는 발언을 했다. 어떤 회원들은 심지어 중도파가 비밀회합을 갖고 미국 텔레비전라디오예술가연맹에 공산주의를 침투시키려는 음모를 꾸민다고까지 주장했다. 이에 폴크는 격분했다. 그러나 그가 연단에 섰을 때 그의 말은 야유에 묻혀 들리지 않았다. 열렬한 AWARE 동조자이자 텔레비전 방송계의 거물이었던 에드 설리번은 공개적으로 경멸의 눈길을 보냈다.

폴크가 WCBS 방송국에 있는 자신의 사무실로 돌아오자마자 《버라이어티 Variety》의 칼럼니스트로부터 미국 텔레비전라디오예술가연맹 총회에 대해 할 말이 없느냐는 전화가 왔다. 폴크는 깜짝 놀랐다. 기자가 어떻게 그렇게 빨리 알았을까? 전화를 건 기자는 폴크에게 누군가 총회에서 벌어질 일을 하루 전에 귀띔해 주었으나 그가 누구인지는 말할 수 없다고 했다. 폴크는 일어서서 멍하니 손에 들린 수화기를 내려다보았다.

그의 애국심을 향한 공격은 전혀 근거 없는 것이었다. 그러나 그가 공개적으로 공산주의자가 아니라는 서약을 거부했기 때문에 대중이 그를 공산주의자로 오해하는 것도 무리는 아니었다. 단순한 부정만으로는 해결될 일이 아니었다. AWARE는 그가 기어와서 저지르지도 않은 죄에 용서 빌 것을 요구했다. 폴크에게는 아내와 아이 셋이 있었다. WCBS가 블랙리스트의 압력에 못 이겨 해고당하면 가족을 부양할 수 있을지 자신이 없었다. 잠시 동안 폴크는 지난 일을 돌이켜 보면서 무엇을 잘못했는지 생각해 보았다. 이렇게 악의적인 공격을 당할 만한 일을 한 적이 있는가?

수화기에서 들리는 다이얼 음을 듣다가 그는 확신이 섰다. 아무것도 잘못하지 않았다. 그가 한 일이라고는 AWARE에 반대하여 노동조합 선거에 출마한 것뿐이다. AWARE의 꼭두각시에 동조하지 않겠다고 한 것이 그의 죄의 전부였다. AWARE가 다른 사람의 인생을 망칠 수 있는 권한이 있는 것처럼 행동하는 데 격분한 폴크는 수화기를 던지듯 내려놓고 단호한 걸음걸이로 사무실을 나섰다. 만일 존 헨리 폴크가 싸워 보지도 않고 굴복할 것이라고 생각했다면 AWARE는 크게 잘못 생각한 것이다.

존 헨리의 성장 과정

폴크는 헨리 폴크와 매티 폴크 부부의 다섯 자녀 중 넷째로 1913년 8월 21일에 태어났다. 변호사였던 폴크의 아버지는 어렸을 때부터 그에게 옳다고 믿는 일을 위해서는 분연히 나서야 한다고 가르쳤다. 폴크는 1920년대 텍사스에 만연한 인종차별을 이해할 수가 없었고 흑인 친구들이 그와 같은 고등학교에 진학하지 못하거나 오스틴의 많은 가정에 초대받지 못하는 것을 보면서 화가 났다.

폴크와 형제들은 넓고 통풍이 잘되는 집에서 뛰놀면서 자랐다. 폴크의 아버지는 오스틴에 집을 마련할 수 있는 경제적 능력이 있었지만 자녀들을 시골에서 키우기 원했다. 그리하여 닭, 소, 개 등을 키우며 뛰놀 수 있는 마당이 있는 집에서 살았다. 폴크의 집 근처에는 집안 소유의 부동산이 있었는데 그의 아버지는 이를 가난한 사람들에게 싸게 임대하였다. 폴크의 어머니도 과일과 빵, 장난감, 닭 등을 가난한 이웃에게 나누어 주었다.

폴크 변호사는 애티커스 핀치(베스트셀러 소설 『앵무새 죽이기』에 나오는 변호사. 인종차별에 대항하여 백인 여성을 강간한 혐의로 기소된 흑인을 변호한다—옮긴이)의 실존 모델이라고 할 수 있다. 폴크는 불법행위에 대한 손해배상 소송을 수행했고 살인자들을 변호했고 오스틴 흑인 사회의 인권 문제에 깊은 관심이 있었다. 대공황기에는 종종 무료 변론을 하기도 하였다.

폴크의 부모는 그 지역에 사는 다른 사람들과 달리 KKK단(미국의 백인우월주의를 내세운 극우비밀조직—옮긴이)을 맹렬히 비난했다. 이웃 사람들은 폴크의 가장 친한 친구인 스누키 베이츠를 비롯한 흑인들이 그 집에 자주 드나드는 것을 이상하게 쳐다보곤 했는데 둘은 떼어놓을 수 없는 친구였다. 비록 다른 백인 가족들은 그들의 행동을 꺼려했지만 폴크 가족은 흑인 침례교회에 꾸준히 출석해 이웃의 호감을 샀다.

존 헨리는 스누키와 개울에서 장난을 치거나 숲 속에서 놀면서 시간을 보냈다. 어떤 때는 며칠씩 집에 들어오지 않는 때도 있었으며 그럴 때마다 그의 어머니는 스누키의 집에 가서 그를 데려오곤 했다. 존 헨리가 학교에 입학하고 나자 인종차별의 현실은 그에게도 분명해졌다. 존 헨리가 다닌 초등학교는 흑인 아이들을 받아들이지 않았고 스누키와 노는 시간도 점차 줄어들었다.

열여섯 살이 되었을 때 존 헨리는 사고를 당해 한쪽 눈의 시력을 잃었다. 친구들과 함께 수영을 하고 더러운 수건으로 얼굴을 닦은 그는 며칠 후부터 눈에 통증을 느끼기 시작했다. 의사는 결막염이라고 진단했지만 존 헨리의 어머니는 그를 댈러스에 있는 전문의에게 데려갔다. 존 헨리의 눈은 수건에 있던 임질균에 감염되었으며 거의 안구를 적출할 상황이었다.

한쪽 눈의 시력을 잃은 존 헨리는 원근을 판단하는 데 어려움을 겪었고 예전처럼 운동이나 야외활동에 흥미를 잃었다. 낙담한 그는 집 안에 틀어박혀 온갖 종류의 책을 읽기 시작했다. 그의 아버지가 좋아한 소로우의 책을 읽었고 매디슨과 제퍼슨의 논문을 독파했다. 그의 아버지는 아들에게 매디슨은 수정헌법 1조에 규정된 언론 자유에 관한 진정한 권위자이며 수정헌법 1조야말로 '미국의 위대한 자유를 포괄'하는 법조문이라고 말했다.

1932년 존 헨리는 텍사스대학에 입학하였다. 그는 아버지를 이어 변호사가 될 생각이었으나 2학년을 마치고 나자 법학보다 문학과 민속학에 관심이 갔다. 존 헨리는 '카우보이 교수'로 알려진 J. 프랭크 도비를 만나면서 그의 창의적인 교수법과 권위주의를 향한 공개적인 적개심에 깊은 영향을 받았다. 두 사람의 우정은 도비가 죽을 때까지 오랫동안 지속되었다.

존 헨리가 민속학을 공부하면서 흑인 목사들의 설교를 주제로 석사 논문을 준비하고 있을 때 그의 아버지가 간암 진단을 받았다. 1939년 가을 존 헨리는 아버지와 마지막 시간을 함께하려고 집으로 돌아갔다. 폴크 변호사는 9월에 사망했다. 장례식은 침례교회에서 치렀으며 그의 죽음을 애도하는 많은 백인과 흑인들을 위한 별도의 추모식이 열렸다.

다음해에 존 헨리는 「열 편의 흑인 설교문」이라는 제목의 석사 논문을 영문학과에 제출했다. 흑인 목사들의 설교의 풍미를 전달하려고 설교 내용을 발음 나는 대로 적었기 때문에 논문을 읽는 데는 터무니없이 많은 시간이 걸렸다. 그의 논문 덕분에 하루가 다르게 사라져 가던 '흑인 설교'라는 문화가 보존될 수 있었고 논문이 출간되자 의회도서관은 그의 논문을 보호되어야 할 저작으로 지정했다.

영문학과에서 열심히 노력한 덕분에 존 헨리는 텍사스대학에 파트타임 일자리를 얻었다. 그는 학생들을 가르쳤고 다른 사람을 흉내 내는 재주로 학생들을 즐겁게 했다. 예술대학에서 피아노를 전공하던 금발 머리 여학생이 특히 그의 강의에 빠져 들었다. 6주 후에 그 여학생은 존 헨리와 결혼하였다.

캠퍼스 밖은 전쟁의 참화를 겪었다. 시력 때문에 군대를 면제받은 존 헨리는 자신의 에너지를 파시즘과 싸우는 데 쏟아 붓기로 결심했다. 1942년 그는 텍사스대학을 떠나 해운회사에 근무하면서 전쟁의 승리를 돕는 데 애썼다. 그리고 몇 년간 보급선에 승선해서 어뢰정을 피해 다녔고 이집트에 있는 미국 적십자사 지부에 근무하기도 하였다. 미국 시민자유연맹의 회원이 된 존 헨리는 징병 기준이 완화지자 마침내 입대하여 오스틴 부근에 있는 스위프트 부대에 배속되어서 연락병 임무를 수행하였다.

스위프트 부대 동료들의 권유에 따라 존 헨리는 여가 시간에 라디오 방송의 대본을 쓰기 시작했다. 뉴욕의 CBS방송국인 WCBS에서 일하는 친구 소개로 존 헨리는 면접 기회를 얻었다. 방송국 임원들은 이 재주 많은 신인이야말로 뉴욕에서 클 만한 재목이라고 생각하고 그가 제대하자마자 프로그램 진행을 제안했다.

존 헨리는 〈자니의 휴식 공간〉이라는 주간 쇼의 진행자가 되어 그가 오랫동안 구상해 온 등장인물을 활용해서 텍사스 생활과 뉴욕 생활을 비교했다. 그의 프로그램은 폭발적인 반응을 일으키지는 못했지만 서서히 뉴욕 시민들의 인기를 얻어 갔다. 뉴욕으로 이사하는 스트레스와 전쟁 기간의 부재는 그의 결혼생활에 그림자를 드리웠다. 딸 신시아가 태어난 지 얼마 되지 않았으나 폴크 부부의 사이는 좋지 않았다. 존 헨리는 누군가 그의 아내에게 보낸 연애편지를 찾아냈고 그들은 1947년에 이혼했다. 그 다음해에 그는 린이라는 이름의 날씬하고 까무잡잡한 뉴욕 아가씨를 만나 6주간 연애를 거쳐 결혼에 골인했다.

이 시기는 존 헨리뿐만 아니라 미국 전체에도 중요한 시기였다. 상대 후보를 '좌익'이고 '빨갱이'라고 비방한 공화당의 리처드 닉슨은 선거에 승리했고, 하원 반미활동조사위원회에서 증언을 거부한 '할리우드의 10인'은 유죄판결을 받고 감옥으로 갔다. 반미활동조사위원회 의장은 공산주의는 적그리스도와 같은 것이며 "기독교보다도 오래되었고 공산주의자들은 …… 지상에서 예수님을 박해했고 십자가에 못 박았으며 죽어 가는 예수님을 비웃다가 십자가 밑에서 그의 옷을 걸고 노름을 한 사람들"이라고 선언했다. 미국 법무장관은 연방정부 관리 후보자들을 상대로 '충성심 테스트'를 실시하여 그 테스트에 통과하지 못한 반역혐의자 명단을 작성하였다. 존 스타인벡의 『분노의 포도』는 학교도서관에서 금서로 지정되고 공산주의자의 선동을 담은 책이라는 이유로 불태워졌다.

존 헨리와 린은 행복한 결혼생활을 시작했고 곧 두 아이가 태어났다. 잠시 다른 방송국에서 일하던 존 헨리는 다시 WCBS로 돌아와서 아침 프로그램을 진행했다. 음악과 날씨, 적당한 분량의 이야기를 들려주는 프로그램은 큰 인기를 얻어 4시간 동안 진행되었다. 다음 6년 간 〈존 헨리 폴크 쇼〉는 사람들에게 웃음을 선사했고 뉴욕 시민들을 라디오 앞에 잡아두었다.

존 헨리의 유쾌한 성격은 그를 인기인으로 만들었고 텔레비전에도 출연하기 시작했다. 비행기로 워싱턴 D. C.로 가서 많은 상원의원과 다른 저명인사들이 참석한 파티의 사회를 맡기도 했는데 참석자들은 그의 재치 있는 진행에 떠들썩한 환호성을 보냈다. 하지만 상원의원 중 한 명은 이 텍사스 출신의 사회자 말에 전혀 웃음 짓지 않은 채 돌처럼 침묵을 지키고 있었다. 그의 이름은 조지프 매카시였다. 라디오와 텔레비전 산업에 블랙리스트가 나돌고 있는 것을 경계하고는 있었지만 존 헨리는 자신과 같이 애국적인 경력을 가진 사람이 의혹의 대상이 되리라고는 꿈에도 생각하지 않았다. 그의 스승이자 친구인 J. 프랭크 도비에게 보낸 편지에서 존 헨리는 자신이 이룬 성공에 복잡한 심경을 토로했다.

"여기서 한동안 성공의 길로 순항할 것 같아요. 매카시가 자신과 다른 생각을 가지고 있다고 해서 저를 파멸시키기로 결심하지 않는다면 말입니다."

조심해야 할 이유는 충분했다. 나치반대협회에 속해 있거나 메이저리그에 흑인 선수도 참가해야 한다는 주장을 했다는 이유만으로도 블랙리스트에 올라갈 수 있는 시절이었다. AWARE는 하트넷의 책, 『붉은 채널』에서 일부분을 발췌해 반역 혐의로 의심받는 사람들에게 누명 벗는 법을 알려 주는 책을 출판했다. 사람들을 고발해서 블랙리스트에 올리기도 하고 또 블랙리스트에서 벗어나려고 안간힘을 쓰는 사람들에게 해결책을 제시하기도 하면서 AWARE는 막대한 인세를 거둬들였다.

블랙리스트에 오른 사람들은 일자리를 구하는 데 고초를 겪었고 아직 리스트에 오르지 않은 사람들은 노동조합에서 귀가하는 길에 자신을 미행하는 AWARE 회원들의 감시의 눈초리에 떨고 있었다. '반공주의자'들은 사람들의 쓰레기통을 뒤졌고 심지어 도청장치를 설치하고 집 안에서 나누는 대화를 녹음하려고 불법침입을 하기도 하였다. 존 헨리는 이런 상황을 더는 참을 수 없다고 느꼈고 몇몇 동료와 함께 AWARE에 도전하기로 결심했다. AWARE가 그 소름끼치는 감시의 눈길을 존 헨리에게 맞추고 어렵게 이룬 그의 경력을 망치려고 들자 존 헨리는 이 상황을 바로잡을 수 있는 변호사를 찾기로 마음먹었다.

변호사 구하기

폴크는 맨해튼에서 가장 유명한 변호사인 루이스 나이저의 사무실에 근무하는 변호사 한 명을 알고 있었다. 그 변호사와 폴크의 문제를 의논한 나이저는 폴크를 만나 보는 데 동의했다.

필립스, 나이저, 벤저민, 크림 로펌은 파라마운트 빌딩의 한층 전부를 차지하고 있었다. 나이저의 넓은 사무실에 들어선 폴크는 윤기 나는 커다란 책상에서 일어나는 근육질의 사내를 보았다. 중키에 건장한 몸매의 나이저는 가벼운 걸음걸이로 폴크를 향해 다가오더니 그의 손을 잡았다. 친절한 변호사는 폴크에게 가죽 소파에 앉으라고 권한 뒤 편안하게 대했다.

폴크가 이야기를 마치자 나이저는 잠시 망설인 후 이러한 사건이 얼마나 어려운지 설명했다. 그는 소송이 수년이 걸릴 수도 있다고 강조했고 그러는 동안 AWARE는 훨씬 더 교묘한 방법으로 폴크를 괴롭힐 것이라는 경고도 잊지 않았다. 그리고 재판은 힘들고 비용이 많이 들 것이라고 덧붙였다.

폴크는 이해한다고 말했지만 AWARE가 그 행동에 책임을 져야 한다는 생각을 굽히지는 않았다. 그에게 재판 결과는 단지 자신뿐만이 아니라 AWARE의 모함 때문에 인생이 끝장난 수십 명의 배우, 방송국 직원, 연예인들에게도 중요한 것이었다.

나이저는 적당한 말을 찾는 듯 잠시 생각을 하더니 미소를 지으며 폴크에게 말했다.

"저는 일부러 당신을 포기시켜 보려고 했던 겁니다. 이 사건이 쉽게 해결될 것이라고 오해하시면 안 됩니다. 사건은 쉽게 해결되지 않을 것이고 재판은 오래 걸릴 겁니다. 하지만 결국 당신은 승리할 것입니다. 이 사건을 맡겠습니다."

거만함을 찾아볼 수 없는 나이저의 평온한 어조는 확신에 차 있었고 폴크는 용기를 얻었다.

폴크가 나이저를 선임한 것은 행운이었다. 이 사건은 나이저에게 대중의 관심이 집중된 첫번째 사건도 아니었고 마지막 사건도 아니었다. 나이저는 대중의 압력에 움츠려드는 변호사가 아니었다.

어린 웅변가

1902년 2월 6일 런던에서 태어난 루이스 나이저는 1905년 어머니와 함께 뉴욕으로 왔다. 여느 이민자들과 마찬가지로 그도 엘리스 섬(뉴욕 항에 있는 작은 섬. 이민검역사무소가 설치되어 있어서 한때 미국으로 들어오는 이민자들은 모두 이곳을 거쳐 입국했다. 1892년에서 1924년까지 전성기 때는 매일 수천 명의 이민자가 이곳으로 들어왔으나 1920년대 이민 규제가 시작되면서 그 역할이 줄어들다가 1954년 이민검역사무소가 폐쇄되고 관광지로 바뀌었다―옮긴이)을 거쳐서 입국했지만, 다른 사람들과는 달리 루이스는 소공자나 입을 것 같은 벨벳으로 만든 정장에 모자를 쓰고 테니스 라켓까지 들고 이민국을 통과했다. 한해 전에 도착해서 브루클린에 세탁소를 차린 아버지가 보내준 것들이었다. 아버지는 포옹과 눈물로 자신과 아내를 맞았다.

나이저 가족의 신조는 근면과 성실이었다. 나이저의 아버지는 하루에 18시간 내지 20시간을 일했고 일거리가 쌓일 때는 잠자는 것도 포기했다. 나이저의 어머니는 세탁소 뒷방에서 옷 장식을 손보거나 다림질을 하면서 하루를 보냈다. 나이저도 방과 후에 숙제를 마치고 나면 끝없이 쌓여 있는 옷 장식을 손질하면서 저녁 시간을 보냈고, 어머니와 함께 노래를 부르거나 농담을 하면서 기운을 내곤 하였다.

빈곤은 나이저의 이웃에도 만연해 있었고 나이저의 동급생들은 먹을 것이 없거나 기본적인 의료품 부족으로 고통을 겪었다. 결핵은 많은 어린이의 목숨을 앗아갔고 나이저의 이웃 중에도 결핵으로 아이를 잃은 집들이 있었다. 열두 살이 되자 나이저는 주위의 이목을 끌기 시작했다. 이 엉뚱한 소년은 집근처 교차로에 서서 형편없는 주변 환경을 격렬히 비난하는 연설을 하곤 했다.

'소년 웅변가'로 불린 나이저는 점차 사람들의 시선을 끌었으며 사회당의 초청을 받아 빈곤에 대한 연설을 하기도 하였다. 사람들은 연설을 하는 나이저를 픽업트럭의 짐칸에 올려놓고 소년의 얼굴을 넋을 놓고 쳐다보았다. 나이저는 열다섯 살 때 제1차 세계대전에 참전한 미국을 지원하는 국채를 사라고 사람들에게 호소했다. 그의 연설은 큰 성공을 거두었고 미국 정부는 그에게 공로증서를 수여하였다.

이 시기의 '가두연설'은 나이저에게 청중을 설득하는 통찰력을 키워 주었다. 그는 청중을 설득하려면 가난이나 다른 어떤 원인의 희생자를 동원하는 것이 필요하다는 것을 깨달았다. 희생자의 모습을 이야기하여 청중들이 동정심을 갖고 고통에 허덕이는 모습을 상상하게 하는 것이다. 청중의 양식에 호소하려면 정직하고 솔직해야만 했다.

나이저의 이웃에는 일단의 불량소년들이 있었는데 그들의 우두머리는 레오라는 이름의 열다섯 살 소년이었다. 레오의 취미는 자신에게 존경심을 표시하지 않는 동네 아이들을 흠씬 두들겨 주는 일이었다. 과장된 브루클린 악센트로 떠들며 동네를 활보하는 레오는 때때로 자신의 힘을 과시하고자 함께 어울리는 소년들에게까지 주먹질을 하기도 하였다. 나이저는 레오 근처에 가까이 가지 않았다.

어느 날 학교에서 돌아오던 나이저는 길모퉁이에서 레오 패거리와 마주쳤다. 엄청나게 얻어맞으면서도 나이저는 굴복하지 않았다. 나이저는 자기보다 몸집이 큰 소년에게 달려들어 넘어뜨렸다. 이것을 본 레오가 브래스 너클(격투할 때 손가락 관절에 끼는 쇳조각—옮긴이)을 꺼내 들었지만 나이저는 레오의 손목을 비틀고 발로 브래스 너클을 차 버렸다. 소리를 지르던 구경꾼들이 충격을 받고 침묵에 빠져든 순간 나이저는 레오에게 최후의 한방을 먹이고 그곳을 떠났다. 입술이 터지고 부어오른 한쪽 눈은 감겼고 갈비뼈도 한 대 부러졌지만 나이저가 승리한 것이다.

아버지에게 훈계를 듣고 일주일 동안 침대에 누워 있어야 했지만 나이저에게는 싸움이란 것이 어떤 것인지 깨닫는 기회가 되었다. 레오는 꺾을 수 없는 적수처럼 보였고 동네 모든 아이들이 두려워하는 존재였지만 그보다 훨씬 작은 나이저가 이긴 것이다. 몇 해가 지난 후에 레오가 살인죄로 유죄판결을 받고 싱싱 교도소에서 사형당했다는 소식을 들은 나이저는 그 싸움이 그의 인생에 하나의 전환점이 되었다고 회고했다. 그는 "굴복하려 하지 않는 자는 패배하지 않고 의지력만 있으면 도저히 이길 수 없는 싸움도 이길 수 있다"는 것을 깨달은 것이다.

나이저는 컬럼비아대학에 입학했고 대학에서 주최하는 최고 웅변대회의 '커티스 웅변상'에 도전하였다. 몇 차례 예선을 거쳐 4명의 준결선 진출자가 선발되었다. 나이저는 군축을 주제로 한 연설로 결선에 진출했다. 결선에는 학생, 교수는 물론 시민과 출전자의 부모도 참석하였다. 나이저는 노련한 전문가의 확신을 가지고 연설을 해서 상을 탔다.

그는 커티스 웅변대회에 다시 나갔지만 지도교수는 심사위원들이 전년도에 최고상을 받은 그보다는 새로 참가하는 학생에게 좋은 점수를 줄 것이라고 충고했다. 이에 아랑곳하지 않고 나이저는 사형제도의 폐지에 관한 놀라운 연설로 그 대회에서 두 번이나 상을 받은 최초의 학생이 되었다.

그는 운동과 웅변, 공부에도 지칠 줄 모르는 열정을 보여 주었다.

빡빡한 시간표 때문에 친구들을 사귈 시간도 없었지만 나이저는 운동부와 웅변팀 동료들이면 충분하다고 생각했다. 아버지의 근면성을 물려받은 나이저는 잠시도 가만 있지 못하고 새로운 도전을 찾아 움직였다. 3학년 때 영어 강사 자격을 취득해 비영어권 학생을 위한 야간 강의를 맡기도 하였다.

일 년 반이 지난 후 나이저는 컬럼비아 로스쿨에 입학했고 졸업하고 나서 변호사 자격을 취득했지만 직장을 구할 수가 없었다. 대공황으로 새로 변호사 자격을 취득한 사람들을 위한 일자리가 거의 없었던 것이다.

그럼에도 나이저는 첫 사건을 맡게 되었다. 아버지가 3명의 의뢰인을 집으로 데려왔던 것이다. 그들은 자신들이 브루클린에 있는 엘러리가의 서쪽에 땅을 소유하고 있다고 설명했다. 엘러리가에는 손수레에 물건을 담아 파는 행상이 많았는데 브루클린 시는 엘러리가의 동쪽에서만 행상을 할 수 있고 서쪽에서는 행상을 금지하는 조례를 통과시켰다. 이 조례로 엘러리가의 동쪽에 있는 토지 가격이 급상승하였는데 행상을 구경하러 온 사람들이 그쪽에 있는 가게에서만 물건을 샀기 때문이다. 반대로 서쪽에 있는 땅은 조례가 통과된 후 가격이 급락하였다. 3명의 남자는 조례가 폐지되기를 원했지만 그들이 만나 본 다른 변호사들은 아무도 그 사건을 맡으려고 하지 않았다.

다른 변호사들이 거절했다는 말에도 전혀 위축되지 않고 나이저는 500달러에 사건을 맡기로 약정했다. 시의 조례 통과를 규율하는 법과 관련해 그가 구할 수 있는 모든 자료를 연구하면서 나이저는 자신의 변론 준비뿐만 아니라 브루클린 시의 변호사가 전개할 만한 변론을 작성하고 답변을 만들었다. 그는 수십 명의 토지소유자, 손수레 행상, 시 공무원들을 만나 보았다. 그리고 손수레 행상이 있는 시의 다른 지역을 조사하고 건물 옥상에 올라가 엘러리가를 내려다보면서 보행인들의 통행 방식을 분석했다.

재판에서 나이저는 브루클린 시가 다른 지역에서는 거리의 양쪽에 손수레 행상을 허용하면서 엘러리가에서만 독단적으로 한쪽 편의 행상을 금지하는 조례를 적용했다고 주장했다. 그는 문제의 조례가 자의적이며 권력자들이 자신들과 관계가 있는 엘러리가 동쪽에 있는 땅 소유자들에게 이익이 되도록 통과시킨 사실을 밝혀냈다.

패소한 브루클린 시는 최종심인 뉴욕항소법원에 항소를 제기했다. 이제 나이저는 뉴욕항소법원 법원장인 위대한 벤저민 N. 카르도조 판사(미국의 저명한 법학자이자 판사. 1938년 후버 대통령은 전설적인 대법관 올리버 웬델 홈즈의 뒤를 이어 카르도조를 대법관으로 임명한다. 천성적으로 겸손하고 수줍은 성격이지만 해박한 법률 이론과 철학적 사고의 깊이는 따라올 사람이 없다는 평을 들었다. 로마, 그리스 시대의 고전을 원문으로 독파한 그의 판결은 아름답고 명료한 문장으로 유명하다. 미국에서 진정으로 위대한 대법관 중 한 사람으로 손꼽힌다—옮긴이) 앞에서 변론을 하였다.

카르도조의 판결문은 현재까지도 가장 유려하고 논리 정연한 판결문 중 하나로 알려져 있다. 나이저는 카르도조 판사 앞에서 변론을 하는 심정을 평생 베토벤의 걸작을 연습한 음악가가 그 위대한 거장 앞에서 실제로 연주를 해야 하는 상황에 비유했다. 그는 카르도조 판사가 이 사건에 적용될 법률문제에 대해 완전한 지식을 갖고 있다는 것을 잘 알고 있었다. 따라서 나이저는 카르도조가 잘 모르는 사실부분에 집중할 생각이었다. 이 저명한 법률가는 나이저의 변론을 받아들였고 브루클린 시는 또다시 참패를 맛보았다.

나이저의 승소는 로펌을 경영하고 있던 루이스 필립스 변호사의 관심을 끌었다. 런던에서부터 나이저의 부모를 알고 있던 필립스는 나이저에게 주급 20달러와 나이저가 수임하는 사건의 수임료 중 일부를 주는 조건으로 일자리를 제안하였다. 나이저는 그 제안을 받아들였고 의뢰인들을 찾아 나서기 시작했다. 2년 후에 그는 로펌의 파트너가 되었다.

이후 25년간 필립스와 나이저의 로펌은 맨해튼에서 가장 유명한 로펌 중 하나가 되었다. 나이저는 엘리자베스 테일러를 대리하여 그의 자녀에 대해 오보를 내보낸 신문사를 상대로 명예훼손 소송을 제기하여 승소하였다. 노벨상 수상 작가인 싱클레어 루이스의 삶에 관한 영화의 시나리오에서 잘못된 부분을 삭제하고 전체를 다시 쓰는 데 도움을 주어 그의 의뢰인이 영화를 예정일에 상영될 수 있도록 하기도 하였다. 존슨 대통령이 인종차별적인 발언을 했다는 기사가 《새터데이 이브닝 포스트 Saturday Evening Post》에 실렸을 때 대통령은 나이저에게 명예훼손 소송을 제기해 달라고 부탁했으나 나이저는 대통령을 설득해서 그 기사를 무시하고 소송을 제기하지 않도록 했다.

나이저의 명성은 높아져 갔고 그를 찾는 의뢰인들의 숫자는 점점 늘어 갔다. 맨해튼의 고층 빌딩에 위치한 사무실에 앉아 루이스 나이저는 세상은 멋진 곳이라는 생각을 했다. 근면과 성실, 선의를 믿었던 그는 다른 사람에게 도움을 주어야 한다는 볼테르의 경구를 잊어버리지 않았다. "선행을 베풀지 않는 것은 죄악이다."

나이저는 큰 이익이 되는 사건보다 다른 사람에게 진정으로 도움이 될 수 있는 사건을 찾으려고 노력했다.

소송비용 문제의 해결

폴크는 미국에서 최고의 변호사 중 한 명이 자신을 대리한다는 사실에 안도감을 느끼며 나이저의 사무실을 나섰다. 소송은 상당 기간 계속될 것이고 블랙리스트 때문에 텔레비전 출연 기회는 없겠지만 사건이 끝날 때까지 폴크와 가족은 라디오 방송 수입으로 살아갈 수 있었다.

폴크는 중도파의 절친한 동료들 몇 명에게 전화해서 AWARE가 미국 텔레비전라디오예술가연맹에 간섭할 날도 얼마 남지 않았다고 확신시켰다. 한 친구가 폴크에게 축하 인사를 하면서 나이저의 수임료가 얼마냐고 물어보았다. 폴크는 질문을 못들은 척했지만 그의 친구는 그에게 냉정한 현실을 직시하라고 충고하였다. 나이저는 '백만 불짜리 사건에 등장하는 변호사'였다. 아마도 5만 달러에서 10만 달러에 이르는 수임료를 받을 것이 분명했다.

폴크는 나이저에게 전화해 수임료를 물었다. 변호사는 이런 종류의 길고 복잡한 소송은 상당한 비용이 든다고 설명한 다음에 폴크에게 부양가족이 있는 점을 감안해서 최소한의 수임료만 받겠다고 말했다. 수임료는 1만 달러였다.

폴크는 변호사에게 감사 인사를 하고 전화를 끊었지만 자신의 은행계좌에는 그 정도의 돈도 없다는 말은 하지 않았다. 소송은 아직 시작도 하지 않았는데 벌써부터 벽에 부딪힌 기분이었다.

폴크가 WCBS의 사무실에 앉아서 수임료가 없다는 사실을 어떻게 나이저에게 설명해야 하나 고민하고 있을 때 위층에서 근무하는 친구가 놀러 오라는 전화를 했다. 미국에서 가장 유명한 언론인인 에드워드 R. 머로였다(1940년대 CBS라디오의 유럽 특파원으로 활약한 언론인. 제2차 세계대전 때 독일의 런던 공습 당시 건물 지붕에서 전황을 중계하였다. "런던에서 …… 전해드립니다"라는 말로 유명해졌고 후에 CBS부사장을 지냈다—옮긴이). 머로가 폴크에게 왜 낙심한 표정을 짓고 있느냐고 묻자 폴크는 사정을 설명했다. 머로는 깜짝 놀랐다. 폴크의 소송이 업무와 관련된 것인 만큼 WCBS에서 비용을 부담할 것으로 생각했기 때문이다.

폴크는 머로에게 WCBS는 자신이 소송을 제기하기 원하지 않으며 WCBS가 AWARE에 반대하는 것으로 비칠까봐 걱정한다고 말했다. 머로는 폴크에게 나이저에게 전화해서 내일 아침에 수임료를 지급하겠다고 얘기하라고 했다. 폴크는 갚을 수 없을지도 모르는 상황에서 그런 거액을 하룻밤 사이에 빌리는 것은 불가능하다고 말했다. 머로가 대답했다.

"이것만은 분명히 하세, 친구. 나는 자네에게 개인적으로 돈을 빌려 준다고 생각하지 않네. 나는 미국에 돈을 투자하는 거야. 루이스 나이저가 이 사건을 맡아야 하고 블랙리스트를 만드는 비열한 놈들은 법정에서 혼이 나야 해. 이건 정말로 중요한 사건이야. 자네도 이 소송이 얼마나 중요하다는 걸 알고 있는지 모르겠군."

첫번째 문제는 해결되었고, 1956년 6월 26일 폴크 대 AWARE, 로렌스 존슨 및 빈센트 하트넷 소송은 뉴욕 주 1심 법원에 제기되었다.

처음에 폴크는 청취자들로부터 편지를 많이 받았다. 편지 내용은 폴크가 옳은 일을 하고 있으며 텔레비전과 라디오 방송국은 왜 스스로 이런 문제를 해결하지 않느냐, 소송 없이도 이런 문제는 해결되어야 하지 않느냐는 것이었다. 폴크는 편지 내용에 고무되었으며 WCBS도 일단 자신이 취한 조치를 알게 되면 지원을 할 것이라고 믿었다. 그는 자신의 이름이 자주 거명되면 실제로 인기가 더 올라갈 것이라고 생각했다.

그러나 이는 너무나 잘못된 예상이었다. 일단 텔레비전과 라디오 방송계에 폴크가 소송을 제기했다는 소식이 퍼지자 사람들은 마치 그가 '전염성 높은 볼거리에라도 걸린 것처럼' 피하기 시작했다. 나이저는 어느 때보다도 심한 논쟁의 중심에 섰다. 매카시즘이 몰아치는 미국에서 논쟁거리가 된다는 것은 곧 죽음을 의미했다. 텔레비전 출연 요청은 사라졌고 라디오 프로그램의 광고주들은 서서히 광고를 중단하기 시작했다. 매니저는 그에게 소송이 끝나기 전까지 지금 맡고 있는 프로그램 이외에 출연 요청은 없을 것이라고 말하였다.

그러는 동안 피고 측은 그들의 변호사인 고드프리 슈미트와 함께 소송 준비에 몰두해 있었다. AWARE 측 변호사는 명예훼손 소송을 제기할 아무런 근거가 없다는 답변서를 제출했다. AWARE는 실제로 한 번도 폴크가 공산주의자라고 말한 적이 없기 때문에 명예훼손 사실 자체가 없다는 것이다. 더 나아가 AWARE는 단지 폴크가 참석한 행사의 목록을 나열했을 뿐이며 사실과 다른 내용이 있다고 하더라도 단순한 실수에 불과할 뿐 악의가 있었던 것은 아니라고 주장했다.

나이저 변호사는 이 답변서가 원고의 주장에 적절한 답변이 되지 못한다고 공격했으며 판사도 이에 동의했다. 판사는 AWARE가 암시를 통하여 공산주의의 문제를 제기했으며 폴크의 애국심에 의문을 제기한 것이 명백하고 AWARE의 간행물은 "그 자체로서 명예훼손에 해당하는 문서"라고 결정하였다. 이러한 결정은 폴크 측에 큰 의미가 있다. "그 자체로서 명예훼손에 해당하는 문서"라는 결정이 내려진다면 손해배상 책임을 면하는 길은 그 내용이 허위가 아니라 진실이라는 점을 입증하는 방법밖에 없기 때문이다. 이제 AWARE로서는 책임을 면하려면 폴크가 한 말이나 행동에서 실제로 그가 공산주의자이거나 공산주의의 동조자라는 점을 입증할 수밖에 없었다.

1956년 12월 WCBS가 폴크와의 계약을 5년으로 갱신하자 폴크는 크게 놀랐다. 계약서에는 WCBS가 어떠한 이유로든지 폴크를 해고할 수 있다는 조항이 있었지만 폴크는 계약 갱신이 회사가 자신의 고용을 보장하려는 것이라고 믿었다. 그러나 미국 텔레비전라디오예술가연맹의 회원들은 그런 확신이 없었다. 폴크는 여전히 미국 텔레비전라디오예술가연맹의 임원이었지만 이제 AWARE에 충성하는 임원들의 숫자가 훨씬 많았고 그들은 전년도에 통과된 모든 결정을 폐기했다. 충성심 검증 제도가 다시 시행되어 '공산주의의 동조자'는 회원이 될 수 없다는 규정을 만들었다.

진행 중인 소송과 수입의 급격한 감소 그리고 그를 지지하던 사람들로부터 버림받았다는 절망감에 폴크는 가족과 함께 자메이카로 짧은 휴가를 떠났다. 잠시 뉴욕을 벗어나는 것은 폴크 가족에게 정말로 필요한 휴식이었다. 집으로 돌아오는 길에 그들은 훨씬 더 마음의 안정을 찾을 수 있었다. 절약을 하면 폴크의 봉급만으로도 살아갈 수 있다고 생각했고 소송이 끝나기만 하면 떠나간 친구들과의 우정도 회복될 수 있을 것 같았다. 폴크의 부인 린이 짐을 푸는 동안 전화벨이 울렸고 폴크가 전화를 받았다. 그를 해고한다는 통보였다.

블랙리스트 전략의 핵심은 문제가 되는 직원을 겉으로 보기에는 정당한 이유로 해고한다는 것이다. 단지 '사상이 의심스럽다'는 이유만으로 직원을 해고하면 회사는 감당할 수 없는 소송에 휘말릴 것이 뻔하기 때문이다. 폴크의 해고 역시 WCBS는 프로그램의 청취율이 떨어지고 있다는 데이터가 근거였다. 소란을 피하고자 회사는 폴크가 휴가를 갈 때까지 기다렸다가 전격 통보한 것이다.

폴크는 WCBS에서 매니저로 일하는 믿을 만한 친구와 데이터를 놓고 이유를 분석하였다. 그가 의심했던 대로 데이터는 조작된 것이었다. 폴크는 회사에 이윤을 많이 남겼다. 그의 프로그램은 그가 일하는 방송국의 다른 어떤 프로그램보다도 높은 청취율을 올리고 있었고 방송국 전체의 청취율 하락 속에서도 일정한 청취율을 유지하고 있었다.

어떻게 가족을 부양할 것인가? 폴크는 정말 극단적으로 지출을 줄여야만 했고 그렇지 않으면 석 달도 버티기 힘들 것 같았다. 그는 즉시 일자리를 찾기 시작했다. 자신에게 일거리를 줄 만한 사람들의 목록을 만들고 날마다 면접을 보러 갔다. 한 번은 일자리를 주겠다는 말을 듣고 미니애폴리스에 가서 일주일간 머무르기까지 하였다. 매일 저녁 사람들을 만났고 텔레비전 프로그램의 프로듀서를 소개받았으며 좋은 일이 있을 것이라는 언질도 받았다.

많은 방송국에서 일자리를 주겠다는 말을 들었지만 모두 헛된 약속일 뿐이었다. 일자리를 주지 못하는 이유를 설명하는 전화라도 받으면 그나마 운이 좋은 편이었다.

린은 화장실 설비를 파는 회사의 광고부에 취직했다. 그의 업무처리 능력은 좋은 평가를 받았지만 고용주가 폴크의 소송을 알고 나서는 즉시 해고해 버렸다. 결국 린은 웨이트리스가 되었다. 수입이 많은 일은 아니지만 선택의 여지가 없었다. 가족은 고통을 겪고 있었다.

소송은 달팽이가 기어가는 속도로 진행되었다. 피고 측은 갖은 핑계를 대면서 선서증언deposition(법정 외에서 양 당사자의 변호사가 참석한 가운데 증인을 신문하는 절차 — 옮긴이) 기일을 연기했다. 피고 측 변호사가 재판에 참석할 수 없다고 주장하는 일도 많았다. 무엇보다 안 좋은 일은 하트넷이 연방수사국과의 관계를 이용해 폴크를 공산주의 동조자로 신고한 일이었다. 연방수사국은 이 자료를 반미활동조사위원회에 넘겼고 폴크는 곧 소환장을 받았다. AWARE는 폴크가 공산주의에 동조한 혐의로 반미활동조사위원회의 조사를 받고 있다는 뉴스를 퍼뜨렸다.

마침내 피고 측이 증언하는 날이었다. 하트넷이 첫번째, 존슨이 두번째, AWARE의 회원 한두 명이 증언할 예정이었다. 하트넷은 시가 연기를 내뿜으며 증언을 할 장소로 들어왔다. 그는 중키에 마른 체형으로 젠체하는 걸음걸이였다. 그와 폴크의 눈길이 잠시 마주쳤다. 두 사내가 서로를 본 것은 이번이 처음이었다. 빈센트 하트넷은 폴크를 알지도 못하면서 파멸시키려 하였고 폴크는 얼굴도 모르는 상대와 싸워 왔다. 이제 두 사람은 서로를 견주어 볼 기회를 맞은 것이다.

나이저는 하트넷의 변호사인 슈미트와 악수를 하며 긴장을 풀고 절차 진행 방식을 설명했다. 하트넷은 구부정한 자세로 의자에 앉아서 시가 연기를 뿜어 댔다. 나이저의 질문에 하트넷은 짧게 대답을 했고 천천히 이야기가 풀려 나오기 시작했다. 나이저가 하나씩 질문을 던질 때마다 하트넷은 예민하게 반응했고 답변에는 짜증이 묻어 났다. 마침내 나이저는 하트넷에게 명예훼손의 책임을 묻는 질문을 던졌다.

"나이저 씨." 하트넷이 말을 잘랐다.

"나는 피고인이 아니고 당신도 검사가 아니라는 사실을 좀 알았으면 좋겠습니다."

나이저는 잠시 동안 하트넷을 뚫어지게 쳐다보다가 말하기 시작했다.

"제가 지금 제대로 이해한 겁니까? 지금 감히 저한테 증인신문 방식을 가르치려는 겁니까? 그렇습니까? 당신이 말입니까? 뻔뻔스럽게 검사와 피고인의 얘기를 꺼낸단 말입니까? 당신은 판사, 배심원, 검사, 사형집행인의 역할을 혼자 다하면서 수백 명의 죄 없고 애국적인 사람들의 인생과 경력을 파멸시켰습니다! 당신은 저기 앉아 있는 사람의 목에 올가미를 씌워서 그 자식들을 굶게 만들고 그의 평판을 끝장내려고 했습니다! 그런 당신이 저에게 사건진행 절차를 가르치겠다는 겁니까?"

나이저의 차가운 어조는 슈미트와 하트넷을 얼어붙게 만들었다. 하트넷은 입을 벌렸다 다물었다 하면서 대답을 하려고 노력했지만 슈미트가 그의 어깨에 손을 얹고 답변을 막았다. 하트넷은 시가를 피워 보려고 했지만 놀란 나머지 귀 쪽으로 시가를 가져갈 뻔했다. 슈미트가 나이저에게 그의 말이 너무나 심했다고 했으나 나이저는 그의 지시를 받을 생각이 없다고 쏘아붙였다. 나머지 증인신문 절차는 조그만 걸림돌도 없이 진행되었고 하트넷은 고분고분하게 나이저의 질문에 답변했다.

증인신문이 끝난 후 나이저와 슈미트는 의논을 하였다. 슈미트는 폴크가 소송을 취하한다면 '적당한 금액, 아마도 1만 달러 정도'를 줄 수 있을 것이라고 말했다. 나이저는 폴크에게 슈미트의 제안을 전하면서, 그가 합의한다면 모든 비용을 포기하고 합의금 전액을 폴크에게 주겠다고 제안하였다.

폴크는 잠시 생각에 잠기는 듯 보였으나 그 제안을 거절했다. 폴크는 블랙리스트 자체를 문제 삼는 것이고 그것이 이 소송의 목적이었다. 단순한 개인의 손실을 회복하는 것은 그의 관심사의 전부가 아니었다.

소송이 제기된 지 만 2년이 지났다. 폴크 가족은 린이 웨이트리스를 해서 벌어 오는 돈과 폴크가 집집마다 찾아다니며 백과사전과 뮤추얼 펀드를 판매해서 얻는 수입에 의존하고 있었다. 샌프란시스코의 라디오 방송국에서 일자리를 제공하겠다는 말이 있으나 언제부터 시작할 수 있는지 확인하려 하자 일정이 겹친다는 이유로 취소되었다. 제안 취소 서신이 들어 있는 봉투 안에는 뮤추얼 방송사 앞으로 보내는 또 다른 편지가 들어 있었다. 처음에 폴크는 비서의 실수로 편지 사본이 잘못 딸려온 것으로 생각했으나 그 편지를 읽어 보고 자신의 생각이 틀렸다는 것을 깨달았다. 그 편지는 폴크의 소송이 어떻게 되었는지 묻고 있었으며 폴크가 아직도 '논쟁거리'라면 그를 고용할 생각이 전혀 없다고 적혀 있었다. 나이저의 조언대로 폴크는 그 편지를 복사하고 원본은 돌려보냈다. 이 편지로 폴크는 AWARE의 거짓말로 비롯된 악평이 그에게서 일자리를 빼앗아갔다는 확증을 얻었다.

하원 반미활동조사위원회는 이유 없이 폴크의 심문기일을 연기했다. 그들의 관여로 폴크는 소송과 가족에게 집중하는 데 어려움을 겪었다. 반미활동조사위원회에서 조사받는 일은 간단한 문제가 아니었기 때문이다. '잘못된 대답'을 했다는 이유로 반미활동조사위원회가 소추를 결정하면 감옥에 갈 수도 있었다. 폴크는 소환장은 근거 없는 것이고 단지 그에게 으름장을 놓으려는 것으로 생각했다.

폴크의 여동생 텍사나는 다른 사람들이 기피하는 오빠를 도왔다. 오스틴에서 평범한 주부로 살아가고 있던 텍사나는 다른 가족과 마찬가지로 소신 있는 정치적 견해를 가지고 있었고 가족을 보호하는 데 망설임이 없었다.

텍사나는 편지 보내기 운동을 전개했다. 그는 마을 사람들, 가족의 친구, 폴크의 동료, 라디오 청취자 그밖에 생각할 수 있는 모든 사람들에게 폴크의 소환을 취소해 달라는 편지를 반미활동조사위원회로 보내 달라고 부탁하였다. 이 운동은 여러 달이 걸리는 일이었지만 효과가 있었다. 소환이 철회된 것이다. 폴크는 당분간 반미활동조사위원회 문제는 접어둘 수 있었다.

그러는 사이에 나이저는 선서증언 절차에서 증인들로부터 승소에 유리한 증언을 이끌어냈다. 그의 소송기술이 슈미트를 압도해 슈미트는 대항할 생각도 못하고 있는 것처럼 보였다. 폴크의 승소 가능성은 급격히 높아졌다. 그러자 아무런 사유도 없이 슈미트가 사임했고 피고 측에 새로운 변호사 팀이 등장했다. 토머스 볼란 변호사와 전직 반미활동조사위원회 대리인이자 한때 매카시 상원의원의 오른팔이었던 로이 콘 변호사였다.

많은 사람으로부터 "반역자들의 재앙"이라고 불리던 콘 변호사는 나이저에게 소송절차는 당분간 중단될 것이라고 통보했다. 나이저가 그 이유를 묻자 콘은 자신이 외국에 나갈 예정이며 연말까지 귀국하지 못할 것이라고 말했다.

폴크는 격분해서 물었다.

"어떻게 콘이 그런 결정을 할 수 있습니까?"

나이저는 폴크의 좌절감을 이해했지만 콘은 법원을 설득해서 연기 결정을 얻어 냈다. 폴크에게는 한주일 한주일이 고난의 연속이었고 피고 측이 의도적으로 자신을 압박해서 소송을 취하하게 만들려는 것으로 보였다.

연말에 콘은 유럽에서 귀국했지만 계속해서 시간을 미루고 있었다. 나이저는 결국 법원으로부터 지체 없이 선서증언 절차를 진행하라는 명령을 받아내는 데 성공했다. 나이저가 자신의 선서증언 절차를 끝내자 콘은 다시 지연전술을 폈다.

나이저는 법원에 가서 판사에게 콘이 자신의 선서증언 절차를 신속하게 마치도록 명령을 내려 달라고 요청했고, 마침내 소송을 제기한 지 5년이 지난 1961년 8월, 피고 측 변호사인 콘과 볼란은 폴크의 증언을 들었다.

콘의 사무실은 월스트리트의 고층 빌딩에 있었다. 엘리베이터를 타고 올라가는 동안 나이저는 자신의 의뢰인에게 용기를 북돋는 말을 해 주었다. 그는 폴크에게 '정의와 진실이 자기편에 있음'을 기억하고 어떤 답변이라도 피하지 말고 '정직하고 솔직하게' 답변하라고 충고했다. 엘리베이터에서 내려 콘의 사무실로 들어가는 길에 폴크는 속이 뒤틀리는 사진을 보았다. 그것은 바닥에서부터 천정까지 닿는 사진이었는데 의심이 가득 찬 눈으로 쏘아보는 매카시 상원의원에게 콘이 귓속말을 하는 사진이었다. 폴크에게 그 장면은 지난 5년간 혹독한 고통을 안겨 준 의심과 허위 고발이라는 매카시즘을 상징하는 것이었다. 몸을 꼿꼿이 한 채 폴크는 자신에게 주어지는 질문에 답변을 해 나갔다.

재판은 1962년 4월 3일에 열리기로 정해졌고 폴크는 AWARE에 대항하는 증인을 구하러 다니느라고 바쁜 나날을 보냈다. 나이저는 현명하게도 이 임무의 대부분을 폴크에게 맡겼다. 블랙리스트에 오를지도 모른다는 공포는 극복하기 힘든 것이었지만 폴크의 성격과 성실함 그리고 인간관계는 그의 전화를 받은 사람들이 증언을 거절하기 힘들게 만들었다. 폴크는 킴 헌터의 증언을 받기로 확약을 받았다. 헌터는 〈욕망이라는 이름의 전차〉에서 열연하여 아카데미상을 받았지만 AWARE가 실수로 그를 공산주의자라고 비방하는 바람에 블랙리스트에 올랐고 그의 경력은 그것으로 끝나고 말았다. 심지어 폴크의 오랜 친구였던 엘리노어 루스벨트 여사까지도 증언을 하겠다고 약속했지만 나이저는 여사의 건강을 해칠 우려가 크다는 이유로 이를 정중히 거절했다.

재판의 시작

판사의 입정을 알리는 소리에 자리에서 일어나려고 하자 폴크는 긴장한 나머지 다리에 아무런 감각이 없었다. 에이브러햄 겔러 판사는 백발이 성성한 50대 판사로서 변호사들이 자신의 인내력을 시험할 때면 안경 너머로 날카로운 눈길을 던지곤 했다. 그의 법복은 칼날같이 다림질이 되어 있었고 법대로 올라가느라 약간 부풀어 보였다. 겔러 판사는 법정에서 엄격한 규율을 유지하는 것으로 정평이 나 있었다. 법정은 절대적으로 정숙해야 했으며 변호사들은 완벽한 예절을 지켜야 했고 선서를 하는 증인은 절차에 순응

해야만 했다. 이렇듯 엄격한 규율을 유지하면서도 겔러 판사는 변호사, 증인, 배심원들을 예의를 갖춰 대했고 법정 안에 있는 모든 사람들에게 항상 친절했다.

길고 긴 배심원 선정 절차가 끝나고—많은 예비배심원이 로이 콘에 대한 반감 때문에 선정에서 제외되었다—재판을 본격적으로 진행할 준비가 끝났다. 콘이 다른 일로 바빴기 때문에 피고 측에서는 소송 진행을 콘의 파트너인 볼란 변호사가 맡을 예정이었다.

나이저와 폴크는 법정 앞에 있는 긴 테이블의 한쪽 끝에 앉았다. 볼란과 하트넷은 똑같은 테이블의 반대편 끝에 앉았다. 로렌스 존슨은 건강이 좋지 않다는 이유로 출석하지 않았고 나머지 재판 기간에도 한 번도 법정에 나오지 않았다.

폴크는 하트넷과 나이저가 피고와 같은 테이블에 앉게 될 줄 모르고 있었다. 앞으로 14주 동안 자신의 경력을 망치고, 살던 곳에서 쫓겨나고, 친구들의 도움에 의존할 수밖에 없는 처지에 빠뜨린 사람과 나란히 앉아 있어야 했다. 폴크는 테이블 건너편을 쳐다보지 않고 나이저가 가지런히 정리해서 테이블 위에 쌓아 놓은 소송 서류에 정신을 집중하려고 애썼다.

나이저의 모두변론은 법정 전체를 사로잡았다. 법정 안의 공기마저 뜨거워지는 것 같았다. 나이저는 폴크의 배경을 설명하는 것으로 변론을 시작했다. 텍사스에서 성장한 과정과 해운회사, 군대, 적십자에서 근무한 경력을 말한 뒤 폴크의 가족을 설명했고 그들의 투철한 애국심을 강조하였다. 나이저는 폴크가 어떻게 경력을 쌓아갔는지 또 어떻게 그 경력이 하루아침에 무너졌는지 이야기해 나갔다. 또한 폴크의 성격을 설명하면서 그가 야단법석인 뉴욕에 사는 사람답지 않게 특유의 '미국적이고 조용한 용기'를 가지고 있다고 설명하였다.

나이저는 배심원과 방청객을 향해서 사건 내용을 상세히 설명했고 그의 어조는 청중들을 변론의 리듬 속으로 빨아들였다. 그가 모두변론을 끝냈을 때 겔러 판사는 점심식사를 위해 휴정을 선언했다. 이때 청중들은 법정 앞으로 몰려와서 변론을 칭송하고 악수를 청하기도 하였다. 나이저는 겸손하게 인사를 하며 휴식을 절실하게 원하고 있는 폴크를 데리고 법정 밖으로 나갔다.

법정으로 돌아오자 볼란이 일어서서 모두변론을 시작했다. 폴크는 주위를 돌아보고 방청객이 오전의 삼분의 일밖에 되지 않는다고 나이저의 동료 변호사에게 말했다. 그 변호사는 방청객들은 나이저를 보러 온 것이고 볼란은 조역에 지나지 않는다며 미소 지었다. 폴크는 소송 서류에 머리를 파묻고 있는 자신의 변호사를 쳐다보고 다시금 안도감을 느꼈다. 모두변론은 나머지 재판 진행의 전형적인 모습이 되었다. 14주 동안 나이저는 모든 면에서 상대방을 압도했기 때문이다.

나이저의 주신문과 볼란의 반대신문에 폴크는 거의 4주 동안 증언대 위에서 보내야 했다. 폴크는 나이저에게 배심원들이 자신의 몸짓 하나하나에 주목한다는 것을 의식하면서 증언대에서 증언하는 일은 엄청난 스트레스를 주는 일이라고 말했지만 나이저로부터 처음 몇 시간 부드럽게 질문을 받은 후에는 훨씬 편해졌다.

볼란 변호사의 반대신문은 불쾌했다. 그 변호사는 폴크를 별 볼일 없는 디스크자키로 취급했고 그에게 일부러 텍사스 억양을 강조하지 않느냐고 물었다. 폴크는 침착하게 질문에 집중하려고 노력했다.

볼란의 반대신문이 몇 주 동안 계속되자 폴크는 점차 잠을 못 이루었다. 간신히 잠이 들어도 잘못된 답변을 하거나 엉뚱한 소리를 해서 사건을 망치는 악몽에 시달렸다.

마침내 폴크가 증언을 마치자 나이저는 그의 증언을 보강해 줄 증인들을 불러내기 시작하였다.

몇 주 동안 많은 사람이 증언을 했다. 어떤 증인은 '누명을 벗고자' 연예인들이 하트넷에게 지급해야 하는 돈에 대해 증언했고, 어떤 증인은 일곱 살짜리 어린이마저 블랙리스트에 올라가는 터무니없는 현실을 고발하기도 하였다.

나이저는 증인들에게 하트넷의 블랙리스트와 존슨의 광고주가 행사한 압력에 대해 물었다. 전문가들은 이번 사건이 아니었으면 폴크가 연예계에서 거두었을 성공에 대해 진술했다. 여배우 킴 헌터는 눈물을 흘리면서 어떤 식으로 AWARE가 자기의 경력을 망쳐 놓았는지 증언했고 배역을 다시 얻으려고 대중 앞에서 용서를 빌 수밖에 없었던 일을 털어놓았다.

증인을 신문하는 과정에서 나이저는 하트넷과 존슨이 감히 그들에게 대항한 연예계 종사자들의 인생을 어떻게 파멸해 갔는지 놀랍도록 생생하게 묘사했다. 이제 피고 측 변호사가 증인신문을 통해서 하트넷과 존슨이 실제로 그들 주장처럼 억울하다는 주장을 입증할 차례가 되었다.

볼란 변호사는 폴크의 인기가 별것 아니었음을 입증할 증인을 불러내는 것으로 증인신문을 시작했다. 볼란은 폴크를 라디오 스타가 아닌 단순한 디스크자키로 보도한 기사를 인용했는데 이것은 재판 중에 그가 저지른 여러 가지 실수 중 하나였다. 볼란은 그 기사를 끝까지 읽어 보지 않았음이 분명했다. 기사 말미에는 AWARE의 블랙리스트 작성에 관한 설명도 있었기 때문이다. 그 기사가 증거로 제출되자 나이저는 법원의 허가를 얻어 배심원들이 AWARE에게 불리한 부분을 낭독하도록 했고 볼란은 낙담한 표정으로 듣고 있을 수밖에 없었다.

AWARE의 간행물에 실린 기사는 공정하고 믿을 수 있다고 한 증인에게 나이저가 반대신문을 했을 때 피고 측은 또다시 큰 타격을 입었다. 나이저는 피고 측 증인으로부터 그 기사의 출처가 의심스럽다는 것뿐만 아니라 폴크를 공산주의 동조자로 몰아가려고 하트넷이 의도적으로 폴크의 열렬한 애국심에 관한 부분을 삭제했다는 증언을 이끌어낸 것이다.

마침내 빈센트 하트넷이 증언대에 섰다. 그는 목에 힘을 주고 증인석에 올라가 팔짱을 끼고 앉았다. 그의 태도는 오만했으며 얇은 입술을 굳게 다물고 있었다. 볼란 변호사가 질문을 던지자 하트넷은 지루하다는 듯한 표정을 지으며 의자 등받이에 기대어 빠르고 짧막하게 답변했다. 가끔씩 하트넷은 주머니에서 분홍색 메모지를 꺼내 무엇인가를 적었다. 볼란은 하트넷이 자신의 질문을 메모한다고 생각하고 있었다.

볼란이 하트넷의 신문을 마치고 나자 나이저는 반대신문을 시작했다. 잘 준비된 일련의 질문으로 나이저는 먼저 하트넷이 반미활동조사위원회에서 어떤 단체가 공산주의에 동조하는지에 대한 판단은 신뢰성이 없다는 증언을 하도록 유도했다. 그리고 나서 AWARE가 폴크 관련 기사를 작성할 때도 반미활동조사위원회의 판단에 의존했다는 사실을 인정하지 않을 수 없도록 몰아붙였다. 하트넷은 후원하는 단체에 따라 공산주의에 동조하는지 여부가 결정된다면 아이젠하워 대통령이나 자기 자신도 공산주의자라는 혐의를 받을 수 있다는 사실을 인정할 수밖에 없었다.

나이저는 교묘한 질문으로 하트넷이 연방수사국에 AWARE에 반대하는 사람들의 명단을 '전달'했고, 반미활동조사위원회가 그 사람들을 소환하여 압력을 가중했다는 증언을 이끌어냈다.

나이저는 또한 하트넷이 가명으로 '빈센트 하트넷이라는 사람'의 업적과 행동을 칭송하는 기사를 썼다는 사실을 밝혀냈다.

계속해서 분홍색 메모지를 꺼내 무엇인가를 적는 하트넷의 행동에 질린 나이저는 지금 무엇을 하고 있는지 물었다. 하트넷은 법정에 와서 재판을 방청하는 사람들의 명단을 작성하고 있다고 대답했다. 배심원들을 포함한 모든 사람의 눈에는 하트넷의 계획이 분명해 보였다. 하트넷이 폴크의 재판을 참관한 사람들을 폴크의 지지자이자 공산주의 동조자로 몰아붙이려는 속셈이었다.

볼란 변호사가 하트넷의 신뢰성을 회복하고자 그에게 분홍색 메모지에 어떤 사람들의 이름을 적었냐고 질문했을 때 최후의 순간이 찾아왔다. 하트넷은 몇몇 사람들을 호명한 다음에 한 남자의 이름을 대면서 그가 폴크의 부인인 린의 옆자리에 앉았다고 주장했다. 나이저는 자리에서 일어나 하트넷에게 린 폴크를 가리켜 보라고 말했다. 하트넷이 한 여자를 가리키자 나이저는 극적인 표정을 지으면서 그녀에게 이름을 말해 보라고 했다. "제 이름은 헬렌 소퍼입니다. S-O-F-F-E-R이라고 쓰지요."

법정 안에서는 소동이 벌어졌다. 기자들은 이 이야기를 신문사에 전하려고 전화기 쪽으로 뛰어갔다. 방청객은 수군거렸고 배심원들은 믿을 수 없다는 표정으로 서로 얼굴을 쳐다봤다. 하트넷은 실제로 한 번도 린 폴크를 만난 적이 없지만 어떤 기자가 그에게 그 여자가 린 폴크라고 말해 주었다고 주장했다.

나이저는 그 기자를 증인으로 신청하였다. 기자는 재판이 시작되고 나서 하트넷에게 말을 걸어 본 일도 없고 더구나 린 폴크가 누구인지 알려 준 사실은 전혀 없다고 증언했다.

나이저는 비꼬는 어조로 하트넷에게 이렇게 물었다.

"지난 10년간 당신 판단의 정확성이 이런 것이었단 말입니까?"

재판 기간 로렌스 존슨의 건강 문제가 논쟁거리가 되었다. 반복되는 출석 요구에도 존슨은 출석하지 않고 있었다. 식도에 문제가 생겨서 똑바로 앉을 수가 없다는 것이다. 존슨이 전국 여행을 다녔고 그 전해에는 동부 해안에서 운전을 하고 다녔다는 증거를 입수한 나이저는 그러한 변명에 전혀 넘어가지 않았다. 사업을 하고 여행을 다닐 만한 사람이라면 당연히 몇 시간 정도의 증언을 견뎌 낼 것이다. 나이저는 심지어 일단 존슨이 출석하기만 하면 원하는 때마다 휴식할 수 있도록 해 주겠다는 제안을 하기도 했으나 존슨은 이를 거부했다.

이 문제는 매우 중요했다. 피고가 정당한 이유 없이 출석하지 않으면 명백한 증거가 존재하지 않는 한 배심원들이 그에게 책임이 있다는 추정이 허용되기 때문이다. 이 사건에서 그러한 추정이 이루어지면 존슨은 거의 손해배상 책임을 질 것으로 보였다. 볼란과 나이저는 모두 존슨의 건강 상태를 증언할 전문가를 불렀다. 당연히 볼란 측 전문가는 존슨이 증언을 강요당하면 심각한 상해를 입을 수 있다고 증언했고, 나이저가 부른 전문가는 존슨과 같은 증세를 지닌 많은 사람이 정상적인 생활을 하고 있고 단지 식도가 악화되지 않도록 식이요법을 할 뿐이라고 증언했다. 어느 전문가의 증언을 믿을지는 배심원들에게 달려 있었다.

증언이 모두 끝나자 양측 변호사는 최종 변론을 했고, 원고 측 변호사인 나이저가 나중에 변론을 하였다.

폴크는 볼란의 최종 변론이 얼마나 가혹할지 예상하지 못하고 있었다. 볼란은 변론하는 동안 필요한 증거물을 테이블 위에 올려놓고 나서 변론을 시작하였다. 변론의 첫 부분은 폴크의 예상을 크게 벗어나지 않았지만 곧 볼란은 폴크에게 맹공격을 시작했고 폴크의 가슴은 철렁 내려앉았다.

이 사건에서 폴크 씨는 중요 쟁점에 대해 수없이 많은 거짓말을 했습니다. 너무나 많은 거짓말을 해서 일일이 손꼽기가 힘들 징도지만 일단 9개 내지 10개 정도를 살펴보고 변론에서 나머지도 살펴보도록 하겠습니다.

…… 폴크 씨의 거짓말은 너무나 의도적이고 언어도단입니다. 여러분도 그가 말하는 모든 것이 의심스럽겠지만, 그 중에서도 특히 문제되는 부분만 말씀드리겠습니다.

폴크 씨는 자신의 증언이 반박당하지 않을 것으로 생각하고 증언하는 시간의 대부분을 증거물 제41호(AWARE의 간행물)가 출간되어 소위 명예훼손을 당하기 전까지 자신이 인기인이었다는 점을 증명하고 노력하는 데 사용했습니다. 그러나 사실은 증거물 제41호가 출간되기 전에는 폴크 씨의 프로그램은 광고주들의 관심을 끌지 못했던 것입니다.

저는 이 소송으로 폴크 씨가 그 어느 때보다 더 많은 사람의 관심을 끌게 될 것이라고 생각합니다. 이 소송 전에는 폴크 씨의 이름이 뉴욕의 신문에 실린 일이 한 번도 없었습니다.

…… 폴크 씨의 거짓말은 모든 영역에 걸쳐 있습니다. 그가 증언한 사실 전부는 거짓말이거나 과장입니다.

이것은 원고 측이 이 사건에서 저지른 또 하나의 속임수입니다. 원고는 거의 전 경력을 통틀어 라디오 디스크자키에 지나지 않았습니다. …… 그가 능력이 없다는 것은 방송계에 널리 알려진 사실입니다. …… 사실 폴크 씨는 스타가 아니었으며 뉴욕 시의 라디오 디제이 중에서도 세번째나 네번째에 해당하는 그런 인물입니다.

볼란의 변론이 계속되는 동안 폴크의 심장은 얼어붙었다. 폴크는 '이런 심한 모욕을 당하는 기분이 어떤지는 심지어 그의 가장 친한 친구마저도 알 수 없을 것이라는 사실'을 깨달았다.

나이저도 폴크의 고통에 무감각할 수 없었다. 6년 동안 폴크의 소송을 맡아 오면서 나이저는 폴크에 대해 많은 것을 알게 되었다. 나이저는 폴크가 결코 우쭐대거나 잘난 체하지 않고 어떤 일이 벌어지든지 굴하지 않는 당당한 자존심이 있음을 잘 알고 있었다.

볼란의 변론이 끝나기를 기다리는 동안 의지를 움켜쥔 나이저의 손은 분노로 떨고 있었다. 볼란의 말이 신랄해질수록 강력한 변론을 하겠다는 나이저의 의지는 굳건해졌다. 나이저는 "적들에게 칼을 되돌리고 예전의 상처 위에 새로운 상처를 더해 복수하겠다"고 결심했다.

나이저와 동료 변호사들은 밤샘을 했고 다음날 아침 방청객으로 가득 찬 법정에 들어섰다. 변호사들이 자리로 가서 서류를 정리하고 재판의 마지막을 준비하는 동안 청중들의 웅성거리는 소리는 귀를 막아야 할 정도였다. 나이저가 변론을 하고 배심원이 평결을 내리면 모든 일정이 끝날 것이다.

겔러 판사가 입정했고 법정에는 침묵만이 흘렀다. 청중들은 위대한 변론을 기다리고 있었고 천천히 자리에서 일어난 나이저는 그들을 실망시키지 않았다.

나이저 변호사의 최종 변론

존경하는 재판장님, 현명하신 배심원 여러분.

무엇보다도 먼저 제 의뢰인인 존 헨리 폴크 씨와 제 동료들을 대신하여 이 사건에 보여 주신 여러분의 인내와 헌신에 진심으로 감사의 말씀을 드립니다.

이 사건에 배심원으로 참여하신 것은 보통 사건의 배심원과는 전혀 다른 일입니다. 우리 모두는 그러한 사실을 잘 알고 있습니다. 여러분은 일상 업무의 시간을 빼앗기는 것도 마다하지 않고 오랫동안 이 자리에 계셨습니다. 우리는 그런 사실을 깊이 인식하고 있습니다. 여러분은 제 시간에 귀가하지도 못했고 일상생활을 희생당했습니다. 이 사건이 어떻게 결정되든지 여러분의 노고에 깊이 감사드립니다.

이 사건에서 배심원 여러분이 얻는 보람은 역사적으로 의미 있는 재판에 참여한다는 사실이라고 생각합니다. 이 사건은 존 헨리 폴크와 피고들 간의 소송입니다. 그러나 어떤 소송은 특별한 원칙과 관련성이 있습니다.

재판의 역사에서 단지 몇몇 사건만이 진정으로 중대한 의미를 갖는데 때때로 그러한 사건은 한 세대에 한 건밖에 없습니다. 이 사건의 재판이 진행되는 동안에 제 과욕 때문에 여러분의 시간을 필요 이상으로 낭비했거나 명백한 문제에 불필요한 질문을 했거나 상대 변호사와 다툰 일이 있다면 진심으로 사과드립니다.

저희 역시 엄청난 부담이 있었다는 점을 기억해 주시기 바랍니다. 6년 동안 우리는 이날을 기다려 왔습니다. 여러분께서는 증거물과 서류, 법정에서 쉽게 증명하기 어려운 의미에 대해 설명 들으셨습니다. 저희도 최선을 다해 소송을 수행하려고 노력했고 어젯밤에는 아무도 잠을 자지 못했습니다.

저는 이 사건을 담당하면서 커다란 책임감을 느꼈습니다. 이제 여러분께서는 재판의 역사에서 국가적으로 아니 국제적으로도 중요한 사건의 결정을 내리게 될 것입니다.

저희에게 어제는 매우 괴로운 날이었습니다. 이 법정에서 벌어진 모든 일을 감안할 때 저희는 피고들이 지금까지와는 다른 태도를 보여 줄 것으로 생각했기 때문입니다. 저도 피고들이 자신을 방어하리라고는 예상했지만 이 법정에 악의와 적의를 쏟아 놓으리라고는 생각하지 못했고 어제 재판이 끝나고 나서는 온몸이 진흙 구렁텅이에 빠진 기분이었습니다. 가슴 속에 너그러운 마음을 가지지 못한 사람은 깊은 병에 빠진 환자와 같습니다. 어제 피고 측은 이 사건의 시작 때부터 가지고 있던 악의를 남김없이 보여 주었다고 생각합니다.

피고들은 이 법정에서 그들로부터 명예를 훼손당하고 파멸의 길을 강요당한 원고와 그의 가족 앞에 서 있습니다. 이러한 상황에서는 피고들이 보통 사람과 마찬가지로 일말의 후회하는 태도라도 보여야 정상이라고 생각하지 않으십니까?

"제가 잘못했습니다. 미안합니다. 하지만 일부러 그런 것은 아니었습니다. 너무 크게 탓하지는 마십시오."

이런 태도야말로 피고들이 취했어야 할 태도입니다. 그러나 피고들은 그렇게 하지 않았습니다. 그러한 상황에서도 피고들은 제 의뢰인이 권리를 되찾으려고 소송을 제기했다는 이유만으로 그를 거짓말쟁이라고 부르고 모욕했습니다. 그러한 일을 당하면 어떤 사람도 자제력을 지키기 어렵다고 생각합니다. 저는 폴크 씨가 그러한 공격을 당하면서도 침묵을 지킨 것에 감탄했습니다.

신사 숙녀 여러분, 먼저 저는 이 사건을 보다 넓은 관점에서, 보다 큰 틀 속에서 보아 주실 것을 부탁드립니다. 무엇보다도 이 사건에 공산주의의 문제는 없습니다. 존 헨리 폴크는 아주 어릴 때부터 반공주의자였고 아무도 이것이 사실이 아니라고 입증히지 못하였습니다. 이 재판에서 최악의 순간 중에 하나는, 저로서는 이 점을 절대로 용서할 수 없습니다만, 피고들이 몇 시간에 걸쳐 제 의뢰인을 신문할 때였습니다.

"당신은 텍사스 주 오스틴에 있는 아이나 메이 불이라는 장소를 압니까?" "그곳에서 공산주의자들의 모임이 열린다는 사실을 알고 있었습니까? 그곳에 참석했습니까?"

그 대답은 "아니오", "아니오", "아니오"였습니다. 아이나 메이 불이라는 곳을 질문해야 할 정당한 이유가 있었습니까? 아니면 단지 허튼소리에 불과한 것이었습니까? 비록 재판장님께서 배심원 여러분께 이러한 질문들에 어떠한 추론도 해서는 안 된다고 주의를 주기는 했지만 애초에 근거도 없이 증인에게 텍사스 주 오스틴에서 열린 공산당집회에 참석했냐고 묻는 이유가 무엇입니까? 이것은 마치 여성을 증인대에 세운 다음에 아무 근거 없이, "당신은 텍사스 주 오스틴에서 부정한 짓을 저지르지 않았습니까?"라고 묻고 나서 그냥 잊어버리라고 하는 것과 다를 바 없습니다. 증거도 없이 그러한 질문을 해서는 안 됩니다. 아무에게나 "볼티모어에서 은행 강도질을 한 일이 없습니까?"라고 묻고는 그냥 잊어버리라고 할 수는 없습니다. 그런 종류의 비난을 하려면 어떤 증거가 있어야 합니다. 피고 측에는 조사할 수 있는 사람도 많았습니다. 그러나 그들은 단 한 가지 사실도 증명하지 못했습니다.

따라서 공산주의는 문제가 되지 않습니다. 우리는 공산주의를 혐오합니다. 우리 측 증인 전원이 마찬가지입니다. 증인으로 나온 서스킨드는 "10피트짜리 장대 끝으로도 공산주의와 접촉하지 않겠습니다"라고 말했습니다.

현명하신 배심원 여러분, 공산주의는 우리나라뿐만 아니라 자유 세계 전체와 관용 정신에 해를 끼치는 적입니다. 요람에서 무덤까지 이르는 가장 빠른 길은 공산주의입니다. 공산주의가 인간성을 믿지 않는데 어떻게 공산주의를 신봉하는 사람이 있는지 저는 알지 못합니다.

이 사건에 공산주의의 문제는 없습니다. 문제는 공산주의로부터 우리를 보호하는 임무를 국가에 맡기고 적법 절차를 지킬 것인지 아니면 양복 소매에 도청장치를 숨긴 자경단원의 손에 그러한 임무를 맡길 것인지 결정하는 것입니다. 여러분은 돈을 받고 일을 하는 자경단원에게 그러한 임무를 맡기시겠습니까?

어떤 사람이 진정한 애국자라면 우연히 범죄 증거를 발견했을 때 수사기관에 신고해야 할 것입니다. 이것은 공산주의의 문제가 아닙니다. 이것은 사설 자경단의 문제입니다. 볼란 변호사가 이 사건의 진정한 쟁점에 조금이라도 가까이 다가간 때는 어제 변론에서 수정헌법 5조를 말했을 때뿐입니다.

볼란 변호사는 "여러분이 어떤 사람을 채용하려고 할 때 그가 수정헌법 5조에 따르는 권리(묵비권을 말한다—옮긴이)를 주장한다면 우리는 그러한 사실을 고려할 권리가 있지 않습니까?"라고 말했습니다.

왜 수정헌법 5조가 필요합니까? 개인이 어떤 사람을 고용하지 않는 데는 특별한 이유가 필요 없습니다. 넥타이 색깔이 마음에 들지 않아도 채용을 하지 않을 수 있습니다. 말투가 마음에 들지 않거나 옷이 마음에 들지 않아도 채용을 하지 않을 수 있습니다. 이것은 개인의 자유 문제입니다. 하지만 이것은 블래리스트를 민드는 것과는 다릅니다. 이것은 모든 고용주에게 명단을 회람하고 그 명단에 기재된 사람들을 채용하지 않기로 합의하는 것입니다. 그러한 행동이 블랙리스트의 문제입니다.

또 다른 문제는 수정헌법 5조에 따르는 권리를 주장하는 사람을 거부하는 것이 정당한지 여부입니다. 하트넷 씨에게 모든 대리인과 광고주들에게 명단을 보내고 "이 명단에 있는 사람을 채용하면 재향군인회의 압력을 받을 것입니다"라는 말 한마디로 그 사람의 생계수단을 빼앗고 누구로부터 공격을 받는지도 모르는 사람의 등 뒤에서 총을 쏠 권리가 있느냐는 것입니다.

원고는 자신을 공격한 사람이 정확히 누구인지 알 수 없었습니다. 6년을 기다려서 이 법정에 왔고 수많은 증인을 신문하고 끊임없이 이어지는 이의 제기를 거쳐 이 자리에 왔지만 이제는 법원에 소송을 제기했다는 이유로 비난을 받고 있습니다. 우리는 거짓말쟁이라는 말을 들었습니다. 우리가 여기에 올 권리가 없는 것입니까?

현명하신 배심원 여러분, 이 사건의 진정한 쟁점은 어떤 사람들이 법을 자신의 손아귀에 움켜쥐려고 한다는 것입니다. 그들이 그렇게 하는 이유는 광신도와 같은 믿음 때문입니다. 그러나 이 사건의 동기는 광신적인 믿음이 아닙니다. 이 사건의 동기는 악의입니다. 광신도라고 하더라도 폴크 씨가 공산주의자라고 생각하지는 않을 것이기 때문입니다. 피고들은 제가 앞으로 설명드릴 다른 이유로 폴크 씨를 공격했고 그것이 이 사건을 악의적으로 만든 것입니다. 그러나 피고들이 다른 사람을 공격할 때는 광신적인 믿음에 근거했습니다. 여러분이 만일 그러한 사람들 손에 법의 권한을 쥐어 준다면 KKK단마저도 훌륭한 단체로 보일 것입니다.

피고들은 국가가 제 역할을 하지 못한다고 생각합니다. 배심원 여러분께서는 하트넷 씨가 자신의 철학에 대해 증언하는 것을 들으셨습니다. 하트넷 씨는 국가를 믿는 것은 비현실적이라고 말했습니다. 저는 제 귀를 의심했습니다. 그는 실제로 증언대에 서서 그런 말을 했습니다.

이제 여러분은 우리가 없애야 하는 악이 무엇인지 짐작할 수 있을 것입니다. 법을 마음대로 휘두르는 사적인 자경단원들입니다. 그렇다면 그 결과는 무엇이겠습니까? 신사숙녀 여러분, 여기에는 증명된 사실이 있습니다. 이들은 공산주의자와 싸운다는 명분 아래 공산주의자들이 한 것과 똑같은 짓을 저질렀습니다. 여러분과 여러분의 이웃은 여러분을 좋아하지 않는 사람들로부터 안전하지 못합니다. 그런 사람들은 존슨 씨나 하트넷 씨에게 여러분을 밀고할 것이고 존슨 씨와 하트넷 씨는 자신들의 조직을 이용해 여러분의 사업을 망치거나 또는 아무도 모르게 여러분의 고용주에게 편지를 보내서 여러분을 경제적으로 궁지에 몰아넣을 수 있기 때문입니다. 이것이 바로 폴크 씨에게 일어난 일입니다. 1958년과 1959년 그리고 1960년에 그는 1센트도 벌지 못했습니다. 볼란 변호사는 이 모든 것을 잊어버린 것 같습니다. 광신적인 믿음을 가진 사람들이 법적인 절차 없이 여러분의 등 뒤에서 누명을 벗을 기회도 주지 않은 채 여러분을 극단적인 곤경에 빠뜨릴 수 있는 수단을 갖는다면 그것이 바로 공산주의자와 싸운다는 미명 아래 우리 사회를 공산주의 사회로 만드는 것이 아니고 무엇이겠습니까?

피고들은 수십 명의 사람을 파멸시켰습니다. 수백 명일지도 모릅니다. 우리는 이들의 명단을 작성했고 볼란 변호사는 우리가 폴크 씨 이외의 사람들 얘기를 꺼냈다고 비난했습니다. 우리는 라디오와 텔레비전 방송계를 장악하려는 음모가 있다고 고발합니다. 이러한 일이 모든 종류의 방송인들에게 일어난다는 사실을 여기에서 밝히는 것이 우리의 의무라고 생각합니다.

여러분이 법정에서 하트넷 씨를 직접 보고 그가 신문받는 것을 보지 않았다면 여러분은 그가 힘 있는 거물이라고 생각했을지도 모릅니다. 독재자들, 그들은 우리가 그들을 직시하면 움츠러듭니다.

이것이 방송계에서 진행되어 온 음모였고 수많은 훌륭한 연예인과 직업인들이 이 음모로 스러져 갔습니다.

존 헨리 폴크 씨는 찾아보기 힘든 용기를 가졌습니다. 제가 여기서 최선을 다해서 변론을 하고 제 마음과 감정을 쏟아 놓는 것은 폴크 씨가 정말 훌륭한 미국 시민이기 때문입니다. 위기가 닥치면 보통 사람은 피난처를 찾습니다. 왜 싸워야 합니까? 왜 가족을 어렵게 해야 합니까? 미국의 정신이 무너지고 있는 것은 알고 있습니다. 하지만 왜 제가 순교자가 되어야 합니까? 그러나 여기 이 사람은 처음부터 이렇게 말했습니다. "내가 택시를 몰게 되더라도, 이 일을 끝장내겠다."

폴크 씨는 용기를 냈고 그가 겪은 고통은 이 법정에서 형언하기 어려울 정도였습니다. 아버지가 애국심이 없는 사람으로 불리고, 직장에서 쫓겨나고, 이웃 사람들은 더는 가족들을 초대하지 않고, 친구들은 냉정해지고 이런 일은 일곱 살, 다섯 살, 네 살짜리 아이들에게는 상상조차 할 수 없는 고통입니다.

따라서 이 사건의 진정한 쟁점은 저희가 주장하고 입증한 것처럼 존슨 씨가 라디오와 텔레비전 방송계를 통제하는 것이 가능한지 여부입니다.

배심원 여러분, 이것은 공산주의보다도 더 위험합니다. 몇몇 사람들에게 자신의 이익을 위해서 문화와 예술계를 좌지우지할 수 있도록 허용하는 것은 정말 위험한 일입니다. 이것이 진정한 쟁점이고 이 사건에서 논의되어야 할 기본 틀입니다.

원고는 자유주의 사상을 가진 민주당원이고 한 번도 공산당에 흥미를 가진 적이 없었습니다. 여기서 화제를 잠시 돌리겠습니다. 수정헌법 5조의 모든 주장, 즉 폴크 씨는 한 번도 수정헌법 5조에 따른 권리를 주장해 본 일이 없고(묵비권을 행사한 적이 없다는 뜻—옮긴이) 그럴 기회도 없었습니다. 또 반미활동조사위원회에서 증언한 사실이 없고 소환되지도 않았습니다. 1950년에 하트넷 씨가 쓴 『붉은 채널』에도 등장하지 않습니다. 1950년은 이 모든 일이 일어난 뒤였습니다. 만일 원고가 수정헌법 5조에 따른 권리를 주장한 일이 있다면 왜 하트넷 씨가 그 일을 『붉은 채널』에 쓰지 않았겠습니까?

하트넷 씨는 원고가 결백하다는 것을 알고 있었습니다. 그가 원고를 무고한 것은 원고가 중도파에 속한 동료들과 함께 하트넷 씨에게 위협적인 존재가 되었기 때문입니다. 그 때문에 AWARE의 지도자들과 하트넷 씨와 존슨 씨가 만난 것입니다. 그들은 만나서 원고가 그들의 불법적인 수입원을 없애기 전에 원고를 파멸시키기로 결정하였습니다. 그것이 이 사건에 악의가 개입된 이유입니다.

이 사건은 잘못된 광신적인 믿음에서 발생한 사건이 아닙니다. 광신도와 관련해 어떤 사람은 원래의 목적을 잊은 채 두 배의 노력을 하는 사람들이라고 정의하였습니다. 피고들은 목적을 잊은 것이 아닙니다. 그들의 행동은 정교한 계산에서 나온 것입니다. 그늘이 폴크를 파멸시키려고 한 까닭은 그래야 블랙리스트를 만드는 일을 계속할 수 있고 이에 따른 수익을 얻을 수 있기 때문입니다. 하트넷은 반미활동조사위원회에서 킴 헌터에 대해서 증언한 일이 있습니다. 그곳에서 하트넷은 창피한 질문을 받았습니다.

"그러니까 당신은 킴 헌터로부터 200달러를 받은 것이군요?"

이 질문에 그의 답변을 그대로 인용하겠습니다. 말이 거칠더라도 용서해 주시기 바랍니다.

"헌터의 매니저는 큰 걸로 오십 장씩 챙기고 있는데 돈을 받지 않으면 바보 아닙니까?"

"큰 걸로 오십 장씩 챙긴다." 이것이 그의 말입니다.

이게 무슨 말입니까? 이런 말이 애국적인 활동을 한다는 인물의 입에서 나올 말입니까? 아니면 악취 풍기는 탐욕적인 말입니까?

"헌터의 매니저는 큰 걸로 오십 장씩 챙기고 있습니다. 나라고 그

판에 뛰어들어서 200달러쯤 뜯어내지 말라는 법이 있습니까?" 이런 말입니까?

　블랙리스트에 오른 연예인들 모두가 인간으로서 존엄성을 상실하지만 않았다면 이 일을 재미있다고 생각했을지도 모르겠습니다. 모든 희생자가 자존심을 버려야 했습니다. 하트넷과 존슨에게 굴복하든지 아니면 직장을 떠나야 했습니다. 폴크 씨와 같이 수입을 완전히 포기하고 소송을 제기하겠다고 결심한 사람은 거의 없었습니다. 저는 과장을 하는 것이 아닙니다. 어제 법정에서 읽은 기록을 보면 폴크 씨는 텍사스 주 오스틴에서 소위 광고업에 종사하는 것으로 되어 있습니다. 듣기에는 좋은 직업입니다. 이 법정에 있는 폴크 씨와 그 아내는 토요일과 일요일까지 밤낮으로 일합니다. 작년에 그들의 총수입은 4,700달러였고 3명의 아이들과 함께 머리끝까지 빚을 지고 있습니다.

　얼마나 많은 연예인이 이 사람들에게 대항하고자 이런 위험을 무릅쓰려고 하겠습니까? 이제 이 사건은 여러분 손에 놓였습니다. 그것이 바로 제가 이 사건을 역사적인 사건이라고 말한 이유입니다. 이 사건은 여러분의 결정에 따라 세상 사람들의 행동을 촉구할 것입니다. 수백만 달러의 징벌적 손해배상과 100만 달러가 넘는 보전적 손해배상을 명하십시오. (보전전 손해배상은 피해자가 실제로 입은 손해에 해당하는 금액을 배상하는 것을 말하며 우리나라의 손해배상제도는 이에 해당한다. 징벌적 손해배상은 가해자에게 악의가 있을 때 실제의 손해액과 상관없는 큰 액수의 배상을 명하여 같은 잘못을 반복하지 못하도록 하고 잠재적인 불법행위자들에게 경고의 메시지를 전하는 제도를 말한다. 보전적 손해배상만으로는 비용과 이익을 계산하는 대기업 등이 불법행위를 저지르는 것을 막기 어렵다는 데 근거한 제도이다—옮긴이) 실제로 배상액을 받을 수 있는지는 중요하지 않습니다. 이런 종류의 악행은 근절되어야 한다는 것을 널리 알리십시오.

여러분의 평결로 미국의 정신에 반하는 이런 행동에 명확한 답변을 주십시오. 우리는 자유국가에 살고 있지 않습니까? 우리가 협박에 굴복해야만 합니까? 여러분은 여러분이 직장을 얻기 전에, 또는 멋진 보도를 하기 전에 존슨 씨나 하트넷 씨가 여러분을 훌륭한 시민이 아니라고 밀고하면 생계수단을 잃는 그런 나라에 살고 싶습니까?

이제 이 사건에서 있었던 음모를 날짜별로 정리해 보겠습니다. 지금부터 폴크 씨를 겨냥한 음모가 어떻게 단계별로 준비되었는지 보여 드리겠습니다. 원래 어떤 사람을 헤치려는 음모가 이루어질 때 직접적인 증거 확보는 대단히 어렵고 드문 일입니다. 범죄자들이 지하실에 모여서 촛불을 켜놓고 공모를 하는 전형적인 모습을 생각해 보십시오. 그 장면을 촬영한 사진이 있을 리 있겠습니까?

하트넷과 존슨은 중도파 후보들이 지명된 초기에 위기를 감지했습니다. 마치 부패한 도시에 개혁적인 행정부가 등장하는 것과 마찬가지였습니다. 악의 무리들은 바빠졌습니다.

"무엇인가 해야겠어. 새로운 집행부가 들어오면 우리는 끝장날지도 몰라."

그리고 하트넷과 존슨의 블랙리스트 사업도 위기에 처할 것으로 보였습니다. 중도파는 "우리는 블랙리스트에도 반대하고 공산주의에도 반대합니다"라고 주장하였습니다. 그러한 주장이야말로 왜 이들이 '중도파'라는 이름이었는지 보여줍니다.

이제 무슨 일이 일어났는지 보겠습니다. 새로운 집행부는 AWARE

를 비판했습니다. 미국 텔레비전라디오예술가연맹에서 AWARE의 간섭을 비판하는 결의안이 통과된 것을 기억하시기 바랍니다. 책임 있는 신문들은 이 기사를 쓰기 시작했습니다. 증거물 제49호의 칼럼 내용은 이렇습니다.

…… 공포에 억눌려 있던 방송 노조인 미국 텔레비전라디오예술가연맹이 마침내 비열한 블랙리스트 관행에 맞서 용기 있게 일어섰다.

여러분, 여기서 칼럼 끝부분의 내용을 읽어 드리겠습니다.
"그동안 광고주들은 이 깡패집단 같은 자경단에게 굴복해서 그들이 허락한 배우만 고용해 왔다."
여러분, 여기서 자경단이 했다는 짓은 남들에게 불리한 기사를 쓰고 돈을 뜯어내는 사이비 언론인의 작태를 떠오르게 하지 않습니까? 예를 들어 어떤 회사의 사장이 금발의 아가씨들과 놀아났다는 기사를 작성한 기자를 상정해 봅시다. 이런 기사를 써 놓은 다음에 기자가 그 사장을 찾아갑니다.
"저는 이 기사를 실어야겠습니다."
사장이 묻습니다.
"기사를 싣지 않으면 안 되겠소? 기사 내용은 사실이 아니오."
기자가 답변합니다.
"우리는 언론의 자유가 있습니다."
사장이 다시 묻습니다.
"내가 어떻게 하면 좋겠소?"
기자가 답변합니다.

"사장님의 회사를 보호하고 싶으십니까? 사람들로부터 비난을 받지 않으려면 사장님을 보호해 주는 대가로 저에게 1년에 5,000달러씩 주십시오. 그러면 기사를 싣지 않겠습니다."

이것은 범죄행위입니다. 협박죄로 처벌받는 행위입니다. 우리가 피고들을 공갈범이라고 한 것은 결코 지나친 말이 아닙니다. 다시 본론으로 돌아가겠습니다.

미국 텔레비전라디오예술가연맹의 새 집행부가 AWARE를 비난하자 연맹 전체에 공포 분위기가 조성되었습니다. 전에는 텔레비전라디오예술가연맹의 사무실을 찾곤 하던 배우들이 두려워서 오지 못했습니다. 많은 회원이 저에게 텔레비전라디오예술가연맹의 회의에서 발언하는 것이 무서웠다고 말했습니다. 잘못해서 주목을 받으면 일거리가 줄어들 수 있기 때문입니다. 몇몇은 심지어 회의에 나가는 것 자체가 두려웠다고까지 말했습니다.

당시 AWARE는 아역 배우의 출연까지 통제하고 있었습니다. 하트넷도 인정했듯이 다섯 살짜리 어린이까지 말입니다. 서스킨드가 재주 있는 여자 아역 배우를 찾고 있었다고 증언한 것을 기억하십니까? 한 여자 어린이는 배역을 얻지 못했는데 아버지가 공산주의 단체와 관련된 기록이 있다는 이유에서였습니다. 하트넷 씨가 증언대에서 잔인한 표정으로 심각하게 말한 내용이 생각나십니까?

"뭐, 여러분도 잘 아시다시피 공산주의자들은 아주 어릴 때부터 아이들을 가입시키지요."

하트넷은 폴크 씨와 아무 관계도 없는 《데일리 워커》(공산당 기관지)의 사설 두 개를 인쇄해서 해설을 덧붙인 다음 광고업계에 보냈습니다. 폴크 씨는 《데일리 워커》를 읽기는커녕 평생 한 번도 본적이 없었습니다. 이런 일을 한 이유가 무엇이겠습니까? 폴크 씨를 괴롭히려는 것입니다. 하트넷은 일련의 거짓말을 꾸며 내고 간행물 초고를 만들기 시작했습니다. 그 내용은 모두 거짓말로 밝혀졌습니다. 한 마디의 진실도 들어 있지 않았습니다. 법원은 간행물의 내용이 진실이라는 피고 측 주장을 기각했습니다. 일부가 진실이라는 주장도 기각했습니다. 그리고 제가 하트넷 씨에게 초고의 제출을 요청하자 그는 복사본을 제출했습니다. 잘 보십시오. 반쪽 분량이 잘려 나간 부분도 있습니다. 첫 장에는 2쪽이라고 적혀 있습니다. 심지어 첫 장마저 잘라 낸 것입니다.

저는 하트넷에게 원래 초고 분량을 물었습니다. 하트넷은 증거물 제41호(AWARE의 간행물—옮긴이)보다 50퍼센트가 더 많았다고 대답했습니다. 여러분 이 간행물의 쪽수를 보십시오. 초고는 이것보다 50퍼센트나 더 두꺼웠다는 것입니다.

저는 하트넷 씨에게 물었습니다.

"나머지는 어디에 있습니까? 이 복사본은 반쪽 분량이 잘려 있습니다. 이것이 당신이 가진 전부입니까?"

그가 그것을 잃어버렸다고 대답했습니까? 아닙니다. 어디에 두었는지 생각이 나지 않는다고 대답했습니까? 아닙니다. 하트넷 씨는 초고를 없애 버렸다고 대답했습니다. 언제 없애 버렸다고 했습니까? 이 소송이 시작된 다음입니다. 정말 믿을 수 없는 일입니다. 이 재판이 시작된 다음에 초고를 없애 버렸다는 것입니다. 하트넷 씨는 소송이 제기된 후에 파일을 찾아서 열 쪽인지 열다섯 쪽인지 스무 쪽인지 알 수 없는 양을 없애 버렸고 여기 있는 것이 남아 있는 전부입니다. 그가 반쪽 분량을 잘라 낸 것은 그곳에 무엇인가 있었다는 것을 방증

합니다. 왜 그가 일부분을 없애 버렸겠습니까? 보통 재판이 시작된 다음에 중요한 서류를 없애는 법은 없습니다. 하트넷 씨는 그 서류가 중요한 서류라는 것을 몰랐을까요?

저희는 피고 측의 악의를 입증하려고 했습니다. 이 원본이 있었다면 배심원 여러분께 피고들의 악의를 증명해 보였을 것입니다. 굳이 법률적인 주장을 할 필요도 없이 여러분 스스로 피고들이 뿌려 놓은 독을 확인할 수 있기 때문입니다. 하트넷 씨가 없앤 부분에 무엇이 적혀 있었는지는 하느님만 아실 겁니다.

자, 이제 피고들은 서류를 없애 버렸습니다. 하지만 이러한 행동 자체가 악의적인 행동이 아닙니까? 피고들이 증거물 제41호에서 감추려고 한 것이 무엇이겠습니까? 감추려고 하는 행동 자체가 악의를 입증하는 것 아닙니까?

저는 지금 음모의 진행 과정을 날짜별로 상세히 설명하고 있습니다. 그 이유는 단계마다 피고들의 악의가 보이기 때문입니다. 이 사건에서 하트넷 씨는 폴크 씨가 공산주의에 찬성한다고 착각한 것이 아닙니다. 그는 폴크 씨가 공산주의자가 아니라는 것을 잘 알고 있었습니다. 그러니까 폴크 씨가 노동조합에 개혁 운동을 일으켜 자신의 돈벌이를 망치는 것을 막으려고 했던 것입니다. 여러분 이것은 악의입니다. 개인을 향한 증오입니다.

폴크 씨의 회사는 어떻게 했습니까? 폴크 씨의 선서를 받으려고 했습니다. 폴크에게 자신이 착실한 미국인이라고 맹세할 것을 요구한 것입니다. 이것은 모욕적인 처사입니다. 배심원 여러분, 일주일에 두 번씩 여러분이 애국적인 미국인이고 공산당 스파이가 아니라는 서약서에 서명할 것을 강요당한다면 기분이 어떻겠습니까? 하지만 CBS는 폴크 씨에게 "직장을 잃지 않으려면 서명하시오"라고 요구했습니다.

볼란 변호사는 이 서약서가 완전한 부정을 의미하는 것은 아니라고 말했습니다. 이보다 완전한 부정이 또 어디 있겠습니까? 서약서에 있는 문장 한두 개를 읽어 드려야 할 것 같습니다. 저는 장황하게 설명을 늘어놓으려는 것이 아닙니다.

CBS의 서약서에 기재되어 있는 사람은 폴크 씨 본인입니다. 이 서약서의 목적을 상기해 보십시오. CBS는 이 서약서를 자사의 세일즈맨에게 주어 광고주에게 보냈습니다. 광고주들이 "폴크의 프로그램에 광고를 줄 수는 없습니다. 그가 공산주의자라는 말을 들었습니다"라고 말하면 세일즈맨들은 서약서를 제시합니다.

광고가 잘도 되었겠습니다. 여러분께서 만일 어떤 물건을 팔아야 하는데 상품이 되었건 혹은 프로그램의 광고가 되었건 상대방이 되물을 때를 대비해서 반역죄를 범한 범죄자가 아니라는 서약서를 가지고 다녀야 한다면 어떤 느낌이 드시겠습니까? 피고들은 폴크 씨를 그런 처지에 빠뜨린 것입니다.

볼란 변호사의 말대로 이 서약서가 완전한 부정을 의미하는 것이 아니라고 한들 그게 무슨 소용이 있겠습니까? 볼란 변호사가 "제가 보기에는 AWARE의 간행물에 실린 기사는 아무런 관련성이 없는 것입니다"라고 한 말의 의미는 어떤 사람이 공산주의자들이 잘 다니는 클럽65에 자주 다닌다고 한들 그 사람이 공산주의자라는 의미는 아니라는 것입니다. 월러스 후보를 지원하는 행사에 출연한다고 한들 그가 공산주의자라는 의미는 아니라는 것입니다. 그 간행물에 실린 내용이 모두 사실이라고 한들 폴크 씨가 공산주의자는 아니라는 것입니다. 그 말은 맞는 말입니다. 간행물에 실린 내용이 어떤 사람이 공산주의자라는 것을 입증하는 증거가 될 수 있습니까?

이 법정에서 있었던 증언 내용 중에 제 뇌리에 남아 있는 말이 있습니다. 한 전문가가 증언대에 서서 "폴크 씨가 애국심을 공격받은 후에 그는 걸어 다니는 시체나 마찬가지였습니다"라고 증언했습니다. 그 증언을 기억하십니까? "걸어 다니는 시체." 폴크 씨는 암에 걸린 사람이나 마찬가지였습니다. 1년이나 14개월, 그런 식으로 시한부 생명을 선고받은 사람이나 마찬가지였습니다.

이제 볼란 변호사는 이렇게 말합니다. "하지만 폴크 씨는 살아 있었던 것이 아닙니까?" 물론 폴크 씨는 살아 있었습니다. 그렇지만 그는 직업을 잃었습니다. 그 공격이 이루어진 바로 그날 나락으로 떨어진 것입니다.

이제 저는 증거물 제41호를 말씀드리려고 합니다. 제가 이 증거물을 살펴보려는 목적은 그 내용이 진실이 아니라는 점을 밝히려는 것이 아닙니다. 증거물 제41호가 허위라는 사실은 이미 분명해졌습니다. 제가 말씀드리려고 하는 것은 이 증거물이 악의로 조작되었다는 점입니다.

존경하는 재판장님께서 재판 기간 내내 배심원 여러분께 명예훼손의 법리를 설명해 주셨습니다. 제 변론이 끝나면—제가 법원 임무에 관여하려는 것은 아닙니다만—여러분은 다시 아무런 주의도 기울이지 않고 무분별하게 다른 사람에 대한 허위 사실을 유포하는 것은 악의를 입증하는 것이라는 설명을 듣게 될 겁니다. 다른 사람의 인격과 관련한 평판을 땅에 떨어뜨릴 수 있는 내용을 출판하려면 그 사실 여부를 미리 주의 깊게 검토할 의무가 있습니다. 그러한 의무를 인정하지 않는다면 우리 모두의 평판은 얼마나 위험한 지경에 처하겠습니까?

제가 이 간행물 내용에서 여러분에게 보여 드리려는 것은 단지 그것이 허위라는 점이 아닙니다. 제가 보여 드리고자 하는 것은 이 간행물은 고의적으로 허위 내용을 담고 있으며 아무런 주의를 기울이지 않고 무분별하게 출간되었다는 점입니다.

여러분에게 이 점의 중대성을 설명드리는 데는 아마도 한마디면 충분할 것입니다. 만약 제가 여러분 중 한 분이《프라우다 Pravda》(1912년에 창간된 러시아의 일간지. 1991년 소련이 붕괴되기 전에는 공산당 기관지의 역할을 했다. 1991년 폐간되었다가 1993년 복간되었다 — 옮긴이) 출신의 악명 높은 공산주의 작가와 이런저런 날에 이런저런 모임에 참석했다고 말한 다음 그 내용을 그냥 출판해 버리면 어떻겠습니까?

아마 어떤 사람들은 "이 사람은 정말 최악의 공산주의자로군"이라고 말할지 모릅니다. 실상 여러분이 참석한 모임은 백악관에서 열린 기자회견이었고 150명의 사람들이 참석한 모임이었더라도 말입니다. 공산주의자들도 있을 수 있고《프라우다》기자도 있을 수 있지만 성실한 미국인 여러분도 참석할 수 있는 모임이었는데도 말입니다.

하지만 저는 그 모임이 백악관에서 열린 케네디 대통령의 기자회견이라는 점을 생략하였습니다. 그저 그 사람이 악명 높은 공산주의 작가와 함께 모임에 참석했다고 했을 뿐입니다. 피고들이 한 일은 그런 일입니다. 이런 일을 실수라고 부를 수는 없습니다. 이것은 폴크 씨의 인격을 파괴하려고 악의적으로 계획한 일입니다. 파괴된 것은 그의 인격만이 아닙니다. 아버지의 평판이 무너지게 되자 어린 세 자녀도 똑같은 고통을 겪었습니다. 경제적 어려움만이 아니라 모든 면에서 고통을 받았습니다.

하트넷 씨는 근거 서류가 없을 때에는 출판해서는 안 된다고 생각한다고 증언하였습니다. 이것이 그가 20달러나 100달러씩 받는 대가로 보여 준 조심성입니다. 그러나 이 사건에서 그는 일곱 번의 모임 중 다섯 번에 걸쳐 관련 서류가 없었다고 인정했습니다. 그런데도 하트넷 씨는 그 내용을 출간한 것입니다.

왜 그는 근거도 없이 폴크 씨의 기사를 실었을까요? 그가 폴크 씨를 괴롭히려고 했기 때문입니다. 그리고 그 사람은 저희가 그의 죄를 묻고 그가 출판한 간행물의 근거를 따져 물을 것이라고는 결코 생각하지 못했기 때문입니다.

명예훼손의 책임을 묻는 것은 결코 쉬운 일이 아닙니다. 저희가 한 일은 6년 동안 조금씩 거미줄을 완성하는 것과 다를 바 없었습니다. 이것은 결코 쉬운 일이 아닙니다. 그리고 하트넷 씨는 다른 사건에서는 책임을 지지 않고 빠져 나가는 데 성공했습니다.

그 간행물 내용이 사실이 아닌 것은 분명히 밝혀졌기 때문에 저는 단지 하트넷 씨가 증언대에서 한 말을 인용하려고 합니다.

"누군가 나에게 잘못된 정보를 주었소."

속기록을 읽을 때도 하트넷은 이 부분을 고치지 않았습니다.

"누군가 나에게 잘못된 정보를 주었소."

이 사람들은 돈을 받고 애국심을 팔아먹는 사람들입니다. 그들이 하는 일은 사실 공산주의자들의 침투를 막는 일이 아닙니다. 이런 일은 전에도 있던 일입니다. 사람들을 선동하는 자들은 온갖 소란을 떨고 유명해집니다. 이 사람들은 공산주의자를 잡지 않습니다. 지금까지 잡힌 공산주의자들은 모두 국가가 잡은 것이고 그들은 기소되어 재판받았습니다.

매카시위원회나 그 밖의 위원회는 오늘까지 단 한 명의 공산주의자도 찾아내지 못했습니다. 하트넷 씨나 AWARE는 단 한 명의 공산주의자도 잡지 못했습니다. 그들은 공산주의자를 체포할 헌법상의 권한도 없습니다. 그리고 아무런 절차도 진행하지 않았습니다. 이것은 피고들도 인정한 사실입니다.

저는 이 점을 강조하고 싶습니다. 이 재판이 열리기 전에는 하트넷 씨는 폴크 씨를 본 적이 없습니다. 폴크 씨도 하트넷 씨를 만난 일이 없습니다. 이상하지 않습니까? 한 사람의 인생이 다른 사람 때문에 망가졌는데 두 사람은 만난 적도 없습니다. 하트넷은 폴크 씨를 개인적으로 괴롭힌 것이 아닙니다. 폴크 씨는 중도파의 일원이었기 때문에 하트넷에게 당한 것입니다. 하트넷은 폴크 씨가 누군지는 관심도 없었습니다.

여기서 여러분에게 경구를 하나 들려 드리고자 합니다. G. K. 체스터튼의 말로 기억합니다.

다리를 건설하거나 일반 과학 실험을 해야 하는 때처럼 별로 중요하지 않은 일을 할 때도 전문가가 필요하다. 만약 우리가 중요한 일을 해야 한다면, 옳고 그른 것을 판단하거나 정의를 실현할 때처럼 중요한 일을 해야 한다면, 우리는 수세기 동안의 경험에서 내려온 지혜와 상식으로 무장한 12명의 사람들(배심원을 말함—옮긴이)이 더욱더 필요하다.

체스터튼은 상당히 감정적인 말로 문장을 끝맺습니다.

결국 그것이 예수님이 하신 일이 아니던가. 예수님도 12명의 제자를 불러 모으셨다.

우리는 배심원 여러분의 상식에 호소합니다. 상식은 지혜의 가장 뛰어난 형태입니다. 현명하신 배심원 여러분, 저는 피고 측처럼 복잡한 설명을 늘어놓아서 여러분의 지성을 모욕하지 않겠습니다.

어려움에 빠져 있을 때 폴크 씨는 전부터 알던 프레드 미첼을 찾아갔습니다.

"일자리가 필요합니다. 도와주실 수 있겠습니까?"

미첼은 관련 부서에 상의한 후 이렇게 대답했다고 증언했습니다.

"솔직히 말하겠네. 자네는 논쟁거리가 되었고 죽은 것이나 다름없어. 절대로 일자리를 얻을 수 없을 걸세."

폴크 씨가 말했습니다.

"제 이름을 밝히지 않으면 괜찮지 않을까요? 저는 방송을 하고 당신은 '존 헨리 폴크'라는 이름을 말하지 않는 것입니다."

미첼은 웃음을 터뜨렸습니다.

"누구나 자네 목소리와 텍사스 악센트를 아는데 어떻게 그런단 말인가? 바보 같은 소리하지 말게."

여러분은 이 증언을 기억하실 것입니다. 폴크 씨는 완전히 버림받았던 것입니다. 사람들은 그를 문둥병자 보듯 대했습니다.

변론이 길어져 죄송합니다만 조금만 더 귀 기울여 주십시오. 30분 내로 마치도록 노력하겠습니다. 저희는 6년을 기다려 왔습니다. 제게 제 의뢰인을 위해서 할 말을 다할 수 있는 기회를 주십시오. 실제로 소송에서 가장 중요한 문제인 손해배상액을 말씀드리겠습니다.

저는 배심원 여러분께 이 재판에서 가장 중요한 단어는 '고용 부적격자'라고 말씀드렸습니다. 이에 우리는 라디오 및 텔레비전 방송계의 저명인사 8명을 전문가 증인으로 내세웠습니다. 피고 측은 한 명도 내세우지 않았습니다. 왜 피고 측이 전문가 증인을 부르지 않았을까요?

볼란 변호사가 최종 변론에서 퀴즈 프로와 쇼의 왕이라고 불렸던 마크 굿슨 씨는 고용 부적격자를 이렇게 증언했습니다.

"혐의가 해명되지 않은 사람은 고용 부적격자로 취급되었습니다. 죄가 있는지 없는지는 문제되지 않았습니다. 왜냐하면 사실관계가 중요한 것이 아니기 때문입니다. 어떤 사람에게 의심을 받고 있다면 그 원인이 무엇인지는 알 필요도 없었습니다. 광고주는 상품을 파는 사람입니다. 그런 사람들은 문제의 원인에는 관심이 없고 복잡한 문제에 얽히고 싶어 하지 않습니다. 매디슨가(뉴욕 시의 유명한 쇼핑가—옮긴이)의 구호는 '왜 스스로 골치가 아파야 되지?'입니다.

광고 대리인의 임무는 상품이 팔리도록 하는 것입니다. 이것이 잘못되면 광고회사는 큰 손해를 보고 광고주를 잃을 수도 있습니다. 만일 아무런 논쟁거리가 없는 A라는 사람과 어느 것에나 의혹이 있는 B라는 사람이 있다고 합시다. 사업적으로 판단하면 당연히 논쟁거리가 없는 사람을 쓸 수밖에 없습니다. 다시 한 번 말씀드립니다만 저희 업계에서 가장 즐겨하는 말은 '연예인은 많다. 왜 이 사람을 쓰려고 고민을 해야 하지? 왜 스스로 골치가 아파야 되지?'입니다."

디클러 씨의 증언입니다.

"논쟁거리가 있다는 말은 사람들이 광고회사나 방송국에 전화를 걸거나 편지를 보낸다는 뜻입니다. 일반적으로 그런 전화나 편지는 프로그램이나 상품 불매운동을 벌이겠다는 내용을 담고 있습니다. 이것이 논쟁거리의 의미입니다. 비난 내용이 사실인지 특정인을 비난하는 목적이 무엇인지 비난을 하는 사람들이 정직한지 혹은 다른 목적이 있는 사람들인지는 아무런 문제가 되지 않습니다. 논쟁거리가 있다는 말은 문제를 일으킬 소지가 있다는 말입니다. 사업 세계에서 '곤경에 빠져 있다'는 말은 '문제를 일으킬 소지가 있다'는 말과 동의어로 쓰입니다. 누구든지 문제의 소지는 피하려고 합니다. 당신이 광고업계나 방송계에 있는 사람이면 '가서 문제가 없는 다른 사람을 데려오라'고 할 것입니다."

고용 부적격자에 대해서는 서스킨드 씨도 증언을 했습니다.

"방송계는 믿을 수 없을 만큼 민감하고 겁이 많습니다. 방송은 이미지를 먹고사는 사업입니다. 연예인에게 조금이라도 안 좋은 소문이 있다는 것은 경력에 치명적입니다."

이것이 폴크 씨가 3년 동안 한 푼도 벌지 못한 이유입니다.

그는 아직도 실직 상태이며 여러분께서 그에게 새로 시작할 기회를 주실 때까지 마찬가지일 것입니다. 이 소송에서 승소한다고 하더라도 그가 예전과 같은 자리에 오르려면 적어도 5년 이상 걸릴 것입니다.

폴크 씨가 상당한 금액의 손해배상액을 받아야 할 특별한 사정을 또 하나 말씀드리겠습니다. 그것은 처음 NBC에서 전국에 방송되다가 나중에 ABC에서 방송된 〈여자들에게 맡겨라〉라는 프로그램입니다. 폴크 씨는 그 프로그램의 사회자였습니다. 오랫동안 프로그램의 고정 게스트로 활약한 것은 차치하고라도 6개월간 직접 사회자로 출연했습니다.

왜 이 프로그램이 중요한지 아십니까? 이 프로그램은 여러분이 잘 아시다시피 텔레비전 방송계의 성경으로 불리는 《버라이어티》의 편집국장 아벨 그린 씨로부터 극찬을 받았기 때문입니다. 이 대단한 잡지에 실린 평을 들어 보십시오.

인기 프로그램 〈여자들에게 맡겨라〉에서 초기부터 게스트로 출연한 존 헨리 폴크는 쇼가 진행되는 30분 동안 매우 유쾌한 기분을 선사한다. 폴크의 자유분방하고 자연스럽고 정말 재미있는 유머는 출연자인 엘로이즈 맥켈혼, 바네사 브라운, 리사 페러데이와 어울려 프로그램을 돋보이게 한다. 모든 출연자의 대사가 분명하고 위트에 넘치지만 특히 화려하면서도 분명한 폴크의 대사는 이 프로그램의 큰 자산이다. 그는 매우 여유 있고 자연스러울 뿐만 아니라 따뜻하면서도 풍자를 잃지 않는 모습으로 프로그램에 크게 이바지하고 있다. 그의 출연 시간을 늘려야 한다. 그는 지난 토요일 저녁에도 시청자들을 완전히 사로잡으면서 자신의 능력을 증명해 보였다.

제가 이 평을 읽은 이유는 텔레비전에 출연하는 사람들에게 이러한 평은 마치 아카데미상을 받는 것과 마찬가지이기 때문입니다. 이 법정에서 증언한 콜링우드, 마크 굿슨, 힐튼 등 전문가 증인 전부가 이 평을 읽었고 이 출연자의 잠재력에 매료되었다고 증언했습니다. 폴크 씨는 텔레비전에서 빛나는 경력을 쌓아 가고 있다가 일순간에 무너져 버린 것입니다. 라디오 방송계에서 쫓겨난 것도 모자라서 텔레비전 방송계에서도 기피 인물이 되었습니다. 폴크 씨가 충분한 손해배상을 받아야 하는 이유가 여기에 있습니다.

명예훼손은 평판과 인격에 피해를 주는 행위입니다. 법률은 이를 엄중하게 다루고 있습니다. 교통사고는 분명 잘못된 일이지만 피해자의 육체를 다치게 할 뿐입니다. 뼈가 부러지는 사고라고 한들 평판과 인격에 상처를 입는 것보다는 가볍습니다. 교통사고에 주어지는 손해배상은 치료비와 위자료, 치료받는 동안의 소득에 대한 배상이 전부입니다.

그러나 명예훼손은 가해자가 악의를 가지고 피해자를 괴롭힌 것이라면 또 다른 종류의 손해배상을 명할 수 있도록 법률에 규정되어 있습니다. 이러한 손해배상을 '징벌적 배상'이라고 부릅니다. 징벌적 배상을 인정하는 이유는 다른 사람들에게 똑같은 행동을 해서는 안 된다는 경고를 주기 위한 것입니다. 배심원이 이러한 손해배상을 결정하도록 되어 있습니다.

따라서 명예훼손에 따르는 손해배상은 다른 불법행위와는 달리 두 가지 종류가 있습니다. 이 제도는 수세기 동안 인정되어 온 제도입니다. 여러분께서는 먼저 폴크 씨가 입은 직접적인 손해를 따져 보셔야 합니다. 텔레비전 출연을 못하게 된 데 따른 손해, 라디오에 나오지 못하는 손해, 그가 겪은 고통에 따른 위자료입니다. 이것은 교통사고를 당했을 때에도 똑같습니다.

그런 다음에 여러분의 지혜를 발휘해서 가해자의 악의와 가해자가 저지른 행동의 잘못을 따져 보십시오. 앞으로 다시는 이런 일이 일어나지 않도록 징벌적 배상 액수를 정해 주십시오. 징벌적 배상 액수는 배심원 여러분께서 자유롭게 정하실 수 있습니다. 두 종류의 배상에 제가 적당하다고 생각하는 액수를 말씀드리도록 하겠습니다.

폴크 씨가 텔레비전 출연을 하지 못해서 입은 손실액부터 말씀드리겠습니다. 찰스 콜링우드 씨는 연예인의 진짜 수입은 텔레비전에 나오는 데 있다고 했으며, 텔레비전 출연자로서 폴크 씨에 대한 평은 대단했다고 증언했습니다. 콜링우드 씨는 폴크 씨와 여러 프로그램에 함께 출연했었으므로 폴크 씨를 잘 알고 있습니다. 그는 폴크 씨가 화술이 뛰어나고 유쾌한 인상을 주기 때문에 이번 사건만 없었다면 큰 수입을 얻었을 것이라고 말합니다.

폴크 씨의 수입에 대한 굿슨 씨의 증언을 읽어 드리겠습니다.

"방송 출연자가 상당 기간 방송에 출연하지 못하면 그가 벌 수 있는 수입은 분명히 줄어듭니다. 폴크는 다시 무명의 연예인 지망생이 될 테고 오늘날 무명의 연예인 지망생이 자리를 잡는 것은 1950년대보다 훨씬 힘듭니다. 그가 떠나기 전 예전의 자리를 되찾기는 정말로 어려울 것입니다……."

저는 굿슨에게 구체적인 수입을 물어보았습니다.

"연예인 수입은 10만 달러에서 100만 달러까지 다양합니다. 폴크가 계속 일을 할 수 있었다면 15만 달러에서 50만 달러 정도의 수입은 올렸을 것입니다."

이 분야에서 가장 저명한 전문가조차 많은 변수 때문에 예상 수입을 한자리 수까지 맞추는 것은 불가능하지만 그 범위는 1년에 15만 달러에서 50만 달러라고 증언했습니다. 피고들이 폴크의 명예를 훼손했을 때 폴크는 그만큼의 수익을 잃은 것입니다. 이것은 마크 굿슨 씨가 선서를 하고 증언한 것입니다.

다음은 게리 무어의 증언을 기억해 주시기 바랍니다.

"존 헨리 폴크는 정말 보기 드문 재능을 가졌습니다. 방송계에서 그와 비슷한 역할을 할 수 있는 사람은 손에 꼽을 정도입니다. 이런 재능은 타고난 성격에 따른 것이라고밖에 설명할 수 없습니다. 가수나 댄서나 곡예사처럼 특정한 재능이 있는 것이 아니라 프로그램 전체를 이끌어 나가는 재능이기 때문입니다. 매주 다른 가수와 댄서가 출연하지만 사회자는 변함없이 쇼를 이끌어 나가야 합니다. 폴크는 매주 그 일을 해 왔습니다. 그의 경력은 특정한 하나의 재능만을 가진 연예인보다 훨씬 뛰어납니다. 그런 재능은 따라 하기 어려운 것입니다."

이러한 사정을 고려하여 폴크 씨가 잃은 것보다는 적은 금액이지만 원고 측은 보전적 배상으로 피고들에게 100만 달러의 손해배상을 청구하는 바입니다. 전문가의 평가를 감안힐 때 이는 최소한의 요구라고 생각합니다. 원고가 입은 손실에 대한 배상액이 이보다 적어서는 안 될 것입니다.

이제 징벌적 배상금입니다. 이 사건에서 입증된 원고들의 악의와 오랫동안 피고가 겪은 고통을 고려할 때 상당한 금액의 징벌적 배상이 있어야 할 것입니다.

보전적 배상과 별도로 피고 각자에게 각각 100만 달러의 징벌적 배상을 청구하는 바입니다. 이에 피고들은 블랙리스트를 만들어 다른 사람의 인생을 파멸시켜서는 안 된다는 교훈을 얻을 것입니다.

이와 같은 고통과 괴로움은 다시는 있어서는 안 될 것입니다. 여러분 양심에 따라 판단해 주시기 바랍니다. 어떠한 법률도 양심의 법보다 우선하는 것은 없습니다. 여러분 양심의 법을 이 사건에 적용해 주시기 바랍니다.

폴크 씨는 짐을 싸서 가족과 함께 텍사스로 이사했습니다. 집세를 내지 못해서 퇴거 요구를 받고 더는 뉴욕에 머무를 수 없었던 것입니다. 그리고 지금까지 그는 다른 사람들의 도움과 호의에 기대어 살아 왔습니다. 그의 아내는 직장에 다니고 있습니다.

폴크 씨 가족이 텍사스로 이사하기 전 10년간 주부로서 세 아이를 키운 그의 아내는 화장실 설비를 파는 곳에서 일을 했고 폴크 씨는 일자리를 찾으면서 아이들을 돌보았습니다. 이제 그들은 텍사스로 이사를 갔습니다. 폴크 씨는 다시 자기가 태어난 곳으로 낙향할 수밖에 없었습니다.

텍사스로 이사한 첫해 폴크 씨는 2,500달러를 벌었습니다. 수입이 2,500달러면 얼마나 많은 빚을 질 수밖에 없는지 짐작이 가실 겁니다. 그 다음해에는 한 푼도 벌지 못했습니다. 그 다음해 역시 한 푼도 벌지 못했습니다. 1960년에도 전혀 수입이 없었습니다. 1961년에도 수입이 없었습니다. 1962년에도 방송계에서 한 푼도 벌지 못했습니다.

그가 소위 광고업에 종사하면서 번 돈은 얼마나 되고 빚은 얼마나 될까요? 작년 1961년에 폴크는 4,700달러의 순수익을 올렸습니다. 그러나 얼마나 부족한 금액인지는 여러분도 아실 겁니다. 폴크 씨는 은행과 그가 아는 여러 사람에게 큰 빚을 졌습니다.

그에게는 3명의 자녀가 있습니다. 재판장님께서 폴크 씨에게 자녀의 나이를 물으셨습니다.

"큰 딸인 요한나는 일곱 살이고 에벌린은 여섯 살입니다. 막내아들 프랭크 도비는 네 살입니다."

세 아이는 이곳 뉴욕에서 학교와 유치원에 다녔으나 전학할 수밖에 없었습니다.

폴크 씨가 당한 고통스럽고 슬픈 이야기를 더는 하지 않겠습니다. 대신 저는 그의 운명을 배심원 여러분의 손에 맡깁니다. 저는 그의 부인의 운명을 여러분의 손에 맡깁니다. 그의 세 자녀의 운명을 여러분의 손에 맡깁니다. 여러분의 평결 결과에 따라 폴크 씨는 명예를 회복할 수도 있고 다시 한 번 그 고통을 겪을 수도 있기 때문입니다.

이제 마지막으로 배심원 여러분께 정의를 실현해 줄 것을 부탁드립니다. 여러분의 결정을 하느님께서 지켜 주실 것입니다.

감사합니다.

나이저의 마지막 말은 잠시 허공에 머물러 있는 것처럼 보였고 법정은 침묵에 빠졌다. 방청객들이 소곤대기 시작하자 겔러 판사는 질서를 지킬 것을 지시한 후 잠시 휴정을 선언했다. 나이저와 볼란은 겔러 판사를 따라 판사실로 갔다. 문제가 생긴 것이다.

걱정거리

로렌스 존슨이 브롱크스에 있는 호텔 방에서 사망한 채로 발견되었다. 노령에 따른 자연사로 보였다. 아직 평결이 내려지지 않았기 때문에 만일 배심원들이 손해배상을 명령한다면 그의 유산에 대해 집행할 수 있는지가 문제였다. 나이저 변호사와 그의 팀은 다시 하룻밤을 지새우면서 존슨이 사망했다고 하더라도 그의 유산에 대해 강제 집행을 할 수 있다고 주장하는 준비 서면을 작성하여 제출했다. 겔러 판사는 나이저의 주장을 받아들여 존슨의 유언 집행인에게 존슨을 대신하여 소송을 승계하도록 명령하였다.

볼란 변호사는 즉시 기자들에게 존슨의 사망 소식을 알렸다. 겔러 판사는 기자들을 판사실로 불러 배심원들이 존슨의 죽음을 듣고 영향을 받지 않도록 하루만 기사를 늦추어 달라고 부탁했으나 기자들은 거절했다. 겔러 판사는 배심원들을 하룻밤 동안 격리하는 수밖에 없었다. 거짓말을 하고 싶지 않았던 그는 배심원들에게 존슨의 사망 사실을 알린 다음에 존슨이 져야 할 책임이 있다면 그의 유산을 집행할 수 있다고 설명하였다. 또한 존슨이 사망한 것 때문에 평결이 영향을 받아서는 안 된다고 주의를 주었다.

다음날 재판이 열리자 겔러 판사는 배심원들에게 이 사건은 피고들이 공모하여 명예훼손을 했다는 주장에 근거한 것이라고 설명했다. 피고 측에서 책임을 면할 수 있는 유일한 방법은 그들이 주장한 내용이 사실이라는 입증뿐이었다. 이 점을 설명하면서 겔러 판사는 배심원들에게 판단의 짐을 덜어 주었다. 겔러 판사는 피고 측이 주장한 내용이 사실이라는 점을 입증할 충분한 증거를 제시하지 못했고 따라서 배심원들은 단지 그들이 나중에 손해배상 책임을 가볍게 할 만한 행동을 했는지 여부만 결정하면 된다고 말했다. 피고들에게 책임이 있다고 확정했다는 점에서 이 결정은 매우 중요한 것이었다. 이제 배심원들은 배상액을 얼마로 할 것인지만 결정하면 되었다.

겔러 판사는 배심원들에게 명예훼손 소송에서는 보전적 배상과 징벌적 배상이 모두 가능하다고 설명했다. 보전적 배상은 명예훼손의 결과 피해자가 입은 피해를 회복시켜 주는 것이다. 손해 정도와 배상금액 액수는 비례한다. 징벌적 배상은 피고가 다시 잘못을 저지르는 것을 억제하고 잠재적으로 불법행위를 저지를 가능성이 있는 사람들에게 그 결과를 경고하는 것이다. 만일 배심원들이 피고가 악의를 가지고 불법행위를 하였다고 판단하면 배심원들은 징벌적 배상을 명령할 수 있다.

겔러 판사는 또한 배심원들에게 특정한 피고에게 손해배상을 명하려면 그 피고가 명예훼손을 공모했다는 증거가 있어야 한다고 설명했다. 더 나아가 그는 만약 피고가 허위 사실을 진실로 믿었다는 근거가 있다면 징벌적 배상액을 감액할 수 있다는 설명도 덧붙였다. 감액을 받으려면 피고가 정보의 정확성과 신뢰성을 주의 깊고 철저하게 조사했어야 한다. 하지만 피고가 악의를 가지고 있었다면 감액은 불가능하고 배심원들은 합리적인 범위 내에서 징벌적 배상을 명할 수 있다. 로렌스 존슨은 사망했기 때문에 향후 다시 잘못을 저지르는 것이 불가능하므로 그의 유산에 징벌적 배상을 명할 수 없다.

단 한 번의 설명으로 겔러 판사는 볼란의 변론을 완전히 깨뜨려 놓았다. 배심원에게 한 설명으로 판사는 쟁점을 손해배상의 유무에서 손해금액의 결정으로 바꿔 놓은 것이다. 폴크는 볼란 변호사가 6년 동안 노력한 것이 수포로 돌아가는 것을 보면서 아이러니를 느꼈다. 오후 5시 35분 배심원들은 평의를 하려고 퇴정했고 폴크와 나이저는 저녁식사를 하러 조용한 식당으로 갔다.

폴크가 사건 이야기를 하지 않으려고 안간힘을 쓰고 있을 때 법정으로 오라는 전갈이 왔다. 무슨 일인가 벌어진 것이다. 폴크와 나이저는 법정으로 뛰어갔다.

배심원들의 의사표시

배심원들이 판사에게 질문을 한 것이었다. 나이저 변호사가 청구한 100만 달러 또는 200만 달러 이상의 배상을 명령할 수도 있는가? 판사가 가능하다고 답변하는 동안 나이저는 놀라서 자리에 주저앉았다. 지금까지 어떤 배심원들도 나이저 변호사가 청구하는 금액보다 더 주어도 되느냐고 물은 적은 없었다. 나이저는 폴크에게 지금까지 명예훼손 사건에서 가장 고액의 손해배상은 50만 달러라고 이야기해 주었다. 그들은 배심원들이 이런 질문을 하게 된 이유를 정확히 모르는 채 법원 복도를 서성이며 배심원들이 평결을 내리기 기다렸다.

마침내 나이저와 폴크는 법정 안에서 웅성거리는 소리를 들었다. 심부름꾼 소년이 뛰어다니며 당사자들에게 평결이 나올 것이라고 알려 주었다. 저녁 11시 30분의 늦은 시간이었지만 법정 안은 가득 찼다.

배심원들이 입정하는 것을 바라보면서 나이저와 폴크는 평결 내용을 점쳐 보려고 했으나 여러 달에 걸친 재판에 지친 배심원들의 표정에서 평결 내용을 알아내기는 힘들었다. 법원 서기는 당사자들이 모두 입정했는지 확인한 후에 배심원 대표에게 평결에 합의했냐고 물었다. 배심원 대표는 그렇다고 말했다.

"평결 결과를 말씀해 주십시오."

"배심원들은 원고 폴크 씨의 승소를 평결합니다. 우리는 피고 AWARE, 빈센트 하트넷, 존슨 씨의 유산 집행인이 보전적 배상금으로 원고에게 100만 달러를 지급할 것을 명합니다. 또한 피고 빈센트 하트넷 씨와 AWARE가 각각 별도로 징벌적 배상금으로 원고에게

125만 달러씩을 지급하도록 명합니다."

방청객들이 한꺼번에 숨을 들이키는 소리가 들렸다. 그리고 웅성거리는 소리가 물결처럼 퍼져 나갔다. 볼란 변호사는 배심원들의 표결 결과를 요청했다. 한 명의 배심원이 평결에 반대한 것으로 밝혀졌지만 이것은 별다른 의미가 없었다. 민사소송에서는 10명의 동의가 있으면 평결을 할 수 있기 때문이다.

방청객들은 흥분으로 떨고 있는 것처럼 보였다. 겔러 판사가 재판 종료를 선언하자 법정 안은 아수라장이 되었다. 어떤 사람들은 재판 결과를 알리려고 문 쪽으로 뛰어갔고 어떤 사람들은 폴크 씨에게 인사를 하러 왔다. 나이저와 폴크는 부둥켜안고 인사를 나누었다. 재판이 진행되는 동안 그들은 서로 많은 부분을 나누었다. 몇몇 배심원들은 폴크에게 악수를 청하면서 울음을 터뜨렸다. 폴크의 눈시울도 뜨거워졌다.

폴크와 나이저는 기자들 앞에서 감정이 폭발하는 모습을 보이지 않으려고 자제했다. 여러 날을 자지 못해 그들은 너무나 지쳐 있었다. 소란스런 승리 축하 파티를 하는 대신 그들은 동료들과 함께 한 시간 정도 조용히 이야기를 나눈 후 귀가하였다.

법정 밖으로 나가다가 나이저는 빈센트 하트넷과 정면으로 마주쳤다. 상대는 절망적으로 보였다. 눈은 움푹 들어가고 재판이 시작될 때보다 마른 것 같았다. 나이저가 뭐라고 하기도 전에 하트넷은 몸을 앞으로 기울이고 속삭였다.

"우리는 항소할 겁니다. 나이저 씨. 이제 모든 것은 하느님 손에 달려 있습니다."

나이저는 눈썹을 치켜 올리며 놀란 듯이 말했다.

"그럼 지금까지는 하느님 손에 달려 있지 않았다는 겁니까?"

그런 말을 한 후 나이저는 자신의 의뢰인에게 갔다.

폴크는 승리감에 흠뻑 젖어 있었다. 그때까지 사상 최고인 350만 달러의 손해배상금을 받게 되었지만 그에게 더 중요한 것은 이제 블랙리스트는 없어졌다는 것을 미국인 모두가 알게 되었다는 사실이다. 나이저 변호사는 존슨의 유언 집행인과 합의를 하였다. 알고 보니 존슨에게는 빚이 많고 유산에서 17만 5,000달러를 지급받았다.

예고한 대로 하트넷은 항소를 하였다. 하트넷과 AWARE의 손해배상액은 50만 달러로 감액되었지만 나머지 모든 부분은 원심대로 유지되었다. 그 후로도 하트넷은 판결을 뒤집어 보려 했지만 두 번의 상소심을 거쳐 연방대법원의 상고 허가를 받으려는 시도마저 무위에 그치자 더는 상소할 법원도 없었다. 불행히도 하트넷과 AWARE는 파산 상태였다. 50만 달러의 손해배상금은 실제로 받을 방법이 없었다. 나이저의 로펌은 재판 기간에 거의 50만 달러의 비용을 지출했다. 하지만 나이저는 폴크의 배상금을 차지할 생각이 없었다. 법원에 지급해야 할 소송비용 2만 5,000달러를 내고 나서 나이저와 폴크는 배상금을 나누었다. 나이저는 폴크의 반대를 무릅쓰고 폴크에게 7만 5,000달러를 가져가도록 했다. 이 돈으로 폴크는 빚을 다 갚고 새로운 출발을 할 수 있었다.

두 사람은 인생에서 가장 힘든 역경을 겪고 나온 직후였다. 그들은 집으로 돌아가서 휴식을 취할 수 있다는 게 무엇보다 기뻤다.

폴크 사건의 의미

'폴크 대 AWARE 사건'은 단순한 명예훼손 사건이 아니다. 명예훼손으로 인한 손해배상 사건은 수세기 동안 있어 왔다. 이 사건은 명예훼손에 관한 종전의 법 이상의 것이다. 매카시즘의 교활한 무고와 의심에 도전한 것이다. 미국인은 자유롭게 말할 권리가 있고 결사의 자유를 가진다는 선언이었다. 나이저는 매카시즘을 이렇게 말했다.

"무죄 추정의 원칙과 자신에게 불리한 진술을 하는 증인을 대면하고 신문할 수 있는 권리를 침해하는 것이지요. 무엇보다도 두려움 없이 생각하고 말할 수 있는 인간의 권리를 훼손하는 것입니다."

매카시즘으로 희생된 권리 중 잘 알려지지 않은 것은 수정헌법 5조에 따른 진술거부권이다. 수정헌법 5조는 "누구도 자신에게 불리한 진술을 강요당하지 않는다"라고 규정하고 있다.

그러나 하원 반미활동조사위원회에 소환받은 사람들은 공산주의 단체와 어떤 관계인지를 털어놓으라는 신문을 받았다. 많은 사람이 공산주의에 호의조차 가지고 있지 않은 사람들이었지만 진술거부권을 행사하려는 시도만 보여도 의회모독죄와 징역형으로 이어졌다. 공산당에 가입한 사실을 시인한 사람들은 간첩이나 사회 안전에 위협이라는 딱지가 붙었다.

소환된 사람은 세 가지 선택을 할 수 있었다. 첫째, 사실을 말하고 '금지된' 단체에 단순히 가입한 사실만으로 감옥에 가는 것. 둘째, 답변을 거부하고 의회모독죄로 감옥에 가는 것. 셋째, 거짓말을 하는 것.

많은 사람이 세번째 선택을 한 것은 놀랄 일이 아니다. 하원 반미활동조사위원회는 때때로 소환된 사람들에게 애국심을 증명하려면 또 다른 '반역자'들의 이름을 대라고 요구했다. 감옥에 갈지도 모른다는 위협 속에서 압력을 받은 증인들 중 상당수는 이름을 댔고 동료들을 밀고했다.

폴크의 승리는 진술거부권을 행사한다고 해서 사람들을 유죄로 추정해서는 안 된다는 원칙을 다시 세웠다. 폴크는 반역자로 낙인찍히지 않으면서도 중도의 길을 걸을 수 있다는 자신의 정치 신념을 스스로에게 입증하기를 바랐다. 폴크 사건의 배심원들은 이러한 생각이 합리적이라고 판단한 것이다.

폴크의 재판은 그의 밀고자들을 만천하에 드러냈다. 더는 익명성 뒤에 숨어서 거짓말을 퍼뜨리는 밀고자는 있을 수 없었다. 배심원들은 앞으로도 하트넷과 같이 불분명하고 모순되는 증인의 말을 믿지 않을 것이다.

마지막으로 폴크 사건은 수정헌법 1조(언론 자유에 대한 미국헌법 규정―옮긴이)를 바라보는 미국인의 시각에 큰 영향을 미쳤다. 매카시즘이 횡행하던 시절에도 수정헌법 1조의 권리는 있었지만 하원 반미활동조사위원회를 비판하거나 미국시민자유연맹과 같은 단체에 가입하는 사람은 블랙리스트에 오르고 추방당하고 심지어 수사기관의 조사를 받을 위험성도 있었다.

매카시의 사망과 폴크의 승리는 이 모든 것을 바꾸어 놓았다. 폴크 사건의 재판은 사람들에게 두려움 없이 매카시즘을 비판할 수 있다는 것을 깨닫게 했다. 나이저 변호사의 최종 변론은 미국인에게 왜 블랙리스트를 만드는 것이 없어져야 할 악행인지 알려 주었다. 나이저의 정당한 분노는 제2차 세계대전 당시 미군이 목숨을 걸고 지킨 자유를 위협하는 세력을 전율케 하는 고발이었다. 존 헨리 폴크는 진정한 애국자의 본보기가 되었다. 그는 미국이 도전에 견디고 서로 다른 믿음을 받아들일 수 있다는 강한 신념을 보여 주었고, 언론 자유는 단지 인기 없는 의견을 말할 수 있는 권리에 그치지 않고 두려움 없이 그러한 의견을 말할 수 있는 권리여야 한다는 점을 확신시켜 주었다.

어둠을 넘어

AWARE의 패소 이후 그 단체에 대한 공포심은 증발했고 회원들은 급감했다. 하트넷도 마찬가지로 몰락하였다. 그의 신용은 재판에서 패배하고 신문에 그의 모순된 증언이 실리면서 바닥에 떨어졌다. 그리고 사람들 뇌리에서 잊혀졌다. 지도자가 사라지자 AWARE도 곧 해산했다.

폴크가 소송을 제기하기 얼마 전에 미국 상원은 65대 22로 매카시 상원의원 징계를 의결하였다. 매카시는 위원회 의장의 자리를 잃고 권력을 상실한 뒤 술에 의지하다 1957년에 간경변으로 사망했다.

로이 콘은 뉴욕의 로펌으로 옮겼다. 그는 많은 빚을 졌고 미 국세청은 그가 300만 달러의 세금을 포탈했다고 발표했다. 콘은 비윤리적 행동으로 변호사 자격을 박탈당했고 1986년에 에이즈로 사망하였다.

하원 반미활동조사위원회는 매카시가 사망한 뒤에도 존속되었다. 공산주의의 영향을 막는 일을 계속했지만 매카시와 같은 공격적인 방법은 사용하지 않았다. 반미활동조사위원회는 이름을 바꾸었지만 위스콘신 출신의 상원의원이 씌운 불명예는 결코 벗을 수 없었다. 의회는 1975년에 하원 반미활동조사위원회를 해산시켰다.

1989년 베를린 장벽이 무너지고 1990년대에 소련이 해체되면서 공산주의에 대한 미국 사람들의 두려움은 사라졌다.

나이저와 폴크에게 6년이라는 재판 기간은 잊을 수 없는 기억이 되었다. 그들은 블랙리스트에 대항해 싸우면서 우정을 키워 갔다. 두 사람은 재판이 끝나면 폴크가 다시 방송계의 부름을 받을 것으로 믿었다. 그러나 아무런 제안도 없었다. 라디오와 텔레비전 방송계는 더는 블랙리스트를 두려워하지 않았지만 그들은 이미 오래전에 존 헨리 폴크를 잊었다. 그는 잊혀진 스타였다. 연예계에서 잠시 자리를 비우는 것은 보통 완전한 은퇴로 이어진다. 이 원칙은 폴크에게도 어김없이 적용되었다. 오랜 재판과 경제적 어려움은 폴크의 결혼 생활에도 악영향을 미쳤다. 린과 폴크의 네번째 아이가 태어났지만 그들은 이혼에 합의했다.

그 정도 일로 절대 낙담하지 않는 성격인데다 여전히 매력적인 폴크는 얼마 후 쾌활한 성격의 영국 여성을 만났다. 둘은 1965년에 결혼해서 아이 하나를 낳았고 여생을 함께 보냈다. 폴크는 1990년 일흔여섯 나이에 암으로 죽었다.

존 헨리 폴크는 죽는 날까지 블랙리스트가 미국의 가장 큰 비극 가운데 하나라고 굳게 믿었다. 연예계에서 잊혔지만 그는 새로운 경력을 쌓아 나갔다. 여행을 다니고 매카시즘에 대한 강연을 하러 다녔다. 폴크는 종종 그의 오랜 친구인 J. 프랭크 도비 교수의 말을 인용하곤 했다.

"역사상 죽음이나 억압, 추방, 조롱, 출판 금지 등에서 스스로 옳다고 정통성을 강요했던 사상이 실제로 옳았던 적은 한 번도 없었다."

1975년에 CBS는 블랙리스트에 올라 있을 당시 자신의 경험을 쓴 폴크의 책 『재판의 공포 Fear on Trial』에 대한 텔레비전 드라마 제작권을 사들였다. 조지 C. 스콧이 나이저로, 윌리엄 디베인이 폴크로 출연한 드라마는 대중과 평론가들로부터 찬사를 받았고 각본 부문 에미상을 수상했다. CBS는 평단의 찬사를 한껏 즐겼지만 20년 전에 자기들이 해고한 폴크에게 방송계로 복귀할 수 있는 기회는 단 한 번도 주지 않았다.

4장

투표권 없는 자유는 가짜다

'투표한 죄'로 구속된 수전 B. 앤서니

남자들은 예수님이 남자였기 때문에 여자가 남자와 같은 권리를 가질 수 없는 것이 당연하다고 말합니다. 예수님이 어디에서 왔습니까? …… 하느님과 여자로부터입니다. 남자는 아무 관계도 없습니다.

— 소저너 트루스*

피고인이 투표한 것이 위법하다는 유일한 이유는 피고인이 여성이라는 사실입니다. 똑같은 상황에서 피고인의 남동생이 투표를 했다면, 처벌받지 않았을 뿐만 아니라 오히려 훌륭한 행동을 했다고 칭찬받았을 것입니다. 단지 여성이 했다는 이유로 범죄라는 것입니다. 그러므로 그 범죄의 구성요건에는 행위만이 아니라 행위자가 여성이어야 한다는 요소도 포함되어 있습니다. 제가 알기에 이 사건은 피고인이 단지 여성이라는 이유만으로 형사법정에 선 최초의 사례일 것입니다.

— 헨리 R. 셀든, 수전 B. 앤서니의 변호인

투표권 없는 자유는 가짜일 뿐, 이 나라의 여성을 노예로 취급하는 것이라는 말에 반박할 수 있는 남자가 있습니까?

— 수전 B. 앤서니

*1797년 출생한 미국의 노예 출신 인권운동가. 본명은 이사벨라 밴 와그너이며 노예해방과 여성 참정권을 옹호하는 수많은 연설을 하였다— 옮긴이

18세기의 유명한 영국 법학자 윌리엄 블랙스턴은 역사 속에서 여성과 남성의 역사적 관계를 다음과 같이 간결하면서도 명료하게 정리해 놓았다.

"남편과 아내는 한 사람이나 마찬가지다. 그리고 그 한 사람은 남편이다(Husband and wife are one, and that one is the husband)."

그로부터 100년 후 미국 여성은 자신들의 권리가 이제 막 해방을 맞은 노예보다도 못하다는 사실을 깨달았다. 개정된 헌법은 노예를 해방시켰을 뿐만 아니라 흑인 남성에게 투표권까지 부여했기 때문이다. 여성 참정권은 그로부터 50년이 더 지난 다음에야 합법화되었다. 그러나 수전 B. 앤서니는 기다리는 것을 거부했다. 그는 단지 투표용지와 도덕적인 원칙만을 무기로 삼아 자신의 주장을 실행에 옮겼다. 1872년 선거에서 그는 한 표의 권리를 행사했고, 이로 말미암아 재판을 통해서 미국 국민의 관심을 모으고 역사를 변화시켰다.

21세기 기준에서 볼 때 1800년대에 급진적인 여권운동가들의 생각은 극히 온건한 것으로 보인다. 그러나 용기 있게 시대를 앞서 간 사람들은 여러 세대에 걸쳐 조소와 경멸을 받은 후에야 일부에서나마 지지를 얻었다. 그들은 수백 년에 걸친 법적 사회적 예속에 맞서 인기 없는 평등을 주장해야 했다. 오늘날 열여덟 살이 넘은 모든 미국인은 투표권이 있다. 그러나 인구의 절반을 차지하는 여성의 투표권은 헌법에도 규정되어 있지 않았고, 20세기에 접어들고 나서도 한참이 지나서야 인정받았다. 여성 참정권은 수십 년에 걸친 투쟁과 고난의 산물로서 그 중심에 수전 B. 앤서니가 있다.

미국 역사에서 여성의 인권 문제는 미묘한 자리에 위치해 왔다. 19세기 노예해방론자들이나 흑인 참정권 운동가들은 여성의 참정권 문제를 주요 전투의 전초전으로 여겼다. 노예해방론자와 여성운동가들은 압제와 불평등에 대항해 함께 싸웠고 양쪽 목표의 공통성은 시너지 효과를 발휘했다.

남북전쟁 이전 두 진영의 운동가들은 윌리엄 로이드 게리슨 등의 만민평등 사상에 기초한 급진주의와 이상주의를 공유하고 있었다. 남북전쟁은 미국 사회의 구조에 변혁을 가져왔으나 전쟁이 끝나자 노예해방 운동가들은 여성 문제에 관심을 두지 않았고 흑인의 권리와 참정권 문제에만 집중했다. 실제로 많은 시민운동가는 흑인의 참정권을 주장하면서 여성 문제까지 거론하는 것은 운동에 방해가 된다고 생각하였다. 흑인의 참정권을 위한 투쟁은 그 자체로도 험난한 것이었고 여기에 논쟁의 소재를 하나 더 보태는 것은 양쪽 모두를 망치게 할 수 있다고 보았다. 몇몇 개혁 운동가들은 양쪽 운동에 모두 충실했고 운동가들 대부분이 마음속으로는 여성 참정권 문제를 지지하고 있었지만 여성 운동은 새로운 영웅이 필요했다. 여성운동가들은 남북전쟁의 포연 속에서 여성 문제를 이끌고 갈 새로운 지도자의 출현을 갈망했다.

19세기 초반의 노예해방 운동과 여성 운동

여성 운동은 19세기 미국 사회에서 세 가지 주요 사회 운동 중 하나였다. 노예제도 철폐와 노동 운동이 나머지 두 가지이다. 그러나 여성의 권리 문제는 일련의 개별적인 반대 운동이 상승작용을 일으켜 정치적으로 타결된 것은 아니다. 실제로 변화는 여성의 경제 · 정치 · 사회적 한계에 대한 반대에서 시작되었고, 사회가 여성에 대한 적대감을 잠시 못하게 되면서 개혁의 속도도 빨라졌다.

19세기에 있었던 여성 차별은 결혼한 여자에게서 찾아볼 수 있다. 블랙스턴은 "결혼 기간 중에는 법적으로 여성 권리는 존재하지 않는 것이나 마찬가지이며 존재한다고 하더라도 남편에게 귀속된다. 여자들은 남편의 보호와 권위 아래에서만 활동할 수 있다"고 하였다. 결혼하지 않은 여자는 '노처녀'로서 홀로 나이 들어가는 현실에 직면하게 된다.

19세기 초반에 여성의 권리는 미국의 독립 당시보다 오히려 약화되었다. 식민지 시절에 재산을 소유한 여성은 투표를 하기 위한 절차를 밟을 수 있었다. 어떤 때에는 여성 스스로 자신의 이익을 보호하려는 행동이 허용되었고 심지어 사업을 하는 여성도 있었다. 아이로니컬하게도 미국 헌법이 제정되면서 이러한 일은 끝났다. 미국의 독립과 더불어 기존에 존재하던 여성 권리가 사라진 것이다.

초창기에 여성 인권을 주장한 사람들이 모두 남자였고 노예해방론자라는 사실은 놀라운 일이 아니다. 도망친 노예이자 유명한 웅변가였던 프레더럭 더글러스는 노예제도에 반대하는 신문 《노스 스타 The North Star》의 편집장이었다. 《리버레이터 The Liberator》의 발행인이었던 윌리엄 로이드 게리슨은 그 시대에 가장 급진적인 사상가 중 한 명이었으며 전 생애를 노예해방 운동에 바쳤다. 역시 노예해방론자인 영국인 조지 톰프슨은 노예제도를 금지하는 법률 통과를 위해 노력했고 게리슨과 함께 '급진적인' 노예해방론 강연을 여러 차례 하였다. 이들 철학은 비록 흑인 인권과 노예해방에 초점을 맞춘 것이지만 여성운동가들에게도 폭넓은 영향을 주었다.

남북전쟁 30년 전쯤 시작된 여성 운동은 노예해방 운동과 평행선을 달렸다. 여성운동가들은 성공을 하려면 흑인들이 받은 것과 같은 종류의 지지가 필요하다고 생각했다. 그러나 여성 운동은 몇 가지 중요한 점에서 노예해방 운동과 달랐다. 여성들은 사회구조가 변화되어 자립하기를 갈망했지만 그와 동시에 아내와 어머니의 역할에 충실해야 할 의무가 있었다.

이처럼 변화를 모색하는 동시에 현재 위치에도 충실해야 하는 모순 때문에 가정을 버리기 원하지 않거나 남편 수입에 의존하는 여성들은 정치적으로 활발한 활동이 어려웠다. 가정이 있는 여성운동가들은 그들의 좌절감을 표현할 다른 방법을 찾아야 했다. 여성이 처한 환경을 비판하는 글이 쏟아져 나왔다. 그러나 책을 배포하는 것은 전투적이고 급진적인 여성운동가들에게는 아주 소극적인 방법으로 보였다.

엘리자베스 케이디 스탠턴은 초창기 급진적인 여권운동가의 전형이다. 스탠턴이 수전 B. 앤서니에게 쓴 편지에는 가정과 여성 운동의 조화가 얼마나 어려운지 잘 요약되어 있다.

추론이나 사색을 하는 것은 어렵지 않아요. 하지만 법조문 같은 것을 찾아볼 시간이 없어요. 집에 있을 때는 애들에 둘러싸여 있고 설거지, 요리, 바느질 등으로 다른 일을 할 틈을 찾기가 쉽지 않아요. 좋은 생각은 많이 떠오르는데 책 찾을 시간이 없으니……. 집에 있을 때는 방해받지 않고 글을 쓸 시간이 한 시간도 안 되는 것 같아요.

엘리자베스 케이디는 뉴욕의 저명한 판사의 딸로 태어나 부유한 환경에서 성장했고 뜻밖에도 초기 여성운동계의 지도자가 되었다. 그녀는 그 지역에서 최고의 신학교를 졸업하고 노예해방 운동가인 헨리 브루스터 스탠턴과 결혼했다. 시간이 흐르면서 엘리자베스는 루크레티아 모트, 윌리엄 로이드 게리슨, 웬델 필립스 등과 다른 유명한 노예해방 운동가와도 보조를 맞추었다. 또한 그는 수전 B. 앤서니를 만나 평생의 동지가 된다.

시간과 정력을 가정에 빼앗기면서도 엘리자베스는 동년배인 루크레티아 모트와 함께 정치적, 사회적 영향력을 행사했다. 1848년 7월 19일 그들은 뉴욕 주 세니카폴스에서 여성 운동 단체의 조직을 만들고자 집회를 개최하였다. 나중에 여성 운동의 지도자가 되는 앤서니는 아직 이 자리에 모습을 나타내지 않았다.

여성 운동의 역사에서 이 모임이 차지하는 의미는 크다. 역사가들은 세니카폴스의 집회와 수전 B. 앤서니의 재판을 여성 참정권이 인정되는 계기를 촉발시킨 가장 중요한 사건으로 평가한다. 세니카폴스의 집회는 노예해방 등 다른 주제를 함께 내세우지 않고 여성의 권익만을 주제로 한 최초의 행사였다. 원래 스탠턴과 모트는 집회가 대중에게 중요한 행사로 인식되려면 행사를 주재할 남자가 필요하다고 생각했다. 수세대에 걸쳐 여성도 노예해방 운동에 관여해 왔지만 그들의 역할은 주로 말 없는 지지였다. 기독교 신자인 여자가 자기 신념을 공개적으로 발언하는 것은 적절한 행동이 아니라고 여겨지던 시절이었고, 특히 논쟁의 여지가 있는 문제는 더욱 그러했다. 하지만 집회가 다가올수록 이들은 여자가 회의를 이끌어 가야 한다는 생각을 굳혔다. 애버게일 부시가 집회 의장으로 선출되었고 집회를 주재하기로 결정되었다.

웨슬리안 감리교 회당에서 열린 제1회 세니카폴스 집회는 두려움과 주저함으로 가득 찬 분위기에서 시작되었다. 애버게일 부시는 그곳에 모인 수백 명의 청중 앞에 있는 연단으로 올라가며 두려움에 떨었다. 연설이 진행되자 애버게일은 자신감이 생겼고 그의 회의 주재 능력은 많은 찬사를 받았다. 부시의 실력과 여성을 의장으로 선출한 스탠턴, 모트의 도박은 이 집회가 많은 사람의 관심을 이끌어내는 데 성공한 원인 중 하나가 되었다.

그러나 집회의 급진성을 두고 비판의 목소리도 컸다. 집회의 실질적 목적은 여성 권리 선언문을 작성하여 발표하는 것이었는데 백 명 이상의 사람들이 서명한 '여성 권리 결의 선언문'이 채택되어 이 목적은 달성되었다. 선언문은 여성이 직면하는 어려움을 지적하고 여성 운동의 목표를 제시하였는데 주된 내용은 참정권의 인정이었다. 또한 선언문에는 평등을 향한 전진을 계속하려면 여성 권리를 도모하는 집회와 모임이 계속되어야 한다는 내용이 포함되어 있었다.

세니카폴스 집회 이전에 여성 운동은 통일된 형태를 갖추지 못했고 지지자도 조직되지 못했다. 여성 운동은 노예해방 운동에 부수된 사회운동으로 여겨졌기 때문이다. 초기의 여성운동가는 서로 편지를 주고받으며 자신들의 사상을 널리 알렸다. 그러나 세니카폴스에서는 그들의 노력을 조직화하기로 굳게 결의하였다. 이때부터 여성 운동이 대중의 관심을 끌게 되었으며 여성 지도자들이 운동의 주도권을 잡기 시작했다. 스탠턴은 여성의 의무는 불분명하거나 수동적인 것이 아니라고 주장했다.

"이 나라 여성의 의무는 스스로 신성한 참정권을 쟁취하는 것입니다."

세니카폴스 집회는 수세기에 걸친 좌절감을 벗어 던지는 계기기 되었으며 여성 운동이 명확한 목표를 향해 조직적으로 나아갈 수 있는 원동력을 제공해 주었다.

그러나 집회는 스탠턴이나 모트가 기대한 만큼 즉각적인 효과는 거두지 못했다. 여성운동가들이 그렸던 이상과는 달리 다음 10년간 여성 운동은 조금씩 진전했을 뿐 괄목할 만한 성과를 이루어내는 데는 실패하였다. 그러는 사이에 노예해방론자들의 끊임없는 활동과 남북 간의 갈등은 결국 미국 역사상 가장 참혹한 전쟁인 남북전쟁을 촉발시켰다. 미국인의 모든 관심이 전쟁과 노예제도에 집중되는 동안 여성 운동은 침체기를 가졌다.

평범한 가정의 평범한 소녀

수전 브라우넬 앤서니는 1820년 2월 15일 다니엘과 루시 앤서니 부부의 둘째 아이로 태어났다. 퀘이커 교도인 아버지 영향으로 가족들은 근면했고 어머니는 전통적인 주부 역할에 충실한 여성이었다.

어린 시절에 수전 앤서니는 반항아의 기질을 전혀 드러내지 않았다. 말괄량이도 아니었지만 그렇다고 지나치게 얌전빼는 소녀도 아닌 평범한 어린아이였을 뿐이다. 노동에 혹사당해야 했던 그 전 세대의 어린이와는 달리 수전은 교육 혜택을 받았지만 중산층 가족의 일원으로서 형제들과 함께 생계를 돕지 않을 수 없었다. 수전은 별다른 불평 없이 자신에게 주어진 일을 수행해냈다. 그의 긍정적이고 부지런한 성격은 퀘이커교의 가르침과 일치했다.

> 일만 하고 놀지 않는 사람은 둔한 사람이 되고, 놀기만 하고 일하지 않는 사람은 쓸모없는 존재가 된다.

수전도 집안일을 다하고 나면 뒷마당에서 꽃을 꺾거나 산책을 하곤 했다. 그녀는 자연을 사랑했고 동물에도 관심이 많았다. 어머니가 넷째 아이를 임신하고 있는 동안 형제들은 할아버지, 할머니와 함께 살았다. 수전의 할아버지는 교육의 중요성을 신봉하는 사람이었으며, 수전에게 글을 가르쳤을 뿐만 아니라 날마다 몇 시간씩 공부를 시켰다.

그러나 수전의 눈은 지나친 혹사를 견뎌 내지 못했고 6주 후에 집에 돌아갈 때는 심각한 사팔뜨기 증세를 보였다. 수전이 집으로 돌아오자 부모님은 그의 눈이 정상으로 돌아오기를 바라면서 몇 달간 책을 못 읽게 하였다. 수전의 상태는 좋아졌지만 왼쪽 눈은 끝내 정상으로 돌아오지 않았고 살짝 사팔뜨기인 채로 남았다. 왼쪽 눈의 손상은 수전의 독서 능력에 손상을 주었을 뿐만 아니라 자신감에도 상처를 주어 그녀는 항상 외모에 자신이 없었다.

수전의 아버지는 전기 직조기를 사용하는 조그만 직물 공장을 운영했다. 직공들은 임금이 싼 십대의 어린 소녀들이었는데 침식을 제공받는 이외에 일주일에 1달러 50센트를 받았다. 그 공장에는 직조기가 스무 대밖에 없었기 때문에 다른 공장과 달리 직공 기숙사를 둘 수 없었다. 그리하여 직공들 중 절반은 수전의 집에서 살았고 절반은 수전의 고모 집에 머물렀다. 그의 가족은 직공들을 따뜻하게 내했고 이들은 한 가족처럼 지냈다.

수전과 그 자매들은 노동에 종사하는 여자와 주부인 어머니가 어떻게 다른지 직접 보고 자라면서 큰 영향을 받았다. 직업이 있는 여자는 독립적으로 살 수 있었으나 일주일에 6일간 힘든 노동을 해야 하는 대가가 따랐다. 결혼한 여자는 남편 수입과 자비심에 의존해야 하지만 가사 이외에 다른 일을 할 필요는 없었다.

열한 살이 되어 아버지 사업을 어느 정도 알게 된 수전은 직공들을 감독하는 일을 해 보고 싶었다. 당시 공장에서는 한 소년이 똑똑한 소녀 한 명의 도움을 받아 직공들을 감독하고 있었다. 수전이 보기에는 그 소녀가 소년보다 기계나 사업을 더 많이 아는 것 같았으므로 자신은 소년의 역할을 맡아서 해 보겠다고 아버지를 졸랐다. 그의 아버지는 공장을 감독하는 것은 여자가 할 일이 아니라며 들어주지 않았다.

그러나 퀘이커 교도들은 교육만큼은 남녀가 평등하다고 믿었고 성별에 관계없이 모든 어린이는 교육받을 권리가 있다고 생각했다. 수전이 다니던 초등학교에서 여자 아이들에게는 나눗셈을 가르치지 않는다는 것을 알게 된 수전의 아버지는 아이들을 모두 자퇴시키고 집에서 가르치기로 결심했다. 처음에는 아버지가 직접 아이들을 가르쳤으나 곧 메리 퍼킨스라는 가정교사를 초빙하였다. 퍼킨스는 매사추세츠 주의 유명한 교육대학인 입스위치 아카데미 출신이었다. 그녀는 낮에는 앤서니가의 아이들을 가르쳤고 밤에는 직물공장의 여공들을 가르쳤다.

퍼킨스는 수전에게 새로운 여성상을 보여 주었다. 고등교육을 받고 전통적으로 대학을 졸업한 남자의 직업으로 인식되던 일을 하는 여성을 처음 본 것이다. 퍼킨스가 어린 수전에게 미친 영향은 매우 컸고 수전은 스스로 아이들을 가르치는 일에 나서기도 하였다. 여름방학 동안 동네 아이들을 가르친 것이다. 교육에 대한 그의 관심이 점점 커지자 결국 수전의 아버지는 당시로서는 상당한 돈인 125달러를 내고 수전을 여학생들만 다니는 기숙학교에 보내기로 결정했다. 그러나 다양한 교육 프로그램을 제공하는 남자 학교와 달리 수전이 다닌 퀘이커 여학교의 교과 과정은 제한적이었기 때문에 수전에게는 불만스러운 학창생활이었다. 공부에는 흥미를 느꼈지만 향수병에 시달렸고 친구들과도 친하게 지내지 못했다. 수전은 점점 외톨이가 되어 갔고 의기소침해졌다.

세니카폴스 집회가 열리기 10년 전인 1838년 어느 날 수전이 평생 동안 명성을 들어 온 연사가 강연을 하러 학교에 찾아왔다. 여성 노예해방 운동가인 루크레티아 모트였다. 이 운동가는 학생들에게 교육의 중요성과 배움이 가져다주는 힘을 주제로 강연했다. 수전은 노예해방에 대한 모트의 신념에 깊은 감명을 받았다.

　모트의 강연이 있고 얼마 후 수전은 학교를 그만두고 집으로 돌아왔다. 계속 어려움을 겪던 직물공장이 망한 것이다. 가족은 빚을 갚으려고 집과 책, 공장설비 심지어 옷까지도 팔아야만 했다. 수전은 가족을 도우려고 아이들을 가르치기 시작했고 그의 정규 교육은 여기서 끝났다. 수전의 전기 작가인 캐슬린 배리는 "이러한 모든 일이 그가 평범한 여성들의 지도자가 되는 밑거름이 되었다"고 적고 있다.

　수전은 항상 가족에게 깊은 애정이 있었다. 그녀는 부모를 존경했고, 어린 여동생들을 돌보려고 열심히 일했다. 앤서니의 자매들은 사이가 좋았다. 그러나 아버지의 사업 파트너의 아들이 수전의 언니인 겔마에게 청혼하자 자매들의 우애에도 금이 가기 시작했다. 수전은 청혼자가 언니에게 걸맞은 상대가 아니라고 생각해 결혼에 반대하였다. 이 때문에 점차 수전은 결혼제도 자체에 의문을 품기 시작했다.

　그가 결혼을 하지 않기로 결심한 것은 다른 여성운동가와 구별되는 특징이기도 하다. 그러나 퀘이커 교도는 많은 기독교 종파와는 다른 시각을 가지고 있었고 결혼하지 않은 여성의 권리를 존중했다. 이러한 이유로 수전은 동료들에 비해서 가족으로부터 결혼하라는 압력을 덜 받았을 것이다. 수전은 교육을 받았고 다른 여성보다 많은 자유를 누렸다. 당시 교사라는 직업은 존경을 받고 일정한 수입이 보장되어 독립적인 지위를 누릴 수 있었다.

　수전은 결혼 때문에 정체성을 잃고 싶은 생각이 없었으며 19세기 미국의 혼인법과 전통적인 사상의 영향으로 결혼제도에 내재되어 있는 불평등을 경멸했다. 이미 보았듯이 결혼한 부부의 대표는 남편이 될 수밖에 없었다. 재산과 가장의 권위는 남편에게만 속하는 것이었고 여성은 남편에게 종속적인 지위만을 가질 뿐이었다. 이십대 초반에 수전은 한 인간이 다른 사람에게 종속되어서는 안 된다는 생각이 확고했다.

직업에 따르는 독립성은 젊은 교사로서 수전의 삶의 성격을 규정 짓는 계기가 되었다. 독신이었기 때문에 자신의 정체성과 목표를 정할 수 있었으며 남편에게 헌신할 필요가 없었다. 독립적인 생활은 그의 정치 철학에도 반영되었다. 수전은 자기 결정권과 독립성은 모든 사람에게 천부의 권리라고 생각했다. 흑인이나 여성도 자기 잠재력을 발휘할 기회를 가져야 한다는 것이다. 결국 그녀는 결혼해서 남편에게 종속되는 삶을 사는 길은 걷지 않기로 결심하였다.

1850년대 삼십대가 된 수전 앤서니는 전국을 다니며 게리슨과 조지 톰프슨의 강연을 듣고 회의에 참석하고 노예해방 운동과 여성 운동에 헌신했다. 또한 언더그라운드 레일로드(남북전쟁이 일어나기 전 탈출 노예에게 도움을 준 비밀조직―옮긴이) 조직에도 참여했으며 뉴욕 주 로체스터를 거쳐 캐나다로 탈출한 150여 명의 노예 중 상당수를 개인적으로 도왔다.

1852년 수전은 일생을 두고 우정을 나눌 동지를 만난다. 수전과 엘리자베스 케이디 스탠턴은 수년 전부터 서로 존재를 알고 있었고 존경하고 있었다. 마침내 만나게 된 그들은 바로 신념을 공유하는 사이가 되었다. 그들의 생활 습관은 정반대였다. 스탠턴은 개방적이고 열정적이고 직관이 뛰어난 반면, 수전은 보다 독립적이고 진지한 성격이었다. 스탠턴의 높은 교육 수준과 깊이 있는 사상은 수전의 의지력을 보충해 주는 무기가 되었다. 그들의 우정은 스탠턴이 죽을 때까지 50년간 계속되었다.

남북전쟁 직후의 미국과 수정헌법 제14조

링컨 대통령이 노예해방 선언을 한 직후에 수전과 스탠턴은 전국여성연맹(Women's National Loyal League, WNLL)을 결성했다. 전국여성연맹은 여성 참정권을 위한 최초의 전국 조직으로서 헌법을 개정하여 참정권을 획득하고자 했다.

1865년 미국은 수정헌법 13조에 근거해 해방 노예들에게 자유와 시민권을 부여했으나 참정권은 유보되었다. 1865년 12월 연방의회는 수정헌법 14조를 입안했고 다음해 중반에 개헌안을 승인하였다. 개헌안은 남부의 주 정부가 흑인에게 투표권을 주지 않으면 연방의회의 의석을 삭감하는 방식으로 흑인에게 간접적으로 참정권을 부여했다.

그러나 이러한 개헌안은 부분적 승리일 뿐이었다. 주 정부가 이 조항을 무시한다 해도 연방정부가 취할 수 있는 조치는 제한되었기 때문이다. 개헌으로 흑인 인권이 개선된 것은 확실했지만, 노예해방 운동가들에게는 흑인에게 명확하게 권리 전부를 인정하는 조항이 아닌 이상 정치적 타협의 산물로 보일 뿐이었다.

노예해방 운동가와 여성 참정권론자들은 공화당을 자신들의 옹호자로 생각해 왔다. 공화당이 주도한 수정헌법 14조는 주 정부에 대한 연방정부의 우위를 선언하고 그 과정에서 노예를 해방하는 내용으로 공화당 입장에서는 일석이조의 조항이었다. 노예해방론자들은 이 조항이 그들 이상이나 장기적인 목표 달성에는 부족하다고 느꼈지만 차선책으로 생각하고 이를 받아들였다. 공화당이 수정헌법 14조를 1866년 선거 공약의 일부로 내세웠기 때문에 공화당의 승리를 바랐던 노예해방 운동가나 여성운동가는 이를 지지할 수밖에 없었다.

하지만 이러한 타협은 여성 참정권의 인정을 받고자 노력하던 스탠턴이나 수전에게 큰 충격이었다. 여성 운동은 모든 역량을 전쟁 승리에 투입해야 했던 남북전쟁 기간 중에 이미 한 번 뒤로 밀렸었다. 이제 노예해방 운동가들은 두 개의 운동을 분리함으로써 여성 운동을 다시 한 번 후퇴시킨 것이다.

노예해방 운동 지도자인 웬델 필립스는 여성운동가들에게 당분간 그의 조직은 여성 운동에 지원을 유보하겠다고 알려 왔다. 흑인의 권리신장 운동만으로도 이미 벅찬 임무라고 생각한 그는 이렇게 말했다.

"언젠가는 저희가 스튜어트 밀(영국의 경제학자, 사회사상가. 『여성의 종속 The Subjection of Women』이라는 저작을 통하여 양성 평등을 주장했다―옮긴이)처럼 용감하게 헌법 개정안에도 '양성 평등'이라는 말을 덧붙일 수 있기를 바랍니다. 그러나 지금은 흑인 문제에 집중해야 할 때입니다. 에이브러햄 링컨이 말했듯이 '한 번에 한 문제씩' 해결해야 합니다."

스탠턴은 수전에게 자신의 두려움을 털어놓았다.

"필립스하고 계속 토론을 했는데 …… 내 생각에 사람들은 여성 문제는 뒤로 미룬 채 흑인에게만 참정권을 주려는 것 같아. 여성 운동은 나락에 빠진 거야."

노예해방 운동과 분리되자 여성 운동이 얼마나 자립할 준비가 되어 있지 않은지 분명해졌다. 노예해방 운동 조직의 광범위한 네트워크를 이용할 수 있었던 전쟁 전과 달리 이제 여성 운동은 한 번에 여러 곳에서 집회를 열 수도 없는 처지가 되어 버렸다. 막 태어난 전국여성연맹은 노예해방 운동 조직과는 달리 기본적인 조직 틀도, 경험 있는 지도자도, 추종 세력도 없었다.

스탠턴과 수전은 이러한 어려움을 잘 알고 있었다. 마찬가지로 수정헌법 14조의 문구도 그들을 걱정스럽게 하는 문제였다. 공화당이 주축이 된 의회는 '인간' 또는 '사람'이라는 단어를 쓰는 대신에 '남성'이라는 단어를 선택하여 미국 헌법 사상 최초로 성별에 따른 구별을 명백히 규정했다. 헌법의 문구 자체가 여성에게 참정권을 부여하지 않고 여성을 이등 시민으로 처우하는 것을 정당화한 것이다.

수정헌법 14조는 참정권을 획득하려고 투쟁하던 한 그룹에게는 전진을 의미하는 것이지만, 다른 그룹에게는 후퇴를 의미하는 것이었다. 제안된 헌법 개정안의 문구를 알게 된 스탠턴과 수전은 청원서를 작성했고 10만 명 이상에게 서명을 받았다.

"여성에게도 참정권 부여를 요청합니다. …… 그렇게 할 때만이 '합중국에 속한 모든 주는 공화정부를 가져야 한다'는 헌법상의 원칙을 만족시킬 수 있을 것입니다."

과거에 지역 여성 운동 단체들은 주 의회에 자신들의 의견을 개진했으나 전국여성연맹은 최초로 연방의회에 직접 청원서를 냈고 공화당 소속 의원들의 지지를 호소했다.

그러나 그들의 노력은 아무런 결실을 맺지 못했다. 1866년 초에 이르자 수정헌법 14조에는 '남성'이라는 단어가 사용되고 여성을 위한 아무런 내용도 포함되지 않을 것이 분명해졌다. 전국여성연맹을 비롯한 여성운동계를 모욕하는 처사였다. 수전과 스탠턴은 미국노예해방협회와 자신들의 조직을 통합하려고 웬델 필립스를 설득했으나 이마저도 거절당하고 말았다. 필립스가 한 번에 하나의 목표만을 추구해야 한다는 생각을 버리지 않은 것이다. 이에 굴하지 않고 수전과 스탠턴은 1866년 5월 남북전쟁 이후 최초의 집회를 개최하였다. 전국에서 모인 대표들은 만장일치로 모든 사람에게 참정권이 주어져야 한다는 결의안을 채택하였고, 조직 명칭을 '미국평등권협회American Equal Rights Association'로 바꾸었다.

1868년에 이르러 수정헌법 14조가 승인되고 남성에게만 투표권을 부여하는 법 규정이 갖추어졌다. 그러는 사이에 여성 운동 진영은 미국 정치의 뒷전으로 밀린 채 분열하기 시작했다. 수전과 스탠턴 같은 급진주의자들과 헨리 블랙웰 및 그의 아내인 루시 스톤 사이의 의견 대립으로 미국평등권협회의 힘이 약화되었다.

1867년 캔자스 주가 흑인 투표권을 인정하는 법안과 여성 투표권을 인정하는 법안을 주민 투표에 붙였을 때 마침내 문제가 표면화되었다. 수전, 스탠턴, 블랙웰, 스톤을 비롯한 여성운동가들은 두 개의 의안이 모두 통과되도록 9개월 동안 열심히 활동했다.

캔자스는 오랫동안 노예제도에 반대해 왔고 흑인 권리를 지지하는 세력도 많았다. 여성의 권리에 대해서도 뉴욕을 제외하면 가장 진보적인 여론을 형성하고 있었다. 그러나 흑인과 여성운동가들이 기대하던 성공 대신에 오히려 재앙이 일어나고 말았다. 여성 운동 지도자들이 의지하고 있었던 공화당 지도자들이 미국평등권협회의 의견을 거부하고 흑인에게만 투표권을 부여해야 한다는 태도를 취한 것이다. 일부 공화당원은 드러내 놓고 여성 운동에 반감을 표시했고 여성에게 참정권을 주어야 한다는 의견 자체에 반대하였다.

격분한 많은 여성운동가는 절박한 심정으로 민주당원과 연합전선을 구축했고 흑인 인권에 반대하는 민주당 정책을 지지했다. 한때 연대했던 참정권 운동 세력이 대립하는 가운데 결국 최악의 사태가 일어났다. 두 개의 의안 모두가 부결된 것이다. 여성운동가들은 두 그룹으로 나뉘었다. 한 그룹은 양성 평등을 뒤로 미루는 공화당원과 연대하였고 수전과 스탠턴이 이끄는 다른 그룹은 40년간 동지 관계로 지내 온 흑인 인권운동가와 결별하였다.

캔자스에서의 실패는 두 개의 새로운 단체가 탄생하는 계기가 되었다. 블랙웰과 스톤이 이끄는 '미국여성참정권협회(American Woman Suffrage Association, AWSA)'는 집권당인 공화당과 유대 관계를 유지했고, 프레더릭 더글러스와 같은 흑인 참정권 운동가와도 관계를 유지했다. 수전과 스탠턴이 이끄는 '전국여성참정권협회(National Woman Suffrage Association, NWSA)'는 양성 평등을 강조하고 여성 참정권 문제를 함께 추진할 것을 주장했다.

보다 급진적인 전국여성참정권협회는 수정헌법 15조의 개정안에 반대 의견을 내기로 결정했다. 개정안에는 흑인에게 참정권을 부여하는 조항만이 있고 여성 투표권은 언급되지 않았기 때문이다. 그럼에도 공화당과 흑인 참정권 운동가들은 1870년까지 이 조항을 통과시키는 데 성공했다. 이제 여성운동가들은 분열된 채 자신들의 목표를 달성하고자 외롭게 싸워야 할 처지에 놓였다.

두 그룹으로 나누어지기는 했지만 그들의 노력은 여성 참정권에 대한 호의적인 여론을 불러일으켰다. 목표를 달성하려는 수단에서는 다툼이 있었지만 공통된 목적 때문에 그들의 분쟁은 전면전으로 이어지지 않았다. 이즈음부터 수전은 강연료로 돈을 벌기 시작했고 여성 참정권을 주장하는 신문 《레볼루션 The Revolution》 발간에 이 돈을 투자했다. 그녀는 금전적 어려움은 물론 루시 스톤과 프레더릭 더글러스의 공격을 견뎌 내면서 이 신문을 계속 발간하였다.

수전은 개인적인 자존심보다 공통의 목적을 더 중요시했기 때문에 그들에게 보복을 하려고 하지 않았다.

"우리의 목표를 달성하는 데 도움을 주는 사람이라면 설사 개인적으로 나에게 잘못을 했다고 하더라도 손끝 하나 건드리지 않겠습니다. 그들이 나의 성공을 방해하려고 했더라도 나는 그들의 성공을 망치려고 하지 않겠습니다."

그는 심지어 비판을 받으면서 미국여성참정권협회의 집회에 참석하기까지 했다.

여성의 공통된 목적을 달성하려는 수전의 노력은 계속되었고, 1886년에 개최된 미국여성참정권협회의 집회에서 루시 스톤이 연설을 마치자 연단에 다가가 화해의 제스처를 보였다. 그의 용기 있는 행동에 참석자들은 박수를 보냈고 수전은 각자가 속한 단체의 이해관계를 떠나서 여성 전체를 위해 단결해야 한다고 역설했다.

여성들은 멈추지 말고 모든 국민에게 참정권을 부여하는 새로운 헌법 조항을 요구해야 합니다. 주 의회뿐만 아니라 연방의회에도 입법을 요청해야 할 것입니다. 저희 목적을 달성하는 데 도움을 주신다면 제가 속한 단체가 없어지거나 몇 년간 운용해 온 《레볼루션》지가 폐간되어도 상관없습니다. 저는 만족할 수 있습니다.

법원의 판례

이 혼란스러운 상황에서도 미국 연방대법원은 여성 참정권 문제에 침묵을 지키고 있었다. 미국 헌법 제3조는 연방법원의 권한의 한계를 규정하고 있다. 연방대법원은 법률의 위헌성 여부를 판단하여 무효로 할 수 있는 권한이 있기 때문에 일반인은 연방대법원이 전지전능하다고 생각하는 경향이 있지만 분명히 그 권한에도 한계가 있다. 헌법은 법원이 판결을 내리려면 실제로 분쟁이 있는 사건이 존재해야 한다고 규정하고 있다. 따라서 법원이 단순히 헌법이나 법을 두고 의견을 제시하는 것은 허용되지 않는다(실제로 권리 침해가 이루어지기 전에는 법원의 판결을 구할 수 없다. 예를 들어 여성을 차별하는 법률이 있다고 하더라도 이 때문에 실제로 권리 침해기 이루어지지 않는 때에는 소송을 제기할 수도 없고 법원이 이에 판결을 할 수도 없다―옮긴이). 그런 이유로 1871년이 되어서야 첫번째 성차별 사건이 연방대법원에 계류되었다.

마이라 브래드웰은 일리노이에서 변호사 자격을 취득하려고 수정헌법 14조의 권리를 주장하였다. 그녀는 여성이 변호사 자격을 취득하거나 법률 업무에 종사하는 것을 금지하는 일리노이 주 법을 상대로 위헌 소송을 제기하였다. 그녀의 변호사는 법률 업무에 종사하는 것은 미국 시민이 향유하는 특권으로서 수정헌법 14조에 따라 보호되는 권리이므로 여성에게 이를 금지하는 법률은 명백히 불법적인 차별이라고 주장하였다.

연방대법원의 판결은 그 당시 보수적인 분위기를 보여 준다.

법은 항상 남성과 여성의 활동 영역과 운명을 다르게 다루어 왔다. 남성은 여성의 보호자가 되어야 한다. 여성은 그 천성과 허약함 때문에 특정한 직업에는 맞지 않는다. …… 아내가 남편과 구별되는 독립된 직업과 경력을 갖는 것은 가족제도와 양립하기 어렵다. …… 여성의 궁극적인 운명과 임무는 어머니와 아내로서 고귀한 임무를 충실히 다하는 것이다. 이것이 창조주의 뜻이다. …… 입법부는 어떤 직업이나 직위를 남성에게만 허용하는 법률을 제정할 권한이 있다.

대담한 도전

브래드웰의 처참한 패배 이후에 여성운동가들은 자신들에게 새로운 반전의 계기가 필요하다는 사실을 깨달았다. 수전 B. 앤서니는 3명의 여동생과 함께 11월 아침, 쌀쌀한 뉴욕 거리를 확신에 찬 걸음으로 걷기 시작했다. 그들은 유권자 등록 사무실로 사용되던 이발소에 들어가 다가오는 선거에 유권자로 등록하겠다고 신청했으나 선거관리 직원은 그들의 요구를 받아들이지 않았다.

수전은 그들에게 수정헌법 14조와 뉴욕 주 헌법의 요약본을 읽어 주었으나 수전의 아들뻘되는 젊은 남자 3명은 여전히 여자들의 등록을 받아 주지 않았다. 수전은 전략을 바꾸었다.

"당신들이 우리의 시민의 권리를 부정한다면 당신들을 고발하고 손해배상 청구소송을 제기해서 엄청난 배상을 하도록 만들겠습니다."

선거관리 직원들이 망설이자 수전은 로체스터의 존경받는 법률가인 헨리 셀든 판사와 미리 상의를 했으며 이 문제가 소송으로 간다면 자신의 전 재산을 들여서라도 끝까지 재판을 할 생각이라고 말했다. 수전에게 재판 비용은커녕 수천 달러의 채무만이 있다는 사실을 알

길이 없는 젊은이들은 반신반의하면서도 등록을 허락해 주고 말았다. 수전은 법적인 문제가 생기면 돕겠다고 하면서 그들을 안심시켰다. 오후가 되어 이 소식이 언론에 알려지자 급진적인 여자들과 선거관리 직원들이 체포될 것이라는 소문이 퍼져 나갔다.

1872년 11월 5일 이른 아침 수전과 여동생들은 다른 여자들에게 둘러싸인 채 투표소로 갔고 각각 한 표를 던졌다. 수전이 투표를 하려고 시도한 첫번째 여성은 아니지만 그의 명성 때문에 그녀는 여성으로서 최초로 투표를 시도한 사람들 중 가장 유명한 인물이 되었다. 수전은 자신의 행동에 큰 자부심을 느꼈고 스탠턴에게 다음과 같은 편지를 썼다.

마침내 해냈습니다! 오늘 아침 7시에 공화당 후보를 선출하는 선거에서 한 표를 던졌습니다. 저는 금요일에 유권자로 등록했고 15명의 여자들이 저를 따라 등록했습니다. 일요일에도 20명의 여자들이 등록을 하려고 했지만 2명을 제외하고는 모두 거절당했습니다. 제 여동생 3명도 투표했고 로다 드 가르모도 투표했습니다. 에이미 포스트도 거절당했는데 즉시 소송을 제기할 것입니다. 헨리 R. 셀든 판사님이 변론을 맡아 주시겠죠. 판사님은 관련 법률을 다 찾아보고 저희 주장을 검토한 다음 저희가 옳다고 말했습니다. 그의 형인 셀든 판사도 마찬가지 의견입니다.

이번 로체스터의 일은 좋은 선전이 될 것이라고 생각합니다. 이 일을 계기로 전국 여성들이 모두 투표하러 가기를 바라는 마음입니다. 사전에 치밀한 계획도 없었는데 수많은 사람이 행동에 나서서 다행입니다. 정말 우리는 공정하고 열심히 노력해 오지 않았습니까? 우리가 공화당 선거에서 투표했기 때문에 민주당에 우호적인 언론들은 우리를 심하게 비판할 것이고 민주당에서는 등록을 받아 주지 않을 것 같습니다.

당신이 이곳에서 있었던 일들을 보고 글을 썼으면 정말 좋았을 텐데 아쉽습니다. 로다 드 가르모는 유권자 등록을 하는 사람들로부터 선서를 하라는 요구를 받았지만 이를 거절하고 다만 거짓말을 하지 않겠다는 약속을 하고 등록하는 데 성공하였습니다. 어떤 민주당원이 제 표를 투표함에 넣어서는 안 된다고 하자 한 공화당원이 동료에게 물었습니다.

"어떻게 할까, 마쉬?"

"집어넣어 버려."

"내 생각도 그래."

"이 문제 때문에 올해 겨울 내내 골치가 아프게 되더라도 옳은 일을 해야지."

여성운동가들이 최고법인 헌법의 공정한 적용을 위해서 노력한다면 이번 겨울에 얼마나 많은 일을 이룰 수 있겠습니까. 닷새 동안이나 뛰어다녔더니 몹시 피곤하지만 훌륭한 목적을 위한 것이니 기분은 좋습니다. 당신도 투표하기를 바랍니다.

23일 후에 수전에 대한 체포영장이 발부되었고 연방보안관은 그에게 법원에 출두할 것을 요구했다. 수전은 어떤 죄도 저지르지 않았으니 자진해서 가지 않겠다며 출석 거부 의사를 밝혔다. 보안관이 그의 집으로 오자 수전은 자신을 체포하려거든 다른 남자 범죄자들과 마찬가지로 수갑을 채우라고 요구했다. 보안관은 소심한 목소리로 수갑은 필요하지 않다고 하면서 그를 법원으로 데려갔다. 선거관리 직원 3명도 체포되어 법원으로 왔다. 이들은 보석 허가를 받아 집으로 돌아갔으나, 수전은 보석 신청을 거부한 채 감옥에 남았다.

수전에게 법률적 조언을 해 왔던 헨리 R. 셀든이 그의 변호사가 되었다. 키 작은 링컨을 연상케 하는 셀든 변호사는 뉴욕 주에서 널리 존경받는 인물로 최초의 공화당 출신 부주지사를 지냈고, 주 최고법원에서도 주 정부 대리인으로 잠시 일을 했다. 후에는 뉴욕 주 최고법원 판사를 지내다가 주 의회 의원으로 당선되었다. 노예해방론자인 셀든은 법률가로서 의원으로서 적극적인 활동가로 알려져 있었다. 민주당은 그를 눈엣가시로 여겼지만 여성운동가들은—특히 그를 깊이 존경하는 수전 B. 앤서니는—동지라고 생각했다.

셀든이 여성에게 투표할 권리가 있다고 믿는 법률적 근거는 수전과 같았다. 실제로 수전에게 그러한 근거를 설명해 준 사람도 그였다. 스탠턴에 따르면 셀든은 이렇게 말했다.

"당신이 투표할 권리를 보호하는 법은 물론 이 나라 모든 여성의 참정권을 보호하는 법도 있습니다."

그의 변론은 수전에게 꼭 필요한 것이었다. 셀든은 존 반 부리스 변호사와 함께 일했는데 두 사람 모두 수임료를 받지 않겠다고 했지만 수전은 능력이 닿는 한 수임료를 내겠다고 고집했다.

셀든이 처음 한 일은 법원에 인신보호영장writ of habeas corpus을 청구한 것이었다. 그의 의뢰인은 아무런 범죄를 저지르지 않았으므로 구속이 불법이라는 주장이었다. 법원은 그 청구를 기각했을 뿐만 아니라 보석금을 두 배로 높여 1,000달러로 정했다. 수전은 자신을 시민으로 인정하지 않는 법체계에 협력하지 않겠다며 보석금을 납입하지 않았으나 셀든은 그의 반대를 무릅쓰고 보석금을 냈다. 셀든은 나중에 수전에게 여자 혼자 감옥에 두는 것을 참을 수가 없었다고 말했다. 그러나 보석금을 지급한 것은 치명적인 실수였다. 이제 수전이 석방되었기 때문에 그들은 인신보호영장의 기각 결정에 항고할 수 없었다(인신보호영장 청구는 구속된 피고인만 할 수 있다―옮긴이). 만약 석방되지 않았으면 연방대법원까지 상고할 수 있었다. 이러한 사실을 알게 된 수전은 보석을 취소해 달라고 법원으로 돌아갔으나 이미 늦은 일이었다.

재판을 기다리는 동안 수전은 다시 한 번 지방 선거에서 투표하여 법의 권위에 도전했다. 재판 날짜는 1873년 5월 13일로 잡혔다. 수전과 셀든 변호사는 배심원에게 재판을 받을 것인지 혹은 판사에게 재판을 받을 것인지 결정해야 했다(미국에서는 중죄로 기소되면 배심재판을 받을 수 있는 권리가 헌법에 규정되어 있다. 그러나 이것은 권리이므로 배심재판을 포기하고 판사에 의한 재판을 선택할 수도 있다. 주로 사실관계에 다툼이 없고 법률적 쟁점만이 문제될 때 판사에 의한 재판을 선택하는 경향이 있다―옮긴이). 셀든은 판사에 의한 재판을 선택해야만 신속히 무죄를 받고 논란이 종결될 것으로 판단했다. 그러나 수전의 생각은 달랐다. 수전은 배심재판을 받으면 자신의 생각을 보통 남자들에게―물론 남자들이었다. 여자는 배심이 될 자격이 없었다―호소할 수 있는 좋은 기회가 될 것이라고 생각했다. 또한 그녀는 자신이 전혀 믿지 않는 법의 자비에 호소할 뜻도 없었다.

수전은 대중을 상대로 설득 작업을 시작했다. 먼로 카운티 주변을 여행하면서 그녀는 자신의 무죄와 여성에 대한 억압을 중지할 것을 주장하는 연설을 하였다. 재판까지 30일이 남은 기간에 수전이 한 연설 횟수는 29번이었다.

시민 여러분, 저는 지난 대통령 선거에서 선거할 권리가 없는데도 투표했다는 혐의로 기소당하고 여러분 앞에 섰습니다. 오늘 저녁에 저는 제 행동이 범죄가 아닐 뿐만 아니라 헌법이 모든 시민에게 보장한 권리 행사였다는 점을 말씀드리려고 합니다. 이러한 권리는 주 정부도 부정할 수 없습니다.

우리의 정치체제는 법을 만들고 집행하는 데 있어서 모든 개인은 자유롭게 정치 의사를 형성하고 투표할 권리가 있다는 사상에 근거를 두고 있습니다. 정부에게는 국민 각자가 천부적인 인권을 향유할 수 있도록 보장할 의무가 있습니다. 인권이 시혜적인 것이라는 생각은 이미 낡은 사상으로 취급받고 있습니다. 국가가 생기기 전에는 각 개인에게 스스로의 생명과 자유와 재산을 보호할 권리가 있었습니다. 정부가 수립되어 개인이 국가에 속한다고 하더라도 그 권리를 포기하는 것은 아닙니다. 사람들은 단지 입법부와 법원에서 서로 보호해 줄 것을 약속받는 것입니다. 생각이 다를 때 야만적인 폭력에 호소하지 않고 문명적인 방법으로 해결할 것을 약속한 것뿐입니다.

미국 건국의 선각자들이 남겨 놓은 기록 어디에도 개인의 권리가 정부로부터 나온다는 말은 없습니다. 독립선언서, 연방헌법, 주 헌법, 영토에 관한 법률 모두가 천부의 인권을 보호하는 내용입니다. 그 어디에도 정부가 개인에게 권리를 준다고 되어 있지 않습니다.

"모든 인간은 창조주로부터 불가침의 인권을 부여받았으며, 생명, 자유, 행복을 추구할 권리는 천부의 권리이다. 이러한 인권을 보장하고자 정부가 수립되고, 정부의 정당한 권한은 국민의 동의에서 나온다(미국 독립선언서의 일부—옮긴이)."

여기에는 정부의 권위가 국민의 인권에 우선한다는 말도 없고 특정한 계층에 대하여 완전하고 평등한 권리의 향유를 제한할 수 있다는 내용도 없습니다. 퀘이커교에서 말하듯이 모든 남자에게 완전한 권리가 부여된 것처럼 '모든 여성도' 정부에 발언권이 있습니다. 독립선언서의 첫 문단은 자연권으로서 참정권을 선언하고 있는 것입니다. 투표할 수 있는 권리가 보장되지 않는다면 어떻게 정부의 권한이 '국민의 동의에서' 나온다고 할 수 있겠습니까?

독립선언서에는 명백히 모든 국민에게 투표권이 있다는 의미가 내포되어 있습니다. 정부가 아무리 국민 복리에 반하는 정책을 시행한다고 하더라도 참정권 없이는 그런 정부를 교체할 수도 새로운 정부를 수립할 수도 없기 때문입니다. 참정권이 없는 국민은 고대와 같이 폭력적인 반란이나 폭동에 호소할 수밖에 없습니다. 이 나라 국민의 절반은 부당한 법률을 폐지하거나 새롭고 정당한 법안을 만드는 데 글자 그대로 아무런 권한도 없습니다.

여성은 자신의 대표도 가지지 못한 채 세금을 내야 하고, 동의한 적도 없는 법률에 복종해야 하고, 배심원이 될 권리도 갖지 못한 채 재판을 받아야 하고, 결혼 기간에는 신체의 자유와 가사노동의 임금과 아이에 관한 권리도 인정해 주지 않는 정부의 통치를 받으면서 전적으로 남성의 자비심에 맡겨져 있습니다. 이것은 평등사상 위에 세워진 미국의 건국 이념에 정면으로 대치되는 것입니다. 독립선언서는 왕이나 사제나 목사나 귀족의 존재를 인정하지 않고 모든 사람은 태어날 때부터 평등하다고 선언하고 있습니다. 독립선언서를 보면 남성도 여성을 지배할 권한이 없습니다. 독립선언서가 채택되어 계급과 계층의 구분이 없어졌고 노예나 농노나 평민이나 아내나 여성이나 모두 종속된 위치에서 해방되어 평등이라는 자랑스러운 원칙 아래 놓인 것입니다.

미국 헌법의 서문은 이렇게 선언하고 있습니다.

"우리 미국 국민은 보다 완벽한 국가를 만들고 정의를 세우고 국내 평화를 확보하고 국방력을 강화하고 복리를 증진하고 우리 자신과 자손들이 자유라는 은총을 영원히 누리도록 보장하고자 미합중국 헌법을 제정한다."

헌법을 제정한 것은 '우리 미국 국민'이지 '우리 백인 남성'이나 '우리 남성'이 아닙니다. 우리가 헌법을 제정한 것은 '자유를 주려는 것'이 아니라 '자유를 보장하려는 것'이며, '우리 국민의 절반과 자손의 절반'의 자유가 아닌 '우리 모두의 자유'를 보장하는 데 있습니다. 민주 국가에서 자유를 보장받는 데 유일한 수단인 참정권을 빼앗긴 여성에게 '자유의 은총을 누리고' 있다고 하는 것은 완전한 조롱일 뿐입니다.

국민이 수행해야 할 모든 의무(병역 의무만을 제외한)에서 여성은 남성과 동일한 부담을 지고 있습니다. 그러나 국민의 권리 중 가장 근본적인 권리인 투표권과 배심원이 될 권리는 여성에게 주어지지 않고 있습니다.

미국 정부는 여성에게 과세하고 벌금을 물리고 징역형에 처하고 심지어 사형에도 처할 뿐만 아니라 재산을 소유하고 여권을 발급받고 시민권을 취득할 권리도 부여하고 있습니다. 헌법은 독신 여성에게만 시민권을 취득할 권리를 부여하고 있는 것이 아닙니다. 헌법 제2장에는 "결혼한 여성은 남편의 동의 없이도 시민권을 취득할 수 있다"라고 규정되어 있습니다.

또한 "외국인이 법적 절차에 따라 시민권을 취득할 의사를 표시하였으나 실제로 시민권을 취득하기 전에 사망한 때에는 그의 미망인과 자녀는 시민권 취득에 필요한 선서만 하면 미국 시민으로 간주되고 시민으로서 모든 특권과 권리를 향유한다"라고 규정되어 있습니다.

외국에서 태어난 여성이 시민권을 취득하여 시민의 모든 특권과 권리를 취득한다면 미국에서 태어난 여성도 태어나면서부터 취득한 국적에 따라 평등한 권리와 특권을 갖는 것이 당연하지 않습니까?

이제 유일하게 남은 의문은 이것입니다. 여성도 인간인가? 제 주장에 반대하는 사람들도 차마 여성은 인간이 아니라고 주장할 만큼 후안무치하지는 않습니다. 여성이 사람이라면 미국 국민이고 따라서 어떤 주 정부도 그들의 헌법상 특권과 권리를 침해하는 법을 제정할 수 없습니다. 그러므로 여성을 차별하는 주 헌법이나 주 법은 흑인을 차별하는 법이 무효이듯 전부 무효입니다.

투표할 수 있는 권리가 시민으로서 갖는 권리의 하나에 불과합니까? 투표권을 박탈당한 반역 죄인이나 전과자는 투표권이 갖는 의미를 잘 알고 있을 것입니다. 투표권은 단순히 시민의 권리 중 하나가 아니라 그것 없이는 다른 모든 권리가 의미 없는 그러한 권리입니다. '투표권을 획득하라, 그러면 나머지 모든 권리가 따라올 것이다.' 이것은 기본적인 정치 원리입니다.

웹스터, 우스터, 부비에 모두 미국 국민은 투표권이 있고 공무담임권이 있는 사람으로 정의하였습니다. 수정헌법 13조가 제정되어 노예제도가 없어지고 흑인이 단순한 재산에서 사람으로 바뀌기 전에 이 나라 법원의 견해도 이와 같았습니다. 사람이라는 것은 국민이라는 의미이며 국민의 의미는 투표할 수 있는 권리가 있다는 것을 뜻합니다.

수정헌법 14조가 모든 국민에게 투표할 수 있는 권리를 보장해 주는 것이 아니라면 무슨 이유로 헌법 개정을 한 것입니까? 그 조항을 입안한 공화당은 수정헌법 14조가 흑인을 위해 무엇인가를 해 주는 조항인 것처럼 주장하고 있습니다. 만일 그 '무엇인가'가 투표권과 공무담임권이 아니라면 도대체 무엇이란 말입니까? 수정헌법 13조로 흑인은 이미 인간으로 인정받았고 모든 특권과 의무의 면제를 인정받았습니다. 정확히 이 나라의 여성과 같은 지위가 된 것입니다.

해방된 노예들은 참정권을 제외하고는 모든 권리와 특권, 의무의 면제를 인정받았습니다. 그러므로 참정권을 인정하는 것이 아니라면 애초부터 헌법을 개정할 이유가 없었던 것입니다. 만일 아일랜드 사람이 미국 국적을 취득한다면 그 전날은 없다가 국적을 취득한 이후에 갖는 권리가 무엇입니까? 투표권과 공무담임권입니다. 요즈음 태평양 연안에 몰려들고 있는 중국 사람들도 똑같은 경우입니다.

캘리포니아 주와 오리건 주가 투표권 외에 흑인의 권리를 제한하고 있는 것이 무엇이 있었습니까? 수정헌법 14조가 흑인에게 투표권을 주는 조항이 아니라면 그것은 아무런 의미도 없는 것입니다. 흑인은 이미 다른 모든 권리가 있기 때문입니다. 그러나 수정헌법 14조가, 주 정부가 개인의 투표권을 제한하는 것을 금지하는 조항이라면, 이는 여성을 포함한 모든 사람에게 적용되어야 할 것입니다. 수정헌법 14조는 모든 '아프리카계 남성'이 아닌 '미국에서 태어나거나 미국 국적을 취득한 모든 사람'을 시민으로 규정하고 있기 때문입니다.

그러나 개정되기 전 헌법에서 '사람'과 '국민'이 같은 뜻으로 쓰였는지 여부나 수정헌법 14조의 '특권과 의무의 면제'에 참정권이 포함되었는지 여부를 두고 법학자들 사이에 아무리 많은 다툼이 있다고 하더라도 투표권 문제는 수정헌법 15조로 완전히 해결되었습니다. 수정헌법 15조는 "연방정부나 주 정부는 인종, 피부 색깔 또는 전에 예속적 지위에 있었다는 이유로 시민의 투표권을 부정하거나 제한할 수 없다"라고 규정하고 있습니다. 만약 투표 권리가 시민의 권리에 포함되지 않는다면 어떻게 이를 부정하거나 제한할 수 있겠습니까? 투표권이 시민 권리의 하나라고 해석하지 않을 방법은 없습니다. 인종, 피부 색깔 또는 예속적 지위에 있었다는 이유는 예시일 뿐이며, 이러한 예 때문에 시민 투표권을 부정하거나 제한할 수 없다는 말의 의미가 변질되어서는 안 될 것입니다.

"장미에 다른 이름을 붙인다고 해서 향기가 없어지는 것은 아니다"라는 속담이 있습니다. 결혼이라는 신성한 이름 아래 이루어지는 일이라고 하더라도 신체의 자유를 구속당하고 가사노동의 대가를 인정받지 못하고 아이에 대한 권리도 없고 소송을 제기하거나 제기당할 법적 주체로도 인정받지 못하고 법정에서 증언하지도 못한다면 가장 비참한 노예 상태가 아니겠습니까?

결혼한 여성의 법적 지위에 대한 제 말이 틀렸다고 말할 수 있는 법률가가 있습니까? 미국에서는 주 정부가 특별히 입법을 하지 않는 이상 영국에서부터 발전한 보통법이 적용됩니다. 저는 아직 어떠한 주 정부도 결혼제도에 옛 보통법 규정의 적용을 배제하는 입법을 하지 않았다는 사실이 부끄럽습니다. 보통법에서 결혼을 두고 블랙스톤은 이렇게 말했습니다.

"남편과 아내는 한 사람이나 마찬가지다. 그리고 그 한 사람은 남편이다."

따라서 결혼한 모든 여성은 엄격하게 말하면 수정헌법 15조의 '예속적 지위'에 있다고 할 수 있습니다. 결혼한 여성만이 아닙니다. 독립 전 미국 사람들이 조지 3세의 지배를 받고 있었듯이 우리 '자유 정부의 위대한 근본 원리'는 이 나라의 여성 모두를 '예속적 지위'에 몰아넣고 있습니다.

여성은 자신의 대표를 의회에 보내지도 못하면서 세금을 내야 합니다. 동의 없이 지배받으며 배심원이 되지도 못하면서 재판받고 처벌받습니다. 이러한 여성의 지위가 100년 전 전제 왕권 밑에서 남성의 지위보다 조금이라도 나은 점이 있습니까? 존 애덤스도 존 행콕도 패트릭 헨리도 이를 두고 한마디도 하지 않았습니다. 그러나 지적이고 애국심 있는 이 나라의 여성에게 물어보십시오. 재산을 소유하고 있는 여성에게 물어보십시오. 세금을 걷으러 온 사람이 문을 두드릴 때마다 그의 영혼은 1776년 독립전쟁 때와 같은 분노를 느낀다고 할 것입니다. 예속적 지위를 향한 그의 분노는 제임스 오티스가 다음과 같이 말했을 때의 느낌과 같을 것입니다.

"대표를 의회에 보낼 수 없는 사람들에게 세금을 부과하는 것은 그들의 가장 핵심적인 권리를 박탈하는 것과 같다. 이러한 상태가 계속된다면 결국 모든 권리를 박탈당할 것이다. 그의 동의에 관계없이 세금이 부과되는 데 다른 권리가 무슨 소용이 있겠는가. 사람이 그 스스로, 또는 대표를 내세워 자신의 권리에 따른 의견을 표명할 수 없다면 그의 자유는 사라진 것이고 완전히 다른 사람의 자비심에 맡겨진 운명이 되는 것이다."

독립전쟁 당시의 애국자 중 한 명인 토머스 페인은 논리 정연하게 미국 정부 수립의 원칙을 옹호합니다.

"대표를 선출하는 데 투표할 수 있는 권리는 다른 권리를 보호하는 데 가장 중요한 권리이다. 이 권리를 박탈하는 것은 인간을 노예 상태로 떨어뜨리는 것이다. 노예란 다른 사람의 손에 운명이 결정되는 존재를 말하며 투표권이 없는 사람은 바로 이런 상태에 있는 것이기 때문이다. 그러므로 어떤 계층의 사람들에게 투표권을 주지 말자는 제안은 그들의 재산을 빼앗자는 제안만큼이나 범죄적이다."

여성이 예속적 지위에 있었고 수정헌법 15조가 투표권을 부여받아야 된다는 것을 입증하는 데 더 많은 근거를 말씀드려야 합니까?

투표할 권한이 없는 자유는 웃음거리일 뿐 노예 상태나 마찬가지라는 말에 동의하지 않을 사람이 있을까요? …… 남북전쟁 전에는 주 정부에서 노예제도를 인정하고 있었고 미국에서 태어난 사람이나 외국 출신 사람이나 투표권을 박탈당하는 때도 있었습니다. 그러나 남북전쟁 결과 시민의 자유와 투표권은 주 정부가 침해할 수 없는 권리라는 원칙이 확립되었고 연방정부는 이를 보호할 의무가 있습니다. 링컨과 그랜트(남북전쟁 당시 북군 총사령관. 후에 18대 대통령으로 당선된다 — 옮긴이)의 승리에 따라 이 원칙은 더욱 확고해졌습니다.

이 논리 정연하고 헌법학적으로도 탄탄한 근거를 갖춘 연설은 수전이 재판을 하루 앞두고 긴장한 상태에서 즉흥적으로 만들어낸 연설이 아니다. 수전 B. 앤서니는 30여 년간 자신의 주장을 확립해 왔다. 수많은 법률 논문을 읽고 헌법에도 정통했다. 수전은 법원이 수정헌법 14조와 15조를 근거로 흑인의 권리를 확장한 논리를 채용하고 헌법의 문구에 여성도 포함되는 것으로 해석했다. 여성의 지위를 시민이면서 예속적 지위에서 해방된 것으로 정의했고, 그리하여 해방된 노예에게 적용되는 법률 논리를 유추 적용한 것이다. 여성이나 흑인은 전에는 백인 남성에게 예속된 지위였으나 이제 모든 권리를 누리게 되었다는 것이다.

오십대가 된 수전은 연설을 하다가 지친 나머지 쓰러졌다. 상태가 좋지 않아 입원하자 몇몇 신문에는 수전이 사망했다는 기사가 실렸다. 그러나 그가 계속 입원해 있으면 여성 운동에도 좋지 않은 영향을 미치고 그의 어머니도 걱정할 것이 분명했다. 수전은 얼마 지나지 않아 병원에서 퇴원해서 예정된 연설을 강행하였다.

재판장은 수전의 활동이 배심원들에게 미칠 영향을 염려해 재판이 열릴 장소를 온타리오 카운티로 변경하고 재판 날짜도 1873년 6월 17일로 연기했다. 수전은 연설 일정을 바꾸었다. 이번에는 온타리오 카운티로 이동해서 동료 여성 참정권 운동가인 마틸다 조슬린 게이지와 함께 매일 다른 마을에서 연설을 했다. 재판이 열리기 하루 전날인 6월 16일 재판이 열리는 장소인 캐난다이과에서 연설 여행이 끝났다. 캐난다이과에서 게이지가 한 연설의 요약을 읽어 보면 문제의 중요성을 알 수 있다.

모든 국민의 눈이 우리를 바라보고 있습니다. 국민의 자유에 대한 열망이 우리에게 맡겨졌습니다. 미국 전체가 건국이념에 따라 재판을 받는 것이나 마찬가지입니다. 국민이 정부를 선택할 권한이 있다는 미국의 건국이념은 100년 전에 주창되어 오늘날까지 이어져 왔습니다. 세계가 미국을 지켜보고 있고 남북전쟁에서 우리의 승리를 목격했지만, 수전 앤서니와 관계된 이 재판이야말로 우리나라의 공화정이 진정으로 시험대에 오르는 무대가 될 것입니다. 시민의 정치적 권리에 어떠한 평결이 내려지는가에 따라 미국 국민이 진정한 자유인인지 아니면 노예인지 밝혀질 것입니다. 이 재판은 미국을 재판하는 것이나 마찬가지입니다. 미국이 파멸에 이르는 지름길을 갈 것인지 아니면 오랫동안 영광의 길을 걸을 것인지 이 재판에 달려 있습니다.

수전 앤서니는 오늘날 자유를 상징합니다. 어떤 시대에나 전 인류의 희망과 슬픔이 한 개인의 어깨에 달려 있는 그런 순간이 있었습니다. 그 사람은 그러한 짐을 진 채 고난의 길을 걸어갑니다. 그런 사람들이 가시밭길을 걸어가면서 나머지 인류에게 편안한 길을 열어 주는 것입니다. 지금이 바로 그 순간입니다. 그리고 그런 길을 걷는 사람이 수전 B. 앤서니입니다.

　이제 온타리오 카운티의 주민 여러분은 아주 중요한 시간을 맞이했습니다. 이 위대한 국가의 전 국민 중에서 여러분이 이 재판의 책임을 진 것입니다. 이 재판으로 자유의 범위는 더 넓고 완전해질 것입니다. 이 재판은 단순히 수전 B. 앤서니만을 위한 것이 아닙니다. 이 재판은 여러분을 위한 것이고 여러분의 자손을 위한 것입니다.

　저는 여러분에게 수전 B. 앤서니를 위해 유리한 평결을 해 달라고 부탁하는 것이 아닙니다. 미국 건국의 기초가 된 원칙에 따라 평결을 해 달라는 것입니다. 우리나라의 위대한 자유의 헌장, 독립선언서와 연방헌법에 따라 재판을 해 달라고 부탁드립니다.

　여러분께서는 단순히 권리 문제를 결정하는 것이 아니라 우리나라의 최고법을 판단할 것입니다. 편견을 버리고 헌법에 따라 재판을 해 주십시오. 여러분이 피고인이 옳다는 평결을 내린다면 여러분은 헌법을 지지하는 것입니다. 반대의 평결을 내린다면 여러분은 편견 때문에 판단이 흐려진 것입니다. 이것은 여성에게만이 아니라 미국에도 불행한 일입니다.

　우리의 자유가 이보다 더 중요한 순간은 없었습니다. 우리나라의 기본 이념은 모든 국민의 완전하고도 영속적인 평등이기 때문입니다. 미국 땅에서 태어난 사람이건 이민을 온 사람이건 백인이건 흑인이건 남자이건 여자이건 모든 국민은 평등한 대우를 받아야 합니다. 하느님의 가호가 여러분 모두에게 있기를 바랍니다.

수전 B. 앤서니의 재판

수전의 재판을 담당할 워드 헌트 판사는 오랫동안 여성 참정권에 반대해 온 라스코 콘클린 상원의원의 도움으로 연방판사 자리에 오른 사람이었다. 그 때문에 수전을 지지하는 사람들은 헌트 판사가 콘클린 상원의원의 지시에 따라 재판을 이끌어가지 않을까 걱정했다.

수전 B. 앤서니의 죄명은 연방선거에서 불법적으로 투표를 했다는 것이다. 재판은 이틀 만에 끝났다. 이 재판의 헌법적 의미를 고려할 때 놀라울 정도로 짧은 기간이다. 법정은 개정하자마자 방청객으로 가득 찼고, 그 중에는 캐난다이과에서 어린 시절을 보내고 그곳에서 75마일 떨어진 버펄로에 살고 있던 전직 대통령 밀리드 필모어도 있었다. 언론은 사건 관련 기사를 자세하게 실었고 몇몇 신문은 피고인에 대한 악의가 엿보이는 캐리커처를 싣기도 하였다.

검사인 리처드 크로울리는 수전을 유권자로 등록해 준 선거관리 직원들을 증인으로 소환했다. 피고인 측도 그들의 증언에 이의를 제기하지 않았고 수전이 실제로 투표권을 행사했다는 사실은 따로 입증할 필요가 없었다. 피고인 측 변론이 시작되자 셀든 변호사는 직접 증언대에 서서 자신이 수전에게 투표하라는 충고를 하였다고 증언했다. 셀든 변호사는 다음으로 수전을 증인으로 신문하려 했으나 검사가 이의를 제기했다. 수전은 여자이기 때문에 증언할 능력이 없다는 것이다. 헌트 판사는 검찰 측의 이의 제기를 받아들였고, 셀든 변호사는 강력하게 항의했으나 수전의 증언을 허용하지 않았다.

검찰의 다음번 증인은 수전이 셀든 변호사와 상담하기 전에 이미 유권자 등록을 했다고 말했다. 그가 수전과 나눈 대화를 하려 하자

대담한 여자.

셀든 변호사가 이의를 제기했다. 수전이 법정에서 증언할 수 없다면, 법정 밖에서 한 말도 증거로 사용할 수 없는 것이 논리에 맞기 때문이다. 그러나 헌트 판사는 그러한 증언을 허용했다.

수전이 증언하지 못하는 상황에서 증거조사 절차는 오래 걸리지 않았고 재판은 최종 변론 단계로 접어들었다. 최종 변론에서 헨리 셀든은 자신이 훌륭한 변호사임을 증명했다.

―○―

수전 B. 앤서니를 위한 헨리 셀든 변호사의 최종 변론

피고인은 1870년 5월 31일 의회를 통과한 법률 제19편에 규정된 '적법한 투표권 없이 투표한 죄'로 기소되었습니다.

피고인이 투표한 것이 위법하다는 유일한 이유는 피고인이 여성이라는 사실입니다. 똑같은 상황에서 피고인의 남동생이 투표를 했다면, 처벌받지 않았을 뿐만 아니라 오히려 훌륭한 행동을 했다고 칭찬받았을 것입니다. 단지 여성이 했다는 이유로 범죄라는 것입니다. 그러므로 그 범죄의 구성요건에는 행위만이 아니라 행위자가 여성이어야 한다는 요소도 포함되어 있습니다. 제가 알기에 이 사건은 피고인이 단지 여성이라는 이유만으로 형사법정에 선 최초의 사례일 것입니다.

여성도 남성과 똑같이 훌륭한 정부를 구성하고 유지하는 데 관심이 있습니다. 여성도 남성과 똑같이 법을 지켜야 합니다. 악법 때문에 고통받는 것도 마찬가지이고, 좋은 법의 혜택도 똑같이 누립니다. 평등의 원칙에 비추어 볼 때 여성도 남성과 마찬가지로 법을 만드는 사람을 선택하는 데 참여할 수 있어야 하는 것은 당연합니다. 여성에게 법 제정과 관련한 아무런 발언권이 주어지지 않은 상황에서 어떠한 행동을 남자가 아닌 여자가 했다고 해서 처벌하는 것은 정말 우스꽝스러운 일이 아닐 수 없습니다.

우리 모두는 헌법과 법률을 준수할 의무가 있습니다. 피고인이 위법한 행위를 했다면 법이 아무리 부당하거나 부조리하더라도 처벌을 받아야 할 것입니다. 하지만 만일 더 합리적으로 해석할 수 있는 방법이 있다면 법원이 헌법이나 법률을 부당한 결과를 초래하도록 해석할 아무런 이유가 없습니다. 이러한 논리가 여성 참정권에 대한 제 변론의 기초가 될 것입니다. 일단 여성 참정권의 법적 성격이 올바르게 해석된다면 헌법이 이를 보장한다는 것을 확인하는 데 아무런 어려움이 없을 것이기 때문입니다.

법률적 관점에서 볼 때, 이 사건에서 제기되는 의문은 세 가지입니다.

1. 피고인이 문제가 된 선거에서 법적으로 투표할 권한이 있었는가?
2. 만일 피고인에게 투표권이 없는데도 진심으로 투표권이 있다고 믿고 투표를 한 것이라면 그러한 행위가 현행법에서 범죄가 되는가?
3. 피고인이 진심으로 스스로에게 투표권이 있다고 믿고 투표한 것인가?

만일 첫번째 질문에 대한 제 견해가 받아들여진다면 나머지 두 질문에는 답변할 필요도 없을 것입니다. 반대로 만일 두번째 질문에 대한 제 관점이 틀린 것이라면 첫번째, 세번째 질문은 할 필요도 없을 것입니다. 처음 두 질문은 법률적 질문이고 세번째 질문은 사실을 묻는 것이므로 배심원 여러분이 결정할 것입니다.

첫번째 질문에 대한 제 생각은 피고인도 다른 국민과 마찬가지로 선거에서 투표할 권한이 있다는 것입니다. 피고인 수전 앤서니와 그와 같은 입장에서 투표할 권한을 요구한 사람들은 미국 정부는 물론 모든 민주적인 정부가 수립된 근본 원리에 비추어 모든 국민은 똑같은 권리를 가지고 정부의 구성과 운영에 참여할 수 있다고 주장합니다.

여성의 권리에 관한 이러한 주장은 그동안 많은 사람이 그 중요성을 무시해 왔습니다. 여성 참정권운동에 동참한 사람들은 능력 있고 성실하고 진지한 여성들입니다. 이들은 다른 사람들이 조롱할 때도 침묵하지 않았고 언론이 야비한 캐리커처를 실을 때도 위축되지 않았습니다. 오히려 이들은 이러한 모든 일을 여성 전체가 겪는 고통으로 인식하였습니다. 여성운동가들은 여성이 정부와 사회의 구성에서 정당한 지위를 인정받아 본 적이 없다고 믿었습니다. 이들의 생각을 들어 보려고도 하지 않는 사람들로서는 그러한 생각이 얼마나 진지한지 이해하지 못할 것입니다. 물론 그들의 주장이 틀렸을 수도 있습니다. 그러나 최소한 그들 생각도 공정하고 진실하고 솔직하게 평가되어야 합니다.

이 땅에서 가장 중요한 문서인 독립선언서에서 미국의 건국자들은 "정부의 정당성은 국민의 합의에서 나온다"고 선언하였습니다. 블랙스톤은 다음과 같이 말했습니다.

"범죄자를 처벌하는 합법성은 그들 스스로가 그 법을 제정하는 데 동의하였다는 점에서 찾을 수 있다. 법률은 개인이 사회적 관계를 맺으면서 체결하는 계약의 한 부분이다. 사회의 일원으로서 사람들은 그러한 법률에 동의하는 것이며 법률로서 보호받는 것이다."

정부의 기본 원리를 바라보는 이러한 생각은 존 로크 시대부터 현재에 이르기까지 영국과 미국의 수많은 사상가들이 표현해 왔고 이를 인용하자면 끝도 없을 것입니다. 정부의 정당성은 국민의 동의에서 나온다는 원리로부터 법의 지배를 받는 모든 시민은 그러한 법 제정과 집행에 똑같이 참여할 권리가 있다는 부정할 수 없는 원칙이 도출됩니다.

이 원칙이 사람들에게 널리 받아들여져 모든 성인 남성은 투표권을 인정받았습니다. 링컨 대통령은 '국민의, 국민에 의한, 국민을 위한 정부'라는 말로써 이를 적절히 표현하였습니다.

투표권을 확장하는 것이 정부의 안전성에 위협이 될 것이라고 생각하던 사람들도 있었습니다. 그러나 저는 투표권을 널리 인정하는 것이야말로 정부의 안전에 가장 중요한 보루가 된다고 생각합니다. 정부의 구성과 운영에 참여할 합법적인 권리를 부여받은 사람들은 폭력적인 방법으로 정부를 전복할 이유가 없기 때문입니다. 이러한 원리로 운영되는 정부가 더 안전한 것은 선택된 소수보다 다수가 실수를 저지를 위험성이 적다는 단순한 이유에서가 아닙니다. 오히려 자신들이 직접 참여하는 정부가 잘못되기를 바랄 이유가 없고 설사 실수를 저지르더라도 자발적으로 이를 시정하려고 할 것이기 때문입니다.

이와 반대로 국민의 일부만이 참정권이 있는 정부에서는 지배층이 자신들의 이해관계와 국민 전체의 이익이 부합한다는 믿음이 없고 국민을 위해서 정부를 운영하지도 않습니다. 불행하게도 남성만이 참정권이 있을 때에도 그 예외는 아닙니다. 의식적이든 무의식적이든 지배계층이 자신만을 위해서 권한을 행사하려는 경향을 시정하는 유일한 방법은 모든 사람에게 권한을 분산하는 것뿐입니다. 이러한 권한 분배가 이루어지지 않은 정부를 자유 정부라고 부르는 것은 잘못된 일입니다.

오랜 투쟁을 거쳐, 남성에 관한 한 이러한 원칙은 미국 땅에 확고히 자리 잡았습니다. 그러나 참정권을 여성에게 부여하자는 논의가 시작되면 평소에는 거의 협력하지 않던 '제도권에 속한' 정치학자와 정치인들이 한 목소리로 이를 반대합니다. 참정권이 모든 남성에게 인정된 것처럼 여성에게도 인정되어야 한다는 논리는 아직까지 받아들여지지 않고 있습니다. 개인의 안전을 위해서라도 정부 운영에 참여하는 권리가 모든 남성에게 분배되어야 한다면 육체적으로 약자인 여성에게 이러한 권리가 인정되어야 할 필요성은 오히려 더 크다고 할 수 있습니다. 만일 여성의 권리에 냉소적인 사람들이 주장하는 것처럼 여성이 지적으로도 남성보다 열등하다면 오히려 참정권을 인정받아야 할 필요성은 더 커질 것입니다. 정부의 가장 중요한 목적 중 하나가 강자로부터 약자를 보호하는 것이기 때문입니다.

저는 모든 남성에게 선거권을 주어야 한다는 논리가 여성에게까지 확장되지 말아야 할 근거를 찾을 수 없습니다. 여성에게 선거권을 주는 데 반대하는 가장 중요한 근거는 남성이 여성의 권리까지 대표할 수 있고 그러한 방식에 따르는 것이 여성이 직접 참여하는 것보다 여성의 권리와 이해관계를 더 잘 보호할 수 있다는 것입니다. 특정한 남성 개인이 아닌 전체의 남성은 여성에게 자연스럽고 적절한 대표자이고 개개의 경우에는 잘못이 있을 수도 있지만 전체적으로 보면 여성은 남성의 손에 맡겨지는 것이 가장 잘 보호된다는 것입니다.

그러나 지금까지 여성이 비참하고 부당한 대우를 받아 온 것은 소위 여성의 보호자라고 하는 남성들이 만든 법 때문이라는 점을 지적해야 할 것입니다. 실제로 법은 여성 보호에는 큰 도움이 되지 못했고 오히려 구조적 문제의 원인이 되어 왔습니다.

좀더 넓게 역사적인 시각에서 살펴보도록 하겠습니다.

만일 중국 여성이 남성과 평등하게 법을 만드는 데 참여할 수 있었다면 여자 아이들이 성장하는 동안 전족을 강요해서 다리를 절게 만드는 그런 법률이 만들어졌을까요?

힌두교의 여성이 인도의 법 제정에 관여할 수 있었다면 남편이 죽었을 때 부인도 화장당해야 하는 순장제도가 그렇게 오랫동안 유지되었을까요?

유대인 여성에게 참정권이 있었다면 유대 남성이 아무 때나 자신이 원할 때면 '아내에게 이혼장을 써 주고 집 밖으로 쫓아낼 수 있는' 권리가 있었을까요?

터키나 페르시아에서 결혼한 여성이 두꺼운 베일을 쓰지 않고 외출하는 것이 죽어 마땅한 끔찍한 범죄로 규정되었을까요?

옛 영국에서 글을 읽을 줄 아는 남성이라면 손에 낙인이 찍힌 채 몇 개월간 투옥되면 그만인 범죄를 여성은 아무리 교육을 받았더라도 처형당해야만 하는 그런 부조리가 존재할 수 있었을까요?

이러한 일에 적용되어 온 원리는 언제 어느 때나 같았습니다. 어떠한 수단을 사용했든 간에 권력을 차지한 집단은 거의 예외 없이 자신들을 위해서만 그 권한을 행사한다는 것입니다. 또한 그러한 집단은 자신들을 위해서 권력을 행사하면서도 자신들이 하는 일이 모든 사람의 이익에 부합한다고 믿어 왔습니다. 그러나 그들이 모든 사람에게 도움이 될 것으로 믿었다고 해서 잘못된 권력 행사 때문에 고통이 없어지는 것은 아닙니다.

여성의 예속도 이러한 원리의 결과입니다. 권리가 아닌 힘의 논리로 굴종의 길을 걸어 왔던 것입니다. 악의는 없었다고 하더라도 무지와 이기심이 결부된 힘의 논리였습니다. 야만시대의 유물이 현대 국가에까지 그림자를 드리우고 있습니다. 국가가 야만으로부터 멀어질수록 여성의 예속도 풀려 왔습니다. 단순히 물리적 힘이 세상을 지배할 때에는 여성이 당한 고통을 시정할 수 있는 가능성조차 없었습니다. 법의 지배가 도래하면서 비록 늦기는 했지만 모든 종류의 부당한 일이나 혹은 적어도 정치적인 부당함은 사라질 것이라는 희망의 여지가 생기기 시작했습니다.

아무런 죄도 저지르지 않는 시민에게 정치에 참여하거나 대표를 선출하거나 법을 제정하고 운영하는 과정에 참여하는 권리를 부정하는 것보다 더 부당한 일은 없습니다. 그러한 권리를 박탈당한 시민은 사실상 노예나 다를 바 없습니다. 그들의 권리가 전적으로 다른 사람들의 의사에 달려 있기 때문입니다. 이런 이유 때문에 해방된 노예에게 투표권이 부여된 것입니다. 투표권을 부여받기 전에는 완전한 해방이라고 부를 수 없습니다. 참정권 없이는 어떠한 계층도 그 권리를 인정받기 어렵습니다. 이 나라의 역사는 여성도 이러한 원칙에서 예외가 아니었다는 점을 보여줍니다.

여성 참정권을 지지하는 사람과 반대하는 사람들 중에는 참정권 부여의 효과를 놓고 크게 오해하는 사람들이 있습니다. 한편에서는 여성에게 정치적 권리를 부여하면 여성이 급격히 변모하여 중성적으로 될 것이라고 생각합니다. 겸손하고 친절하고 우아한 존재에서 대담하고 시끄럽고 구역질 나는 정치 선동꾼이 되거나 혹은 그보다 더 나쁜 존재로 변한다는 것입니다.

이러한 생각은 완전히 잘못된 것입니다. 여성의 천성은 인간이 아닌 신의 법에서 부여받은 것이고 인간이 만든 법률은 여성의 천성에 거의 영향을 끼칠 수도 없습니다. 어떠한 권리를 부여받든지 혹은 어떠한 의무를 지든지 여성의 천성은 변함이 없을 것입니다. 여성의 겸손함, 세련됨과 사물의 본질에 대한 통찰력은 새로운 권리나 의무가 여성 지위에 어떠한 변화를 주더라도 결코 없어지지 않을 것입니다.

참정권을 빼앗긴 사람은 본질적으로 노예입니다. 그의 권리가 전적으로 다른 사람의 의지에 달려 있기 때문입니다. 이러한 원칙은 우리 정부와 세계의 모든 공화 정부의 기초를 이루는 사상입니다. 그러한 원칙을 지키려고 미국이 대영제국으로부터 독립한 것입니다.

"대표 없는 과세는 폭정이다." 제임스 오티스의 이 유명한 경구는 그 시대에는 충분했겠지만 원칙의 일부만을 말하고 있습니다. 정부는 과세 이외에도 여러 가지 수단을 이용해 국민의 권리를 억압할 수 있기 때문입니다. 진정한 원칙은 "정부 구성에 참여할 권리를 박탈당한 국민이 있는 한 그 정부는 폭정이다"라고 해야 할 것입니다. 그것이 독립선언서의 원리입니다.

우리는 이러한 원칙을 흑인에게 적용하는 데 주저했고 여성에게 적용하는 데는 더 주저하고 있습니다. 그러나 수정헌법 14조에 따라 이 원칙은 이미 채택되었다고 보아야 합니다. '모든 시민'이라는 단어에는 당연히 남자뿐만 아니라 여성도 포함되어 있고 '박탈할 수 없는 시민의 특권과 권리'에는 참정권이 포함되었다고 보아야 하기 때문입니다.

시민의 특권 가운데 다른 모든 권리에 앞서는 것 하나를 고른다면 투표권이 될 것입니다. 또한 시민 권리를 보호하고자 만들어진 헌법을 해석하는 데 시민의 특권과 권리는 박탈할 수 없다는 선언이 다른 모든 조항에 앞서는 것으로 해석되어야 합니다.

수정헌법 14조의 문구를 자세히 살펴보면 위와 같은 선언은 참정권을 단순히 하나의 권리로 선언한 것이 아니라 '생명, 자유, 재산 그리고 법 앞의 평등한 보호'를 보장하려고 가장 중요한 권리로 설정한 것이 명백합니다.

수정헌법 14조에서 "어떠한 주 정부도 시민의 특권과 권리를 박탈하는 법률을 제정하지 못한다"라는 문구를 삭제하더라도 투표권과 공무담임권을 제외한 나머지 모든 권리는 같은 조항의 다른 부분에서 현재와 마찬가지로 보장을 받습니다. 그러므로 위 문구가 참정권을 보호하는 것이 아니라고 한다면 아무런 효력이 없는 것이므로 삭제되어야 마땅할 것입니다.

진실인지 아닌지 알 수 없습니다만 위 조항을 입안하고 채택할 당시에 여성 참정권은 고려되지 않았다는 의견이 있습니다. 그러나 그러한 의견이 맞는지 틀린지는 전혀 문제가 되지 않습니다. 법조문의 문구를 무시하고는 헌법의 제정 의도를 파악하는 것이 어렵기 때문입니다.

헌법이나 법률이 애초에 제정될 때 의도를 넘어서는 의미를 갖게 되는 것은 새로운 일이 아닙니다. 영국의 귀족이 존 왕에게 마그나 카르타를 받아들이도록 할 때 평민의 권리를 보호하려는 의도가 있었던 것은 사실이지만, 그들이 예상했던 것보다 실제로 훨씬 더 많은 권리를 평민에게 부여한 것은 의심의 여지없는 사실입니다. 미국 헌법의 제정자들이 스스로 의도했던 것보다 더 훌륭한 헌법을 만들어냈다는 사실은 많은 사람이 인정하고 있습니다. 수정헌법 14조가 제정 당시에 생각했던 것보다 훨씬 많은 의미를 담고 있는 것도 얼마든지 가능한 일입니다. 기대하지도 못했는데 이 조항으로 그렇게 논란이 많던 여성 참정권 문제가 해결된다면 우리나라에도 좋은 일이 될 것입니다.

헌법은 여성에게 부여되는 권리 문제와는 직접적인 관련성이 없지만, 이 시점에서 여성에게 투표권을 부여하는 데 반대하는 일반적인 논거를 살펴보는 일도 유익할 것입니다. 과거 경험에서 저는 논리적으로 아무런 관련성이 없는데도 여성의 투표권에 반대하는 일반적인 논거가 수정헌법 14조의 올바른 해석도 어렵게 한다는 것을 알기 때문입니다.

사람들은 여성이 투표하고 싶어 하지 않는다고들 합니다. 물론 많은 여성이 투표하고 싶어 하지 않습니다. 하지만 그러한 이유만으로 투표하고 싶어 하는 여성의 권리를 빼앗을 수는 없습니다. 많은 남자 역시 투표를 하지 않습니다. 그렇다고 해서 투표하려는 남자의 권리를 박탈할 수 있습니까?

또 다른 반대 논거는 투표권은 공무담임권에 수반되는데 여성은 공적인 책임을 질 만한 능력이 없다는 것입니다. 이러한 주장에 다음과 같은 질문을 던지고 싶습니다. 남자 중에 고위 공직을 맡을 만한 자격을 갖춘 사람이 몇 명이나 됩니까? 수정헌법 14조에 기초해 투표권이 주어진 계층 중에서 얼마나 많은 사람이 공직을 맡을 만한 능력이 있습니까? 공직을 맡을 만한 자격을 갖춘 사람에게만 투표권을 주기로 하고 능력 시험을 실시한다면 제 의뢰인은 언제든지 그러한 명예를 얻고자 경쟁에 응할 것입니다.

또 하나의 논리는 정치적 논쟁에 휩쓸리는 것이 여성의 천성과 맞지 않다는 것입니다. 그 문제는 여성 자신이 가장 잘 판단할 수 있을 것입니다. 만일 정치적인 의무가 여성의 섬세함과 맞지 않다면 여성 스스로 정치적 경쟁의 성격을 바꾸거나 혹은 공직을 맡으려 하지 않을 것이기 때문에 전혀 걱정할 이유가 없습니다. 이 문제는 여성 판단에 맡기면 됩니다.

존경하는 재판장님, 저는 헌법적 근거를 바탕으로 피고인 수진 앤서니에게 합법적으로 투표할 권리가 있다는 말씀을 드립니다. 피고인이 행사한 한 표는 다른 법률이 없더라도 수정헌법 14조에 따라 투표권이 인정되는 것입니다.

그러나 만일 제 의견이 틀린 것이고 피고인에게 투표권이 없다고 하더라도 피고인이 진심으로 스스로에게 그러한 권리가 있다고 믿고 투표한 것이라면 피고인은 역시 무죄라고 할 것입니다. 이러한 논리는 너무나 명백하기 때문에 유죄평결에 따르는 심각한 결과만 아니라면 여기서 언급할 필요조차 못 느꼈을 것입니다.

범죄를 입증하려면 검사는 피고인이 투표를 했다는 사실뿐만 아니라, 투표권이 없다는 것도 알고 있었다는 점을 입증해야만 합니다. 즉 이러한 사건에서 범인은 투표권이 없다는 사실에 고의가 있어야 합니다.

피고인이 고의 없이 투표를 하지 않았다고 생각할 수 없으므로 범죄의 구성요건인 고의가 투표 행위에만 적용되는 것으로 해석한다면 법조문은 아무 의미가 없습니다. 고의는 이 범죄의 핵심 요소이므로 투표권 없이 투표하는 모든 행위가 범죄가 아니라 투표권이 없다는 것을 알면서도 투표하는 행위만이 범죄가 됩니다. 이러한 요건을 만족시키지 못한다면 범죄가 성립할 여지가 없습니다. 만일 조문에 '고의로'라는 말이 없더라도 법률 해석의 원칙상 그렇게 해석하는 것이 당연하지만, 의문의 여지를 없애고 판사나 배심원의 무지나 편견 때문에 처벌받지 않는 실수와 고의적인 범죄를 구별하지 못하는 일이 없도록 명문으로 규정되어 있는 것입니다.

만일 법률이 단지 "선거에서 투표권 없이 투표하는 자는 처벌받는다"라고 규정되어 있더라도 피고인이 선거권이 없다는 사실을 잘 알면서도 투표했다는 점을 입증하지 못하는 한 범죄가 성립될 여지가 없습니다. 사실은 투표권이 없음에도 자신에게 투표할 수 있는 권리가 있다고 믿었다면, 이는 위 법률에 근거해 처벌받는 범죄가 아닙니다. 악의 없는 실수는 원칙적으로 범죄가 아니며 이와 반대되는 의견을 표명한 판례는 전혀 없습니다.

피고인 수전 앤서니는 여성에게 투표권이 없다는 사실을 알고 있고 따라서 자신이 처벌받을 수 있다는 것을 알면서도 몰래 투표하려고 남장을 했거나 남자 이름을 사용했거나 혹은 다른 수단으로 선거관리인단을 속이려고 했다면 배심원들은 그의 권리 주장을 변명에 불과한 것으로 여길 수도 있을 것입니다. 이때에는 헌법으로부터 피고인에게 투표권이 주어지지 않았다면 유죄평결을 할 수 있을지도 모릅니다.

제가 말씀드리려고 하는 것은 피고인이 완전히 선의로서 자신에게 투표권이 있다고 믿고 투표한 때에는 아무런 범죄도 성립하지 않는다는 것입니다. 악의 없이 착각을 했다면 그것이 법률에 관한 것이든 혹은 사실관계에 관한 것이든 그 때문에 어떤 잘못이 있었다고 하더라도 범죄가 되지는 않습니다. 피고인이 투표권이 있다고 믿었다는 사실을 인정하면서도 유죄판결을 선고하는 것은 형사 사법의 정의를 무시하는 처사가 될 것입니다.

마지막으로 지적하고 싶은 것은 피고인이 투표권이 있다는 법률적 조언을 받았다는 것입니다. 또한 피고인은 투표를 하거나 혹은 투표를 하겠다고 나서지 않는 이상 이 문제를 법정에서 따져 볼 수 있는 기회가 없다는 설명도 들었습니다. 둘 중 하나가 범죄가 된다면 나머지 하나도 마찬가지로 범죄가 됩니다. 피고인이 이 자리에 범법자로 선 것은 자신의 소중한 권리를 법정에서 주장할 수 있는 유일한 수단을 사용하였기 때문입니다. 피고인이 순수한 의도에서 이러한 행동을 했는데도 만일 법 때문에 유죄평결을 받아야 한다면 피고인은 그 결과를 감수할 것입니다. 그러나 이러한 행동 때문에 그가 유죄판결을 받는다면 그것이야말로 제가 이미 말씀드린 것처럼 여성이 자신의 권리를 보호하려면 투표권이 있어야 한다는 점을 극명하게 드러내는 것입니다.

남은 문제인 피고인의 선의 부분은 더 말씀드릴 필요가 없다고 생각합니다. 피고인이 선의로서 행동했다는 것은 이미 인정되었습니다.

제 변론을 경청해 주신 재판장님께 감사를 드립니다. 이 사건의 법률적 쟁점과 관련해 현명하신 판단을 바랍니다.

셀든 변호사는 블랙스톤에서 로크와 링컨에 이르기까지 다양한 견해를 살피고 모든 가능한 비판에 답변했다. 심지어 가장 황당한 주장까지도 모두 다루었다.

"여성은 연약한 육체, …… 열등한 지적 능력 때문에 …… 강자인 남성으로부터 보호받아야 하는데 남성은 자연스럽고 적절한 여성의 대표자이기 때문에 여성의 권리는 남성이 간접적으로 대변할 때 가장 잘 보호될 수 있다."

"투표권은 여성을 보다 나쁜 존재로 급격히 변모시킬 것이다. 겸손하고 친절하고 우아한 존재로부터 대담하고 시끄럽고 구역질 나는 정치 선동가가 될 것이다."

이러한 주장을 모두 나열한 다음 셀든 변호사는 독립선언서와 헌법 해석을 근거로 이를 반박하였다('생명, 자유, 재산, 법 앞의 평등').

셀든 변호사의 주장은 철저하고 포괄적이었다. 먼저 수전에게 투표권이 있기 때문에 그의 행위는 법을 어긴 것이 아니라는 변론을 한 다음 만일 투표권이 없었다고 하더라도 진심으로 투표권이 있다고 믿고 투표한 것이라면 유죄가 아니라는 주장을 폈다. 이러한 주장을 한 이유는 배심원들에게—물론 모두 남성이다—여성의 투표권을 인정하지 않고도 무죄평결을 할 수 있는 길을 열어 주려는 데 있었다.

그러나 불행하게도 사회적 편견을 배제하고 배심원들이 이 사건을 헌법적 관점에서 바라보도록 하려는 셀든 변호사의 노력은 수포로 돌아가고 말았다. 셀든 변호사에 이어 검사가 두 시간에 걸친 논고를 끝내자마자 헌트 판사는 미리 준비한 서류를 꺼내 들고 읽기 시작했다.

이 사건을 충분히 숙고한 후에 다음과 같은 결론에 이르렀습니다. 제 견해에 오해의 소지가 없도록 문서로 남깁니다.

투표권 혹은 투표를 할 수 있는 특권은 연방헌법이 아닌 주 헌법에서부터 유래됩니다. 투표권자가 되는 자격은 주에 따라 다릅니다. 시민권, 연령, 성별, 거주 여부 등 주에 따라 요구 조건이 다를 수 있습니다. 만일 어떤 특정인에게 투표권이 있다면 이는 그 주의 법률이 그 사람에게 투표권을 허용하고 있기 때문이지 그 사람이 미국 시민이라서 자동적으로 부여되는 것이 아닙니다. 예를 들어 뉴욕 주의 법률이 서른한 살 미만인 사람이나 혹은 쉰 살 미만인 사람, 흰머리카락이 있는 사람, 장애인 등에게는 투표를 허용하지 않는다고 하더라도 이는 미국 헌법이 보장한 어떠한 권리도 침해하는 것이 아닙니다.

그러한 법률을 부당하다거나 압제적이라거나 혹은 지성을 갖춘 사회 법률로 적절하지 않다는 비난은 할 수 있습니다. 그러나 이 때문에 어떠한 개인의 권리가 침해받는다면 이는 주의 시민으로서 가지는 근본적인 권리를 말하는 것이지 미국 연방의 시민으로서 가지는 제한적 권리가 아닙니다.

이 사건과 관련된 권리는 첫째 연방헌법 제1장 제2문의 "연방의원 선거에 투표권이 있는 사람은 주의 선거에도 투표권이 있어야 한다"는 조항의 권리와 수정헌법 제15조 "연방정부나 주 정부는 인종, 피부 색깔 혹은 전에 노예 상태였다는 이유로 시민의 투표권을 박탈할 수 없다"는 조항의 권리입니다.

만일 뉴욕 주 정부가 연방의회 선거에서 투표권을 가지는 요건을 주 의회 의원을 선출하는 선거보다 더 높게 설정한다면 이는 연방헌법이 보장하는 미국 시민의 권리를 침해할 수 있을 것입니다. 그러한 권리는 연방의 문제 또는 이해와 관련된 것으로 연방헌법이 보장하는 것이기 때문입니다. 주 정부가 인종, 피부 색깔 혹은 전에 노예

상태였다는 이유로 시민의 투표권을 박탈할 수 없다는 것도 연방헌법에서 규정하는 것입니다. 그러한 규정 위반은 연방헌법이 보장하는 권리를 침해하는 것입니다. 미국 시민으로서 가지는 권리이기 때문입니다.

이러한 권리는 수정헌법 15조에 규정되어 있는 것입니다. 만일 수정헌법 15조에 '성별에 따른 차별금지'라는 말이 있다면 피고인의 주장도 설득력이 있을지 모릅니다. 여성이라는 이유로 투표를 못하게 하는 것은 위 조항에 근거해 명시적으로 금지되어 있다는 주장도 가능했을 것입니다. 그러나 위 조항에는 그런 말이 없습니다. 단지 '인종, 피부 색깔, 전에 노예 상태였다는 이유'만이 열거되어 있을 뿐입니다.

수정헌법 14조도 여성에게 투표권을 부여하는 것이 아닙니다. 따라서 피고인이 투표를 한 행위는 위법입니다.

만일 피고인이 스스로에게 투표권이 있다고 믿었고 그러한 믿음에 의지해 투표한 것이라면 형벌을 면제받을 수 있을까요? 고의가 필요한 대상은 불법행위 자체이지 투표 행위의 불법 여부를 알아야 한다는 것은 아닙니다. 스스로 투표를 하고 있다는 것을 모를 리 없기 때문입니다. 여기에는 두 가지 법의 원리가 적용됩니다. 첫째, 법률의 부지는 용서받지 못한다. 둘째, 누구나 자신의 행동과 그 행동의 필연적인 효과를 이해하고 의도하는 것으로 추정한다.

피고인 수전 앤서니는 자신이 여성이라는 사실과 이 주의 헌법이 여성의 투표를 금지하고 있다는 것을 알고 있었습니다. 피고인은 법률을 위반하려는 의도가 있었습니다. 아마도 법을 시험해 보려고 한 것인지도 모르지만 위반하려는 의도가 있었던 것은 분명합니다. 법을 어기는 것이 그의 행동에는 필연적인 효과였고 이는 위에서 말씀드린 것처럼 피고인이 의도한 것으로 추정됩니다. 사실관계에 어떠한 착오도 없었고 피고인은 자기 원칙에 따라 행동한 것입니다. 피고인은 자신의 행동이 위험하다는 것을 알고 있었으므로 그 결과를 피할 수는 없습니다.

이러한 원칙 없이는 어떠한 형사 사법체계도 유지될 수 없습니다. 피고인이 투표권이 있다고 믿은 것이 사실이라고 하더라도 실제로 위법행위를 저질렀다면 그러한 이유로 책임이 면제되지는 않습니다. 피고인은 스스로 위법한 투표를 했고 따라서 법률에 따른 처벌을 받아야 합니다.

제출된 증거에 비추어 볼 때 배심원 여러분이 내려야 할 결정에 아무런 의문의 여지가 없을 것입니다. 배심원 여러분은 유죄평결을 할 의무가 있습니다.

낭독을 마친 후 헌트 판사는 법원 서기에게 유죄평결이 내려졌다고 기록하라고 지시했다. 셀든 변호사는 배심원들이 투표를 해야 한다고 주장하면서 이의제기를 하려고 하였으나 판사는 논의를 금지하였다. "평결을 낭독하시오, 서기."

서기는 배심원들에게 평결을 낭독하였다.

"배심원 여러분, 법원에 기록될 평결을 말씀드리겠습니다. 여러분은 모두 피고인이 기소된 범죄에 유죄라는 평결을 하셨습니다."

이에 배심원들은 아무런 반응을 보이지 않았고 재판은 끝났다. 재판을 취재하던 한 신문기자가 말하기를, 재판이 끝났다는 말을 듣자마자 한 배심원이 자리에서 일어나서 판사에게 그 평결은 자신이나 다른 배심원들이 내린 것이 아니며, 만일 기회가 주어졌다면 자신은 무죄평결을 했을 것이라고 항의했다고 한다. 다른 기자가 쓴 기사 내용을 보면 여성 참정권을 지지하는 사람들의 시각을 엿볼 수 있다.

수전 앤서니는 투표를 했고 미국은 그 충격에서 벗어났다. 그에게 100달러의 벌금형을 선고한다고 하더라도 여성이 투표했다는 사실을 없던 일로 할 수는 없다. 여성이 투표를 했다고 해서 세상이 변하지는 않는다.

그러나 헌트 판사의 태도도 명확했다. 미국 사법체계에서 배심원의 임무는 증거에 기초해서 사실관계를 확정하는 것이다. 헌트 판사의 결정은, 이 사건에서는 사실관계가 전혀 다루어지지 않았다는 것을 명백히 했고 따라서 배심원들이 결정할 문제도 없다는 것을 확인한 것이다. 그러한 점은 헌트 판사가 옳았다고 할 수 있다. 사실관계에 다툼이 없고 법률 해석만이 문제가 된다면 판사는 배심원들로부터 사건을 회수하여 스스로 법률문제를 결정할 수 있다.

그러나 사실관계에 정말 다툼이 없었는지는 의문이다. 만일 수전이 진심으로 투표권이 있다고 믿었다면 그녀는 법을 위반할 의사가 없었던 것이 된다. 특히 불법적인 투표를 할 의도는 없었던 것이 되므로 그 범위에서는 사실관계에 다툼이 있었던 것이라고 말할 수 있다.

어쨌거나 진정한 쟁점은 헌법 해석 문제라고 할 수 있고 헌트 판사는 이를 배심원에게 맡길 생각이 전혀 없었다. 배심원들은 법률을 무시하고 셀든 변호사의 재치 있는 논리를 받아들여 무죄를 선고할 가능성이 있기 때문이다. 사실 셀든의 변론은 배심원들을 향한 것이었다. 판사가 아무리 법률문제를 설명하더라도 배심원들은 이를 무시하고 스스로의 판단에 따른 결정을 할 수 있기 때문이다. 변호인의 전략은 먹혀 들어갔을지도 모른다. 언론기관에서 몇몇 배심원들을 상대로 조사한 바에 따르면 일부 배심원들은 무죄평결을 했을 것이라고 답변했기 때문이다.

이제 헌트 판사가 형량을 결정하는 일만 남았다. 수전 앤서니는 법원의 권위에 기죽지 않고 헌트 판사와 논쟁을 벌였다. 재판이 진행되는 동안 금지되었던 발언권을 마침내 얻어 자기 생각을 펼쳐 보인 것이다.

헌트 판사 (피고인에게 자리에서 일어나도록 지시하면서) 피고인은 형벌을 선고받기 전에 할 말이 있나요?

수전 예, 재판장님, 사실 할 말이 많습니다. 재판장님께서 유죄평결을 하도록 지시하신 것은 우리 정부의 모든 핵심 원칙을 짓밟는 결정이었습니다. 자연권, 시민권, 참정권, 재판을 받을 권리가 모두 무시되었습니다. 시민의 기본적인 권리를 박탈당했으니 저는 사실상 노예나 마찬가지입니다. 저만 그런 것이 아니라, 판사님의 평결로 여성 전체가 정치적인 피지배자가 된 것입니다.

헌트 판사 법원은 이미 변호인이 세 시간이 넘도록 한 얘기를 다시 듣고 싶은 생각이 없습니다.

수전 존경하는 재판장님, 저는 사건 내용을 말씀드리려는 것이 아닙니다. 다만 저에게 형벌이 부과되는 것이 왜 부당한지 말씀드리려는 것입니다. 재판장님께서 제 투표권을 부정하신 것은 국민의 한 사람이라는 사실을 부정한 것과 마찬가지이며, 납세자로서 누려야 할 권리, 배심재판을 받을 권리 모두를 짓밟은 것이나 마찬가지입니다. 헌법이 보장하는 생명, 자유, 재산 권리……

헌트 판사 피고인은 발언을 중단하십시오.

수전 위압적인 권리 침해에 항의하는 권리마저 빼앗길 수는 없습니다. 재판장님, 지난 11월에 제가 체포된 이후 저나 또 다른 여성이 법정에서 발언할 기회는 이것이 처음이라는 점을 기억해 주시기 바랍니다.

헌트 판사 피고인은 자리에 앉으세요. 이젠 더 발언을 허용할 수 없습니다.

수전 저를 고발한 모든 사람들, 선거구를 관리하는 정치인, 연방보안관, 지방행정관, 검사, 지방법원 판사 그리고 재판장님까지 아무도 저와 같은 계급에 속한 사람이 아닙니다. 모든 사람이 전부 지배계급에 속해 있습니다. 재판장님께서 재판장님이 부여받은 의무에 따라 제 사건을 배심원들에게 맡기셨더라도 저에게는 항의할 이유가 충분합니다. 배심원들이 저와 같은 계급에 속한 사람들이 아니기 때문입니다. 미국 땅에서 태어났건 외국인이건, 백인이건 흑인이건, 부자이건 가난하건, 교육을 받았건 못 받았건, 깨어 있건, 잠들어 있건, 술에 취해 있건, 취하지 않았건 모든 남성은 여성보다 우월한 지위를 인정받고 있고 따라서 여성과 같은 계급에 속해 있는 사람들이 아닙니다.

　옛날 영국에서 귀족 배심원들에게 재판받아야 하던 평민의 처지도 남성으로 이루어진 배심원들의 재판을 받을 수밖에 없는 저보다는 나을 것입니다. 심지어 능력 있고 성실하고 논리 정연하게 변론을 해 준 제 변호인 셀든 변호사마저 지배계급에 속한 사람입니다. 참정권이 없는 사람은 배심원이 될 자격이 없으므로 여성은 배심원이 될 수 없습니다. 변호사 자격을 얻은 사람만이 법정에서 변론을 할 수 있지만 여성은 변호사가 될 수 없습니다. 그러므로 배심원, 판사, 변호사 모두 지배계급에 속합니다.

헌트 판사 피고인은 확립된 사법제도에 따라 재판을 받았다는 사실을 상기하기 바랍니다.

수전 예, 재판장님. 하지만 그 사법제도는 남자가 만든 것입니다. 남자가 운영하고 남자만을 위한 판결을 합니다. 그렇기 때문에 판사님께서 미국 시민이 시민의 권리를 행사한 데 유죄평결을 하신 것입니다. 그 시민이 남자가 아니고 여자라는 이유만으로 말입니다. 얼마 전까지만 해도 남성이 만든 그 법은 캐나다로 도망하는 노예에게 한 모금의 물이나 한 조각의 빵, 하룻밤의 피난처를 제공하기만 하더라도 1,000달러의 벌금과 6개월의 징역형을 선고했습니다. 그러나 동정심을 아는 사람이라면 남자든 여자든 결과를 두려워하지 않고 그 사악한 법을 위반했습니다. 그것은 정당한 행위였습니다. 그때에는 노예가 자신의 자유를 찾으려면 부당한 법을 어길 수밖에 없었습니다. 그것과 마찬가지로 현재 여성도 자신의 권리를 찾으려면 법을 위반할 수밖에 없습니다. 저도 똑같은 행동을 한 것이고 되도록 모든 기회를 잡으려고 한 것입니다.

헌트 판사 피고인은 자리에 앉으세요. 이젠 더 발언을 허용하지 않겠습니다.

수전 제가 재판을 받으려고 이곳에 올 때 저는 헌법이 자유롭고 넓게 해석되기를 기대했습니다. 헌법 아래서 미국 국민 모두가 평등하게 보호받는다고 선언될 것으로 믿었습니다. 그러나 그 기대가 무너지고 여성이 재판의 배심원이 되는 권리마저 인정받지 못하는 상황에서 더는 판사님의 자비를 바라지 않겠습니다. 차라리 법대로 집행해 주시기 바랍니다.

헌트 판사 피고인은 앉으…… (수전은 자리에 앉았다.) 피고인은 일어서시오. (수전은 일어섰다.) 피고인을 벌금 100달러에 처하고 재판 비용을 부담할 것을 명합니다.

수전 재판장님, 저는 이러한 부당한 형벌에 단돈 1달러도 낼 수 없습니다. 제가 가진 재산이라고는 4년 전 《레볼루션》지를 발간하면서 1,000달러 빚을 진 것이 전부입니다. 그 잡지를 발간한 유일한 이유는 여성도 교육을 받아서 바로 제가 한 것과 같은 행동을 하도록 하는 데 있습니다. 참정권을 인정받지 못하는 이상 남자들이 만든 부당하고 위헌적인 법률, 세금, 벌금, 구금, 사형에 저항하라는 취지였습니다. 저는 제가 진 빚을 갚는 데 제 힘을 다 할 것입니다. 하지만 한 푼의 돈도 부당한 형벌에 쓰지는 않을 것입니다. 저는 진심으로 끈기 있게 여성들에게 옛 혁명의 구호를 깨달으라고 간청할 것입니다.

"폭정에 저항하는 것은 하느님께 복종하는 것입니다."

헌트 판사 앤서니 부인, 피고인이 벌금을 내지 않는다고 하더라도 피고인을 구속하지는 않을 것입니다.

헌트 판사는 다시 딜레마에 빠졌다. 그는 벌금을 선고했지만 수전은 이를 거부했다. 보통 유죄평결을 받은 피고인이 판사에게 반항하면 법정모욕죄로 구속된다. 그러나 헌트 판사가 수전을 구속하면 그는 다시 인신보호영장을 신청해서 연방대법원에 상고할 수 있는 자격이 생긴다. 이러한 위험을 잘 알고 있는 헌트 판사는 수전에게 강제집행력이 없는 상징적인 벌금을 선고하였다.

　어떤 의미에서 수전 앤서니의 재판은 그 당시 사회가 여성을 어떻게 대했는지를 보여 주는 거울과 같다. 여성은 배심원이 될 수 없었기 때문에 수전은 여성 배심원의 판단을 받을 수 없었다. 헌트 판사는 수전이 스스로 증언하는 것도 허용하지 않았다. 여성은 자기 자신의 행동을 변호할 만큼 능력 있는 존재가 아니라는 이유에서였다. 변호사의 격렬한 이의제기에도 이 논리 정연한 여성은 증언대에 서서 자신의 생각을 배심원들에게 펼칠 기회를 허락받지 못했다.

　당시 연방법원이 일반적으로 여성의 증언을 허용하지 않았는지는 분명하지 않다. 수전 앤서니의 재판을 보면 여성의 증인을 허용하시 않았던 것처럼 보이지만, 수전은 후에 선거관리 직원들의 재판에서 증언을 했다. 셀든 변호사가 수전을 증언대에 세우려고 노력한 점에 비추어 보더라도 여성의 증언이 완전히 금지되지는 않았던 것으로 보인다.

　수전은 3명의 선거관리 직원들과 한 약속을 지켰고 그들의 재판이 끝날 때까지 캐난다이과에 머물렀다. 3명 모두 25달러의 벌금형을 받았고, 그들 중 한 명은 재판에 출석하지 않고서도 똑같은 형을 선고받았다. 그들은 수전 앤서니처럼 벌금 내는 것을 거부하여 1874년 2월 26일 구속되었다. 수전은 사전트 상원의원에게 선거관리 직원들의 사면을 호소했고 그랜트 대통령은 이 사면 요청을 받아들였다. 사전트 상원의원은 상원에 수전 앤서니의 벌금을 내주자고 제안했으나 상원은 즉시 이를 거부했다.

　수전 앤서니는 법을 위반하는 모험을 했으나 법정에서 그의 도박은 성공하지 못했다. 그러나 18개월에 걸친 그의 법적 투쟁은 여론의 법정에서는 커다란 소득을 거두었다. 수전 앤서니와 그의 사상은 당대 사건에 관심이 있는 모든 미국인의 뇌리에 깊은 인상을 남겼다. 언론에서 두려움을 모르는 순교자 또는 도전적인 범죄자로 소개된 수전은 여성 참정권운동의 상징으로서 영원히 기억될 것이다.

사건의 여파

수전의 고난은 재판이 끝나고도 계속되었다. 그의 개인적 삶은 엉망진창이었다. 오랫동안 결핵으로 고생하던 언니 겔마가 결국 숨을 거두었다. 재판이 진행되는 동안 수전은 강의 일정을 지킬 수 없었고 죽어 가는 언니를 돌볼 수도 없었다. 청구서는 쌓이기 시작했고 채권자들은 소송을 제기하였다. 수전은 경제적 파탄을 면하려고 필사적으로 돈을 빌렸고 채권자들과 합의를 보았다.

1872년 10월 대통령 선거에서 버지니아 마이너가 투표를 하려고 하자 드디어 여성 참정권 문제가 연방대법원에서 다루어졌다. 선거관리인들은 그가 여성이라는 이유로 투표를 허용하지 않았고 그의 남편인 프랜시스 마이너는 선거관리인들이 아내의 헌법상 권리를 침해했다는 이유로 미주리 주법원에 소송을 제기했다. 미주리 주법원은 선거관리인들의 책임을 인정하지 않았고, 주 최고법원은 연방대법원의 브래드웰 대 일리노이 주Bradwell v. Illinois 판례를 근거로 하급심 판결을 인용했다. 비록 주 법원에서 패배했으나 이에 굴하지 않고 마이너 부부는 연방대법원에 상고하였다.

미주리 주 정부의 변호사는 연방대법원이 브래드웰 판례에 따라 판결할 것이라고 굳게 믿은 나머지 의견서조차 제출하지 않았다.

  마이너 부부의 주장은 수정헌법 14조와 수전의 재판에서 셀든 변호사가 주장한 논리에 기초하고 있었다. 그러나 연방대법원은 수정헌법 14조가 시민에게 새로운 권리를 부여하는 것은 아니라고 판시하면서 마이너 부부의 주장을 받아들이지 않았다. 또한 투표권 사항은 주 의회가 결정할 문제로서 주 의회는 적절하다고 판단하는 바에 따라 얼마든지 투표권을 제한할 수 있다고 판결하였다. 판결문의 마지막 세 문장은 연방대법원이 여성 참정권의 주장에 눈감고 있지만은 않다는 사실을 엿볼 수 있다. 그럼에도 이 판결은 헌법 문제에 관한 19세기의 일반적인 시각을 보여 준다. 연방대법원은 법에 명시되어 있지 않은 공공정책 문제는 고려하지 않았던 것이다.

  우리의 임무는 법이 무엇인지 결정하는 것이지 법이 어떠해야 하는지 선언하는 것이 아니다. 만일 법이 잘못되었다면 이를 고쳐야 할 것이다. 그러나 이것은 법원이 할 일이 아니다. 이 사건의 쟁점과 관련된 주장은 입법기관을 설득해서 여성의 참정권을 인정하기에 충분한 것이다. 그러나 현행법에 따라 재판을 해야 하는 우리의 판결에 영향을 미칠 수는 없다. 여성의 참정권 문제에 관한 주장은 이 판결에서 고려되지 않았다. 투표권을 갖지 못하는 것이 얼마나 고통스러운 일인지 결정하는 것은 우리 임무가 아니다. 주 정부에게 참정권을 제한할 권한이 있다고 판단한 이상 우리의 할 일은 끝난 것이다.

  이제 연방대법원이 여성에게 투표권을 인정하지 않으리라는 것은 명백해졌고 여성의 참정권을 주장하는 사람들에게 남은 수단은 단하나밖에 없었다. 헌법을 개정하는 것이었다.

새로운 계기가 생겼다. 그 해에 여성기독교도절제연맹이 결성되었고 참정권 운동가들과 힘을 합쳤다. 주 정부도 여성의 참정권 문제를 정면으로 다루기 시작했다. 미시간 주는 여성의 참정권 문제를 주민투표에 붙였다. 캔자스 주에서도 같은 시도가 있었으나 부결되었다. 미시간 주의 투표도 1만 5,000표 차이로 부결되었으나 그때까지 가장 높은 지지율을 보여 주었다. 4만 표, 약 40퍼센트의 남자들이 여성의 참정권을 지지한 것이다. 수전의 운동은 천천히 승리를 향해 나아가고 있었다. 그녀는 미시간 주의 투표결과를 실패가 아닌 영광의 승리라고 불렀다.

수전과 마이너가 투표를 하려고 한 때로부터 6년이 지난 1878년에 마침내 의회는 여성의 참정권을 인정하는 헌법 개정안을 발의했다. "연방정부나 주 정부는 성별을 이유로 미국 국민의 투표권을 박탈하지 못한다."

그러나 헌법 개정까지 이르는 길은 순탄하지 않았다. 개헌안은 수십 년간 제자리를 맴돌았다.

서부 지방은 개헌으로 기울었으나 남부 지방은 개헌에 반대했다. 1890년에 와이오밍이 주로 승격되면서 최초로 여성 투표권을 인정했다. 유타와 콜로라도 주가 뒤를 따랐고, 캘리포니아에서 시행한 주민투표는 아주 근소한 차이로 부결되었다. 그 해에 주요 여성단체인 전국여성참정권협회와 미국여성참정권협회가 불화를 극복하고 하나로 합쳐 미국국립여성참정권협회(National American Woman Suffrage Association, NAWSA)가 되었다.

1900년에 접어들자 여성 운동의 상징이 된 수전 앤서니도 노인이 되었다. 고령에 건강이 좋지 않았으나 그녀는 해마다 워싱턴에 있는 미국국립여성참정권협회의 연례 총회에 참석했다. 그리고 1902년 여든두 살을 마지막으로 더는 참석하지 않았다.

그해 엘리자베스 케이디 스탠턴의 장례식에서 그녀의 관 위에는 수전의 사진이 놓였다. 수전은 평생 사랑해 온 친구의 죽음을 이렇게 말했다. "50년 동안이나 듣고 싶어 하던 목소리가 여전히 속삭이는 듯해요."

수전이 마지막으로 대중 앞에 모습을 드러낸 것은 1906년 2월 15일 워싱턴에서였다. 60년 동안 계속된 투쟁에 그의 불같은 힘도 많이 약해졌다. 그녀는 다음 세대의 여성 참정권 운동가들에게 상징적으로 성화를 인도하면서 참정권 운동의 성공을 부탁했다. 수전은 여성 운동의 지도자가 아니라 여성 운동 자체가 대중들 관심의 대상이 되기를 바랐다. 죽음이 임박한 것을 깨닫고 그녀는 주위에 이렇게 말했다. "장례식에서 절대로 눈물을 흘리지 마세요. 계속해서 우리 목표를 추진하세요."

수전은 마침내 5월 13일 뉴욕 주 맨체스터에 있는 집에서 숨을 거두었다. 1만 명의 추도객들이 여성 운동의 지도자와의 이별을 슬퍼하였다.

6년 후 전직 대통령 시어도어 루스벨트가 만든 진보당Bull Moose Party(루스벨트가 혁신적인 공화당원과 만든 군소정당—옮긴이)은 미국 역사상 여성 참정권을 지지한 최초의 전국 정당이 되었다. 그러나 1920년이 되어서야 여성 참정권을 규정한 수정헌법 19조를 승인하였다. 수전이 태어난 때로부터 100년이 지나고 헌법 개정안이 발의된 때로부터도 42년이 지난 후였다.

여성들은 마침내 투표권을 획득했다. 수전 앤서니의 삶과 지칠 줄 모르는 결의 그리고 그의 재판은 여성의 투표권을 미국 정치 담론의 최전선으로 끌어냈고 미국 사회에서 여성의 권리와 지위를 완전히 변화시켰다. 그의 재판이 있은 때로부터 50여 년이 지나고 그가 사망한 때로부터 14년이 지난 후에 그리고 미국 헌법이 제정된 지 130년이 지난 후에야 비로소 수정헌법 19조는 여성도 투표할 수 있는 권리를 부여한 것이다.

5장

진리가 너희를 자유롭게 하리라

식민지 시대의 언론 자유를 위한 투쟁

…… 뉴욕 시민들은 하느님에 대해서 자유롭게 말할 자유가 있지만, 총독에 대해서 말할 때는 극히 조심해야 한다는 말이 됩니다.

— 앤드루 해밀턴, 존 피터 젱어를 위한 최종 변론 중에서

미국 국민은 워터게이트 사건으로 사임한 닉슨 대통령이 전용 헬기에 오르면서 손을 흔들어 작별 인사하는 것을 착잡하게 바라보았다. 1972년 대통령 선거에서 대승을 거둔 지 2년도 채 지나지 않아 닉슨은 사임했고 평생의 업적은 허사로 돌아갔다. 그의 오만과 편집증 그리고 워터게이트 빌딩을 서투르게 침입한 데 따른 결과였다.

지구상에서 가장 강력한 권력자를 실각시키는 계기를 만든 《워싱턴 포스트Washington Post》의 두 기자 칼 번스타인과 밥 우드워드는 워터게이트 빌딩에서 일어난 불법 침입과 정부가 은폐하려던 도청사건의 기사를 작성할 때 체포될 걱정은 전혀 하지 않았다. 백악관의 범죄 혐의에 대한 기사를 쓸 때에도 마찬가지였다. 기자들은 수정헌법 1조가 그들을 보호해 줄 것이라고 믿고 있었고 격노한 대통령의 분노로부터 피난처를 제공해 줄 것이라고 믿었다.

그러나 언론이 정부를 비판할 권리를 어떻게 보장받았는가? 수정헌법 1조가 헌법 제정자의 머릿속에서 완성된 형태로 생겨난 것인가,

혹은 언론의 자유가 민주주의를 지키는 보루라는 선언이 있기까지 숨겨진 이야기가 있는 것인가? 누가 최초로 언론 자유를 제한하고 의사 표현을 처벌하는 권력에 도전했는가?

이에 대한 대답은 미국이 독립하기 40년 전인 19세기 초의 역사에서 찾을 수 있다. 존 피터 젱어라는 이민 출신의 젊은 출판업자가 식민지 총독을 비판하는 기사를 보도함으로써 압제에 도전장을 던진 것이다. 존 피터 젱어의 재판은 훗날 미국 권리장전의 뼈대를 이루는 표현의 자유를 신대륙에서 최초로 확인한 사건이었다.

신대륙으로 오다

18세기 초 유럽의 엄격한 사회계급 구조에 염증을 느낀 사람들은 서쪽으로 향하기 시작했다. 프랑스와 영국의 식민지가 있는 북아메리카는 구대륙을 떠나 신세계로 새로운 삶을 찾아온 사람들에게 기회의 땅이었다.

1710년 독일에 살던 젱어 부부는 장남인 존 피터, 차남인 존스, 딸 카타리나를 데리고 고국을 떠나 영국 식민지로 향했다. 여행은 고생스러웠다. 비좁은 선실과 부족한 식량, 빈약한 의료 시설은 젱어 가족을 더욱 힘들게 했다. 무엇보다도 큰 타격은 존 피터의 아버지가 여행 도중 사망한 일이었다. 장남인 존 피터는 열세 살밖에 되지 않았고, 어머니는 신대륙에서 혼자 아이들을 키워야 할 처지가 되었다.

젱어 가족은 이제 막 발전하기 시작한 뉴욕 땅에 발을 디뎠다. 영어를 모르는 존 피터는 도착하자마자 뉴욕에 있는 유일한 출판업자인 윌리엄 브래드퍼드 밑에서 수습공으로 일하였다. 수습제도는 식민지 시대에 일을 배우는 일반적인 방법이었다. 젊은 청년이 계약을 맺고 집에 들어가 살면서 일을 배우는 대신 숙식과 옷을 제공받으며 일정 기간 노동력을 제공하는 것이다. 젱어는 8년간 도제생활을 하기로 계약을 맺었다.

스물한 살이 되어 도제 계약에 따른 의무를 다하자 젱어는 메릴랜드 주로 가서 출판업을 시작했다. 그곳에서 젊은 아가씨를 만나 결혼을 하고 아들도 낳았다. 그러나 평온했던 가정의 행복은 금세 끝나고 말았다. 아내의 죽음으로 스물다섯에 홀아비가 된 젱어는 사업을 접고 맨해튼으로 돌아왔다.

젱어는 고용주이자 스승이었던 윌리엄 브래드퍼드와 동업을 시작했지만, 그들은 1년 만에 헤어졌다. 젱어는 인쇄소를 차렸다. 이제 뉴욕에는 2명의 출판업자가 생긴 셈이었다.

뉴욕의 정치적 배경

1730년대 맨해튼은 마천루가 즐비한 오늘날 모습을 찾아보기 어렵다. 당시 뉴욕 안에는 1,500가구가 흩어져서 거주하고 있었다. 식민지 유일의 언론인이었던 윌리엄 브래드퍼드의 《뉴욕 위클리 가제트 New York Weekly Gazette》 기사에는 오늘날 브로드웨이가 있는 곳에서 동쪽으로 조금 가면 메추라기 사냥도 할 수 있다고 한다. 도시의 스카이라인을 형성하는 것은 식민지 요새, 시청, 총독 관저, 교회 건물이었다. 뉴욕에 사는 사람은 만 명에 불과했고 그 중 1,700명은 노예였다.

이전투구식의 뉴욕 정치는 현대에 새롭게 형성된 것이 아니다. 존 피터 젱어의 시대에도 정쟁은 특히 혼란스러웠다. 식민지 뉴욕은 영국 왕실이 임명한 총독과 부유하고 영향력 있는 인물들로 구성된 내각 그리고 선출된 의원으로 구성된 의회가 지배하고 있었다. 1700년대 초반에 내각과 의회에서는 정치적으로 분열이 일어나기 시작했다.

총독이 임명한 식민 정부의 수석장관 루이스 모리스가 하나의 파벌을 이끌고 있었다. 뉴욕과 뉴저지에서 정치적 영향력이 크고 부유했던 모리스는 판사도 겸하였다. 그는 나중에 뉴욕 대법원장까지 지냈다. 그의 손자 중 한 명은 독립선언서에 서명을 하였고 다른 한 명은 미국 헌법의 초안을 만드는 데 공헌하였다.

식민 정부의 수석장관인 모리스는 뉴욕의 또 다른 유력한 정치가인 스티븐 덜랜시를 끊임없이 공격했다. 프랑스 위그노의 후예로서 자수성가한 상인인 덜랜시는 성장하는 상인계급을 대표하는 인물이었다. 뉴욕 상인들은 퀘벡 지방의 프랑스 식민지와 교역을 하였고 프랑스인들은 인디언들과 교역을 했는데, 이것은 프랑스인의 입지를 강화하고 총독의 지배력을 약화시키는 원인이 되었다.

상인계급의 부와 영향력이 커지자 정쟁은 점점 격화되었고, 덜랜시는 모리스 일파로부터 식민 정부의 지배권을 빼앗으려고 안간힘을 다했다. 정치적 경쟁은 때때로 개인에게 폭력 사건을 일으켰고 뉴욕의 정계를 산산조각 내는 결과를 낳았다. 두 개의 정파는 1730년대까지 계속되었고 그들의 경쟁은 존 피터 젱어가 주연을 맡은 법적 분쟁의 무대 위에서 마침내 종지부를 찍는다.

1731년 영국 왕실이 임명한 총독이 사망하자 관례에 따라 내각의 선임자인 립 반 댐이 후임자가 부임할 때까지 직무를 대행하였다. 영국 국왕인 조지 2세는 윌리엄 코스비를 뉴욕과 뉴저지 식민 정부의 총독으로 임명했다.

총독의 직권 남용

코스비 총독은 영국계 아일랜드 귀족 출신으로 권력층과 관계가 깊고 지중해의 작은 섬인 미노르카의 총독을 지낸 사람이었다. 미노르카에서 그는 지도자의 역할을 제대로 다하지 못한 탓에 주민들로부터 무능력에 대한 끊임없는 불만을 샀다. 처음 영국 정부는 주민들의 불평에 별다른 주의를 기울이지 않았다.

그러나 코스비가 스페인 상인으로부터 압수한 상품을 경매에 부치고 그 수익을 착복한 다음 이를 감추려고 서류를 조작한 사실이 드러나자 그의 친한 동료들마저 그의 행동을 눈감아 주기 어려웠다. 영국은 스페인과 친선관계를 도모하려고 노력하던 중이었는데 스페인 사람을 모욕한 행동은 외교적인 문제를 불러올 수밖에 없었다. 코스비는 직위를 박탈당한 채 영국으로 소환되었다.

탐욕 때문에 외교적인 문제를 일으켜 해임되었음에도 코스비는 반성을 하지 않았고 또 다른 직위를 기대했다. 그의 강력한 정치적 후원 세력은 다시 그에게 뉴욕, 뉴저지 총독의 자리를 안겨 주었다. 임명장을 받은 후에도 그는 즉시 임지로 출발하지 않고 영국에 머물면서 재정과 정치에 관한 개인적 문제를 처리하는 데 시간을 보냈다. 그 결과 립 반 댐은 17개월 동안 총독 직무대행을 수행해야 했다.

코스비가 마침내 뉴욕 항에 도착한 것은 1732년 8월 1일이었다. 부임 직후부터 그는 뉴욕에서 정치적·사회적·경제적으로 영향력 있는 사람들의 신뢰를 잃기 시작했다. 런던에 있는 동안 설탕 세금을 삭감한 데 대한 보답으로 의회가 그에게 750파운드를 지급하기로 결의한 사실을 알게 되자(사실 설탕 세금 삭감에 그가 한 일은 거의 없었음에도) 그는 부하들과 내각에 불평을 터뜨렸고 결국 의회는 금액을 1,000파운드로 올릴 수밖에 없었다. 코스비는 모리스 일파와 정쟁을 벌이기 시작했고 이는 결국 젱어의 재판으로 이어졌다.

코스비는 여전히 내각의 선임자 자리에 있던 립 반 댐에게 칙령을 내려 그가 총독에 임명된 1731년 7월부터 실제로 부임한 1732년 8월까지 립 반 댐이 받은 급료와 그 밖에 식민 정부가 거두어들인 돈의 절반을 자신에게 줄 것을 요구했다. 예전부터 총독의 직무대행을 지낸 사람은 총독이 받는 급료의 절반만을 지급받는 관행이 존재하던 터였다. 그러나 이때에는 코스비가 총독으로 임명받은 때로부터 실제로 부임한 때까지의 기간이 비정상적으로 길었고 또한 그가 늦게 부임한 것은 공적인 이유 때문이 아니라 순전히 개인적인 사정 때문이었다는 점에서 일반적인 경우와는 달랐다. 그리고 이러한 문제는 대체로 개인적인 협의로 해결해 온 것이 관행이었는데 코스비는 정식으로 명령을 내려서 다른 사람들의 반감을 샀다.

자존심이 상한 립 반 댐은 지급을 거절했고, 코스비는 식민 정부에서 정치적으로나 사회적으로 존경받고 있던 립 반 댐을 상대로 소송을 제기했다. 그러나 코스비의 소송은 많은 문제점을 안고 있었다. 코스비가 보통법 법정common-law court에 소송을 제기한다면 배심원들의 재판을 받게 되는데 배심원들은 이방인인 코스비보다는 지역사회에서 탄탄한 입지를 구축하고 있는 립 반 댐에게 유리한 평결을 내릴 가능성이 매우 높았다. 형평법 법원chancery에 소송을 제기하는 것도 생각해 볼 수 있지만, 형평법 법원의 판사는 총독이 겸임하도록 되어 있었기 때문에 만약 그렇게 한다면 코스비는 자신이 제기한 소송의 판사가 되어야 하는데 이는 이해관계의 충돌에 해당하는 것이었다.

그러한 이유 때문에 코스비는 의회의 동의나 승인 없이 뉴욕 대법원에 재판 관할권을 부여하는 명령을 내렸고 뉴욕 검찰총장인 리처드 브래들리에게 왕실의 이름으로 소송을 수행하도록 지시하였다.

대법원이 이러한 소송에서 1심 법원의 역할을 맡는 것은 전례가 없는 일이었다. 소송을 맡을 법관은 루이스 모리스 대법원장, 그와 정적인 스티븐 덜랜시의 친척인 제임스 덜랜시 대법관, 역시 덜랜시 일파이자 노예매매로 부를 축적한 상인 출신의 프레더릭 필립스 대법관이었다.

립 반 댐의 변호사인 제임스 알렉산더는 대법원에는 이 사건을 재판할 관할권이 없다고 주장하였다. 그는 코스비가 법을 무시하고 주민의 대표인 의회 권한을 침해하여 결과적으로 뉴욕 주민의 권리를 빼앗은 것이나 다름없다고 보았다. 대법원장인 루이스 모리스도 이 사건 결과에 이해관계가 걸려 있었다. 코스비가 부임하기 전에 그가 뉴저지의 총독 직무대행을 수행했기 때문에 그도 봉급의 절반을 반환하라는 요구를 받을 가능성이 있었다. 모리스 대법원장은 의회의 동의가 없는 이상 대법원에 이 사건을 재판할 관할권이 없다는 이유로 소송을 각하했다.

모리스 대법원장의 결정에 격분한 코스비 총독은 그의 판단력과 청렴성에 의문을 제기하는 편지를 보내고 판결문을 보내 줄 것을 요구했다. 편지를 받은 모리스는 코스비에게 판결문 사본을 보내면서 총독의 편지를 공개했다. 대법원장의 공개적인 도전을 받은 총독은 대법원 판결이 잘못된 것이라고 선언하고 18년 동안 대법원장으로 재직하던 모리스를 해임해 버렸다. 모리스를 쫓아내자마자 총독은 즉시 제임스 덜랜시를 대법원장으로, 필립스를 차석 대법관으로 승진시키고 나머지 한 자리는 공석으로 두었다.

코스비 총독은 사실상 자신이 지배하는 법원에서 재판을 하려고 하다가 실패로 돌아가자 법원의 기구를 축소해 버린 것이다. 대법원이 덜랜시 일파의 손아귀에 돌아가자 모리스 일파와 덜랜시 일파 사이의 정쟁이 다시 불붙었다. 모리스 일파는 총독의 정적이 되었고 반대로 덜랜시 일파는 총독과 이해관계를 같이 하게 되었다.

대법원장 자리에서 쫓겨난 루이스 모리스는 이에 굴하지 않고 1973년 10월 의원 선거에 출마했다. 상대방은 코스비와 덜랜시에게 충성을 다하는 사람이었다. 선거일이 되자 당시 관습에 따라 두 후보자는 많은 수의 지지자와 함께 투표소로 행진해 갔다. 모리스를 지지하는 사람이 수적으로 더 많았다. 그때 총독이 임명한 보안관이 나타나서 그 자리에 있는 모든 사람에게 당시 영국 왕인 조지 2세에 대한 충성 서약을 요구하였다.

모리스를 지지하는 사람들 중 상당수는 퀘이커 교도였는데 이들은 종교적 이유로 이 요구를 거절할 수밖에 없었다. 퀘이커교의 교리는 충성 서약을 허용하지 않기 때문이다. 그때까지 퀘이커 교도는 충성 서약을 하지 않더라도 왕에 대한 충성심을 저버리지 않은 것으로 인정받아 왔는데 갑자기 보안관이 서약을 요구하고 나선 것이다. 퀘이커 교도들이 충성 서약을 거부하자 보안관은 그들은 투표를 할 수 없다고 선언했다. 결국 모리스의 지지자 중에서 38명이 투표를 하지 못했지만 개표 결과 모리스는 여덟 표 차이로 승리를 거두었다.

코스비가 임명한 보안관이 정당한 근거 없이 유권자들의 투표를 방해한 것은 당시 총독의 행정이 얼마나 자의적이고 제멋대로였는지 여실히 보여 준다. 모리스와 제임스 알렉산더 변호사는 이제 코스비의 권력 남용을 두고 반대의 목소리를 한 단계 높여야 할 때가 되었다고 판단했다. 그들은 그들의 분노를 민중에게 직접 호소하기로 결심했다.

언론의 비판

당시 식민지에 존재하는 유일한 신문은 윌리엄 브래드퍼드가 발행하는 《뉴욕 위클리 가제트》였다. 《뉴욕 위클리 가제트》는 코스비 총독의 행정부로부터 지원을 받고 있었고 코스비의 추종자들로부터 기고를 받고 있었기 때문에 반대파가 총독을 공격하려면 새로운 언론기관을 만들어야 했다.

윌리엄 브래드퍼드를 제외하면 피터 젱어가 뉴욕에 있는 유일한 인쇄업자였기 때문에 총독의 반대파는 젱어의 인쇄소에서 새로운 신문인 《뉴욕 위클리 저널New York Weekly Journal》을 발간했다.

《뉴욕 위클리 저널》은 코스비 총독을 실각시키고 보다 적합한 인물을 총독으로 추대하는 것을 발간 목표로 내세웠다. 실각 이유는 충분했다. 13개월을 재직하는 동안 코스비는 내각의 일원을 상대로 소송을 제기했고 자신의 경제적 이익을 위해서 법률과 관행을 무시하고 법원의 관할을 왜곡하려고 시도했다. 오랜 기간 재직하고 있던 존경받는 대법원장을 해임했고 대법관 숫자를 줄여 뉴욕의 사법체계를 흔들어 놓았다. 또한 부당한 방법으로 선거에도 개입하려 했다.

제임스 알렉산더, 루이스 모리스 등을 비롯한 총독의 반대파들은 총독에 대한 주민들의 반감을 불러일으켜 영국 왕실이 총독을 교체시킬 계획을 세웠다. 제임스 알렉산더는 다음과 같은 글을 기고했다.

우리는 총독의 잘못을 폭로하고 그의 추종자들이 다른 신문에 기고하는 우스꽝스러운 아첨의 글들도 만천하에 공개할 것이다.

1733년 11월 5일 존 피터 젱어가 발행하는 《뉴욕 위클리 저널》의 창간호가 발간되었다. 신문은 네 면으로 되어 있었고 가격은 3실링이었다. 젱어의 이름은 첫 장에 인쇄되고 다른 사람의 이름은 기재되지 않았다. 그러나 젱어는 기사를 쓰거나 편집을 하지는 않았다.

박식하고 풍자에도 능한 알렉산더가 기사 대부분을 쓰고 편집장 역할도 맡았다. 모리스와 그의 아들 루이스 모리스 2세, 그들의 정치적 동지인 캐드월레이더 콜든이 나머지 기사와 사설, 칼럼을 썼다.

그러나 젱어의 공헌도 무시되어서는 안 된다. 루이스 모리스가 영국 왕실에 총독을 교체해 달라는 내용의 청원을 썼을 때 그의 이름도 청원자 중 한 사람으로 기재되어 있었다. 젱어는 정규 교육을 받지는 못했지만 출판업에 종사한 지 20년이 되었고 명예훼손에 따르는 책임을 잘 알고 있었다. 더구나 젱어는 자신이 발행하는 신문이 극히 선동적인 내용을 담고 있다는 것을 인식하고 있었다. 조판을 하려면 신문에 실리는 기사를 한 글자 한 글자 읽어야 했고, 비록 완벽하지 못한 영어 실력 때문에 단어 하나하나의 정확한 의미를 파악하지 못하더라도 자신의 신문이 총독 개인과 그의 행정부에 공격적인 기사로 가득 차 있다는 것을 몰랐다고 변명할 수는 없다. 그런 내용의 기사는 형사소추로 이어질 가능성이 충분했다.

《뉴욕 위클리 저널》은 아메리카 식민지에 최초로 탄생한 반정부적 언론이었다. 그 신문은 사상의 자유와 검열을 받지 않고 정부를 비판할 수 있는 자유를 상징하였다. 《뉴욕 위클리 저널》은 정부의 자금 지원을 받지 않고 기사 작성이나 편집, 배달 모두 독자적으로 수행했다. 이것은 18세기 식민지에서 찾아보기 힘든 일이었다.

《뉴욕 위클리 저널》은 그 자체가 언론 자유에 의지하고 있었을 뿐만 아니라 자유를 신장시키는 역할도 동시에 수행하고 있었다. 제2호에 실린 한 기사는 언론 자유를 다루면서 사상의 자유로운 전파와 수용을 역설하였다. 매주 월요일에 발간되는 젱어의 신문을 이용해 총독의 비판자들은 아무런 제한 없이 총독부의 정책을 비판하는 기사를 실을 수 있었다.

기사에는 총독과 그의 충복 프랜시스 해리슨의 이름이 자주 언급되었다. 해리슨이 맡은 임무 중 하나는 정부에서 자금을 대는 《뉴욕 위클리 가제트》에 총독을 옹호하는 기사가 자주 실리도록 하는 것이었다. 《뉴욕 위클리 가제트》의 편집과 검열을 담당하는 외에도 해리슨은 식민 정부에서 여러 직위를 거쳤다. 1710년에 식민지에 도착한 그는 시 재판관, 해사법원 판사, 내각의 일원으로 활동했다. 정치적으로 영향력 있는 주요 인사와 친분을 맺고 이를 이용하여 금전적 이익을 취하는 그의 능력은 감탄할 만한 것이었다. 공직을 이용해서 뉴욕과 뉴저지의 경계선상에 있던 토지 5만 에이커가 뉴욕으로 편입된다는 정보를 입수한 해리슨은 영국에 있는 지인들에게 그 땅을 사도록 부추겼다. 그런 다음 자신이 불러일으킨 투기 열풍을 이용하여 대출을 받고 스스로 토지를 샀다. 코스비의 행정부에서 해리슨은 부끄러움 없이 총독을 찬양하는 내용의 기사를 써 댔고 총독의 신임을 이용해서 재산을 끌어 모았다. 해리슨은 당시 뉴욕 시민의 경멸의 대상이었다.

반대파가《뉴욕 위클리 저널》을 발간하자 해리슨은 알렉산더가 작성하는 풍자 기사의 주요 표적이 되었다. 한 기사는 그를 "키가 약 163cm에 이르는 스파니엘 종 개로서 개집에서 뛰쳐나와《뉴욕 위클리 가제트》에 더러운 아첨의 글을 쓴다"라고 풍자했다. 기사는 계속해서 "한때 독실한 기독교도였던 그 스파니엘은 지금은 가장 야만적인 방법으로 다른 사람들을 괴롭히고 있다"면서 "그를 개집으로 돌려보내면 식민지는 더 살 만한 곳이 될 것"이라고 쓰고 있다.

해리슨은 글을 잘 쓰는 사람이 아니었으며 알렉산더와 모리스의 기사에 대항해서 쓴 그의 칼럼은 지적 수준에서 상대가 되지 않았다.

《뉴욕 위클리 저널》의 주요 초점은 총독 본인에게 맞춰져 있었다. 창간호는 총독이 뉴욕의 선거법을 위반하고 주민의 의사를 왜곡하려 한 것을 자세히 설명하는 기사로 시작되었다. 그 선거는 루이스 모리스의 개인적 승리가 아니라 민주주의의 이상과 공정한 경쟁의 승리로 소개하였다. 초기의 다른 기사는 코스비와 그의 식민지 통치를 다음과 같이 빗대고 있다.

> 식민 정부의 최고 지도자가 주민의 인권을 경시한다면 주민을 학대하고 있다고 말할 수 있다. 총독에게는 전체 주민과 개개인을 모두 존중할 의무가 있고 법이 정하는 바에 따라 사회의 이익과 안전을 도모해야 한다. 그러므로 그가 법을 어기는 것은 전체 주민에게 피해를 주는 것이다.

또 다른 기사는 총독이 배심재판의 보장을 거부한 것을 비판하였다. 루이스 모리스가 쓴 것으로 보이는 다른 기사는 다음과 같이 적고 있다.

타락한 총독은 보통 범죄자라면 교수형을 당해 마땅한 일을 수없이 저지를 수 있다. 총독으로부터 배상을 받는 것은 거의 불가능한 일이기 때문에 차라리 함께 타락하는 것이 나을지도 모르겠다. …… 총독은 당신의 자유를 쉽게 빼앗을 수 있다. 그를 막을 수는 없으므로 당신의 자유를 보존하고자 차라리 그에게 협조하고 싶어질지도 모른다.

1734년 9월 《뉴욕 위클리 저널》은 코스비가 내각의 일원인데도 의회로부터 온 법안을 내각에 제출하기 전에 먼저 검토하고, 회의를 마칠 때도 왕의 이름이 아닌 자신의 이름으로 한다고 비난했다. 이러한 행동에 식민지 문제를 다루는 영국 상무부는 코스비에 대한 감사를 실시하고 향후 위법행위를 저지르지 말라고 경고하였다.

총독을 향한 《뉴욕 위클리 저널》의 공격은 대중의 열광적인 지지를 받았고 12호부터 젱어는 목요일판도 발행하기 시작했다. 《뉴욕 위클리 저널》의 끊임없는 비판과 상업적인 성공은 총독을 격분케 했다. 그는 자신의 반대파가 누구인지 정확히 알고 있었다. 영국 상무부에 보낸 편지에서 그는 "정부에 반대하는 파벌이 만들어졌습니다. 이들은 아직도 매주 몇 번씩 모임을 열고 있으며 알렉산더와 모리스가 매번 참여합니다"라고 적고 있다.

또한 1734년 12월 6일자 편지에서 코스비는 다음과 같이 썼다.

모리스, 립 반 댐, 알렉산더는 식민 정부를 경멸하고 있으며 알렉산더가 지원하는 신문은 극도로 악의에 찬 비방을 퍼붓고 있습니다.

코스비는 제임스 알렉산더뿐만 아니라 그에게 반대하는 모든 사람의 입에 재갈을 물릴 작정이었다. 만일 그가 알렉산더를 체포하여 기소하더라도 모리스나 콜든, 립 반 댐은 계속 《뉴욕 위클리 저널》에 그를 비판하는 기사를 게재할 것이고 알렉산더도 감방에서 비판 기사를 쓸 것이다. 그것보다는 차라리 젱어를 공격하는 편이 더 확실할 것 같았다. 신문 발행인을 감옥에 가둔다면 신문 발간도 중단될 것으로 보았다.

알렉산더가 유죄평결을 받으려면 그가 총독을 비난하는 기사의 배후 인물이라는 것을 증명해야 했고, 그와 신문을 연결하는 증거가 필요했다. 젱어를 기소하는 것은 보다 쉬운 일이었다. 그의 이름이 신문에 적혀 있었기 때문이다. 또한 젱어의 사회적 지위도 그를 더 공격하기 쉽게 만드는 요인이었다. 알렉산더는 부유하고 식민사회에 널리 알려진 저명인사이지만 젱어는 무명의 독일 이민자일 뿐이었다. 알렉산더보다는 젱어가 여론의 지지를 훨씬 덜 받을 것이 분명했다.

선동적인 비방죄로 유죄판결을 받으려면 피고인이 다른 사람을 비방하는 글을 인쇄하여 출판했다는 사실만 증명하면 충분했다. 총독은 이번 기회에 본때를 보여서 반대파를 분쇄하기로 마음먹었다. 《뉴욕 위클리 저널》은 정부의 허가를 받은 신문도 아니고 검열도 받지 않았기 때문에 알렉산더는 계속해서 언론 자유를 옹호해야 한다는 생각에 표현의 자유를 주장하는 기사를 실었다. 코스비 행정부를 공격하는 기사 옆에는 공적 인물을 자유롭게 비판할 수 있는 권리를 옹호하는 기사가 실리곤 했다.

알렉산더는 영국의 정치철학가 토머스 고든과 존 트렌차드가 쓴 에세이 『카토의 편지 Letter of Cato』를 연재하였다. 그들은 정부가 국민을 위해 운영되려면 국민에게 언론의 자유가 있어야 하고 정부 정책에 의문을 제기할 수 있어야 한다고 주장하였다. 『카토의 편지』는 정보를 가진 시민만이 현명하게 관료를 선출하고 정부가 공공 이익을 위한 정책을 펴도록 유도할 수 있는데, 시민이 정보를 얻으려면 자유롭게 정보가 교환되고 토론 환경이 보장되어야 한다는 내용을 담고 있었다.

총독의 반격

1735년 언론 자유는 마침내 시험대에 올랐다. 코스비 총독은 제임스 딜랜시 대법원장에게 젱어를 선동적인 비방 혐의로 고소했다. 1734년에 두 차례에 걸쳐 딜랜시는 대배심 앞에서 공소장과 함께 선동적인 비방죄에 해당한다고 판단되는 《뉴욕 위클리 저널》의 기사를 낭독하였다. 한 기사는 다음과 같다.

(코스비 총독을 지칭하여) 사람들은 당신이 공개된 장소에 나서기를 바라고 있지만, 이 기사에 등장하는 것만으로도 많은 사람에게 즐거움을 줄 것이다. 당신은 법이라는 보호막 속에 숨어서 나서려고 하지 않고 다른 사람의 발언과 행동에 의존하고 있지만 이 보호막은 약하기 짝이 없는 것이고 오래지 않아 벗겨질 것이다. 그러므로 당신은 그 보호막을 떠나

서 이 도시에 사는 사람들의 생각을 살펴보는 것이 좋을 것이다. 사람들은 자신들의 자유와 재산이 위태롭다고 느끼고 있으며, 어떤 조치를 취하지 않는다면 그들과 자손들이 노예 상태가 될지도 모른다고 걱정하고 있다. 이것이 지금까지 정부 시책을 보아 온 사람들이 느낀 점이다.

덜랜시가 낭독한 또 다른 기사는 다음과 같다.

뉴저지에서 이사 온 사람들에게 뉴욕생활이 불편하면 다시 돌아가라고 이야기해 보라. 뉴저지에서 온 사람들은 그것은 마치 프라이팬에서 불 속으로 뛰어내리는 것과 마찬가지라는 대답을 한다. 뉴욕이나 뉴저지나 모두 같은 총독이 다스리고 있고 의회는 아무런 힘도 없기 때문이다. 펜실베이니아로 떠나는 사람들은 뉴욕의 환경을 걱정하며 그것이 행정부의 잘못이라고 말한다. 그들은 피해를 입고 싶지 않아서 떠나지만 의회가 의원들의 개인적 이익에 신경을 쓰거나 총독의 눈치를 보기보다는 공공의 이해를 앞세우기를 희망한다는 말을 한다. 주민의 이해관계가 달려 있을 때 의원 개인의 이익을 앞세우거나 총독에게 영향을 받는 것은 경멸받을 만한 일이다.

    사람들은 법률가를 두고 불평을 늘어놓지만 법이 문제의 전부는 아니다. 의회의 동의 없이 판사를 해임하고 새로운 법원을 만들었다. 총독은 자기 마음대로 배심재판을 받을 권리나 투표권을 박탈했다. 이것은 어느 나라의 법에도 없는 것이다. 이런 곳에서는 정부가 허용하지 않는 이상 재산권을 주장할 수도 없고 자유도 보장받을 수가 없다. 사람들은 이러한 이유로 뉴욕을 떠난다.

기사의 논조가 비판적인데도 대배심은 두 번에 걸쳐 《뉴욕 위클리 저널》 관련자 기소를 거부했다. 자신에게 비판적인 대중 여론에 굴하지 않고 총독은 의회에 사형집행인이 《뉴욕 위클리 저널》을 태워야 한다는 결의를 하라고 지시하였다. 국왕을 대리하는 사람에 대해 비방하는 글을 실었다는 이유에서다. 의회는 논쟁 끝에 의안을 무기한 연기하기로 하였다. 코스비가 다시 명령서를 보내자 의회는 이를 무시해 버렸다.

의회에 지시를 했으나 무위로 돌아가자 코스비 총독은 프랜시스 해리슨을 지방법원 예심판사에게 보내 《뉴욕 위클리 저널》을 소각하는 명령을 내려 줄 것을 요구하였다. 예심판사는 즉시 해리슨의 요구를 거절하고 자신의 휘하에 있는 사람들에게 이 문제에 관여하지 말라고 지시하였다. 그러자 코스비는 자신의 내각에 이 문제를 회부하였다. 12명의 내각 중 립 반 댐과 알렉산더를 비롯한 3명이 참석하지 않은 가운데 마침내 총독은 소각 명령을 얻어내는 데 성공했다. 해리슨과 보안관은 노예를 시켜서 시청 앞에서 《뉴욕 위클리 저널》을 태워 버렸다. 총독의 부하들과 노예만이 소각 장면을 보았다.

1734년 11월 2일 8명이 참석한 내각회의에서 젱어의 체포영장이 발부되었다. 죄명은 선동적인 비방죄였다. 대배심에서 두 번이나 소추를 거부당하고 의회에서도 두 번 거절당한 후에 여론의 반대를 무릅쓰고 마침내 총독은 젱어를 체포한 것이다.

영장이 발부된 날 보안관은 존 피터 젱어를 체포했다. 11월 23일 열린 보석심리에서는 제임스 알렉산더와 윌리엄 스미스가 젱어의 변호인으로 참석했다. 코스비 총독이 승진시킨 제임스 덜랜시 대법원장이 재판을 주재하였다. 젱어의 변호인들은 마그나 카르타와 인신보호영장 법률을 비롯한 여러 가지 근거를 주장하면서 보석금은 죄의 경중과 피의자의 재산 상태를 고려하여 합리적인 금액으로 결정해야 한다고 주장하였다.

젱어는 가족이 있는 뉴욕 시민이었고 인쇄 장비를 제외한 그의 전 재산은 50파운드를 넘지 않았는데도 보석금은 400파운드로 정해졌다. 터무니없는 보석금을 낼 능력이 없는 젱어로서는 꼼짝없이 9개월 동안 구속되어야 했다. 총독은 젱어를 구속하여 《뉴욕 위클리 저널》의 문을 닫으려고 한 것이다. 그러나 그는 젱어를 구속하는 데는 성공했지만 《뉴욕 위클리 저널》을 폐간시키지는 못했다. 반대파는 계속해서 기사를 썼고 젱어 가족의 도움으로 《뉴욕 위클리 저널》은 오직 한 번만 발행되지 못했을 뿐이었다.

대배심은 1월이 지나면 해산될 예정이었으므로 1월 말까지 기소되지 않으면 젱어는 석방될 수 있었다. 그러나 1월 31일까지 대배심이 소추에 동의하지 않자, 검사는 대배심의 동의 없이 독자적으로 젱어를 기소했다.

선동적인 비방죄

1735년 1월 존 피터 젱어는 구속된 상태로 국왕의 정부와 공무원을 선동적으로 비방했다는 죄로 재판을 기다렸다. 금전 배상을 원칙으로 하는 현대의 명예훼손과 달리 그 당시 명예훼손은 비방죄로 형벌을 받아야 했고 징역형을 선고받을 확률이 매우 높았다.

역사적으로 명예훼손은 네 가지 범주로 분류되어 왔다. 신성모독 또는 종교 비방, 외설죄, 개인 비방, 정부에 대한 선동적인 비방 또는 명예훼손 등이 해당된다.

선동적인 비방죄는 명확히 정의하기 어렵다. 정의 자체가 애매하기 때문에 정부는 정치적인 비판 세력을 기소하고자 그때그때 적당한 해석을 해 왔다. 젱어의 배심원들이 들은 설명은 다음과 같았다.

"선동적인 비방죄란 정부 조직이나 관료 혹은 공무를 위임받은 사람들의 명예를 훼손하거나 집권자에 대한 반감을 불러일으키는 글을 출판하거나 혹은 다른 방법으로 국민의 신뢰를 추락시켜 정부의 위신을 해치는 행위를 말합니다."

21세기 미국의 명예훼손 소송에서는 내용이 진실이라고 증명되면 아무런 책임을 지지 않지만 젱어의 시대에는 내용이 진실이면 더 중한 범죄로 다루어졌다. 그 시대 학자들의 생각에 따르면 사람들은 진실을 믿는 경향이 있기 때문에 비방 내용이 진실이면 피해자는 보다 깊고 오래 지속되는 피해를 입으므로 죄질이 무거워진다는 것이었다. 젱어가 글을 출판한 것은 사실이기 때문에 그 시대의 법에서는 책임을 면하는 것이 거의 불가능한 상황이었다.

1735년 4월 15일 존 피터 젱어의 공소장이 법원에 제출되었다. 공소사실은 그가 '악의적이고 선동적이고 거짓과 중상으로 가득 찬 《뉴욕 위클리 저널》을 발간하여 총독과 국왕의 관료들을 허위로 비방했다'는 것이다. 공소장에는 구체적인 비방의 내용으로 닷새치의 《뉴욕 위클리 저널》에서 선별한 기사가 열거되어 있었다.

공소사실에 포함된 비방 내용은 '뉴욕 주민은 총독의 손아귀에 들어 있는 자신들의 자유와 재산에 두려움을 느낀다', '이 행정부가 노예 상태로 만들까봐 걱정된다', '코스비 행정부를 피하려고 상당수의 시민이 펜실베이니아로 이주하였거나 이주를 고려하고 있다', '의회의 동의 없이 판사를 해임하고 새로운 법원을 세웠다', '주민의 투표권이 부정되었다' 등이다. 공소장에 따르면 이러한 기사가 뉴욕의 평화를 해치고 총독과 공무원들의 명예를 손상시키고 국왕의 위신을 떨어뜨린다는 것이었다.

젱어의 변호인인 알렉산더와 스미스는 변론서를 제출하여 이러한 주장에 반박했다. 그들은 코스비 총독이 의회의 동의 없이 현재와 같은 사법체계를 유지하는 것은 부당하고 현재의 법원은 사건을 심리할 권한이 없다고 주장했다. 알렉산더와 스미스는 《뉴욕 위클리 저널》에 기사를 싣는 행위의 법률적 정당성을 주장하는 동시에 재판에서 코스비 총독과 그 행정부에 대한 대중의 반감을 불러일으키려는 의도를 가지고 있었다.

대법원장 덜랜시는 젱어의 변호인들에게 그들이 제출한 변론서의 성격과 결론을 숙고해 보았느냐고 질문했고 두 사람은 그렇다고 대답했다. 윌리엄 스미스는 판사에게 재판을 할 권한이 없다고 믿을 때에는 판사의 권한 행사에 반대할 수 있다는 확신이 있으며 그러한 확신에 목숨을 걸 수도 있다고까지 말하였다. 알렉산더와 스미스는 법원이 듣고자 한다면 공소장에 대한 반박을 할 준비가 되어 있다고 했으나 덜랜시 대법관은 다음날 아침까지 휴정을 선언했다.

알렉산더와 스미스의 변호사 자격 박탈

다음날인 1735년 4월 16일 덜랜시 대법원장과 필립스 대법관은 다시 모였다. 알렉산더와 스미스 변호사에게 말할 기회를 주지 않은 채 대법원장은 그들이 제출한 변론서에 대한 발언을 허용하지 않겠다고 선언했다. 대법원장은 "당신들이 법조계를 떠나지 않으면, 우리가 떠나겠소"라고 말했다.

덜랜시는 알렉산더와 스미스를 이 사건에서 배제할 뿐만 아니라 향후 뉴욕 대법원에서 변호사로서 활동을 하지 못하도록 하는 명령을 내렸다. 법원 서기는 이 명령을 기록하고 공식적으로 선포하였다. 제임스 알렉산더와 윌리엄 스미스는 변호사 자격을 박탈당한 것이다.

덜랜시의 조치는 젱어와 변호사들에게 치명적이었다. 지금까지 코스비 총독에 대한 공격을 지휘해 오던 사람들은 재판정 밖으로 쫓겨났다. 대안이 없어진 젱어는 국선변호인을 선임해 줄 것을 요청했다. 덜랜시는 존 체임버스 변호사를 국선변호인으로 지명했다. 체임비스는 유능한 변호사이기는 했지만 총독과 같은 정당 소속이었다.

1735년 7월 29일 배심원 선정 절차가 시작되었다. 당시 일반적인 절차는 토지 소유자 명단 중에서 법원이 뽑은 48명의 후보자로부터 배심원을 선정할 수 있었다. 명단에는 뉴욕에 토지를 소유하고 있는 천 명의 이름이 있었는데 모두 백인 남성이었다. 일단 48명의 후보가 선정되고 나면 검찰 측과 변호인 측은 12명이 남을 때까지 차례로 거부권을 행사할 수 있었다. 최종적으로 선정된 12명 중 적어도 3명은 모리스-알렉산더의 지지자로 알려진 사람이었다. 나머지 배심원 중에도 네덜란드계에 속한 사람들은 젱어의 고난에 동정심을 가질 것으로 예상되었고 영국 총독인 코스비에게 반감을 가졌을 가능성도 높은 것으로 점쳐졌다.

앤드루 해밀턴의 등장

브래들리 검찰총장이 공소장을 낭독하고 배심원들에게 젱어의 유죄를 입증하겠다는 모두발언을 하는 것으로 재판이 시작되었다. 존 체임버스 변호인은 모두변론에서 개개인에게 폭넓은 언론 자유가 허용되어야 한다고 주장하고 검찰 측이 비방죄의 구성요건을 입증하지 못할 것이라고 말하였다.

체임버스가 변론을 하는 도중에 방청석에서 한 남자가 일어나더니 앞으로 나왔다. 그는 자신을 앤드루 해밀턴이라고 소개하고 젱어를 변호하고자 필라델피아에서 왔다고 말했다. 앤드루 해밀턴은 당시 아메리카 식민지에서 가장 뛰어난 변호사로 알려져 있었고 알렉산더와 모리스는 그에게 젱어의 변호를 맡아 달라고 간청했었다. 그가 재판 도중에 극적으로 등장한 것이 그의 변론 전략에 따른 것인지 혹은 당시 교통 사정 때문인지는 확실하지 않다.

해밀턴은 스코틀랜드에서 태어나 세인트앤드루스대학을 졸업했다. 글래스고우대학원을 다닐 당시 그는 정치 사건에 휘말려 트렌트라는 가명을 사용하여 버지니아로 왔다. 버지니아에서 법률 공부를 마치고 변호사로 개업할 즈음 정치적인 음모에서 완전히 벗어났다고 느낀 그는 가명을 버리고 다시 본명을 사용하기 시작했다.

1712년 식민사회에서 가장 유명한 가문이었던 펜 가문은 델라웨어를 두고 벌인 소유권 분쟁 소송에서 자신들을 대리할 변호사로 앤드루 해밀턴을 선임했다. 펜 가문과 같이 유명한 가문에서 영국 국왕을 상대로 광대한 토지소유권을 다투는 소송에서 해밀턴 변호사를 선임하였다는 사실 자체가 변호사로서 그의 능력과 명성을 웅변해 주었다.

제임스 로건이라는 사람이 윌리엄 펜에게 보낸 편지에서 "영국 국왕 제임스 2세를 대리한 코드 변호사는 해밀턴 변호사의 능수능란한 변론에 좌절하고 말았습니다"라고 탄식할 정도였다. 해밀턴은 메릴랜드, 델라웨어, 펜실베이니아 등에서 소송을 맡아 식민사회 최고의 변호사라는 명성을 쌓았다.

1713년 런던에 출장을 간 해밀턴 변호사는 영국의 법학원(법정 변호사가 되려면 거쳐야 하는 일종의 대학원 같은 곳. 영국에 네 개의 법학원이 있다 — 옮긴이) 중 가장 인기 있고 유명한 그레이 법학원의 회원이 되었다. 볼티모어 시는 영국 법정 변호사의 자격까지 갖추고 돌아온 해밀턴 변호사를 고용하여 식민 정부의 사법제도 법률의 입안을 맡겼다.

해밀턴은 필라델피아에 사무실을 열었고 펜실베이니아 검찰총장을 지냈다. 검찰총장을 사임한 후 그는 다시 2년간 런던 여행길에 올랐고 그곳에서 벤저민 프랭클린을 만나 친구가 되었다. 프랭클린은 자서전에서 해밀턴을 다음과 같이 적고 있다.

의회에서 만난 친구들 중에서 해밀턴을 잊을 수 없다. 그는 나를 비롯한 많은 사람에게 깊은 관심을 가졌으며 죽을 때까지 우리를 후원해 주었다.

해밀턴은 알렉산더와 스미스가 변호사 자격을 박탈당한 직후에 젱어 사건을 들었으며 사건을 맡아 달라는 부탁을 받고 즉시 이를 수락했다. 해밀턴은 오랫동안 정치학을 연구해 왔고 이 사건을 개인을 위한 변론이라기보다는 법과 정치의 원칙 문제로 받아들였다. 또한 그는 뉴욕의 법과 권력관계에 심대한 영향을 미칠 이 사건을 맡아 기뻤다. 아마도 그는 이 사건을 변론하는 것이 자신의 생애에서 가장 중요한 순간이 될 것임을 직감했을지도 모른다.

변론을 준비할 시간이 부족했고 알렉산더가 이 사건에 이미 정통해 있었기 때문에 해밀턴은 재판 기간에 알렉산더가 준비한 변론서와 법정 전략을 활용했다. 그러므로 변론에서 나타난 탁월한 논리를 구성하는 데는 알렉산더의 역할이 컸다. 법정 변론기법과 배심원을 설득하는 웅변술은 해밀턴 변호사의 공으로 돌려야 한다.

쟁점 : 내용의 진실성이 면책 사유가 되는가?

체임버스 변호사로부터 부드럽게 변론을 넘겨받은 해밀턴은 존 피터 젱어가 문제가 된 기사를 출판했다는 사실을 정면으로 인정해 법정을 놀라게 했다.

존경하는 재판장님, 먼저 피고인 젱어를 위한 변론의 기본적인 취지를 말씀드리겠습니다. 며칠 전 공소장을 받아 보고 비방죄로 기소된 기사가 진실한 내용인지를 숙고해 보았습니다. 조금 전에 변론을 한 체임버스 변호사와 마찬가지로 저도 이 사건에서 검사가 피고인의 범행 사실을 입증할 책임이 있다고 생각합니다. 그러나 이 사건에서 문제가 된 기사의 인쇄나 출판 사실을 부인하는 것이 사리에 맞는 것인지는 의문입니다. 기사의 내용이 진실이라면 누구나 자유롭게 그러한 기사를 출판할 수 있어야 한다고 생각하기 때문입니다. 그러므로 이 점에 관한 검사의 입증 책임을 덜어 주도록 하겠습니다. 피고인의 변호인으로서 저는 피고인이 공소장에 첨부된 기사를 인쇄하고 출판하였다는 점을 인정합니다. 다만, 그 과정에서 피고인이 아무런 죄도 저지르지 않았다는 점을 입증하겠습니다.

이것은 극히 위험한 변론 전략이었다. 당시 법은 내용이 진실하다고 하더라도 비방죄의 책임을 면할 수 있는 것은 아니기 때문이다. 그러나 해밀턴 변호사와 그를 돕는 알렉산더, 모리스는 그들이 승소할 수 있는 유일한 방법은 기사의 출판 사실을 인정한 다음 진실한 내용을 출판하는 것은 범죄가 아니라는 주장을 하는 수밖에 없다고 생각했다. 변호인이 출판 사실을 자백해 버리자 젱어의 재판은 특이한 형태의 재판이 되고 말았다. 검사와 변호인 모두 증인을 부르지 않은 것이다.

해밀턴이 예상했듯이 재판의 전 과정은 판사와 배심원 앞에서 구두변론으로 이루어졌다. 이러한 전략은 브래들리 검찰총장의 계획에 차질을 빚었다. 브래들리는 피고인이 문제된 기사를 인쇄하고 출판했다는 증거를 중요한 공격 무기로 삼을 계획이었던 것이다. 해밀턴이 피고인의 출판 사실을 인정해 버리자 브래들리는 거의 자신이 승소한 것이나 마찬가지라고 생각했다. 그는 증인 신청을 모두 취소하고 배심원들이 특별 평결을 내리게 해 달라고 요청했다. 즉 이 사건에서 배심원들이 결정할 사실 문제는 피고인이 문제가 된 기사를 출판했는지 여부인데, 이미 변호인이 이를 인정했으므로 배심원들의 임무는 끝났고 그 기사의 내용이 비방에 해당하는지는 법률문제이므로 판사가 결정해야 한다는 것이다. 브래들리가 배심원들로부터 그러한 결정을 이끌어내면 이 사건은 끝난 것이나 마찬가지였다. 브래들리는 대법원장인 덜랜시가 정부에 유리한 판결을 내릴 것으로 확신하고 있었다.

그러나 해밀턴은 얕볼 만한 상대가 아니었고, 그 당시 법률 이론과 정반대의 주장을 하고 있으면서도 전혀 양보할 태세가 아니었다.

비방죄로 유죄평결을 받아내는 데 검사가 입증해야 하는 것은 단순히 인쇄하고 출판했다는 사실만이 아닙니다. 피고인이 비방죄를 저질렀다고 하려면 출판된 내용이 허위이고 중상모략이고 선동적이라는 것을 밝혀야 합니다. 그렇지 못하면 피고인은 무죄입니다.

해밀턴 변호사는 그동안의 판례를 무시하고 사건의 초점을 기사 내용에서 그 진실성 여부에 맞추었다. 브래들리는 압도적인 분량의 판례를 제시하며 정부나 공무원에게 부정적인 말을 하거나 글을 출판하는 자체가 정부를 비방하는 것이고 위법행위에 해당한다고 주장했다. 그는 배심원에게 기사 내용 자체가 비방에 해당하는 것이라고 설명했다. 검사가 이러한 주장을 할 것이라고 예상하고 있던 해밀턴은 미리 준비한 변론으로 맞섰다.

존경하는 재판장님, 정부가 존중받아야 할 존재라는 점은 저도 브래들리 검찰총장과 같은 의견입니다. 그러나 정부의 잘못된 정책 때문에 고통을 겪은 국민의 정당한 비판을 두고 정부를 향한 비방이라는 견해에는 결코 동의할 수 없습니다. 만일 그러한 행위도 비방죄가 된다고 생각했다면 이 법정에 서서 변론을 하지도 않았을 것입니다. 이와 관련하여 일반적인 이론과 이 사건의 쟁점을 말씀드리고자 하니 경청해 주시기 바랍니다.

국민에게 잔인무도한 판결을 내리던 성실청 법원English Star Chamber(1641년 폐쇄된 영국의 형사법원. 배심원을 두지 않고 불공정한 판결을 내린 것으로 유명하다—옮긴이)과 검사가 제시한 판례들은 이미 오래전에 그 효력을 잃었습니다. 영국에서 국민의 자유를 위협했던 그 법원은 이미 사라졌습니다. 검사가 성실청 법원을 다시 이 땅에 세우려는 시도가 아니기를 바랍니다. 성실청 법원이 내린 반란죄로 유죄판결을 받았던 행위가 이제는 적법행위로 받아들여질 뿐만 아니라 그 당시와는 정반대의 법 원칙이 확립되었기 때문입니다.

해밀턴 변호사는 검사가 제시한 판례들을 영국 왕실이 정치적인 사건을 처리하는 데 활용하던 악명 높은 성실청 법원과 결부시켰다. 성실청 법원에는 배심원도 없었고 자백을 받아내려고 피고인을 고문하기도 하였다. 성실청 법원은 1641년에 폐쇄되었으나 그곳에서 선고된 판례는 젱어의 재판이 있던 시절까지 구속력이 있었다.

해밀턴은 성실청 법원을 계속 언급하면서 비방죄 이론이 근본적으로 변했다고 주장했다. 즉 배심원은 어떤 글이 출판되었는지 여부만을 판단하는 것이 아니라 내용을 평가하여 평결을 내릴 수 있다는 것이었다.

해밀턴과 브래들리가 내용의 진실이 면책 사유가 될 수 있는지 논쟁하는 가운데 배심원들은 점점 더 젱어에게 동정심을 가졌다.

해밀턴 비방죄를 저지른 사람이 처벌받아야 하는 것은 사실이지만, 제 의뢰인의 행동은 이에 해당하지 않는다는 점을 먼저 밝힙니다. 검사께서 비방죄의 정의를 설명할 때 의도적이었는지 실수였는지는 모르지만, '선동적, 중상모략적'이라고 말하면서 '허위 사실'이라는 요건은 생략하였습니다.

브래들리 제가 '허위'라는 단어를 생략했다고는 생각하지 않습니다. 그러나 내용이 진실이더라도 비방죄가 성립한다는 것은 이미 확립된 이론입니다.

해밀턴 이 점은 저와 검사 사이에 견해의 차이가 있습니다. 제 변론은 기사 내용이 진실이라는 점에 기초하고 있기 때문에 이에 재판장님과 배심원 여러분께 설명을 드리도록 하겠습니다.

　피고인이 받고 있는 혐의는 악의를 가지고 선동적, 중상모략적인 허위 비방을 했다는 것입니다. 여기에서 '허위'라는 단어도 의미가 있습니다. 그렇지 않다면 그 단어를 사용할 이유가 없습니다. 검사가 공소장에 이 단어를 기재한 것은 우연이 아닙니다. 허위라는 단어 없이는 공소사실이 불충분하기 때문입니다. 허위 사실로 비방했다는 것과 진실에 기초한 사실을 출판하여 비방죄를 저질렀다는 것이 같을 수 있습니까? 허위라는 단어를 제외한 공소장이 적법하다는 판례를 검찰 측이 제출할 수 있습니까? 그럴 수 없을 것입니다. 내용이 허위일 때만 중상모략이며 비방죄가 되는 것입니다. 만일 검찰 측에서 문제가 된 기사 내용이 허위라는 점만 입증한다면 피고인은 나머지 요건을 인정하겠습니다. 그러면 결국 검사가 해야 할 일은 하나로 줄어듭니다. 피고인이 유죄평결을 받게 하려면 기사 내용이 허위라는 점만 증명하면 충분합니다.

브래들리 검찰이 입증할 것은 아무것도 없습니다. 피고인은 이미 기사를 출판했다는 사실을 인정했습니다. 기사 내용이 허위라는 사실은 입증할 필요도 없지만, 만일 입증할 필요가 있다고 하더라도 존재하지 않는 사실을 어떻게 입증할 수 있겠습니까?

브래들리의 이 발언은 검찰 측에 치명적인 실수가 되었다. 존재하지 않는 사실을 어떻게 입증하겠냐는 질문을 던짐으로써 그는 기사를 출판한 사실만 입증하면 된다는 견해에서 사실상 후퇴해 버렸다.

해밀턴 저도 검찰에서 존재하지 않는 사실은 증명하기 어렵다는 주장을 할 것으로 예상했습니다. 그러나 원칙에는 예외가 있는 법입니다. 어떤 사람이 다른 사람을 살해했다고 기소했을 때 피고인은 그 피해자가 살아 있다는 사실을 밝혀내면 살인이 일어나지 않았다는 것을 증명할 수 있습니다. 다른 사람의 말을 훔친 죄로 기소된 사람은 그 말이 여전히 소유자의 마구간에 있다는 것을 보여 주면 절도 행위가 일어나지 않았다는 사실을 증명할 수 있습니다.

이러한 예가 존재하지 않는다는 사실을 입증할 수 있는 예외에 해당하는 것입니다. 그러나 저는 굳이 검찰 측에 존재하지 않는 사실을 입증하라고 요구하지 않겠습니다. 피고인 측에서 입증 책임을 지고 기사 내용이 사실이라는 것을 증명해 보이겠습니다.

해밀턴이 입증 책임을 지겠다는 뜻을 표시했지만, 총독과 같은 편인 덜랜시 대법원장은 토론의 전개가 검찰 측에 불리하게 흘러가는 것을 알아채고 직접 논쟁에 참여했다.

대법원장 해밀턴 변호사, 기사 내용이 진실하다는 점을 증명하기 위한 증거를 제출할 수는 없습니다. 내용이 진실하다고 하더라도 비방죄의 성립에는 영향이 없습니다.

해밀턴 법원이 이렇게 빨리 결론을 내리다니 유감입니다. 저는 최소한 제 의견을 말씀드릴 기회가 주어질 것으로 기대했습니다. 저는 지금까지 비방죄 재판에서 내용의 진실함을 입증하는 데 증거를 제출할 수 없다는 문헌이나 판례는 본 적이 없습니다.

대법원장 비방죄를 정당화할 수 없다는 점은 분명합니다.

해밀턴 비방죄를 정당화할 수 없다는 말씀에는 저도 동의합니다. 그러나 정당화라는 말을, 진실을 밝혀 무죄를 주장한다는 의미로 이해한다면 달라진다고 생각합니다.

존경하는 재판장님, 살인죄나 폭행죄도 정당화할 수는 없는 것이지만 진실을 밝혀 무죄를 주장할 수는 있습니다. 살인죄를 저질렀을 때 피고인은 그것이 자신이나 가족의 생명을 지키려는 것임을 밝힐 수 있는 증거를 제출할 수 있습니다. 폭행죄에서는 상대방에게 먼저 폭행을 당해서 정당방위로 폭행했다는 것을 밝힐 수 있습니다. 이러한 사실이 밝혀지면 피고인은 무죄를 받을 수 있습니다. 정당화라는 말을 이런 의미로 사용한다면 이 사건에도 적용될 수 있으리라고 생각합니다.

대법원장 비방죄에 그런 방식으로 정당성을 주장할 수 있다는 근거가 있습니까?

해밀턴 판례에서나 사리에서나 근거는 충분합니다. 그러나 무엇보다도 비방죄에 관한 법리는 성실청 법원에서부터 발전해 왔다는 점을 기억해 주시기 바랍니다.

해밀턴 변호사가 이러한 논쟁을 벌인 진짜 이유는 법원으로부터 자신의 주장을 인정받으려는 데 있지 않았다. 해밀턴은 델랜시 대법원장이 어차피 자신에게 불리한 결정을 할 것이라고 예상하고 있었다. 그의 진정한 의도는 배심원들 앞에서 내용이 진실하다면 비방죄가 면책되어야 한다는 주장을 하려는 데 있었다. 배심원들에게 그러한 주장을 들려주어 델랜시가 자신에게 불리한 결정을 내리더라도 배심원들이 그것이 얼마나 부당한 결정인지 깨닫게 하려고 했다.

대법원장 해밀턴 변호사, 지금 주장한 내용은 틀린 것입니다. 성실청 법원 이전에도 코크의 주석서(에드워드 코크 경이 1628년에 쓴 법학 주석서. 자의적인 왕권과 교회의 권위에 맞서 보통법의 효력을 주장하려고 쓴 책이다—옮긴이)에는 비방죄에 관한 법리가 적혀 있습니다.

해밀턴 재판장님께서 말씀하시지 않았어도 저도 그 주석서를 언급하려고 했습니다. 이제 그 책을 말씀하셨으니 거기에 적혀 있는 내용을 말씀드리겠습니다. 제 생각에는 비방죄에서 가장 중요한 판례는 존 드 노샘프턴John de Northampton 판결이라고 생각합니다. 그 사건에서 비방죄로 처벌된 말은 완전히 허위였습니다. 허위라는 사실 때문에 범죄로 처벌된 것이고 그것이 판결의 근거였습니다.

이 사건에서도 이러한 원칙이 적용되어야 하지 않겠습니까? 내용이 허위일 때만이 중상모략이 되는 것이고 이 두 가지 요소가 합쳐져야 비방이라고 할 수 있지 않습니까? 또한 진실이건 허위이건 간에 그 내용에 대해 주장하지 못하게 한다면 기사가 비방에 해당하는지 어떻게 판단할 수 있겠습니까? 만일 내용이 진실이더라도 비방죄가 성립되어 거짓말을 했을 때와 같이 무겁게 처벌받는다면 상식에도 반하지 않습니까? 물론 내용이 진실한 때에는 보다 선동적이라고 하여 더 무거운 죄가 성립되고 형벌도 더 무거워야 한다고 주장하는 사람들이 있습니다.

이러한 주장처럼 진실인 내용이 허위보다 더 중한 죄라고 가정해 보겠습니다. 그러한 가정을 받아들인다면 진실을 말한 때에 더 무거운 형벌을 부과해야 할 것입니다. 그렇다면 이 사건에도 얼마나 무겁게 처벌할지 결정하려면 내용이 진실인지 허위인지 판단해야 할 것입니다.

판사가 부족한 정보로 말미암아 거짓말을 한 사람에게 진실을 말한 사람만큼 무겁게 처벌한다면 잘못된 일이 아니겠습니까? 물론 진실을 말한 사람에게 거짓말을 한 사람보다 무겁게 처벌한다는 것은 터무니없는 일이지만, 비방한 내용이 허위일 때 더 중한 죄가 된다는 검찰 측의 논리라면 이러한 결과를 피할 수 없습니다. 그리고 그런 때에도 진실인지 허위인지는 밝혀져야 합니다.

덜랜시 대법원장은 자신이 해밀턴 변호사의 말솜씨에 상대가 되지 않는다는 것을 알아채고 발언권을 다시 브래들리에게 넘겼다.

대법원장 검찰 측에서는 지금 변호인의 주장을 들었습니다. 변호인 측은 기사 내용의 진실성을 입증하려면 증인을 신문해야 한다고 주장하고 있습니다. 이에 검사의 의견은 어떻습니까?

브래들리 제 생각에 이 점에 관한 법리는 명백합니다. 비방죄를 정당화하기 위한 증거조사는 있을 수 없습니다. 제가 이 법정에서 낭독한 판례들을 보면 내용이 진실하다고 하여 비방 행위의 책임이 가벼워지지 않습니다. 이러한 분명한 점을 증명하려고 판례를 다시 제시할 필요는 없다고 생각합니다.

브래들리의 성의 없고 형식적인 답변에 실망한 덜랜시는 다시 한 번 해밀턴 변호사와 논쟁을 벌여야겠다고 생각했다.

대법원장 해밀턴 변호사, 법원은 변호인 측이 기사 내용의 진실성 여부를 증명하려고 증거를 제출할 수는 없다고 생각합니다. 주석서의 내용은 다음과 같습니다.
"내용이 진실이거나 비방의 대상이 되는 사람이 좋지 않은 평판을 갖고 있다는 것은 면책 사유와는 아무런 관계가 없다. 비난이 진실처럼 보일수록 그 피해가 더 크기 때문이다."

해밀턴 지금 말씀하신 내용은 성실청 법원의 판결입니다. 성실청 법원이 폐지되었기 때문에 그러한 이론도 폐기되어야 합니다.

대법원장 해밀턴 변호사, 이미 이 문제는 법원의 견해를 밝혔습니다. 법정에서 예의를 준수하시기 바랍니다. 법원의 견해와 반대되는 견해를 계속 주장할 수는 없습니다.

해밀턴 법원의 견해를 존중합니다만, 제가 가본 어떠한 법정에서도 법원의 견해에 반대하는 것을 법정 예의에 어긋난다고 보지는 않습니다.

대법원장 일단 법원이 결정한 문제를 계속 언급하는 것은 예의에 벗어난 일입니다. 그리고 이 문제에 대한 변호인의 의견은 기각되었습니다.

해밀턴 이 문제를 더는 언급하지 않겠습니다만, 이 문제에 법원은 피고인 측에 불리한 결정을 내렸다고 생각합니다. 그리고 변호인의 발언권이 더 보장되어야 한다고 생각합니다.

대법원장 다시 한 번 말하지만, 법정 예의를 지키기 바랍니다. 합리적인 범위 내에서 변호인의 발언은 충분히 보장될 것입니다.

법원의 결정에 따라 해밀턴 변호사는 젱어의 신문 기사가 진실이라는 것을 입증할 증거를 제출할 수 없었다. 해밀턴도 이러한 결과를 예상하고 있었다. 딜랜시 대법원장이 그러한 증거 제출을 허용한다면 법정은 총독에 대한 성토장이 될 것이기 때문이었다.

딜랜시 대법원장의 결정에도 해밀턴은 변론을 계속해 나갔다. 그는 젱어가 무죄평결을 받을 수 있도록 굳이 기사 내용의 진실성을 입증하지 않아도 된다는 것을 잘 알고 있었다. 그의 청중은 배심원이었고, 그들은 모두 뉴욕 사람들이었다. 그들은 총독의 행정부 밑에서 살아가는 사람들이었으며 《뉴욕 위클리 저널》에 실린 기사의 실체를 잘 알고 있었다. 배심원 각각은 의심의 여지없이 기사 내용의 진실성 여부에 나름대로 의견이 있었다.

해밀턴 변호사는 법원의 훈계를 무시한 채 배심원들을 상대로 기사 내용의 진실성 여부를 판단해 달라고 호소했고 피고인이 이를 입증할 기회를 허락받지 못한 것을 비판했다.

해밀턴 감사합니다, 재판장님. 현명하신 배심원 여러분, 이제 여러분께서 기사의 진실성을 판단해 주셔야 합니다. 피고인은 이를 입증할 기회를 허락받지 못했습니다. 제가 여러분께 직접 호소하는 것을 이상하게 생각하지 마시기 바랍니다. 법과 사리에 따라 저는 여러분께 직접 호소할 권리가 있습니다. 이 사건의 공소사실은 여러분이 사는 도시에서 일어난 일입니다. 배심원들을 그 지방 주민들 중에서 선발하는 이유는 그들이 공소사실에 대하여 가장 정확한 지식을 가지고 있기 때문입니다. 여러분께서 제 의뢰인에게 유죄평결을 내리려면 공소장에 기재되어 있는 기사가 허위이고, 중상모략적이고, 선동적이라는 판단을 하셔야 합니다. 저는 그렇지 않다고 생각합니다. 여러분은 뉴욕 주민이고 정직하고 합법적으로 사는 분들입니다. 그리고 제가 변론 요지서에서 지적했듯이 기사에 실린 내용은 비밀이 아닙니다. 그 기사들이 진실하다는 것은 누구나 알고 있습니다. 그러므로 피고인은 여러분을 신뢰할 수 있습니다. 또한 비록 피고인이 출판한 기사의 진실성을 입증할 수 있는 증거를 제출할 권리를 허락받지 못하였지만 증거의 제출을 제한받는 것이야말로 그 사실이 명약관화하다는 것을 반증하는 것이라고 생각합니다. 여러분께서도 이 점을 기억해 주시기 바랍니다.

저는 검사와 불필요하게 논쟁하지 않겠습니다. 대신 검찰 측에서도 비방죄의 정의를 명확히 설명해 주기를 부탁드리겠습니다. 명확한 기준이 제시되어야만 어떠한 글이 비방죄인지 아닌지 판단할 수 있을 것입니다.

이에 검사는 배심원에게 전에 설명한 비방죄의 정의를 다시 설명하였고 풍자적으로 비난하는 것도 비방에 포함된다고 하였다.

해밀턴 검찰 측의 이야기 잘 들었습니다. 하지만 특정한 말이 악의에서 비롯된 것인지 혹은 모욕적인 것인지 결정할 수 있는 일반적인 기준이 있습니까? 특히 풍자적으로 쓰인 말이 공공의 질서를 어지럽히거나 상대방이나 그 가족이나 친구에게 복수심을 불러일으킬 만한 말인지 여부를 쉽게 결정할 수 있습니까? 역설적인 표현에 적용할 만한 법 원칙이 있습니까? 만일 제가 어떤 사람에 대해서 존경할 만큼 솔직한 신사라고 말했는데 실제로는 그 말 속에 그가 무뢰한이라거나 바보라는 사실을 풍자적으로 표현한 것이라면 그러한 때에 적용할 만한 법률 이론을 찾기는 무척 어려울 것입니다.

브래들리 제 생각에 이와 관련된 법률 이론은 많습니다. 조소나 풍자로 표현된 중상모략도 직접적인 표현과 마찬가지로 비방죄에 해당합니다. 풍자적인 글을 써서 어떤 사람이 자선 행위를 한 것은 유대인이나 위선자로 보이지 않으려는 이유 때문이라고 한다면, 사실은 그가 이기적인 목적에서 행동한 것이라고 암시할 때도 마찬가지입니다. 그런 글은 직접적인 표현과 마찬가지로 상대방을 공격하는 것입니다. 이것은 자명한 일입니다.

해밀턴 그런 말들이 자명하다는 점에는 저도 동의합니다. 또한 허위이고 중상모략적인 말은 조소나 풍자적으로 표현되더라도 당연히 비방죄에 해당합니다. 그러나 검찰 측에서 내용이 진실이든 허위이든 중상모략에 해당할 수 있다고 주장하고 있기 때문에 어떤 말이 중상모략에 해당하는지 결정하기가 어렵습니다. 어떤 글이 풍자적으로 쓴 것인지 혹은 진정으로 쓴 것인지 어떻게 알 수 있습니까? 글을 쓴 작가가 자신의 생각을 그대로 표현한 것인지 아닌지 알 수 있는 방법이 있습니까? 검찰 이론에서는 풍자가 아닌 때에는 비방죄에 해당하지 않을 수도 있는데 말입니다.

대법원장 해밀턴 변호사, 어떤 말이 풍자적으로 쓰인 것인지 혹은 조소로 쓰인 것인지 알아보는 것이 정말로 어려운 일이라고 생각합니까?

해밀턴 물론 풍자 여부를 알 수 있기도 합니다. 그러나 기본적으로 위법성을 판단하려면 제가 이해하는 말의 내용에 따라 결정할 수밖에 없습니다. 이해하는 것 외에는 다른 기준이 없습니다.

대법원장 물론 그렇습니다. 어떤 말이 비방에 해당하는지는 우리가 그 말의 뜻이라고 이해하는 바에 결정됩니다. 어떤 말의 뜻을 두고 판단을 내려야 하는 사람은 그 말이 중상모략에 해당하는지, 풍자적으로 쓰인 것인지, 공공질서를 어지럽히는지, 명예훼손에 해당하는지 판단해야 합니다. 그 점에는 의심의 여지가 없습니다.

덜랜시 대법원장은 결국 해밀턴의 논리에 밀려 단순히 출판되었다는 말을 한 사실만을 입증해야 하는 것이 아니라 말의 뜻을 판단하고 평가해야 한다는 점에 동의하였다. 해밀턴 변호사는 18세기 초의 법률 이론에 따라 어떤 말이 비방죄에 해당하는지 여부를 판단하는 것은 판사의 권한이지만, 배심원이 이를 판단해야 한다는 주장을 펴기 위해 논리적인 기반을 쌓았던 것이다. 해밀턴은 덜랜시 대법원장이 그러한 견해를 받아들이지 않으리라는 것을 알고 있었지만 교묘한 방법으로 공개 법정의 배심원 앞에서 주장을 할 수 있도록 논의를 이끈 것이다.

언뜻 보기에 해밀턴은 판사를 향해서 주장을 펼치고 있는 것으로 보였지만 사실 그는 배심원을 상대로 변론을 하고 있었다. 배심원들이야말로 궁극적으로 젱어의 유무죄를 판단할 사람들이기 때문이었다. 기록을 보면 이 점을 분명히 알 수 있다. 해밀턴은 판사가 법률이론에 무엇이라고 설명하든 간에 무죄평결을 내려 달라고 배심원에게 요청하고 있었다. 해밀턴 변호사가 배심원들에게 법률 이론을 무시하고 스스로 옳다고 생각하는 바에 따라 판단을 해 달라고 요청한 것에는 의문의 여지가 없다. 이것은 아마도 미국 사법 역사상 변호인이 배심원에게 실정법의 내용에 관계없이 평결해 달라고 요청한 최초의 예일 것이다.

해밀턴 변호사의 최종 변론은 브래들리와 덜랜시가 몇 번이나 제지했지만, 표현의 자유와 언론의 자유에 관한 현대적인 법 이론의 기초를 잘 요약하고 있다. 그의 주된 주장은 더 나은 정부가 되려면 누구나 정부 정책을 자유롭게 말할 수 있고 비판할 수 있어야 한다는 것이었다. 그는 언론기관이 정부 정책을 사실대로 보도할 수 있어야만 일반 대중에게 올바른 정치적 견해를 형성하는 정보를 제공할 수 있다고 주장했다. 당대 최고의 웅변가인 해밀턴 변호사의 변론은 표현의 자유와 언론의 자유에 대한 미국의 사상을 보여 주는 시금석이라고 할 수 있다.

해밀턴 감사합니다, 재판장님. 법원이 그러한 견해를 가지고 있다는 것을 알게 되어 기쁘게 생각합니다. 그렇다면 배심원들은 공소장에 기재된 말이 중상모략적인지 여부를 판단해야 합니다. 바꿔 말하면 그 내용이 허위인지를 결정해야 한다는 뜻입니다. 공소장에 기재된 내용이 풍자나 역설적 표현에 해당하는 것으로 보이지는 않기 때문입니다. 만일 배심원들이 그 말이 허위라고 판단한다면 유죄평결을 내릴 것입니다.

델랜시 그렇지 않습니다, 해밀턴 변호사. 배심원들은 피고인 젱어가 그 글을 출판했는지 여부만을 결정하고 그것이 비방에 해당하는지에 관한 판단은 판사에게 맡겨야 합니다. 당신도 이 점은 잘 알고 있을 것입니다. 법률문제는 배심원이 아니라 판사가 결정하는 것입니다.

해밀턴 물론 배심원들은 그렇게 할 수 있습니다. 하지만 마찬가지로 그와 반대로 스스로 결정할 수도 있습니다. 논쟁의 여지없이 배심원들은 모두 법률문제와 사실문제를 결정할 권한이 있습니다. 특히 법률적 쟁점이 분명하다고 생각할 때는 그렇게 해야 합니다. 문제된 말이 비방에 해당하는지 아닌지를 법원 판단에 맡겨야 한다는 것은 배심원에게 아무런 결정권을 주지 않는 것과 같습니다.

그러나 그 점은 앞으로 더 언급할 기회가 있을 테니 일단은 검사가 내세운 법률 이론의 모순부터 말씀드리도록 하겠습니다. 공소사실을 뒷받침하고자 검사는 이 이론을 되풀이하여 언급하였습니다. 즉 타인을 중상모략하는 것은 가치 없고 저급한 행위이지만 공적 인물을 중상모략하는 것은 훨씬 더 비열한 행위라는 것입니다.

만일 공적 인물의 잘못이나 실수나 심지어 악행 문제라고 하더라도 그것이 개인적인 것이고 공공질서에 아무런 영향이 없는 것이라면 그러한 것을 폭로하는 행위가 예의 없고 비겁한 행동이라는 점에 저도 동의합니다. 그러나 집권자의 단점이나 악행이 그의 공적인 직무 수행에 영향을 미치고 국민이 이 때문에 자유나 재산권이 침해된다고 느낀다면 문제는 완전히 달라집니다. 국민이 억압받고 있다고 느낄 때는 집권자의 권위가 아무리 중요하다고 하더라도 국민의 입을 막을 수는 없습니다. 과거에는 진실을 말하는 행위를 범죄로 처벌하던 때도 있었습니다. 저 끔찍한 성실청 법원에서 훌륭하고 용기 있는 수많은 사람들이 진실을 말했다는 이유로 처벌받았습니다. 그러나 그런 시기에도 훌륭한 사람들은 비방죄로 사람들을 기소하는 것은, 상대방에게 대항할 용기 없는 사악한 군주와 비겁한 사람들이 무고한 사람들을 파멸시키는 데 사용하는 칼과 같은 것이라고 말했습니다.

브래들리 해밀턴 변호사, 말조심하십시오. 너무 심한 말입니다.

해밀턴 물론입니다, 검사님. 그러나 사람들은 우리를 다스리는 국왕이 훌륭한 분이라는 사실을 잘 알고 있기 때문에 검사가 주의를 주는 이유를 이해하지 못할 것입니다. 저는 확립된 원칙에 따라 변론을 하고 있고 현재의 국왕 폐하의 은총을 입고 있다는 점을 잘 알고 있기 때문에 국왕에 대한 제 의무를 저버리거나 그 때문에 의혹을 살 일도 없을 것입니다.

　존경하는 재판장님, 검찰이 주장하는 공직자의 의무를 인정하고 존경하지만 그들도 사적으로나 공적으로 일반적인 법률의 적용에서 예외가 될 수는 없습니다. 우리의 모국인 영국법은 그런 예외를 인정하지 않고 있습니다. 역사상 집권자의 횡포 때문에 국민이 고통을 겪고 있을 때에는 국민의 대표가 정당한 항의로써 그러한 사실을 공표해 왔고 자신들이 다스려야 할 지방이나 식민지, 스스로 지켜야 하는 법률을 파괴하는 집권자를 지지할 이유가 없다는 의사를 표현해 왔습니다.

만일 고통을 겪는 사람들이 침묵을 강요당하거나 그러한 고통을 이웃에게 말했다고 해서 비방죄로 처벌받는다면 국민의 권리가 무슨 소용이 있겠습니까? 이에 의회가 있지 않느냐는 답변이 가능할 것입니다. 의원들에게 불만을 털어놓으면 되지 않느냐고 말할 수 있습니다. 물론 의회가 있습니다.

그러나 의회가 집권자의 모든 잘못을 주목할 수 있습니까? 의회가 집권자의 말만 들으려고 한다면 어떻게 해야 합니까? 이런 때에도 의회에만 호소할 수 있습니까? 특히 집권자에게 공직 임명권이 있고 자신의 뜻에 따라 의회를 구성하여 다수당의 지지를 받을 능력이 있을 때는 어떻게 됩니까? 이 시대에 이 땅에서는 14년간이나 그런 상태가 계속된 일도 있습니다. 억울한 사람이 자신의 불평을 집권자에게만 털어놓을 수 있거나 혹은 집권자가 구성한 의회에만 하소연할 수 있다면 어떤 구제를 기대할 수 있겠습니까? 누구나 고통을 당했을 때는 이에 불만을 이야기할 수 있는 권리가 있습니다. 누구나 권력 남용을 공개적으로 항의할 권리가 있습니다. 그래야만 권력자가 술책이나 폭력으로 탄압하려 할 때 다른 사람들이 보호해 줄 수 있습니다. 그때 비로소 사람들은 가장 중요한 천부적 권리인 자유를 누릴 수 있고 그것을 지키려는 결의를 다질 수 있는 것입니다.

우리는 사람들이 왜 그토록 식민지의 총통이 되고 싶어 하는지 잘 알고 있습니다. 총독의 임무도 그에 못지않게 분명합니다. 국왕 폐하는 식민지 주민들에게 자비로운 마음을 가지고 계십니다.

그분이 바라는 것은 우리가 국민으로서 해야 할 의무를 다하고 평화가 유지되고 공정한 정의가 실현되는 것뿐입니다. 식민지에서 좋은 상품을 생산하여 모국에 이익이 되도록 정책이 실행되면 충분합니다.

총독이 식민지 주민에게 어떤 일을 강요하거나 혹은 총독의 부하들이 다른 사람들을 괴롭히고 약탈해야 이런 목적을 달성할 수 있다고 말할 수 있습니까? 총독이 재직하는 동안 국왕으로부터 부여받은 임무는 존중되고 복종을 받아야 합니다. 그러나 그가 자신의 의무를 저버리고 국민에게 아무런 책임을 지지 않아도 되는 것처럼 행동한다면 사람들은 그의 권력과 권위와 의무에 의문을 제기하게 됩니다. 그리고 그가 자신의 권한을 벗어나는 만큼 혹은 공정하게 정의를 실현하지 않는 만큼 사람들도 그에 대한 의무를 다하지 않을 것입니다.

권력을 가졌다는 이유 하나만으로 다른 사람의 존경을 받을 수는 없습니다. 총독에 임명되기 전에 선하거나 현명하지 못했던 사람들이 총독으로 임명된다고 해서 좋아지기보다는 대부분 더 나빠집니다. 지혜와 덕이 없는 사람은 법만이 통제할 수 있습니다. 자신들이 법을 어기고도 무사할 수 있다고 생각하는 만큼 사람들은 더 악하고 잔인해집니다. 만일 그런 사람이 총독이 된다면 그의 지배를 받는 사람들은 불행해지고 결국 총독 자신도 불행해질 것입니다. 사람들이 총독을 좋아하지도 따르지도 않을 것이기 때문입니다.

사람들은 이해관계에 민감합니다. 총독과도 좋은 관계를 유지하고 싶어 하고 동시에 다른 사람들과도 잘 지내기를 원합니다.

그러나 사람들에게는 명예와 양심이 있습니다. 그들은 그들의 자유가 위험에 처했다고 느낄 때에는 총독의 호의를 잃더라도 함께 저항할 것입니다. 국가의 자유가 침해받고 자손이 노예가 될지도 모른다는 염려 앞에서는 언제든지 자신의 이익을 희생할 것입니다.

물론 그렇게 행동하지 않을 사람들도 있습니다. 그런 사람들에게는 희망이 없습니다. 그들은 다른 생각은 안중에도 없고 권력자에게만 충성을 다합니다. 권력자가 어떤 사람인지, 어떤 일을 하는지는 관심 밖입니다. 그런 사람들은 권력자의 도움을 받아 자신들보다 능력과 인품이 뛰어난 사람들에게 악행을 저지르고 그들을 시기합니다 잘못을 잘 뉘우치지도 않습니다. 그러나 이런 사람들은 몇 명 되지 않습니다. 그리고 당연히 이 재판에도 영향을 미치지 못할 것이라고 생각합니다.

권력자에게 불만을 표시하고 항의할 수 있는 권리는 자연권입니다. 이러한 권리의 제한은 법률로 이루어질 수 있으며 법률로 제한한다고 하더라도 허위일 때에만 제한할 수 있을 뿐입니다. 내용이 진실하다면 능력 없는 집행부에 반대하는 것이 정당화되기 때문입니다. 허위 사실로 다른 사람을 공격하는 때에는 변명의 여지가 없다는 데 저도 전적으로 동의합니다. 평범한 개인을 상대로 하거나 공직자를 대상으로 한다 해도 용서받을 수 없을 것입니다.

비방죄는 그 내용의 진실 여부가 유무죄를 결정하는 요소가 되어야 할 것입니다. 그렇게 되더라도 다른 사람을 비판한 사람은 역시 무거운 부담을 안게 됩니다. 그는 자신이 쓴 글의 내용 하나

하나가 진실이라는 점을 입증해야 하고 판사와 배심원들에게 이를 확신시켜야 하기 때문입니다. 그렇지 못하면 권력자로부터 기소당하였을 때 자신을 도와줄 사람을 찾기 어려울 것입니다.

법률가들 사이에 어떤 말이 중상이나 비방에 해당하고 어떤 말이 해당하지 않는지에 다양한 견해가 있다고 알려져 왔습니다. 그러나 저는 법률에서 중상이라는 말만큼 명확한 단어가 있다고는 생각하지 않습니다. 여기에서 일일이 열거하는 것이 불필요할 만큼 많은 선례가 있고 우리는 이러한 선례를 따라야 할 것입니다. 비방죄에 내려진 지금까지의 판결을 존중해야 할 것입니다. 만일 이러한 문제에 불명확한 점이 존재한다면, 만일 권력자가 판사들의 판단에 영향력을 행사할 수 있다면 우리의 판단이 얼마나 위축되겠습니까? 특히 식민사회에서 비방죄가 관계된 때에 그렇습니다. 법에는 이론이 있을 수 있고 종교에서도 마찬가지입니다.

두 세기 전까지만 해도 종교에 관해 이설을 발표하면 이단자로 몰려 화형을 당하였습니다. 그러나 지금은 그러한 견해를 자유롭게 발표할 수 있습니다. 성직자라고 해도 오류에 빠질 수 있습니다. 따라서 우리는 그들과 다른 의견을 발표할 수 있을 뿐만 아니라 기존 견해를 비판할 수 있는 자유를 누리고 있습니다. 우리가 종교나 신앙의 문제를 자유롭게 비판할 수 있는 자유가 있다는 것은 명백한 사실이라고 생각합니다. 뉴욕에서 종교에 대한 견해를 발표했다고 해서 검사로부터 기소당했다는 말을 들어본 적이 없기 때문입니다. 그렇다면 뉴욕 시민들은 하느님에 대해서 자유롭게 말할 자유가 있지만, 총독에 대해서 말할 때는 극히 조심해야 한다는 말이 됩니다.

뉴욕이 자유로운 도시라는 사실은 모든 사람이 동의하는 바입니다. 그렇다면 내용이 진실한 이상 권력자의 행동과 관련해 자유롭게 말하고 글을 쓸 수 있어야 합니다. 권력자의 행동이 그 지배를 받는 사람의 자유와 재산에 영향을 미치는 때에는 자유로운 비판이 있을 수 없습니다. 그리고 비판할 자유가 부정된다면 우리는 노예나 다를 바 없습니다. 부당한 대우와 억압을 받으면서도 불평할 수 없거나 혹은 불평한다는 이유로 처벌을 받아야 한다면 그것이 노예가 아니고 무엇이겠습니까?

검사는 정부가 신성한 존재이며 존경과 지지를 받아야 한다고 주장합니다. 정부는 우리의 생명과 재산을 보호해 주며 반역, 살인, 강도, 폭동 그 밖에 사회를 혼란하게 하는 모든 악을 막아 준다고 합니다. 그러면서 공직자가, 특히 최고위직에 있는 사람이 시민의 비판을 받는다면 정부는 존재할 수 없다고 주장합니다.

이러한 주장은 무법을 강요하는 것이고 용납할 수 없는 것입니다. 검사는 집권자가 사람들의 경멸을 받으면 권위가 서지 않고 결국 법률을 집행할 수도 없다고 합니다. 이러한 주장은 권력자와 그 추종자들이 통상 제기하는 것입니다. 그러나 권력자가 시민들에게 경멸을 받는 것은 권력을 남용하여 부당한 일을 하고 사람들을 억압하기 때문입니다. 권력자들은 술책에 능합니다. 역사를 조금이라도 아는 사람이라면 권력자들이 자의적으로 권력을 행사하고 시민의 자유를 억압하는 데 얼마나 많은 구실을 들어왔는지 알고 있습니다.

영국의 역사는 동등한 사람들로 구성된 배심의 판단을 받지 않고 권력자의 손에 자유와 재산을 맡기는 것이 얼마나 위험한 일인지 증명하고 있습니다. 권력자가 아무리 훌륭한 사람이라고 하더라도 무엇이 중상모략에 해당하고 무엇이 비방에 해당하는지, 무엇이 허위이고 풍자인지 그 판단을 그의 손에 맡기는 것은 대단히 위험한 일입니다.

영국의 의회가 이러한 일을 결정하는 권한은 너무나 막중해서 권력자의 손에 맡길 수 없고 배심재판이 결정해야 한다고 판단한 것만 보더라도 이것이 얼마나 중요한지 알 수 있습니다. 의회는 상소가 가능하다는 전제에서 적어도 무엇이 허위인지 판단하는 권한은 배심원들에게 주어져야 한다고 결정하였습니다. 이것은 분명하고 위대한 결단입니다. 이에 의회가 배심의 판단을 허용한 것은 성실청 법원의 권한에 속하지 않은 사항뿐이며 새로운 권한을 부여하거나 법률문제를 판단할 수 있다고 선언한 것은 아니라고 반박하는 견해가 있을 수 있지만 이는 부당한 견해입니다. 사실문제와 법률문제가 섞여 있을 때에는 배심원이 양자를 함께 결정할 권한이 있기 때문입니다.

배심원 여러분, 부당한 일이 일어날 위험성이 높은 곳에서 지나친 신뢰는 위험합니다. 법원에 적절한 신뢰를 갖는 것은 좋은 일이지만 평결을 하는 권한은 배심원들에게 있어야 합니다. 여러분의 권한과 의무를 다른 사람에게 맡겨서는 안 됩니다. 만일 여러분이 젱어의 글에 허위 내용이 없다고 생각한다면 그렇게 결정해야 합니다. 법원이 여러분과 같은 의견이라는 보장이 없기 때문입니다. 그것은 배심원의 권리이고 여러분의 신뢰를 포함한 많은 것이 여러분 결정에 달려 있습니다.

자유를 박탈하는 것은 죽음보다도 나쁜 것입니다. 그런데도 때로는 권력이나 허울뿐인 명예 때문에 국민을 억압하고 결과적으로 국가를 파멸에 이르게 한 사람들이 있었습니다. 브루투스는 위대한 인물이었지만 결코 정의로운 사람은 아니었던 카이사르의 죽음 앞에서 이렇게 말했습니다.

"로마 시민이여, 당신들이 무엇을 하고 있는지 생각해 보십시오. 당신들은 카이사르가 언젠가 당신들에게 채울 바로 그 족쇄 만드는 일을 돕고 있었던 것입니다."

자유를 가치 있는 것이라고 생각하는 사람이라면 누구나 이 말을 명심해야 할 것입니다. 여러분은 스스로 옳다고 생각하는 바에 따라서 평결을 해야 하며 개인적인 이해관계에 매달려서는 안 됩니다. 개인적인 이해관계를 우선한다면 국가와 개인 간의 관계나 국민간의 관계는 끊어지기 때문입니다. 나라를 사랑하는 사람이라면 무엇보다도 자유를 선택해야 합니다. 자유가 없는 우리 삶은 비참해진다는 것이 자명하기 때문입니다.

로마 시대에 또 한 명의 위대한 인물인 루키우스 브루투스(로마 공화정을 창시한 전설적 인물. 어린 시절 폭군인 타르퀴니우스 수페르부스의 손에 아버지와 형제가 처형당하는 것을 목격하고는 바보 행세를 하면서 복수의 기회를 기다렸다. 후에 무장봉기를 일으켜 왕정을 종식시키고 집정관이 되었다. 왕위에서 쫓겨난 타르퀴니우스 수페르부스 일파가 반란을 일으키는 데 자신의 두 아들이 연루된 사실을 알고 냉정하게 아들에게 사형을 선고하고 처형장에도 입회하였다고 한다. 카이사르의 암살자인 마르쿠스 브루투스와는 다른 인물이다―옮긴이)의 예를 들어보겠습니다. 그의 이야기는 아주 유명해서 이 자리에서 따로 말씀드리지 않고 다만 그가 자유를 얼마나 소중하게 생각했는지 말씀드리겠습니다.

로마의 마지막 왕인 타르퀴니우스 수페르부스는 잔인무도하게 폭정을 휘두르며 큰 재산을 모았습니다. 브루투스가 로마 시민들과 함께 타르퀴니우스를 몰아내자 폭군은 왕위를 되찾고자 로마의 젊은 귀족들에게 도움을 요청하고 뇌물을 제공했습니다. 이 반란 음모는 발각되고 주모자들은 체포되었는데 그 중에는 브루투스의 두 아들도 있었습니다. 다른 사람들이 다시 타르퀴니우스를 도와 반란을 일으키고 로마의 자유를 파괴하는 것을 막고자 반드시 본보기를 보여 주어야 했습니다. 집정관이었던 브루투스는 로마 시민이 보는 앞에서 직접 아들들에게 반역죄로 사형을 선고했습니다. 이것은 그가 얼마나 자유를 소중히 생각했는지 보여 주는 것입니다. 아들들이 참수되는 자리를 지킨 그의 엄격한 모습을 보고 로마 시민들이 공포를 느끼자 그는 이렇게 말했습니다.

"시민들이여, 내가 아들들에게 애정이 없다고 생각하지 마십시오. 그러나 브루투스의 아들의 죽음은 단지 브루투스를 슬픔에 잠기게 할 뿐입니다. 자유의 상실은 나라 전체를 슬픔에 잠기게 할 것입니다."

권력은 큰 강에 비유할 수 있습니다. 적절한 경계 안에서 흘러갈 때 강은 아름답고 쓸모 있습니다. 그러나 강이 범람하고 나서 이를 막으려고 하면 이미 때는 늦습니다. 그것은 모든 것을 휩쓸어 가고 파괴와 황폐를 초래할 것입니다. 권력의 속성이 그렇기 때문에 우리는 우리의 의무를 다해야 하고 불법적인 권력자로부터 자유를 지키는 데 최선을 다해야 합니다. 권력자가 자신의 욕심과 야망 때문에 선한 사람들을 희생시켜 온 것은 역사가 증명하고 있습니다.

이 문제를 길게 말씀드리는 것을 이해해 주시기 바랍니다. 예로부터 이웃집에 불이 나면 자기 집을 다시 살피라고 했습니다. 우리는 비록 하느님의 은혜로 자유로운 국가에서 살고 있지만, 한 국가에서 독재 권력이 나타나면 곧 이웃 나라에도 같은 일이 일어난다는 것을 경험으로 알고 있습니다. 그러므로 권력에 대항하는 것은 우리 모두의 의무이며 각자 자기의 일처럼 생각해야 합니다.

저는 많은 논거를 제시할 만한 능력이 없습니다. 오랜 세월 변호사로 일하면서 건강도 많이 나빠졌습니다. 그러나 아무리 제가 늙고 약하다고 해도 저는 권력 남용을 비판하는 사람들의 권리를 박탈하기 위하여 정부가 제기한 소추를 기각하는 데 온 힘을 바치겠습니다. 권력을 이용해서 사람들을 괴롭히고 억누르는 자들은 국민의 불평과 원성을 자아내고 다시 그러한 불평을 근거로 국민을 소추하고 탄압합니다. 이러한 일은 없어져야 합니다.

재판장님과 배심원 여러분 앞에 놓인 문제는 개인적인 일이 아닙니다. 불행한 인쇄업자 한 명의 문제도 아니고 이 재판이 진행되고 있는 뉴욕에 한정된 문제도 아닙니다. 이 판결은 영국령 아메리카 식민지에 살고 있는 모든 사람의 삶에 영향을 미칠 수 있습니다.

이 재판은 무엇보다도 중요한 문제입니다. 이 재판은 자유를 다루고 있습니다. 저는 배심원 여러분이 올바른 결정을 내릴 것으로 믿어 의심치 않습니다. 오늘의 결정으로 여러분은 뉴욕 시민의 사랑과 존경을 받을 뿐만 아니라 자유를 사랑하는 모든 사람으로부터 축복을 받을 것입니다. 공정하고 정당한 평결은 우리 자신과 재산과 이웃을 안전하게 보호하는 초석이 됩니다. 그 초석은 진실을 쓰고 말할 때 권력의 전횡을 폭로하고 항거하는 데 하느님과 법이 우리에게 부여한 권리, 즉 자유입니다.

이 훌륭하고 감동적이며 시대를 뛰어넘는 변론은 앤드루 해밀턴을 전설적인 소송 변호사의 반열에 올려놓았다. 전설적인 변호사가 되려면 관습적인 생각과 적대적인 판사와 지나치게 열성적인 검사들에게 영향 받지 않고 법률뿐만 아니라 나라 전체의 생각을 변화시킬 수 있어야 한다.

해밀턴의 탁월한 변론이 끝난 후 딜랜시 대법원장은 배심원들의 마음을 잡아두려고 노력했다.

대법원장 배심원 여러분, 해밀턴 변호사는 배심원이 판사의 의견에 귀를 기울이지 말아야 한다고 역설하였습니다. 또한 제가 지금부터 말씀드릴 내용에 좌우되지 말아야 한다고 주장하였습니다. 그러므로 저는 단지 여러분께 피고인이 공소장에 기재된 사실관계를 자백했다는 점만 말씀드리겠습니다. 이제 여러분이 품을 수 있는 의문은 공소장에 기재된 사실이 비방이 될 수 있는지 여부입니다. 그것은 의심할 바 없이 법률문제이며 여러분께서는 그 문제를 법원 판단에 맡길 수 있습니다. 하지만 제 의견은 여기서 마치고 학식 있고 존경받는 판사가 이 사건과 유사한 사건을 두고 한 이야기를 읽어 드리도록 하겠습니다.

그러고 나서 덜랜시 대법관은 배심원단에게 이 사건에 적용되는 법리를 설명하였다.

부패한 공무원이 공직에 임명되었다고 말하는 것은 틀림없이 정부에 대한 비난이다. 만일 사람들이 정부를 비난하는 데 책임질 필요가 없다면 어떤 정부도 존속할 수 없을 것이다. 모든 정부는 국민에게 좋은 평판을 받아야 하기 때문이다. 정부의 운영에 적개심을 불러일으키는 것만큼 해로운 것은 없다. 이러한 행위는 항상 범죄로 간주되어 왔고 이를 처벌하지 않는다면 어떤 정부도 안전할 수 없다.

이제 여러분은 공소장에 기재된 말들이 정부에 나쁜 평판을 불러일으키는 말인지 여부를 판단해야 합니다. 공소장에 적힌 내용은 공직에 임명된 사람들은 현명하지 않고, 현명한 사람들은 공직에 임명되지 않는다는 내용입니다. 또한 공직에 임명된 사람들이 자신들의 의무는 다하지 않고 공익이 아닌 개인의 이익에 공직을 이용한다는 것입니다. 이것이 피고인의 신문에 실린 기사의 내용입니다.

신속한 평결

덜랜시 대법원장의 말을 듣고 나서 배심원들은 법정에서 퇴정하여 평의에 들어갔지만 곧바로 다시 입정해서 무죄평결을 내렸다. 총독과 그의 추종자에게는 분명한 반대 의사의 표시였다. 12명의 뉴욕 시민은 법률과 판사의 충고를 무시하고 그들이 믿는 법에 따라 평결을 내린 것이다. 이 평결로 존 피터 젱어만이 책임을 면한 것이 아니라 정부에 비판적 태도를 보였던 모든 칼럼니스트들이 보다 자유롭게 진실을 말할 수 있게 되었다.

무죄평결이 있던 날 40명 이상의 뉴욕 시민이 블랙호스 식당에 모여 앤드루 해밀턴 변호사를 축하하는 저녁 모임을 가졌다. 알렉산더와 젱어를 지지하는 사람들은 젱어의 용기와 알렉산더의 현명함에 건배하였다. 해밀턴이 필라델피아로 떠날 때 뉴욕 항에 있던 배들은 예포를 쏘아 그에게 경의를 나타냈다.

1735년 9월 뉴욕 시의회는 해밀턴에게 키케로의 경구가 새겨진 순금 담뱃갑을 선물했다. 라틴어로 적힌 경구를 번역하면 다음과 같다.

"법을 짓밟고 자유를 억눌러도 언젠가는 회복된다. 이것은 돈이 아니라 인품으로 이루어진다. 누구나 자신의 인품에 걸맞은 나라에서 살기를 바란다."

젱어 평결의 정확한 효과를 분석하는 것은 쉬운 일이 아니다. 법적으로 말하면 배심원들의 평결은 앞으로 일어날 사건에 선례가 되는 것도 아니고 기존의 법을 바꾸는 것도 아니다. 평결은 단지 그 사건의 당사자들에게만 법률적인 영향을 미친다. 필라델피아에서 온 달변의 변호사는 사실을 근거로 하여 부패하고 무능한 정부를 비판할 수 있는 개인의 권리를 옹호했다. 그는 공직자들을 제한 없이 비판할 수 있다고 주장하지 않았고 그가 제출한 서류에도 그러한 말은 없다. 해밀턴이 최종 변론에서 한 말은 누구나 진실을 자유롭게 말할 수 있어야 하고 그래야만 국민은 정부를 더 효율적으로 통제할 수 있다는 것이었다.

젱어 사건의 배심원들은 법정에 들어서기 전부터 사실관계를 잘 알고 있었다. 해밀턴은 그런 상황에서 젱어의 무죄를 주장한 것이다. 무엇보다도 젱어 사건은 식민지의 최고위 공직자로서 코스비 총독에 대한 반감을 보여 주는 것이었고 이 사건으로 그의 권위는 떨어졌다.

그러나 이 사건이 법적으로 선례가 되지 않는다고 해서 해밀턴 변호사의 변론이나 젱어의 무죄평결이 역사적으로 의미가 없는 것은 결코 아니다. 젱어 사건과 신문기사, 평결은 사람들에게 신대륙 최고의 웅변가의 입을 빌어 언론 자유의 논거를 제공해 주었다.

미국의 독립전쟁은 그 후 40년이 지난 뒤에 일어났지만 젱어의 재판은 궁극적으로 독립전쟁에 이르는 논쟁 과정에서 중요한 역할을 했다. 뉴욕뿐만 아니라 식민지 13개 주에서 젱어의 고난이 여러 차례 보도되면서 많은 사람이 영국의 통치를 공개적으로 비판하기 시작했기 때문이다.

젱어 사건의 영향은 매우 커서 구버뉴 모리스(미국의 정치인. 미국 헌법의 제정에 공헌했고 화폐 체계를 세웠다. 이 글에 등장하는 루이스 모리스의 손자—옮긴이)는 "1735년 젱어의 재판은 미국을 독립으로 이끈 자유의 샛별과 같았다"라고까지 말하였다.

재판이 미국과 영국의 법조계에 미친 영향도 간과할 수 없다. 비방죄에서 내용의 진실은 면책 사유가 되고 배심원들이 모든 쟁점을 결정해야 한다는 주장은 당시만 해도 급진적이었지만 결과적으로 미국의 판례가 되었다.

오늘날 명예훼손을 다룬 민사소송에는 연방대법원의 판결에 따라

'현실적인 악의'라는 기준이 적용된다. 이 원칙에 따라 공적 인물에 대한 명예훼손이 성립하려면 비난 내용이 허위이고, 비난을 한 사람이 그 내용이 허위임을 알고 있었거나 아니면 허위인지 아닌지에 아무런 관심도 두지 않았다는 점이 입증되어야 한다. 따라서 내용이 진실이라는 것은—해밀턴이 그토록 정열적으로 주장했듯이—면책 사유가 되며, 발언을 한 사람이 그것이 허위임을 실제로 알고 있어야만 소송을 제기할 수 있다.

현재 일부의 주에서만 비방죄를 처벌하는 법률을 폐지하지 않고 있다. 1964년 연방대법원은 비방 행위를 형사적으로 처벌하는 것이 위헌이 아니라고 확인했지만 많은 논쟁의 여지를 남겼다.

코스비 총독은 평결 다음날 존 피터 젱어를 석방했다. 1737년 그는 뉴욕 시의 공식 출판업자가 되었고 이듬해 뉴저지에서도 같은 직위에 앉았다. 젱어는 1746년 7월 28일 재혼한 아내와 6명의 자녀를 남기고 죽었고 그의 부인과 아들은 1751년까지 《뉴욕 위클리 저널》을 발행했다. 1736년에 해밀턴과 알렉산더의 노트를 기초로 재판 관련 기사가 《뉴욕 위클리 저널》에 실렸다. '《뉴욕 위클리 저널》의 발행인 존 피터 젱어의 재판을 기록한 간략한 서술'이라는 제목의 기사는 40쪽 분량으로 몇 번에 나뉘어 게재되었다. 그 기사는 런던에서 네 번, 보스턴과 필라델피아에서 한 번 출판되었고, 제2차 세계대전 중에도 다시 출판되었다.

젱어는 구속과 재판 기간에 걸쳐 언론인의 전범을 보여 주었다. 그는 기사를 작성하고 편집했음에도 실제로 코스비를 공격한 사람들의 이름 밝히기를 거부했다. 오늘날까지도 언론인들은 취재원을 보호할 때 젱어의 이름을 언급한다.

우리가 정치인들을 자유롭게 비판하고 그들이 권력을 남용하지 못하도록 감시할 수 있는 것은 250년 전 독일에서 이민 온 출판업자와 스코틀랜드 출신의 변호사가 언론 자유를 획득하고자 싸웠기 때문이다.

6장

포르노 황제와 전도사

언론 자유의 상징이 된 《허슬러》의 발행인

투쟁 없이는 진보도 없습니다. 자유를 옹호한다고 말하면서도 논쟁을 혐오하는 사람들은 …… 밭을 갈지 않고 수확을 바라는 사람입니다. 그들은 비가 오기를 바라면서도 천둥이나 번개는 받아들이지 못하는 사람입니다. 바다를 원하면서도 풍랑은 외면하는 사람들입니다.

— 프레더릭 더글러스, 1834

역사는 종종 주류 문화에서 배척된 사람들이나 이단아들이 수정헌법 1조에 규정된 위대한 표현의 자유를 얻고자 투쟁에 나서는 모습을 목격해 왔다. 공산주의 선전선동가, 인권운동가, KKK단, 여호와의 증인, 그리고 래리 플린트가 그러한 사람들이다.

— 로드니 스몰라, 역사학자

때때로 중요한 법률 분쟁은 사회의 주변부에서 벌어진다. 1980년대 초반에 교육받은 미국인들이 앞으로 일어날 법한 중요한 사회적 사건이 무엇이겠냐는 질문을 받는다면 대답을 하기 전에 잠시 생각해 볼 것이다.

샌드라 데이 오코너가 그때 막 미국 역사상 최초의 여성 대법관으로 임명되었다. 낸시 레이건은 비싼 옷을 입는다는 비판에 항의하고자 노숙자 차림으로 워싱턴의 행사장에 나타나서 신문지상을 장식했다. 섹스와 난교에 대한 생각은 당시 뜨거운 논쟁거리였다. 텔레비전 방송국은 십대의 브룩 실즈가 등장해 그녀와 캘빈 클라인 청바지 사이에는 아무것도 없다고 뇌쇄적으로 속삭이는 광고를 금지했다. 의사들은 동성애자들이 여지껏 보고된 바 없는 에이즈로 사망하는 것을 보고 혼란에 빠져 있었다.

아무도 포르노와 표현의 자유가 1980년대를 수놓은 가장 중요한 대법원 판결 중 하나가 될 것이라는 사실은 예상하지 못했을 것이다.

물론 몸매 좋은 여성이 고기 다지는 기계에 끌려 들어가는 사진을 표지에 실어 유명해진 《허슬러*Hustler*》의 발행인 래리 플린트가 헌법 지상주의자나 자유 옹호자가 될 것이라고 예상한 사람은 한 명도 없었을 것이다.

휴 헤프너의 《플레이보이*Playboy*》나 밥 구치오네의 《펜트하우스*Penthouse*》는 진열대에 전시되는 누드 잡지 중 '주류 문화'에 속한다. 1950년대 창간 당시 충격으로 받아들여졌던 《플레이보이》는 어느새 하품나는 잡지가 되었다. 《펜트하우스》는 미국인의 성생활 습관을 보다 '세련되게' 보여 주는 정도였다.

《플레이보이》와 《펜트하우스》는 예술적인 잡지라는 평판을 받으려고 애를 썼다. 전면 누드를 실을 때에도 의과대학의 산부인과 교재와 같은 구체적인 묘사보다는 육체적 매력과 낭만을 강조하는 식이었다. 그 잡지들은 언론의 한 분야라는 평가를 받고자 유명 인사와 나눈 인터뷰나 단편소설도 실었다. 《플레이보이》는 과학, 산업, 정치계에서 영향력 있는 인물과 대담한 인터뷰를 게재하기도 하였다. 그러한 노력이 결실을 맺어 1976년에는 대통령 후보이자 조지아 주지사였던 독실한 기독교 신자 지미 카터도 《플레이보이》의 인터뷰에 응했다.

여기에 새롭게 등장한 것이 '포르노 행상' 래리 플린트와 그가 발행한 《허슬러》였다. 플린트는 그의 잡지에 등장하는 사진들이 예술이라는 등의 구실을 댈 생각은 하지도 않았다. 《허슬러》는 로맨스 잡지가 아니었다. 섹스가 《허슬러》의 목적이자 내용이었다. 플린트의 잡지는 하드코어 포르노는 아니었지만(실제 성관계를 하거나 성기를 삽입하는 장면은 등장하지 않는다), 그러한 종류의 잡지로는 한계에 도전했다. 플린트는 독자들이 보다 적나라한 사진을 보고 싶어 한다고 확신하였다.

《허슬러》, 구치오네 그리고 플린트의 대척점에는 기독교 근본주의자들이 있었다. 그들은 종교 부흥운동으로 무장하고 성적이거나 자극적으로 보이는 것들을 공격하려고 자금을 모으고 지원을 약속받았다. 기독교 근본주의자들의 주요 목표는 포르노, 낙태, 동성애, 공산주의를 지구상에서 없애는 것이었다.

종교 단체 중에서 가장 강력한 단체는 '도덕적 다수파Moral Majority'라는 조직이었다. 여러 단체의 연합인 '도덕적 다수파'는 전국적으로 50만 명이 넘는 회원을 거느린 거대 조직으로 성장했고, 지미 스워가트, 제임스 케네디, 그레그 딕슨, 찰스 스탠리, 팀 라헤이 등 유명 인사가 속해 있었다. 텔레비전 복음전도사인 빌리 그레이엄, 오럴 로버트, 짐 베커 등은 '도덕적 다수파'와 직접적으로 관련은 없으나 보수적인 종교 부흥운동을 펼쳐 기독교 근본주의의 불길을 퍼뜨리는 데 일조했다. 당대의 많은 성직자가 '도덕적 다수파'의 성공에 관여했지만 조직의 회장이자 의심할 바 없는 지도자는 미국의 저명한 텔레비전 복음전도사인 제리 폴웰 목사였다.

카리스마를 갖춘 남부 출신의 설교자인 폴웰은 자신의 흠집 없는 평판과 기독교적 이상에 대한 헌신에 자부심이 강한 사람이었다. 그는 래리 플린트 같은 '음란물 장사꾼'들을 경멸했고 그들이 발행하는 잡지를 사악하고 죄악으로 가득 찬 것이라고 몰아붙였다. 폴웰은 플린트의 활동을 공공연히 비난했고, 텔레비전 설교에서 《허슬러》나 이와 유사한 잡지에 묘사된 행위를 따라하는 것은 신을 모독하는 것이라고 역설했다.

플린트는 폴웰의 공격을 눈여겨보고 있었다. 그는 폴웰의 '도덕적 다수파'가 거두어들이는 돈이 공화당이나 민주당이 받는 공식적인 정치 헌금보다도 많다는 점에 주목했다. 폴웰이 추종자들에게서 받는 수백만 달러의 돈은 종교적이고 청빈해야 할 목사의 삶과는 어울리지 않는다고 생각했다. 플린트는 이러한 위선을 공격했고, 폴웰을 술을 마시고 근친상간을 일삼는 타락한 목사로 묘사한 패러디를 잡지에 실었다.

이제 악명 높은 '음란물 장사꾼'은 미국에서 가장 영향력 있는 텔레비전 복음전도사와 정면으로 마주 선 채 20세기의 가장 중요한 재판 중 하나를 시작하려는 찰나에 있었다. 수정헌법 1조가 새로 검토되고 재정립되는 순간이었다.

포르노 제국

래리 C. 플린트는 1942년 11월 1일 켄터키 주 깊은 산골의 소작농 집에서 태어났다. 플린트 형제들은 학교에 가기 전에 할머니의 농장에서 닭에게 모이를 주곤 했다. 플린트는 정규 교육을 제대로 받지 못하고 간신히 초등학교를 마쳤다. 열네 살 때 그는 나이를 속이고 육군에 입대했으나 1년도 채 안 되어 쫓겨난 뒤 다시 해군에 입대했다. 스물셋에 해군에서 제대할 즈음에 그는 파산 상태였고 이미 세 번이나 이혼한 경력이 있었다. 이십대 초반 그는 잘 다니던 제너럴 모터스 공장을 그만두고 오하이오 주에 평생 직업이 될 힐빌리 헤이븐이라는 이름의 '허슬러' 스트립 바를 차렸다.

데이튼 시에 개업한 그의 첫번째 허슬러 바에서 플린트는 상당한 수익을 올렸다. 댄서들은 팁으로 봉급을 대신했고 고객들은 엄청난 양의 술을 마셔 댔다. 플린트는 사업을 확장해서 스트립 클럽 체인을 소유하였고 댄서의 사진이 실린 선전 팸플릿을 배포했다. 팸플릿이 큰 인기를 끌자 더 많은 돈을 벌 기회를 포착한 플린트는 곧 팸플릿을 판매하기 시작했다. 《허슬러》가 탄생한 것이다. 《허슬러》는 인기 잡지로 자리 잡았고, 4년 동안 200만 명이 넘는 정기구독자를 확보할 만큼 빠른 성장세를 보였다. 1980년이 되자 서른일곱의 플린트는 백만장자가 되었고 《허슬러》 잡지에서만 매년 1,300만 달러의 수익을 올렸다.

《허슬러》의 독자는 《플레이보이》나 《펜트하우스》를 보는 사람들과는 뚜렷이 구별되었다. 《허슬러》에 실리는 사진은 섹스를 예술로서 표현하려는 헤프너나 구치오네의 사진과는 질적으로 달랐다. 허슬러의 사진은 보다 직설적이었고 '엄청난 크기의 젖가슴'으로 유명해진 모델들이 등장했다. 기존에 존재하던 언론과 닮은 점은 전혀 없었다. 섹스를 묘사한 사진이 적나라한 패러디와 나란히 실렸다. 잡지의 '유머란'에는 당시 대법원장이던 워렌 버거의 성생활과 대통령 영부인인 베티 포드 여사의 유방암과 관련한 터무니없는 만화가 실렸다. 플린트는 잡지에서 '이달의 꼴통'이라는 칼럼을 통해 개인적인 적들을 공격했고, 만화에도 배설물, 토막 난 몸, 수간, 사지절단, 섹스 노예의 모습을 자주 등장시켰다. 플린트는 《허슬러》가 섹스, 증오, 변태를 주제로 삼고 있다는 데 자부심이 있었다. 그의 구호는 "《허슬러》는 당신이 읽고 있는 그 어떤 것보다 생생한 현실을 담고 있습니다"였다.

변태 행위에 대한 플린트의 집착은 사업적인 면에만 국한되지 않았다. 백만장자가 된 후에 플린트는 여덟 살 때 할머니의 농장에서 암탉을 상대로 동정을 상실한 자신의 모습을 조각한 동상을 주문했다. 그의 성생활은 너무나 문란했는데 그가 클럽의 댄서 전부와 성관계를 갖는다는 소문은 공공연한 비밀이었다.

섹스에 대한 플린트의 이러한 집착을 부추긴 사람 중 한 명은 그의 네번째 부인 알시아였다. 열일곱에 플린트의 클럽 댄서로 고용된 알시아는 불행한 과거를 보냈다. 알시아가 여덟 살이 되었을 때 그녀의 아버지는 어머니, 할아버지, 어머니의 가장 친한 친구를 총으로 살해하고 자신도 자살했다. 고아가 된 알시아는 고통을 겪으며 살다가 결국 오하이오 주 콜럼버스에 있는 플린트의 스트립 클럽에 취직하였다. 플린트의 시원시원한 스타일에 매력을 느낀 알시아는 곧 그와 결혼했고 결혼한 이후에도 남편의 외도는 전혀 신경 쓰지 않았다. 양성애자인 알시아는 흔쾌히 남편의 성적 욕구를 만족시켜 줄 만한 여인을 골라주곤 했다. 플린트는 일주일에 평균 15명의 여자들과 섹스를 한다고 자랑을 했는데 여자들 대부분은 그의 부인이 직접 골라준 여자였다.

플린트는 사업을 다각화하기 시작했고 플린트 언론사를 설립했다. 언론사의 설립으로 그는 자신의 사업을 '합법화'할 수 있었다. 그는 《애틀랜타 가제트*Atlanta Gazette*》, 《오하이오 매거진*Ohio Magazine*》 같은 건전한 언론사를 사들였다. 플린트 언론사를 통해서 그는 여러 분야의 사업에 진출할 수 있었고 뜨개질에서부터 모터사이클에 이르는 다양한 주제를 다루는 잡지를 출판하여 수익을 올렸다. 한때 플린트의 회사는 《뉴욕 서평*New York Review of Books*》이라는 잡지를 발간하기까지 하였다.

1977년이 되자 플린트는 이미 전국적인 유명 인사가 되었다. 그러나 그의 성공은 포르노와 그의 생활 스타일을 비난하는 사람들의 반감을 사기에 충분했다. 플린트의 성공에 주목한 사람들 중 한 명은 지미 카터 대통령의 여동생 루스 카터 스테이플턴이었다. 스테이플턴은 독실한 기독교도였고 성적인 타락을 상징하는 행동에 공개적인 반대를 표명해 왔다. 그녀는 구제할 길 없는 래리 플린트를 '갱생'시키고자 노력하기 시작했다.

스테이플턴은 플린트를 만났고 1977년 가을에 그가 타락한 행동을 반성하고 예수님을 구원자로 받아들이도록 만들었다. 플린트와 스테이플턴은 덴버에서 출발하여 휴스턴까지 가는 전세 제트기에서 대화를 나누었는데 플린트는 이때 일을 다음과 같이 회상했다.

"그때 이 사회의 악을 대표하는 사람으로 스테이플턴을 믿던 저에게 놀라운 일이 일어났습니다. 저는 하느님 앞에서 눈물을 흘린 것을 부끄럽게 생각하지 않습니다."

알시아는 남편이 신앙을 되찾은 것을 마음에 들어 하지 않았고 하룻밤 사이에 이루어진 회개에 냉소적이었다. 그녀는 남편에게 "당신 인생에 하느님이 다시 찾아오셨는지도 모르지. 하지만 그 순간 당신 인생에서 2,000만 달러가 날아간 거야"라고 쏘아붙였다.

플린트와 스테이플턴은 서로 가정을 방문하고 자주 편지를 주고받았다. 이 기간에 플린트는 《허슬러》를 섹스와 종교가 뒤섞인 이상한 잡지로 만들어 버렸다. 벌거벗은 여성이 십자가를 비롯한 종교적인 상징에 둘러싸여 있는 사진이 실리곤 하였다.

"나는 하느님을 위한 《허슬러》를 만들겠어." 플린트가 한 말이다.

플린트의 회개는 오래가지 않았다. 플린트가 '하느님 앞에서 눈물을 흘린' 지 몇 달 되지 않아 그는 종교와 관계된 모든 것을 비난하기 시작했다. 알시아의 걱정은 끝났고 종교와 결합된 야릇한 포르노 잡지가 된 이후에 떨어졌던 수익도 빠른 속도로 제자리를 되찾았다. 《허슬러》는 다시 순수한 포르노와 음탕한 유머를 특징으로 하는 잡지로 돌아왔다. 플린트는 그의 실패한 종교적 체험을 소재로 삼아 조롱에 가득 찬 노골적인 만화를 게재했고 종교에도 적의를 드러냈다. 《베니티 페어 Vanity Fair》와 나눈 인터뷰에서 플린트는 성경을 "지금까지 간행된 출판물 중 가장 큰 거짓말"이라고 불렀다.

1978년 종교를 버린 지 몇 달 되지 않아 플린트는 조지아 주 로렌스빌이라는 곳에서 재판을 받았다. 지방검사가 《허슬러》의 내용이 음란물 출판을 금지한 주 법을 위반했다고 결정한 것이다. 벌금만 내면 끝나고 말 가벼운 혐의였지만 플린트는 자신의 입장을 대변할 변호사들을 대동하고 법정에 나타났다.

로렌스빌은 조용하고 한가한 동네로 지역 주민들은 플린트의 재판을 신경 쓰지 않았다. 5월 6일 보디가드에게 휴가를 준 플린트는 변호사 중 한 명인 진 리브스와 점심식사를 하러 법원을 나섰다. 두 사람이 식사를 마친 후 여유 있게 법원으로 돌아오고 있을 때 총성이 울려 퍼졌다. 플린트와 리브스는 총알 세례를 받았다. 총성이 멎었을 때 그들은 피를 흘리며 땅바닥에 쓰러져 있었다. 복부를 맞은 플린트는 괴로워하면서 살려 달라고 했고 리브스는 배와 팔에 두 발의 총탄을 맞았다.

플린트의 생명을 구하기 위해서 의사들은 그의 장 대부분을 제거해야 했고 두번째 수술에서는 손상된 비장을 제거했다. 애틀랜타의 에머리 병원으로 이송되어 온 후 의사들은 또다시 그의 척추 부근에서 44구경 총탄의 잔여물을 제거하는 수술을 하였다. 플린트의 의식이 오락가락하는 동안 리브스는 응급수술을 받았다. 총상으로 리브스는 중환자실에 입원했지만 후유 장애는 없었다.

플린트가 다쳤다는 소식을 들은 루스 카터 스테이플턴은 애틀랜타로 날아왔다. 플린트의 병상에서 스테이플턴은 생명을 구해 주신 하느님께 감사의 기도를 드렸다. 그러나 플린트는 스테이플턴에게 하느님에 대해서 증오만을 느낄 뿐이라고 말했다. 그의 손상된 척추 신경은 회복이 어려웠다. 플린트의 허리 아래 부분은 완전 마비되었다.

미국 섹스산업의 주도권을 빼앗길 것을 두려워한 마피아가 플린트를 공격한 것이라는 소문이 나돌았다. 어떤 사람들은 KKK단이 플린트의 음탕한 행동에 보복한 것이라고 하였다. 플린트 자신은 《허슬러》지가 케네디 대통령의 암살과 관련한 의문을 제기한 데 대한 보복이라고 믿었다.

그러나 진실은 보다 단순했다. 백인 지상주의자인 조셉 P. 프랭클린이라는 사람이 《허슬러》에 실린 흑인 남성과 백인 여성의 섹스 사진에 격분해서 플린트를 저격했다고 자백한 것이다. 그가 자백했음에도 사람들은 그의 처벌에 관심이 없었고 검찰은 그를 기소하지 않았다. 그러나 결국 그는 그해가 끝나갈 무렵에 저지른 또 다른 살인 사건으로 사형선고를 받았다.

플린트의 다리는 마비되었지만 신경은 완전히 절단되지 않아 그는 다리에 격심한 통증을 느꼈다. 의사는 통증을 줄이려고 강력한 진통제인 딜라우디드를 처방했다. 몇 년간 마약과도 같은 이 진통제에 의존하는 생활을 하고 나서 플린트는 신경을 완전히 절제하는 수술을 하기로 마음먹었다. 수술은 통증을 완화해 주었지만 대소변을 가리지 못하게 되었다.

계속되는 살해 협박 때문에 공황 상태에 빠진 플린트는 휠체어에 의지한 채 벨 에어의 저택에 숨어 살았고 《허슬러》의 운영은 부인이 맡았다. 플린트 부인의 경영 아래서 《허슬러》의 번영은 계속되었다. 때때로 플린트가 외출을 할 때에는 보디가드가 그를 경호했다.

상처를 입은 포르노의 제왕은 점점 더 색다른 기행을 생각해 냈다. 1983년 플린트는 국회의원 전원에게 《허슬러》 다섯 부씩을 보내면서 국회의원이라면 "사회적인 이슈들을 잘 알고 있어야 한다"라고 주장했다. 의원들은 불평을 쏟아 냈고 우체국은 소송을 제기했지만 연방법원은 국회의원은 일반 시민과는 다르며 "일반인처럼 받기 싫은 우편물도 거부할 수는 없다"라고 판결했다. 승소에 힘입은 플린트는 국회의원들에게 더 많은 《허슬러》를 우송하였다.

플린트는 국회만으로 만족하지 못하고 백악관으로 눈을 돌렸다. 1984년 그는 대통령 출마를 선언하고 인디언 운동가인 러셀 민스를 부통령 후보로 지명했다. 플린트의 선거 구호는 '국민을 배려하는 음란물 장사꾼'이었고, 정강정책은 섹스혁명과 위선 타파였다. 출마를 발표하면서 그는 자랑스럽게 다음과 같이 선언했다.

"나는 민주당이 아니라 공화당 후보로 출마할 것이다. 왜냐하면 나는 부유한 백인이며 포르노와 핵무기에 미친 카우보이인 로널드 레이건을 좋아하기 때문이다. 나는 내가 믿는 바를 위해서 총에 맞기까지 한 사람이다."

플린트가 언론의 주목을 받을 만한 기행을 즐긴 것은 사실이지만 그는 "언론 자유와 표현 자유를 침해하는 법은 제정할 수 없다"는 수정헌법 1조에 확고한 믿음이 있었다. 미국이 그레나다를 침공할 당시 국방부가 기자들의 보도를 금지하자 전국의 신문사와 방송사가 정부를 성토했다. 《뉴욕타임스 New York Times》를 비롯한 언론기관들이 정부에 항의를 했지만 실제로 정부가 수정헌법 1조를 위반했다고 소송을 제기한 사람은 래리 플린트였다. 물론 플린트가《허슬러》의 기자를 그레나다에 보내서 침공작전을 보도하려는 계획이 있었던 것은 아니다. 그러나 그는 정부가 취재 자유를 제한하려 한다는 데 격분했다. 그는 정부의 조치가 미국인에게 큰 영향을 미칠 수 있는 문제는 중립기관이 조사할 수 있어야 한다는 수정헌법 1조의 정신을 뻔뻔스럽게 무시하는 것이라고 믿었다. 플린트의 소송 재판이 이루어지기 전에 그레나다로 여행하는 것을 제한했던 정부의 조치가 해제되어 그 소송은 결국 기각되고 말았다.

플린트는 또한 성인 남녀는 자신이 원하는 성생활을 영위할 수 있어야 한다고 믿었다. 섹스에 동의한 남녀가 침실에서 벌이는 일은 사적인 영역이라는 것이 그의 생각이었다. 이러한 생각에 의문을 품는 사람들에게 그는 비난을 퍼부었다.

플린트의 사상을 고려할 때 그의 숙적은 대담하게도 자신의 도덕적 기준을 강요하여 성인 남녀의 성생활에 간섭하려고 하는 사람이 될 수밖에 없었다. 바로 제리 폴웰 목사였다.

폴웰의 활동은 포르노와 투쟁하는 것에 그치지 않았다. 그는 정치적 자유주의의 냄새를 풍기는 어떠한 일에도 반대했다. 플린트는 폴웰의 행동이 자유로운 사상의 교환을 검열하려는 시도와 다르지 않다고 보았다. 폴웰은 공개적으로 모든 미국인이 기독교도가 되어야 한다고 주장했다. 플린트는 폴웰의 대외활동과 설교 방송이 종교적인 선전선동을 향한 첫 단계임을 믿어 의심치 않았다. 폴웰은 플린트의 삶을 혐오스러운 것이라고 규정했고 플린트와 그의 사업을 "쓰레기"라고 불렀다.

플린트는 아연실색했다. 도대체 폴웰이 무슨 권리로 래리 C. 플린트의 개인적 선택을 두고 심판을 내린다는 말인가? 폴웰의 사상과 활동에 격분한 플린트는 자신에 대한 공격을 두고 보지 않겠다고 결심했다. 플린트는 공격무기를 선택하고 여론을 불러일으킬 준비를 마쳤다. 그의 공격무기는《허슬러》였다.

폴웰을 향한 플린트의 초반 공격은 종교 일반에 대한 험담과 욕설로 시작되었다. 자신이 던진 잽에 반응이 없자 플린트는 공격의 강도를 서서히 끌어올리기 시작했다. 폴웰은 여러 차례《허슬러》에서 '이달의 꼴통' 칼럼 대상으로 다루어졌다. 플린트는 폴웰의 섹스 장면을 그린 만화를 게재하기 시작했다. 한 만화에서는 폴웰이 레이건 대통령과 함께 남자들끼리의 난교 파티에 참가한 장면이 그려졌다. 또 다른 만화에서는 워렌 버거 대법원장이 폴웰에게 오럴 섹스를 해 달라고 간청하는 장면이 묘사되었다. 폴웰이 이러한 공격에도 반응을 보이지 않자 플린트는 무슨 일이 있어도 폴웰의 대응을 받아 내고야 말겠다고 마음먹었다. 1983년 11월 마침내 플린트는 폴웰 목사의 반응을 이끌어내는 데 성공했다. 폴웰 목사의 반응은 결코 호의적이지 않았다.

미국을 대표하는 전도사

미국 기독교계의 상징인 제리 폴웰의 어린 시절은 놀랄 만큼 종교적인 영향과는 관계가 없다. 폴웰과 쌍둥이 동생 진은 1933년 8월 11일 버지니아 주의 린치버그에서 캐리 폴웰과 헬렌 폴웰 부부 사이에서 태어났다. 미국은 대공황의 늪에서 허덕이고 있었고, 부도를 낸 지 얼마 안 된 캐리 폴웰에게 두 아이는 더욱 힘든 짐일 뿐이었다.

그러나 캐리 폴웰은 책임감 있는 남자였고 성실하게 일하여 경제적인 위기에서 가족을 구해 냈다. 사무실에서 오랜 시간을 보내야 했던 그는 휴식 시간이 거의 없었고 종교 행사에도 참여할 생각이 없었다. 엄격한 불가지론자였던 그는 장래 텔레비전 복음전도사가 되는 아들에게 목사가 되지 말라고 경고하곤 했다. 그의 말에 따르면 "목사가 등장하면 사람들은 우스꽝스러운 행동을 하곤 한다"는 것이다. 그러나 침례교 신자인 폴웰의 어머니는 예배에 참석했고 교회 행사에도 자발적으로 참여하는 일이 많았다.

말썽꾸러기였던 폴웰은 초등학교 시절에 수학 선생님을 창고 옷장에 가두었고 고등학교를 다닐 때는 라틴어 교사의 책상 서랍에 살아 있는 쥐를 넣어 두기도 하였다. 십대 시절 폴웰과 친구들은 그들 중 체격이 작은 아이들을 시켜 지나가는 대학생들에게 이유 없이 시비를 걸게 했다. 화가 난 대학생들이 주먹을 휘두르려고 하면 숨어 있던 폴웰과 친구들이 몰려 나가 대학생들을 흠씬 두들겨 팼다. 1949년 할로윈 데이 저녁에 폴웰과 친구들은 마을 한가운데 쌓여 있던 철도 침목 무더기에 불을 질렀다. 침목이 타는 온도가 너무나 높아서 아스팔트가 녹아 내렸고 이 때문에 길가에 있던 집의 울타리마저 다 타 버렸다.

이웃 사람들은 폴웰의 거친 행동이 아버지의 음주 탓이라고 여겼다. 아버지 캐리 폴웰은 원래 그의 형과 함께 수익성이 높은 사업을 하고 있었다. 사업이 망하자 캐리 폴웰의 형은 술에 취한 채 동생의 집으로 와서 그를 때리기 시작했다. 캐리는 자신을 방어하려고 하다가 총으로 형을 쏘아 죽였다. 그때 이후 아버지는 폭음을 시작했고 제리와 진 형제가 열다섯 살이 되었을 때 간경변으로 사망했다. 이제 제리의 어머니가 형제를 돌봐야만 했다.

심한 장난과 아버지의 죽음에도 제리 폴웰은 고등학교에서 전과목 A학점을 받았다. 그는 '거의 카메라와 같은' 비상한 머리로 읽은 것은 전부 기억할 수 있었다. 폴웰은 하버드나 노트르담대학에 진학해서 언론인이 되기를 바랐다. 그는 고등학교 교지의 편집장이었고 뛰어난 운동선수였다. 키가 크고 체격이 좋은 폴웰은 농구팀과 야구팀에서 활약했고 나중에는 풋볼팀에서도 뛰었다.

폴웰은 졸업생 대표로 선정되었으나 졸업식에서 연설을 하지는 못했다. 그의 주도하에 운동부 학생들이 학교 식당에서 식권을 내지 않고 식사를 한 사실이 탄로났기 때문이었다.

고등학교를 졸업한 지 얼마 되지 않아 폴웰은 처음인 동시에 가장 중요한 종교적 체험을 하게 된다. 폴웰과 동생은 원래 아버지처럼 종교에 전혀 관심이 없었지만, 열두 살이 되었을 즈음부터 예배에 참석하곤 했다. 폴웰은 교회에 가는 일을 '해야 할 일'이라고 느끼고 있었지만, 5년간 교회에 다니면서도 한 번도 '구원받는' 체험을 하지는 못했다. 그는 종교적 체험에는 전혀 관심이 없었다. 그의 관심을 끈 것은 오직 교회에서 피아노를 반주하는 메이슬 페이트라는 소녀뿐이었다. 황갈색 머리에 흰 피부의 메이슬을 보면서 폴웰은 그가 지금까지 본 소녀 중에 가장 아름다운 소녀라는 생각을 했다.

형제들이 예배에 참석하지 않는 일요일에 어머니는 라디오 주파수를 찰스 풀러 박사의 설교 방송에 고정해 놓았다. 어머니는 말썽꾸러기 아들들이 설교를 듣고 부드러운 마음을 갖기를 기도했다. 1952년 1월 20일 마침내 기도가 이루어졌다!

폴웰은 집에서 풀러 박사가 예수님의 삶과 죽음, 부활에 대해 말하는 것을 듣고 있었는데 목에서 어떤 응어리 같은 것을 느꼈다. 그는 당시 갑자기 모든 사람이 하느님과 예수님을 받아들여야 한다는 것을 깨달았다고 한다. 그는 당시 린치버드대학 2학년에 다니고 있었지만 언론학 공부를 포기하고 말았다. 하느님이 그에게 목사가 되기를 명한다고 생각했던 것이다.

린치버그대학을 중퇴한 폴웰은 미주리 주 스프링필드에 있는 성서침례대학에 등록했다. 그는 하느님이 자신의 삶을 이끌어 가는 것을 느낄 수 있었지만, 전도사가 될지 목사가 될지 혹은 다른 방법으로 하느님께 봉사하게 될지는 확신하지 못하고 있었다. 폴웰은 운동도 포기하고 밤늦게까지 공부에 매진했다.

폴웰이 저지른 치기어린 일 중에 가장 재미있는 일은 룸메이트와 관계된 일이다. 폴웰은 룸메이트의 약혼녀가 고향 마을 교회의 피아노 반주자였던 메이슬 페이트라는 것을 알고 큰 충격을 받았다. 메이슬이 약혼했다는 사실을 알면서도 폴웰은 그녀에게 편지를 보내기 시작했다. 룸메이트에게는 우체국에 가는 길에 편지를 부쳐 주겠다고 거짓말을 한 뒤 룸메이트의 편지는 찢어 버리고 자신의 편지를 보냈다. 몇 달이 걸리기는 했지만, 결국 폴웰은 메이슬이 파혼을 하도록 만들었다. 폴웰은 즉시 메이슬에게 청혼했고, 메이슬은 청혼을 받아들였다.

성서침례대학에서 폴웰은 종교적인 일을 시작했다. 처음에 그는 주일학교에서 열한 살짜리 아이들 학급을 담당하라는 지시를 받았다. 그러나 열한 살짜리 아이들 반에는 학생이 한 명밖에 없었다. 폴웰은 거리에 나가 아이들을 상대로 전도를 하기 시작했고 곧 주일학교 학생은 56명으로 늘어났다. 대학 졸업반이 되자 그는 캔자스 시에서 목사로 일했다. 대학과 캔자스 시 사이의 먼 거리를 운전하면서 폴웰은 하느님이 그에게 원하는 것은 전도사라는 사실을 깨달았다.

린치버그의 고향 마을로 돌아온 폴웰은 시간제로 교회에서 설교를 했는데 얼마 지나지 않아 35명의 사람들이 그에게 찾아와 마을 건너편에 세우려고 하는 교회에서 설교를 맡아 달라고 부탁했다. 그는 새로운 개척교회를 만드는 어려움을 설명했지만 사람들은 물러서려고 하지 않았다. 폴웰은 모험을 받아들이고 사람들이 모일 만한 장소를 찾아다녔다.

새로운 신도들 중 한 사람이 린치버그 교외에 있는 버려진 콘크리트 건물을 소개했다. 원래 도널드 덕 병마개 회사의 건물이었는데 신도들은 그 건물의 주소인 토머스가에서 이름을 따와서 토머스가 침례교회라고 불렀다. 하지만 교회의 시초를 기억하는 아이들은 도널드 덕 침례교회라고 부르며 웃곤 했다. 폴웰은 목사이자 성가대 지휘자였고, 비서였고, 수위였다. 신도의 숫자는 서서히 늘어나기 시작했다. 폴웰의 어머니도 교회의 창립 신도 중 한 명이었다. 폴웰은 주급 65달러를 받았다.

폴웰과 메이슬은 5년 동안 약혼한 상태로 있었다. 안정된 수입이 생기고 집이라고 부를 수 있는 교회가 마련되자 폴웰은 자신이 결혼을 할 만한 조건을 갖추었다고 생각하였다. 폴웰과 메이슬은 새 교회에서 결혼식을 올렸다. 조그만 교회는 가족과 친구, 신도들로 가득 찼다. 머리부터 발끝까지 하얗게 차려입은 메이슬은 결혼식 내내 흐느꼈다. 그 후 몇 년간 폴웰 가족은 점점 늘어갔다. 메이슬과의 사이에서 3명의 아이를 낳고 안정된 가정을 꾸리면서 폴웰은 새로운 단계로 도약할 준비를 마쳤다.

그 자신이 라디오를 통해서 예수님을 받아들였기 때문에 폴웰은 방송을 통해 설교를 해야 한다는 깊은 확신이 있었다. 토머스가 침례교회를 세울 무렵인 1956년 WBRG라는 지역 라디오 방송국이 생겼다. 폴웰의 교회는 매주 30분의 방송시간을 70달러에 사들였다. 폴웰의 매력과 교리에 대한 알기 쉬운 설명은 즉시 그를 성공으로 이끌었다. 그는 사람들이 이해하기 쉽게 설교를 하는 목사였다. 그도 남들과 마찬가지로 힘든 시절을 보낸 사람이었다. 그도 예수님을 받아들이기 전에는 의심과 싸웠고 그 자신의 믿음에 의문을 품고 있었다. 그는 젊은이들과 풋볼을 하는 목사였다. 그리고 그는 자식을 키우며 어려움을 이해하는 사람이었다. 청취자들은 그를 진심으로 사랑했다.

WBRG 방송국은 폴웰의 설교를 듣는 청취자가 빠르게 늘어나고 그의 잠재력을 알게 되자 그의 설교를 매일 30분씩 방송하기 시작했다. 오래지 않아 버지니아 사람들 중 상당수가 그의 설교를 듣게 되었다.

그러나 라디오에서 설교를 하는 것만으로 폴웰의 영향력이 끝난 것은 아니었다. 새로운 신도들이 계속해서 그의 교회를 찾아와 '정열적인 지식으로 가득 찬' 그의 설교를 듣기 원했다. 예배 시간마다 그는 새로운 신도들을 맨 앞줄에 앉히고 그리스도를 통한 구원을 역설했고 두려움을 모르는 그의 목소리는 새롭게 증축한 교회 안에 울려 퍼졌다. 폴웰은 성경 구절을 인용하며 죄악의 결과를 경고했다.

그의 설교는 심판과 용서가 적절히 섞인 것이었다. 죄와 신성함, 희망과 구원의 말씀이 그의 입을 통해서 전파되었다. 사람들은 그의 설교를 들으려고 몇 시간이 걸리는 운전도 마다하지 않았다. 그의 에너지와 확신에 대한 소문은 지역사회로 퍼져 나갔고 한 번도 교회에 가보지 않은 사람들이 토머스가 교회를 찾아왔다.

만족을 모르는 폴웰은 전도 활동을 확장해 나갔다. 그의 교회를 찾아오거나 라디오 방송을 듣기 힘든 사람들을 위해서 텔레비전 설교를 시작했다. 그의 〈변함없는 복음 시간〉은 곧 전국에서 가장 인기 있는 텔레비전 설교 프로그램이 되었다. 그의 설교는 미국의 정신을 전면에 내세우고 있었다. 프로그램이 시작될 때에는 펄럭이는 성조기가 등장했고 끝날 때에는 자유의 종이 울리는 모습이 방영되었다.

폴웰은 성자들과 비교되었고 미국에서 제일 훌륭한 전도사로 칭송받았다. 《굿 하우스키핑 Good Housekeeping》은 가장 존경받는 미국인에 로널드 레이건 대통령 다음으로 폴웰을 선정했다.

폴웰을 비판하는 사람들도 있었다. 한 명의 전도사가 그렇게 많은 신도들을 이끄는 것은 불가능하다는 것이었다. 폴웰은 큰 교회는 많은 신도들을 한 지붕 아래에 모으고 그들이 혼자가 아니라는 사실을 일깨운다고 반박하며 비판을 잠재웠다. 텔레비전이나 라디오 같은 '세속적인' 수단으로 설교를 전달한다는 비난에는 "20세기의 교회는 20세기의 방법을 활용해야 한다. 그렇지 않으면 살아남을 수 없다"라고 말했다.

폴웰은 자신의 말을 실천에 옮겼다. 1985년에는 500개의 라디오 방송국과 392개의 텔레비전 방송국이 폴웰의 30분짜리 설교 프로그램을 방송했다. 그는 책을 여섯 권이나 저술했고, 《유에스 뉴스 앤드

월드 리포트*U. S. News and World Report*》가 선정하는 25명의 가장 영향력 있는 미국인에 매년 뽑혔다. 참석해야 할 약속은 너무나 많았다. 해마다 평균 40만 마일의 여행을 다녔고 1,200번의 설교를 하였다. 매일 새벽 5시 45분부터 자정이나 혹은 더 늦게까지 일했으며, 바쁜 일정에도 토머스가 교회의 담임목사직을 놓지 않았다. 조그만 교회는 전국적으로 이름이 알려져 2만 8천 명이 넘는 신도를 거느렸다. 토머스가 교회는 미국에서 두번째로 큰 교회가 되었다.

도덕적 다수파

폴웰의 전도와 관계되는 활동은 무수히 많았지만, 그는 '도덕적 다수파' 모임 운영에 가장 많은 시간을 쏟아 부었다. 1979년 폴웰이 설립한 '도덕적 다수파'는 사람들의 행동을 올바른 길로 이끄는 것을 목적으로 하는 단체였다. 이 단체를 이용해 폴웰은 정계의 분위기를 파악하였고 자신의 영향력을 행사해서 자신과 생각이 가까운 정치가들을 지원해 주기도 하였다. 폴웰은 종교와 정치 사이에 밀접한 관계가 있다는 것을 알아 차렸다. 그가 만일 신도들을 설득해 특정한 입후보자를 지원하는 것이 하느님에 대한 의무라고 확신시킨다면 그러한 영향력을 이용해 정치가들을 지원하고 그들에게 자신의 종교관에 맞는 입법을 하도록 할 수 있었다.

폴웰의 '도덕적 다수파'는 기독교 근본주의자들의 신조에 바탕을 두었다. 폴웰은 자신이 '도덕적 다수파'를 만든 것은 미국의 주요한 다섯 가지 죄악과 싸우기 위한 것이라고 설명했다. 다섯 가지 죄악이란 낙태, 동성애, 포르노, 인간 지상주의, 가정 분열을 말한다. 폴웰은 정치와 종교는 분리되어야 한다고 말했지만 '도덕적 다수파'는 공립학교에서 창조론 교육과 기도문 암송의 부활을 공개적으로 지지하고 나섰다. 어떠한 견해가 '성서적'인지 알려 준다고 하면서 폴웰은 진정한 기독교인은 논쟁의 여지가 있는 주제에 대해 자신의 견해를 받아들여야 한다는 암시를 했다. 또한 하느님에 대한 자신의 헌신을 증명하려면 '도덕적 다수파'를 지지하거나 재정적으로 후원해야 한다는 말을 하기도 했다.

폴웰은 '도덕적 다수파'가 정치 단체가 아니며 어떠한 정치가도 후원하지 않는다고 여러 번 강조했지만 실제로는 그렇지 않다는 증거가 여럿 있다. 폴웰의 가장 큰 걱정거리 중 하나는 연방정부가 '도덕적 다수파'를 어떤 단체로 분류하느냐에 있었다. 그의 조직이 연간 거두어들이는 헌금은 민주당이나 공화당보다 더 많았기 때문에 세금을 면제받는 종교 자선 단체로 분류되는 것은 중요한 이해관계가 걸린 일이었다. 그러나 연방국세청은 장님이 아니었으며 '도덕적 다수파'가 1980년 대통령 선거에서 로널드 레이건 후보를 지지하고 공개적으로 카터 대통령의 재선 및 그가 주도한 소련과의 전략무기제한협상(SALT)에 반대했다는 것을 알고 있었다.

이러한 활동은 명백히 정치적이었다. 국세청이 폴웰에게 '도덕적 다수파'에게 면세 혜택을 주지 않겠다는 계획을 통보하자 폴웰은 '도덕적 다수파'를 몇 개의 작은 단체로 분리했다. 일부는 종교활동에만 전념하여 면세 혜택을 유지했고 나머지는 정치활동을 하고 세금을 냈다. 상황을 더욱 혼란스럽게 하려고 폴웰은 모든 단체의 이름을 '도덕적 다수파'로 정했다. '도덕적 다수파 사단', '재단법인 도덕적 다수파', '도덕적 다수파 법률구조기금', '도덕적 다수파 정치활동위원회' 등이 모두 이에 해당된다.

'도덕적 다수파'의 지지자들은 재정적 후원을 요청받았다. 그러나 후원금을 내는 사람들은 자기의 돈이 정확히 어느 단체로 들어가는지 알 수 없었다. 폴웰의 반대자들은 그가 모든 기금을 면세 혜택을 받는 종교 단체에 입금한 다음 비밀리에 정치활동 단체로 송금한다는 주장을 내세웠다. 국세청은 1987년과 1993년 두 차례에 걸쳐 종교 단체에서 정치 단체로 불법적인 송금을 하였다는 이유로 폴웰의 조직에 무거운 세금을 부과해 그러한 주장이 타당하다는 것을 입증했다.

폴웰은 '도덕적 다수파'를 이용해 정치와 종교의 접합점을 만들었고 전국적인 유권자 등록 운동을 펼쳤다. 그는 전국을 돌아다니면서 목사들에게 자신과 같이 유권자들을 등록시키는 운동에 동참하라고 독려하였다. "한 명이라도 유권자로 등록하지 않은 사람이 있다면 회개하도록 하십시오. 그것은 죄악입니다." 그의 구호는 '구원하고, 침례를 주고, 유권자로 등록시켜라'였다.

폴웰은 기독교 근본주의를 위하여 막후교섭에서 '도덕적 다수파'에 대한 지지를 끌어 모았다. 그는 포르노를 만드는 사람들을 "미국의 정신을 오염시키는 사람들"이라고 지칭하고 "우리 가정에 음란과 천박이라는 구정물을 끌어들이는 자들"이라고 비난하였다. 그는 낙태에 대해서도 목소리를 높여 "생물학적 대학살"이라고 비난했으며 낙태를 시술하는 의사와 여성을 살인자라고 불렀다. 동성애자들은 '짐승 같은 존재'로서 "언젠가 영원히 박멸될 것이고 그날 천국에서는 잔치가 열릴 것"이라고 했다. 폴웰은 에이즈는 미국의 일곱 가지 죄 가운데 하나로서 하느님의 법을 어긴 죄인에게 주어지는 형벌이라고 보았다.

  탄탄한 자금력을 바탕으로 신도들과 방청객의 수는 나날이 늘어났고 폴웰은 종교적이면서도 정치적인 연설로 미국인의 선택에 영향력을 행사했다. 전성기 시절의 폴웰을 두고《워싱턴 스타 Washington Star》는 자니 카슨에 이어 전국에서 두번째로 시청자들의 관심을 끄는 인물로 보도할 정도였다. '도덕적 다수파'는 수백만의 유권자를 거느린 정치기구를 운영하고 있었고 이를 통한 폴웰의 영향력은 1980년 대통령 선거에서 뚜렷하게 드러났다.

  폴웰은 정치적인 영향력이 무엇인지 잘 알고 있었으며 1976년 선거에서 대통령 후보인 지미 카터를 지원하는 데 영향력을 행사했다고 주장해 왔다. 지미 카터는 거듭난 기독교도로서 그때까지 주일학교 교사 일을 계속하던 사람이었다. 폴웰은 카터가 대통령이 되면 기독교 근본주의를 정책에 반영할 것으로 기대했다. 그러나 그가《플레이보이》와 인터뷰를 하고 소련에 대해 유화정책을 펴는 것을 보자, 폴웰은 카터 대통령이 기독교 근본주의를 대표할 만큼 보수적이지 않다는 결론을 내렸다. 폴웰은 자신의 영향력을 이용해서 카터에 반대하기 시작했고 카터 대통령을 "하느님의 말씀에서 멀어진 사람"이라고 불렀다.

  폴웰의 비판을 어떻게 생각하느냐는 질문을 받았을 때 카터가 말하기를, 대통령은 전 국민에게 책임을 지는 직책이지 '도덕적 다수파'에게 책임을 지는 자리가 아니라고 대답했다. 제리 폴웰을 어떻게 생각하는지 말해 달라는 집요한 질문을 받자 카터는 결국 이런 대답을 했다.

  "독실한 기독교도의 시각으로 보자면, 제 생각으로는, 그는 지옥에 갈 거요."

폴웰은 '도덕적 다수파'가 선거 결과에 영향을 미치는 데 아무런 관심도 없다고 계속해서 주장했지만 《뉴욕타임스》는 '도덕적 다수파'를 "정당과 매우 유사한 단체"라고 보도했다. 한 손에 성경을 치켜든 채 폴웰은 카터에 반대하는 설교를 하였다.

"하느님의 말씀에 따르는 사람에게 투표하시오. 하느님의 말씀에 따르지 않는 사람에게는 투표하지 마시오."

곧 폴웰은 카터 대통령에 대한 공격 수위를 높였고 그가 동성애자들을 보좌관으로 기용한다고 비난했다. '도덕적 다수파' 중 정치 단체들은 선거 과정에서 목소리를 높였는데 카터가 선거에서 레이건에게 참패한 데에는 이들의 영향도 무시할 수 없었다. '도덕적 다수파'의 승리에 힘입어 폴웰은 다른 선출직 공무원들에게 다음과 같이 경고했다. "우리와 함께 하지 않으면 자리를 잃을 것입니다."

제리 폴웰 목사는 린치버그에서의 초라한 어린 시절을 딛고 일어나 미국에서 가장 영향력 있는 복음주의자이자 가장 강력한 권력을 가진 사람 중 한 명이 되었다. 경제, 종교, 정치적 네트워크를 조종하면서 폴웰은 수억 달러를 거둬들였고, 이 자금을 이용해서 국가 장래에 영향력을 행사하려고 했다. 폴웰의 적들은 즉시 언론기관들로부터 십자포화를 맞았다.

폴웰의 팽창하는 제국에 비판을 제기한 용감한 소수 중에는 언론인도 있었다. 《휴머니스트 The Humanist》의 존 젠킨스는 "제리 폴웰은 새로운 기독교 국가의 독재자이다"라는 기사를 썼다. 대담한 사람들은 폴웰을 조지프 매카시 상원의원에 비유하곤 했다. 《NARAL》이라는 잡지의 한 기자는 제리 폴웰을 제지하지 않는다면 그는 "일종의 기독교적 나치즘(히틀러의 『나의 투쟁』 대신 성경을 들고)을 만들고 그의 추종자들은 무신론자들을 무자비하게 짓밟을 것이다"라는 기사를 썼다. 여러 해가 지난 후 폴웰은 대중의 의견에 영향력을 행사하려는 시도를 했었냐는 질문을 받고 이렇게 대답했다.

"내 모든 것을 다 바쳐 노력했습니다."

플린트의 공격

래리 플린트는 휠체어에 앉아서 폴웰이 진행하는 〈변함없는 복음 시간〉 프로그램을 시청했다. 폴웰은 또다시 '도덕적 다수파' 조직을 이용해 포르노 및 변태들과 싸우기 위한 후원금을 호소하고 있었다. 그는 자기 확신에 가득 차 있었고 플린트의 삶과 직업에 대한 경멸을 숨길 생각이 전혀 없어 보였다. 플린트는 폴웰 같은 사람들은 어리석은 대중들로부터 기부금을 받아 자신의 개인 이익을 위해 쓰는 최악의 위선자라고 생각했다.

혐오감에 가득 찬 플린트는 폴웰의 가면을 벗기겠다고 결심하고 《허슬러》를 이용해서 그의 실체를 대중에게 알릴 작정이었다. 이에 플린트는 그때까지 그가 만든 가장 천박한 패러디 중 하나를 내놓는다.

래리 플린트는 폴웰 자신이 높은 평판을 받는 데 큰 자부심이 있다는 것을 잘 알고 있었다. 폴웰은 외도의 죄악, 가족의 붕괴, 지나친 음주의 폐해를 놓고 자주 설교를 했다. 플린트는 이러한 소재를 활용해서 캄파리라는 브랜드의 술 광고를 패러디하는 방법으로 폴웰의 위선을 드러냈다. 캄파리 광고는 유명 인사가 처음으로 캄파리를 마시게 된 사연을 인터뷰하여 실었는데 플린트는 이 광고를 무척 좋아했다. '첫 경험'이라는 뉘앙스 때문에 캄파리 광고에 등장하는 유명 인사들의 인터뷰는 마치 그들의 첫번째 성적 경험을 털어놓는 것처럼 보였다.

이러한 점에 착안한 플린트는 폴웰이 등장하는 캄파리 광고 패러디를 제작했다. 미소 띤 폴웰의 사진 옆에 그가 '첫 경험'을 털어놓는 가상의 인터뷰 내용을 배치하였다. 그 광고는 폴웰을 단지 술과 섹스를 좋아하는 사람으로 묘사하는 정도를 훨씬 뛰어넘었다. 광고에서 폴웰은 파리가 들끓는 옥외 화장실에서 자신의 어머니와 첫 관계를 가졌다고 털어놓았다. 그 '광고'는 실제 캄파리 광고와 똑같아 보였지만, 플린트는 광고 맨 밑에 아주 작은 활자로 "광고 패러디입니다. 심각하게 받아들이지 마십시오"라는 글귀를 달아 놓았다. 플린트는 이를 만족스럽게 바라본 다음 1983년 11월 《허슬러》에 자랑스럽게 게재했다.

《허슬러》11월호가 전국 가판대에서 발매되기 시작했을 때 폴웰은 워싱턴에서 집으로 가는 비행기를 타려던 참이었다. 그가 탑승구 쪽으로 서둘러 가고 있을 때 기자 한 명이 《허슬러》를 손에 쥔 채 다가와서 래리 플린트가 새로 만든 패러디를 어떻게 생각하느냐고 물었다. 폴웰은 《허슬러》에 실리는 기사에 별로 관심이 없다고 중얼거리면서 가던 길을 계속 갔다.

설교 준비에 집중을 하려고 애쓰면서도 폴웰은 답을 들은 기자의 얼굴이 몹시 놀라는 듯한 표정을 뇌리에서 지울 수가 없었다. 그는 비서에게 《허슬러》를 한 부 사오도록 했다. 광고 패러디를 본 폴웰의 얼굴이 하얗게 질렸다. 그것은 그가 지금까지 《허슬러》에서 본 내용

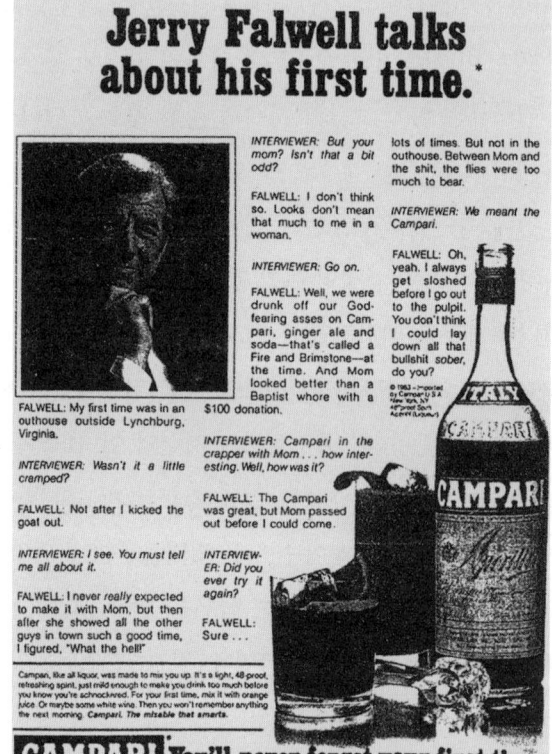

광고 패러디입니다. 심각하게 받아들이지 마십시오.

과는 비교도 안 되는 것이었다. 《허슬러》의 '이달의 꼴통' 칼럼에 실렸을 때도 이렇지는 않았다. 어머니는 술에 취한 창녀로 묘사되었다. 지금까지 그가 목사로서 쌓아 온 평판은 전국에 발행되는 잡지 하나로 더럽혀졌고 인간의 존엄성을 짓밟는 행위라고 생각했다. 폴웰은 플린트의 이러한 극악한 행동을 결코 그냥 넘겨서는 안 될 문제로 보고, 플린트와 같은 사람은 법정에서 대가를 치러야 한다고 생각했다.

폴웰은 나중에 자신도 수정헌법 1조는 언론 자유와 표현 자유를 모든 미국인들에게 보장한다는 점을 잘 알고 있었지만, 그러한 자유에도 제한이 있어야 한다고 말하곤 했다. 관객이 가득 찬 극장에서 "불이야!"라고 소리치는 것이 금지되듯 플린트와 같은 방법으로 다른 사람을 공격하는 것은 금지되어야 한다는 것이다. 그는 플린트의 행동이 표현의 자유를 남용한 것이라고 생각했고 주저 없이 소송을 제기했다.

폴웰은 '도덕적 다수파'의 간부들과 토머스가 침례교회의 신도들에게 소송비용 모금을 요청했다. 그는 '도덕적 다수파'의 회원 5만 명에게 서신을 보내서 플린트의 패러디를 설명하고 '어머니에 대한 추억을 간직'할 수 있도록 법정 다툼을 도와 달라고 부탁하였다. 얼마 후에 폴웰은 거의 2만 7천 명에 달하는 '도덕적 다수파'의 '주요 기부자'들에게 가장 모욕적인 단어 여덟 개를 삭제한 실제 패러디의 사본을 우송했다. 이 편지에는 다음과 같은 내용이 들어 있었다.

전국의 지각 있고 도덕적인 미국인들은 최근 포르노 제작자들이 아무런 제재도 받지 않는 데 격분해 있습니다. 포르노는 이제 뒷골목의 더러운 책방이나 극장에 숨어 있지 않습니다. 음란물은 우리 일상생활까지 침투해서 전염병처럼 번져 가고 있습니다. 일례로 플린트가 제작하는 음란물은 일정한 요금을 내면 음란 통화를 할 수 있는 광고까지 싣고 있습니다!

케이블 텔레비전은 X등급과 트리플 X등급의 영화들을 우리의 안방까지 들어오게 했습니다.

바로 그곳에서부터 자칭 포르노 산업의 지도자인 래리 플린트를 비롯한 타락한 어른들이 수십억 달러의 섹스산업으로 순결하고 감수성이 예민한 아이들의 영혼을 좀먹어 가고 있는 것입니다. 포르노 판매상들은 염치와 도덕을 버리고 탐욕과 쾌락에 눈이 먼 자들입니다.

여러분도 잘 알고 있듯이 소송은 시간과 돈이 많이 드는 일입니다. 변호인 선임료와 함께 법원에 제출할 비용이 필요하고 재판을 하는 동안 제 자신의 시간과 에너지도 쏟아 부어야 합니다.

이 포악한 포르노 잡지로 훼손된 저와 제 가족의 명예를 지키는 데 도움을 주시지 않겠습니까? 저희에게 500달러를 송금해 주셔서 이 중요한 법정 다툼을 할 수 있도록 해 주십시오.

3일 만에 폴웰은 다시 〈변함없는 복음 시간〉의 후원을 받아 75만 명의 사람들에게 세번째 편지를 보냈다. 편지를 보낸 지 한 달 사이에 폴웰의 헌신적인 지지자들은 거의 75만 달러를 송금해 왔다.

기부금이 끊임없이 쏟아져 들어오는 동안 폴웰은 변호사를 찾기 시작했다. 그는 플린트와 정면으로 맞붙어도 기죽지 않을 변호사를 찾았다. 그는 수정헌법 1조에 정통하면서도 상대방에게 특별한 강점을 갖춘 변호사를 원했다.

전도사의 변호사

노먼 로이 그루트먼은 폴웰의 구미에 딱 맞는 변호사였다. 예일대학 최고의 가드너 화이트 메모리얼 변론대회에서 우승할 때부터 그는 뛰어난 변호사가 될 소질을 보였다. 1952년 그루트먼은 예일대학을 최우등으로 졸업하고 컬럼비아 로스쿨에 입학하였다. 그곳에서도 그는 명성 있는 로렌스 S. 그린바움 변론 상을 수상해 자신의 잠재력을 다시 한 번 과시했다. 로스쿨을 졸업한 후 뉴욕 시의 대형 로펌에서 근무하던 그는 그루트먼, 밀러, 그린스푼, 헨들러, 레빈이라는 자신의 로펌을 만들었다.

그루트먼의 소송기술은 탁월했고 그의 당당함과 용맹함은 상대편 변호사를 싸워 보기도 전에 위축시켰다. 뉴욕에서 나고 자란 그는 뉴욕 사람 특유의 근성으로 쉽게 동요되지 않았다. 이러한 근성은 고집 세고 다루기 어려운 플린트에 맞서는 데 적격이었다. 그루트먼의 소송 전략을 잘 알고 있던 게리 스펜스 변호사는 그의 스타일을 이렇게 말했다.

"노먼 로이 그루트먼은 …… 교활하고 능숙하고 거친 사람입니다. 그는 이기는 것이라면 무엇이든 합니다. 그의 스타일은 누구든지, 어떤 것이든지 거침없이 공격하는 것입니다. 그는 상대방이 무너지고, 굴종하고, 자비를 호소하고 그리고 모든 것을 잃을 때까지 놓아 주지 않습니다. 그리고 적에게 아무것도 배려하지 않습니다."

폴웰에게 중요한 또 하나의 요소는 수정헌법 1조와 관련된 그루트먼의 소송 경험이었다. 그는 《펜트하우스》의 발행인인 밥 구치오네의 변호인으로 일을 하면서 표현의 자유와 관련된 소송을 진행한 적이 있었다. 폴웰은 프리랜서 기자와 인터뷰한 기사가 《펜트하우스》에 실리는 것을 막으려는 소송을 제기했을 때 그루트먼 변호사의 기술을 맛본 적이 있었다.

당시 폴웰은 자신의 인터뷰 기사로 《펜트하우스》가 단 한 부라도 더 팔리는 것을 참을 수가 없다고 주장했다. 그루트먼은 유명 인사의 권리에 관한 수정헌법 1조의 해석을 놓고 명료한 주장을 하면서 의도적으로 폴웰의 이름을 'Foulwell'이라고 기재하여 그를 모욕했다

(Falwell이라는 이름을 발음이 같은 Foulwell로 적은 것. Foul에는 오염된, 더러운, 음란한 같은 의미가 있다 — 옮긴이). 그 사건에서 법원은 유명 인사가 별다른 조건 없이 인터뷰에 응했다면 그 인터뷰를 한 기자는 가장 높은 가격을 제시한 언론 매체에 기사를 팔 권리가 있다고 판결했다. 폴웰은 포르노 제작업자 편에서 소송을 담당해 본 경험이 있는 그루트먼에게 독특한 강점이 있을 것이라고 보았다.

그루트먼의 소송기술과 법정에서 보인 태도가 폴웰이 기대하는 전부는 아니었다. 폴웰은 플린트의 방어막을 뚫고 그에게 고통을 안겨 줄 수 있는 변호사를 원했고 그루트먼은 이러한 목적에 완벽히 들어맞는 변호사였다. 이는 그가 과거에 밥 구치오네의 변호를 맡았었기 때문에 가능한 일이다. 플린트는 《펜트하우스》를 그의 가장 위협적인 경쟁자 중 하나로 보았고, 그루트먼을 구치오네에게 고용된 총잡이로 여겼다. 플린트는 그루트먼을 증오했고 심지어 '이달의 꼴통'으로 선정하기까지 했다.

래리 플린트는 폴웰이 소송을 제기했다는 소식을 듣고 몹시 분노하였다. 플린트는 이 소송을 자신의 표현의 자유를 박탈하려는 시도로 보았다. 그는 폴웰이 사회적 쟁점이나 공적 인물에 대해 기독교 근본주의적 관점을 설파할 수 있다면 자신에게도 똑같은 권리가 허용되어야 한다고 믿었다. 폴웰은 미국 보수주의의 상징과 같은 존재였고 그러한 점에서 공적 인물이라고 할 수 있었다. 수정헌법 1조는 스스로 비판의 광장에 나선 공적 인물을 놓고 일반 시민이 그 진실과 성격을 논평할 수 있는 자유를 보장하였다.

일반적으로 영향력 있는 지위를 가진 사람들은 자신의 실패나 실수에 대해 말하기를 꺼려하는 경향이 있다. 따라서 수정헌법 1조가 아니면 미국인은 권력자들에 대한 진실을 밝힐 수 있는 방법이 없었다. 플린트는 자신의 패러디가 모욕적이고 도발적이고 두말할 나위 없이 비열하다는 사실을 잘 알고 있었다. 그러나 그는 수정헌법 1조는 이러한 패러디도 보호하는 것이라고 믿었다.

플린트는 자신의 견해에 근거가 있다고 생각했다. 1700년대 후반에 한 풍자 만화가는 조지 워싱턴을 부하인 데이비드 험프리스가 끌고 다니는 당나귀로 묘사한 바 있다. 워싱턴의 지지자들이 격렬히 항의했지만 그 만화가는 처벌받지 않았다. 성적인 일탈로 끊임없는 비판의 대상이 되었던 토머스 제퍼슨은 '그의 부인의 침실 밖에서 셔츠만 입고 돌아다니는 호색한 짐승'으로 묘사되었다. 또 다른 만화에서 제퍼슨은 노예들로 하렘을 만들고 자신의 혼혈 사생아들을 경매에 부치는 타락한 인간으로 그려졌다.

몇십 년이 지난 후 칼럼니스트와 만화가들은 제임스 가필드(미국 제20대 대통령—옮긴이)를 미혼모로, 율리시스 그랜트(미국 제18대 대통령이자 남북전쟁의 영웅—옮긴이)를 술에 취한 호색한으로 묘사했다. 다른 사람들은 그로버 클리블랜드(미국 제22대 대통령—옮긴이) 대통령을 사생아가 있는 아버지라고 불렀고 그를 묘사한 풍자시는 결국 클리블랜드가 재선에 실패하는 원인이 되었다. "엄마, 엄마, 아빠는 어디 갔어? 백악관으로 갔지! 하하하!"

미국인들은 항상 권력자들을 자유롭게 비판했고 심지어 조롱하기도 하였다. 선출된 의원, 정부 관리, 공적 인물은 자신들이 면밀한 관찰 대상이 되리라는 것을 잘 알면서도 스스로 그 자리에 오른 사람들이다. 그리고 그러한 관찰 결과가 항상 기분 좋은 것일 수는 없었다. 플린트가 생각하기에 만일 토머스 제퍼슨을 타락한 호색한으로 묘사하는 것이 적법한 것이라면 폴웰을 근친상간을 일삼는 술주정꾼이라고 부르는 것도 적법한 것이어야 했다.

플린트는 수정헌법 1조는 누구나 무엇이 진실인지 판단할 수 있는 권리가 있는 자유로운 사회를 표상하는 것이라고 믿었다. 또한 그는 공적 인물과 공직자들은 감정이 상할 때마다 소송을 제기하지 않을 정도로 얼굴이 두꺼워야 된다고 생각했다. 래리 플린트는 이러한 자신의 견해를 법정에서 주장하기로 결심했고 곧 그루트먼의 상대로서 손색이 없는 변호사를 찾아냈다. 그의 이름은 앨런 아이작맨이었다.

포르노 제작업자의 변호사

아이작맨은 1942년 펜실베이니아 주 해리스버그에서 태어났다. 1967년 펜실베이니아주립대학을 졸업한 그는 하버드 로스쿨에 입학했다. 그의 뛰어난 자질을 눈여겨 본 연방법원 판사 해리 프리거슨은 그가 졸업하면 로스앤젤레스 연방법원에서 일할 기회를 주겠다고 제안하였다. 아이작맨은 이 제안을 받아들였고 졸업 후 서부로 갔다.

법원 근무를 마친 아이작맨은 캘리포니아 국선 변호인 사무소의 부소장으로 근무하면서 법정 경험을 쌓아 나갔고 나중에는 로스앤젤레스 지역의 작은 로펌에서 근무하였다. 탁월한 변론 실력과 민사, 형사 소송 모두를 능숙하게 처리하는 능력으로 그는 곧 지역의 유명한 로펌들로부터 주목을 받았고 오래지 않아 비벌리힐스에 있는 로펌인 쿠퍼, 엡스타인, 휴어위츠의 송무 부서 책임자가 되었다.

아이작맨의 전문 분야는 연예계 관련 소송 및 이와 관련해 자주 문제가 되는 수정헌법 1조였다. 아이작맨은 저작권 침해 소송에서 라이오넬 리치를 대리했고, 반독점 사건에서는 제리 루이스를, 과실로 발생한 손해배상 소송에서는 록 허드슨을 변호했다. 그러나 아이작맨의 의뢰인 명단을 빛나게 한 유명 인사 중에서 래리 플린트만큼 많은 사건을 의뢰한 사람은 없었다. 폴웰과 소송이 끝난 후에도 아이작맨은 여러 해에 걸쳐 전국을 누비면서 래리 플린트와 관계된 소송을 처리했다.

아이작맨은 래리 플린트가 찾을 수 있는 최고의 변호사였다. 그의 부드럽고 시원시원한 스타일에 배심원들은 쉽게 호감을 느꼈다. 법정 안이 긴장으로 가득 차 있을 때에도 아이작맨은 미소를 지을 수 있었다. 아이작맨은 플린트의 패러디가 소송 대상이 되지 않는다는 것을 입증해야 했고 더구나 아이작맨과 플린트는 폴웰의 홈코트나 다름없는 법정에서 재판을 받아야 했다. 소송은 버지니아 주 로어노크에서 제기되었는데, 그곳은 폴웰의 고향인 린치버그에서 얼마 떨어지지 않은 곳이었다. 버지니아 출신의 배심원들은 폴웰이나 토머스가 교회와 관계가 있을 가능성이 높았다.

폴웰의 첫번째 청구원인인 명예훼손은 다른 사람에 대한 허위 사실을 기재한 글을 유포하여 그 사람의 평판을 떨어뜨릴 때 성립하는 것이다. 만일 명예훼손의 수단이 글이 아니거나 그 내용이 진실하거나 혹은 특정한 사실관계가 아닌 단순한 의견이라면 명예훼손이 될 수 없으므로 피고는 책임을 지지 않아도 된다. 1964년 연방대법원은 《뉴욕타임스》대 설리번' 사건을 통해서 여기에 또 하나의 제한 사유를 덧붙였다.

연방대법원은 명예훼손 소송에서는 두 가지의 중요한 가치가 충돌

한다는 것을 이해했다. 한편에는 수정헌법 1조가 보장하는 표현과 언론의 자유가 있고, 반대편에는 영미법에서 전통적으로 지켜 온 개인의 명예와 평판이 있었다. 셰익스피어의 말을 빌리자면, "내 지갑을 훔치는 자는 쓰레기를 훔치는 것과 마찬가지다. …… 그러나 나의 명성에 손상을 입히는 자는 진정으로 나를 불행하게 만드는 것이다."

《뉴욕타임스》대 설리번' 사건에서 연방대법원은 공무원이 명예훼손 소송으로 손해배상을 받으려면 가해자가 악의가 있었다는 것을 증명해야 한다고 판시했다. 또한 악의는 진실을 알면서도 고의로 허위 사실을 유포하거나 중대한 과실로 허위 사실을 유포할 때에만 인정된다는 설명이 뒤따랐다. 이렇게 손해배상 책임의 요건을 강화해야만 표현의 자유와 명예의 보호라는 상반되는 가치가 균형을 이룬다는 것이다. 그 후 '거츠 대 로버트 웰치Gertz v. Robert Welch' 사건에서 대법원은 이러한 원칙은 공무원뿐만 아니라 공적 인물에게도 해당된다고 판결하여 이 원칙의 적용 범위를 확대했다. 폴웰은 어떠한 기준에서 보더라도 공적 인물이었다.

손해배상 소송에서는 원고인 폴웰 측에 입증 책임이 있지만 아이작맨 변호사는 피고 측도 패러디가 단순히 의견 표명에 지나지 않는다거나("폴웰은 위선자이고 나는 그가 싫다."), 폴웰에 대한 평판이 나빠지지 않았다거나, 혹은 플린트가 악의를 가지고 패러디를 게재하지 않았다는 것을 보여 주어야 한다고 판단했다. 아이작맨은 이 세 가지 중에 하나라도 입증하지 못하면 플린트가 손해배상 책임을 질 가능성이 높다고 보았다.

폴웰의 두번째 청구원인은 사생활 침해였다. 사생활 침해로 생긴 책임은 유명인의 명성이나 초상권을 악용하여 이득을 취했을 때 발생하며 그 이득을 반환해야 한다. 《허슬러》에 실린 '광고'에는 폴웰의 사진이 실려 있었으며 폴웰은 플린트가 이득을 취하고자 자신의 사진을 이용했다고 주장했다. 아이작맨은 이 청구원인을 크게 걱정하지 않았다. 이를 근거로 원고가 승소하려면 독자들이 이 광고를 진지하게 받아들였다는 점을 입증해야 하기 때문이다. 그 '광고'는 터무니없는 내용을 담고 있었기 때문에 그루트먼이 이러한 점을 입증하기는 힘들 것이고 더구나 이 광고 때문에 플린트가 이득을 취했다는 점을 밝혀내기는 더 어려울 것이었다.

마지막 청구원인은 의도적으로 피해자에게 감정적인 고통을 주었다는 것이다. 이에 손해배상을 받으려면 가해자가 합리적인 일반인의 입장에서 보았을 때, 감정에 깊은 상처를 입힐 만큼 모욕적인 행동을 하여 피해자에게 고통을 주었다는 점을 입증해야 했다. 소송의 근거가 되는 행위가 사실관계일 필요는 없었다. 모욕적인 의견을 말하는 것도 손해배상 책임의 근거가 될 수 있다. 전통적으로 법원이 이러한 청구원인만을 기초로 한 소송에서 원고에게 승소를 선고하는 일은 드물다. 감정적인 고통은 양적으로 측정하기 어렵고 객관적인 판단 기준도 마땅히 없었기 때문에 오로지 이 청구원인에만 근거한 청구를 받아들인다면 극히 사소한 문제로도 소송이나 허위 소송이 남발될 위험성이 있기 때문이다. 그럼에도 그루트먼 변호사는 이러한 청구가 배심원들에 대한 영향력 때문에 가장 강력한 무기가 될 수 있으리라고 생각했다. 배심원은 명예훼손이나 사생활 침해에 관한 복잡한 법리에 신경 쓰지 않고 단지 가해자의 행동이 마음에 들지 않는다는 이유로 피고를 '처벌'할 수 있었다(미국의 배심재판에서는 배심원들이 평의에 들어가기 전에 판사가 법리를 설명해 주지만, 배심원들은 자신들이 특정한 평결에 이르게 된 이유를 밝힐 필요가 없다. 따라서 판사의 설명이 있었음에도 배심원들이 감정에 따른 판단을 내리는 것도 가능하다—옮긴이). 그루트먼 변호사는 플린트를 상대로 한 재판에서는 이 청구원인으로 충분히 배상을 받을 수 있을 것으로 예상했다. 일단 래리 플린트를 보면 배심원들은 아이작맨 변호사를 긴장시킬 만한 반응을 나타낼 것이다.

소장의 결론 부분은 래리 플린트가 일으킨 피해의 정도를 다루고 있었다. 청구된 손해배상 금액은 4,500만 달러였다.

플린트와 폴웰 간의 법적 분쟁은 극적인 모양새를 갖추어 갔다. 재판은 치열한 싸움에 빠지지 않는 속임수와 치밀한 작전으로 전개될 것이다. 그루트먼과 아이작맨은 어떤 사소한 쟁점도 양보할 생각이 없었고 상대방 의견에 동조하거나 자기편의 조그만 잘못이라도 인정하는 것은 생각할 수도 없었다.

그루트먼은 플린트를 상대로 선서증언을 요구했다. 총상을 입은 이래 5년 동안 하체가 마비된 플린트는 휠체어를 탄 채로 선서진술서 장소로 왔다. 그의 손목과 휠체어 사이에는 수갑이 채워져 있었는데 그는 당시 노스캐롤라이나 주의 부트너에 있는 연방교도소에 수감되어 있었다. 1984년 1월 캘리포니아 중부 연방지방법원 판사 매뉴얼 리얼은 법정모욕죄로 플린트의 수감을 명하였다. 다른 사건으로 재판을 받으러 온 플린트가 법정에서 욕설을 퍼붓고 성조기로 만든 기저귀를 차고 있었기 때문이다. 플린트의 상태를 본 그루트먼은 천천히 심호흡을 하였다. 휠체어에 묶인 채 복장이 흐트러지고 욕창으로 뒤덮인 플린트의 모습은 아무리 냉정한 사람이라도 동정심을 유발할 만했다.

플린트의 선서증언은 비디오로 녹화하여 배심원에게 보여 줄 예정이었다. 선서증언을 되도록 중립적으로 만들려고 아이작맨 변호사는 수갑이 나오지 않는 상체만을 촬영하도록 했다. 플린트는 머뭇거림 없이 자신의 특기인 장광설을 늘어놓았다. 그루트먼의 질문에 대한 그의 답변은 도전적이고 모욕과 불경스러운 말로 가득 찼다.

그루트먼 변호사는 동요하지 않고 플린트로부터 두 가지 중요한 사실을 인정받는 데 성공했다. 첫번째로 플린트는 대중이 그 패러디를 단순한 코미디가 아닌 사실로 믿기를 원했다는 점이다. 플린트는 심지어 원래 "광고 패러디입니다. 심각하게 받아들이지 마십시오"라는 경고 문구를 삽입하는 데도 반대했다고 밝혔다. 사람들이 그 광고 내용을 진실이라고 받아들이기를 바랐다는 것이다. 두 번째로 플린트는 폴웰을 개인적으로 공격하려고 패러디를 만들었다는 사실이다.

이러한 두 가지 쟁점을 인정함에 따라 명예훼손으로 인한 손해배상 청구소송의 결과는 거의 결정된 것이나 다름없었다. 아이작맨은 플린트가 잡지를 찍을 때 '악의'가 없었다고 주장하기 어렵게 되었고, 마찬가지로 플린트가 그 패러디를 '의견'이라고 생각했을 뿐 실제 사실관계로 받아들여질 것을 의도하지 않았다는 주장을 하기도 곤란해졌다. 래리 플린트는 스스로 법률적인 무덤을 판 셈이었다.

선서증언 과정에서 처음에 플린트는 폴웰이 그의 어머니와 섹스하는 것을 목격한 3명의 증인 진술서가 있다고 주장했다.

그루트먼 당신이 말하는 증인들이 실제로 폴웰이 그의 어머니와 섹스 하는 것을 보았다고 말하던가요?

플린트 예.

그루트먼 어디서 그런 일이 있었다고 하던가요?

플린트 미주리 주에서 목격했다고 말한 것 같은데 확실히 모르겠습니다. 서류를 확인해 봐야겠는데요.

그루트먼 당신이 말하는 진술서에는 그 증인들이 그런 장면을 목격한 경위가 적혀 있습니까?

플린트 예, 증인들은 폴웰을 지켜보고 있었습니다.

그루트먼 어디에서 지켜보고 있었습니까?

플린트 창문으로 지켜보았습니다.

그루트먼 창문으로 화장실 안을 들여다 볼 수 있었다는 것입니까?

플린트 아니오, 처음 이 일이 일어났을 때는…… 맞아요, 폴웰은 어머니 사진을 가지고 있었습니다. 그냥 사진을 보면서 자위행위를 한 거죠. 그 다음번에는 폴웰이 조금 더 나이가 들었을 때 그때는 집에서 그런 일이 생긴 것이죠.

두번째 쟁점에 대한 플린트의 진술은 더욱 절망적이었다. 플린트는 그 '광고'를 실은 이유가 폴웰의 종교 지도자로서 갖춘 역량을 논평하기보다는 개인적으로 그에게 상처를 주고 싶었기 때문이라고 인정했다.

그루트먼 당신이 만든 광고 패러디를 보는 독자들이 폴웰 목사를 거짓말쟁이로 여길 것이라는 생각을 해 보았나요.

플린트 폴웰은 족제비 같은 놈입니다.

그루트먼 그렇지만 거짓말쟁이입니까?

플린트 그는 위선자입니다.

그루트먼 폴웰이 위선자라는 사실을 사람들에게 알리고 싶었던 것입니까?

플린트 예.

그루트먼 만일 그것이 진실이 아니라면 폴웰 목사의 직업적 평판에 피해를 준다는 생각을 해 보지는 않았습니까?

플린트 예.

그루트먼 당신의 목적이 폴웰 목사의 고결성에 흠집을 남기려는 것이 아니었습니까?

그루트먼 폴웰의 평판을 작살내 버리려고 했지요.

이러한 문답은 플린트와 폴웰의 법정 다툼이 개인적인 싸움의 성격이라는 것을 보여 준다. 플린트는 폴웰의 근친상간 사실을 안 것은 1978년이라고 주장했다. 그루트먼은 그렇다면 왜 1983년까지 기다렸다가 패러디를 만들었냐고 물었다.

플린트 폴웰에게 복수를 하려고 기다렸던 것입니다.

그루트먼 복수를 하려고 했다는 말입니까?

플린트 그렇지요.

그루트먼 플린트 씨, 당신이 기억하기에 폴웰 목사가 당신 어머니에 대해 말한 적이 있습니까?

플린트 음, 없습니다. 하지만 우리 아버지에 대해서 말한 적이 있고, 그건 마찬가지라고 생각합니다.

그루트먼 폴웰이 당신의 개인적인 성생활을 언급한 적이 있습니까?

플린트 예.

그루트먼 폴웰이 당신의 사생활을 언급했다는 것이 어떤 내용입니까?

플린트 혐오스럽다고 말했지요.

그루트먼 당신이 알시아와 한 일이 혐오스럽다고 하던가요?

플린트 흠, 제 행동이 혐오스럽다고 했습니다.

그루트먼 좋습니다. 조금 전에 플린트 씨는 복수를 하려고 기다렸다고 했지요?

플린트 예, 그렇습니다.

플린트의 도전적이고 엉뚱한 답변을 들으면서 아이작맨은 아주 단순한 방어 전략을 생각해 냈다. "당신은 농담도 못 알아듣습니까?"라고 주장하는 것이었다. 재판 기간 내내 아이작맨은 플린트가 만든 패러디는 도가 너무 지나치기 때문에 어떤 사람도 그것이 진짜 사실관계라고 생각할 수 없다는 주장을 하게 된다. 패러디가 도저히 믿을 수 없는 것이라면 폴웰의 평판에는 아무런 해도 없었을 것이고 따라서 플린트가 명예훼손에 따른 손해배상 책임을 질 이유도 없는 것이다. 그러나 감정적인 고통을 주었다는 청구원인에는 이러한 항변이 통할 수 없었다.

1년 동안에 재판의 모든 준비 절차가 진행되었고, 마침내 1984년 겨울이 되어 많은 사람이 로어노크 법원 법정에 모였다. 방청석은 빈자리를 찾아볼 수 없었다. 제임스 클린턴 터크 판사가 입정했고 '폴웰 대 플린트, 허슬러 잡지, 플린트 출판'이라는 사건이 호명되었다.

선서증언 과정 때 모습과는 달리 플린트는 맞춤 정장을 입고 완벽하게 단장한 모습으로 법정에 들어섰다. 항상 보여 주던 심술궂은 모습은 찾아볼 수 없었다. 그는 자부심에 가득 찬 모습으로 품위 있게 행동했다. 심지어 그의 휠체어도 새로 장만한 것처럼 보였다. 플린트는 휠체어를 순금으로 도금하고 벨벳 천으로 장식을 했던 것이다.

모두변론이 끝난 후 폴웰이 증언대에 서자 그루트먼은 폴웰의 탁월하고 존경스러운 생애 이야기로 증언을 이끌어 나갔다. 폴웰은 증언에서 래리 플린트 같은 포르노 제작업자의 영향력을 박탈하는 데 그가 가진 모든 힘을 동원하겠다는 의사를 분명히 밝혔다. 플린트의 천박성을 입증하고자 그루트먼은 증제1호를 제출했다. 확대한 광고 패러디였다. 배심원들이 증거를 들여다보는 동안 폴웰은 진저리를 쳤다. 그루트먼은 플린트가 만든 패러디를 본 폴웰의 심정이 어떠한지 물었다.

> **그루트먼** 증인은 처음 패러디를 보았을 때 너무 화가 난 나머지 눈물을 흘릴 뻔했다고 말했습니다. 살아오면서 그때와 같은 감정을 느낀 적이 또 있었습니까?
>
> **폴웰** 그런 적은 결코 없었습니다. 기독교를 믿게 된 이후 저는 의도적으로 다른 사람의 감정을 상하게 한 일이 없습니다. 다른 사람에게 폭행을 한 적도 물론 없습니다. 그렇지만 그때 래리 플린트가 제 옆에 있었다면 참지 못하고 그를 때렸을지도 모르겠습니다.
>
> **그루트먼** 폴웰 씨, 공적인 활동을 하면서 논쟁의 여지가 많은 문제에 의견을 말해야 할 때가 많은데 다른 사람으로부터 비판을 받거나

반대 의견을 들은 일은 없습니까?

폴웰 거의 매일 그런 일이 있습니다.

그루트먼 만화에서 풍자 대상이 된 일은 없습니까?

폴웰 그것 역시 거의 매일 있는 일입니다.

그루트먼 당신의 생각을 비판하거나 풍자만화 때문에 감정이 상한 일이 있습니까?

폴웰 저는 그런 것들을 보면 재미있게 생각하는 편입니다.

그루트먼 이 사건에서 패러디를 보았을 때 감정은 어떠했습니까?

폴웰 그건 정말 구역질이 날 만큼 저질스러운 기사였습니다. 그것보다 사람의 감정을 더 상하게 할 만한 내용은 생각하기도 어렵습니다.

폴웰의 진지한 증언을 들은 배심원들의 표정에는 동정의 빛이 역력했다. 이어서 그루트먼이 플린트의 선서증언을 녹화한 비디오테이프를 틀어 주자 배심원들의 표정은 경멸로 바뀌었다. 원고 측이 신청한 증인에 대한 신문이 끝났을 때 배심원들이 어느 쪽에 호감이 가는지 물어볼 필요도 없었다.

피고 측의 변론 과정에서 아이작맨은 선서증언을 할 때 플린트가 심하게 아팠다는 점을 내세워 비디오테이프 때문에 입을 피해를 최소화하려고 안간힘을 썼다. 건강 상태를 묻는 아이작맨의 질문에 플린트는 이렇게 대답했다.

"오늘은 좋습니다. 하지만 선서증언을 할 때에는 정말 고통스러웠습니다. 욕창도 매우 심했습니다. …… 그때는 몇 달간 독방에 갇혀 있었고 거의 항상 침대에 수갑으로 묶여 있었습니다."

아이작맨은 다시 선서증언을 할 당시의 정신 상태를 물었다.

"제 안에서 무엇인가 일어나는 것 같았는데 그게 무엇인지는 알 수가 없었습니다. 제 생각에는 사람들에게 정신적, 심리적 문제가 생기더라도 자신은 그걸 깨닫지 못하는 것 같습니다. 전에 말씀드렸듯이 저는 치료를 받으려고 했습니다. 지금은 건강이 좋습니다만, 그때 의사는 제가 조울증 증세가 있다고 말했습니다. …… 제 육체적 건강 상태는 이미 말씀드렸습니다. 그리고 지금 폴웰을 위해 변론을 하고 있는 바로 저 변호사가 당시 저를 상대로 400만 달러가 걸린 손해배상 소송 두 건을 제기해서 승소한 상태였습니다. 물론 그 소송은 그저 저를 괴롭히려는 것이었기 때문에 항소심에서 모두 기각되었습니다."

그루트먼이 끼어들었다.

"재판장님, 이런 증언은……."

"그리고 또 다른 소송이 제기될 예정이었습니다."

플린트는 답변을 끝냈다.

"재판장님, 피고가 어떤 기분이었는지는 아무 관계가 없습니다."

그루트먼이 이의를 제기했다.

그러나 터크 판사는 그루트먼의 말을 잘랐다.

"이미 플린트 씨가 선서증언 하는 비디오테이프를 틀었습니다. 그에게 말할 기회를 주는 것이 공정합니다."

터크 판사는 그루트먼 변호사의 소송 전략을 잘 알고 있었다. 터크 판사는 폴웰이 《펜트하우스》를 상대로 제기한 소송에서도 재판장을 맡았었다. 그 사건에서 그루트먼 변호사는 《펜트하우스》를 대리했었다. 터크 판사는 그 사건을 무리 없이 잘 이끌었고 이 사건에서도 실수를 저지를 마음은 없었다. 그는 폴웰과 플린트 모두에게 공정한 재판을 보장할 생각이었다. 플린트는 판사가 그루트먼 변호사의 발언권을 제지하고 있는 사이에 배심원들로부터 최대한의 동정심을 끌어냈다.

제가 말씀드리려고 하는 것은 당시 제 마음 상태입니다. 저는 총에 맞고, 기소당하고, 구속되고, 벌금을 내야 했습니다. 수정헌법 1조에 대한 제 믿음 때문이었습니다. 그때 저는 제 생각이 다수의 생각과 다르다는 것을 깨달았습니다. 하지만 소수의 권리도 중요한 것입니다. 다른 사람으로부터 아무런 이유 없이 소송을 당하면 많은 비용을 써야 합니다. 이러한 일 때문에 저는 절망에 빠져 있었습니다.

이 증언이 진실한 것이든 아니든 간에 배심원들은 이제 플린트를 진지한 눈으로 바라보기 시작했다. 그러자 아이작맨은 플린트에게 《허슬러》에 실렸던 보다 가벼운 패러디에 관한 질문을 던지면서 배심원들이 플린트의 풍자 스타일에 익숙하도록 이끌어 가기 시작했다. 배심원들에게 플린트의 유머 감각을 보여 주면서 분위기를 잡은 아이작맨은 곧 본론으로 들어가 플린트에게 문제의 패러디를 통해서 어떤 의미를 전달하려고 했는지 물었다. 플린트는 긴 답변에서 결코 사람들이 그 패러디를 진실로 받아들이도록 의도하지는 않았다고 말했다.

우리는 캄파리 광고를 웃음거리로 만들려고 했습니다. 광고에 담긴 암시 때문에 사람들은 등장인물이 캄파리를 처음 마시게 된 사연을 말하고 있는 것인지 혹은 첫 경험을 털어놓고 있는 것인지 혼동을 일으켰습니다. 물론 이러한 풍자를 하려면 사람들이 풍자라는 것을 쉽게 알 수 있는 인물을 등장시켜야만 합니다. 폴웰 목사 같은 사람을 패러디에 등장시키면 사람들은 당연히 그 광고가 가짜라고 생각합니다. 물론 이 패러디의 아이러니나 유머가 재미있다는 생각을 하지 않고 그 안에 담긴 풍자를 깨닫지 못하는 사람들도 있을 것입니다. 그렇지만 그런 사람들은 남들이 폴웰 목사의 정치활동, 신념, 사람들의 마음을 사고 싶어 하는 그의 태도를 어떻게 느끼는지 한 번 생각해 보아야 합니다. …… 많은 사람, 특히 《허슬러》의 독자 중 많은 사람이 정치와 종교가 분리되어야 한다고 생각합니다. 그런 사람들은 이 패러디를 보고 실소를 금하지 못할 것입니다. 사람들은 그 패러디가 폴웰 목사나 그의 어머니나 가족을 모욕하려는 것이 아니라는 사실을 잘 압니다. 누구도 그 광고에 나오는 내용이 진짜라고 생각하지 않을 것이기 때문입니다.

몇 개의 질문을 더한 다음에 아이작맨은 플린트에게 그 광고가 진지하게 받아들일 만한 것이냐고 물었다. 플린트의 대답은 완벽했다.

글쎄요, 그의 어머니가 등장한다는 것은, 말하자면 얼마나 터무니없습니까? 누구도 그 내용을 사실이라고 생각하지 않을 것입니다. …… 만일 그 광고 내용이 사실이라면 그야말로 모욕적이고 충격적인 일입니다. 여러분도 잘 아시겠지만 도대체 누가 그런 내용을 진지하게 받아들이겠습니까? 물론 그런 패러디를 싫어하는 사람들도 있습니다. 하지만 오늘 이 재판은 사람들이 그 패러디를 좋아했는지 아닌지에 관한 것이 아니지 않습니까? 지금 문제가 되는 것은 그 패러디의 위법 여부입니다.

그루트먼 변호사는 반대신문에서 플린트가 감추고 있는 충동적인 성격을 끌어내려고 노력했다. 그루트먼은 증언대 앞으로 성큼성큼 걸어 나왔다.

"오늘은 증언을 하면서 한마디도 음란한 단어나 욕설을 하지 않는군요. 오늘 법정에서 보여 준 모습이 플린트 씨의 본모습입니까, 아니면 비디오에 찍힌 선서증언 모습이 본모습입니까?"

플린트는 예의바르게 대답했다.

"저는 아직까지도 치료를 받고 있습니다. 선서증언을 할 때보다는 오늘 상태가 더 좋습니다. 그리고 오늘 욕설을 하지 않은 것은 배심원 여러분의 기분을 상하게 할 수 있기 때문입니다."

그루트먼은 수정헌법 1조에 관한 판결을 비롯해서 연방대법원 결정에 플린트가 퍼부었던 욕설 섞인 야유를 인용했다. 그루트먼은 끊임없이 선서증언 장면을 녹화한 비디오테이프 내용을 말했고, 아이작맨은 계속 이의를 제기하였다. 변호사들은 판사석 앞으로 불려 나가서 그루트먼의 반대신문을 어떻게 할 것인지 오랫동안 협의를 했다. 그루트먼은 플린트가 과거에 했던 감정적 내용의 인터뷰와 관련해 질문을 해야겠다고 주장했고 결국 판사의 허락을 받았다. 아이작맨은 이번에도 이의를 제기했으나 소용이 없었다.

그루트먼 변호사는 반대신문에서 미묘하면서도 핵심적 사실을 입증하는 데 성공했다. 그는 배심원들에게 플린트가 풍자와 사실을 별개로 생각하지 않는다는 사실을 보여 준 것이다. 그는 플린트가《베니티 페어》의 기자와 나눈 인터뷰 내용을 인용했다.

"패러디가 너무나 사실과 비슷해졌기 때문에 이제 《허슬러》는 더는 패러디를 하지 않을 것입니다."

플린트는 그런 말을 한 기억이 없다고 부정했지만 이미 받은 타격을 돌이킬 수는 없었다. 그의 잡지가 사람들에게 어떤 영향을 미치더라도 상관이 없다고 생각했다면 플린트는 광고 패러디가 폴웰의 평판에 피해를 줄 수도 있다는 것을 인식했을 가능성이 높았다.

재판이 막바지에 이르자 폴웰과 그루트먼의 우세가 분명해 보였다. 그루트먼은 플린트의 악의에 찬 의도와 폴웰에게 품고 있는 적개심을 강조했고, 아이작맨은 수정헌법 1조에 관한 변론을 했다. 제3자의 눈에는 양측이 결국 연방대법원에서 최후의 결전을 펼칠 수밖에 없을 것으로 보였다. 두 변호사의 최종 변론은 연방대법원에서 대결을 앞둔 전주곡에 지나지 않았다.

배심원들이 평결에 들어가기에 앞서 터크 판사는 플린트가 폴웰의 명성이나 사진을 이용해서 이익을 취했다는 청구원인을 판사 직권으로 기각했다. 폴웰의 사진을 가짜 광고에 사용한 것은 '상업 목적'이 아니었기 때문이다. 터크 판사는 배심원들에게 명예훼손과 감정적인 고통에 따른 손해배상 책임이 성립하는지 여부만 판단하라고 지시했다. 그루트먼, 아이작맨, 그들의 유명한 의뢰인들은 법정에 남아 초조하게 배심원들의 평결을 기다렸다.

배심원들은 5분 만에 평의를 마치고 법정으로 돌아왔다. 배심원들은 플린트가 폴웰에게 감정적인 고통을 줄 의도로 패러디를 만들었다고 평결했고 보전적 손해배상으로 10만 달러, 징벌적 손해배상으로 10만 달러 등 합계 20만 달러를 지불하라고 결정했다. 명예훼손에 따른 손해배상 청구는, 배심원들은 합리적인 사람이라면 누구도 그 패러디를 진짜라고 여기지 않을 것이라고 평결했다. 이러한 평결의 의미는 패러디 때문에 폴웰의 평판에 해가 되지 않는다는 것이고 따라서 플린트는 명예훼손에 따른 손해배상 책임이 없었다.

이 사건에서 배심원들은 결국 공적 인물이 그 평판에 손상을 입지 않은 때에도 감정적 고통을 이유로 소송을 제기하면 배상을 받을 수 있는 길을 열어 준 것이다. 플린트는 공적 인물이 명예훼손을 당하지 않았는데도 감정에 상처를 입었다는 이유로 배상을 받는다면 수정헌법 1조에 어긋나는 것이라고 믿었다.

아이작맨은 배심원단이 평결을 읽는 동안 조용히 자리에 앉아 있었다. 그는 배심원들이 폴웰에게 느끼는 동정심을 이해할 수 있었다. 재판이 열린 버지니아의 주민들은 폴웰에게 호의적이었고, 특히 감정적인 고통으로 인한 손해배상 청구는 피고 측에서 제대로 방어를 하지 못하였다. 이 노련한 변호사는 조용히 패배를 받아들이면서 머릿속으로는 다음 단계의 전략을 구상하고 있었다. 래리 플린트는 전부터 패소한다면 항소할 것이라고 얘기해 왔다. 폴웰과 플린트의 법정 다툼은 아직 끝나지 않았다.

연방항소심의 판결

플린트는 즉시 아이작맨에게 항소를 제기하도록 했고 그루트먼 변호사는 이에 답변서를 제출했다. 3명의 판사로 이루어진 제4연방항소법원이 '폴웰 대 플린트' 사건을 판결한 것은 1심 평결이 있고 거의 20개월이 지난 1986년 8월 5일이었다.

판사들은 만장일치로 다시 폴웰의 승리를 알렸다. 항소심 법원은 플린트가 악의를 가지고 패러디를 출판했다고 판단했고 이것만으로도 충분히 손해배상 책임이 성립한다고 결정했다.

이러한 결정은 손해배상 책임이 성립하려면 보다 강화된 요건이 필요하고 진실을 알면서도 고의로 허위 사실을 유포하거나 중과실로 허위 사실을 유포한 사실이 입증되어야 한다는 아이작맨의 주장을 받아들이지 않은 것이다.

단지 사전적 의미의 악의만이 필요하다고 결정한 것은 플린트의 주장에 조종을 울린 것이나 다름이 없었다. 제4연방항소법원은 사람들이 패러디 내용을 믿지 않았다는 사실은 손해배상 책임이 성립하는 데 아무런 영향이 없다고 판결한 것이다. 항소법원은 플린트가 폴웰의 감정에 상처를 주고자 패러디를 제작했다고 판단했고 그러한 사실만으로도 손해배상 책임을 인정하기에 충분하다고 판시했다. 플린트가 폴웰의 감정에 상처를 주려고 했었다는 판단 근거로 법원은 구체적인 사실 하나를 적시했다. 선서증언 때 패러디를 제작한 목적 중 하나가 폴웰의 고결성에 흠집을 남기려는 것이었냐는 질문에 플린트가 "폴웰의 평판을 작살내 버리려고 했지요"라고 대답했다는 것이 바로 그 근거였다.

플린트는 격분했다. 어떻게 공적 인물이 단지 '감정적인 고통'을 받았다는 이유로 언론인으로부터 배상을 받을 수 있단 말인가? 플린트는 수정헌법 1조를 그런 식으로 해석한다면 사실상 언론은 공적 인물을 논평하기가 불가능해진다고 생각했다. 좌절에 빠진 플린트는 이렇게 한탄했다.

"미국은 자유 국가든지 혹은 자유 국가가 아니든지 둘 중 하나이다. 그 중간은 있을 수 없다."

연방대법원으로 가는 길

연방대법원은 하급심의 판결 중 극히 일부분만을 심리한다(우리나라는 대법원에 상고하면 예외 없이 대법원의 판결을 받지만, 미국은 대법관들이 심리하기로 결정한 사건만 심리를 한다. 법률 해석을 잘못하거나, 기존의 대법원 판례에 어긋나는 판결을 했을 때에도 대법관들이 중요하다고 판단한 사건이 아니면 대법원 재판을 받지 못한다. 미국의 사법제도는 이러한 방식으로 대법원에서 심리하는 사건의 수를 최소화하는 대신 국민에게 큰 영향을 미칠 수 있는 중요한 사건에 대법관들이 역량을 집중할 수 있도록 한다—옮긴이). 대법원에 상고되는 수천 건의 사건 중에서 선택되려면 그 사건의 쟁점을 두고 국민 사이에 상당한 논란이 있어야만 한다. '폴웰 대 플린트' 사건도 예외가 될 수는 없었다.

아이작맨이 사건을 대법원에 상고하자 저명한 법학자들과 언론 자유를 옹호하는 사람들은 딜레마에 맞닥뜨렸다. 이렇게 추한 소송에 개입해야 할 것인가? 래리 플린트나 《허슬러》와 같은 편이 된다는 것은 이미지에 좋지 않은 영향을 줄 것이 분명하지만, 언론기관이나 수정헌법 1조 사건을 전문으로 하는 변호사들에게 이 사건은 그냥 두고 보기에는 매우 중요한 사건이었다. 그들은 제4항소법원의 판결이 그대로 받아들여진다면 수정헌법 1조에 돌이킬 수 없는 타격이 될 것이라고 생각했다.

신문사 사주, 텔레비전 프로듀서, 인권 단체가 합심해서 대법원에

이 사건을 검토해 달라는 의견서를 제출했다. 《뉴욕타임스》, 언론 자유를 위한 기자협회, 미국시민자유연맹, 심지어 케이블 방송국까지 제4연방항소법원의 판결은 파기되어야 한다는 의견서를 제출하기에 이르렀다. 메시지는 분명했다. 공적 인물을 조롱하는 기사를 싣는 언론은 《허슬러》만이 아니었다. 1987년 3월 20일 대법원은 이 사건을 심리하기로 결정했다.

아이작맨과 그루트먼이 대법원 변론을 준비하고 있는 사이에 플린트의 서른세 살 된 아내 알시아가 죽었다. 하반신 마비가 된 이후에 플린트가 투약하던 진통제인 딜라우디드에 중독된 알시아는 약에 취한 상태에서 욕실에 들어갔다가 욕조에서 익사했다.

구두변론을 준비하면서 아이작맨과 그루트먼은 언론 자유와 관련된 사건들을 조사하고 분석했다. 각자의 입장에 따라 넘어서야 할 판례와 유지되어야 할 판례들이 있었다.

1942년 '채플린스키 대 뉴햄프셔Chaplinsky v. New Hampshire' 사건은 복잡한 로체스터의 거리에 서서 여호와의 증인을 믿지 않는 사람들은 종교적인 '사기'에 가담하고 있는 것이라고 연설한 한 광신도에 관한 사건이다. 경찰관이 그 광신도에게 군중들을 흥분시키지 말라고 경고하자, 광신도는 "너는 망할 놈의 사기꾼이야. 저주받을 파시스트! 로체스터 전체가 파시스트나 그 부하들이야"라고 소리를 질렀다. 그 광신도는 체포되었고 공공장소에서 다른 사람을 모욕하는 천박한 말이나 비방하는 말을 금지하는 법률 위반으로 유죄판결을 받았다. 연방대법원은 만장일치로 유죄판결을 유지하면서 그런 말은 거리에서 폭력을 유발할 수 있고 욕설을 하는 것은 어떠한 의미로도 헌법의 보호를 받는 정보나 의견 교환으로 볼 수 없다고 판시했다. 그런 '시비 거는 말'은 수정헌법 1조에서 보호하지 않는다는 것이다.

10년 후 '보아르네 대 일리노이Beauharnais v. Illinois' 사건에서 한 백인 우월주의자는 다음과 같은 팸플릿을 배포했다.

"백인이 니그로와 잡종이 되는 것을 막으려면 단결해야 합니다. 그렇지 않으면 강간, 강도, 총, 칼, 마리화나 같은 니그로의 공격이 뒤따를 것입니다."

그는 체포되었고 특정한 계층의 시민들을 타락한 사람들이나 범죄자 또는 부정한 사람 등으로 묘사한 글을 출판 금지하는 법률 위반죄로 유죄판결을 받았다. 연방대법원은 유죄판결을 유지하면서 특정한 문화나 인종 전체에 증오심을 표현하는 행위는 도덕적으로 도저히 용납할 수 없는 것이므로 수정헌법 1조의 보호를 받을 수 없다고 판시했다.

그루트먼은 《허슬러》의 광고 패러디를 이러한 판례에 등장하는 것과 유사한 표현으로 몰고 갈 계획이었다. 그는 그 패러디가 이성적인 사람도 폭력에 호소하도록 만들 수 있을 정도로 모욕적이기 때문에 '시비 거는 말'에 해당하고 수정헌법 1조의 보호를 받을 수 없다는 주장을 하기로 했다. 또한 그루트먼은 그 패러디가 도덕적으로 도저히 용납될 수 없는 것으로 사회적 관점에서 볼 때 아무런 가치도 없는 것이므로 보호받을 수 없다는 주장도 할 예정이었다.

아이작맨은 그루트먼과는 사뭇 다른 철학적 태도를 취했다. 그는 대법관이었던 올리버 웬델 홈즈의 논리에 의존할 생각이었다. 홈즈는 사람들이 혐오스럽다고 느끼는 표현이라도 보호해야 한다는 점을 이해했던 사람이다.

매년, 아니 거의 매일, 우리는 우리 삶을 불완전한 지식에 기초한 일종의 예언에 맡길 수밖에 없다. 그러한 실험이 계속되는 한, 혐오스럽거나 다른 의견일지라도 표현하는 것 자체를 막아서는 안 된다. 법의 목적에 즉각적인 위협이 되기 때문에 국가 안전을 위해서 이를 즉시 제지해야 할 때만을 예외로 다루어야 한다.

1969년 '브랜든버그 대 오하이오Brandenburg v. Ohio' 사건에서 연방대법원은 정치적 목적을 달성하는 데 폭력을 사용할 수 있다는 연설을 한 KKK 단원에 대한 유죄평결을 파기했다. 브랜든버그는 두건을 쓴 단원들이 라이플총을 들고 모인 KKK단 모임에 지도자로 참석해서 "만일 대통령, 국회, 법원이 우리 백인종을 계속 저시하려 한다면 우리 스스로 복수를 할 수도 있다"라는 연설을 했다. 연방대법원은 브랜든버그의 연설이 즉시 폭력을 행사하려는 선동적 내용이라기보다는 미래의 어느 시점에 폭력에 호소할 수도 있다는 내용이라고 판시했다. 법원은 브랜든버그의 견해는 비록 역겨운 것이지만 공공의 안녕이나 다른 사람의 안전에 즉각적인 위협이 되지 않기 때문에 수정헌법 1조의 보호를 받는다고 결정하였다.

1968년 '코헨 대 캘리포니아Cohen v. California' 사건에서 코헨은 '씹할 놈의 징병제'라고 쓰인 재킷을 입고 로스앤젤레스 시 법원 앞길을 걸어 다니다가 체포당했다. 그곳에 있던 여성과 아이들은 재킷에 쓰인 욕설을 보고 깜짝 놀랐고 경찰관은 질서를 어지럽힌 혐의로 코헨을 연행해 갔다. 연방대법원은 코헨에 대한 유죄평결을 파기하면서, 단순히 외설적인 말은 수정헌법 1조의 보호를 받을 수 없지만 정치적 의견은 보호받는다고 설명했다. 코헨이 자신의 정치적 견해를 표현하는 데 외설적인 말을 쓴 것은 사실이지만 그것이 다른 사람의 안전에 어떠한 위험도 되지 않는다는 것이다. 코헨은 자기 일을 하고 있었고, 외설적인 문구가 적힌 옷을 입고 있다고 해서 주변 사람들을 선동하는 것은 아니기 때문이다. 더구나 그 재킷은 '지나가는 행인이 반드시 그 옷을 보아야만' 하는 것은 아니었다. 보행자들은 다른 곳을 쳐다볼 수도 있고 반대편 보도로 지나갈 수도 있다.

아이작맨은 이러한 판례가 플린트의 패러디에 적용되어야 한다고 생각했다. 그 패러디는 모욕적이기는 했지만 폭력적인 내용도 아니고 사람들의 안전에 위협이 되는 것도 아니기 때문이다. 더구나 그 패러디는 성인 잡지에 게재된 것으로 '독자가 반드시 이 패러디를 보아야만' 하는 것은 아니었다. 《허슬러》를 좋아하지 않는 사람은 그 잡지를 사보지 않으면 그만이었다. 플린트는 《허슬러》의 내용이 교양 있는 것도 아니고 어린이들에게 맞는 내용도 아니라는 점을 인정하고 있었다. 그러나 심야 뉴스도 어린이들에게 적절하지 않은 내용을 담고 있는 것이 현실이었다.

아이작맨은 연방대법원이 플린트의 패러디가 역겹기는 하지만 공공안전에 위협이 되는 것은 아니고 따라서 다른 표현과 마찬가지로 수정헌법 1조의 보호를 받는 것이라고 판결해 주기를 희망했다.

표현의 자유를 둘러싼 플린트와 폴웰의 다툼은 법원의 심리 과정을 거치면서 그 성격이 변해 갔다. 명예훼손에 따른 손해배상 청구로 시작된 소송은 감정적인 고통으로 인한 손해배상 책임의 성립 여부로 초점이 옮겨졌다. 명예훼손에 따른 손해배상을 요구했던 폴웰의 청구는 배심원들이 기각했다. 배심원들은 명예훼손에 따른 손해배상 책임을 인정하는 데 필요한 '악의'적 요소가 없다고 보았다. 하나의 청구가 기각당하자 폴웰은 감정적인 고통으로 인한 책임이라도 인정되기를 바라고 있었다.

연방대법원에 대한 플린트의 상고 이유서는 공적 인물이 수정헌법 1조를 피해 가는 것을 허용해서는 안 된다는 내용을 담고 있었다. 공적 인물이 명예훼손을 주장할 때 더 강화된 '악의'를 입증하도록 한 것은 언론인들을 소송으로부터 보호하려는 것이다. 그렇지 않다면 언론인들은 소송의 위험을 무릅쓰느니 차라리 침묵하는 길을 택할 것이기 때문이다. 플린트는 만일 공적 인물이 강화된 '악의' 요건의 입증을 피하고자 명예훼손에 따른 손해배상을 구하지 않고 감정적인 상처로 인한 손해배상을 청구할 수 있다면 언론 자유를 보호하는 수정헌법 1조의 해석은 수포로 돌아갈 것이라는 주장을 폈다. 플린트의 관점은 언론인이 손해배상 책임을 인정하도록 하려면 항상 강화된 '악의' 요건을 입증해야 한다는 것이다. 그렇지 않으면 언론은 결국 침묵할 것이기 때문이다. 이 문제를 놓고 플린트와 폴웰이 의견 차이를 보인 것은 수정헌법 1조의 목적을 서로 다르게 해석한 데 기인한다.

폴웰은 수정헌법 1조를 진리를 찾고 도적적 판단을 하기 위한 수단으로 보았다. 헌법은 자기결정권을 천명하고 있고 폴웰에게 이것은 보다 행복하고 도덕적인 국가를 건설할 수 있는 권리를 의미했다. 그의 견해는 오직 건전한 언론만이 자기결정권이 있다는 것이다. 수정헌법 1조가 자기결정권을 보장하는 것이고 오직 건전한 언론만이 이에 부합하는 것이라면 수정헌법 1조가 보장하는 것은 건전한 언론뿐일 수밖에 없다고 폴웰은 생각했다. 만일 법원이 폴웰의 견해를 받아들인다면 공적 인물도 자신을 소재로 삼은 패러디나 풍자가 '건설적이지 않을' 때에는 언제든지 손해배상을 청구할 수 있다. 그러한 판결을 하면 언론인은 소송에 대한 두려움 없이 유명 인사를 언급하기가 사실상 어려울 수밖에 없다.

헌법에서 천명한 자기결정권에 관해 플린트는 폴웰의 견해와는 완전히 대조적인 생각이었다. 플린트는 헌법이 절대적인 도덕성이나 건전한 행동에 대해서는 아무런 언급도 하지 않았고 오히려 절대적인 표현 자유를 보장하고 있으며 불건전한 표현에도 자유를 보장하고 있다고 생각했다. 다른 사람에게 피해를 주지 않는다면 음란하거나 불건전하거나 혹은 구역질 나는 표현이라고 하더라도 보장된다는 것이다.

플린트는 아이작맨 변호사에게 배심원들이 이미 자신의 패러디가 아무런 피해도 주지 않았다고 판단했다는 의견을 제출하라고 했다. 경제적 측면에서 폴웰은 아무런 피해를 입지 않았고 단지 감정적인 상처를 입었을 뿐이라는 것이다. 그러한 사실만으로는 표현의 자유를 억압해서는 안 된다는 것이 그의 견해였다. 만일 법원이 플린트의 생각을 받아들인다면 표현의 자유는 훨씬 신장될 것이다. 하지만 공적 인사들의 평판은 패러디 형태를 취한 언론 공격 앞에 무기력할 수밖에 없었다.

마침내 1987년 12월 2일, 변호사들은 워싱턴의 연방대법원으로 모여들었다. 오전 8시 30분에 이미 양측 변호사들이 도착했다. 엄청 추운 날씨였고, 다가오는 폭풍은 도시에 눈보라를 뿌릴 기세였다. 아이작맨은 평소처럼 미소를 짓고 있었고 젠체하는 태도도 여전했다. 그는 당장이라도 변론을 시작할 기세로 계단을 뛰어올라 갔다. 서류가방을 한 손에 든 채 아이작맨은 그의 어머니, 형제, 다른 가족 등을 위해서 법정 문을 열어 주었다. 변호사석을 찾아가기 직전 그의 어머니는 아들에게 행운을 비는 키스를 했다.

그루트먼의 입장은 별로 요란하지 않았다. 그의 아내와 동료 변호사들은 천천히 주차장에서 법원 계단을 올라왔다. 그루트먼은 뉴욕에서 온 거물 변호사답게 오로지 사건에만 몰두하는 모습이었다. 그의 맞춤 양복은 구김살 하나 없었고 몸에 딱 맞는 바지와 재킷은 우아하고 품위가 있었다. 그는 미끄러지듯이 자기 자리로 갔다. 그의 아내는 방청석에 앉기 전 그에게 미소를 지어 보였다.

폴웰은 그의 애국심을 상징하듯 성조기 무늬가 들어간 넥타이를 매고 아내인 메이슬과 함께 도착했다. 그의 표정은 별로 밝지 못했고 그루트먼은 그의 의뢰인이 아침식사나 제대로 했는지 의심스러웠다. 아이작맨의 어머니가 폴웰 부부에게 다가가서 자기소개를 했다. 잠시 담소를 나눈 후 아이작맨의 어머니는 자기 자리로 돌아갔고 폴웰 부부도 조금 긴장이 풀린 모습이었다.

재판이 시작되기 7분 전에 플린트가 모습을 드러냈다. 흠잡을 데 없는 비즈니스 정장을 입은 플린트는 재계의 거물이라고 해도 손색이 없을 정도였다. 도금을 한 그의 휠체어는 법정의 조명 아래서 빛나고 있었다. 대법원에 이미 한 번 서 본 경험이 있는 플린트는 하품을 참는 모습이었고 아이작맨은 그런 모습을 걱정스럽게 지켜보았다. 아이작맨은 플린트가 1983년 '키튼 대 허슬러Keeton v. Hustler' 사건 때 대법원에 왔던 모습을 기억하고 있었다. 플린트는 대법관들과 주변의 모든 사람에게 음란한 욕설을 퍼붓다가 법정모독죄로 구금되었고 정리廷吏가 억지로 그를 끌어내야만 했다. 아이작맨은 플린트의 침착한 모습에 안심을 하면서도 대법관들이 그가 저지른 기행을 잊었기만을 바랄 수밖에 없었다.

연방대법원 구두변론

오전 10시 정각에 정리는 대법관들의 입장을 알렸다.

"모두 일어서십시오. 정숙! 정숙! 정숙!(전통적으로 미국 법정에서 정리는 정숙하라는 뜻으로 oyez라는 단어를 세 번 외친다—옮긴이) 미국 연방대법원의 대법원장과 대법관들께서 입정하십니다. 법정에 있는 모든 사람은 경의를 표해 주시기 바랍니다. 미국과 연방대법원에 하느님의 가호가 있기를 바랍니다."

렌퀴스트 대법원장 사건번호 86-1278 《허슬러》와 래리 플린트 대 제리 폴웰' 사건 변론을 듣겠습니다. 아이작맨 씨 변론을 시작해 주십시오.

아이작맨 존경하는 대법원장님 그리고 대법관 여러분, 수정헌법 1조는 특정 범주에 속하는 예외를 제외하고 표현의 자유를 보장하고 있습니다. 예를 들면 수정헌법 1조는 과실에 따른 허위 표현도 보호하고 있습니다. 음란물은 보호받지 못합니다. 상대방이 있는 자리에서 폭력을 야기할 위험이 있는 말을 하는 것도 보호받지 못합니다.

　이 사건은 법원이 수정헌법 1조에 근거해 보호받지 못하는 표현 범위를 확장해 표현의 자유에 대한 예외를 더 만들어야 하는지 여부를 묻습니다. 이 사건에서 문제되는 표현은 공적 인물을 풍자하거나 비판하는 언사로서 특정한 사실관계의 주장은 들어 있지 않은 표현입니다.

렌퀴스트 대법원장 이 사건의 표현을 제재하려면 헌법 해석을 바꾸어야 한다는 말입니까?

아이작맨 예, 대법원장님. 그것이 제 주장입니다.

　구체적으로 문제가 되는 것은 과장이나 풍자, 패러디의 대상이 공적 인물이고 풍자나 패러디에 구체적인 사실관계의 언급이 없을 때 수정헌법 1조가 그러한 표현을 보호하는지 여부입니다. 달리 말한다면, 이 사건은 공적 인물이 명예훼손에 따른 손해배상을 청구하는 대신에 감정적인 고통으로 인한 손해배상 청구를 한다면 '《뉴욕타임스》대 설리번' 사건 같은 판례를 피해 갈 수 있는지에 관한 문제입니다.

　이 사건에서 문제가 된 표현을 판단하는 데는 그 전후관계를 살피는 것이 중요하다고 생각합니다. 표현의 주체는 《허슬러》이고, 《허슬러》는 독자들에게 노골적으로 성적인 사진과 현실성 없는 유머를 게재하는 잡지로 알려져 있습니다. 《허슬러》의 편집 방침 중 하나는 위선적인 종교지도자들과 독실한 신자인 체하는 사람들을 공격하는 것이고 주로 섹스, 정치, 종교 세 분야를 다루고 있습니다.

　제리 폴웰은 수년간 《허슬러》를 공격 대상으로 삼고 비판해 왔습니다. 정치적 스펙트럼에서 볼 때 《허슬러》는 제리 폴웰과 정반대쪽에 있다고 할 수 있습니다. 한편 제리 폴웰은 본질적으로 공적 인물입니다. 미국에서 공직이 없는 사람 중 폴웰 씨보다 대중과 깊은 관계를 갖고 있는 사람은 찾아보기 어렵습니다.

제리 폴웰은 '도덕적 다수파'의 지도자입니다. 그의 법정 증언을 보면 '도덕적 다수파'는 회원이 600만 명이 넘는다고 합니다. 도덕적 다수파는 정치 단체입니다. 특정한 정치적 주장을 관철하려고 결성된 단체입니다. 궁극적인 목적 중 하나가 폴웰이 포르노로 간주하는 것들을 공격하는 데 있습니다. 그의 말을 빌리자면, '포르노의 왕'을 공격하는 것입니다. 그가 생각하는 포르노의 왕 중 한 사람이 래리 플린트입니다. 포르노의 왕에는 다른 사람도 있습니다. 《펜트하우스》를 발행하는 밥 구치오네와 《플레이보이》를 발행하는 휴 헤프너가 그들입니다.

'도덕적 다수파'와 제리 폴웰은 그들이 합당하지 않다고 생각하는 성적 행위도 공격을 합니다. 그는 혼외정사와 혼전정사에 대해 연설한 일이 있습니다. 그는 결혼하지 않은 남녀가 성관계를 갖는 것을 반대합니다. 또한 동성애를 반대할 뿐만 아니라 경멸합니다. 폴웰은 이러한 견해를 혼자 간직하거나 가족하고만 토론하지 않습니다. 자신의 이 같은 견해를 정치적인 장에서 또는 다른 사람들도 받아들이도록 노력합니다.

그는 이러한 주제를 연설하는 것으로 널리 알려졌습니다. 그의 증언에 나타나듯이 《굿 하우스키핑》에서 실시한 여론조사에서 그는 미국에서 대통령 다음으로 존경받는 사람입니다.

오코너 대법관 잠깐만, 아이작맨 변호사. 폴웰 씨가 공적 인물이라는 사실이 이 사건에서 다루어지고 있나요?

아이작맨 전혀 다루어지고 있지 않습니다.

오코너 대법관 그렇다면 다음 단계로 넘어가도 될 것 같군요. 지금까지 변호사의 주장은 그가 공적 인물이라는 사실을 보여 주기 위한 것으로 보입니다. 그렇지 않나요?

아이작맨 오코너 대법관님, 지금까지 변론은 이 사건의 정치적 함의와 이 사건의 당사자들이 정치적 스펙트럼의 양 극단에 있다는 것을 보여 주려는 것이었습니다. 《뉴욕타임스》 대 설리번' 사건에서와 같이 자유롭고 격렬하고 널리 공개된 논쟁에 관계된 사람들이라는 것입니다.

오코너 대법관 주 정부는 시민들을 감정적인 고통으로부터 보호할 이해관계가 있지 않나요?

아이작맨 분명히 주 정부는 시민들을 감정적인 고통으로부터 보호할 이해관계가 있습니다.

오코너 대법관 그리고 그러한 이해관계는 사람들의 평판을 보호할 이해관계보다 더 크지 않나요?

아이작맨 저는 감정적인 고통으로부터 시민들을 보호해야 할 필요성이 평판을 보호할 이해관계보다 크지 않다고 생각합니다. 명예훼손과 같이 평판에 대한 피해가 문제되는 영역에서는 감정적인 고통은 평판에 대한 피해와 마찬가지로 배상해야 할 손해의 한 요소가 됩니다. 평판이란 다른 사람들이 그 사람을 어떻게 생각하는지에 영향을 끼치는 것입니다. 그것은 당사자뿐만 아니라 다른 사람들의 심리에도 영향을 미칩니다. 따라서 어떤 의미에서 보면 평판이란 감정적인 고통보다 더 넓은 영역입니다.

또한 제가 이 자리에서 보여 드리려는 것은 정치적 논쟁에 휩싸인 사람들은 때때로 신랄하고 불쾌한 말을 할 수 있다는 것입니다. 《뉴욕타임스》 대 설리번' 사건에서도 그랬습니다. 이러한 말은 수사적인 과장으로서 보호되는 표현입니다. 그것은 풍자나 패러디나 의견 표명이 보호되는 것과 마찬가지입니다.

화이트 대법관 만일 배심원들이 문제된 패러디가 사실관계에 관한 것이라고 판단했다면 달라졌을까요?

아이작맨 물론 그때에는 달라졌을 것입니다. 그러나 그때에도 연방대법원은 그 패러디가 사실관계와 상관없다고 판결해야 한다고 생각합니다. 법원은 독자적인 관점에서 기록을 다시 검토하여 헌법적인 문제를 판단해야 합니다. 이 사건에서는 현실적인 악의가 존재할 수가 없습니다. 표현 자체가 사실관계에 관한 것이 아니기 때문입니다.

　이 광고 패러디에는 사실을 설명하는 것이라고 받아들일 만한 부분이 전혀 없습니다. 보통 사건과는 다르게 이 사건에서는 배심원들이 그러한 결정을 내렸습니다. 사실 이 사건은 사실관계 문제가 아니기 때문에 애초에 배심원들이 판단할 문제도 아니었습니다.

　이 쟁점에는 많은 하급심 판례가 있습니다. '프링Pring' 사건이 그 한 예입니다. 그 사건에서 미스 와이오밍으로 선출된 여성은 자신의 성생활 관련 기사를 실은 《펜트하우스》에 명예훼손과 감정적인 고통을 비롯해 그 밖의 여러 법률적 근거를 들어 손해배상 청구소송을 제기했습니다. 제1심에서 배심원들은 《펜트하우스》의 책임을 인정했지만, 제10연방항소법원은 그 평결을 파기하고 청구를 기각하면서 그 기사는 과장에 지나지 않는다고 판시했습니다. 그 기사는 도저히 원고의 실제 행동이나 실제 있었던 사건을 묘사한 것이라고 볼 수 없었기 때문입니다. 이 사건의 배심원들과 같은 판단을 한 것입니다.

그 사건에서 법원은 과장된 표현은 수정헌법 1조에 근거해 보호받는 것이고 명예훼손 소송뿐만 아니라 감정적인 고통을 이유로 한 소송도 기각되어야 한다고 했습니다. 감정적인 고통을 이유로 한 소송에서도 헌법이 적용되어야 하기 때문입니다. 와이오밍 주 법이 감정적인 고통을 '격분'이라고 표현했기 때문에 판결문상에서 표현이 달랐을 뿐입니다.

스칼리아 대법관 아이작맨 변호사, 《뉴욕타임스》 판결은 표현의 자유를 두고 절대적인 보호를 선언한 것이 아니라 책임을 인정하는 데 고의라는 요소가 필요하다는 점을 인정했을 뿐입니다. 손해배상 책임을 인정하려면 허위 사실을 유포한다는 구체적인 의도가 있어야 한다는 것입니다. 그 판결은 의도적인 것이 아닌 때에는 허위라도 괜찮다고 했을 뿐입니다. 이 사건에 적용되는 법률은 의도적인 불법행위입니다. 감정적인 고통을 주려는 의도가 반드시 있어야 합니다. 즉 변호인의 모두변론은 이 사건과 직접적인 관련이 없습니다. 문제는 《뉴욕타임스》의 책임을 면제해 주었던 '의도적'이라는 요소가 이 사건에서도 책임을 면제해 줄 수 있는지 여부입니다. 그렇지 않습니까?

아이작맨 스칼리아 대법관님. 수정헌법 1조에서 요구하는 것이 단순한 의도가 아니라는 판례는 많이 있습니다. 피해를 입히겠다는 의도도 아니고 증오나 악의도 아닙니다. 그것은 허위라는 사실을 알면서도 이를 유포하여 피해를 입히겠다는 구체적인 의도를 말하는 것입니다.

스칼리아 대법관 의도를 내용에 따라 구별하는 것은 타당합니다. 그러나 《뉴욕타임스》 사건의 판례 내용은 고의로 허위 사실을 유포한다면 수정헌법 1조의 보호를 받지 못한다는 것입니다. 제가 묻고 싶은 것은 왜 그러한 원칙이 감정적인 고통으로 인한 소송에는 적용될 수 없느냐는 문제입니다. 고의로 허위 사실을 유포한 때와 마찬가지로 고의로 감정적인 고통을 야기한 때에도 책임을 물을 수 있다고 생각할 수도 있습니다. 그러나 감정적인 고통일 때에는 달리 취급됩니다. 그것이 구별의 기준입니까?

아이작맨 《뉴욕타임스》대 설리번' 사건이나 이와 유사한 어떤 사건에서도 문제가 된 기사에 상대방에게 전혀 피해를 입힐 의도가 없었다고는 할 수 없을 것입니다. 행동에는 결과가 따르기 마련입니다. 비판을 할 때는 상대방에게 어떠한 피해를 주려는 의도가 있는 것이고 감정을 상하게 하려는 의도가 있는 것입니다. 그러나 그런 이유만으로 수정헌법 1조의 보호를 받지 못한다고 한다면 이 나라에서는 특별한 의미가 없거나 모나지 않은 표현만이 가능할 것입니다.

스칼리아 대법관 그렇게 생각할 수도 있습니다. 다만 여기서 지적하려고 하는 것은 《뉴욕타임스》판결에는 그런 말이 없다는 점입니다. 《뉴욕타임스》판결 내용은 의도가 있으면 책임을 져야 한다는 것이었습니다. 당신의 주장은 감정적인 고통을 주겠다는 의도만으로는 책임을 인정하기에 충분하지 못하다는 것입니다.

아이작맨 그렇습니다. 허위라는 점에 대한 고의가 있어야 합니다.

화이트 대법관 배심원이 판단한 대로 이 사건에서 문제된 패러디에는 합리적인 사람이 믿을 만한 사실관계가 없고 따라서 평판에 피해를 주지 않았다는 점을 인정한다고 하더라도 당신이 승소하려면 의견이나 패러디는 절대로 소송의 대상이 되지 않는다고 해야 합니다. 설사 상대방의 감정을 상하게 하려는 의도가 있어도 말입니다. 그것이 당신 견해입니까?

아이작맨 음, 화이트 대법관님 제 견해는……

화이트 대법관 그렇습니까, 아닙니까?

아이작맨 아닙니다. 대법관님 제 견해는 그것이 아닙니다.

화이트 대법관 그렇다면 당신 견해는 무엇입니까?

아이작맨 합리적으로 판단할 때 사실이라고 생각될 만한 내용을 포함하지 않은 풍자나 패러디에서만 소송의 대상이 되지 않는다는 것입니다.

화이트 대법관 좋습니다. 그 점에는 동의합니다. 배심원의 판단도 그러했습니다.

아이작맨 대법관님의 가정에서 빠져 있는 점은 이 소송을 제기한 사람이 공적 인물이라는 사실입니다. 공적 인물은 보통 사람들과 비교해 볼 때 좀더 심한 비판도 감수해야 합니다.

화이트 대법관 좋습니다. 그 점을 포함합니다. 그렇다면 아이작맨 변호사의 주장은 결국 공적 인물에 대한 의견 표명이나 패러디는 설사 의도적으로 감정을 상하게 할 목적이 있었다고 하더라도 결코 소송의 대상이 되지 않는다는 것입니까? 그것이 당신 견해입니까?

아이작맨 허위 사실로 인식될 만한 요소가 없는 때에는 그렇습니다.

화이트 대법관 물론입니다. 물론.

아이작맨 그러한 때라면 맞습니다. 그것이 제 견해입니다.

화이트 대법관 만일 이 사건에 공적 인물이 관련이 없다면 손해배상 책임을 감수하겠습니까?

아이작맨 다행스럽게도 이 사건은 그런 사건이 아닙니다. 하지만 대법관님의 질문에 답변을 드리겠습니다. 사실관계에 대한 허위 주장이 없다면, 혹은 사실로 오인할 만한 내용이 없다면 설사 그 상대방이 공적 인물이 아니더라도 보호되어야 한다고 생각합니다.

스티븐스 대법관 공적 인물이 관련되지 않은 사건이라고 가정해 봅시다. 당신은 이미 시민들을 감정적인 고통으로부터 보호해야 할 필요성이 있다는 점은 인정했습니다. 아무런 의미도 없는 표현의 자유를 보호하는 것이 공공 이익과 무슨 관계가 있습니까?

아이작맨 이 나라의 국민이 각자의 의견을 표현할 자유를 보장받는 것은 공공 이익에 부합하는 것입니다. 그것은 미국이 가장 중요하게 생각하는 가치 중 하나입니다.

스티븐스 대법관 글쎄요. 이것으로 표현된 의견은 무엇인가요?

아이작맨 대법관께서 제시한 예 말씀입니까, 아니면 이 사건 말씀입니까?

스티븐스 대법관 둘 중 어떤 것이든지, 상대방을 화나게 하는 것 이외에 다른 무엇이 있습니까?

아이작맨 이 사건에서 문제된 광고 패러디는 적어도 두 가지 이상의 의미가 있습니다. 하지만 그 점을 설명하기 전에 우선 이 패러디가 150쪽짜리 잡지의 한 쪽 정도라는 사실을 이해하셔야 합니다.

스티븐스 대법관 이해합니다.

아이작맨 그 말은, 즉 이 패러디가 학술논문이나 소설처럼 복잡한 사상을 담고 있는 것이 아니라는 점을 의미합니다. 이 패러디가 가지고 있는 의미 중 첫번째는 캄파리 광고의 패러디라는 점입니다.

스티븐스 대법관 무슨 뜻인지 알겠습니다.

아이작맨 캄파리 광고를 패러디하는 것은 어디까지나 적법합니다. 그 패러디가 캄파리 광고의 패러디라는 것은 누구나 알 수 있습니다. 또한 그것은 제리 폴웰에 대한 풍자입니다. 그는 이 광고 패러디에 등장하기에 딱 맞는 사람입니다. 왜냐하면 현실에서는 도저히 그런 광고에 등장할 것이라고 생각하기 어려운 사람이기 때문입니다. 폴웰은 음주나 섹스를 반대해 온 사람입니다.

스티븐스 대법관 당신이 말한 공공 이익에 대해서 질문하겠습니다. 당신은 폴웰을 우스꽝스럽게 보이는 것이 공공 이익에 부합한다는 것입니까, 아니면, 사람들이 재미있게 생각하는 일을 하는 것이 공공 이익에 부합한다는 것입니까? 공공 이익이란 도대체 무엇입니까?

아이작맨 여기에는 두 종류의 공공 이익의 문제가 있습니다. 첫째는 패러디의 마지막 부분에서 암시되었듯이 폴웰이 하는 말들은 터무니없는 헛소리에 지나지 않다는 《허슬러》의 견해가 자유롭게 표현될 수 있다는 것입니다. 《허슬러》를 만드는 사람들은 공공연하게 자신들에게 반대하는 운동을 하면서 "그 잡지를 읽지 마시오, 그 잡지는 미국의 정신에 독 같은 존재입니다, 혼외정사를 하지 마시오, 음주를 하지 마시오"라고 외치고 다니는 사람을 두고 그가 하는 말은 터무니없는 헛소리라고 말할 수 있는 권리가 있습니다. 그것이 이 패러디가 말하고자 하는 것입니다.

　패러디의 첫 부분은 폴웰을 우스꽝스럽게 묘사하고 있습니다. 폴웰은 뛰어난 설교자입니다. 그가 텔레비전에 출연할 때 그는 멋진 표정을 짓고 온화한 분위기를 풍기면서 한 손에는 성경을 들고 성실한 목소리로 말을 합니다. 이러한 상황 대신에 《허슬러》는 이렇게 말하는 것입니다.

"껍데기를 벗겨 보자. 이 사람을 우리 수준으로 끌어내려 보자. 적어도 우리가 말하는 것을 들을 만한 수준까지 끌어내리자." (웃음)

아이작맨 대법원에서는 농담을 해서는 안 된다고 알고 있습니다. 제가 농담을 하려고 했던 것은 아니라는 점을 알아주시기 바랍니다.

스티븐스 대법관 지금의 답변은 내 질문 중에 앞부분에 대한 답변입니다. 공적 인물이 관련되지 않은 때에는 공공 이익과 무슨 관계가 있습니까?

아이작맨 공적 인물이 관련되지 않은 때에는 물론 공공 이익과는 보다 적은 관련성만이 있습니다.

스티븐스 대법관 적은 관련성? 어떤 관련성이 있다는 것입니까?

아이작맨 각자의 의견을 자유롭게 표현할 수 있다는 것은 여전히 공공 이익에 부합하는 것입니다. 설사 그러한 의견을 듣는다고 해서 공공 이익이 크게 늘어나지 않는다고 하더라도 말입니다.

스티븐스 대법관 아이작맨 변호사, 빈스 롬바르디Vince Lombardi(미식 축구팀 그린베이 패커스의 전설적인 감독. 최하위 팀을 맡아 최강의 팀으로 바꿔 놓았고 3년 만에 북아메리카프로미식축구리그NFL 챔피언을 차지했다. "승리가 전부는 아니다. 그러나 승리하려는 마음이 중요하다Winning is not everything but wanting to win is"라는 유명한 말을 남겼다—옮긴이)의 말을 빌리자면, 수정헌법 1조가 전부는 아닙니다. 물론 표현의 자유는 중요한 가치가 있지만 당연히 그것은 우리 사회가 추구하는 유일한 가치가 될 수는 없습니다. 내 생각에 당신은 또 하나의 중요한 가치를 잊고 있는 것 같습니다. 홀륭한 사람도 공적 인물이 되고 공공에 봉사할 수 있어야 한다는 가치 말입니다. 당신의 이론대로라면 공적 인물이 되고자 하는 사람은, 혹은 어떤 방법으로든지 공적 인물이 된 사람은 자신을 보호할 수 없고, 심지어 화장실에서 어머니와 근친상간을 했다는 패러디로부터 어머니를 보호할 수도 없다는 뜻이 됩니다. 그러한 가치도 보호되어야 하는 것 아닙니까? 그런 모욕을 참아내야 하는 것이라면 조지 워싱턴이 공적 인물이 되려고 했겠습니까? 수정헌법 1조의 가치를 지키면서 사람들 스스로 공공에 봉사하려는 마음이 들게 할 방법은 없습니까? 그 두 가지 가치를 조화시킬 방법은 없습니까?

아이작맨 한 가지 방안은 이미 앞의 질문에서도 암시되었듯이 공적 인물과 그렇지 않은 사람들을 구분하는 것입니다. 법원이 그러한 구분을 진정으로 원한다면 말입니다. 하지만 공적 인물이 되려고 했던 조지 워싱턴의 예를 들어 보겠습니다.

조지 워싱턴이 당나귀에 탄 채 끌려가는 만화입니다. 그 밑에는 "누구든지 이 나귀를 끌고 가는 사람은 이 멍청이도 같이 끌고 가는 것이다"라는 글귀가 적혀 있습니다.

스티븐스 대법관 저라면 그런 만화를 참을 수 있을 겁니다. 조지 워싱턴도 참을 수 있었을 겁니다. 하지만 자기 어머니와 화장실에서 근친상간을 한다는 것은 큰 차이가 있습니다. 그 사이에 경계선을 그을 수는 없는 겁니까?

아이작맨 내용 면에서 볼 때 그런 경계선은 없습니다. 《허슬러》는 폴웰이 어머니와 근친상간을 했다고 말하려는 것이 아니기 때문입니다. 누구도 그것이 사실이라고 생각하지는 않을 것입니다. 그리고 지금 말씀하시는 것은 스칼리아 대법관님, 그것은 기호의 문제입니다. 대법관님이 '포프 대 일리노이Pope v. Illinois' 사건에서 말씀하셨듯이 기호라는 것은 논쟁이 불가능하기 때문에 기호를 두고 소송을 할 수는 없습니다. 지금 말씀하시는 것은 그 패러디가 기호에 맞는지 혹은 맞지 않는지에 관한 것입니다. 왜냐하면 아무도 폴웰이 그의 어머니와 근친상간을 했다고는 믿지 않기 때문입니다. 문제는 폴웰을 그렇게 묘사하고 그러한 이미지를 만드는 것이 기호에 맞느냐는 것입니다.

스티븐스 대법관 공적 인물이라면 괜찮다?

아이작맨 그것은 아닙니다.

스티븐스 대법관 아니라고요?

아이작맨 만일 그것이 허위라는 사실을 알면서도 유포하는 것이라면 괜찮지 않습니다. 만일 제가 어떤 공적 인물에 대해서 범죄를 저질렀다고 비난하고 사람들이 제가 실제로 문제의 공적 인물이 범죄를 저질렀다고 비난한다고 생각한다면, 그리고 제가 사실은 그런 일이 없다는 것을 알고 있다면, 그런 일은 금지되어야 마땅합니다.

　제 주장을 정리하면, 제가 드리고 싶은 말씀은, 이 사건은 단순히 《허슬러》와 제리 폴웰 사이의 사건이 아니라는 것입니다. 이 사건의 판결은 단지 《허슬러》가 지금까지 해 오던 이런 종류나 혹은 다른 종류의 터무니없는 유머를 게재하는 것을 금지하는 데 그치는 것이 아닙니다. 이 사건의 판결은 전 국민의 생활에 영향을 끼칠 것입니다. 윌킨슨 판사가 말했듯이 미국 사회에는 풍자적인 논평을 하는 전통이 있습니다. 가판대에 있는 신문 중에서 사람들을 비판하는 만화나 사설이 없는 신문은 찾아볼 수 없을 것입니다. 만일 제리 폴웰이 감정적인 고통을 겪었다는 이유로 소송을 한다면 공적 인물 누구나 그런 소송을 할 수 있을 것입니다. 그리고 표현의 허용 기준을 일반적으로 생각하는 품위나 도덕에 반하는지 여부라고 정하는 것은 사실상 아무런 기준도 제시하지 않는 것과 같습니다. 그러한 기준대로라면 결국 사람들에게 호감을 주지 못하는 표현은 전부 처벌받을 것이기 때문입니다.

스티븐스 대법관 배심원들이 얼마나 자주 감정적인 고통을 줄 의도가 있다는 평결을 내릴 것 같습니까? 이 사건에서는 그런 평결이 있었는데요.

아이작맨 다른 사람을 비판적으로 얘기하는 거의 모든 때에 그런 평결이 있을 것으로 생각합니다. 그럴 때 어떻게 상대방의 감정을 다치게 할 생각이 없었다고 말할 수 있겠습니까? 우리가 어떤 사람을 비판적으로 말한다면, 그리고 그 내용이 심하게 비판적인 것이라면 당연히 상대방의 감정은 고통을 겪게 됩니다. 이것은 누구나 아는 사실이고 상식입니다. 따라서 감정적인 고통을 줄 의도가 있었다는 것을 입증하기는 매우 쉽습니다. 그렇기 때문에 그것이 아무런 의미가 없는 기준이라는 것입니다.

렌퀴스트 대법원장 고맙습니다. 아이작맨 변호사. 그루트먼 변호사, 이제 당신 차례입니다.

앨런 아이작맨은 자기 자리로 돌아와서 앉았다. 그는 변론을 마쳤고 이제 '폴웰 대 플린트' 사건의 운명은 그의 손을 떠났다. 아이작맨은 수정헌법 1조는 공적 인물을 비판하고 논평할 자유를 보장한다고 주장했다. 그는 공적 인물을 비판한 사람에게 단지 상대방의 감정을 상하게 할 의도가 있었다는 사실만으로 손해배상 책임이 있다고 한다면 표현의 자유는 위축될 것이라고 확언했다. 이날의 변론은 그의 경력에서 최고의 순간이었고, 그는 모든 순간을 음미했다. 그는 나중에 이렇게 술회했다.

자리에 앉기가 싫었습니다. 정말 싫었습니다. 두 시간쯤 더 서 있어도 괜찮을 것 같았습니다. 정말 즐거웠거든요.

노먼 로이 그루트먼이 변론을 하기 전에 신경이 곤두서 있었는지는 알 수 없지만 적어도 그러한 내색은 전혀 보이지 않았다. 천천히 변호인석에서 일어선 그는 연단으로 나가서 변론을 시작했다.

그루트먼 존경하는 대법원장님. 악의를 가지고 계획적으로 다른 사람에 대한 평가에 손상을 입히는 행위는 수정헌법 1조의 보호를 받지 못합니다. 이 사건에서 피고가 악의를 가지고 계획적으로 원고의 평판을 공격했다는 것은 이미 입증되었습니다. 피고 자신이 인정했듯이 문제가 된 기사는 원고의 고결성과 원고의 평판에 손상을 입히고 감정에 고통을 주기 위한 용의주도한 계획의 산물입니다. 피고는 그때나 지금이나 원고가 입은 고통의 심각성에는 전혀 관심이 없습니다. 원고가 소송을 제기하여 그 기사에 항의의 뜻을 나타낸 뒤에도 피고는 반성하지 않고 그 기사를 또다시 출판했습니다.
저는 스칼리아 대법관께서 상대방 변호사에게 한 질문에 답을 하고 싶습니다. 얼마나 자주 이와 같은 것을 입증할 수 있겠습니까? 감히 말씀드리지만 극히 드문 일입니다. 또한 감히 말씀드리지만 이 사건에서 문제가 된 행동은 정상인으로서는 생각하기 어려운 것입니다. 이 사건은 자신의 힘을 남용해 다른 사람을 괴롭히는 데서 변태적인 즐거움을 느끼는 무자비하고 무분별하고 악의에 가득 찬 언론인에 대한 사건입니다.

오코너 대법관 그루트먼 변호사, 하트 씨를 다룬 언론 기사도 그와 같은 성격이라고 말하는 사람들이 있습니다(대통령 출마를 선언했던 상원의원 게리 하트 기사를 말한다. 이 변론이 이루어질 때쯤 섹스 스캔들에 휩싸였다). 그런 언론기관들도 손해배상 책임을 져야 합니까?

그루트먼 그렇게 생각하지는 않습니다. 그 기사는 언론에서 사실을 보도한 것입니다. 공직에 출마한 사람에 대해서 사실을 보도하는 것은 허용됩니다. 게리 하트 씨를 비판한 기사가 실린 전후관계를 이 사건과 비교할 수는 없습니다.

오코너 대법관 결국 당신은 감정적인 고통으로 인한 불법행위는 내용이 허위인 때에만 성립한다는 것입니까?

그루트먼 그런 것은 아닙니다.

오코너 대법관 그런 것은 아니다?

그루트먼 의도적으로 감정적인 고통을 주어서 성립하는 불법행위의 이론에서는 사실을 보도하는 때에도 도리에 어긋나는 방법이라면 책임이 따를 수 있습니다. 물론 그때에는 극도로 불쾌한 방식으로……

오코너 대법관 배심원들이 하트 씨에 대한 보도가 그런 사항에 해당한다고 판단한다면 어떻습니까? 손해배상 책임이 성립합니까?

그루트먼 만일 배심원들이 증거에 근거해서 그 보도가 도리에 어긋나는 것이라고 판단한다면, 오코너 대법관님, 하지만 그런 일은 일어나기 어렵다고 생각합니다. 그 보도는 그런 것이 아니기 때문입니다.

오코너 대법관 하지만 결국 당신의 주장대로라면 그 보도는 배심원이 결정할 문제가 아닙니까?

그루트먼 그런 사항은 오직 이론적으로만 생각할 수 있을 뿐입니다. 만일 그 언론인의 목적이 단지 게리 하트에게 고통을 주려는 것뿐이었다면 그럴 수 있습니다. 그러나 그것은 문제가 되지 않는다고 생각합니다. 이 사건은 명예훼손 문제가 아닙니다. 이 법정에서 문제가 되는 것은 피해자에게 준 고통입니다.

오코너 대법관 글쎄요, 당신은 악의가 있는 만화를 그렸다면 만화가가 손해배상 책임을 질 수 있다고 생각합니까?

그루트먼 우리 사회의 평균적인 사람의 시각에서 볼 때 그 만화의 묘사가 도저히 참을 수 없는 정도여서 어떤 사람에게도 이를 감수하라고 말할 수 없다면 그렇습니다. 그것이 판례의 태도입니다.

화이트 대법관 그루트먼 변호사, 당신은 이 사건을 승소하는 데 필요한 것보다 훨씬 폭넓은 주장을 하고 있는 것 같습니다.

그루트먼 그렇습니다. 그러나 저는 다만 오코너 대법관의 질문에 답변을 드렸을 뿐입니다.

화이트 대법관 변론을 시작할 때부터 당신은 똑같은 주장을 했습니다. 배심원들은 어떤 사람도 이 패러디를 사실관계의 주장이라고 믿지 않을 것이라고 판단했고 우리는 그러한 판단을 기초로 이 사건을 심리하는 것입니다.

그루트먼 그렇지 않습니다. 그 점은 잠시 설명을 드리겠습니다. 피고 측 변호사가 어떠한 사실관계의 주장도 없다고 말한 것은 그 의미를 살펴보면 말장난에 가깝다고 생각합니다. 사실관계의 주장은 당연히 있었습니다. 제가 의견서에 기재한 것처럼 중력 때문에 물건이 공중에 뜬다고 말할 때를 가정해 보겠습니다. 그것은 바로 사실관계의 주장입니다. 단지 허위의 주장일 뿐입니다. 기록을 보면……

화이트 대법관 배심원들의 평결을 어떻게 생각합니까?

그루트먼 배심원들은 그 패러디가 원고가 실제 한 행동이나 실제로 있었던 사건이 아니라고 평결한 것이라고 생각합니다. 그것은 패러디에 묘사된 사건을 허위라고 판단한 것입니다. 저는 사실 그 부분도 우리가 항소를 제기했어야 한다고 생각합니다. 배심원의 판단은 패러디 내용이 허위라는 것이었고, 그것이 입증되면 명예훼손에 따른 손해배상 책임이 인정되어야 하기 때문입니다. 그러나 이 점을 다투지는 않겠습니다. 이것은 지금 연방대법원에서 문제가 되는 쟁점도 아닙니다. 그러나 대법관님의 질문에 답변을 드린다면 결국 답은 배심원들이 폴웰 목사를 어떻게 생각했는지에……

화이트 대법관 나는 왜 당신이 이러한 주장을 굽히지 않는지 이해가 가지 않습니다. 만일 그 패러디가 사실을 주장하는 것이라면 당신은 《뉴욕타임스》 사건의 판례에서 정한 요건을 입증해야 합니다. 만일 사실 주장이 없다면 전혀 그럴 필요가 없습니다. 그때에는 단지 의견 표명이나 패러디를 이용해서 감정적인 고통을 주는 것은 수정헌법 1조에서 보호되는 범위에 포함되지 않는다고 주장하면 됩니다. 지금까지 당신이 주장한 것은 그런 내용이 아니었습니다.

그루트먼 저도 언론인의 목적이 감정적인 고통을 주는 것이라면 패러디나 소위 풍자라고 하는 것이 수정헌법 1조의 보호를 받는 것이 아니라는 말씀에 동의합니다. 피고 측 변호사는 문제가 된 기사가 패러디라고 말했지만 배심원이 주의를 기울여 살펴보았다면 그것이 무엇인지 제대로 판단할 수 있었을 것입니다. 단순히 겉치레만으로 이러한 종류의 기사가 감정적인 고통으로 인한 손해배상 책임으로부터 보호되는 것이라고 말할 수는 없습니다.

렌퀴스트 대법원장 하지만 당신의 주장대로라면 예를 들어 정치 만화를 그리는 사람들도 그 만화의 내용이 악의적이어서 손해배상의 책임 여부를 배심원들이 판단해야 맞지 않나요?

그루트먼 그렇지 않습니다. 두 가지 요소가 갖추어져야 합니다. 먼저 피고가 피해자에게 상처를 주겠다는 무책임한 의도가 있어야 합니다. 그것이 첫번째 요소입니다. 두번째로는 만화가나 작가나 혹은 연사의 표현이 사회 전체의 시각에서 볼 때 매우 끔찍하고 가증스러운 것이어서 그것이 다른 사람에게 상처를 주는 것이라면 어떤 사람도 그 결과를 감수하도록 강요받아서는 안 되는 것이어야 합니다. 일반적으로 그런 것은 허위일 때가 많을 것입니다.

렌퀴스트 대법원장 어떤 만화가가 이젤 앞에서 특정한 선거의 입후보자를 생각하면서 그 사람은 헛소리나 하고 잘난 척만 하는 쓸모없는 사람이니까 그렇게 묘사하는 내용의 만화를 그려야겠다고 생각한다면 어떤가요? 적어도 그의 의도 중 일부는, 다른 사람들을 실제 모습보다 못하게 그리고 그들의 어두운 면을 드러내는 것을 즐기는 것입니다. 그 만화가는 당연히 그의 만화가 상대방의 감정에 상처 줄 것을 알고 있을 겁니다. 그런 만화가는 손해배상 책임을 져야 하나요?

그루트먼 그렇지 않습니다. 그 만화가가 허위인 줄 알면서 상대방이 자기 어머니와 근친상간을 했다거나 어린이에게 성폭행을 했다거나 매춘굴을 경영했다거나 마약을 팔았다는 내용과 같은 것을 그리지 않는 이상 책임을 지지 않을 것입니다.

렌퀴스트 대법원장 손해배상 책임이 인정되려면 피고에게 어떠한 심리 상태가 필요한가요?

그루트먼 저희가 관심을 집중하고 있는 것이 바로 그 심리 상태의 문제입니다.

렌퀴스트 대법원장 내가 제시한 사례는 어떤가요? 그 만화가의 심리 상태라면 손해배상 책임을 인정할 수 있나요?

그루트먼 아니오, 그렇지 않습니다. 다른 사람에 대해서 미학적, 정치적 혹은 다른 종류의 논평을 하려는 의도가 있고 그 표현 방법에 문제가 없다면 책임을 지지 않아도 될 것입니다.

스티븐슨 대법관 상대방에게 감정적인 고통을 줄 것을 알고 있어도 말인가요?

그루트먼 예, 그렇습니다. 아주 하찮은 일에서 감정적인 고통을 느꼈다고 주장할 수는 없습니다. 사람이 사는 세상에서 그런 일은 있기 마련이고 참아야 합니다. 논쟁을 하다가 욕설을 하거나 경멸하는 조로 말하는 것이 이에 해당합니다. 하지만 만일 제리 폴웰이 등장한 패러디와 같이 사진과 구체적인 사실을 동원해서 사실처럼 묘사한다면, 그리고 별 생각 없이 그 기사를 보는 사람들이 그 내용을 진짜로 받아들인다면……

스칼리아 대법관 그건 전혀 다른 얘기입니다.

스티븐슨 대법관 맞습니다. 그것은 의도라는 질문에 대한 답변이 아닙니다. 이건 어떻습니까? 만일 어떤 잡지 발행인이 잡지의 발행 부수를 늘리겠다는 의도로 지금 이 사건에서 문제가 된 패러디를 그대로 그 잡지에 다시 싣는 것입니다. 그 패러디가 아주 유명해졌고 그걸 재미있다고 생각하는 사람들도 있으니까요. 그 출판업자는 폴웰 씨가 감정적인 고통을 당할지는 신경도 쓰지 않습니다. 하지만 폴웰 씨는 이 사건과 똑같이 상처를 받겠지요. 이런 때 잡지 발행인에게 손해배상 책임이 있습니까?

그루트먼 그렇게 생각하지 않습니다. 적어도 이 사건보다 승소하기가 훨씬 어려운 사건이 될 것입니다.

스티븐슨 대법관 그러면 이제는 자유롭게 그 패러디를 실어도 되는 거네요? 플린트 씨만 아니면 누구든지 그 패러디를 사용할 수 있겠네요?

그루트먼 스티븐스 대법관님, 플린트 씨는 배심원의 평결이 난 뒤에도 세 번이나 다시 패러디를 실었습니다.

스티븐슨 대법관 저도 알고 있습니다. 하지만 당신이 여기서 한 말은 플린트 씨를 제외하면 이제 누구든지 그 패러디를 출판할 수 있다는 것 아닙니까?

그루트먼 손해배상 책임이 있으려면 일정한 의도가 있어야 합니다.

스티븐슨 대법관 어쨌든 내 말에는 동의하는 것이지요?

그루트먼 예, 예, 스티븐스 대법관님. 그렇기 때문에 이 사건은 매우 드문 유형의 불법행위 소송이라고 할 수 있습니다. 제가 말씀드린 것처럼 틈새 소송이라고 할 수 있습니다.

스티븐슨 대법관 그루트먼 씨, 당신은 이 패러디를 묘사하느라고 많은 형용사를 사용했습니다. 악의적이고, 극악무도하고……

그루트먼 혐오감을 주고 불쾌한 것이라고 말씀드렸습니다.

스티븐슨 대법관 혐오감을 주고 불쾌한 것이라고 말했지요. 글쎄요, 나는 잘 모르겠습니다. 아마도 그루트먼 씨는 정치 풍자만화를 많이 보지 않은 모양입니다. 오랜 세월 동안 미국뿐만 아니라 영국에서도 정치가들은 혐오스러운 짐승으로 묘사되어 왔습니다. 당신은 어떤 사람이 부도덕한 행위를 하는 것으로 묘사한 패러디를 말씀하셨는데, 정치인을 매춘굴의 피아노 연주자로 묘사한 만화는 매우 많습니다.

그루트먼 스칼리아 대법관님, 피아노를 연주하는 것은 그렇게 혐오스러운 행동이 아닙니다.

스티븐슨 대법관 그렇다면 풍자 만화가나 정치인들이 참고할 만한 구체적인 기준을 제시해 줄 수 있습니까? 단지 혐오스러운 행위라는 말은 너무 추상적이지 않습니까? 결국 문제는 상대방을 얼마나 기분 나쁜 짐승으로 묘사했는지에 달려 있는 것 아닌가요?

그루트먼 아닙니다. 상대방을 어떤 짐승으로 묘사했는지에 따라 책임 유무가 결정되는 것은 아닙니다. 제 생각에 이 문제는 결국 사회 인식의 변화에 달려 있다고 생각합니다. 1700년대와 현대 사회의 차이를 생각해 보면 사람들이 예전에는 도저히 받아들일 수 없는 표현을 지금은 익숙하게 받아들입니다.

이러한 변화가 분명히 일어나고 있고 또한 이것은 바람직한 현상입니다. 하지만 받아들일 수 없는 것도 있습니다. 그러한 표현들을 구체적으로 설명하기는 어렵습니다. 연방대법원조차 음란물의 법적인 정의를 내리고자 여러 해 동안 노력했지만 성공하지 못했습니다. 스튜어트 대법관은 "내가 보면 (음란물인지 여부를) 알 수 있다"고 말했을 정도입니다.

이런 종류의 비정상적이고 상궤에서 일탈한 행위에 대한 정의는 대법관님 아홉 분이 궁리를 하신다고 해도 결국 제가 사용한 단어처럼 추상적일 수밖에 없을 것입니다. 주석서에서도 제가 사용한 단어가 쓰였습니다. 어떤 표현이 너무나 모욕적이고 끔찍해서 다른 사람에게 이를 감수하도록 요구해서는 안 되는 정도에 이르렀는지는 결국 배심원들이 결정해야 합니다.

오코너 대법관 글쎄요, 그루트먼 변호사. 현대 사회에서 그러한 것을 배심원들에게 결정하도록 하는 것이 적절한지는 의문입니다. 사람들은 미리 정해진 규칙을 원합니다. 그래야 글을 쓰거나 말을 하거나 그림을 그릴 때 그 규칙만 따르면 소송을 당하지 않을 것이라는 사실을 알 수 있으니까요.

그루트먼 오코너 대법관님, 솔직히 말씀드리면 책임감 있는 작가나 예술가나 혹은 누구든지 간에 어떠한 사람에 대하여 자기 어머니와 화장실에서 근친상간을 한다고 허위 사실을 퍼뜨리면 그 결과에 대한 책임을 져야 한다는 것은 누구나 이해할 수 있을 것이라고 생각합니다. 존경받는 침례교 목사를 두고 그 어머니는 창녀이고 본인은 설교하기 전에 항상 술을 마신다고 거짓말을 하는 사람이 그 말에 대해 책임을 져야 한다는 것은 누구라도 알 수 있습니다.

화이트 대법관 당신이 말한 대로라면, 새로운 판례를 만들 필요는 없을 것입니다. 《뉴욕타임스》 판결이 허위 사실을 퍼뜨렸을 때도 책임을 면제한다는 것은 아닙니다.

그루트먼 화이트 대법관님, 저는 이 사건에 《뉴욕타임스》 사건 판례가 적용된다고 생각하지 않습니다. 여기서 문제가 되는 것은 표현이 아닙니다. 이 사건의 패러디는 보호되어야 하는 표현도 아닙니다. 《뉴욕타임스》 판례가 만병통치약은 아닙니다. 그 판결에서 다룬 헌법상의 문제는 이 사건과는 관련이 없습니다.

화이트 대법관 글쎄요, 만일 당신이 말한 것처럼 이 사건이 허위의 사실관계를 주장한 표현이라면 《뉴욕타임스》 사건 판례에 따라 당신은 언제든지 승소할 수 있습니다.

그루트먼 예, 《뉴욕타임스》 판례를 따른다면 승소할 수 있을 것입니다. 그러나 법률 이론적인 면에서 볼 때 《뉴욕타임스》 판결에서 중시하는 현실적인 악의 문제는 이 사건에 적용하는 것이 부적절하다고 생각합니다. 명예훼손 사건을 재판할 때는 심리의 초점이 표현된 내용의 진실 여부에 맞추고 사실관계가 이를 결정하는 척도가 됩니다. 이 사건은 심리의 초점이 원고가 입은 감정적인 고통이고 이를 판단하는 합헌적인 기준은 피고의 의도입니다. 렌퀴스트 대법원장께서 소수의견을 인용해 말씀하신 것처럼 고의와 같은 피고의 심리 상태가 관건입니다.

오코너 대법관 그루트먼 씨, 이 사건에서 피고의 악의는 충분히 입증되었습니다. 지금 문제는 배심원들이 그 패러디가 사실관계를 표현한 것이라고 볼 수 없다고 판단했다는 것입니다.

그루트먼 오코너 대법관님, 저는 그렇게 생각하지 않습니다. 배심원들은 그렇게 판단하지 않았습니다. 배심원들에게 했던 질문을 정확히 말씀드리면, 이 패러디가 원고의 실제 행동을 묘사한 것인지 혹은 실제로 일어난 사건을 묘사한 것인지 여부였습니다. 즉 패러디 내용이 진실이냐는 질문을 받은 것입니다. 그러한 질문에 배심원들은 그렇지 않다고 답변했습니다. 배심원들이 말한 것은 이 패러디의 내용이 사실이 아니라고 말한 것뿐입니다. 그렇다고 해도 그것이 사실관계를 표현한 것이라는 점에는 변함이 없습니다.

스칼리아 대법관 사실관계의 표현이 아닌 명제를 한번 말해 보시오.

그루트먼 죄송합니다만, 뭐라고 하셨습니까?

스칼리아 대법관 당신이 생각할 때 사실관계를 표현하는 것이 아닌 명제를 한번 말해 보라고 했습니다. 사실관계를 표현한다는 것은 그것이 진실이라는 것을 전제하고 말하는 것입니다. 그렇지 않으면 사실관계를 표현한다는 말은 아무런 의미가 없지 않겠습니까?

그루트먼 그렇지 않습니다. 사실관계의 표현을 그렇게 정의하는 것은 웩슬러와 마이클 교수가 유명한 논문에서 발표했듯이 아리스토텔레스학파의 정의입니다. 하지만 일상 용법에서 사실관계의 표현은 어떤 사건이나 사물 혹은 사람에 대한 진술로써 진실일 수도 있고 아닐 수도 있는 것을 말합니다. 만일 그것이 진실이라면 진실인 사실관계가 되고 허위라면 허위인 사실관계가 됩니다. 예를 들면 중력 때문에 물체가 공중에 뜬다는 말은 허위인 사실관계의 표현입니다. 그런 표현도 사실관계를 표현한 것이지만 단지 허위일 뿐입니다.

스칼리아 대법관 결국 당신 말은 사실관계의 표현이 아닌 명제는 없다는 것이군요.

그루트먼 예, 그렇습니다. 그러나 또 다른 종류의 명제가 있을 수도 있습니다. 이 문제는 끝없이 논쟁을 할 수 있는 철학적인 문제인데……

스칼리아 대법관 그루트먼 씨, 제4연방항소법원이 내린 판단은 당신이 생각하는 것과 다릅니다. 연방항소법원의 판결에서 배심원들은 이것이 사실관계 자체에 해당하지 않는다고 판단한 것입니다. 연방항소법원은 패러디가 허위의 사실관계를 표현한 것이라고 판시하지 않았습니다. 지금 당신은 법원의 해석과 다른 주장을 하고 있습니다.

그루트먼 솔직히 말씀드리면 제4연방항수법원은 제가 오코너 대법관이나 스칼리아 대법관께 말씀드린 견해와 다른 견해를 가진 것 같습니다. 돌이켜 생각해 볼 때 명예훼손 부분도 항소할 수 있었다는 생각이 듭니다.

스티븐슨 대법관 그럴 수 있었겠지요. 하지만 당신은 그렇게 하지 않았습니다.

그루트먼 예. 하지만 제가 항소를 하지 않았기 때문에 항소법원은 그 부분은 판단하지 않았습니다. 여기서도 그러한 문제는 제기되지 않았습니다.

스티븐슨 대법관 그것뿐만이 아닙니다. 배심원들에 대한 설명의 목적은 악의와 관련된 두번째 쟁점의 전제로써 그것이 사실관계의 표현인지 물으려는 것이었습니다. 그런 식으로 해석하지 않으면 그 설명은 아무런 목적도 없었을 것입니다.

그루트먼 지금에 와서 냉정하게 보면 그렇게 보일 것입니다. 그러나 배심원에 대한 설명이 있었을 때는 재판의 열기가 달아올랐을 때였고, 터크 판사는 자신의 생각을 그 지시에 포함시켰습니다.

스티븐슨 대법관 물론 그럴 수도 있습니다. 하지만 당신의 두번째 질문은 《뉴욕타임스》 판례의 악의에 관한 기준이 적용되는지 여부에 달려 있고 만일 이 패러디가 허위의 사실관계를 표현한 것이 아니라면 그 판례는 적용될 여지도 없습니다.

그루트먼 이 사건은 피고가 허위라는 점을 인식했거나 허위 여부에 관심조차 없었다면 명예훼손 사건에서 말하는 현실적인 악의를 인정할 수 있을 것입니다. 하지만 이 사건은 감정적인 고통으로 인한 손해배상 청구 사건입니다. 여기에서는 피해자가 입은 고통이 쟁점 사항입니다. 이러한 종류의 사건은 새로운 것이 아니고 수백 년간 존재해 온 소송 형태입니다.

렌퀴스트 대법원장 언론기관에 적용된다면 새로운 형태의 소송이라고 할 수 있습니다.

그루트먼 그렇지 않습니다. 이 사건은 새로운 형태의 불법행위 소송이라고 할 수 없습니다. 여러 주에서 이런 종류의 불법행위가 언론의 책임이라고 인정된 일이 있습니다.

렌퀴스트 대법원장 내가 말하고자 하는 것은 극히 최근의 일이라는 것입니다. 법원이 언론기관의 활동을 감정적인 고통으로 인한 손해배상 책임 사건으로 다룬 것은 최근의 일이 아닙니까?

그루트먼 그 점에 대해서는 동의합니다, 대법원장님. 그리고 그 이유는 언론기관에서 자기들은 언제나 책임을 면제받아야 된다고 주장하기 때문입니다. 그들은 언론 기사는 무엇이든지 용서를 받아야 된다고 하면서 기사에 실리는 공적 인물에게는 중요한 요소가 아니라고 주장합니다. 그러나 거츠 사건에서 파월 대법관은 의미 있는 기사만 보호의 대상이 된다고 판시한 바 있습니다.

스칼리아 대법관 그루트먼 변호사, 예를 들어 만일 버지니아 법률이 다른 사람이 근친상간을 했다고 주장하는 것은 불법행위라고 규정한 때에는 금지되는 행위 내용이 명확합니다. 그런 때에는 풍자 만화가들은 그런 내용의 만화를 그리면 안 된다는 것을 확실히 알 수 있습니다. 그러나 '악의적인' 표현은 금지된다고 하면서 무엇이 악의적인지는 배심원이 결정해야 한다고 하면 그것은 매우 불명확한 것 아닙니까? 당신도 근친상간만이 그런 표현에 해당한다고 생각하지는 않을 것입니다. 목사가 설교를 하기 전에 술을 한두 잔 마신다고 하는 것도 그런 표현에 해당하는 것입니까?

그루트먼 그것은 당연히 악의적인 표현에 해당한다고 생각합니다.

스칼리아 대법관 거기에는 논쟁의 여지가 있다고 생각하지 않습니까?

그루트먼 모든 표현은 논쟁의 여지가 있습니다. 그렇기 때문에 배심원이 결정해야 하는 것입니다. 그러나 입법자들이 금지되는 표현을 열거해서 표현의 자유를 행사하는 데 길잡이를 제공해야 한다고 주장하는 것은 극히 비현실적인 주장이라고 생각합니다. 이 사건은 버지니아 주는 물론 많은 주에서 인정하고 있는 유형의 불법행위 소송입니다. 헌법상 개인의 존엄과 자부심은 이런 종류의 이유 없는 공격으로부터 보호되어야 할 대상이고 감정의 손상으로 인한 손해배상은 법률로서 인정될 수 있다고 생각합니다. 《허슬러》나 윌킨슨 판사는 정치적인 인물은 다른 사람들과 별도로 취급되어야 한다고 주장합니다. 그러나 그러한 선례는 찾아볼 수 없고 연방대법원에서도 그런 사람들을 별도로 판결한 일이 없습니다. 연방대법원은 공적 인물이 된다고 해서 인간으로서 누려야 할 권리를 포기하는 것은 아니라고 판시한 적도 있습니다. 만일 명예훼손에 따른 불법행위 소송이 이렇게 전혀 가치 없는 언사로부터 피해자를 보호하지 못한다면 버지니아 주법이 인정하는 감정적인 고통으로 인한 불법행위일지라도 보호되어야 한다고 생각합니다.

이 사건은 언론 자유에 대한 위협이 아닙니다. 이런 종류의 행동은 흔히 일어나는 것이 아닙니다. 따라서 이 사건도 흔한 사건은 아닙니다. 그러나 누구라도 이런 행동을 하고 배심원들이 배상을 명령한다면 그에 따른 책임을 져야 할 것입니다. 그것이 제4연방항소법원의 판결 내용이고 연방대법원도 그 판결을 인용해야 한다고 생각합니다.

렌퀴스트 대법원장 감사합니다, 그루트먼 변호사. 변론을 마치도록 하겠습니다.

그루트먼은 녹초가 되어 자리에 앉았다. 그가 변론을 한 시간은 30분 정도였지만 거의 4년에 걸친 소송이 절정에 이르는 순간이었다. 대법관들이 평의를 위해 법정을 빠져나가는 동안 모든 사람들이 자리에서 일어났다. 그루트먼과 아이작맨은 각자 자기 입장을 고수했고 치열한 논쟁 속에서 명료한 논리로 각자의 관점을 정당화하려고 애썼다.

그루트먼은 언론 자유가 증오를 위한 방책이 되거나 혹은 사실을 왜곡하고도 책임을 면하는 수단이 되어서는 안 된다고 주장했다. 표현의 자유는 소중한 것이지만 무제한의 권리는 아니라는 것이다. 폴웰의 관점에서 볼 때 언론 자유는 보다 좁게 해석되어야 하며 헌법을 제정하는 사람들이 명백하게 수정헌법 1조의 대상에 포함하려 했던 중요한 견해와 가치만을 보호하는 것이었다. 그루트먼은 공적 인물이 비판으로부터 자유로울 수는 없지만, 오직 모욕을 주고 평판을 떨어뜨리는 데 목적이 있는 악의적인 공격으로부터는 보호되어야 한다고 주장했다.

아이작맨은 표현의 자유가 보다 넓게 해석되어야 하며 극히 제한적인 때에만 보호의 대상에서 제외되어야 한다고 주장했다. 공적 인물에 대한 비판은 아무리 내용이 저급한 것이라고 하더라도 현실적인 피해를 주지 않은 이상 보호되어야 한다는 것이다.

아무도 폴웰 목사가 패러디 내용과 같은 행동을 했을 것이라고는 믿지 않을 것이기 때문에 그가 입은 피해는 감정적인 상처밖에 없다. 아이작맨은 미국이 진정으로 언론 자유를 소중하게 생각한다면 상대방이 분노를 느낄 수 있다는 이유 때문에 침묵을 강요하는 일이 있어서는 안 된다고 주장했다.

법원의 결정

크리스마스가 지나고 새해가 왔어도 연방대법원으로부터는 아무런 말이 없었다. 플린트는 《허슬러》의 경영에 집중하려고 노력했고 폴웰은 '도덕적 다수파'와 관련된 활동을 계속했다. 아이작맨과 그루트먼은 짧지만 달콤한 휴가를 즐긴 후에 다시 업무로 돌아왔다. '폴웰 대 플린트' 사건의 유명세 때문에 두 변호사는 더 많은 사건을 맡게 되었다.

마침내 1988년 2월 24일 네 사람은 판결이 선고되었다는 소식을 들었다. 만장일치의 판결이었고 렌퀴스트 대법원장이 판결문을 작성했다.

"흠잡을 데 없는 경력과 순수한 인격을 과시하는 사람은 그를 반대하는 사람이나 부지런한 기자가 그렇지 않다는 사실을 보여 주려고 한다고 해서 '반칙'이라고 주장할 수는 없다."

대법원장의 말이었다. 표현의 대상이 공적 인물인 때에는 동기에 문제가 있다는 것만으로는 손해배상 책임을 인정할 수 없다는 것이다. 악의가 담긴 표현이라고 하더라도 그 내용이 진실인 때에는 대중에 대한 정보의 제공이라는 수정헌법 1조의 가치에 부합하기 때문이다. 그러한 논리를 근거로 연방대법원은 공적 인물이 감정적인 고통으로 인한 손해배상을 받으려면 현실적인 악의를 입증하는 것 이외에 그 표현 내용이 허위라는 점을 증명해야 한다고 판시했다.

단순한 패러디는 이성적인 독자들 눈에 사실관계의 진술로 보이지 않기 때문에 허위라고 할 수 없다. 배심원들은 명시적으로 문제된 패러디를 사실로 볼 수 없다고 평결했다. 결국 《허슬러》에 실린 광고는 단순한 의견 표명이나 풍자이기 때문에 이를 사실관계에 관한 진술로 볼 수 없고 더구나 허위의 사실관계라고 할 수는 없다는 것이다. 대법관들은 내용이 허위라는 점을 입증할 수 없는 이상 《허슬러》의 패러디가 '악의에 가득 찬 것'이라는 근거만으로 결정한 배심원들의 평결은 파기되어야 한다고 판결했다.

렌퀴스트 대법원장은 무엇이 '악의에 가득 찬 것'이고 무엇이 이에 해당하지 않는지는 매우 주관적인 기준이라고 설명했다. 그 표현이 쓰인 지역, 시대, 배심원의 구성 등에 따라서 쉽게 결과가 달라질 수 있다는 것이다. 만일 공적 인물이 '악의에 가득 찬' 표현이라는 이유만으로 손해배상을 받을 수 있다면 배심원들은 자신들의 마음에 들지 않는 피고에게 쉽게 책임을 물을 수 있을 것이고, 이는 수정헌법 1조가 보호하는 표현과 언론 자유에 지나친 제한이 된다는 것이다.

폴웰은 "플린트 같이 천박한 장사꾼들이 공적 인물을 공격하는 데 수정헌법 1조를 이용하는 것이 허용되어서는 안 된다"고 말했지만 대법관들은 이에 동의하지 않았다. 이제 풍자 작가들과 정치 평론가들은 자유롭게 패러디를 만들 수 있게 되었고 소송의 걱정 없이 유명 인사들을 풍자할 수 있게 되었다

'폴웰 대 플린트' 사건에서 연방대법원은 수정헌법 1조의 보호와 관련해서 모든 표현이 똑같이 다루어지는 것은 아니라는 점을 분명히 했다. 유명 인사나 공적 인물은 자진해서 대중의 관심을 받는 사람들이지만 일반인들은 그렇지 않다. 따라서 '폴웰 대 플린트' 판례는 일반인이 언론의 공격을 받은 때에는 적용되지 않을 수도 있다. 일반인에 대해서는 언론 자유보다는 개인의 명예를 보호하는 쪽에 더 무게 중심이 실릴 것이다.

플린트도 이 점을 깨달았지만 그의 관심은 《허슬러》에 풍자 기사를 자유롭게 싣는 데 있었다. 그는 자신의 승소가 수정헌법 1조의 권리를 주장하는 사람들에게 큰 승리를 안겨 주었다고 자화자찬했다. 플린트는 사회의 이단아로서 그의 역할에 만족했고 수정헌법 1조에 대한 그의 공헌은 영원히 기억될 것이라고 확신했다.

그의 확신은 현실이 될 가능성이 높았다. 법학자이자 역사가인 로

드니 스몰라는 이렇게 말한다.

"역사는 종종 주류 문화에서 배척된 사람들이나 이단아들이 수정헌법 1조에 규정된 위대한 표현의 자유를 얻고자 투쟁에 나서는 모습을 목격해 왔다. 공산주의 선전선동가, 인권운동가, KKK단, 여호와의 증인, 그리고 래리 플린트가 그러한 사람들이다."

수정헌법 1조에 새로운 생명을 부여한 '폴웰 대 플린트' 판결은 1988년에 나왔다. 우연히도 이 해는 미국 헌법이 제정된 지 200년이 되는 해였다.

폴웰의 패배는 '도덕적 다수파'의 약화를 예고하는 것처럼 보였다. 1986년 1월 폴웰은 '도덕적 다수파'의 명칭을 '자유연맹'으로 바꾸었다. 그는 이 '새로운' 조직에 힘을 불어넣으려고 안간힘을 썼으나 '도덕적 다수파'를 지탱해 왔던 지지자들은 이미 흩어져 버렸다. 폴웰이 재판에 전념하고 또 패배하게 되자 텔레비전과 라디오 방송국은 그의 설교 프로그램을 폐지하기 시작했다. '자유연맹'은 '도덕적 다수파'가 가지고 있던 추진력을 결코 회복하지 못했고 1989년 1월에 공식적으로 해체되었다.

폴웰은 '도덕적 다수파'와 '자유연맹'이 자진해서 해산한 것이라고 주장했다. 그는 "도덕적 다수파의 목적은 종교적 권리를 신장하는 데 있고 그 임무는 이미 달성되었다"라고 말했다.

기독교 근본주의의 시대는 끝난 것으로 보였다. 텔레비전 복음전도사들 사이에서 스캔들이 터져 나왔다. 짐 바커는 간통으로 소추당했고, 지옥의 고통을 강조하던 전도사 지미 스워가트 전도사는 창녀들과 즐겼다는 사실을 고백했다. '복음게이트'는 전국적인 명성을 회복하려는 폴웰의 희망에 결정타를 날렸다.

그러나 폴웰은 자신의 패배를 극복해 냈다. 1971년 그는 기독교 근본주의를 지키는 영속적인 근거지로서 자유대학을 설립했다. 사회적인 활동이 줄어들자 그는 학장의 임무에 더 많은 노력을 기울였다. 폴웰은 토머스가 침례교회의 예배를 계속 주관했고 보수주의 사상가들이 활발한 활동을 하도록 최선을 다했다. 2003년 폭스 뉴스의 시사평론가 빌 오릴리와의 인터뷰는 그가 정치적, 종교적 인물로서 자신이 어떤 생각을 가지고 있는지 잘 보여 준다.

"25년 동안 제가 스스로에게 부여한 임무는 6만에서 7만 명에 이르는 미국의 복음주의자들을 이끌고 가족과 생명의 가치를 존중하는 입후보자들을 지지하는 것이었습니다. 최근에 그러한 후보자들은 모두 공화당원이었습니다."

폴웰의 변호사였던 노먼 로이 그루트먼은 대법원에서 변론이 끝난 후 뉴욕으로 돌아갔다. 언론 지상을 장식했던 재판 덕분에 그루트먼, 밀러, 그린스푼, 핸들러, 레빈 로펌에는 사건이 밀려들었다.

연방대법원에서 승리한 래리 플린트는 이에 고무되어 표현의 자유를 지지하는 발언을 계속했고 《허슬러》에서 그 한계를 시험하는 일도 그만두지 않았다. 하지만 《허슬러》의 인기는 점차 떨어지더니 1997년에는 50만 부에도 못 미쳤다. 그의 자서전 『추한 남자 : 포르노 작가, 현인賢人, 사회적 이단아로서 살아온 나의 삶An Unseemly Man : My Life as a Pornographer, Pundit, and Social Outcast』은 거의 팔리지 않았지만, 1996년도에 개봉된 영화 〈래리 플린트The people vs. Larry Flynt〉는 전국의 극장가를 휩쓸었다.

래리 플린트는 수정헌법 1조를 위해 시련을 겪었고 승리의 대가를 치렀다. 1997년 플린트와 폴웰은 〈래리 킹 쇼〉의 인터뷰에 함께 등장했다. 사람들로부터 영웅 대접을 받는 데 대해 어떻게 생각하느냐는 질문을 받자 플린트는 그의 휠체어를 내려다보면서 이렇게 말했다.

"나는 무엇을 위해서도, 누구를 위해서도 내 다리를 희생할 각오가 되어 있지 않았습니다. 그런 사람을 영웅이라고 할 수는 없지요."

결과적으로 보면 폴웰과 플린트는 각자가 깊이 신봉하는 신념을 지키고자 싸웠다. 그들의 변호사들은 책략이나 허세에 의존하지 않고 수정헌법 1조의 한계를 놓고 치열하고도 솔직한 논쟁을 벌였다.

연방대법원은 어려운 쟁점들에 대해서 되도록 가장 객관적인 결정을 내리려고 노력한다. 당사자들과 달리 사건에 이해관계가 없는 대법관들에게는 보다 나은 결과를 선택하고 현재의 결정이 미래에 미치는 영향력을 고려할 의무가 있다.

'폴웰 대 플린트' 판결은 미국인에게 명시적으로 유명 인사와 지도자들을 비판할 권리를 인정했다. 수정헌법 1조는 국민 사이에 자유롭고 활발한 논의를 위해서 만들어진 것이다. 단순한 모욕감이나 창피 혹은 분노 때문에 그러한 논의를 금지시킬 수는 없다. 대법관들은 이 점을 깊이 인식하고 상식을 벗어난 플린트의 행동을 뛰어넘어 이 사건이 지니는 의미를 통찰한 것이다.

철학자와 현인賢人과 포르노 제작업자 모두 똑같이 표현의 자유를 누린다. 한 명의 자유를 억압하려고 하면 결국 그들 모두의 자유를 억압할 것이다.

7장

생명의 가격

의료보험 회사를 상대로 한 환자의 투쟁

배심원 여러분께서는 주치의가 환자의 치료 방법을 선택하게 해야 하는지 아니면 실제로 환자를 치료하지도 않고 치료비 절감에 따라 인센티브를 받는 의료보험 회사의 부사장이 치료 방법을 선택하게 해야 하는지 결정하게 될 것입니다. 의료보험 회사의 임원이 받는 인센티브는 환자를 위한 최선의 결정을 내리는 데 방해가 될 수도 있습니다.

― 마크 히플러, 넬린 폭스의 변호사

넬린 폭스는 세 딸이 밴에 짐 싣는 것을 지켜보고 있었다. 넬린의 가족은 캘리포니아의 집을 떠나 부모님이 자란 노스 다코타 주의 농장에서 있을 집안 모임에 가려고 준비하고 있었다. 6월의 날씨는 넬린과 남편 짐이 세 딸과 함께 캠핑을 하면서 낚시를 하기에 완벽해 보였다. 떠날 준비를 서두르고 있을 때 전화벨이 울렸다. 넬린이 다니는 병원의 간호사가 검사 결과를 알리는 전화였다.

"유선(젖샘) 촬영 결과가 비정상으로 나왔습니다."

친척 아주머니의 60회 생일잔치를 놓치고 싶지 않았던 넬린은 노스 다코타 주에 있는 의사에게 진료 예약을 한 뒤 걱정을 떨치지 못한 채 여행길에 올랐다. 그 주에 있었던 조직검사 결과는 가족들이 예상한 대로 최악의 사태를 확인하는 순간이었다. 넬린은 유방암이었다.

넬린은 즉시 수술 날짜를 잡았다. 첫번째 수술에서 오른쪽 유방을 잘라냈고, 몇 차례 검사를 한 후 왼쪽 유방 제거 수술도 받아야 했다.

항암치료를 시작했지만 수술이나 화학요법 모두 너무 늦은 것으로 판명되었다. 암은 이미 골수로 전이되어 있었다. 넬린이 살 수 있는 시간은 1년밖에 남지 않았다.

넬린의 주치의는 그에게 골수이식을 권유했다. 골수이식을 받으면 암이 완치될 가능성도 있었고 그렇지 않다고 하더라도 생명이 연장될 가능성이 높았다. 가족과 함께 보낼 수 있는 시간이 늘어나는 것이다. 의사는 그녀와 짐에게 의료보험 회사가 골수이식 수술을 승인하는 데 주저할지 모른다고 경고했다. 그 치료법은 비용이 많이 들기 때문이었다.

넬린 부부는 걱정하면서 보험약관을 찾아보았다. 다행히 골수이식 수술은 보험 적용 대상이라고 기재되어 있었다. 다만 약관에는 실험적이거나 시험 단계에 있는 어떤 시술도 보험금 지급 대상이 되지 않는다는 내용이 적혀 있었다. 부부의 안도는 오래가지 않았다. 건강관리기관(Health Maintenance Organization, HMO)은 골수이식 수술의 승인 요청을 거절했다. 건강관리기관의 대리인은 넬린에게 이러한 유형의 골수이식 수술은 '실험적'이고 '시험 단계에 있는' 것이기 때문에 보험 계약에 포함되지 않는다는 설명을 늘어놓았다.

진료비를 마련할 다른 방법이 없었던 넬린 가족은 보험회사를 상대로 소송을 제기했다. 골수이식 수술은 넬린이 회복되거나 가족과 조금 더 시간을 보낼 수 있는 유일한 방법이었다. 가족과 그들의 변호사가 건강관리기관을 상대로 법적 다툼을 벌이는 사이에 넬린은 죽음을 맞았다.

넬린 폭스와 가족이 캘리포니아에서 두번째로 큰 건강관리기관인 헬스넷을 상대로 제기한 소송은 가족에게 슬픈 승리를 안겨 주었다.

그 평결은 관리의료 시스템을 채택한 의료보험 회사에 특정한 시술을 승인하지 않은 책임을 인정한 최초의 중요한 결정이었다. 그 결정으로 가입자의 건강을 지켜 주어야 할 보험회사의 비인간적인 면이 세상에 알려졌다. 폭스 가족과 헬스넷의 법정 다툼은 환자 개인과 거대한 의료보험 회사 사이에 벌어진 전형적인 골리앗과 다윗의 싸움이었다. 보험료의 급격한 상승과 관리의료 체계의 확대를 요구하는 목소리가 높아지는 가운데 '폭스 대 헬스넷Fox v. Health Net' 사건 평결은 의료보험 적용 대상을 줄여서 보험료를 낮추고 이윤을 추구하려는 의료보험 업계에 큰 충격이었다.

관리의료 체계의 성장

지난 25년간 의료비는 하늘을 찌를 듯이 상승했다. 1980년에서 1985년까지 매년 14.6퍼센트의 증가를 보였고 그 뒤 5년간 매년 12.6퍼센트씩 증가했다. 1989년 미국의 의료비 지출은 GNP의 11퍼센트에 이르렀고, 1994년이 되자 14퍼센트가 되었다. 1996년 1년간 미국인은 1조 달러가 넘는 돈을 의료비로 지출했다.

의료 비용이 급격히 상승함에 따라 점점 더 많은 미국인이 진료비를 지불하지 못하는 상황이 되었다. 전통적으로 근로자와 고용주는 실제 이루어진 진료에 따라 비용을 지불하는 시스템을 채택한 의료보험에 가입해 왔었다. 이 시스템은 보험회사가 다수의 의료기관과 계약을 체결하고 의료기관은 미리 정해진 치료비를 보험회사에 청구하는 방식이다. 과거에는 이러한 방식에 큰 문제가 없었으나 의료비가 상승하면서부터 더는 이러한 방식을 유지하기가 어려웠다.

　의료 비용의 급격한 상승에는 여러 가지 원인이 있었다. 어떤 사람들은 실제 이루어진 진료에 따라 비용을 지급하는 시스템에 그 원인이 있다고 비판했다. 그러한 시스템은 의료기관이나 의사들에게 과다 진료를 부추기는 요인으로 작용하여 불필요하게 환자를 전문의에게 보내거나 복잡한 검사를 받게 한다는 것이다. 환자를 진단하고 치료 방법을 결정하는 데 전적인 권한이 있는 의사들은 진료비를 낮출 만한 특별한 동기가 없었다. 새로운 종류의 테스트가 도입되었고 의사들과 병원들은 의료비 절감에 별다른 관심을 두지 않았다.

　또 다른 요인은 의료기술의 놀라운 발전이었다. 실제 이루어지는 진료에 따라 비용이 지급되는 시스템에서 환자들은 조금이라도 상태가 좋아지는 치료 방법이라면 무엇이라도 받으려 했다. 엄청난 비용이 소요되는 치료 방법에까지 이러한 방식이 적용되면서 1980년대와 1990년대에 이르자 보험회사들의 재정 부담은 도저히 버틸 수 없게 되었고 이는 결국 환자들의 보험료가 상승하는 원인이 되었다.

　변호사들도 의료비 상승에 한몫했다. 의료 과실 때문에 생긴 엄청난 액수의 배상판결로 의료 과실 보험료가 급상승했고 이러한 비용 역시 결국 환자들에게 전가되었다.

　의료보험의 위기를 타개하려면 '관리의료 체계'를 채택해야만 할 것으로 보였다. 관리의료 체계에서는 의료보험 회사가 치료받을 병원을 선택한다는 점에서 전통적인 '진료에 따라 비용을 지급하는 방식'과 차이가 있다. 관리의료 체계를 채택하고 의료보험에 가입하는 사람들은 그 보험회사와 계약을 맺고 의료 서비스를 제공하는 의료기관에서 치료를 받는다.

1990년대 초에 제일 흔한 형태의 관리의료 시스템은 개별적인 의료기관들이 연합하는 형태(Independent Practice Associations, IPAs)였다. 이 시스템은 보험회사가 의사들의 그룹, 병원들과 계약을 체결하는 방식이다. 이러한 시스템의 변형된 형태가 선순위 의료기관 조직(Preferred Provider Organizations, PPOs)이었는데 관리의료 시스템을 보다 폭넓게 변형한 것이다. PPOs시스템에서는 네트워크를 이룬 의료기관들이 보험회사와 계약을 맺고 할인된 가격으로 환자들에게 의료 서비스를 제공한다. 네트워크에 속해 있지 않은 의료기관을 찾은 환자들은 할인 혜택을 받지 못한다. IPAs와 PPOs시스템은 의료 비용 절감에 도움을 주었다. 환자들은 여전히 완전한 의료보험 혜택을 받을 수 있었지만 아무 의료기관이나 찾아갈 수는 없었기 때문이다.

그러나 이러한 시스템을 채택했는데도 의료비 부담은 고용주에게나 개인에게나 점점 더 심각해졌다. 매년 수십 퍼센트씩 증가하는 보험료를 견디다 못한 사람들은 보다 적은 비용으로 의료보험의 혜택을 받을 수 있는 방법을 찾았다. '건강관리기관HMO'의 도입이 유일한 해답으로 보였다. 다른 관리의료 체계와 달리 건강관리기관은 직접 의사들을 채용했고 병원도 경영했으며 보다 적은 수의 의료기관과 계약을 맺고 있었다.

건강관리기관은 빠르게 인기를 얻어 갔다. 1982년부터 1992년 사이에 건강관리기관에 가입한 사람이 네 배나 늘어났다. 1990년 건강관리기관에 가입한 미국인은 3,650만 명이었고 1995년에 그 숫자는 5,020만 명이었다. 1997년이 되자 7,700만 명의 미국인이 건강관리기관에 가입했고 그 중 많은 수는 연방의료보험 체계에 따라 노인의료보험Medicare과 국민의료보장Medicaid(저소득층을 대상으로 하는 의료보장 제도—옮긴이)에 가입한 사람들이었다.

저비용에 효율적인 의료보험 제도에 대한 수요는 다양한 형태의 관리의료 체계가 도입되는 바탕이 되었다. 또한 의사의 진료 방법 결정을 놓고 점검 제도를 시행하자 예상대로 전체 의료 비용이 낮아졌다. 관리의료 체계가 자리 잡자 전통적인 '진료에 따라 비용을 지급하는' 의료보험에 가입했던 사람들도 보험을 옮겼다. 1989년부터 1999년까지 10년 동안 이 형태의 의료보험에 가입한 사람들의 비율은 71퍼센트에서 14퍼센트로 낮아졌다.

관리의료 체계는 의사들이 청구하는 진료비를 40퍼센트 내지 70퍼센트까지 할인하도록 만들었고 병원에서 청구하는 비용 감소와 입원 기간의 단축은 의료비 절감으로 이어졌다. 관리의료 체계는 본질적으로 특정한 치료 방법에 대해서만 비용을 지급하고 의학적으로 필요하거나 효과적이라고 입증되지 않은 방법은 배제하여 비용을 낮추는 방식이다. 애트나Aetna 건강관리기관의 진료 평가 부문 부사장인 윌리엄 맥기브니는 다음과 같이 말한다.

"우리는 비용 때문에 환자에게 필요한 치료 방법을 제한하지는 않습니다. 다만 안전하거나 효과적이라는 점이 입증되지 않은 기술에 비용을 투입하는 것을 피할 뿐입니다."

그러나 바로 그곳에서 문제점이 생겼다. 비용을 절감하면 어쩔 수 없이 의료 서비스의 양과 질이 떨어진다. 보험회사들은 어떤 치료 방식에 비용을 지급할 것인지 결정하기 위해 수년간 온갖 노력을 다해왔다. 매년 혁신적인 기술이 도입되면서 그러한 선택은 점점 더 어려워졌다. 건강관리기관에는 좀더 어려운 문제가 있었다. 보험회사인 동시에 의료기관인 건강관리기관은 특정한 치료 방식의 결정을 두고 사전 승인 방식을 도입하고 있었기 때문이다.

전통적인 진료에 따라 비용을 지급하는 방식 또는 관리의료 체계 중에서도 PPOs에서는, 의사는 먼저 환자를 치료한 후 청구서를 보험회사로 보낸다. 보험회사에서는 청구서를 검토한 다음 보험 혜택에 포함된 것이면 청구서에 따라 비용을 지급한다. 이것을 사후 승인 방식이라고 한다. 사전 승인 방식은 비용 절감에 보다 효율적이다. 의사가 환자에게 특정한 치료 방식을 적용하기 전에 먼저 건강관리기관의 승인을 받아야 하기 때문이다.

초기에 관리의료 체계, 특히 건강관리기관은 비용을 절감하면서도 적절한 의료 서비스를 제공하는 이상적인 방식으로 여겨졌다. 그러나 더 면밀한 분석을 해 보니 건강관리기관이 제공하는 의료 서비스에서 환자의 유형에 따라 차이가 드러났다. 젊고 건강한 가입자들은 적절한 혜택을 받지만 나이 들고 가난하고 만성적인 병에 시달리는 가입자들은 충분한 혜택을 받지 못한다. 넬린 폭스와 그의 가족은 이러한 문제점의 폐해를 뼈저리게 느끼게 된다.

넬린 폭스

넬린 (히플러) 폭스는 워싱턴 주 파스코에서 오빌과 플로렌스 히플러 부부의 네 자녀 중 하나로 태어났다. 넬린이 태어난 후 가족은 캘리포니아 주로 이사를 했다. 1973년 스물두 살이 된 넬린은 장래의 남편이 될 짐 폭스를 만났다. 넬린의 아버지는 교회 목사였고 예배가 끝나면 야구를 하곤 했다. 넬린과 짐은 3년 동안 데이트를 하다가 1976년에 결혼했다. 두 사람은 모두 교사였다. 짐은 로스앤젤레스연합 학군에 소속되어 있었고 넬린은 루더란 고등학교에서 일했다. 두 사람은 나탈리, 니콜, 제나 세 딸을 낳았다. 넬린의 가족은 몇 년간 로스앤젤레스 국제공항 근처에 있는 호손이란 곳에서 살다가 리버사이드 카운티에 있는 작은 마을인 테메큘라로 이사했다.

짐은 테메큘라 중학교에 취직했고 가족들은 캘리포니아에서 두번째로 큰 의료보험 회사인 헬스넷에 가입하였다. 넬린은 세 딸이 다니는 초등학교에서 어머니 교사를 맡아 일했고 지역사회 활동에도 열심이었다. 뿐만 아니라 '일하는 여성 기독교도를 위한 모임', '어린이를 돕는 학부모 모임' 그리고 사친회의 회원이었다. 동네에 있는 교회에도 열심히 다녔고 여자 아이들을 위한 소프트볼 리그를 만들기도 하였다. 평일 오후와 주말에는 축구팀 코치를 맡은 짐을 도왔다.

술도 마시지 않고 담배도 피우지 않는 서른아홉 살의 넬린은 건강한 신체의 모범으로 보였다. 아이를 낳을 때 말고는 병원에 간 적도 없었다.

1991년 6월 친척 아주머니의 60회 생일을 맞아 넬린을 비롯해 친척들이 모두 모였다. 바로 그 자리에서 넬린은 조직검사 결과를 들은 것이다. 친척 중에 유방암에 걸린 사람은 아무도 없었다. 넬린의 발병은 청천벽력 같은 소식이었다.

유방절제 수술을 하는 동안 의사는 암이 이미 임파선으로 퍼졌다는 사실을 발견했다. 이것은 재발할 위험이 아주 높다는 신호였다. 수술이 끝난 뒤 넬린은 힘든 투병생활을 견뎌 내야 했다. 어떤 때는 치료로 생긴 부작용이 암 자체보다 더 고통스러웠다. 9월에 첫번째 항암치료가 시작되었다. 머리카락은 빠지지 않았지만 몸이 너무나 약해져서 저녁조차 먹기 힘들 정도였다. 다음 몇 달간 넬린의 주치의인 종양학과 의사 카마초는 넬린의 몸에서 항암치료 때문에 부작용이 나타나는 것을 알았다. 화학요법은 넬린의 적혈구 수를 감소시켰고 산소를 공급해 주는 적혈구의 수가 줄어들자 쉽게 탈진했다.

3개월이 지난 12월, 넬린의 상태가 계속 나빠지자 카마초는 그의 뼈에 대한 조직검사를 시행했는데 그 결과는 절망적이었다. 조직검사 결과, 암은 이미 골수에까지 전이되었다. 카마초 박사는 유방에서 생긴 암세포가 몸의 다른 기관에 전이되면 암은 제4기에 접어든 것이라고 설명해 주었다. 제4기는 암의 최종 단계였다. 카마초가 알려 준 넬린의 예후는 무서운 것이었다. 그의 암은 말기에 이르렀고 항암치료를 계속 받는다고 해도 1년 안에 생명을 잃을 가능성이 높았다. 카마초 박사는 넬린과 짐 부부에게 비용이 많이 들기는 하지만 골수이식 수술이 도움이 될 수도 있을 것이라고 말했다.

카마초는 항암제인 아드리아마이신을 이용해서 넬린을 치료하고자 했다. 넬린은 매주 월요일에 아드리아마이신을 투약했는데 일요일 밤에는 되도록 늦게까지 잠자리에 들지 않았다. 항암제를 투약한 뒤에는 며칠 동안 침대에만 있어야 했기 때문이다. 항암제는 구토와 헛구역질을 일으켰고 극심한 피로가 찾아왔다.

주초의 며칠 동안을 침대에서 머물고 난 뒤 목요일 저녁쯤이면 넬린은 가족과 함께 식사를 할 만한 상태가 되었다. 그는 체력이 허락하는 한 오랫동안 가족과 시간을 보내려고 노력했지만 욕지기가 나서 식사는 제대로 할 수 없었다. 금요일에는 아이들을 학교에 보낼 수 있을 만큼 체력이 회복되기도 했다. 토요일이 되면 약의 부작용이 많이 가라앉아 집 밖에서 몇 시간을 보낼 수도 있었다. 하지만 넬린의 즐거움은 너무 짧았다. 일요일 아침이 되면 다시 병원에 갈 걱정에 몸을 떨어야 했다. 아드리아마이신은 너무나 무섭고 고통스러웠지만 살아남으려면 항암치료를 중단할 수도 없었다. 두 주가 지나자 넬린의 머리카락은 완전히 빠졌다. 그녀는 이 고통스러운 치료를 석 달간이나 계속해야 했다.

1992년 4월에 넬린은 한기와 고열에 시달렸다. 짐은 급히 아내를 응급실로 데려갔다. 넬린이 대기실에서 한기에 떨고 있는 동안 짐은 전화로 헬스넷의 직원과 넬린의 입원을 승인받으려고 말다툼을 벌여야 했다. 다음날 열은 내렸지만 며칠 후에 똑같은 증상이 찾아왔다. 넬린을 입원시키는 데 짐은 똑같은 말다툼을 해야 했고 세 번이나 전화를 하고 나서야 승인을 받을 수 있었다.

인랜드 벨리 병원에서 폐렴 치료를 받는 동안 넬린은 쉰크 박사를 만났다. 쉰크 박사는 폭스 부부에게 넬린이 언제까지나 아드리아마이신을 투여받을 수는 없다고 했다. 아드리아마이신은 심장을 약화시키기 때문이다. 넬린의 영양 상태로는 다섯 달도 버티기 어려워 보였다. 쉰크 박사는 즉시 골수이식을 받으라고 권유했다. 그는 헬스넷이 시티 오브 호프 병원에서 유방암 환자가 골수이식 수술을 받는 것을 승인한 적이 있다고 알려 주었다.

짐은 쉰크 박사의 권유를 따르기로 결심했다. 카마초 박사와 상의를 한 후 모두가 골수이식 수술을 받을 단계가 되었다고 보았다. 짐은 골수이식 수술을 하는 대학병원이나 암센터가 몇 군데 되지 않는다는 사실을 알게 되었다. 그 시술은 자가 골수이식을 동반한 고강도 화학요법 치료(ABMT)였다. 시술 의사는 먼저 환자의 건강한 골수세포를 채취한 다음 거의 치명적인 수준의 고강도 화학요법을 시행하여 몸 안의 암세포를 박멸한다. 화학요법의 강도는 표준적인 항암치료의 천배에 해당하는 강력한 것으로 암세포뿐만 아니라 면역체계에 필요한 백혈구를 생산하는 골수세포까지 파괴하였다. 그렇기 때문에 환자의 몸에서 채취한 건강한 골수세포를 다시 이식해서 건강한 세포를 생산하도록 해야 했다. 일종의 줄기세포 치료법이라고 할 수 있는데 시술에 드는 비용은 10만 달러에서 30만 달러 사이였다.

시티 오브 호프 병원은 넬린이 그 병원에서 시술받기에 적합하지 않다는 판정을 내렸다. 그들은 암세포가 골수로 전이된 유방암 환자를 치료한 경험이 없었다. 그러자 쉰크 박사는 남캘리포니아대학(USC) 노리스 암센터를 추천했다.

"내 아내가 똑같은 증상을 보인다면 지금 즉시 입원시킬 겁니다."
쉰크가 짐에게 한 말이었다.

남캘리포니아대학 노리스 암센터에 근무하는 칸 박사와 듀어 박사는 1992년 4월 말 넬린의 검사를 시작했다. 제4기 암 환자인 넬린은 여러 검사와 항암치료를 견뎌 냈다. 넬린의 암이 고강도 화학요법에 반응을 보이는지 확인해야 했기 때문이다. 카마초 박사가 초기 항암치료 시술을 도와주었다. 그의 심장과 폐가 시술을 견뎌 낼 수 있을 만큼 건강한지 확인하려고 심장과 폐 검사도 받았다. 결국 넬린은 남캘리포니아대학의 시술을 받기에 적합한 환자라는 판정을 받았다. 듀어 박사는 폭스 부부에게 재발한 유방암 환자 중 25~28퍼센트의 환자가 시술 후 2년 이상 재발을 방지할 수 있었다고 설명하였다. 또한 환자 중에는 완치되는 사람도 있다고 덧붙였다.

위험성이 뒤따랐지만 폭스 가족에게는 이제 새로운 희망이 생겼다. 시술은 넬린에게 힘들 것이다. 고강도 화학요법을 시행하고 나면 그의 면역체계는 실질적으로 기능을 하지 못하고 감염이나 질병에 무방비 상태가 될 것이다. 또한 시술 자체만으로도 사망률이 5~10퍼센트에 이르렀다. 위험성을 심사숙고한 뒤에 그들은 시술을 받기로 결정했다. 넬린은 특히 항암치료를 더는 받지 않아도 되고 일상적인 삶을 조금이라도 되찾을 수 있다는 사실에 기뻤다.

카마초 박사는 짐에게 남캘리포니아대학에서 치료받을 수 있는 진료 위탁서를 써 주었다. 헬스넷의 규정에는 시술을 받기 전에 먼저 승인을 받아야 했다. 짐이 헬스넷에서 운영하는 란초 캐니언 병원에 근무하는 테레사 캔트렐이라는 여자로부터 편지를 받았을 때 헬스넷이 시술을 승인하지 않을지도 모른다는 우려가 처음으로 현실화되었다. 그가 말하기를 그 시술은 '실험적'이라는 것이다. 짐은 캔트렐에게 항의했다.

"헬스넷에서 직접 결정을 내리기 전까지는 최종적인 것은 아니죠?"

캔트렐은 결정 절차는 짐의 주장이 맞는다고 이야기한 후 덧붙였다.

"그건 다 형식적인 거예요."

캔트렐의 반응에 겁이 난 폭스 부부는 카마초 박사를 찾았다. 박사는 그들에게 보험회사가 비용이 많이 드는 시술을 승인하기 전에 주저하는 것은 흔히 있는 일이고 종종 실험적이라는 말로 핑계를 댄다고 말했다.

짐은 카마초 박사의 격려에 안심이 되었다. 카마초 박사는 넬린의 상태에 대해 헬스넷에 편지를 써 주겠다고까지 했다. 그는 넬린이 고강도 화학요법 치료를 받아야 한다는 내용의 편지를 6월 6일과 11일에 보냈다.

헬스넷에 편지를 보내고 나서 얼마 되지 않았을 때 카마초 박사는 폭스 부부에게 진료가 끝나고 잠시 면담을 하자고 요청해 왔다. 면담에서 카마초는 폭스 부부에게 이식수술이 걱정이 된다고 하면서 넬린이 그 시술을 받지 말아야 한다는 생각이 든다고 말했다. 폭스 부부는 큰 충격을 받았다. 이 사람이 그동안 그토록 이식수술을 받으라고 권유하고 심지어 며칠 전에는 편지까지 써 준 사람이 맞단 말인가? 짐이 카마초 박사에게 갑자기 의견을 바꾼 이유를 묻자 박사는 방금 헬스넷의 의료 감독인 오소리오 박사와 전화 통화를 했는데 오소리오 박사가 이식수술을 잘 아는 것 같고 그의 걱정이 타당해 보인다는 것이었다.

충격을 받은 짐은 말했다.

"하지만 선생님은 위험성에 대해서 이미 저희와 의논을 하시지 않았습니까?"

카마초는 부부를 바라보고 말했다.

"나도 그건 알아요."

그는 오소리오 박사가 헬스넷이 넬린에게 시티 오브 호프 병원에서 다시 검사를 받으라는 권유를 했다고 전해 주었다. 만일 시티 오브 호프 병원에서 넬린의 시술에 긍정적인 반응을 보이면 헬스넷은 캘리포니아대학(UCLA)에서 넬린이 시술을 받을 수 있도록 해 주겠다는 것이다. 이미 남캘리포니아대학에서 검사를 다 마치고 시술 준비가 끝난 넬린으로서는 도저히 받아들이기 어려운 제안이었다. 시티 오브 호프가 전에 아내의 시술을 하지 않기로 결정한 일이 있다는 것을 잘 아는 짐이 카마초에게 물었다.

"헬스넷은 이미 시술을 하지 않겠다고 한 병원에 왜 우리를 다시 보내는 것입니까?"

카마초는 자리에 앉아서 손바닥을 들어 올린 채 입만 벙긋거렸을 뿐 말이 없었다. 한참 후에 그는 결국 짐을 쳐다보고 말했다.

"저도 모릅니다."

카마초는 마지못해 시티 오브 호프 병원에서 새로 검사를 하는 것은 시간 낭비라는 짐의 의견에 동의했다. "바보 같은 일이지요."

짐과 넬린은 카마초가 갑자기 의견을 바꾼 것이 의심스러웠고 헬스넷이 시티 오브 호프와 캘리포니아대학에 제안을 한 것은 시간을 끌려는 핑계라고 생각했다. 그들은 시간 여유가 없었다. 암이 더 악화되면 넬린은 고강도 화학요법 치료를 받을 수 없는 상태가 된다. 그 전에 시술을 받아야만 했다. 폭스 부부는 보험회사가 시간을 끄는 사이에 상태가 악화되어 골수이식 수술을 받지 못한 유방암 환자에 대한 이야기를 들은 적이 있었다. 폭스 부부는 결코 그런 일은 일어나지 않아야 된다는 생각에 시티 오브 호프 병원에 가라는 권유를 거절해 버렸다.

1992년 6월 12일 카마초가 편지를 보낸 바로 다음날 헬스넷은 넬린의 요청을 거부했다.

"우리가 검토한 결과, 전이가 일어난 유방암 환자를 고강도 화학요법과 자가 골수이식 수술을 하는 것은 시험 단계에 있는 시술이라고 판단됩니다."

헬스넷은 내부적으로 판단에 대한 불복 절차가 없었기 때문에 로스쿨을 졸업한 지 얼마 안 된 변호사인 넬린의 동생 마크 히플러는 헬스넷에 팩스로 편지를 보냈다. 결정을 재고하고 시술 비용을 지급해 달라는 내용이었다.

"당신들은 넬린이 건강할 때 이 보험을 팔았습니다. 이제 병이 든 넬린을 도와주시기 바랍니다."

6월 15일 헬스넷은 폭스 부부에게 다시 편지를 보내 왔다. 넬린의 의료기록을 재검토해 보았으나 역시 골수이식 수술은 시험 단계의 시술로 보인다는 것이다. 그러면서 헬스넷은 시티 오브 호프 병원을 거쳐 캘리포니아대학에 가라는 제안을 되풀이했다.

폭스 부부는 그러한 제안은 계략에 불과하다고 생각했고 그 편지를 최종적인 거절로 받아들였다. 치료에 대한 희망은 아직 남아 있었지만 의료보험 회사가 승인을 거부하고 있었다.

기금 모금

건강관리기관이 시술 비용 지원을 거절하기 전부터 폭스 부부는 개인적으로 시술 비용을 마련할 방법을 궁리하고 있었다. 폭스 가족은 헬스넷이 결국에는 시술 비용을 지급할 것으로 믿었지만 '만일'을 대비할 필요는 있다고 생각했다. 비용은 15만 달러에 이를 것으로 보였다.

학교 교사인 짐에게는 그런 돈이 없었다. 은행은 폭스 부부의 집이 충분한 담보 가치가 없다는 이유로 대출을 해 주지 않았다. 마지막 수단으로 폭스 부부는 친구와 이웃들에게 도움을 청했다. 마크 히플러와 그의 아내는 편지 보내기 운동을 시작했고 넬린의 두 언니가 이를 도왔다. 전단을 돌리고 콘서트를 열고 라디오 방송과 텔레비전 인터뷰 등을 하여 폭스 가족은 넬린의 수술비를 모금했다. NBC 아침 뉴스에까지 출연해서 보험회사로부터 버림받은 넬린의 생명을 구하는 모금에 도움을 호소했다.

　지역사회는 가족들에게 강력한 지지를 보냈고 넬린의 수술비 마련을 위한 대대적인 캠페인을 벌였다. 사람들의 반응에 넬린 가족은 놀랍기만 했다. 모금자들은 캠페인의 이름을 '함께 나가자'로 정했다. 짐이 근무하는 학교에서는 달리기 행사를 열었고 마을의 십대들은 세차를 해서 돈을 모았다. 마을 사람들 중에는 1,000달러를 낸 사람도 있었다. 짐과 함께 일하는 코치들과 학교 이사회 임원들은 소프트볼 마라톤 대회를 열었고 마을 사람들은 파이를 구워서 판매했다. 레모네이드를 팔아서 돈을 모은 어린이들이 넬린의 집에 와서 기부금을 내고 갔다. 씨즐러 레스토랑은 일주일 중 하루를 정해서 그날 수익금의 20퍼센트를 기부했고 마을에 있는 요구르트 가게에서는 월요일 밤 수입의 전부를 기부했다.

　폭스 가족이 다니는 교회에서는 복수 계좌를 열었고 회계사 한 명이 기부자 명단을 정리했다. 헬스넷이 비용을 내면 기부금은 모두 돌려주고 만일 기부자가 동의한다면 유방암 연구기금으로 기부할 예정이었다. 남편은 쉬라고 강권했으나 넬린은 되도록 많은 행사에 참석할 생각이었다. 걱정과 스트레스로 잠이 오지 않을 때는 감사 편지를 썼다. 가족들은 직접 손으로 쓴 1,500장의 감사 편지를 기부금 제공자들에게 보냈다.

　짐은 끊임없이 기부자들과 마주쳤다. 많은 사람이 헬스넷에서 언제 돈을 돌려주느냐고 물었다. 어떤 아버지는 딸의 대학 등록금으로 저축한 돈을 기부금으로 냈다면서 딸이 대학에 가면 돈을 돌려 달라고 요구하기도 했다. 짐은 딸들을 데리고 아이스크림 가게에도 갈 수 없었다. 사람들이 그에게 언제 돈을 돌려줄 것이냐고 물었기 때문이다. 스트레스는 짐의 건강에도 영향을 미쳤다. 짐은 스트레스성 복통으로 치료를 받아야 했다.

헬스넷이 넬린의 요구를 거절한 직후인 6월 19일 넬린의 지지자들은 건강관리기관 본사가 있는 캘리포니아 주 우드랜드 힐즈에서 시위를 벌였다. 연사가 보험금을 지급하라고 연설을 하거나 넬린의 목숨을 살려 내라고 소리치면 사람들도 따라서 함성을 질러 댔다. 넬린의 지지자들은 1,006명이 12만 5,000달러를 기부했다고 발표했다. 노리스 암센터에서 시술을 하는 데 드는 비용인 15만 달러에 거의 육박하는 금액이었다. 가족들은 헬스넷이 비용을 지불하면 기부금은 한 푼도 빠짐없이 되돌려 주겠다는 약속을 다시 한 번 하였다.

헬스넷은 다음과 같은 성명을 발표했다.

"여러분이 이 사건의 모든 사실관계를 안다면 헬스넷과 의료진이 폭스 부인에게 가장 도움이 되는 방향으로 행동했다는 것을 아시게 될 것입니다."

시위 현장에서 넬린은 지지자들에게 연설을 하다가 눈물을 흘렸다.

"저는 한때 희망을 잃었습니다. 하지만 모금의 성공은 저에게 남편과 세 딸들과 함께할 수 있다는 새로운 희망을 주었습니다."

같은 날 폭스 부부는 헬스넷을 상대로 소송을 제기했다. 골수이식 비용을 지급하라는 청구였다. 고액의 수임료를 받는 변호사를 선임하려고 시도하다 실패하자 로스쿨을 졸업한 지 4년밖에 안 된 마크 히플러가 직접 누나의 변호사가 되겠다고 자청했다.

2,500명이 넘는 친척, 친구들, 얼굴도 본 일이 없는 사람들이 전국에서 22만 달러를 모금해 왔다. 모금액의 상당 부분은 폭스 가족이 다니는 교회에서 걷혔고 25퍼센트가 이웃들 도움이었다.

1992년 8월 말, 카마초 박사가 처음 골수이식을 권유한 지 여러 달 후에 넬린은 수술을 받았다. 한 달 가까이 걸린 시술은 넬린의 삶의 질을 극적으로 향상시켰다. 환자가 고강도 화학요법과 함께 자가 골수이식 수술을 받으면 의사들은 '관해remission'라고 불리는 현상이 나타나기를 기대한다. 이 용어는 환자의 몸에서 암세포의 흔적을 찾을 수 없을 때 쓰는 용어다. 시술을 받은 넬린에게 의사들은 관해가 일어났다고 진단했다.

넬린은 정상적인 생활로 돌아왔다. 이제 더는 지독한 항암치료를 받을 필요가 없었다. 넬린에게는 희망이 생겼다. 딸들의 학교에서 사친회 활동에 참여했고 적십자 봉사활동에도 참가했다. 폭스 가족은 휴가 여행을 가기까지 했다. 그녀는 곧 하루에 3마일을 걸었고 네 살, 아홉 살, 열한 살 난 딸들과 함께 시간을 보냈다.

"정말 멋진 크리스마스였죠."

짐 폭스는 그해를 회상하며 이렇게 말했다.

넬린은 여성운동 단체에서 자신의 독실한 신앙이 암과의 투쟁에서 얼마나 도움이 되었는지, 그리고 공포와 고통, 임박한 죽음에 직면했을 때 어떻게 자신을 지탱해 주었는지 연설하기도 하였다. 그러나 다음해 3월 암이 재발했고 이번에는 뇌에서 발견되었다. 넬린의 병세는 급격히 악화되어 1993년 4월 22일 집에서 죽음을 맞았다. 그녀의 나이 마흔이었다.

히플러 변호사

넬린은 유방암과 벌인 싸움에서 지고 말았지만 시술 비용의 지급을 거절한 건강관리기관을 상대로 한 법정 다툼은 아직 진행 중이었다. 그의 남동생인 마크 히플러가 소송을 이끌고 있었다. 넬린이 마크보다 아홉 살이나 많았지만 둘은 아주 친한 오누이였다.

히플러는 어려서부터 정치에 뜻이 있었고 사람들의 삶을 변화시키겠다고 말하곤 했다. 로스쿨은 목표를 이루는 데 필요한 단계였다.

"세상을 변화시킨 사람들은 모두 법학 학위가 있었습니다. 그래서 저도 로스쿨을 가기로 결정했지요."

히플러는 페퍼다인 로스쿨을 다니면서 미스 콜로라도였던 미셸을 만나게 된다. 1988년 그는 로스쿨을 졸업하고 1990년 미셸과 결혼했다.

결혼 후 히플러는 로스앤젤레스 시내에 있는 로펌에서 경력을 쌓았다. 그의 일은 평범해 보였지만 그는 누나에게 더 높은 목표를 위해 경험을 쌓고 있는 중이라고 말했다.

히플러 부부는 벤추라 카운티로 이사했고 마크는 옥스나드에 있는 로우돕, 리처드, 맥밀런, 밀러, 콘웨이 앤드 템플먼 로펌에 취직했다. 히플러가 새 직장에서 일을 시작한 1992년 1월은 넬린의 의사가 처음 골수이식 수술을 추천했을 즈음이다.

넬린은 란초 캐니언에 있는 테레사 캔트렐로부터 거절 편지를 받고 동생에게 전화를 했다.

"보험회사가 내 치료 방법이 실험적이래."

히플러는 공황 상태에 빠진 누나를 달래면서 보험회사는 원래 비용이 많이 드는 치료 방법을 피하려고 여러 가지 핑계를 대는 법이라고 말했다. 동생은 누나에게 걱정하지 말라고 하면서 계약 문구에 포함되어 있으니 보험회사가 결국 비용을 지불할 것이라고 안심시켰다. 하지만 그렇게 누나를 안심시키면서도 히플러는 모금을 시작하자고 제안했다. 그들은 본격적인 모금을 시작하기 전에 어느 정도 자금을 모으려고 애썼다. 그래야만 사람들의 눈에 목표를 달성하는 것이 불가능해 보이지 않기 때문이다.

6월 12일 헬스넷이 시술 승인을 거절하자 히플러는 넬린을 안심시키며 말했다.

"걱정하지 마. 누나. 내가 편지를 쓸게."

헬스넷에 보낸 편지에서 히플러는 이렇게 적고 있다.

이 시술을 받는 데 우리는 어떤 일이라도 할 것입니다. 하지만 되도록 소송은 피하고 싶습니다.

재판의 준비

히플러는 곧 편지만으로는 충분하지 못하다는 것을 깨달았다.

"우리는 진짜 순진했지요."

그는 말한다.

"우리는 헬스넷이 동의하고 그걸로 모든 것이 끝날 줄 알았거든요."

헬스넷은 그렇게 쉬운 상대가 아니었다. 히플러는 6월 19일 헬스넷 본사 앞에서 시위를 주도했다. 다행히 언론에서 이 시위에 관심을 가지고 있었고 이에 따라 기부자들도 늘었다.

히플러는 넬린을 대리해서 헬스넷을 상대로 소송을 제기했다. 계약상의 의무 위반으로 인한 보전전 손해배상 청구, 악의에 의한 계약상의 의무 위반으로 인한 징벌적 손해배상 청구 그리고 짐과 넬리에 대한 감정적인 고통으로 인한 손해배상 청구였다.

넬린과 그의 남편은 소송을 제기하는 데 적극적이지 않았다. 병마와 싸우는 데 집중하고 있었던 넬린은 다른 사람의 짐이 된다는 데 부담을 느꼈다. 그러나 망설인 끝에 결국 그들도 소송을 제기해야 한다는 데 동의했다. 헬스넷이 비용을 지급하게 할 만한 다른 방법이 없었다. 그들은 소송도 결국 목적을 이루는 하나의 수단일 뿐이라고 생각했다.

마크와 미셸 히플러 부부는 '악의에 의한 계약 위반'에 정통한 다른 변호사들에게 전화를 하기 시작했다. 다들 보험금 지급 거절에 대한 소송을 잘 아는 사람들이었다. 어떤 변호사도 넬린의 사건을 맡고 싶어 하지 않았다. 어떤 로펌에서는 전문 변호사를 만나게 해 주지 않았고 또 다른 변호사들은 답변 전화를 해 오지 않았다.

헬스넷이 굴복하지 않으리라는 것이 명백해졌을 때 히플러와 아내는 그들 스스로 밀고 나갈 수밖에 없다는 사실을 깨달았다. 그들의 원래 목적은 소송 없이 헬스넷과 합의를 보는 것이었지만 이렇게 된 이상 소송을 진행하는 것 외에 다른 방법이 없었다.

히플러는 소장을 접수한 지 한 달이 지나기도 전에 잠재적 증인들인 헬스넷 직원들로부터 선서증언을 받기 시작했다. 짐과 넬린이 모금운동을 하며 여름을 보내는 동안 히플러는 선서증언을 받고 회사의 기록을 뒤지면서 땀을 흘렸다. 놀랍게도 '외부인'이 건강관리기관 내부의 일을 상세히 조사한 것은 이것이 처음이었다.

히플러는 얼마나 많은 건강관리기관이 의료비 지출을 조절하는지 알게 되었으며 건강관리기관의 비용을 중심으로 한 메커니즘의 많은 부분을 밝혀냈다. 이 사건 이전에는 대중에게 알려지지 않은 정보들이었다. 이러한 정보들이 폭로되면 건강관리기관들은 수많은 손해배상 소송에 직면할 수도 있었다.

첫째, 보험회사이자 의료 서비스 제공기관인 건강관리기관은 다른 전문의나 전문적인 병원의 접근을 제한하는 보험 계약을 판매했다. 보험금 지급에는 일정한 조건을 부과하였고 대안적인 치료 방법은 제한되었다. 건강관리기관의 승인 거절로 환자가 상해를 입은 때에는 보험금 지급 분쟁이 일어난다. 넬린과 짐의 소송도 부분적으로는 헬스넷이 넬린의 골수이식 수술 비용의 지급을 거절하여 시술이 지연된 것이고 결과적으로 이것이 넬린이 죽게 된 이유 중 한 원인이 되었다는 주장에 근거하고 있었다.

둘째, 건강관리기관들은 제한된 범위의 의사들을 채용하고 있었다. 만일 한 건강관리기관이 비용을 낮추고자 능력 없고 실수가 많은 의사를 고용한다면 결국 그 피해는 보험가입자에게 돌아갈 수밖에 없다.

셋째, 건강관리기관들은 1차 진료 의사들을 이용해서 전문의나 전문 병원에 가는 것을 제한하여 비용을 절감하고 있었다. 건강관리기관의 직원이 의학적인 '필요성'이 있다고 인정한 때에만 전문의를 찾아가는 것을 허용하여 건강관리기관들은 전문의의 진료 횟수를 실질적으로 줄일 수 있었다. 어떤 건강관리기관들은 전문의에게 환자를 위탁하는 숫자가 적은 1차 진료 의사들을 대상으로 상을 주는 곳도 있었다. 그러한 상은 보통 두 가지 형태 중 하나였다. 1차 진료 의사들에게 지급하는 보수 중 일부를 제3자에게 예탁해 두었다가 연말에 전문의에게 위탁한 환자의 수가 일정 수 이하일 때에만 이를 지급하거나 혹은 전문의에게 위탁한 환자의 수를 기초로 보너스를 지급하는 방식이 그것이다.

넷째, 건강관리기관에 소속된 의사들은 보험회사의 규정을 지켜야 했으며 비용을 절감하거나 보험금을 예산 범위에 한정시키는 데 따라 인센티브를 지급받고 있었다. 인센티브와 비용 조절 방식 때문에 의사들이 진료 방법을 제한할 위험이 있었다. 많은 건강관리기관은 '가입자 수에 따른 지급 방식'에 따라 보험금을 지급했다. 이러한 방식에서는 헬스넷 같은 건강관리기관은 보험가입자로부터 보험료를 지급받고 가입자는 진료 방식과 의사에 대한 선택권을 상실한다. 주치의는 건강관리기관으로부터 가입자 수에 따라 보험금을 지급받는 대신 진료 방식은 건강관리기관의 통제권을 받아들여야 한다. 가입자 수에 따른 지급 방식은 인원 수에 따라 고정된 금액이고 제공된 의료 서비스의 질과 양에 따라 달라지는 것이 아니다.

어떤 계약에서는 중한 병에 걸린 환자가 보험금이 다 소진되면 의사가 초과 비용 일부를 부담하는 것으로 되어 있다. 통상 초과비용 중 5,000달러까지 의사가 부담하는 경우가 많다. 이러한 방식을 채택하면 의사들은 자신들의 수입을 늘리려고 과다한 진료를 하지 않는다. 환자에게 불필요한 진료를 하지 않으면 의사와 보험회사의 수입이 늘어나기 때문이다. 하지만 당연히 이러한 방식은 되도록 한 가입자에게 적은 진료만을 하게 만드는 인센티브로 작용한다. 아무런 의료 서비스를 제공하지 않아도 의사들은 가입자 수에 따라 돈을 지급받는 것이다.

비용을 절감하는 또 다른 방법은 위험 분산 프로그램 또는 위험 공동관리가 있다. 의사가 받는 보수의 일부분을 떼어 공동관리 계좌에 넣는다. 그 돈은 전문의에게 진료 위탁을 하거나 병원에 입원하는 비용으로 지출된다. 의사들은 그 계좌의 일정 비율을 할당받는다. 진료 위탁이나 고비용 진료가 최소에 그치면 이것은 그대로 연말 보너스가 된다. 반면에 건강관리기관에서 어떤 의사가 지나치게 많은 진료 비용을 들인다고 생각한다면 그 의사는 '과다 진료'라는 명목으로 계약 의사 명단에서 제외될 위험에 처하게 된다.

'진료 방식 검토'라는 보험회사의 진료 방법을 결정하는 메커니즘도 관리의료 체계에서 가입자들의 과다 진료를 방지하는 데 쓰이는 주요 방법 중 하나다. 건강관리기관 내에 있는 진료 방식을 검토하는 부서는 의사들의 진료 방식을 승인할지 여부를 결정하고 불필요한 입원 기간이나 전문의에게 받는 위탁 진료, 진단을 위한 검사를 제한하는 일을 했다. 위원회는 보험회사에 고용된 간호사와 의사로 구성되었고 때로는 별도로 채용할 때도 있었다. 관리의료 체계의 사전 승인 제도에서는 어떤 시술을 하기 전에 반드시 진료 방식을 검토하는 부서의 승인을 받아야만 했다. 의사가 처방한 시술 방식과 검토 부서의 추천이 충돌할 때도 많았다. 과거에는 의사들이 검사를 지시할 수도 있고 비용을 지급하는 보험회사의 제한 없이 위탁 진료나 입원을 시킬 수도 있었다.

넬린 폭스의 사건에서는 헬스넷에 고용된 의사들이 인센티브 프로그램 때문에 넬리의 골수이식 수술 요청을 거절했다는 것이 손해배상 청구의 근거가 되었다. 넬린의 골수이식 수술과 같이 의사들이 특정한 진료 방식을 추천하면, 진료 방식을 검토하는 부서는 의료 비용을 절감하고자 실질적으로 그 추천을 비판하는 기능을 수행했다. 넬린의 주치의는 골수이식 수술이 넬린을 위한 최선의 치료 방법이라고 추천했지만 헬스넷의 진료 방식을 검토하는 부서는 넬린에게 그 방식이 적합하지 않다고 결정한 것이다.

폭스 부부가 건강관리기관의 결정에 불복한 최초의 사람들은 아니다. 많은 환자가 특정한 진료 방식을 거절하는 의사들의 동기에 의문을 품기 시작했고 그 중 일부는 법에 그 시정을 호소했다. 두 사건이 '폭스 대 헬스넷' 사건의 선례가 되었다.

1986년 루이스 위클린은 캘리포니아 주의 국민의료보장 프로그램인 메디컬에 소송을 제기했다. 진료 방식을 검토하는 부서에서 위클린의 입원 기간 연장을 거부했고 그 결과 세균 감염이 발생하여 한 다리를 잃게 되었다는 것이 소송 근거였다. 법원은 궁극적으로 위클린을 퇴원시킨 의사에게 책임이 있다고 판결했지만 진료 방식 검토가 진행되는 동안 과실이 있었다면 건강관리기관에도 책임을 물을 필요가 있다는 점을 인정했다. 법원은 전통적인 사후 검토 방식보다 사전 승인 방식이 훨씬 큰 위험성을 내포하고 있다는 점을 짚고 넘어갔다.

1990년 하워드 윌슨의 부모는 그들의 보험회사를 상대로 소송을 제기했다. 의사가 우울증과 거식증이 있는 아들의 입원 기간 연장을 권유했음에도 진료 방식을 검토하는 부서가 이를 거절했고 퇴원한 윌슨은 자살하고 말았다. 법원은 보험회사에 과실이 있다고 판결하여 보험금 지급 거절이 환자의 건강이 악화되는 데 원인이 되었을 때

보험회사를 상대로 소송을 제기할 수 있는 길을 열어 주었다.

이제 무대는 마련되었다. 헬스넷의 불합리한 '내부 전략'을 폭로하고 누이의 골수이식 비용을 받아내기 위한 준비를 마친 히플러는 증거 개시 절차부터 적극적으로 밀어붙이기 시작했다. 누이의 골수이식을 거절한 원인이 무엇인지 정보를 찾고자 그가 노력하는 동안 헬스넷은 자료를 제공하는 데 극히 인색한 태도를 보였다. 선서증언에서 히플러는 헬스넷이 고강도 화학요법에 대한 전문가의 검토 보고서를 요청했다는 사실을 알게 되었다. 히플러가 보고서의 공개를 요구하자 헬스넷은 이를 거절했다. 히플러는 이 보고서에 헬스넷에 불리한 내용이 담겨 있을 것이라는 의심이 들었다. 헬스넷의 태도는 완강했고 히플러는 법원으로부터 강제 개시 명령을 받겠다고 위협했다. 결국 건강관리기관은 '기술 평가서'라는 표제의 보고서를 넘겨주었고 이 보고서는 재판에서 핵심적인 증거가 되었다. 그 보고서에서 전문가는 1991년이 되면 고강도 화학요법이 유방암 환자에게 표준적인 치료 방식으로 자리 잡을 것이라고 평가했다. 헬스넷이 넬린에게 말한 '실험적'인 것이 아니었다.

히플러는 자신이 근무하는 로펌에 넬린의 사건을 맡아도 되는지 허락을 구하지 않았다. 독자적인 결정으로 소송을 진행하였고 미셸이 그를 도와주었다. 그는 종종 소송 경험이 많은 동료에게 질문과 아이디어를 던져 보곤 했다. 그 외에는 아무도 이 사건에 관여하지 않았다.

"우리가 실제로 재판까지 할 것이라고 생각한 사람은 아무도 없었습니다"라고 히플러는 말하였다.

헬스넷은 결코 합의를 하려 들지 않았다. 건강관리기관의 결정권자는 승소하리라고 확신에 차 있었다. 본격적인 재판이 가까워지자 히플러는 전국을 돌아다니면서 유방암과 고강도 화학요법 치료 분야에서 최고의 전문가 증인을 물색했다. 의사들 대부분이 거대한 의료보험 회사의 반대편에서 증언하는 것을 두려워했기 때문에 캘리포니아에서는 전문가 증인을 구하기 어려웠다. 결국 히플러는 콜로라도 대학의 로이 B. 존스 박사를 전문가 증인으로 선정했다.

1992년 9월 히플러는 소송의 승패를 근본적으로 바꿀 수 있는 전화를 받았다. 일면식도 없는 스티븐 보스워스라는 사람이었다.

"내 아내가 당신하고 이야기를 하고 싶어 합니다."

헬스넷의 직원이었던 제니스 보스워스는 유방암에 걸린 후 골수이식 수술 비용을 보험회사로부터 받기 위해 투쟁을 해야만 했다. 넬린의 요구를 거절하기 수개월 전 헬스넷은 보스워스의 골수이식 수술 비용 지급을 승인했다. 보스워스는 《로스앤젤레스 타임스》에서 넬린의 기사를 읽고 자발적으로 증언을 하겠다고 나섰다. 자신의 투쟁으로 보험회사가 교훈을 얻었을 것이라고 생각했던 제니스는 넬린의 이야기를 보고 그것이 순진한 생각이었다는 사실을 깨달았다.

히플러가 다음으로 찾아낸 사람은 에벌린 몰튼이었다. 에벌린도 2년 전에 헬스넷으로부터 골수이식 수술 비용을 지급받았다. 보스워스와 몰튼은 재판에서 핵심적인 증언을 하게 된다.

히플러는 시술이 두 달 반 동안 지연된 것과 넬린이 쉬지 못하고 모금운동에 매달린 것이 누나가 회복하는 데 악영향을 끼쳤다고 확신했다. 하지만 그는 넬린이 수술 후에 삶의 질을 상당 부분 회복한 것도, 비록 7개월밖에 지속되지 못했지만 하나의 축복이라고 여겼다.

폭스 가족은 되도록 소송과 관련한 이야기는 피했다. 넬린은 항상 동생에게 모든 결정을 맡겼다. "네가 하라는 대로 할게."

넬린은 건강을 회복하는 데 집중했고 사람들에게 "애들이 졸업할 때까지는 살고 싶어"라고 말하곤 했다. 히플러에게 '엄마 같은 누나'였던 넬린은 항상 동생을 걱정했고 자신의 소송에 너무 많은 시간을 빼앗기는 것은 아닌지 염려했다.

히플러가 넬린의 시술을 거절한 헬스넷의 의사 오소리오를 상대로 선서증언을 받고 있을 때 그의 비서가 급한 전화를 해왔다. 넬린이 쓰러진 것이다. 히플러는 즉시 병원으로 달려갔고 이틀 후 누이가 숨을 거둘 때까지 자리를 지켰다.

헬스넷의 전문가 증인인 반 스코이 모셔 박사의 선서증언 일정이 넬린의 장례식 다음날로 잡혀 있었다. 누나의 죽음과 장례식으로 지친 히플러의 목소리는 거의 알아듣기 어려울 정도였다.

"누이가 죽은 뒤에 아마 사람들은 내가 지쳐 쓰러질 것으로 생각한 것 같아요."

하지만 그는 적어도 포기하지 않는 모습을 보여 주겠다고 결심했다. 중요한 목표는 넬린이 가족과 몇 달간 소중한 시간을 보낼 수 있도록 기금을 모아 준 사람들에게 그들의 돈을 돌려주는 것이었다.

헬스넷과 폭스 가족은 만일 법정에서 헬스넷이 계약을 위반했다는 판결이 나면 계약상의 의무 위반을 근거로 한 청구에 21만 2,000달러를 배상한다는 데 합의를 보았다. 히플러는 나중에 만일 헬스넷이 그 금액을 지불하겠다고 했다면 기꺼이 합의했을 것이라고 회상했다.

히플러는 소장의 원고를 짐 폭스와 넬린의 상속재산으로 바꾸었다. 상속재산은 짐과 아이들이 받도록 되어 있었다. 그때쯤 히플러는 이미 헬스넷을 공격할 만한 증거를 꽤 수집해 놓았다. 보험회사 내부의 이메일, 서류, 메모 그리고 선서진술서가 그것이었다.

재판 날짜는 원래 1993년 5월로 잡혀 있었지만 헬스넷에서 연기 신청을 했다. 재판 날짜가 계속 연기되자 히플러는 초조해지기 시작했다. 그의 중요한 증인 2명은 유방암 환자였고 증언대에 서기 전에 죽음을 맞을 수도 있었다. 그는 판사에게 찾아가 재판 일정을 더는 연기하지 말아 달라고 요청했다. 마침내 1993년 11월 말 리버사이드 카운티 법정에서 재판이 열렸다.

재판

전직 검사인 리처드 반 프랭크 판사가 재판을 주재했다. 지역 변호사들 사이에 프랭크 판사는 직선적이며 공정하고 두뇌 회전이 빠르다는 평을 듣고 있었다. 히플러와 함께 로그돕, 리처드, 맥밀런, 밀러, 콘웨이 앤드 템플먼에 근무하는 앨런 템플먼이 공동 변호인으로 선임되었다. 헬스넷의 변호사는 보그트, 미드빌 앤드 스왈로우 로펌에 근무하는 라일 스왈로우와 스티븐 미드빌이었다.

1993년 12월 3일 금요일에 히플러는 7명의 남자와 5명의 여자로 구성된 배심원단 앞에서 모두변론을 했다. 그는 넬린이 처음 가슴에서 멍울을 발견한 시점으로 거슬러 올라갔다. 헬스넷의 보험금 지급 거절과 그 후의 모금운동에 이르기까지 히플러는 의사가 생명을 구할 수 있다고 추천한 시술을 받기 갈망하는 넬린의 모습을 상세히 설명했다.

라일 스왈로우는 헬스넷을 위한 모두변론에서 배심원들이 감정이나 동정심에 근거하여 결정을 해서는 안 된다는 점을 강조하였다. 스왈로우는 이 사건을 '논쟁에 관한 논쟁'이라고 규정지었다.

첫번째 논쟁거리는 넬린의 골수이식 수술 요청이었다. 스왈로우는 골수이식 수술이 의료계에서 효율적이고 안전한 치료 방법으로 증명되지 않았으며 종양학자들 사이에서 논쟁거리로 남아 있으므로 시험 단계의 시술이라는 것을 증명하겠다고 말했다. 두번째 논쟁거리는 넬린의 요청을 거절한 헬스넷의 업무 절차였다. 스왈로우는 헬스넷의 조치는 적절하고 합리적이라는 주장을 펼쳤다.

3주간에 걸친 양측의 증인신문 과정에서 점차 사건의 실체가 드러나기 시작했다. 히플러의 첫번째 증인은 유방암에서 회복된 제니스 보스워스였다. 제니스는 아들 하나를 둔 30대 초반의 여성으로 헬스넷의 판매부서 이사를 지냈다. 히플러의 증인신문을 받는 동안 보스워스는 긴장한 채 안절부절못하는 모습이었다. 그의 친구들과 옛 동료들이 회사의 반대편에 서서 증언하는 자신을 반기지 않으리라는 것을 알고 있었기 때문이다. 질문을 시작한 지 얼마 되지 않아 제니스는 자제력을 잃고 말았다. 반 프랭크 판사가 끼어들었다.

"왜 떠십니까?"

보스워스가 대답했다.

"증언하는 것이 너무나 힘이 듭니다. 넬린은 죽었고 저는, 저는 정말 힘든 투병생활을 하다가 회복된 상태입니다. 그때의 기억이 다시 떠오르는 것 같습니다."

반 프랭크 판사는 휴정을 선언했다가 제니스가 안정을 되찾은 후에 재판을 재개했다.

보스워스는 듀크대학 병원과 시티 오브 호프 병원에서 검사를 받은 다음에도 헬스넷이 한 달 넘게 담당 의사가 권유한 골수이식 수술 비용을 지급할지 여부에 대한 결정을 미루었다고 증언했다. 보스워스가 헬스넷을 상대로 소송을 제기한 후에야 승인 결정이 났다. 헬스넷은 보스워스의 골수이식 수술 비용을 지급한 것은 임직원을 배려한 일이라고 주장했다. 히플러는 헬스넷의 악의를 증명하기 위해 헬스넷이 상습적으로 결정을 연기하고 주치의에게 치료 방법을 바꾸라고 강요한다는 점을 입증하려고 애썼다.

히플러 오소리오 박사를 어떻게 만났는지 말씀해 주시겠습니까?

보스워스 예, 제 친구에게 오소리오 박사를 만나고 싶다고 말했습니다. 그때는 오소리오 박사가 회사에 온 지 얼마 되지 않아 서로 만난 적이 없었는데 그분이 제 문제를 상세히 검토할 예정이라고 들었거든요. 일단 만나면 오소리오 박사가 저를 서류상에 적혀 있는 이름이 아니라 한 명의 사람으로 볼 것이라고 생각했습니다. 제 친구가 저에게 오소리오 박사를 소개해 주겠다고 말했습니다. 저는 만나겠다고 했고 잘된 일이라 여겼습니다. 우리는 오소리오 박사가 있는 사무실로 갔습니다. 문 앞에 도착했을 때 박사님은 전화 통화를 하고 있었고 저희는 사무실 밖에서 몇 분간 기다렸습니다.

히플러 오소리오 박사가 무엇이라고 하던가요?

보스워스 저는 기절할 것 같았습니다. 정신을 집중해서 전화 통화를 들었는데 그의 목소리는 무척 화가 난 것처럼 들렸습니다.

"어떻게 그 여자가 듀크대학 병원에 갈 생각을 한 거요?" 이런 말이 들렸고, "아마 게리(보스워스의 주치의인 게리 데이비슨)가 말해 준 것 같은데 그 친구에게 전화를 해야겠군." 이런 말도 들렸습니다.

저는 제 친구의 얼굴을 쳐다보았습니다. 저는 몸이 떨렸고 몹시 화가 났습니다. 다른 사람이 저를 두고 그렇게 말하는 것을 듣는 것은 정말 괴로웠습니다.

1992년 1월에 시티 오브 호프 병원은 보스워스가 골수이식 수술을 받기에 적합한 환자라는 진단을 내렸지만 오소리오 박사는 그 시술이 적절하지 않다면서 승인을 해 주지 않았다. 헬스넷은 시술 비용을 지급한 것은 임직원에 대한 선물이었다고 주장했지만 보스워스는 이렇게 증언했다.

"다른 사람과 똑같은 절차를 밟고 똑같은 투쟁을 거쳐 받은 것을 선물이라고 말할 수는 없습니다."

히플러의 공동 변호인인 앨런 템플먼이 다음번 증인인 짐 폭스의 증인신문을 진행했다. 히플러가 매형에게 누나에 대한 질문을 하면서 평상심을 유지하기 어려울 것이라고 생각했기 때문이다. 템플먼은 넬린의 암과 관련한 세부사항에서부터 시작해 헬스넷과 벌인 다툼, 헬스넷이 카마초 박사에게 골수이식 수술 권유를 철회하도록 압력을 넣은 사실에 대해서 질문을 던졌다.

템플먼 카마초 박사가 편지를 쓴 이후에 무엇이라고 했습니까?
폭스 우리 부부는 카마초 박사와 면담을 했습니다. 그는 헬스넷의 오소리오 박사와 이야기를 나누었다고 하면서 골수이식 수술이 걱정된다고 말했습니다. 넬린이 그 시술을 받지 말았으면 좋겠다고 하더군요. 카마초 박사는 헬스넷의 오소리오 박사가 그 시술을 잘 알고 있으며 시술의 위험을 우려하고 있다고 했습니다. 저는 그에게 "위험성은 우리와 벌써 의논하지 않았습니까?"라고 말했습니다. 그러자 그는 저를 쳐다보면서 "나도 그건 알아요"라고 대답했습니다.

템플먼 또 무엇이라고 말하던가요?

폭스 헬스넷으로부터 시티 오브 호프에서 새로 검사를 받아보라는 권유를 받았다고 했습니다.

템플먼 카마초 박사에게 "왜 우리가 시티 오브 호프에서 또다시 검사를 받아야 하나요?"라는 질문을 했습니까?

폭스 제가 카마초에게 한 질문은 "헬스넷은 이미 시술을 하지 않겠다고 한 병원에 왜 우리를 다시 보내는 것입니까?"였습니다.

증인들은 차례로 증언을 했다. 히플러와 템플먼의 증인신문 과정에서 비용을 낮추고자 환자들의 생명을 담보로 도박을 하는 보험회사의 실상이 폭로되었다. 템플먼은 헬스넷의 진료부장인 레너드 냅 박사를 증언대로 불렀다. 냅 박사는 오소리오 박사를 채용한 사람이었다. 템플먼은 냅에 대한 증인신문에서 오소리오가 받기로 되어 있는 인센티브가 넬린의 시술을 거절하는 데 영향을 끼쳤다는 점을 입증하려고 했다. 오소리오가 받는 첫번째 인센티브는 연말에 헬스넷의 재정 상태에 따른 것으로 연봉의 20퍼센트에 이르는 금액이었다. 두번째 인센티브는 오소리오가 의료 비용 절감에 기여한 정도에 따른 보너스였다.

템플먼 오소리오를 채용한 이유 중 하나는 그가 의사들의 결정을 당신이 원하는 방향으로 바꿀 수 있다는 것이었습니까?

냅 예, 그렇습니다.

템플먼 오소리오 박사에게 제공된 보너스나 인센티브가 있었습니까?

냅 회사에서 보통 지급하는 보너스가 제공된 것으로 알고 있습니다.

템플먼 증인이 생각하기에 그러한 인센티브 때문에 오소리오 박사가 진료를 승인하지 않으면 이득을 볼까요?

냅 그렇지 않습니다.

템플먼 오소리오가 골수이식 수술 요청을 거절하면 보너스를 더 받나요?

냅 아닙니다.

템플먼 재판장님, 증인 냅에 대한 선서진술서를 낭독하겠습니다.

질문 오소리오가 골수이식 수술 요청을 거절하면 보너스나 인센티브에서 이득을 볼까요?

답 그렇습니다. 인센티브는 요청을 거절하라고 있는 것입니다. 하지만 오소리오 박사 개인의 인격을 볼 때 그런 이유로 시술을 거절하면…… 결국 더 큰 손해를 본다는 점을 감안하면 그런 일은 일어나지 않을 것이라고 생각합니다.

템플먼은 냅에 대한 증인신문 과정에서 다음과 같은 질문을 했다. "헬스넷의 정책은 골든 룰을 따르는 것입니까?"

냅 저는 그런 말을 들어본 적도 없습니다.

템플먼 헬스넷에는 골든 룰이 있습니까?

냅 없습니다.

템플먼 당신이 선서증언 중에 저에게 "골든 룰은 돈이 바로 규칙이라는 것입니다"라고 말한 기억이 나지 않습니까?

냅 그렇게 말한 기억은 납니다. 단지 저는 그것이 제 골든 룰이라는 말을 하지는 않았습니다.

히플러는 남캘리포니아대학 노리스 암센터의 아지즈 칸 박사를 증인으로 불렀다. 그는 먼저 종양 전문의이자 골수이식 수술 전문가로서 칸 박사의 신뢰성을 입증했다. 칸 박사는 그가 넬린에게 골수이식에 따르는 위험성을 상세히 설명해 주었으며 초기 테스트 과정에서 넬린을 도와주었다고 증언했다.

히플러는 유방암 환자에게 시행하는 고강도 화학요법 시술에 대한 칸 박사의 견해를 물었다. 폭스 가족이 주장하는 소송의 핵심 근거는 헬스넷이 보험 계약상에 명시된 적용 범위에 관한 조항을 위반했다는 것이었다. 적용 범위에 관한 조항은 '실험적인 시술'을 '한정된 범위 안에서만 시술되고 아직까지도 동물 실험이 진행 중인 시술 방법'이라고 규정하고 있었다. '시험 단계에 있는 시술'은 '기존 의료계에서 아직 안전성과 효능이 입증되지 않은 시술'이라고 정의되어 있었다. 헬스넷은 고강도 화학요법 치료가 시험 단계에 있는 것이라고 주장했다.

히플러 증인은 골수이식의 전문가입니다. 이제 이 정의를 보시고 저에게 말해 주십시오. 증인이 폭스 부인에게 권유한 시술이 시험 단계에 있는 것이었습니까?

칸 그렇지 않습니다. 골수이식 수술의 효능이 입증되지 않았다면 종양 전문의나 혈액암 전문의들이 우리에게 환자를 보내지 않을 것입니다. 우리 병원으로 오는 환자들은 최후의 수단으로 골수이식 수술에 매달릴 수밖에 없는 사람들은 아닙니다. 일반 화학요법에 반응을 보이는 환자들도 더 나은 결과를 얻고자 우리 병원에 옵니다. 골수이식 수술 설비를 갖춘 병원 대부분이 유방암 환자에게 이 시술을 시행합니다. 그런 것을 보고 제한된 범위 내에서만 시술되고 있다고 말할 수는 없습니다. 의사들이 우리에게 환자들을 보낸다는 사실은 의료계에서 이 시술이 효능이 있음을 인정하는 것입니다.

반대신문에서 스왈로우 변호사는 칸 박사가 넬린에게 골수이식을 권유한 것은 지나치게 낙관적인 결정이었다는 점을 입증하려고 노력했다. 칸 박사는 카마초에게 그 시술의 장점을 지적한 보고서를 보냈었다.

스왈로우 유방암 환자에게 고강도 화학요법을 시행하는 것이 1992년 4월까지 논쟁의 여지가 있는 시술이었다는 점에 동의하십니까?

칸 그건…… 그 점은 이미 많은 논문에 나와 있습니다. 또한 시험 결과와 참고 자료가 많았습니다.

스왈로우 칸 박사, 당신이 폭스 부인에게 권유한 시술과 관련해서 그 성공률이 아직 알려져 있지 않았다는 사실에 동의합니까?

칸 내가 한 시술의 성공률은 이미 말했습니다.

스왈로우 (칸의 선서진술서를 낭독하며) 질문: 당신의 성공률은 어떻습니까? 답: 이런 종류의 시술은 성공률이 알려져 있지 않습니다.

히플러는 다음 증인으로 에벌린 몰튼을 불렀다. 40대 초반의 유방암 환자인 에벌린은 헬스넷의 승인을 받아 골수이식 수술을 했다. 히플러는 몰튼의 상황이 넬린과 비슷했고 헬스넷은 몰튼의 시술을 승인하기 전에도 결정을 지연했다는 점을 입증하려고 했다.

히플러 최초의 진단으로 돌아가 봅시다. 다른 시술을 받은 적은 없습니까?

몰튼 글쎄요, 그때 세 의사는 저에게 골수이식을 받으라고 권유했습니다. 그래서 승인을 받아야 했습니다.

히플러 그리고 무슨 일이 있었습니까?

몰튼 그들은 골수이식 수술을 승인해 주지 않았습니다.

히플러 그 후에 어떻게 되었나요?

몰튼 계속해서 호르몬 치료를 받다가 결국 제 돈을 내고 골수를 추출했습니다. 너무 오랫동안 기다리면 시술을 받을 수 없을지도 모른다는 걱정이 들었습니다. 상태가 악화된 후에 헬스넷에 항의를 한다 해도 무슨 소용이 있겠습니까?

히플러 골수를 채취한 후에는 승인을 받았습니까?

몰튼 1년 동안 승인을 받지 못했습니다.

히플러 기다리는 동안 무슨 일이 있었습니까?

몰튼 계속해서 호르몬 치료를 받았습니다만 실패했습니다. 암세포가 간으로 전이되었습니다.

히플러 그렇게 전이된 후에 헬스넷으로부터 편지를 받았습니까?

몰튼 예, 받았습니다. 사실 암세포의 전이를 발견한 것과 거의 동시에 승인을 받았습니다.

제니스 보스워스와 에벌린 몰튼의 증언은 헬스넷의 계약 의무 위반과 악의를 입증하는 강력한 증거가 되었다. 재판이 끝나고 4년이 지나지 않아 보스워스와 몰튼은 사망했다. 그러나 그들은 회복된 몸으로 몇 년간 가족과 행복한 시간을 보냈다.

히플러는 다음으로 그의 가장 중요한 전문가 증인인 로이 B. 존스 박사를 증언대에 세웠다. 콜로라도대학 병원의 골수이식 프로그램 책임자인 존스 박사는 전국에 널리 알려진 전문가였고 골수이식 수술 논문도 여러 편 썼다. 존스는 칸 박사와 남캘리포니아대학 병원이 넬린에게 취한 조치는 적절한 것이었다고 증언했다. 그는 또한 시티 오브 호프 병원에서 다시 검사를 받으라는 헬스넷의 제안은 불필요한 것이었다고 말했다. 넬린은 이미 여러 의사로부터 검사를 받았고 실제로 시술을 하지 않는 병원에서 검사를 받는 것은 최선의 방법이라고 할 수 없기 때문이다. 또한 존스는 헬스넷의 승인 지연 때문에 넬린이 회복할 수 있는 가능성이 줄어들었을 수 있다고 증언했다.

히플러는 골수이식 수술의 승인 거절이 그의 환자에게 미쳤던 영향을 질문했다.

존스 치료가 지연되는 동안 암세포가 자라지 않느냐고 말씀하셨는데, 당연히 암세포는 커집니다. 또 하나 지적할 점은 힘든 투병 생활을 하면서 동시에 꼭 필요한 시술을 놓고 보험회사로부터 승인을 받고자 시비를 하는 것은 엄청난 스트레스를 준다는 사실입니다.

히플러 그런 스트레스 때문에 시술을 포기한 환자를 보신 일이 있습니까?

존스 예, 물론입니다.

히플러 포기한다는 것이 무엇을 말합니까?

존스 환자들은 저에게 이렇게 말합니다.

"생명을 잃지 않으려고 치료를 받고 싶고 선생님이 말씀하신 위험도 무릅쓸 각오가 되어 있습니다. 하지만 동시에 두 가지 싸움을 할 수는 없습니다. 육체적으로나 감정적으로나 제가 감당할 수 있는 범위를 넘어섭니다. 저는 승인을 받고자 노력하는 것을 그만두겠습니다."

헬스넷의 변호사들은 헬스넷의 법무 팀장인 셜린 캐츠를 증인으로 불렀다. 그의 증언 내용은 헬스넷이 보스워스에게 골수이식 비용을 지급한 것은 보스워스가 임직원이기 때문이라는 것이다. 캐츠에 대한 반대신문에서 히플러는 보스워스에게 지급된 돈이 보험금 계좌에서 인출되었다는 답변을 끌어냈다. 그 계좌는 헬스넷의 가입자들에게 보험금을 지급하기 위한 것이었다.

1993년 크리스마스를 앞둔 며칠 전에 양측은 증인신문을 모두 마쳤다. 이제 최종 변론만이 남아 있었다. 원고 측 변호인인 히플러가 먼저 변론을 하고 피고 측 변호사인 스왈로우가 그 뒤를 이었다.

넬린과 짐 폭스 부부를 위한 마크 히플러 변호사의 최종 변론

지금부터 18일 전인 12월 3일에 저는 이 자리에서 여러분께 모두변론을 했습니다. 그때 저는 의료보험 회사가 짐 폭스와 그의 부인인 넬린에게 저지른 파렴치한 행위를 말씀드렸습니다. 그들이 의료보험에 가입한 이유는 마음의 평화를 얻기 위함이었습니다. 혹시라도 이 건강한 가족에게 병이 생긴다면 헬스넷이 가족을 지켜 줄 것으로 믿었던 것입니다.

18일 전에는 제가 여러분께 모든 것을 말씀드릴 수 없었습니다. 모든 것을 말씀드리려고 하지도 않았습니다. 저는 여러분이 증인들로부터 직접 듣기를 원했습니다. 모두변론을 하면서 저는 전이가 일어난 유방암 환자인 보스워스 부인이 오소리오 박사의 사무실 밖에서 "그 여자가 이 시술을 어떻게 알게 된 거야? 누가 듀크대학 병원에 가 보라고 한 거야?"라는 말을 들었다는 사실을 밝히지 않았습니다. 저는 그런 말을 하지 않았습니다. 보스워스 부인이 직접 그 말을 들려주었습니다.

역시 전이가 일어난 유방암 환자인 몰튼 부인을 기억해 보십시오. 그 부인도 이 법정에서 직접 증언을 했습니다. 몰튼 부인이 무엇이라고 증언했는지 기억하십니까? 헬스넷이 승인을 거부한 결과 암세포가 간으로 전이되었다는 것입니다. 승인이 지연되었기 때문에 몰튼은 훨씬 힘든 투병을 해야만 했습니다. 저는 헬스넷의 의료부장인 냅 박사나 그의 골든 룰을 말씀드리지 않았습니다. "금을 가진 자가 규칙을 만든다"라는 것이 그 골든 룰입니다.

이제 이 사건과 관련된 법률을 설명드리겠습니다. 앞으로 여러분은 법률에 대해 재판장님의 설명을 들을 것입니다. 특히 보험 계약은 합리적인 일반인이 이해하는 바에 따라 해석되어야 한다는 설명을 들으실 겁니다. 보험회사가 원하는 대로 해석해야 하는 것도 아니고 변호사나 의사가 원하는 대로 해석해야 하는 것도 아닙니다. 여러분은 피고 측 변호사가 여러 명의 의사들을 상대로 이 계약의 의미가 무엇인지 각각 다른 정의에 대해서 묻는 것을 들으셨습니다. 하지만 이 사건에서 쟁점이 되는 것은 짐 폭스가 그 계약 문구의 의미를 어떻게 해석했느냐는 것입니다. 재판장님께서는 배심원 여러분이 계약의 의미를 폭넓게 해석해야 한다고 설명해 주실 것입니다. 왜 그럴까요? 그 계약 문구를 작성한 것은 보험회사이기 때문입니다. 그들은 변호사들과 직원들이 있고 하나하나의 문구를 주의 깊게 검토해서 계약서에 표기했습니다. 짐 폭스가 의지할 수 있었던 것은 그 계약서 하나뿐입니다. 그리고 그는 그 계약서를 믿었습니다.

계약서의 어떤 곳에도 '골수이식 수술은 제외된다'는 문구는 없습니다. 짐 폭스는 자신의 상식에 따라 계약서 문구를 그대로 믿었습니다. 특히 헬스넷과 계약을 맺은 쉬크 박사와 카마초 박사가 그 시술을 권유했을 때에는 더욱 그러했을 것입니다.

쉬크 박사가 짐 폭스에게 말한 내용을 기억하십니까? 보스워스 부인이라는 여자 환자가 있다. 그가 시술받은 비용을 헬스넷에서 지불했다. 이것이 쉬크 박사가 한 말입니다. 그는 "보험회사에서는 선례가 있다는 사실을 알고 있습니다. 골수이식 비용을 지불할 것입니다"라고 말했습니다. 또한 법은 계약 문구가 애매모호할 때에는 의료보험이 극히 중요하기 때문에, 그 혜택을 받는 사람에게 유리하게 해석해야 한다고 규정하고 있습니다. 환자인 폭스 부부에게 유리하게 해석해야 한다는 말입니다.

저는 이 계약 문구가 명백하고 골수이식 비용도 계약 내용에 포함되어 있는 것이 확실하다고 생각하지만, 혹시 여러분이 '시험 단계의 시술'이라는 문구가 이 시술과 관계가 있을지 모른다는 생각이 든다고 하더라도 그것은 단지 계약 내용이 애매모호하다는 것을 의미할 따름입니다. 존스 박사의 증언 내용을 기억해 보십시오. 저는 심지어 그에게 이 계약을 보여 주고 그 부분을 묻기까지 했습니다. 존스 박사는 폭스 부인이 받은 시술은 적절한 것이었고 실험적이거나 시험 단계에 있는 것이 아니라고 답변했습니다. 계약 내용이 애매하다고 생각된다면 여러분은 폭스 부부에게 유리하게 계약을 해석해야 합니다.

존스 박사가 자신이 치료하는 환자들에 대해서 증언한 것을 기억하십니까? 그는 넬린과 마찬가지로 치료가 가능한 유방암 환자가 많다고 말했습니다. 대부분 환자들은 보험회사에서 골수이식 수술 비용을 지불하지만, 그렇지 못한 사람들 중에는 생명을 놓지 않으려고 투병하는 동시에 비용 문제로 싸울 여력이 없는 환자들도 많습니다. 그들이 어떻게 합니까? 그들은 집으로 갑니다. 그리고 그대로 죽음을 맞이합니다. 이것이 바로 비극이 아니고 무엇이겠습니까?

이러한 모든 일이 무엇을 의미합니까? 보험회사는 암에 걸린 가입자로부터 수익을 올리기 어렵습니다. 하지만 그 환자가 사망하면 비용을 절약할 수 있습니다. 만일 여러분이 보험회사를 경영한다면 왜 그러한 문구를 수년째 그대로 두겠습니까? 보험 가입자를 모집하는 데 그처럼 좋은 문구는 없습니다. 보험회사에서는 모든 사람에게 모든 시술에 드는 비용을 지불하는 것처럼 보일 수 있습니다. 만일 가입자가 감기나 독감에 걸리면 물론 보험회사는 책임을 다할 것입니다. 하지만 가입자가 유방암에 걸리면 무슨 일이 일어납니까? '실험적'이라는 말이 튀어나오고, '시험 단계'라는 말이 튀어나옵니다.

따라서 보험회사는 의도적으로 그 문구를 애매모호한 상태로 둡니다. 가입자에게 문제가 없을 때는 보험회사도 잘합니다. 가입자가 보험회사를 찾아오면 보험회사는 양자를 모두 선택할 수 있습니다.

"글쎄요, 우리 생각에 이 시술은 시험 단계에 있는 것 같습니다."

그들은 계약 내용을 애매모호한 채 그대로 둡니다. 폭스 부인처럼 2,500명이 넘는 사람들의 도움을 받을 수 있는 사람은 극히 소수입니다. 대부분은 그냥 포기합니다.

이제 여러분은 이 법정에서 증언한 증인들의 신뢰성을 평가해야 한다는 설명을 들을 것입니다. 우리가 부른 증인들, 헬스넷에서 부른 증인들, 그리고 짐 폭스 자신도 포함됩니다. 여러분을 도와드리겠습니다. 헬스넷에서 나온 증인들에게 제가 했던 질문을 기억해 보십시오.

"당신은 환자를 치료합니까?"

그들의 대답이 무엇이었습니까?

"아닙니다. 우리는 환자를 치료하지 않습니다."

그들은 헬스넷에서 치료가 아닌 다른 일을 합니다. 그들의 대답을 다시 한 번 상기해 보겠습니다.

먼저 오소리오 박사가 있습니다. 그가 여기서 증언한 내용을 기억하십니까? 오소리오 박사는 이 시술이 실험적인 것이고 실험실에서 동물을 상대로 실험하는 단계에 있다고 말했습니다. 그는 자신이 받는 보너스나 인센티브가 그의 판단에 영향을 주었다는 사실을 부인했습니다. 그러나 그는 골수이식 수술에 관한 논문을 쓴 적이 없다고 인정했습니다. 골수이식 수술을 해 본 일도 없습니다. 그리고 그는 환자를 진료하지도 않습니다. 그가 인정한 대로 최근 10년간 그가 쓴 유일한 논문은 『의료 비즈니스The Business of Medicine』라는 책에 실린 것이 전부입니다. 이런 사람이 헬스넷이 내세우는 소위 '전문가' 중 한 명입니다.

두번째 증인으로 카마초 박사가 있습니다. 그는 넬린의 주치의였습니다. 골수이식 수술의 전문가가 아니라는 사실을 인정했지만 환자를 진료하는 의사입니다. 카마초 박사도 골수이식 수술에 관한 글을 발표한 일이 없고 시술을 해 본 경험도 없습니다. 그는 폭스 부인이 시티 오브 호프 병원에서 재검사를 하는 것은 완전한 시간 낭비라는 점을 인정했습니다. 그렇지만 헬스넷으로부터 "여기에서 검사를 받아보고 저기에서도 검사를 받아보라"는 편지를 받은 이후에는 갑자기 그것이 좋은 생각이라고 말했습니다. 그 당시는 분초를 다투는 다급한 때였습니다.

그리고 어제 헬스넷의 주요 전문가 증인인 모셔 박사가 증언을 했습니다. 그도 이 시술의 전문가가 아니고 시술을 해 본 경험이 없으며 논문을 쓴 일도 없다고 인정했습니다. 그는 보험회사나 변호사들 편에서 증언을 하여 연간 5만 달러가 넘는 돈을 번다고 말했습니다. 모셔 박사는 오소리오 박사의 파트너였습니다. 그가 증언 마지막 부분에 이 시술이 좋은 방식이 아니라고 말한 것을 기억하십니까? 이 시술의 전문가도 아니고 이에 관한 논문도 쓴 적이 없으면서 말입니다. 그는 제니스 보스워스에 대해서 들은 적이 없습니다. 에벌린 몰튼에 대해서도 들은 일이 없습니다. 아마도 그분들이 증언하는 것을 모셔 박사가 들었다면 좋았을 뻔했습니다. 그 역시 전문가가 아니고 존스 박사가 전문가라는 사실을 인정했습니다. 어제 제가 좌절감을 느낀 것은 헬스넷이 내세운 전문가라는 증인이 환자를 치료하거나 치료 방법에 대해 논문을 쓴 사람이 아니라 보험회사와 변호사를 위해서 증언하는 데 많은 시간을 보내는 사람이라는 사실 때문이었습니다.

오늘 이 시각까지 헬스넷은 골수이식 수술과 관련해 여러분의 이해를 도울 수 있는 전문가를 한 명도 제시하지 못했습니다. 그들은 그렇게 할 수 없었던 것입니다. 골수이식 수술을 실제로 시술하고 환자를 치료하는 전문가는 모두 이 시술이 '실험적'이라거나 '시험 단계'에 있는 것이 아니라는 점을 잘 알고 있기 때문입니다.

넬린을 치료한 의사인 쉰크 박사의 증언을 기억하십니까? 제가 쉰크 박사에게 "환자에게 이 시술을 받게 하면 어떤 금전적인 이익이 있습니까?"라고 물었을 때, 그가 무엇이라고 했습니까?

"그런 것은 전혀 없습니다. 인센티브가 있다고 해도 오히려 그 반대의 경우에 주어질 것입니다. 저는 환자에게 최선의 길이라고 생각되는 시술을 권유했을 뿐입니다."

쉰크 박사는 골수이식 수술을 아는 사람입니다.

"제가 직접 시술을 하지는 않지만 골수이식 수술 훈련을 받은 일은 있습니다."

또한 그는 이렇게 말했습니다.

"4월에 짐과 넬슨에게 만일 넬슨이 제 아내라면 골수이식 수술을 받도록 하겠다고 말했습니다. 최소한 시작은 할 것이라고 말했습니다."

카마초 박사가 쉰크 박사의 의견에 무엇이라고 했습니까? 전적으로 동의했습니다. 사실 카마초는 쉰크 박사를 도와서 초기 테스트를 했고 헬스넷에 편지까지 썼습니다. 처음에는 카마초 박사도 전적으로 찬성했던 것입니다.

두번째 증인인 남캘리포니아대학 병원의 칸 박사는 골수이식 수술을 상세히 설명한 다음 폭스 부인이 시술을 받기 전에 얼마나 많은 테스트를 통과해야 했는지 증언했습니다. 그가 증언하기를, 골수이식수술을 받으려고 병원을 찾은 환자들 중 50퍼센트 가량이 테스트를 통과하지 못해서 시술을 받지 못한다고 합니다. 그들은 아주 조심스럽게 시술 대상자를 선정하고 시술이 도움이 될 만한 환자들만 선택합니다.

증인으로 나온 의사들 사이에는 커다란 차이가 있습니다. 칸 박사는 5년간 환자들을 상대로 골수이식 수술을 한 경험이 있습니다. 그는 폭스 부인이 수술을 받기에 적합한 환자라고 증언했습니다. 칸 박사는 골수이식 수술을 하는 환자가 많아진다고 해서 금전적인 인센티브를 받지는 않습니다. 그의 역할은 오히려 위험성이 높으면 환자들을 수술 대상에서 제외하는 것이었습니다. 칸 박사는 이 시술에 실험적이라거나 시험 단계라는 말은 전혀 어울리지 않는 것이라고 말했습니다.

다음 증인은 존스 박사였습니다. 존스 박사는 이 시술과 관련해 의학 잡지에 52편의 논문을 기고한 전문가입니다. 그는 14권의 의학 교과서에 이 시술에 관한 글을 실었다고 증언했습니다. 그는 듀크대학의 교수이자 골수이식 수술팀의 책임자로서 직접 환자를 진료합니다. 존스 박사는 이 시술의 전문가이고 실제로 환자를 치료한 경험을 토대로 골수이식 수술을 하면 15퍼센트의 환자가 효과를 본다고 증언했습니다.

제가 존스 박사에게 물어본 마지막 질문을 기억하십니까? 그때 저와 존스 박사는 동기와 인센티브를 얘기하고 있었습니다.

"당신에게 동기를 부여하는 것은 무엇입니까?"

그는 매년 유방암에 걸리는 1만 8,000명의 환자가 자신의 동기라고 대답했습니다. 그는 기존의 항암치료로는 아무런 효과도 보지 못한 환자들의 눈을 쳐다볼 때마다 사명감을 느낀다고 말했습니다. 그도 자신의 치료법이 완벽한 것이 아니며 모든 사람에게 효과가 있는 것은 아니라는 점을 인정했습니다. 그러나 그는 모셔 박사 같은 사람에게 치료를 받았거나 기존의 항암치료만을 받았다면 나을 수 없었을 것이 분명한 에벌린 몰튼 같은 환자를 만납니다. 그는 골수이식 수술을 받으려고 '고용주와의 싸움도 마다하지 않은' 제니스 보스워스 같은 환자를 치료합니다. 그는 이런 환자들이 자신을 이끄는 동기라고 말했습니다.

이제 이 시술을 받은 경험이 있는 두 사람의 증인에 대해 말씀드리겠습니다. 먼저 제니스 보스워스입니다. 보스워스는 애사심이 강한 직원이었습니다. 하지만 오소리오 박사가 그에게 보낸 편지에는 "헬스넷은 보스워스 씨와 체결한 보험 계약에 따라 이 시술 비용을 부담할 예정입니다"라고 적혀 있습니다. 편지의 어디에도 "훌륭한 직원에 대한 회사의 선물입니다." 또는 "이것은 경영진의 결정에 따른 것입니다"라는 말은 없습니다. 어디에도 "이 시술은 시험 단계에 있는 것이지만 예외를 인정합니다"라는 구절은 없습니다.

보스워스 씨는 간과 척추에 암이 전이된 환자입니다. 2월이 되면 그가 이 시술을 받은 지 2년이 됩니다. 그는 회사를 위해서 열심히 일했고 회사도 그가 유방암에 걸리기 전까지 좋은 대우를 해 주었다고 말합니다. 유방암에 걸린 후 보스워스는 여러 장애물을 뛰어넘고 수많은 통화를 하고 말다툼을 거쳐서야 이 시술을 받을 수 있었습니다. 보험회사가 넬린에게 한 것과 똑같은 방식입니다. 피고 측은 그가 헬스넷의 직원이기 때문에 시술 비용을 지급한 것이고 그것은 경영을 생각한 결정이었다고 주장한 바 있습니다. 하지만 반대신문 과정에서 보스워스는 비용을 지급받고자 소송을 제기해야 했다는 증언을 하였습니다.

다음은 에벌린 몰튼입니다. 저는 그가 증언을 하려고 이 법정에 오기 전에는 그를 만나보지 못했습니다. 몰튼은 암이 간에 전이되었습니다. 모셔 박사마저도 간으로 전이된 암은 극히 좋지 않은 상태로 평가했습니다. 간으로 전이되었다는 판정을 받고 난 후에 그가 보험회사로부터 받은 편지 내용은 이렇습니다.

"헬스넷은 당신의 상태를 재평가하였고 이식수술을 승인하기로 결정하였습니다."

보스워스 씨는 승인받았고 넬린은 거부당한 것과 똑같은 시술입니다. 몰튼은 간으로 전이된 유방암 환자로서 넬린과 비슷한 상황에 처해 있었는데 골수이식 수술의 승인을 받았습니다. 피고 측은 몰튼의 시술을 승인한 이유를 설명했습니다. 하지만 몰튼이 승인받기까지 오랜 기간의 지연이 있었다는 것을 잊어서는 안 됩니다. 지연된 동안에 그의 상태는 악화되었고 성공 가능성은 70퍼센트에서 30퍼센트로 낮아졌습니다. 그 기간에 암이 간으로 전이된 것입니다. 몰튼의 보험회사가 누구입니까? 바로 피고 회사입니다. 다행히 그들은 올바른 결정을 내렸습니다. 몰튼은 살아 있는 증거나 마찬가지입니다.

넬린 폭스에 대한 보험금 지급 거절 편지는 1992년 6월 12일에 도착했고 폭스 가족을 절망에 빠뜨렸습니다. 그 편지 내용을 기억하십니까?

"우리는 이 시술이 실험적이고 시험 단계에 있는 것이라고 생각합니다. 안녕히 계십시오."

같은 날 제가 썼던 편지 내용은 이렇습니다.

"함께 만나서 이 문제를 의논하고 서로 납득할 수 있는 합의에 이르기를 희망합니다. 우선 귀사의 가입자인 넬린 폭스의 생명을 구하고 이 문제로 불필요한 소송을 하는 일이 없기를 바랍니다."

짐도 편지를 쓰고 넬린의 주치의도 편지를 썼습니다. 그러나 무슨 일이 있었습니까? 헬스넷은 시간을 끌며 발뺌을 하기 시작했습니다. 카마초 박사가 짐과 넬린에게 넬린이 시티 오브 호프 병원에서 치료받을 수 없을 것이라고 말한 것을 기억하십니까? 그때는 한시가 급할 때였는데 헬스넷이 제안한 내용은 완전한 시간 낭비에 불과했습니다. 폭스 가족이 받은 편지에는 다음과 같은 내용이 있었습니다. "만일 당신이 시티 오브 호프 병원에 간다면……" 그때까지 넬린은 이미 세 번, 네 번 진단을 받았습니다. "만일 시티 오브 호프 병원에서 당신이 시술을 받을 만한 환자라고 판단한다면 우리는 당신이 캘리포니아대학에 입원할 수 있도록 해드리겠습니다. 그곳의 기준에 맞으면 당신은 골수이식 수술을 받을 수 있을 것입니다."

넬린이 처한 상황을 생각할 때 불가능하고 터무니없고 비합리적인 조건이었습니다. 카마초 박사조차도 왜 그런 과정을 겪어야 하는지 설명할 수 없었습니다.

이 사건과 같은 민사소송에서 원고는 50퍼센트가 넘는 가능성만 입증하면 입증 책임을 다하는 것입니다. 원고 짐 폭스와 넬린의 상속재산, 나탈리, 니콜, 제나는 그러한 기준을 훨씬 넘는 입증을 했습니다. 조금 전에 말씀드렸던 계약 위반 문제와 관련한 몇 가지 사항을 설명드리겠습니다.

계약 문구는 평이하게 해석되어야 한다는 점을 잊지 마시기 바랍니다. 만일 애매모호한 구절이 있다면 짐과 넬린 폭스에게 유리하게 해석되어야 합니다. 넬린이 끔찍한 병에 걸렸다는 것을 알았을 때 짐과 넬린이 보험회사에서 골수이식 비용을 지급할 것이라고 믿은 것이 합리적인 생각이었습니까? 물론입니다. 계약 문구를 평이하게 해석해야 한다는 원칙에서 보면 당연합니다. 보험회사는 유사한 상황에 처한 보스워스에게도 비용을 지급했습니다.

그 시술은 시험 단계에 있는 것이 아니었습니다. 헬스넷의 정의를 따르더라도 시험 단계에 있었다고 보기 어렵습니다. 물론 의료보험이 모든 비용을 지불할 수는 없습니다. 하지만 적어도 스스로 만든 계약 내용은 지켜야 하지 않습니까? 그것이 그렇게 큰 요구입니까? 폭스 가족은 의료보험에 가입하면 마음의 평화를 보장받을 것이라고 생각했습니다. 그러나 그들이 의학적인 그리고 재정적인 재난을 만났을 때 마음의 평화는 아무 곳에도 없었습니다.

원고 측이 두번째로 제기한 청구원인은 피고의 악의에 의한 손해배상입니다. 악의란 무엇을 의미합니까? 우리는 지금까지 이 보험계약에 내재된 신의성실의 원칙을 얘기했습니다. 의료보험 계약은 사람의 생명을 다루는 것입니다. 그리고 그 계약은 보험회사가 치료를 승인하거나 거절하는 데 합리적인 결정을 해야 한다고 규정하고 있습니다. 이러한 내용은 보험 계약의 특징입니다. 다른 종류의 계약과 달리 가입자가 어떤 경제적 이익을 얻으려고 보험 계약을 체결하는 것이 아니기 때문입니다. 짐 폭스는 경제적 이익 때문에 보험 계약을 체결하지 않았습니다. 그가 의료보험에 가입한 것은 그와 넬린, 나탈리, 니콜 그리고 제나가 안심하고 살아가기 위함입니다. "필요할 때 헬스넷이 도움을 주겠지." 마음의 평화를 위한 계약이었습니다. 폭스 가족은 그 대가를 지급했습니다. 거저 얻은 것이 아닙니다. 계약 문구는 헬스넷이 작성한 것입니다.

이제 배심원 여러분께 악의의 예를 몇 가지 말씀드리겠습니다. 우선 피고 보험회사는 계약 내용을 부당하게 제한적으로 해석했습니다. 첫번째로 보험 계약을 글자 그대로 해석하면 당연히 시술 비용을 지급해야 합니다. 헬스넷은 사람들이 그들의 계약 내용에 골수이식 수술도 포함되는 것으로 생각한다는 것을 이미 알고 있었습니다.

악의는 피고가 확립된 기준 없이 원고의 요청을 거절한 점에서도 인정될 수 있습니다. '기술 평가서'를 기억해 보시기 바랍니다. 이것은 헬스넷으로부터 직접 자문을 의뢰받은 스미디 씨가 작성한 보고서이고, 스미디 씨는 헬스넷과 거래를 많이 하기 때문에 증언을 하기 싫다는 의사를 표시하기까지 했습니다. 스미디 씨는 이 보고서를 준비하는 과정을 증언했습니다. 보고서는 많은 노력을 들여 작성한 충실한 것입니다. 병원에 전화를 하고 골수이식 수술 관련 논문들을 모두 참조했습니다. 1990년 11월 12일자로 작성된 보고서에는 이 시술이 1991년에 일반적인 치료 방법이 될 것이라고 평가되어 있습니다. 헬스넷은 1992년 6월 12일에 이 보고서를 받았습니다.

세번째로 피고의 악의를 인정할 수 있는 근거는 골든 룰 때문입니다. 스미디 씨가 냅 박사에게 그 보고서 내용을 알려 준 것을 기억하십니까? 그때 냅 박사가 무엇이라고 대답했습니까?

"어쨌거나 나는 이 시술을 거절할 거요."

이런 태도가 바로 헬스넷의 골든 룰입니다.

네번째 근거는 헬스넷이 비합리적으로 행동했다는 사실입니다. '기술 평가서' 외에 그들이 취한 조치를 비합리적인 것으로 볼 수 있는 이유가 무엇일까요? 그것은 헬스넷이 일반적으로 인정받고 있는 시술 방법을 인정하지 않았기 때문입니다. 이 법정에는 골수이식 수술에 전문 지식이 있는 의사들이 출석했고 관련 논문도 제출되었습니다. 그런데도 모셔 박사는 이렇게 증언했습니다.

"로이 존스 박사와 피터스 박사가 이 논문들을 썼다는 사실은 인정합니다. 하지만 그 시술이 좋은 치료 방법인지는 모르겠습니다."

제가 모셔 박사에게 이 논문에 등장하는 환자들이 언제 시술을 받았는지 질문한 것을 기억하십니까? 그는 1988년이라고 대답했습니다. 그런데도 이 시술 방법이 아직 발전하고 있는 것이라고 말했습니다. 헬스넷의 의사들은 낡은 이론에만 의존했고 6년 내지 8년 전의 의학 교과서를 근거로 판단한다고 증언했습니다. 그들은 8년 전의 치료 방법을 근거로 삼고 있는 것입니다. 이런 낡은 자료를 근거로 시술이 '실험적'이라거나 '시험 단계에 있는 것'이라고 주장한 것입니다. 실제로 그들이 말하고자 했던 것은 이 시술은 비용이 많이 든다는 사실일 것입니다.

다섯번째 근거는 유사한 상황에 있는 환자들을 불법적으로 차별했다는 사실입니다. 만일 몰튼 씨와 보스워스 씨가 체결한 보험 계약이 넬린의 계약과 달랐다면 이런 주장을 할 수 없을 것입니다. 하지만 계약 내용은 모두 똑같았는데도 몰튼과 보스워스만 치료비를 지급받았습니다. 그 이유가 무엇인지는 헬스넷만이 알 것입니다.

여섯번째는 피해자들을 속였다는 점입니다. 여러분께서는 카마초 박사가 처음에 많은 도움을 주었다는 것을 기억하실 것입니다. 그는 무엇이든지 하려고 했습니다. 넬린에게 테스트를 받도록 했고 골수 이식 수술을 받으라고 권유도 했습니다. 그는 헬스넷에 두 통의 편지를 쓰기까지 했습니다. 6월 6일에 그가 한 말은 이렇습니다.

"이 시술을 반드시 받으셔야 합니다."

그리고 그는 6월 15일에 오소리오 박사로부터 전화를 받게 됩니다. 냅 박사가 오소리오 박사에 대해서 증언한 내용을 기억하십니까? 왜 그가 오소리오 박사를 채용했습니까?

"그는 아주 설득력이 강한 사람이고 헬스넷에게 이익이 되는 방향으로 의사들 마음을 돌릴 수 있는 능력이 있습니다."

이것이 냅 박사의 증언입니다.

일곱번째는 절차를 지연했다는 사실입니다. 존스 박사는 병원에 따라 치료 방식이나 대상이 다르다고 말했습니다. 어떤 병원이든지 모든 치료가 다 가능한 곳은 없습니다. 시티 오브 호프 병원은 골수에 문제가 있는 환자는 받지 않는다고 말했습니다. 이미 여러 번 진단을 받았고 다른 병원에서 시술이 가능하다는 판정을 받은 환자가 촌각을 다투는 상황에서 왜 시티 오브 호프 병원에 가야 합니까? 불합리하고 악의에 찬 행동입니다.

넬린이 시술을 받는 데 거쳐야 했던 수많은 테스트와 관련해 카마초 박사가 증언한 것을 기억하실 것입니다. 왜 오소리오 박사는 다시 넬린을 시티 오브 호프 병원으로 보내려 했던 것일까요? 이것은 불합리한 행동이고 시간 낭비입니다.

여덟번째 이유는 넬린을 남캘리포니아대학 병원에 가지 못하게 했다는 것입니다. '기술 평가서'에는 남캘리포니아대학 병원은 골수이식 수술에 가장 적합한 병원이라고 되어 있습니다.

아홉번째, 보험회사가 진료 승인 신청을 객관적이고 공정하게 평가하지 않은 때에는 악의가 인정됩니다. 넬린의 요구가 무리한 것이었습니까? 생명이 달려 있는 상황에서 비용이 많이 드는 시술을 요구하는 것이 무리한 것입니까? 객관적이고 공정하게 신청을 평가해야 하는 책임을 지고 있는 사람은 오소리오 박사였습니다. 오소리오 박사와 헬스넷의 채용 계약서에는 이런 내용이 있습니다.

"회사와 직원의 실적에 따른 인센티브를 지급받을 수 있습니다."

그 뜻은 "합의된 목표를 달성했을 때에는 남는 이익의 몇 퍼센트를 지급받을 수 있다"는 것입니다. 그가 자신의 수입을 정확히 모른다고 증언한 것을 기억하십니까? 보너스 때문입니다. 그의 아내는 그가 개업의를 그만두었을 때 수입이 줄어들 것이라고 걱정했을 것입니다. 실제로 그의 월급은 줄어들었습니다. 그대신 그에게는 보너스가 있었습니다.

다른 보너스도 있습니다. 냅 박사는 보험금 지급이 절감되는 데 따르는 보너스에 대해서도 증언을 했습니다. 그는 회사의 최고위층입니다. 부사장이자 의료부장입니다. 그가 오소리오를 채용했습니다. 보너스에 대한 질문을 받고 냅은 이렇게 말했습니다.

"골수이식 수술을 승인하지 않으면 인센티브를 받습니다. 물론 오소리오 박사가 그런 이유로 승인하지 않은 것은 아닙니다."

객관적인 평가를 하지 않으면 악의가 인정된다는 사실을 명심하십시오. 승인하지 않는 데는 인센티브가 따릅니다.

    열번째로 보험회사가 승인 요청에 대하여 적절히 조사하지 않았을 때에도 악의가 인정됩니다. 템플먼 변호사가 칸 박사에게 오소리오 박사로부터 전화를 받았는지 물었을 때 칸 박사는 그런 사실이 없다고 답변했습니다. 오소리오 박사도 전화한 일이 없다고 인정했습니다. 그는 스스로가 칸 박사의 상대가 될 수 없다는 것을 알았던 것입니다. 그는 자신이 카마초 박사를 조종할 수 있을지는 모르지만 전문가와 대화한다면, 이 시술을 정말 잘 알고 있는 사람과 상대한다면 설득이 통하지 않으리라는 것을 알고 있었습니다. 그렇기 때문에 칸 박사에게는 전화도 해 보지 않고 승인을 거절한 것입니다.

    이제까지 저는 피고의 악의를 인정할 수 있는 열 가지 이유를 말씀 드렸습니다. 다시 한 번 말씀드리지만 이 사건은 통상적인 거래와 관계된 것이 아닙니다. 유방암에 걸린 환자에 관한 것입니다. 시간이 무엇보다도 중요한 사안입니다. 열 가지의 근거가 있습니다. 헬스넷의 악의를 인정하는 데 필요한 것은 그 중에 하나로도 충분합니다. 헬스넷이 폭스 가족에게 마음의 평화를 제공했습니까?

    자 이제 어려운 말씀을 드려야 될 것 같습니다. 악의가 인정된다는 점을 근거로 손해배상 액수를 설명드리겠습니다. 계약 위반에 따른 손해배상은 이미 말씀을 드렸습니다만, 열 가지의 악의적인 행동을 근거로 어떻게 손해배상액을 결정해야 하는지 하나의 예시를 제시해야 합니다. 한 가지 악의적인 행위만 인정되어도 충분하다는 점을 기억하시기 바랍니다. 여러분은 제가 제시한 금액보다 더 적은 금액을 결정할 수도 있고 더 많은 금액을 결정할 수도 있습니다. 폭스 씨는 아내가 중병을 앓고 있는 동안 자신의 돈과 노력으로 모금을 하러 다녀야 했습니다. 그리고 사람들은 21만 2,000달러를 모금해 주었습니다. 헬스넷의 조치가 사람들을 격분시켰기 때문입니다.

여러분이 악의적이라고 인정하는 행동 하나하나에 손해배상을 하도록 결정해 주시기 바랍니다. 폭스 가족이 겪어야 했던 일들과 그들이 지불해야 했던 금액을 생각해 보십시오. 21만 2,000달러는 계약상 책임이 인정되면 받기로 한 금액입니다. 헬스넷의 악의가 입증되는 행동이 인정될 때마다 그만큼 이 금액을 배가해 주십시오. 그것이 폭스 가족이 겪은 감정적인 고통에 대한 배상이 될 것입니다. 이것이 저의 제안입니다.

원고 측의 마지막 청구원인은 '의도적으로 감정적인 고통을 초래한 불법행위로 인한 손해배상 청구'입니다. 헬스넷의 임직원들이 계획적으로 폭스 가족에게 감정적인 고통을 주려는 음모를 꾸민 때에만 이 청구가 인정되는 것은 아닙니다. 그런 사실을 인정할 증거는 필요하지 않습니다. 다만 피고가 폭스 가족이 감정에 큰 상처를 입으리라는 점에는 아무런 관심도 없이 지극히 잘못된 행동을 했다는 사실만 인정되면 됩니다.

다른 누구보다도 오소리오 박사의 예를 들어보겠습니다. 그는 암환자를 치료했던 경험이 있는 사람입니다. 원하는 시술의 승인이 거부되는 것이 사람들에게 얼마나 큰 충격인지 그가 몰랐을까요? 그는 시술의 승인을 거절하기 전에 모금운동을 들어서 알고 있었다고 증언했습니다. 아내가 중병에 걸린 상태에서 짐 폭스는 자리에 앉아서 기다리고만 있을 수는 없었습니다. 오소리오 박사는 그런 일이 벌어질 것이라는 사실을 잘 알고 있었습니다. 그런데도 아무런 관심이 없었던 것입니다.

'감정적인 고통'이라는 것이 정확하게 무엇을 의미하는지 궁금하실 것입니다. 판사님이 설명해 주실 내용을 먼저 말씀드리도록 하겠습니다. 감정적인 고통에 해당하는 요소에는 열 가지가 있습니다.

첫번째는 두려움입니다. 짐은 자신의 주치의인 로빈슨 박사와 이 일 때문에 생긴 두려움을 얘기한 일이 있다고 증언했습니다. 모금운동에 참여했던 앤더슨 부인은 짐이 그 모든 노력이 수포로 돌아가지 않을까 걱정에 가득 차 있었다고 증언했습니다. 그런데도 밤낮으로 모금운동을 벌이는 일 외에 그들이 할 수 있는 일은 없었습니다. 정치인이 선거운동을 하는 것과 죽음을 앞둔 환자를 위해서 모금운동을 벌이는 것은 전혀 다릅니다. 짐 폭스는 공포에 둘러싸여 있었습니다.

두번째는 초조함입니다. 그가 보험에 가입해 있었다는 사실을 상기해 주시기 바랍니다. 그는 의료보험이 있었습니다. 그런데도 초조함에 시달려야 했습니다. 마치 시한폭탄의 시계가 째깍거리는 것 같았습니다. 언제 꺼질지 알 수 없는 생명을 지켜보는 것은 누구에게나 견딜 수 없는 일입니다.

세번째는 슬픔입니다. 여러분은 짐의 동료들이 그의 슬픔에 대해서 증언하는 것을 들으셨습니다. 그는 동료들이 보는 앞에서 슬픔에 못 이겨 주저앉곤 했습니다. 밤마다 눈물을 흘렸고 지금도 그렇습니다. 넬린이 유방암에 걸린 것은 헬스넷의 책임이 아닙니다. 하지만 그들은 넬린이 생명을 걸고 싸울 때 폭스 가족을 저버렸습니다.

네번째는 걱정입니다.

다섯번째는 근심입니다. 폭스 가족은 근심으로 불면증에 시달렸습니다. 근심으로 잠을 못 이루는 동안 그들은 좌절감을 달래면서 감사 편지를 썼습니다. 그들을 도와주고 골수이식 수술을 승인해 달라는 편지까지 써 주었던 의사가 갑자기 태도를 바꾸어서 폭스 가족은 좌절과 분노에 시달렸습니다. 그가 그러한 사실을 솔직히 인정하겠습니까? 그렇기 때문에 배심원 여러분께서 증거를 종합적으로 판단하셔야 합니다.

저는 여러분께 카마초 박사가 한 일을 보여 드렸습니다. 짐도 그가 무엇을 했는지 증언했습니다. 그는 마지막 순간에 태도를 바꾼 것입니다. 아무것도 변하지 않았습니다. 넬린의 상태도 변화가 없었습니다. 남캘리포니아대학 병원의 태도도 바뀌지 않았습니다. 다만 우리가 아는 것은 그가 태도를 바꾸기 전에 의사들에게 매우 영향력 있는 것으로 알려진 인물의 전화를 받았다는 것입니다.

또 하나의 요소는 충격입니다. 이에 대해서는 상세한 사정을 말씀드릴 필요도 없을 것입니다. 이미 배심원 여러분 앞에서 짐이 자세히 증언했습니다.

또 다른 하나는 창피함입니다. 짐은 아직도 사람들을 만나면 창피함을 느낍니다. 물론 그는 사람들의 도움에 고마워하고 있습니다. 하지만 다른 사람에게 빚을 졌다는 느낌을 좋아하는 사람은 아무도 없을 것입니다. 그렇기 때문에 그는 의료보험에 가입했던 것이고 마음의 평화를 위해서 돈을 지불하는 것이라고 생각했습니다. 마음의 평화는 없었습니다. 모금 기간뿐만 아니라 지금도 그가 모르는 사람들이 그에게 와서 이렇게 말합니다.

"우리 돈을 돌려주기는 할 건가요?"

수치심. 분노. 이런 감정들을 하나하나 설명드릴 필요는 없을 것입니다. 너무나 명백하기 때문입니다. 도움을 간청하는 일, 넬린이 등장하는 포스터를 가게에서 보는 일······. 로빈슨 박사는 짐의 복통과 감정적인 문제, 의료보험 회사가 그의 인생을 하찮게 취급했다는 느낌을 증언했습니다. 헬스넷은 이러한 문제에 아무런 관심도 없었습니다. 이상이 열 가지 요소입니다.

넬린의 가족은 필요한 돈을 모으려고 열심히 일해야 했습니다. 그들의 돈과 헬스넷 때문에 격분한 사람들이 보내 준 돈도 있습니다. 배심원 여러분께서 제가 말씀드린 점들을 인정하신다면 헬스넷의 부당한 처사로 폭스 가족이 거리에 나가서 간청해야만 했던 액수에 인정되는 요소들을 곱한 금액의 배상을 명령해 달라고 부탁드립니다. 그 액수는 짐이 아직도 매일매일 사람들로부터 들어야 하는 액수입니다.

'비인도적이고 악의적인 행동.' 이러한 행동은 피해지기 속한 지역사회를 격분하게 만듭니다. 지역사회만 나선 것이 아닙니다. 캘리포니아는 물론 미국 전역에서 2,500명이 넘는 사람들이 분노를 느끼고 모금운동에 참여했습니다. 많은 사람들이 헌신적으로 도움을 주었습니다. 사람들은 시간이 없다는 것을 알고 있었습니다. 오소리오 박사가 넬린에게 이 병원, 저 병원에 가 보라고 말한 바로 그 시간이 부족하다는 것을 다른 모든 사람들은 알고 있었던 것입니다.

마지막으로 제가 말씀드릴 문제도 매우 중요합니다. 바로 징벌적 배상 문제입니다. 징벌적 배상은 사회에 메시지를 보내는 것입니다. 개인이건 회사건, 그들의 금고에 손을 대기 전에는 공정하게 행동하지 않으려고 하는 자들에게 강한 메시지를 보내는 수단입니다. 냅 박사는 의사들을 상대로 한 인센티브 시스템을 말했습니다. 여러분이 헬스넷의 메커니즘은 변화해야 한다고 생각하신다면 그러한 메시지를 보내야 합니다. 그리고 여러분은 어떠한 메시지가 그들의 행동을 바꿀 수 있는지 결정해야 합니다.

　에벌린 몰튼은 자신을 계기로 헬스넷의 관행이 변화할 것이라고 생각했다고 증언했습니다. 그러나 관행은 계속되었습니다. 넬린 폭스도 승인을 거절당했습니다. 헬스넷의 행동에는 아무런 변화가 없었습니다. 에벌린 몰튼은 충격을 받았습니다. 보스워스 씨도 넬린 폭스 이야기가 실린 신문 기사를 읽었습니다. 그의 회사가 전혀 변하지 않았기 때문입니다. 언젠가 짐도 똑같은 내용의 다른 환자의 신문 기사를 읽게 될지 모릅니다. 헬스넷이 그러한 행동은 용납되지 않는다는 사실을 깨닫지 못한다면 앞으로도 이러한 일은 계속될 것입니다. 그들에게 의사와 환자와의 관계는 보호되어야 하고 직접 환자를 치료하지 않는 보험회사가 그 사이에 끼어들어서는 안 된다는 점을 일깨워야 합니다. 보험회사가 비용 지불을 결정하는 일은 아무런 문제가 없습니다. 하지만 의사들의 치료 방법을 바꾸려고 해서는 안 됩니다. 그것은 보험회사가 할 일이 아닙니다.

　배심원 여러분께서 피고가 원고를 기만했거나 억압했거나 악의가 있었다고 판단한다면 헬스넷을 징벌한다는 의미로써 손해배상액을 결정해야 합니다. 어떤 음모나 폭스 부인을 괴롭히려는 의도가 인정되어야 하는 것은 아닙니다. 사람들에게 제공하기로 약속한 서비스를 거절하도록 부추기는 구조적인 문제점만 인정되면 충분합니다. 좀더 쉽게 말씀드린다면, 억압이라는 것은 다른 사람에게 잔인하고 비정상적인 고통을 안겨 주는 비열한 행동을 말합니다. 만일 짐 폭스가 겪어야 했던 것이 잔인하고 비정상적인 고통이 아니라면 다른 무엇이 될 수 있겠습니까? 악의라는 것은 다른 사람들의 권리와 안전을 의식적으로 무시하는 일입니다. 기만이라는 것은 자신의 의도를 감추고 다른 사람의 권리를 침해하는 것입니다.

피고가 기만, 억압, 악의를 가지고 행동했다는 것은 이미 다 입증되었습니다. 1989년 이후 계속 기회가 있었는데도 계약서의 문구를 고치지 않았습니다. 계약서상으로는 모든 서비스를 제공하는 듯한 인상을 주면서 실제로는 전이가 일어난 유방암 환자에게 아무런 조치를 취하지 않아도 된다고 생각했기 때문입니다. 마케팅을 잘하면 비용이 절약됩니다.

헬스넷은 상당수의 사람들이 존스 박사를 찾아갔던 환자들처럼 그냥 포기할 것을 알고 있었습니다. 그 환자들은 폭스 가족처럼 많은 친구가 없었습니다. 그들은 유방암으로 생명의 위협을 느끼면서 동시에 보험회사와 싸울 수는 없었습니다. 헬스넷은 자문 보고서를 무시했습니다. 그것은 자기들이 비용을 댄 보고서입니다. 원고 측에서 제출한 보고서가 아닙니다. 자문을 맡은 사람도 헬스넷의 의뢰를 받아서 보고서를 작성했습니다. 카마초 박사를 조종하고 위험성을 과장하고 바쁜 폭스 가족을 불러들이며 그들은 실제로는 아무것도 하지 않았습니다. 지연전술입니다. 운 좋게도 지금까지 건강한 에벌린 몰튼이 그들의 지연전술의 증거입니다. 보너스 지급체계, 구조적인 이해관계의 충돌, 칸 박사와의 상담 거절 등이 다 지연전술의 증거입니다.

여러분께서 징벌적 배상을 명하는 것이 옳다고 결정하신다면 지금까지 드러난 사실과 증거에 기초해서 그 액수를 결정하게 될 것입니다. 여러분은 헬스넷의 장부를 보고 그들이 벌어들이는 액수를 참조할 수 있습니다. 예를 들면, 여러분은 그들의 세후 수익의 10퍼센트나 15퍼센트를 손해배상액으로 결정하실 수 있습니다.

1, 2년 전에 있었던 조사 결과를 보면 미국 근로자의 평균 수입은 1만 8,000달러라고 합니다. 고속도로에 쓰레기를 버리면 벌금은 500달러입니다. 이 액수는 1만 8,000달러의 연봉을 받는 사람이 매월 받는 봉급의 3분의 1에 해당하는 금액입니다. 같은 행위에 벌금을 25달러로 정했을 때는 고속도로가 쓰레기로 가득 차 있었습니다. 벌금이 500달러가 되었을 때 변화가 일어났습니다. 벌금의 증액이 효과를 본 것입니다.

징벌적 배상은 매우 중요한 일입니다. 징벌적 배상제도는 오만한 대기업의 횡포를 막으려고 만든 것입니다. 돈 있는 자가 규칙을 만든다는 소위 골든 룰에 따라 행동하는 것을 막기 위한 수단입니다. 피고 회사의 터무니없는 행동은 큰 이익을 내고자 회사 정책으로 확립된 일련의 행위 중 한 부분입니다. 다시 한 번 말씀드리지만, 원고는 건강관리기관이 모든 비용을 지불해야 한다고 주장하는 것은 아닙니다. 계약에 따른 약속을 지켜야 한다는 것입니다.

헬스넷이 폭스 가족에게 약속한 것은 최소한 마음의 평화를 주겠다는 것이었습니다. 폭스 가족은 결코 약속된 마음의 평화를 얻지 못했습니다. 피고는 의식적으로 그리고 고의로 그 자신이 만든 선례마저 무시했습니다. 그들은 자기들이 선택한 계약서의 문구마저 무시하기로 결정했습니다. 그들은 남캘리포니아대학 의사들의 의견도 무시하기로 결정했습니다. 그들은 넬린의 삶을 위한 투쟁도 무시하기로 결정했습니다. 결국 그들은 폭스 가족을 무시하기로 결정한 것입니다. 헬스넷 때문에 폭스 가족은 하루 종일 거리에서 모금운동을 벌여야 했습니다.

미국 전역에 있는 대기업 이사회에서는 배심원 여러분의 판단을 예의주시하고 있습니다. 여러분이 어떤 메시지를 보낼지 많은 사람이 관심을 두고 있습니다. 보험회사들은 헬스넷이 이러한 행동을 하고도 책임을 면할 수 있을지 지켜보고 있습니다. 배심원 여러분께서는 그 분야의 전문가이자 실제로 환자를 치료하는 의사가 환자에게 가장 도움이 되는 치료 방법을 결정해야 하는지 아니면 환자를 치료하지도 않고 치료비가 절감되면 인센티브를 지급받는 의료보험 회사의 부사장이 치료 방법을 결정하는 것이 합당한지 결정하게 될 것입니다.

우리는 때때로 한 사람의 표가 투표 결과에 별다른 영향을 미치지 못할 것이라고 생각하면서도 투표를 합니다. 오늘 여러분의 투표는 커다란 변화를 일으킬 수 있는 것입니다. 저는 이미 여러분께 갤리포니아와 미국 전체의 보험회사 이사회가 여러분의 결정을 지켜보고 있다고 말씀드렸습니다. 그들은 숨을 죽이고 여러분이 어떤 메시지를 보낼지 기다리고 있습니다.

약속을 지키고 정당하게 행동하는 회사들도 여러분을 지켜보고 있다는 사실을 잊지 마시기 바랍니다. 그런 회사들은 겉으로만 모든 것을 해 주는 것처럼 말을 하고 실제로는 아무것도 하지 않고서 비용을 절약하는 회사들과 경쟁해야 합니다. 그런 식으로 비용을 절약하면 큰 이익을 볼 수 있겠지만 보험 가입자들은 아무것도 얻는 것이 없습니다. 여러분의 결정은 이러한 상황에 변화를 가져올 것입니다.

여러분의 투표가 이번 사건을 의미 있게 만들 수 있습니다. 여러분의 메시지는 리버사이드 카운티를 넘어서 전국으로 퍼질 것입니다. 여러분은 정치적인 권력도 없고 중학교 교사와 같은 평범한 직업을 가지고 계신 분들이지만 새로운 약속을 담은 메시지를 보낼 수 있습니다. 여러분의 결정은 현재 헬스넷에 가입해 있는 수백만의 사람들에게 도움을 줄 것입니다. 아직도 위급할 때에 헬스넷이 곁에 있어 줄 것으로 믿고 있는 사람들에게 도움을 줄 것입니다. 헬스넷 보험 가입자들 대부분이 유방암 환자는 아닙니다. 하지만 통계를 보면 여성의 9명 중 한 명은 유방암에 걸리는 것이 현실입니다.

마지막으로 이 사건의 변론을 진행하면서 저에게 가장 큰 충격을 준 사실 하나를 말씀드리겠습니다. 제가 오소리오 박사에게 "얼마나 많은 수의 여성이 유방암에 걸리는지 아십니까?"라고 질문을 하자, 그는 "모릅니다"라고 대답했습니다. 골수이식 수술과 보스워스 씨에 대해서 증언을 하러 나온 헬스넷의 부사장은 여성이었습니다. 그에게 질문을 던졌을 때 그도 유방암에 걸리는 여성의 수를 알지 못한다고 대답했습니다. 그 외에도 똑같은 질문에 대답하지 못한 증인이 한 명 더 있었습니다. 지금이라도 그들이 얼마나 많은 여성이 유방암에 걸리는지 알게 되었기를 바랍니다. 1만 8,000명입니다. 그들에게 제가 던졌던 또 다른 질문입니다. "1만 8,000명의 사람들 중에 얼마나 많은 사람이 죽는지, 골수이식 수술로 호전될 수 있는 사람들이 몇 명이나 되는지 아십니까?" 역시 같은 대답이었습니다. "모릅니다."

연휴 기간에도 법정에 날마다 출석해서 제 변론을 경청해 주신 데 감사드립니다. 모든 청구에 폭스 가족을 위한 결정을 내려 주시기 바랍니다. 또한 넬린이나 짐과 같은 일을 당할 수 있는 모든 사람들에게 변화를 가져올 수 있는 메시지를 보내 주시기 바랍니다. 감사합니다.

넬린이 살아 있었다면 자부심을 느꼈을 것이다. 젊고 경험 없는 변호사인 그의 남동생이 누이와 가족을 위해서 열정적이고 철저하고 감동을 주는 변론을 해낸 것이다. 히플러와 템플먼 변호사는 온갖 역경을 넘어서 대기업의 잘못된 행동을 폭로하는 데 성공했다. 누나를 잃은 지 얼마 지나지 않은 남동생의 변론은 민감했지만 결코 감상에 빠지지 않았다. 히플러 변호사는 세심하게 계약 위반, 악의 그리고 감정적인 고통으로 인한 청구원인을 입증한 후에 징벌적 배상을 설명하였다. 고속도로에 쓰레기를 버리는 행위라는 비유로 배심원들은 징벌적 배상이 어떤 의미인지 쉽게 알 수 있었다.

피고 측 대리인 스왈로우 변호사의 최종 변론

히플러 변호사가 변론을 하는 동안 라일 스왈로우 변호사는 배심원들의 표정을 살폈다. 배심원들의 눈에는 눈물이 맺혀 있었다. 보험회사 편에서 변론을 해야 하는 피고 측 변호사에게는 힘든 재판이었다. 스왈로우 변호사는 단호하게 자리에서 일어나서 자신의 주장을 펴 나가기 시작했다.

이 재판이 시작될 때 저는 배심원 여러분께 이 사건의 성격이 '논쟁에 관한 논쟁'이라고 말씀드렸습니다. 이제 그 점은 명백해졌다고 생각합니다. 증거에 비추어 볼 때 이 재판에서 판단되어야 할 논쟁거리는 전이가 일어난 유방암 환자에 대한 고강도 항암치료의 성격입니다. 이 재판에서 증언을 했던 의사들은 한 사람도 빠짐없이 그 시술 방법이 어떤 면에서든지 논쟁의 여지가 있다고 인정했습니다. 이 문제를 자세히 말씀드리기 전에 저는 먼저 제가 모두변론에서 말씀드렸고 판사님도 강조하셨던 점을 다시 한 번 말씀드리고 싶습니다. 이 사건에는 여러 사람의 감정적인 문제가 얽혀 있습니다. 우리 모두는 폭스 가족에게 동정심을 느끼고 그들에게 일어난 일을 마음 아파하고 있습니다. 하지만 감정을 근거로 평결을 할 수는 없습니다. 헬스넷은 암을 치료할 능력이 없습니다. 헬스넷은 사람들을 암에 걸리게 하는 회사도 아닙니다. 고강도 화학요법이 유방암에 효과가 있다는 증거도 없습니다.

이제 스왈로우 변호사는 그가 이 사건에서 '사안의 본질을 흐리는 요소'로 규정한 것들을 거론하기 시작했다. 첫번째는 치료의 승인을 거절하면 오소리오 박사가 인센티브를 받게 된다는 점이었다.

이러한 보너스 체계에서 오소리오 박사의 임무가 무엇입니까? 그의 임무는 승인을 거절하는 것도 아니고 의료비를 절감하는 것도 아닙니다. 단지 특정한 치료 방법에 따른 결과를 평가하는 시스템을 만드는 일입니다. 보험회사에 보너스나 인센티브 제도가 있다고 하면 그 자체를 잘못된 것으로 보는 시각이 있는 것 같습니다. 그러나 이러한 제도는 아주 흔한 것이며 우수한 인재를 채용하고자 하는 회사들이 채택하는 제도입니다.

제너럴모터스(GM)는 스톡옵션 제도가 있습니다. 그것이 차를 만드는 데 되도록 적은 부품을 사용하라는 인센티브입니까? 오소리오 박사는 의료비를 줄이는 것은 그의 보너스와 관계가 없다고 증언했습니다.

스왈로우 변호사는 다음으로 2명의 다른 환자는 승인을 받았음에도 넬린이 거절당한 것은 불공평하고 차별적인 조치였다는 히플러의 주장을 반박하려고 시도했다.

또 하나의 '본질을 흐리는 요소'가 헬스넷이 제니스 보스워스와 에벌린 몰튼에게는 골수이식 수술에 필요한 비용을 지급하지 않았냐는 지적입니다. 이 사실을 근거로 똑같은 계약을 체결했는데도 차별을 받았다거나 혹은 보스워스에게는 치료비를 지급했으면서 폭스 부인의 시술을 승인하지 않은 것은 불공정한 행위라고 주장하기도 합니다. 그러나 증거에는 3명의 환자 모두 똑같은 대접을 받았다는 사실을 확인할 수 있습니다.

보스워스의 경우를 생각해 보십시오. 그 사람은 헬스넷의 직원이었습니다. 헬스넷은 그의 고용주이자 보험회사라는 이중적인 지위를 가지고 있었습니다. 비록 오소리오 박사가 골수이식 수술은 시험 단계에 있는 것이라는 결정을 내렸지만 보스워스는 직원이었기 때문에 헬스넷에서는 그가 시티 오브 호브 병원에서 시술에 적합하다는 판정을 받으면 비용을 지급하기로 한 것입니다. 그러한 결정은 지극히 합리적인 것입니다. 헬스넷은 보스워스의 고용주로서 이 결정을 내린 것입니다. 능력 있는 직원에게 혜택을 주는 것은 어느 곳에서나 있는 일입니다. 보스워스에게 치료비를 지급하기로 한 결정은 그런 성격의 것입니다.

에벌린 몰튼에 대해서 말씀드리겠습니다. 에벌린은 이 시술이 시험적이라는 이유로 승인을 거부당했었다고 증언했습니다. 그는 샌프란시스코 소재 캘리포니아대학의 의사로부터 이 시술이 시험적이라는 말을 들었다고 인정했습니다. 이것은 1990년도에 있었던 일입니다. 원고 측이 강조한 '기술 평가서'에 기재된 내용에 비추어 볼 때 이것은 전적으로 옳은 판단이었습니다.

1990년도 '기술 평가서'에서 무엇이라고 했습니까? 골수이식 수술은 아직 표준적인 치료 방법이 아니라는 것이었습니다. 몰튼은 헬스넷의 직원이 아니었고 승인을 받지 못한 데 대하여 이의를 제기할 수 없었습니다. 그러자 몰튼은 변호사를 고용했고 변호사는 헬스넷과 접촉을 했습니다. 1년이 지난 후에 헬스넷은 그의 시술 비용을 지급하는 결정을 내렸습니다. 이것은 경영상의 결정일 뿐입니다.

헬스넷이 판단을 바꾸었다는 증거는 없습니다. 헬스넷은 치료 방법을 승인하지 않을 권리를 포기한 일이 없습니다. 헬스넷이 모든 결정에 근거를 제시할 필요는 없습니다. 회사들은 항상 경영상의 결정을 내립니다. 문제는 몰튼과 폭스 부인이 차별적인 대우를 받았느냐는 것입니다. 그렇지 않았습니다. 세 환자는 모두 똑같은 대우를 받았습니다.

다음으로 스왈로우는 골수이식 수술이 '실험적이고', '시험 단계에 있는 시술'이기 때문에 보험 적용을 받지 않는다는 점을 입증하려고 했다.

재판장님께서 배심원 여러분께 보험 계약의 내용을 확인할 때는 법률전문가가 아닌 일반인의 시각으로 전체를 해석해야 한다고 설명해 주실 것입니다. 보험 계약의 당사자가 일반인이기 때문입니다. 예외 조항을 읽어 드리겠습니다.

"실험적인 치료 방법이란 제한된 범위 내에서 인간을 대상으로 시술이 이루어지기는 하지만 의학계에서 아직 효과적이라고 널리 입증되지 못한 시술을 말한다."

존스 박사와 쉬크 박사를 비롯해 여러 의사들이 이 시술은 제한된 범위 내에서 이루어지고 있다고 말했습니다. 그들은 1992년도에 전이가 일어난 유방암 4기에 해당하는 환자 중 이 시술을 받은 환자들의 비율에 대해 증언했습니다. 한 명은 5퍼센트 또는 그 이하라고 말했습니다. 다른 한 명은 1퍼센트라고 말했습니다. 표준적인 항암치료를 시행하는 의료기관의 수와 이 시술을 시행하는 의료기관의 수에는 엄청난 차이가 있습니다.

쉬크 박사는 1992년 12월 당시 자신은 종양학자들이 이 시술을 사용해서는 안 된다는 의견을 가지고 있었다고 증언했습니다. 그는 많은 경험이 축적된 의료기관이나 주요 대학의 연구기관에서만 이 시술을 시행해야 한다는 의견을 밝혔습니다. 또한 쉬크 박사는 이 시술을 하려면 엄격한 절차가 마련되어야 한다고 증언했습니다. '의학계에서 효과적이라고 널리 입증'된다는 것은 무엇을 의미합니까?

원고 측 변호사가 강조한 '기술 평가서'는 1990년에 작성된 것입니다. 그 보고서에는 당시 이 시술이 표준적인 치료 방법이 아니라고 되어 있습니다. 효과적이라고 입증되지 않았다는 뜻입니다. 그렇다면 1990년도 이후에 상황이 변했다는 증거가 제출되었습니까? 몇몇 증인들은 1991년 연말에 출판된 미국의학협회의 조사 결과를 언급했습니다. 그 조사 결과에 대한 모셔 박사의 말을 인용하자면 "전이가 일어난 유방암 환자에게 이 시술의 효과는 기껏해야 시험적이라는 것"입니다.

존스 박사는 그 결과에 동의하지 않았습니다. 그는 주장하기를, 그 조사 결과는 보수적인 것이라고 합니다. 그러나 그는 '의학계에 의술의 발전을 알리려고' 이 시술에 대한 논문을 썼다고 증언했습니다.

원고 측 변호사는 의학 문헌이 출판되는 것은 데이터가 수집된 지 6년이 지난 다음이기 때문에 그에 따른 결론은 의미가 없다고 주장했습니다. 만일 그 말이 맞다면 왜 존스 박사는 논문을 55편이나 출판했으며 누구에게 의학 발전을 알려 주려고 했다는 말입니까? 현실은 다릅니다. 박사의 증언을 보면, 예를 들어 1993년에 출판된 논문에 등장하는 환자 치료는 1988년에 시작된 것이고 데이터는 아주 최근에 완성된 것입니다. 논문의 저자가 자료를 근거로 의견을 제기하거나 주장을 하는 시점은 1993년입니다. 그들의 주장은 6년 전 것이 아닙니다. 바로 현재입니다.

존스 박사는 시술에 대해 긍정적인 전망을 하고 있다고 증언했습니다. 쉬크 박사는 1기와 2기 환자들을 대상으로 한 시술에서 얻은 자료는 희망적이라고 말했습니다. 원고 측 변호사는 '의학계에서 효과적이라고 입증'된다는 것은 효과가 보장된다는 말과는 다르다고 주장했습니다. 저도 그 주장에 동의합니다. 어떤 치료 방법 효과가 보장된 것은 없습니다. 항상 위험성이 따릅니다.

그러나 맹장염에 걸린 환자가 충수제거 수술을 받으면 그 수술을 받지 않은 것보다 좋아진다는 사실에는 이견이 없습니다. '효과적이라고 입증'되었다는 것은 이런 것을 말하는 것입니다. 인슐린 주사를 맞으면 당뇨병 환자에게 도움이 됩니다. 이런 것이 효과적이라고 입증된 시술입니다.

증인들의 증언을 종합할 때 확실한 것은 이 시술이 효과적이라고 입증되었다는 점을 인정할 아무런 자료나 근거 서류가 없다는 것입니다. 이 시술을 받은 환자가 생명이 연장되었다는 자료도 없습니다. 이 시술로 유방암을 치료할 수 있다고 주장하는 사람은 아무도 없습니다. 반면에 이 시술에는 위험이 따릅니다. 일반적인 화학요법보다 훨씬 큰 위험성입니다.

이 시술의 효과는 기껏해야 현재 논쟁 중에 있다고 말할 수 있습니다. 의사들은 전부 이 시술이 논쟁의 여지가 있다고 증언했습니다. 이 시술이 어느 환자에게 적합한지에 대해서도 의견 차이가 있습니다. 골수에 암이 전이된 폭스 부인과 간에 전이된 보스워스를 두고서도 의사들의 의견에 차이가 있습니다.

이 시술이 시험 단계에 있다는 증거는 압도적입니다. 이 시술은 제한적으로 사용되고 있고 의학계에서 널리 인정된 시술이 아닙니다.

스왈로우는 다음으로 헬스넷이 지연전술을 사용한다는 히플러 변호사의 주장을 반박했다.

헬스넷이 폭스 가족으로부터 처음 연락을 받은 것은 6월 5일입니다. 헬스넷은 의료기록을 보여 달라고 요청했습니다. 어떤 시술이 실험적인 것이라고 판단될 때는 헬스넷에서는 환자의 기록을 검토하고 선택 가능한 모든 시술을 고려합니다. 기록이 도착한 것은 6월 10일입니다. 오소리오 박사는 6월 11일에 기록을 검토하고 헬스넷의 다른 의사들과 상의했습니다. 그는 폭스 부인에게는 이 시술이 실험적인 것이라고 결론을 내렸습니다.

이에 따라 오소리오 박사는 이 시술이 의학계에서 효과가 있다고 널리 입증된 것이 아니라고 판단한 것입니다. 또한 그는 폭스 부인이 이 시술을 받는 데는 위험이 따른다고 생각했습니다. 헬스넷은 건강 관리기관입니다. 단순히 치료비 청구서에 대해서 보험금을 지급하는 회사가 아니라 환자를 위해서 치료 방법을 선택하는 회사입니다. 오소리오 박사의 임무는 환자가 요청한 치료 방법을 결정하는 데서 끝나는 것이 아닙니다. 그는 환자의 건강이 좋아지도록 그 방법을 연구하고 시술의 안전성을 분석합니다.

이런 점을 염두에 두고 기록을 검토한 결과 오소리오 박사는 이 시술의 시행을 놓고 걱정이 되었습니다. 문헌을 검토하고 사람들과 의논한 결과 이러한 유형의 환자는 고강도 화학요법에 노출되면 위험하다는 걱정이 든 것입니다. 그는 또한 이 문제와 관련한 논문과 편지, 그리고 특히 4월 23일 칸 박사가 환자들에게 이 시술을 권유했다는 데에 우려했습니다. 그는 칸 박사가 이 시술을 권유한 것을 두고 시술의 효과와 위험성에 대한 균형 있는 평가에 기초한 것이 아니라고 판단했고 칸 박사가 인용한 듀크대학 병원의 데이터는 이 사례에 적용하기 힘든 것이라고 보았습니다.

그렇게 되자 오소리오 박사는 어떤 일을 했습니까? 그는 듀크대학 병원에 전화를 걸었습니다. 그 이유에 대해서 그 자료가 넬린 폭스에게는 적용될 수 있는 것이 아니라고 생각했기 때문이라고 증언했습니다. 그는 듀크대학 병원 의사들의 의견을 물었고 넬린 폭스가 시술에 적합한 환자가 아니라는 대답을 들었습니다.

그는 또한 카마초 박사에게 전화했습니다. 이 사실은 원고도 인정한 것입니다. 오소리오 박사는 카마초 박사에게 전화해서 자신의 걱정을 말했고 시술에 따르는 기대 효과와 위험성을 환자가 충분히 숙지했는지, 시술 결과에 대한 자료가 폭스 부인에게 적용될 수 있는지 등을 의논했습니다.

카마초 박사는 이 대화와 관련해 매우 솔직하게 증언했습니다. 오소리오 박사가 이 시술을 잘 알고 있었고 연구를 많이 한 것 같았다고 말했습니다. 또 대화가 솔직하고 직선적이고 유익한 것이었다고 증언했습니다.

그는 대화 중에 오소리오 박사가 어떠한 부적절한 말도 하지 않았고 자신을 강요하는 어떤 시도도 전혀 없었다고 증언했습니다. 그들은 같은 걱정을 했고 카마초 박사는 폭스 부인이 이 시술을 받는다면 높은 위험이 따른다는 오소리오 박사의 의견에 동의했습니다. 그 또한 별도의 검사를 다시 받아보는 것이 좋겠다는 헬스넷의 제안을 환자에게 전달하겠다고 약속했습니다. 카마초 박사는 이것이 아무런 문제가 없는 제안이라고 생각했고 좋은 아이디어라고 생각했습니다.

그 후 카마초 박사는 6월 15일에 폭스 부부를 만나서 오소리오 박사와 통화한 사실을 알려 주었습니다. 그는 폭스 부부에게 "오소리오 박사는 종양이 뼈와 골수로 전이된 상태이고 기존의 화학요법이 큰 효과를 보지 못하고 있기 때문에 줄기세포를 이용한 고강도 화학요법을 시행하는 것이 위험하다고 생각하고 있습니다. 저도 그의 의견에 전적으로 동감합니다"라고 말했습니다. 그 후 있었던 일은 카마초 박사가 증언한 내용과 오소리오 박사의 말이 일치합니다. 그는 "저는 오소리오 박사에게 시술의 위험성을 환자에게 설명해 주었고 환자가 위험을 감수하겠다는 뜻을 밝혔다고 알려 주었습니다"라고 했습니다.

오소리오 박사가 폭스 부인이 시술받는 것을 막으려고 노력했다는 증거는 그 어디에도 없습니다. 그는 다만 환자가 충분한 정보를 가진 상태에서 결정해야 한다고 생각했을 따름입니다. 남캘리포니아대학 노리스센터의 의료기록만으로 환자가 충분한 설명을 들었는지 여부가 불분명했던 것입니다.

카마초 박사는 오소리오 박사와 전화 통화를 한 후에 이 시술에 대한 생각을 바꾼 것이 아닙니다. 그는 처음부터 폭스 부인이 시술을 받는 데 대해 걱정스러운 마음이 있었습니다. 원고는 카마초 박사가 쓴 두 통의 편지를 가리키면서 그 편지가 카마초 박사가 애초에는 이 시술에 찬성했던 증거라고 합니다. 그러다가 오소리오 박사와 전화 통화를 한 후에 180도 돌변했다는 것입니다.

카마초 박사는 그 편지를 쓴 이유를 솔직하게 있는 그대로 설명했습니다. 그가 이 편지를 쓴 이유는 폭스 부인이 보험금을 받을 수 있도록 도와주려는 것이었습니다. 그는 편지 내용이 일부 부정확하고 불완전하다는 사실도 인정했습니다. 그가 시술에 대해 걱정했다는 언급이 없고 폭스 부인에게 위험성이 높다는 내용도 포함되어 있지 않았습니다. 그러나 그가 편지를 쓴 이유는 보험금을 받도록 도와주려는 것이었습니다. 그런 목적 때문에 부정적인 내용들을 포함하지 않은 것이고 상황을 보다 낙관적으로 설명한 것뿐입니다.

칸 박사와 듀어 박사가 썼던 편지도 마찬가지로 상황을 낙관적으로 설명했던 것이라고 생각합니다. 칸 박사도 자신의 편지에서 시술에 따르는 위험성이 전부 기재되어 있지는 않았다고 인정했습니다. 이런 점을 고려해 볼 때 카마초 박사는 시술에 대한 자신의 의견을 바꾼 일이 없다고 보아야 하고 이러한 사실은 이 사건에서 다른 증거들과 완전히 부합됩니다.

배심원 여러분께서는 증거로서 사건 내용을 판단해야 합니다. 카마초 박사에게 시술에 따르는 위험성을 설명한 이외에 헬스넷에서 한 일이 무엇이 더 있습니까? 오소리오 박사는 폭스 부인의 암이 골수에 광범위하게 전이된 상태라 걱정이 되었다고 증언했습니다. 원고 측 설명에서는 이 점이 간과되었지만 오소리오 박사가 전이에 관해서 큰 걱정을 한 것은 분명한 사실입니다. 카마초 박사도 전이 때문에 시술에 위험이 따른다는 데 동의했고 듀크대학 병원의 의사들과 의논하는 과정에서 걱정은 더욱 커졌습니다.

이런 걱정 때문에 그들은 폭스 부인에게 시티 오브 호프 병원에서 검사를 받아보도록 권유했습니다. 시티 오브 호프 병원에서 검사한 결과가 이 시술을 하기에 적절하다고 판단되면 캘리포니아대학 병원에서 시술을 받을 수 있도록 비용을 지급하겠다는 제안이었습니다.

카마초 박사는 이러한 제한이 전적으로 합리적이고 적절한 것이라고 증언했습니다. 그가 시티 오브 호프 병원에 가는 것이 시간 낭비일 뿐이라고 증언한 것은 사실입니다. 시티 오브 호프 병원에서 폭스 부인을 받아주지 않으리라는 것은 누구나 알고 있는 사실이기 때문입니다. 그러나 폭스 부인을 시티 오브 호프 병원에 입원시키려는 것은 아니었습니다. 그 병원에 가는 목적은 정확한 평가를 위한 것이었습니다. 이 법정에서 증언했던 어떤 의사도 시티 오브 호프 병원의 의사들이 폭스 부인의 상태를 평가할 자격이 없다고 말한 적은 없습니다. 카마초 박사가 시간 낭비가 될 것이라고 증언한 것은 단지 이 환자가 시티 오브 호프 병원에서 받아들이는 유형의 환자에 해당하지 않기 때문입니다. 그 병원 의사들도 당연히 폭스 부인의 상태를 평가할 수 있고 시술에 따르는 기대 효과와 위험성을 설명해 주고 골수이식 수술을 받는 것이 타당한지 의견을 제시할 만한 충분한 자격이 있습니다.

헬스넷에서는 이 시술이 시험 단계에 있으므로 보험금 지급 대상이 아니라고 판단했으나 만일 시티 오브 호프 병원에서 의학적으로 적절하다는 판단을 받으면 비용을 지급하겠다는 제안을 한 것입니다. 문제는 왜 환자가 원하는 노리스센터가 아니라 캘리포니아대학 병원이라는 것입니다. 이에 대해서 피고 측은 많은 자료를 제출했습니다. 헬스넷은 캘리포니아 주의 종양학자와 이식 전문가들이 만든 다양한 기준에 따라 캘리포니아 전역에서 이식센터를 선택해 왔습니다.

전문가들은 헬스넷의 이식센터 선정은 오직 가입자들에게 최고의 의료 서비스를 제공하겠다는 목적에 따라 이루어진다고 증언했습니다. 노리스센터는 헬스넷의 기준에 맞지 않아 선택되지 못했습니다. 물론 이것은 노리스센터를 무시하려는 것이 아닙니다. 노리스센터는 좋은 암치료기관이라는 평판이 나 있고 남캘리포니아 소재 국립암연구소(NCI) 지정 암치료센터입니다. 그러나 헬스넷의 선정 기준은 일반적인 평판이 아닙니다. 헬스넷은 유방암 환자에게 시행하는 골수이식 수술이라는 특정한 분야의 경험을 기준으로 치료기관을 선정한 것입니다. 그 결과 캘리포니아대학 병원을 선정한 것입니다.

헬스넷의 제안이 지연전술의 일환이라는 주장이 있었습니다. 그러나 시티 오브 호프에서 시행한 평가가 폭스 부인의 치료를 지연했다는 어떠한 증거도 제출된 바 없습니다. 시티 오브 호프 병원에서 평가를 받는 기간이 얼마나 되는지 확인할 수 있는 증거조차 제출되지 않았습니다. 그러나 헬스넷이 다른 일을 처리한 속도에 비추어 보면 그것은 단시간에 지나지 않고 헬스넷은 되도록 빠른 시간 내에 폭스 부인이 치료를 받을 수 있도록 최선을 다했을 것입니다.

원고 측에서는 폭스 부인이 노리스센터에서 이미 받았던 많은 검사들을 거론하며 캘리포니아대학 병원으로 간다면 이런 검사들을 처음부터 다시 받아야 했을 것이라고 주장했습니다. 그러나 관련자들의 증언은 이러한 검사의 많은 부분이 폭스 부인의 건강 상태와 암의 진행 단계를 재평가하려는 데 있다고 했습니다. 이런 검사를 다시 해야 한다는 점을 인정할 아무런 증거도 없습니다.

폭스 부인이 시티 오브 호프 병원에서 진단을 받으려고 노리스센터에서 진행 중인 치료를 중단했다는 증언도 없었습니다. 헬스넷이 시티 오브 호프 병원에서 진찰을 받으라는 제안을 한 것은 6월 15일인데 폭스 부인은 실제로 8월 말, 9월 초가 될 때까지도 노리스센터에서 골수이식 수술을 받지 않았습니다. 따라서 헬스넷의 제안 때문에 지연되었다는 말은 전혀 사실에 근거하지 않은 주장입니다. 헬스넷은 문제를 해결하고자 제안을 했고, 그 제안은 거절당했습니다. 그런데도 원고는 헬스넷이 그러한 제안을 했다는 이유 때문에 불이익을 당해야 한다고 주장합니다.

스왈로우 변호사는 설사 치료를 승인하지 않은 헬스넷의 조치가 잘못된 것이었고 계약을 위반한 것이라고 하더라도 그러한 사실만으로는 악의에 해당하지 않는다고 주장했다. 이것은 피고 측 대리인의 입장에서 볼 때 대단히 까다로운 변론이었다. 히플러 변호사가 주장하는 악의에 관한 쟁점을 부인하는 것으로, 자칫하면 배심원들에게 헬스넷이 책임 자체는 인정한다는 인상을 줄 수 있기 때문이다. 반면에 악의에 관한 원고 측의 주장을 반박하지 않는다면 배심원들에게 피고 측의 시각을 들려줄 기회를 잃는 것을 의미했다.

원고 측은 이 사건이 돈과 관련한 것이라고 주장합니다. 실험적 혹은 시험 단계에 있다는 말은 비용이 많이 든다는 것을 의미하고 그렇기 때문에 헬스넷에서 승인을 거절했다는 것입니다. 이와 관련한 주장을 살펴보겠습니다.

증언을 살펴보면 폭스 부인과 다른 상황에 있는 환자에게 헬스넷이 고강도 화학요법이나 골수이식 수술을 승인한 일이 있습니다. 그때에는 그러한 시술이 실험적인 것이 아니었기 때문입니다. 증인들이 말하기를 헬스넷이 승인한 시술 중 일부는 유방암 환자에게 시술하는 것보다 비용이 더 많이 드는 것도 있었다고 합니다. 또한 환자가 고강도 화학요법을 받지 않는 때에도 일반적인 화학요법은 받습니다. 오소리오 박사는 일반적인 화학요법에 드는 비용도 고강도 화학요법에 드는 비용의 절반을 넘는다고 말했습니다.

헬스넷은 결코 폭스 부인이 죽기를 바라지 않았습니다. 만일 부인이 일반적인 항암치료를 계속했다면 헬스넷은 기꺼이 비용을 부담했을 것입니다. 원고 측은 폭스 부인이 유방암에 걸렸을 때 헬스넷이 함께해 주지 않았다고 비난합니다. 그것은 정말 말도 안 되는 주장입니다. 헬스넷은 폭스 부인의 수술 비용을 지불했고 입원 비용과 화학요법 비용을 지불했습니다. 처음 암에 걸렸다는 진단을 받았을 때부터 1992년 고강도 화학요법 문제가 나타나기 전까지 헬스넷은 항상 폭스 부인과 함께였습니다. 문제가 된 것은 단지 고강도 화학요법을 받게 해 달라는 요청 하나뿐이었습니다.

만일 배심원 여러분께서 헬스넷의 판단이 틀렸고 고강도 화학요법을 승인해 주었어야 한다고 판단하더라도 그것만으로 악의가 인정되는 것은 아닙니다. 악의를 인정하려면 잘못된 결정을 내렸다는 사실 외에 그러한 결정을 내리는 과정에서 비합리적으로 행동했다는 증거가 있어야 합니다.

이 사건의 정황을 살펴보시기 바랍니다. 이미 여러 차례 말씀드렸지만 문제가 된 시술은 논쟁의 여지가 많습니다. 종양 전문가들도 이 시술이 전이가 일어난 유방암 환자에게 도움을 줄 수 있을지 여부에 대해서 동의하지 못하고 있습니다. 원고 측 대리인이 주장한 것처럼 헬스넷에 모든 시술 승인 요청을 받아들일 의무가 있는 것은 아닙니다. 선의로서 행동할 때도 의견 충돌은 있습니다. 그리고 이 사건은 충분히 다툼이 있을 만한 사안입니다. 종양 전문가들 사이에서도 의견이 일치하지 않는데 어떻게 헬스넷의 결정이 비합리적이었다고 비난할 수 있겠습니까? 원고 측에서 비합리적인 행동이라고 지적한 행동들을 짚어보겠습니다.

첫째, 시티 오브 호프에서 진료를 받으라고 한 것이 비합리적이었다고 주장합니다. 이 사건의 정황과 지금까지 제가 말씀드린 사실을 근거로 저는 이 제안이 극히 합리적이었다고 생각합니다.

또한 원고는 오소리오 박사가 카마초 박사에게 강요를 했다고 주장합니다. 그런 일은 일어나지 않았습니다. 이 점을 인정할 아무런 증거도 없습니다. 그들은 또 제니스 보스워스와 에벌린 몰튼의 사례를 들어 같은 보험에 가입한 사람들을 차별적으로 취급했다고 비난합니다. 이미 말씀드렸듯이 3명의 환자는 모두 똑같은 대우를 받았습니다.

오소리오 박사가 노리스센터의 듀어 박사나 칸 박사에게 전화를 하지 않은 점도 지적되었습니다. 왜 그들에게 전화를 했어야 하는 것인지 저로서는 의문입니다. 오소리오 박사는 자신이 결정을 내릴 당시에 필요한 모든 정보가 있었다고 증언했습니다. 그는 주치의인 카마초 박사와 통화를 했고 듀크대학 병원에도 문의를 했습니다. 그러고 나서 노리스센터에서 작성된 기록을 검토했습니다. 그가 보기에 노리스센터에서는 폭스 부인의 상태를 정확하게 판단하지 못한 것으로 생각했습니다. 오소리오 박사가 노리스센터에 전화를 했다고 해서 다른 결정을 내렸을까요? 다시 한 번 말씀드리지만 배심원 여러분께서 골수이식 수술을 승인했어야 한다고 판단하더라도 그것만으로 악의가 인정된다고 할 수는 없습니다. 헬스넷이 비합리적인 행동을 했거나 부적절한 목적이 있었다는 점이 입증되어야 합니다. 피고 측은 그러한 점을 인정할 아무런 증거도 없다고 주장합니다.

감정적인 고통으로 인한 손해배상을 인정하려면 의도적으로 타인에게 고통을 주었다는 사실이 입증되어야 합니다. 그러한 점을 인정할 증거도 없습니다. 만일 그러한 점이 인정된다고 하더라도 폭스 씨는 이중으로 배상을 받을 수는 없습니다. 오직 한 번만 배상을 받을 수 있을 뿐입니다. 또한 폭스 부인이나 자녀들은 이에 대한 배상을 받을 수 없습니다. 그들은 이 청구의 당사자들이 아닙니다. 또한 폭스 씨가 받을 수 있는 배상은 오직 헬스넷의 행위에 기인한 것이어야 합니다. 부인의 죽음이나 건강 때문에 고통을 받은 것은 헬스넷의 책임이 아니고 손해배상의 대상이 될 수 없습니다.

원고 측 대리인은 배심원 여러분에게 배상액에 관한 제안을 했습니다. 재판장님께서 적절한 배상액의 결정 방법을 여러분께 설명하실 것입니다. 만일 폭스 씨가 배상을 받아야 한다고 판단하신다면 여러분께서는 공정한 배상액을 결정하실 수 있습니다. 그러나 그 배상이 징벌적이어서는 안 됩니다. 단지 폭스 씨가 입은 손해를 보전할 수 있는 액수에 한정되어야 합니다.

폭스 씨가 겪은 감정적인 고통의 내용을 한번 살펴보겠습니다. 폭스 씨는 감정적인 고통을 겪었습니다. 그 점에는 의심의 여지가 없습니다. 그러나 그 내용이 무엇이었습니까? 로빈슨 박사가 증언을 하고 우리는 상담기록을 살펴보았습니다. 폭스 씨는 로빈슨 박사와 일곱 번의 상담을 했습니다. 그 중 다섯 번의 상담기록에는 소송이나 법적인 다툼에 관한 언급이 있습니다. 소송의 형태, 진행 관련 상담과 다른 일들에 대한 얘기도 있었습니다. 그러나 모금과 관련한 스트레스 내용은 어디에도 없었습니다. 그 의료기록은 아내의 중병과 임박한 죽음으로 고통받는 남자의 심리에 대한 기록일 뿐입니다.

피고 측은 폭스 씨가 감정적인 고통을 겪었다는 사실 자체를 부정하는 것이 아닙니다. 단지 그 원인이 무엇인지 정확히 판단해야 한다는 것입니다. 배심원 여러분께서 증언과 기록에 입각해서 현명한 판단을 해 주시기 부탁드립니다. 만일 히플러 변호사가 주장하는 것처럼 모금운동과 그와 관계된 사람들과 접촉하는 일이 폭스 씨의 '피를 말리는 것'이었다면, 그에 관한 증거 기록이 있어야 할 것입니다. 그런 내용은 찾아볼 수 없습니다. 기록에는 원고 측의 주장을 인정할 아무런 증거가 없습니다.

마지막으로 징벌적 배상 문제를 말씀드리겠습니다. 이 사건에서 징벌적 배상이 고려될 이유는 전혀 없다고 생각합니다만, 그래도 몇 마디 말씀을 드리겠습니다. 재판장님께서 배심원 여러분께 각각의 손해배상에 대해서 법률적인 내용을 설명해 주실 것입니다. 징벌적 배상이 인정되려면 원고가 입증해야 하는 정도는 다른 청구에 필요한 입증의 정도와 다릅니다. 여러분은 '억압이나 사기 혹은 악의를 인정할 수 있는 명백하고도 확실한 증거'가 있는지 여부를 판단해야 합니다. 각각의 단어가 뜻하는 법적인 의미는 재판장님께서 설명해 주실 것입니다. '비열한 행동', '의식적인 권리의 무시', '고의' 등이 무엇을 의미하는지 설명을 듣게 되실 겁니다.

명백하고 확실한 증거란 '너무나 분명하기 때문에 실질적인 의심의 여지를 남기지 않으며, 합리적인 사람이라면 누구나 망설임 없이 사실을 인정할 만한' 증거를 말하는 것입니다. 그것이 원고가 부담하는 입증 책임입니다. 만일 증거가 그 정도 수준에 미치지 못한다면 징벌적 배상은 있을 수 없습니다.

이 사건에서 그러한 행동을 찾아볼 수 있습니까? 비열한 행동이나 의식적인 권리의 무시나 고의를 인정할 만한 증거가 하나라도 있습니까? 명백하고 확실한 증거는커녕 어떤 증거라도 있기는 합니까?

이 사건은 판단의 정당성 문제입니다. 판단을 내리는 사람들이 올바른 결정을 했는지에 관한 것입니다. 우리는 직업상 필요한 판단을 일상적으로 내립니다. 직업이 변호사이든 의사이든 혹은 학교 교사이든 누구나 판단을 내릴 때가 있습니다. 우리는 주어진 상황에서 최선의 판단을 내리려고 노력합니다. 여러분이 배심원으로서 해야 하는 일도 그러한 판단입니다. 여러분에게 제출된 증거와 자료를 토대로 최선의 판단을 하실 것입니다.

이 사건에서 헬스넷에 일하는 사람들은 일정한 판단을 했습니다. 그들의 직업상 판단을 내린 것입니다. 여러분은 그 사람들을 보았고 그들이 증언하는 것을 들었습니다. 여러분이 본 사람들은 지적이고, 논리 정연하고, 마음이 따뜻하고, 솔직한 사람들입니다. 그들은 아무것도 감추려고 하지 않았습니다. 그들은 주어진 상황 아래서 최선의 판단을 한 것입니다. 그들은 아무런 악의도 없을 뿐 아니라 폭스 부인에게 해를 끼칠 어떠한 의도도 없었습니다.

스왈로우 변호사가 변론을 마친 뒤에 앨런 템플먼 변호사가 이를 반박하는 내용의 변론을 했고 1993년 12월 22일 오후에 모든 변론이 끝났다.

반 프랭크 판사는 배심원들에게 법률문제를 설명한 다음 사실관계를 정확히 파악해서 법을 적용해 달라고 요청했다.

평결

평의가 시작된 지 이틀째 되던 날 오전 9시 반에 배심원들은 판사에게 메모를 한 장 전달했다.

재판장님께서는 우리들이 헬스넷의 재정 상태에 관한 서류를 볼 수 있다고 말씀하셨습니다. 징벌적 배상 액수를 어떻게 결정해야 합니까?

아내와 함께 호텔에 머무르고 있던 히플러 변호사는 판사의 호출을 받고 이 문제를 논의하고자 법정으로 왔다. 배심원들의 메모에 담긴 의미는 분명했다. 그들은 징벌적 배상문제를 논의하고 있는 것이다. 그의 누나가 승소를 한 것이다. 그는 아내에게 말했다.

"우와, 이제 엄청난 일이 벌어질 거야."

그날 오후 늦게 배심원 대표 로블리 보웬은 평결을 판사에게 건넸다. 판사는 양측 변호인들을 법정으로 부른 다음 평결을 읽어 내려갔다.

"배심원들은 원고가 실제로 입은 손해가 87,128,153달러 10센트에 이른다고 평결했습니다."

판사는 깜짝 놀라서 말을 이었다.

"실제로 입은 손해에 대한 평가액으로는 잘못된 것이 분명해 보이는군요."

판사는 배심원들을 불러서 설명을 다시 했다. 배심원들이 징벌적 배상액을 너무 일찍 결정한 것이다. 먼저 실제로 입은 손해를 배상하는 보전적 배상액을 결정하고 그 다음에 징벌적 배상이 인정된다고 판단한다면 그 액수를 별도로 산정해야 하는 것이다.

배심원들은 다시 평의에 들어가서 한 시간 만에 실제로 입은 피해 손해배상액을 결정했다. 1,210만 달러였다. 리버사이드 카운티 사상 최고의 손해배상 평결이었고 악의에 의한 평결로는 캘리포니아 사상 최고였다. 배심원들은 모든 청구원인에 대하여 원고의 승소를 선언했다.

법원은 크리스마스여서 일시 휴정에 들어갔다. 탈진한 히플러는 누나의 무덤을 찾았다. 그는 미소 짓고 있는 누이의 사진 앞에 무릎을 꿇고 묘비에 새겨진 『빌립보서』 4장 13절을 읽었다.

"내게 능력 주시는 주 안에서 내가 모든 것을 할 수 있느니라."

히플러가 재판의 마지막 단계를 준비하는 주말 동안 《월스트리트 저널 Wall Street Journal》은 배심원단이 8,700만 달러의 징벌적 배상을 선고할 가능성이 있다는 보도를 했다. 예상되는 배상금의 액수는 전국의 매스컴을 리버사이드 카운티 법정으로 불러 모았다.

12월 28일 화요일이 되자 배심원들이 징벌적 배상에 대한 증언을 들으려고 법정으로 들어섰다. 소송 당사자들이 법원에 도착하는 동안 전국 각지에서 온 기자들이 법정을 에워쌌다. 기자들은 법정을 가득 채우고 복도에까지 늘어섰다.

폭스 가족의 지지자들과 수심에 가득 찬 헬스넷의 임원들이 법정으로 들어섰다. 모든 사람들이 재판을 보고 싶어 했다. 헬스넷의 대표이사가 회사의 재정 상태를 증언했고 배심원들은 평의를 하러 퇴정했다. 두 시간 만에 돌아온 배심원들은 7,700만 달러라는 엄청난 징벌적 배상을 평결하였다.

어느 정도 예상은 했지만 배상액의 액수에 새삼 충격을 받은 히플러 변호사는 매형과 조카들을 껴안고 눈물을 흘렸다. 법정을 나서자 사방에 매스컴에서 온 차량이 보였다. 전국에 발행되는 잡지 기자 한 사람이 히플러 변호사에게 다가와 사진을 찍어도 좋겠냐고 물었다. 그는 생각했다. "아직까지 내게 사진을 찍어도 좋겠느냐고 물어본 사람은 아무도 없었어."

그날 저녁 히플러는 10시간 동안 인터뷰를 했다. 그는 기자들에게 이 사건은 유방암 환자에게는 골수이식 수술을 승인해 주지 않는다는 이유로 제기된 첫번째 소송이라고 설명하였다.

"이 사건은 건강관리기관이 보험 계약을 위반하여 가입자들에게 손해를 끼쳤다는 점을 인정한 최초의 사건입니다. 우리는 그들의 비밀을 폭로하는 데 성공했습니다. 여러분이 어떤 치료를 받을 수 있는지 여부를 결정하는 사람이 그 대가로 보너스를 받아 온 것입니다."

배심원이 내린 8,910만 달러의 손해배상액은 1978년 '그림쇼 대 포드 자동차Grimshaw v. Ford Motor Co.' 사건에서 피해자가 1억 2,800만 달러의 손해배상을 인정받은 이래 최고의 액수였으며 전국적으로도 사상 가장 높은 금액의 평결이었다. 히플러 변호사는 가족과 기자들에게 누나가 살아 돌아올 수만 있다면 손해배상은 한 푼 받지 않아도 만족한다고 말했다.

이제 재판은 끝났고 배심원들은 언론에 평의 과정에서 있었던 일들을 털어놓았다. 배심원 대표인 보웬은 폭스 가족을 동정하거나 다른 감정을 배제하고 철저하게 사실에 입각한 결정을 내리려고 최선을 다했다고 말했다. 그는 배심원들의 평결에 헬스넷의 결정이 순수한 의학적인 결정이 아니라 치밀하게 계산된 지연전술이라는 사실이 가장 치명적인 요소로 작용하였다고 한다. 즉 넬린의 상태가 악화되어 더는 시술을 받을 수 없기를 바랐던 것으로 판단한 것이다.

헬스넷의 변호사들은 7,700만 달러의 징벌적 배상이 '터무니없고 비논리적이며 순전히 감정에 따른 결정'이라고 비난했다. 헬스넷이 항소를 제기하는 동안 사회 활동가, 시사평론가, 이익집단 등도 배상 금액을 놓고 논쟁을 벌였다. 여성 건강에 보다 관심을 기울여야 한다고 주장하는 사람들은 평결을 높이 평가했다. 가망이 거의 없는 환자들에게도 희망을 주었다는 것이다. 남캘리포니아대학의 윤리학자 알렉산더 M. 캐프런은 평결에 대해 회의적인 태도를 보였다. 모든 가능한 치료를 다한다는 것은 이론적으로 가능할 뿐 실제로는 의료보험 체계를 파산으로 몰고 갈 뿐이라는 것이다.

결국 1994년 4월 5일에 폭스 가족과 헬스넷은 금액을 공개하지 않는 조건으로 손해배상액에 합의를 보았다. 합의문에는 헬스넷이 향후 유방암 환자에게 골수이식 수술 비용을 제공한다는 조건이 포함되지 않았다. 히플러는 "항소법원에 여러 해 동안 묶여 있을 수 없어서 합의를 보았다"라고 설명했다. 돈이 들어오자 짐 폭스와 히플러는 넬린의 치료비를 모금해 준 사람들에게 수표를 보냈다. 5달러부터 5,000달러까지 보내 준 사람들에게 이자를 포함한 금액을 돌려주었다. 반환을 할 수 없는 돈은 유방암 연구기금으로 기부했다.

청소년들의 스포츠에 관심이 많았던 넬린을 기념하고자 폭스 가족은 합의금의 일부로 짐이 코치로 있는 사립학교인 린필드에 야간 조명이 들어오는 축구장과 소프트볼 경기장을 지었다. 짐은 또한 자신이 영어를 가르치는 테메큘라 중학교 운동장에도 조명 시설을 설치해 주었다.

짐 폭스와 세 딸은 상담을 받았다.

"우리는 넬린에 대해 편안한 마음으로 대화할 수 있도록 노력했습니다."

짐은 교실에서 안정을 찾을 수 있었다. 교실은 넬린이 죽어갈 때에도 그에게 안식을 주던 장소였다. 바깥에서 안정을 찾지 못할 때에도 교실에서는 자신을 추스를 수 있었다. 개인 시간을 갖고 싶었지만 짐은 자신과 가족이 겪은 고통을 다른 사람들에게 설명하려고 노력했다. 소중한 존재를 잃은 상실감을 다른 사람들과 나누고 싶었던 것이다.

승소로 유명해진 히플러는 1994년 아내와 함께 히플러 앤드 히플러라는 로펌을 열었다. 의료보험 회사와의 분쟁에 관한 소송 의뢰가 쏟아져 들어왔다. 히플러는 사명감을 가지고 거대한 보험회사에 맞서 싸웠다.

히플러는 "이 소송 때문에 아주 유명해진 것은 사실입니다. 하지만 이 사건은 제가 겪은 가장 가슴 아픈 손실과 깊은 관계가 있기 때문에 유명해진 것이 별로 기쁘지 않습니다"라고 말했다.

사건의 여파

끝없이 치솟던 의료비가 관리의료 체계의 도입으로 마침내 안정을 되찾고 의료보험 산업도 자리를 잡아가리라는 전망이 생기자마자 '폭스 대 헬스넷' 사건이 터져 나왔다. 언론기관들은 건강관리기관의 문제점 및 승인의 거절 또는 지연 등, 소비자들의 불만에 관한 기사를 쏟아냈다. 소송도 급증하기 시작했다. 어떤 사람이든지 가장 비용이 많이 들고 불확실한 치료 방법까지도 이용할 수 있어야 한다고 믿던 미국인들에게 관리의료 체계에서 벌어지는 일은 큰 충격이었다.

넬린 폭스 사건은 모든 사람을 불안에 빠뜨렸다. 의사가 추천한 치료 방법을 보험회사에서 승인하지 않으면 어떻게 할 것인가? 필요할 때 내가 가입한 의료보험은 나에게 도움을 줄까? 내 주치의는 특정한 치료 방법을 추천하지 않는 대가로 인센티브를 받는 것은 아닐까? 보험회사의 직원들은 환자를 보호하는 것보다 보너스에 더 관심을 두고 있지 않을까?

그러나 관리의료 체계와 관련된 소송을 제기하려고 했던 사람들은 광범위하게 적용되는 연방법에 따라 소송을 할 수 있는 범위가 매우 제한되어 있다는 사실을 깨달았다. 1974년 미국 연방정부는 근로자퇴직소득보장법(Employee Retirement Income Security Act, ERISA)을 만들었다. 이 법은 가장 흔한 형태의 의료보험인 직장 의료보험을 연방정부가 규율할 수 있는 권한을 부여하고 있다. 직장에서 가입하는 많은 수의 건강관리기관, IPAs, PPOs가 이 법의 적용을 받는다. 고용주를 통해서 의료보험에 가입한 사람 중 75퍼센트가 이 법이 적용되는 의료보험에 가입되어 있다.

근로자퇴직소득보장법은 주 법에 우선해서 적용된다. 관리의료 체계하에서 소비자를 보호하려고 제정된 주 법들은 근로자퇴직소득보장법의 적용을 받는 의료보험에는 적용되지 않는다. 물론 모든 직장 의료보험이 이 법의 적용을 받는 것은 아니다. 공무원, 종교 단체의 피용자, 고용주를 통하지 않고 직접 의료보험에 가입한 사람들은 이 법의 적용 대상에서 제외된다.

일반적으로 말해서 원고가 민간인인 고용주로부터 이익을 받는다면 근로자퇴직소득보장법이 적용된다. 따라서 이때 원고는 연방법원에 소송을 제기해야 한다. 그러나 이런 사람들은 폭스 가족이 제기했던 소송을 제기할 수 없다. 근로자퇴직소득보장법은 악의에 의한 손해배상, 감정적인 고통으로 인한 손해배상, 징벌적 배상 등을 배제하고 있기 때문이다. 이 법에 따라 소송을 제기하는 원고는 오직 계약에 따라 받을 수 있는 보험금만을 청구할 수 있을 뿐이며 통상 보험금은 승인이 거절된 특정한 시술 비용이다.

아이로니컬하게도 이 법은 원래 근로자들의 연금기금을 소송으로부터 보호하려고 제정된 것이었다. 그러나 실제로는 관리의료 체계의 손해배상 책임을 면제해 주는 역할을 하고 있는 것이다. 이 법에 비판적인 사람들은 이것이 시대에 뒤떨어진 법이며 원래 보호하려고 했던 사람들에게 오히려 해를 입힌다고 주장한다. 의료기관들은 이 법은 일부 원고에게만 많은 배상금을 받을 수 있는 불평등한 결과를 야기할 뿐만 아니라 의사들에게도 불리하게 작용한다고 말한다. 보험회사를 상대로 소송을 제기할 수 없는 원고들이 대신 의사들을 상대로 소송을 제기하기 때문이다.

예를 들어 '칭 대 게인즈Ching v. Gaines' 사건에서는 복통을 호소하는 젊은 여성 환자의 결장암을 진단하지 못한 의사가 소송을 제기 당했다. 칭을 대리한 히플러 변호사는 의사가 복통이 암 때문인데도 증상을 무시하고 전문가에게 보내 달라는 환자의 반복된 요구를 거절했다고 주장했다.

칭이 마침내 전문가의 손에 맡겨졌을 때에는 이미 회복이 불가능한 상태였다. 칭의 주치의는 보험회사로부터 '가입자 수에 따른 지급 방식'으로 보험금을 지급받고 있었다. 그러나 환자가 찾아온 초기에 전문가에게 보내면 5,000달러가 삭감된다. 결국 칭의 남편은 의료과실 소송으로 290만 달러를 배상받았지만 아내를 잃고 말았다.

'칭 대 게인즈' 사건으로 말미암아 사람들은 의사들이 건강관리기관으로부터 인센티브를 받는다는 것을 알게 되었다. 이 사건은 보험회사를 상대로 한 소송이 아니었지만 배심원들은 인센티브 제도에 충격을 받았다고 털어놓았다.

1995년에 캘리포니아 주 의사들을 상대로 실시한 여론조사를 보면 1,122명의 의사들 중 20퍼센트가 '가입자 수에 따른 지급 방식'이 자신들의 판단에 영향을 미친다고 인정했다. CBS 방송의 〈60분〉에 출연한 렉스 그린 박사는 "우리는 끊임없이 한계로 몰립니다. 나중에는 치료 방법을 결정할 때 질보다는 가격을 먼저 고려하게 됩니다"라고 말했다. 같은 프로그램에서 개업의인 로버트 플랜시도 이에 동의했다. "압력이 존재하는 것은 분명합니다. 보험회사가 사후에 비판을 하면서 벌금을 매기기도 합니다. 그들은 의료기록을 검토한 후에 '이 환자는 하루 일찍 퇴원했어도 괜찮았을 텐데요, 선생. 불필요하게 입원한 하루치 입원비는 삭감하겠습니다'라고 말하지요."

그러나 의사와 환자들이 우려하는 것과 달리 보험회사들은 인센티브 제도가 치료의 질을 떨어뜨리지 않는다는 주장을 폈다.

연방정부와 많은 주 정부는 '가입자 수에 따른 지급 방식'으로 생기는 이해관계의 충돌 문제를 대처하고자 관련 법률을 정비했다. 여기에는 물론 '폭스 대 헬스넷' 사건도 영향을 미쳤다. 1996년 3월 노인의료보험과 국민의료보장의 업무를 감독하는 보건의료재정국(Health Care Financing Administration, HCFA)에서 의료보험기관들이 의사들에게 지급하는 인센티브의 구체적인 약정을 보건의료재정국이나 혹은 주 행정기관에 알려야 한다는 규정을 만들었다. 그러한 정보가 직접 환자에게 전달되지는 않지만 적어도 대중들에게 전달될 여지는 있었다. 많은 주 정부들이 이를 따라서 인센티브 정보를 공개하도록 하는 법을 제정했다.

1997년까지 11개 주에서 의료보험 회사는 보험 계약에서 '실험적' 혹은 '시험 단계의 시술' 규정과 관계없이 유방암 환자들에게 자가골수이식을 동반한 고강도 화학요법 치료(HDCT-ABMT)의 비용을 지급해야 한다는 규정을 만들었다. 그 구체적인 내용은 주에 따라 달랐지만 '시험 단계의 시술'이라는 점을 근거로 승인을 거절당할 우려 없이 신속하게 승인을 받을 수 있다는 점은 수천 명의 유방암 환자들에게 희망의 소식이었다. 최근의 입법 경향은 진보적인 태도를 보이고 있지만 자가 골수이식을 동반한 고강도 화학요법 치료나 혹은 일반적으로 실험적인 치료 방법으로 간주되는 치료를 두고 보험금 지급 여부를 둘러싼 다툼은 여전히 진행 중이다. 의사들은 유방암 환자에 대한 골수이식 수술의 효과를 두고 의견 일치를 보지 못하고 있고 국립암센터는 현재까지 연구 결과로는 결론을 내릴 수 없고 계속 임상시험을 실시하는 중이라고 말하고 있다.

지급되는 보험금 액수가 기하급수적으로 늘어나자 몇몇 건강관리기관 내에서는 비용을 줄이라는 내부적인 협박까지 일어나고 있다. 한 건강관리기관의 의료 감독을 지낸 린다 피노는《유에스 뉴스 앤드 월드 리포트》를 상대로 치료 요청의 승인 여부를 최종적으로 결정하는 자리에서 그동안 겪은 압력을 털어놓았다. 한 번은 간호사가 심장마비 증세를 겪은 후 마비가 일어난 젊은 여성 환자가 목소리를 낼 수 있는 기계를 요청하는 의사의 승인 요청서를 가지고 왔다.

"그 요청서에는 여러 장의 포스트잇이 붙어 있었어요. 그 중 한 장에는 '이걸 승인하면 당신은 해고당할 거요'라는 말이 쓰여 있었지요. 저는 열정을 가지고 이 일을 시작했습니다. 하지만 이내 제 일은 압력으로 가득 차 있다는 것을 깨달았지요. 비용을 줄이려면 많은 요청을 거절해야 합니다. 저는 의학적인 가이드라인이나 계약서에 있는 문구를 교묘히 피해서 의사들에게 압력을 행사하고 환자들을 위험에 빠뜨리라는 압력을 도저히 견뎌 낼 수 없었습니다."

피노는 목소리를 내는 기계 요청을 승인했고 곧 직장을 떠났다.

'폭스 대 헬스넷' 사건은 관리의료 체계 내에 쌓인 문제점이 드러나는 계기가 되었다. 넬린 폭스의 사건 등으로 고무된 의사와 환자들은 관리의료 체계의 지나친 제한과 고압적인 승인 절차에 거부감을 나타냈고 '관리의료 체계에 반발'을 하기 시작했다. 건강관리기관이 전성기를 맞았던 1990년대 중반에는 연간 의료비가 감소하기도 하였으나 그것은 단기간에 그치고 말았다.

미국은 현재 7년째 의료비 지출이 증가하는 추세이다. 진단하는 데 사용되는 검사와 처방전의 수가 늘어날 뿐만 아니라 제약회사의 광고비용 증가, 새로운 의료기술의 도입, 입원 기간의 연장, 베이비 붐 세대의 노령화 등은 의료비용 지출이 늘어나는 주요한 원인이다. 최소 이윤을 유지하고자 건강관리기관들과 그 밖의 관리의료 체계에 속한 회사들은 보험료를 올리고 있다. 2001년도에 보험료 지출은 1조 4,000억 달러에 이른다.

의료보장 체계의 위기를 어떻게 다룰 것인가는 의원들과 환자들 모두에게 어려운 문제로 남아 있다. 미국인들은 새로운 약품과 혁신적인 치료법에 열광하여 치료 방법을 선택하는 권리에 제한을 받는다는 생각을 참지 못한다. 정치인들과 의료보험 전문가들이 국가적인 의료보장제도 붕괴 위기를 극복하고자 비용을 절감할 수 있는 해결책을 찾아내려고 노력하고 있으나 아직까지 관리의료 체계를 대체할 만한 대안을 찾아내지는 못하였다. 현재로서는 각 가정 스스로 의료보험 회사를 선택해야 하는 상황이고 직장 의료보험이 적용되지 않는 부분을 보충하는 조치를 강구하는 수밖에 없다. 그러는 동안 우리 사회는 의료 서비스의 질과 의료보장에 필요한 비용의 균형을 찾으려는 노력을 계속할 것이다.

누이의 비극적인 죽음과 수많은 의료보험 소송 사건을 회상하면서 히플러 변호사는 이렇게 말했다.

"만일 지금까지 소송으로 번 돈을 포기하는 대신 시간을 되돌려서 누나와 오후 한나절이라도 함께 보낼 수 있다면 전혀 망설이지 않고 그렇게 하겠습니다. 그렇게 할 수 없기 때문에 대신 저는 많은 사람에게 도움을 주려고 노력해 왔습니다. 그것이 저에게는 누나를 기억하는 방법입니다. 만일 누나가 지금 저를 본다면 제가 한 일들을 정말 자랑스럽게 생각할 것입니다."

8장

훌륭한 태생을 위한 유전자 개량

캐리 벅의 강제 불임시술과 출산의 자유 제한

사회에 적응할 능력이 없는 사람들의 자손이 범죄를 저질러 처형되거나 혹은 저능으로 말미암아 굶어죽을 때를 기다리는 것보다는 그들의 출산을 금지하는 것이 사회에 이익이 된다. …… 삼대가 저능으로 판명된 때에는 출산을 금지할 충분한 이유가 된다.

─올리버 웬델 홈즈 대법관, 캐리 벅의 강제 불임시술을 승인하면서

길을 걷는 미국인 아무나 붙잡고 "로 대 웨이드 사건(낙태를 합법화한 유명한 연방대법원 판결 — 옮긴이)을 어떻게 생각하십니까?"라는 질문을 던지면 틀림없이 열띤 논쟁으로 발전하게 된다. 30년이 넘도록 평소 연방대법원의 결정에 별다른 의견을 표시하지 않은 사람들도 낙태 문제만큼은 날카로운 논쟁을 마다하지 않고 자신의 견해를 표명해 왔다. 사무실에서 토론을 벌이기도 하고 거리에서 낙태를 찬성하거나 반대하는 시위를 하기도 한다.

그러나 '벅 대 벨Buck v. Bell' 사건에서 캐리 벅이 여성의 신체에 관한 자기결정권을 놓고 투쟁한 사실은 결코 대중의 관심을 끌지 못했다. 1927년에 강제 불임시술을 합법화한 연방대법원 판결은 여러 면에서 50년 뒤에 있을 '로 대 웨이드' 사건만큼 중요한 의미를 갖는다. 이 판결은 대서양 저편에서 나치가 총과 가스실을 이용하여 유전자 정화 작업을 벌인 일에 정당성을 부여한 것이었다.

이 장에 실린 이야기는 이 책의 다른 글들과 완전한 대조를 이룬다. 다른 글들은 정열과 끈기, 지성으로 무장한 채 의뢰인의 권리를 보호하려고 싸운 변호사들의 탁월한 변론과 성취를 담고 있다. 불행히도 캐리 벅에게는 카렌 앤 퀸란의 죽을 수 있는 권리를 찾아 주고자 투쟁한 폴 암스트롱 같은 변호사도, 용감한 독일 이민을 위해 분연히 일어선 앤드루 해밀턴 같은 변호사도, 또한 아미스타드호의 아프리카인들의 자유를 얻고자 투쟁한 전직 대통령 애덤스 같은 사람도 없었다.

그의 변호사인 어빙 P. 화이트헤드는 벅의 권리를 주장하고 불의와 투쟁하기보다는 대부분의 시간을 침묵하였고 지극히 피상적인 주장만을 했다. 강제 불임시술에 찬성하는 사람들 앞에서 침묵한 결과 그는 자신의 의뢰인에게 절망을 가져다주었을 뿐만 아니라 소위 불량한 존재라고 여겨지던 수천 명의 사람들이 차가운 수술대 위로 내몰리는 참담한 결과를 가져왔다.

이 사건이 이 책에 포함된 것은 재판 과정에서 훌륭한 변론을 했거나 혹은 숭고한 목적을 이루고자 투쟁한 변호사의 이야기가 있기 때문이 아니다. 그런 것들은 없다. 이 사건은 정열과 이성으로 무장하고 정당한 목적을 향해 최선을 다하는 변호사들이 이루어낸 일들을 강조하기 위하여 그에 대조되는 사례로서 수록한 것이다. 그런 변호사가 없었기 때문에 캐리 벅과 수천 명의 사람들은 그들의 불가침 인권을 박탈당했다. 화이트헤드 변호사가 의뢰인에 대한 변호사의 의무를 이해하고 있었다면 캐리 벅 사건은 위대한 변호사 어빙 P. 화이트헤드의 이야기가 될 수 있었을 것이다. 그러나 진정으로 캐리 벅의 권리를 찾아 주려고 싸운 변호사가 없었다는 점에서 캐리 벅에게는 변호사가 없었던 것이나 다름없다.

고난의 시작

캐리 벅은 1906년 7월 2일 버지니아 주 샬럿츠빌에서 프랭크 벅과 엠마 벅의 딸로 태어났다. 그가 세 살 또는 네 살이 되었을 때 그의 부모는 헤어졌다. 어떤 이들은 가난에 지친 프랭크가 가족을 버렸다고 하고 또 다른 이들은 그가 사고로 죽었다고 한다.

캐리에게는 이복남매인 로이와 도리스가 있었고 세 아이를 키워야 하는 엠마 벅은 거리에서 구걸을 하기 시작했다. 엠마는 결국 창녀가 되었고 1920년 버지니아 주 간질환자 및 정신박약자 수용시설에 수용되어 아이들을 잃게 되었다.

캐리는 돕스 가족의 집으로 보내졌고 그때부터 거의 14년간 샬럿츠빌의 그로브 가에 있는 작은 집에서 돕스 가족과 함께 살았다. 일생을 마칠 때까지 캐리는 '끝없는 일'과 '하녀나 할 만한 심부름' 때문에 결코 자신이 돕스 가족의 일원이라는 생각을 할 수 없었다고 말하곤 했다.

그녀는 교회에 다녔고 성가대에서 노래를 했으며 학교를 다니는 것이 즐겁다고 했는데 얼마 후에 '정신박약자' 판정을 받게 되는 소녀의 입에서 나온 말치고는 놀라운 것이라고 하지 않을 수 없다. 1913년부터 1918년까지 학교에 다닌 기간에 캐리는 다른 '정상적'인 아이들과 마찬가지로 학교생활을 잘했다. 선생님으로부터 '행동거지와 수업 모두 매우 훌륭함'이라는 평가를 받기까지 했다. 학교에서는 6학년으로 진급할 것을 권유했지만, 1918년 가을에 돕스 가족은 '집안일을 도와야 한다'는 이유로 캐리를 자퇴시켰고 때때로 이웃집에 일 하러 보내기까지 했다.

1923년 여름 캐리의 수양어머니 격인 앨리스 돕스가 병으로 집을 비운 사이에 캐리는 앨리스의 조카에게 강간을 당했다.

캐리는 돕스 부부에게 강간당한 사실을 말했지만 그들은 가족의 일원이 그런 끔찍한 범죄를 저질렀다는 사실을 믿으려 하지 않았다. 엎친 데 덮친 격으로 캐리가 임신했다는 것을 알게 된 돕스 가족은 그들의 체면을 유지하려고 수양딸의 '수치스러운' 상황을 감추는 데 혈안이 되었다. 14년간 같은 집에서 살았으면서도 그들은 필사적으로 캐리를 제거하고 싶어 했다. 보안관으로서 부랑자와 '정신박약자'들을 다루는 일을 하는 J. T. 돕스는 어떤 조치를 취해야 하는지 정확히 알고 있었다.

캐리의 생모가 도덕관념이 없고 정신 상태가 정상이 아니었다는 평판에 의존해서 돕스 부부는 샬럿츠빌 소년 가정법원의 찰스 쉐클포드 판사에게 청문회를 요청했다. 캐리의 상태를 검사한 뒤 정신박약자로 수용하려는 것이었다.

돕스 가족은 임신한 그들의 피후견인을 제거하려는 마음이 앞선 나머지 일관된 이야기를 지어내지도 못한 상태였다. 처음에 그들은 캐리의 정신박약 상태가 "열 살 내지 열한 살이 될 때까지 나타나지 않았다"고 말했다.

청문회와 같은 날에 열린 선서증언 절차에서 그들은 "캐리의 비정상적인 상태를 언제 처음 알게 되었습니까?"라는 질문을 받았다. 첫번째 선서증언에서 그들은 "날 때부터입니다"라고 대답했지만 두번째 선서증언에서는 "간질 증상은 어린 시절 이후에 나타났습니다"라고 대답했다. 원래 그들은 캐리에게 간질 증상은 없었다고 증언했었다. 돕스 가족은 심지어 캐리가 "환각이나 감정의 폭발을 경험한 일도 있고", "비행을 저질렀으며", "부정직하고 믿을 수 없다"라고 증언하기까지 했다. 그러나 그들 스스로 캐리가 어떤 교정시설에도 수용된 일이 없고, 폭력에 의존한 일이 없고, 읽고 쓰고 셈하고, 식사하고 깔끔하게 옷을 입을 수 있는 능력이 있으며, 사물을 구별할 수 있고 다른 사람이 돌보지 않아도 스스로 일상생활을 할 수 있다고 인정했으면서도 이와 다른 주장을 하는 데 어떠한 근거도 제시하지 않았다.

1924년 1월 23일 청문회의 증인으로 채택된 돕스가의 주치의 J. C. 쿨터 박사는 가족이 원하는 의견을 제시했다. 그의 의견에 근거가 된 것은 J. T. 돕스와 앨리스의 모순된 증언뿐이었으며 캐리 벅은 증언하지 않았다.

> 버지니아 주의 시민이자 샬럿츠빌의 개업의인 J. C. 쿨터는 아래와 같은 사실을 증명합니다. 본인이 직접 캐리 벅을 검사한 결과를 보면 그는 법에서 말하는 정신박약자에 해당하며 정신박약자의 수용시설에 보내는 것이 합당합니다. 그의 신체 상태는 건강하며 전염성의 질병은 없습니다.

쿨터 박사의 '진단'에는 법원에서 임명한 또 다른 의사인 J. F. 윌리엄스도 서명했다. 판사는 그들의 판단을 수용하고 다음과 같이 결정하였다.

> 정신박약자 또는 간질병자로 의심되는 캐리 벅은 이 법원의 판사인 C. D. 쉐클포드 앞에 출두했다. 의사인 J. C. 쿨터, J. F. 윌리엄스로 이루

어진 위원회는 그가 정신박약자 또는 간질병자로서 수용시설에 인도되어 치료와 교정을 받아야 하는지 여부를 조사했다. 판사는 영장 내용을 낭독하고 이 절차의 성격을 캐리 벅에게 충분히 설명해 주었으며 위원회는 판사 앞에서 캐리 벅의 검사 결과를 볼 때 그의 상태가 정신박약자 또는 간질병자에 해당하며 수용시설로 보내야 한다는 결론을 내렸다.

판사는 캐리를 간질환자 및 정신박약자 수용시설의 관리자에게 인도하라는 명령을 내렸다. 3년 전에 캐리의 어머니에게 내린 것과 똑같은 명령이었다.

판사의 명령이 있었음에도 그는 즉시 수용시설로 인도되지 않았다. 수용시설의 관리자였던 앨버트 S. 프리디의 편지에 기재된 것처럼 '출산 예정자는 받아들이지 않는 것이 시설의 방침'이었기 때문이다. 캐리는 돕스 가족의 집에 있으면서 비비안 일레인이라는 딸을 낳았다.

갓난아기를 어떻게 해야 할 것인가? 수용시설의 관리책임자는 이렇게 말했다.

"이 아기가 정신박약아라는 사실이 입증되면 이 시설에 받아들일 수 있습니다. 그러나 법률에는 정신박약자로 인정되려면 대상자가 최소한 여덟 살이 되어야 합니다. 그러므로 여덟 살이 될 때까지 기다려야 합니다."

돕스 가족은 캐리가 떠난 이후에 이 아이를 키우겠다고 약속했다. 그들도 내심으로는 조카의 잘못을 인정하기 때문이었을 것이다. 그러나 캐리의 사건을 맡은 사회보장 담당 공무원인 캐롤라인 빌헬름은 수용시설의 관리책임자에게 보낸 편지에서 나중에 그 아이가 정신박약아로 판명되면 그 시설에 수용된다는 조건에서만 그 아이를 돕스 가족에게 맡길 수 있다는 점을 명확히 했다.

이에 따라 캐리는 아이를 낳자마자 빼앗기고 수용시설로 가게 되었다. 1924년 6월 4일의 일이었다.

우생학 이론

간질환자 및 정신박약자를 수용하는 주립 수용시설은 1910년에 설립되었다. 주 상원의원인 오브리 스트로드는 버지니아 주의 간질병자들을 수용할 시설의 설립 운동을 주도했고 주 정부로부터 설립 허가를 받았다. 이 허가에 따라 수용시설을 감독할 특별이사회가 구성되고 어린 시절부터 스트로드와 절친한 친구였던 어빙 P. 화이트헤드가 이사 중 한 명으로 임명되었다. 특별이사회는 앨버트 S. 프리디 박사를 시설의 관리책임자로 선임했다.

프리디는 점차 늘어나는 '불완전한' 시민을 보호하는 데 드는 비용을 주 정부가 부담할 수 있는지 우려하는 공식적인 보고서를 발표하였다. 그 보고서에는 "간질을 일으키는 원인으로 알려진 것들 중 …… 유전적 요인이 가장 크다. 결혼에 제한이 없기 때문에 정신 이상자, 정신적으로 불완전한 사람, 간질환자들이 결혼하며 이것은 자연스럽게 간질병자의 수가 증가하는 원인이 된다"라고 적혀 있었다.

1년 후에 프리디는 다음과 같은 내용의 보고서를 작성했다.

정상적인 인구 증가율보다 높은 비율로 간질병자나 정신적으로 문제가 있는 사람들 수가 증가할 것으로 예상된다. 이러한 불완전한 사람들 수가 급속히 늘어남에 따라 버지니아 주 정부의 예산은 곧 이들을 감당하기 어려울 것이다.

프리디가 제안한 해결책은 '자선기금에 의존하는 수용시설이나 교도소 수용자들에게 불임시술을 허용하는 입법을 고려하는 것'이었다. 그는 더 나아가 "우생학을 합법화하도록 의원들에게 촉구하는 것도 지나친 것은 아니다"라는 주장을 폈다.

프리디는 '자선과 교정을 위한 버지니아 주 위원회'와 함께 연구에 참여하면서 주 정부에 행동을 취하도록 압력을 넣었다. 그는 주 의회와 주지사에게 정기적으로 보고서를 보내 유전적 결함과 '사회에 짐이 되는 비생산적이고 무능력한 사람들'이 일으키는 매춘, 알코올 중독 등 다양한 범죄 및 사회병리현상 사이의 관계를 강조했다.

현대의 양식 있는 독자들은 이상하게 느낄 수도 있겠지만 20세기 초반에 우생학은 사회조직 원리로서 많은 지지를 얻었다. 우생학은 인간의 유전과 유전형질을 연구하는 '학문'으로서 '결함이 있는' 유전자를 제거하여 인류를 '개선'하는 것이 주된 목적이다.

20세기 초 25년 동안 미국과 영국의 우생학자들이 내세운 학설은 뚜렷이 구분된다. 영국 우생학자들은 우생학을 '과학'으로 규정하고 '훌륭한 태생'이라는 뜻의 우생학Eugenics이라는 명칭을 만들어 낸 사람들로서 유전자 개량을 하려고 보다 '적극적인' 수단을 신봉했다. 이에 비하여 미국 우생학자들은 소위 '소극적인' 접근 방식에 초점을 맞추었는데 '사회 부적격자'에게 불임시술을 옹호하는 입장이다.

1905년 펜실베이니아 주 의회가 최초로 사회 부적격자에게 우생학적 불임시술을 합법화하는 입법을 시도했으나 주지사의 거부권 행사로 실패로 돌아갔으며 1907년 인디애나 주가 최초로 입법에 성공했다. 1914년 해리 H. 러플린은 『우생학적 불임시술법Model Eugenical Sterilization Law』을 출판하여 정신박약자, 정신이상자, 범죄자, 간질환자, 알코올 중독자, 맹인, 귀머거리, 기형아 등을 포함한 '사회 부적격자'의 불임시술을 제안할 때는 이미 12개 주에 그러한 법률이 있었으며 1930년에 이르자 27개의 주가 법률에 따른 불임시술을 시작하고 있었다.

버지니아 주는 비자발적인 불임시술의 합법성 여부를 판단하는 실험을 할 예정이었다. 프리디 박사가 이 실험을 수행할 '과학자'였으며 캐리 벅은 불운한 실험용 동물의 역할을 맡았다.

프리디는 우생학을 법적으로 승인받으려는 과업에 있어서 혼자가 아니었다. 오브리 스트로드가 프리디를 대신해서 주 의회의 입법 절차를 떠맡았다. 스트로드는 훗날 다음과 같이 회상했다.

간질환자 및 정신박약자를 수용하는 주립 수용시설의 관리책임자였던 A. S. 프리디 박사는 …… 수용시설의 대표자로서 나에게 와서 적절한 절차를 밟아 수용인들에게 우생학적 불임시술을 시행하는 것을 합법화해 달라는 주립병원협회의 요구 사항을 전달했다.

유사한 법률의 합헌성 여부가 문제된 몇 개의 주에서 그러한 법률은 모두 위헌판결을 받았다. 수용자들만을 적용 대상으로 한다면 차별적 입법이고 적절한 사전 고지와 합리적인 거부의 기회가 제공되지 않는다면 적법 절차의 위반이다. 주 정부가 그 권한을 넘어 출산의 권리를 박탈하는 것이라는 이유에서였다.

따라서 위원회에 보고를 하면서 나는 주립 교도소 의무관이던 캐링턴 박사가 수년 전에 공공시설위원회에 출석해서 일부 죄수들에게 불임시술을 허용하도록 제안을 했을 때 호의적인 반응을 얻지 못했다는 점을 첨언하였다.

1916년 회기에 스트로드는 '정신박약자'를 대상으로 하는 시술 문제를 다루고자 다섯 건의 법안을 의회에 제출했다. 한 법안은 1910년에 제정된 수용시설의 정관 개정안으로써 관리책임자와 위원회가 '수용시설의 설립 목적을 달성하고자 수용인들에게 도덕적, 의학적, 외과적 시술을 제공하는 것'을 허용하도록 규정하고 있었다. 개정안에는 우생학에 근거한 시술도 허용될 수 있었는데 수용시설의 주요 설립 이유 중 하나가 '사회의 보호'였기 때문이다.

프리디나 스트로드 같은 유명 인사는 아니었으나 어빙 P. 화이트헤드도 우생학적 불임시술을 도입하는 데 결코 적지 않은 역할을 해냈다. 수용시설의 특별이사회 구성원이던 화이트헤드는 프리디와 함께 주립병원 이사회의 이사로도 수년간 일해 왔다. 그는 특히 스트로드가 입안한 수용시설 정관 개정안에 동조했다.

예산 부족에 직면한 버지니아 주지사 E. 리 트링클은 주립병원 이사회에 동조하여 의회가 "적절한 안전장치를 마련해서 정신이상자, 간질병자, 정신박약자에게 불임시술을 합법화할 때"라고 동의했다. "급증하는 수용인 탓에 늘어만 가던 수용시설의 부담을 덜어 주고 수용인들이 그들과 같은 사람들을 자손으로 남기지 않도록 할 수 있다"는 것이었다.

주지사는 주립병원 이사회에서 공개적으로 우생학을 지지해 온 프리디를 그의 오랜 친구인 스트로드와 함께 법안을 준비하도록 임명했다.

스트로드는 러플린의 『우생학적 불임시술법』에 따라 법안을 만들었고 이 법안은 1924년 3월에 '일정한 때에 주립 수용시설 수용자들을 대상으로 불임시술을 시행하는 법률'로 입법되었다.

법률은 '정신이상, 정신박약, 저능, 간질 그리고 범죄의 전파에 있어서 유전이 중요한 역할을 한다는 사실'을 확인하고 있었다. 입법 과정에서 반대는 두 표뿐이었다. 우생학적 불임시술이 부당하다는 견해는 소수에 지나지 않았던 것이다.

시험 소송

이제 남은 문제는 스트로드가 만든 법률이 적법 절차의 원칙 혹은 평등의 원칙에 위배되느냐의 여부였다. 그때까지 만든 이와 유사한 법률들은 헌법에 위배된다는 판결을 받고 여러 가지 이유로 무효가 되었었다.

우선 아이를 낳는 것은 기본적인 인권의 하나로서 개인의 생명과 재산을 보장하는 헌법 규정의 적용을 받는 것으로 여겼다. 불임시술 관련 법률은 아이를 낳을 권리에 영향을 미치거나 심지어 이를 무력화할 수도 있는 것이기 때문에 적법 절차 조항에 부합하도록 규정되어야 하는데 앞서의 법률들은 그러한 요건을 충족하지 못하였다는 이유로 위헌판결을 받았다. 그 법률의 적용을 받는 사람들이 불임시술 시행 결정에 불복하거나 이의를 제기할 수 있는 절차가 마련되어 있지 않았던 것이다.

두번째로 초기의 불임시술 법률들은 특정한 계층이나 사람들에게

만 영향을 미치는 '차별적인' 법이라는 이유로 위헌판결을 받았다. 수정헌법 14조에 규정된 평등 조항에 위반된다는 것이다.

스트로드는 적법 절차 조항과 관련된 문제는 크게 걱정하지 않았다. 이중 삼중의 청문, 검토, 이의 제기 절차가 규정된 버지니아 주의 법률은 어느 법원이 보더라도 적법 절차 조항을 준수한 것으로 판단하리라고 생각했기 때문이다. 그러나 평등 조항 위반 문제만큼은 확신하기 어려웠다.

스트로드는 수용시설 이사회에 출석해서 버지니아 주 법률이 시설에 수용되어 있는 '정신박약자'를 적용 대상으로 하고 있기 때문에 위헌판결을 받을 우려가 있다고 말했다. 정신박약자라는 판단을 받은 모든 사람에게 불임시술을 하는 것이 아니라 수용된 사람들에게만 시행되기 때문에 평등권 위반이라는 주장이 가능하다는 것이었다. 스트로드는 법률이 의회를 통과하기는 했지만 최소한 버지니아 주 항소법원의 판단을 받을 때까지는 실제로 불임시술을 하지 말도록 권유했다. 이 법률의 위헌성 문제는 연방대법원의 판결을 받을 수도 있었다. 이사회에서 그는 만일 불임시술을 한 후에 이 법률에 대한 위헌 결정이 내려진다면 프리디 박사 혹은 그 밖에 불임시술을 한 의사와 수용시설은 손해배상 책임을 질 가능성이 있다고 지적했다.

스트로드의 경고를 들은 이사들은 먼저 법률의 유효성을 시험해 보아야 한다는 데 동의하였다. 스트로드는 다음과 같이 말했다.

"나는 시험 소송을 제기하라는 지시를 받고 프리디의 도움을 받아 시설에 수용된 전형적인 정신박약자인 열아홉의 캐리 벅을 대상으로 소송을 제기했다."

캐리는 수용소 FB9 구역에 살면서 일을 했다. 그가 맡은 일은 주방 일이었다. 캐리는 같은 구역 내에 있는 수용인들이 먹을 음식을 준비하고 나르고 치웠다. 한 번의 식사가 채 끝나기도 전에 다음 번 식사를 준비하는 것이 예삿일이었다.

고되고 바쁜 일과 중에도 캐리는 짬을 내어 수용소에 살고 있던 어머니를 찾아서 연락을 했다. 그의 어머니는 1920년부터 그곳에 수용되어 있었으며 1944년 사망할 때까지 머무르게 된다. 어머니를 보면서 캐리는 자유를 찾는 꿈을 꾸었다. 그러나 아이로니컬하게도 그녀는 더 많은 자유를 잃게 된다.

캐리는 법에 따라 '정신박약자'로 선언되었다. "정신박약아"라고 선언된 사생아를 낳았고 그의 어머니도 '정신박약자'로 분류되어 수용되어 있었다. 무엇보다도 그 자신이 수용시설에 갇혀 있는 몸이었다. 가계에 정신박약 병력이 있고 출산의 가능성이 있는 캐리 벅은 시험 소송을 제기하기에 딱 알맞은 사람이었다. 프리디와 스트로드, 이사회 구성원들은 캐리 벅을 대상으로 소송을 제기하기로 결정하였다.

캐리가 수용된 지 6개월이 지났을 때 프리디는 캐리의 후견인으로 지정된 R. G. 셸턴, 이사회의 대리인으로 지명된 오브리 스트로드 그리고 캐리 벅 본인과 함께 수용시설의 특별이사회에 참석했다. 프리디는 캐리 벅의 상태에 대한 자신의 의견을 다음과 같이 진술하였다.

저는 캐리 벅이 처음 수용된 1924년 6월 4일 이후 그 여인을 관찰해 왔습니다. 심리학적 검사와 스탠퍼드대학 연구진이 개정한 비네-시몽 검사법(프랑스의 심리학자 A. 비네와 의학자 T. 시몽이 만든 지능검사법—옮긴이) 결과를 보면 그 여인은 가장 저능한 수준의 정신박약자가 확실합니다. 그의 생물학적 나이는 열여덟이지만 지능은 아홉 살 아동과 같은 수준입니다. 수용 서류에 포함된 선서진술서를 살펴보면 그 여인의 부계는 불명이며 그의 어머니인 엠마 벅은 지능이 낮은 정신박약자로서 수년간 수용시설에 수용되어 있는 환자입니다. 선서진술서에는 그에게 정신적으로 결함이 있는 사생아가 있다고 기재되어 있으며 그의 도덕성에는 문제가 있지만 불임시술을 하여 아이를 낳을 수 없도록 조치한다면 스스로 살아갈 능력이 있다고 되어 있습니다. 불임시술을 받지 않는다면 그녀는 임신이 가능한 30여 년간 수용시설에 갇혀 있어야 할 것입니다. 정신적 결함이나 정신 이상 혹은 간질 증세가 두 세대가 넘도록 계속된다면 유전적 영향은 후손 전체에 미칩니다.

프리디는 캐리가 우생학적 불임시술을 받도록 허용해 달라고 요청했다. 그는 '간단하고 상대적으로 피해가 적은 난관절제술'을 시행하겠다고 말했다. 불임시술은 나팔관을 절제해 묶는 것으로 그가 '수용시설을 떠나서 자유와 행복을 느끼고 자립할 수 있도록' 도와주겠다는 것이다.

스트로드의 질문에 대한 답변에서 프리디는 '정신적 결함, 불임시술, 유전학 연구 결과와 경험에 비추어 볼 때' 캐리 벅이 출산 능력을 상실하는 것이 그 자신과 사회 모두에 도움이 된다고 주장했다.

캐리의 후견인인 R. G. 셸턴은 프리디에게 단지 몇 개의 질문만을 했을 뿐이다. 그는 프리디에게 수술이 위험하지 않다는 것을 어떻게 보장할 수 있는지 물었다. 프리디는 자신이 여성 환자와 수용자들의 골반 질병과 관련해서 수술 경험이 많으며 그 불임시술은 가장 안전한 수술이라고 대답했다.

셸턴은 또한 캐리 벅이 수용시설에서 받은 훈련으로 사회에 복귀할 가능성이 없는지 물었다. 프리디는 "캐리 벅은 정신적 결함뿐만 아니라 원래부터 자제력과 도덕관념이 결여된 사람으로서 선천적으로 치유 불가능한 상태에서 교육이나 훈련으로는 교정될 수 없다"라고 답변했다.

셸턴의 나머지 질문들은 프리디에게 자신의 입장을 설명할 기회만을 제공하였다. 프리디는 답변에서 불임시술을 받지 않는다면 캐리가 사회로 복귀할 가능성은 없으며 가임 기간에는 수용되어 있어야 한다는 주장을 되풀이했다.

프리디가 증언을 마친 후 오직 한 가지 질문만이 더 있었다. 오브리 스트로드는 자리에서 일어나서 침묵을 지키고 있던 캐리 벅을 바라보며 물었다.

"이 수술과 관련해 하고 싶은 말이 있습니까?"

캐리는 잠시 침묵을 지키고 있다가 그곳에 모인 사람들이 자신을 돕고 있는 것이라고 생각하며 "아닙니다, 선생님. 여러분께 맡기겠습니다"라고 말했다.

이사회는 오래지 않아 버지니아 주 불임시술법에 따라 세밀하게 작성된 다음과 같은 결정문을 발표하였다.

특별이사회는 캐리 벅이 정신박약자이며 유전 법칙에 따라 자신과 유사한, 사회에 부적합한 자녀를 출산할 수 있는 여성이라는 사실을 확인할 수 있었다. 또한 불임시술을 받더라도 건강에 해가 되지는 않을 것이며 캐리 벅 본인과 사회에 이익이 될 것임을 확인했다.

위와 같은 사실을 근거로 간질환자 및 정신박약자를 수용하는 주립 수용시설 특별이사회는 다음과 같이 결정한다.

청원자인 A. S. 프리디는 직접, 혹은 자격 있는 의사인 J. H. 벨 박사에게 위임하여 이 결정이 있는 날로부터 30일이 지난 후에 캐리 벅의 난관절제술을 시행할 수 있다.

간단히 말해서 캐리 벅은 나팔관이 절제되어 임신 능력을 잃게 된 것이다.

특별이사회의 이러한 결정은 실제로 실행하고자 한 것은 아니었다. 시험 소송을 제기하기 위한 선행 절차였으며, 유사한 법률에서 누락되었던 충분한 절차를 제공하여 캐리 벅이 적법 절차를 보장받았다는 점을 확실히 하려는 조치였다.

재판

그들의 계획은 캐리 벅이 이 결정에 소송을 제기하는 것이었고 그러려면 그에게 변호사를 선임해 줄 필요가 있었다. 보통은 수용시설의 법률자문은 스트로드가 맡고 있었지만 그는 이미 프리디와 이사회, 수용시설 대리인으로 선임되어 있었기 때문에 캐리의 변호사가 될 수 없었다. 캐리의 후견인인 R. G. 셸턴은 캐리 벅의 이의 제기를 도와줄 만한 '능력 있는' 변호사를 선임하라는 지시를 받았다.

셸턴은 어빙 P. 화이트헤드를 선임했다. 그는 프리디와 함께 주립병원 이사회의 이사로 활동했으며 수용시설의 이사회 구성원이기도 하였다. 그는 수용시설에서 하려는 불임시술을 지지했을 뿐만 아니라 다른 이사들에게 불임시술의 시행에 동의하라고 설득까지 했었다. 화이트헤드는 프리디와 직업상 동료였으며 어린 시절부터 스트로드의 친구이자 조수였고 제1차 세계대전 때 스트로드가 군대 법무참모실의 대령으로 근무하는 데 도움을 주기도 했다. 캐리 벅이 수용되기 두 달 전에 그의 이름으로 수용시설에 건물을 기부했고, 캐리 벅의 재판이 있기 며칠 전에 스트로드가 공직자로 추천했던 화이트헤드가 이제 캐리의 대리인이 된 것이다.

화이트헤드가 캐리 벅을 '변호'하기로 승낙한 이유는 수수께끼로 남아 있다. 아마도 '시험 소송'을 신속하게 진행하려는 조치였을 것이다. 화이트헤드가 캐리 벅을 위해 '노력'한 일이라면 변호사로서 의뢰인에게 지켜야 할 의무를 완전히 저버린 것밖에 없을 것이다.

불임시술 명령에 따른 캐리의 이의 제기 사건은 '벅 대 프리디Buck v. Priddy' 사건으로 명명되었고 버지니아 주 앰허스트 카운티의 법원에서 재판이 열렸다. 캐리 벅은 그의 변호사인 어빙 화이트헤드와 법정에 출석했고 오브리 스트로드는 프리디와 수용시설을 대리해서 참석했다.

베넷 고든 판사는 지역의 변호사인 화이트헤드와 스트로드를 잘 알고 있었다. 그는 먼저 화이트헤드를 호명했고 화이트헤드가 판사에게 한 요청은 단지 모든 당사자들이, 특히 캐리의 후견인인 셸턴이 참석했다는 사실을 기록에 남겨 달라는 것이었다. 화이트헤드로부터 발언권을 넘겨받은 스트로드는 두 가지 요청을 했다.

첫째는 증인신문 순서를 보통과 다르게 하겠다는 것이었고, 둘째는 버지니아 주 스턴튼 소재 웨스턴 주립병원의 관리책임자인 드자넷 박사를 제외한 증인들은 자기 차례가 아닐 때는 법정에서 퇴정해 달라는 것이었다.

형식적인 절차가 끝나고 본격적인 재판이 시작되었다. 모두진술은 생략되었고 바로 증인신문이 시작되었다. 1924년 11월 18일 아침이었다.

첫번째 증인은 샬럿츠빌 출신 간호사인 앤 해리스였다. 스트로드는 증인신문 과정에서 캐리 벅의 가족이 극도로 가난하고 성적으로 문란하고 정신박약의 특성이 있다는 점을 입증하려 했고, 앤 해리스는 그 모든 점을 인정하는 답변을 했다. 해리스는 캐리의 어머니인 엠마 벅이 "극도로 무책임하고 수년간 자선활동 대상자 명단에 올라 있었으며 최악의 환경에 거주했고 자식들을 위해서 일할 능력도 의사도 없었다"고 증언했다.

스트로드의 질문에 그는 엠마가 계속 아이를 낳았고—남편과 별거 중이었는데도—그 아이들이 남편의 아이들이라는 점에는 "의심의 여지가 없다"고 대답했다. 스트로드가 캐리 벅의 가족이 정신박약의 특성이 있지 않느냐고 묻자 그는 이에 동의하면서 엠마의 지능은 열두 살 먹은 아이와 같거나 혹은 그보다 못하다고 말했다.

스트로드가 주요 신문을 마치자 화이트헤드가 반대신문을 시작했으나 그의 질문은 반대신문이라기보다는 오히려 스트로드가 한 질문들을 반복하거나 더 명확히 하려는 것으로 보였다.

화이트헤드는 해리스가 캐리를 문맹이라고 생각한다는 점을 명확히 했다. 그는 돕스 가족과 지내는 동안에는 해리스가 캐리를 관찰하지 못하였다는 점을 확인시켰지만 질문을 통해서 캐리가 학교에서 남자 아이들에게 쪽지를 보내곤 했다는 증언을 이끌어냈다. 해리스는 캐리가 그런 짓을 할 수 없도록 보다 엄격한 학교나 시설에 보냈어야 했다고 말했다.

화이트헤드 증인은 돕스 가족이 캐리를 데려간 이후에 그가 어떤 생활을 했는지 알지 못하지요?

해리스 캐리가 초등학교에 다녔을 때 일은 기억하고 있습니다. 감독 선생이 저에게 전화를 해서 캐리 때문에 골치가 아프다고 말했습니다. 선생님은 캐리가 쪽지를 돌리거나 그런 종류의 말썽을 부린다고 말하면서 어떻게 하면 좋을지 물었습니다.

화이트헤드 남자 아이들에게 쪽지를 돌렸다는 건가요?

해리스 예, 그렇습니다.

화이트헤드 아홉 살 혹은 열 살 먹은 여자 아이가 학교에서 남자 아이들에게 쪽지를 돌리는 것을 반사회적 행동이라고 할 수 있습니까?

해리스 그건 쪽지 내용에 따라 달라진다고 생각합니다.

화이트헤드 그 쪽지들을 본 적이 있습니까?

해리스 예, 봤습니다.

화이트헤드 만일 그 쪽지 내용이 전체적으로 적절한 것이 아니라면 그것이 반사회적 행동이라는 증거가……

해리스 (말을 자르며) 제가 본 쪽지 내용은 반사회적 행동이라고 볼 만한 것이었습니다.

화이트헤드 만일 열여섯 살짜리 여자 아이가 썼다고 하더라도 문제가 될 만한 쪽지였나요?

해리스 확실히 그렇습니다.

화이트헤드 그렇다면 나이는 문제가 되지 않는다는 말이군요. 열여섯 살짜리 여자 아이가 썼어도 문제가 될 만한 내용이었다는 것이지요?

해리스 만일 열여섯 살짜리 여자 아이가 그런 쪽지를 써서 돌렸다면 그 아이는 좀더 엄격한 학교나 교정시설로 보내졌어야 할 것입니다.

스트로드는 이어서 3명의 교사들을 증인으로 불러서 캐리 벅의 가족이 정신박약자였다는 점을 강조했다. 그러나 증인으로 나온 교사들은 캐리를 직접 아는 사람이 아니었다.

제일 처음 나온 율라 우드 교사는 캐리의 이부異父 누이인 도리스 벅에 대해서 증언하였다. 우드는 실제로 도리스를 잘 알지 못하고 그가 겨우 6주간 자신의 학급에 있었다고 말했지만 스트로드의 질문을 받자 도리스라면 "충분히 들어서 알고 있다"고 증언했다. 즉 도리스는 학교에서 뒤처졌고 '공부에 재능이 없는 아이'였다는 것이다. 화이트헤드는 우드에 대한 반대신문을 하지 않았고 필요하다면 나중에 하겠다고 말했다.

다음번 증인으로 나온 버지니아 비어드 교사는 캐리의 이부異父 남동생인 로이 스미스에 대해 증언했다. 그 교사는 로이가 친구들을 '웃기려고 노력했고', 그 또래 아이들보다 공부를 못했다고 말했다. 그 교사는 결론적으로 로이를 '정식박약아'로 불러야 되는지는 잘 모르겠다고 대답했다. 화이트헤드는 반대신문을 하기는 했지만 스트로드가 한 질문을 반복했을 따름이다.

마지막으로 나온 버지니아 랜디스 교사는 캐리 벅의 사촌인 조지 더들리에 관한 질문을 받았다. 그 교사는 캐리 벅은 전혀 알지도 못하고 그가 조지 더들리의 사촌이라는 사실도 몰랐다고 말했지만 조지 더들리는 "둔한 아이이며 평균 이하"라고 증언했다. 화이트헤드의 질문은 단 하나였고 그 대답은 이미 나온 말이었다.

"저는 캐리 벅을 전혀 알지 못합니다."

스트로드의 다음 증인은 앨버말 카운티의 가정과 직원인 존 홉킨스였다. 그는 캐리의 동생인 로이에 대해서 증언했는데 로이가 "보통 아이들과는 다르고, 매우 특이하며, 정신적으로 결함이 있고 어리석다"라고 말했다.

캐리 벅을 위해 변론을 해야 할 의무가 있는 화이트헤드는 로이가 정신적으로 결함이 있다는 홉킨스의 의견이 오직 한 가지 사건에만 근거한 것이라는 점을 지적해 내지 못했다. 그는 홉킨스가 캐리나 엠마 벅을 알지 못한다는 사실을 추궁하지도 못했고, 스트로드가 질문한 모든 사람에 대해 홉킨스가 "매우 특이하다"고 답변했다는 사실을 기록에 남기지도 않았다.

다음으로 스트로드는 새뮤얼 더들리를 증인으로 신청했다. 캐리의 가족과 이웃으로 지낸 더들리는 캐리의 할아버지인 리처드 할로우가 어떤 사람인지 말해 달라는 질문을 받고 다른 증인들과는 달리 "캐리 벅의 가족은 정신박약의 경향이 있다"는 식의 대답을 하지 않았.

리처드 할로우의 지적 능력을 묻는 질문에 더들리는 할로우가 "일반인과 똑같은 정도의 지적 능력을 가지고 있었다"고 답변했다. 스트로드로부터 추궁을 당한 후에 그는 전문가 증인에게 리처드 할로우를 설명하면서 "특이한 점이 있다"고 말한 사실을 인정했지만 원래의 증언에서 후퇴하지는 않았다. 그는 리처드 할로우가 '전혀 교육받지 못한 사람'이라고 말할 수는 없으며 "때때로 우스운 행동을 하기는 하지만 그 점을 제외하면 정상적인 사람"이라고 증언했다.

화이트헤드의 반대신문에서 더들리가 사실은 캐리의 큰아버지라는 사실이 밝혀졌다. 그러나 그는 돕스라는 이름의 가족이 조카를 데려갔다는 사실 이외에는 알지 못하며 재판 전에 한 번도 본 일이 없다고 말했다.

사회보장 담당 공무원인 캐롤라인 빌헬름은 캐리에게 가장 불리한 증언을 하였다. 그는 돕스 가족이 캐리를 수용시설에 보낼 때부터 캐리의 일에 관여했으며 캐리와 그의 아이인 비비안을 관찰해 왔다.

돕스 가족과 마찬가지로 빌헬름도 캐리에 대한 편견이 심했으며 이러한 편견은 그의 증언에 그대로 드러났다. 그 공무원은 캐리가 사회에서 본다면 '분명한 짐'이라고 묘사했다. 그는 캐리의 어머니가 '사생아를 3명이나 낳았다는 점'을 근거로 "캐리도 사생아를 낳을 가능성이 매우 크다"라고 말했다. 캐리를 수용시설에 보내려고 위원회가 열린 때부터 실제로 수용시설로 보낼 때까지 몇 주간 캐리를 관찰한 결과, 캐리 벅은 '명백한 정신박약자'라는 것이 빌헬름의 결론이었다.

캐리의 아이는 아직 생후 8개월밖에 되지 않았는데도 빌헬름은 아이의 지적 능력에 있어 분명한 견해를 밝혔다. 빌헬름은 구체적인 근거를 제시하지 않은 채 캐리의 아이가 '결코 정상적이라고 볼 수 없는 모습'이었다고 증언했다. 몇 년이 지난 뒤에 이 증언은 틀린 것으로 판명되었다. 비비안이 학교에서 우등을 했던 것이다.

빌헬름을 상대로 한 화이트헤드의 반대신문은 그답지 않게 길었지만 오히려 캐리에게 나쁜 결과가 되었다. 그는 캐리가 사생아를 낳았다는 사실을 강조했고 빌헬름이 캐리가 정신박약자라고 판단한 근거는 사회보장 공무원으로 재직하면서 그런 사람들을 많이 봤기 때문이라는 점을 명확히 했다. 또한 빌헬름으로부터 캐리는 같은 나이 또래의 여성이 할 수 있는 일을 할 능력은 있지만 반드시 감독자가 있어야 한다는 증언을 끌어냈다. 마지막으로 화이트헤드는 빌헬름의 증언을 요약한 다음 그 내용이 사실이냐고 물었다.

"당신은 캐리가 결코 사회에 보탬이 될 수는 없겠지만 불임시술을 받는다면 보다 적은 부담이 될 것이라고 생각합니까? 또한 불임시술을 받는다면 감독을 할 만한 사람에게 인계되어 자립할 수 있다고 생각합니까?"

빌헬름은 그렇게 생각한다는 답변을 했다.

스트로드는 다음 증인으로 샬럿츠빌의 또 다른 사회보장 공무원인 메리 듀크를 불렀다. 그 공무원은 캐리의 어머니를 '자선활동의 대상'으로 묘사했다. 또한 캐리가 정신박약이라는 사실을 전해 들었다고 밀했지만 직접 캐리를 만나보지는 못했다는 사실을 인정했다. 그러나 본 적도 없으면서 듀크는 캐리가 "똑똑한 소녀는 아닌 것 같았다"는 의견을 표명했다. 화이트헤드는 이러한 모순된 증언에 아무런 이의도 제기하지 않았고 반대신문도 하지 않았다.

캐리의 가족에 대한 상세한 묘사와 그들의 '결함'이 무엇인지 설명을 마친 스트로드는 불임시술이 그러한 결함에 가장 효과적인 대책이라는 점을 주장하기 시작했다. 이 점을 입증하고자 스트로드가 내세운 증인은 웨스턴 주립 병원의 관리책임자인 J. S. 드자넷 박사와 우생학의 권위자인 아더 H. 에스터브룩 박사 그리고 프리디 박사였다.

스트로드는 먼저 드자넷 박사를 '결함 있는' 사람들을 다루어 본 경험이 많은 전문가라고 소개했다. 드자넷 박사는 주에서 가장 큰 병원인 웨스턴 주립 병원에서 36년간 일했으며 1906년부터 병원의 관리 책임자로 근무한 "정신 이상 문제의 전문가"라고 주장했다.

스트로드로부터 '정신적으로 결함이 있는' 환자를 몇 명이나 치료

해 본 경험이 있느냐는 질문을 받고 드자넷은 "1만 천 명이 조금 넘는 환자를 다룬 경험이 있다"고 대답했다. 스트로드는 불임시술이 그러한 환자들과 사회에 어떤 영향을 미치는지 의견을 물었다. 드자넷은 불임시술이 '환자 자신과 사회를 생각할 때' 최선의 방법이라고 답변했다. 그는 '정신박약은 유전되며, 정신적 결함이 있는' 사람들을 대상으로 불임시술을 시행하면 '사회 구성원의 전체적인 지적 능력이 향상되기 때문에 사회에 이익이 되며, 범죄 발생 건수도 낮아질 것'이라는 주장을 폈다.

캐리 벅과 그의 어머니 그리고 캐리의 아이가 모두 정신박약이라는 증언을 들은 드자넷은 캐리가 '유전 법칙에 따라 사회에 부적합한 자녀를 낳을 것'이라는 점에 동의했다.

화이트헤드의 반대신문은 역시 캐리를 위한 것이라기보다는 스트로드에게 도움이 되는 내용이었다. 화이트헤드는 드자넷에게 수용시설에 있는 사람들을 그대로 놓아두지 않고 불임시술을 거쳐 퇴원시키려는 이유가 무엇이냐는 질문을 했고 드자넷은 다음과 같이 자신의 의견을 밝혔다.

그들을 퇴원시키는 것으로 사회는 부담을 덜 수 있고 퇴원한 사람들은 일을 하는 것으로 사회에 도움이 될 수 있습니다. 그들은 결함이 있는 사람들이지만 불임수술을 받는다면 그 결함을 전파할 확률도 훨씬 낮아질 것입니다. 국가가 그들 모두를 격리하는 데 드는 비용을 부담할 수는 없습니다. 정신박약자들을 1~2개월 수용한 뒤 불임시술을 하고 내보낸다면 그들 대부분은 불임 상태가 될 것이고 모든 결함 있는 사람들을 붙잡아 둘 필요도 없게 됩니다.

캐리의 변호사인 화이트헤드는 '사회에 이익이 된다는 점에서' 드자넷의 의견에 동의한다고 말했다.

드자넷의 증언은 캐리 벅의 유전적 결함을 입증하려는 과학적 증거로 제시된 것이었다. 그러나 스트로드의 다음번 증인인 우생학자 아더 H. 에스터브룩 박사의 증언도 이에 못지않게 중요했다. 그의 증언을 근거로 스트로드는 '캐리와 같은 부류'야말로 불임시술의 필요성이 과학적으로 입증된 것이라는 점을 증명하려고 했다.

드자넷과 마찬가지로 스트로드는 먼저 에스터브룩의 경험과 지식 등 기초적인 사항부터 질문을 던졌다. 에스터브룩은 자신이 '과학적 연구를 수행하는 사립기관'인 워싱턴 카네기재단의 회원으로서 1910년 이래 인간, 동물, 식물 등의 유전 연구에 종사해 왔고 그동안 연구를 종합한 결과 '정신박약은 유전된다는 확실한 법칙'을 발견했다고 말했다.

그러나 에스터브룩은 자신이 우생학기록사무소(Eugenics Record Office, ERO)에 소속된 현지 연구자라는 사실은 밝히지 않았다. 우생학기록사무소는 『우생학적 불임시술법』의 저자인 해리 러플린을 비롯하여 우생학적 불임시술을 지지하는 회원을 모집하는 외에 가계에 관한 상세한 정보, 가계 구성원의 정신적, 심리적, 행태적 특성(알코올 중독과 간질을 포함한다) 등을 수집하여 분석하는 것을 목적으로 하는 단체였다. 이러한 정보는 우생학의 지지자들에게 제공될 뿐만 아니라 적합한 결혼 상대를 찾는 일을 비롯한 가족계획과 관련한 문제에 상담 자료로 쓰였다.

에스터브룩은 우생학기록사무소의 중요한 존재로서 두 가계를 분석해서 범죄, 타락, 결함과의 연결 관계를 설명한 우생학 책인 『주크가 『The Jukes』(1915년 출판) (1910년에 로버트 더그데일이란 범죄학자가 「주크가家 : 범죄, 빈곤, 질병 그리고 유전형질 연구」 논문을 기초로 한 책이다. 더그데일은 뉴욕의 한 교도소를 시찰하던 중 6명의 가족 수용자들을 마주친 후 이 집안의 범죄성 여부를 연구했고, 범죄가 유전된다는 견해를 밝혔다 — 옮긴이)와 『이스마엘 족 The Tribe of Ismael』(인디애나 주의 한 가족을 다룬 책. 1923년 출판)을 저술했다.

에스터브룩은 마치 우생학기록사무소에서 가계 분석을 하듯이 증언을 했는데 그는 자신이 캐리 가족을 대상으로 '현지 연구'를 했다고 말했다. 그는 수용시설을 방문하여 캐리와 그의 어머니를 상대로 '간단한 연구'를 시행했고 캐리와 어머니가 살았던 앨버말 카운티를 찾아가서 "되도록 여러 가족을 만났다"고 설명했다. 그의 '연구' 결론은 다음과 같다.

증거 결과, 엠마 벅은 정신박약의 증세가 있는 여성으로 인정된다. 그는 3명의 사생아를 낳았고 앨버말 카운티에서 벌인 조사에서 모계 쪽으로 결함이 발견된 가족 구성원이 상당수 있었다는 사실을 확인할 수 있었다. 이러한 사실을 종합하면 엠마 벅이 속한 더들리가의 유전자에는 분명히 결함이 있다.

드자넷과 마찬가지로 에스터브룩도 캐리가 '유전 법칙에 따라' 정신박약의 성향이 있으며 같은 증세의 아이를 낳을 확률이 높다고 증언했다.

화이트헤드의 반대신문은 이번에도 캐리 편이 되어 열성적인 질문을 하기보다는 단순히 주요 신문 내용을 반복하는 것이었다. 그는 캐리가 불임시술을 받고 사회로 복귀한다면 혼자서 살아갈 수 있겠느냐고 물었다. 에스터브룩은 '누군가 돌봐 줄 사람이 있는 집에 산다면' 문제가 없을 것이라고 답변했다. 화이트헤드는 에스터브룩으로부터 정신박약 증세가 있는 사람이 불임시술을 받는다면 자립 정도가 높아질 것이라는 증언을 이끌어냈다.

스트로드는 마지막으로 가장 중요하고 열정을 가진 증인을 불렀다. 프리디 박사는 재판을 준비하고 진행하는 동안 건강이 나빠졌음에도 이 시험 소송을 계기로 불임시술을 합법화하는 법안이 유효성을 인정받을 수 있도록 헌신적으로 노력했다. 그가 법정에 출석한 날은 증인신문이 끝나는 날이었다. 그는 지팡이에 의지해 조심스럽게 걸음을 옮겼다. 그러니 신체가 쇠약해졌다고 해서 그의 증언이 불분명하지는 않았다. 프리디는 수용시설의 특별이사회에 출석해서 말했던 것과 마찬가지로 "캐리 벽의 가계, 검사 결과 및 입원 기간에 관찰한 결과, 그가 불임시술의 법률 시행으로 혜택을 받을 것이 분명하다"라고 증언했다. 가지고 온 노트를 참조하면서 프리디는 다음과 같이 말했다.

> 캐리는 열여덟이고 수용시설의 설립 목적에 따라 가임 동안에 수용되어 있어야 한다면 향후 30여 년간 그곳에 머물면서 엄격한 통제를 받아야 할 것입니다. 그 기간에 캐리는 오직 의식주만을 제공받을 것이며 신체적인 자유와 외출의 기쁨을 박탈당할 것입니다. 또한 캐리로 말미암아 버지니아 주는 30년간 1년에 200달러씩 부담해야 합니다. 반면에 불임시술을 받는다면 퇴원해서 감독할 만한 사람이 있는 가정에 살 수 있고, 심지어 돈을 벌 가능성도 있고, 그와 같은 수준

의 남자를 만나 결혼할 수도 있을 것입니다.

프리디는 불임시술이 캐리에게 사회에 '도움이 되는 존재'가 될 수 있고 행복하고 유용한 삶을 살아갈 수 있을 것이라고 말했다. 그도 드자넷이나 에스터브룩과 마찬가지로 엠마 벅, 캐리 벅, 비비안 벅 세 사람 모두 정신박약자라고 말했으며 캐리가 또 다른 아이를 낳는다면 '유전 법칙에 따라서' 결함이 있는 아이가 태어날 수밖에 없다고 증언했다.

청문회에서 증언했던 것과 마찬가지로 프리디는 불임시술이 건강에 해가 되지 않으며 캐리를 수용시설에서 벗어나게 해 줄 뿐만 아니라 '몇 명이 될지 알 수 없는 정신박약아를 생산해 낼 잠재적인 하나의 원천을 제거해' 사회 복지를 증진시킬 것이라는 점을 '절대적으로' 확신한다고 말했다.

이번에도 화이트헤드의 반대신문은 사실상 프리디의 주장을 더 확실히 하는 데 도움을 주었을 뿐이다. 프리디는 화이트헤드의 질문에 대한 답변에서 캐리가 불임시술을 받는다면 사회로 복귀해서 자립할 수 있을 것이라고 말했고 불임시술과 관련해 자세한 설명을 덧붙였다.

프리디 박사의 증인신문이 끝나자 스트로드 변호사는 『우생학적 불임시술법』의 저자인 해리 H. 러플린의 선서진술서를 낭독했다. 선서진술서는 재판이 시작되기 2주 전인 1924년 11월 6일 뉴욕에서 작성된 것이다.

러플린이 캐리 벅을 만나본 일이 있다는 증거는 없다. 그런데도 러플린의 장황한 선서진술서는 다른 우생학자들이나 의사들의 주장을 뒷받침하고 있었다. 러플린의 선서진술서에는, 캐리는 '사회적, 경제적 부적응'을 보였으며 그의 인생은 '부도덕, 매춘, 부정직의 연속'이었다고 쓰여 있다. 러플린의 선서증언을 요청한 프리디 박사가 알려 준 것이 분명한 말을 사용하면서 러플린은 캐리가 "사회적으로 부적합하거나 결함이 있는 자녀를 낳을 가능성이 있다"는 드자넷과 에스터브룩, 프리디의 주장에 동조했다.

스트로드가 신문한 11명의 증인은 캐리와 그의 어머니, 동생들이 정신박약자라고 증언했다. 증인 중 2명의 의사는 버지니아 주에서 가장 큰 네 곳의 수용시설 중 두 곳의 관리책임자였다. 그들은 캐리 벅에게 불임시술을 시행하는 데 따르는 이점을 분석했고 그의 가족이 '정신적으로 결함이 있다'는 의견을 제시했다. 스트로드가 낭독한 선서진술서는 또 한 명의 저명한 우생학자의 진술을 담은 것이었으며 그는 정확히 같은 단어를 사용하면서 다른 증인들의 진단과 분석을 지지했다.

어빙 화이트헤드는 캐리 벅의 입장을 대변할 증인을 한 명도 신청하지 않았다. 그는 캐리의 수용 관련 서류에 명백히 드러난 모순점들을 따지지도 않았다. 유사한 법률들에서 위헌판결이 있었는데도 그는 버지니아 주의 법률이 연방헌법이나 주 헌법에 위배된다는 주장을 하지도 않았다.

화이트헤드는 '윌리엄스 대 스미스Williams v. Smith' 판결에 대해 아무런 언급도 하지 않았으나 그 판결은 버지니아 주의 불임시술법과 유사한 내용의 인디애나 주 법률이 위헌이라고 선고하였다. 불임시술을 받는 사람들에게 적법 절차가 보장되어 있지 않다는 것이 위헌판결의 이유였다. 또한 화이트헤드는 스미스 대 정신박약자, 간질병 환자 검사위원회 판결도 언급하지 않았다. 그 판결은 뉴저지 주의 불임시술 관련 법률이 수용시설에 수용된 사람들에게만 적용된다는 이유로 평등조항에 위반된다는 내용을 담고 있었다. 스트로드 변호사가 가장 걱정하던 판례에 대해서 언급도 하지 않은 것이다. 화이트헤드는 증언 도중에 이의를 제기할 수도 있다고 말했지만 러플린의 선서진술서가 낭독되던 때를 제외하고는 한 번도 이의를 제기하지 않았고 러플린의 선서진술서에 제기한 이의는 기각되었다.

변론이 종결되고 몇 주 후에 판사는 버지니아 주의 불임시술법이 유효하다는 판결을 내리고 캐리 벅이 불임시술 받는 것을 승인했다.

프리디는 우생학적 불임시술을 합법화하려는 자신의 꿈이 실현되는 것을 보지 못한 채 판사가 판결을 내리기 몇 주 전 호지킨병으로 사망하고 말았다.

프리디의 조수였던 J. H. 벨 박사가 수용시설의 관리책임자로 임명되었다. 판결이 내려지자 스트로드 변호사는 벨 박사에게 다음과 같은 편지를 보냈다.

벨 박사님께

이번 주 앰허스트 법원에서 고든 판사가 '벅 대 프리디' 사건의 판결을 선고했습니다. 법원은 버지니아 주 불임시술법이 유효하다고 판시하고 이사회의 결정을 승인했습니다.

고든 판사가 판결문을 작성하지 않은 점은 아쉽지만 그의 결정은 만족스러운 것입니다. 이제 상소에서 법률의 유효성 문제를 한 번 더 시험해 볼 때가 되었습니다.

프리디 박사가 사망했기 때문에 당사자 이름을 바꿔야 할 듯싶습니다. 제 생각에는 박사님의 이름으로 소송을 계속하는 것이 적절하다고 생각합니다. 제 의견에 동의하시는지 알려 주시기 바랍니다.

벨은 다음과 같은 답장을 보냈다.

당신의 의견이 그렇다면 제 이름으로 소송을 계속하는 데 전혀 반대하지 않습니다. 저는 불임시술에 합법성을 부여하려는 노력에 전적으로 동감합니다.

이제 '벅 대 프리디' 사건은 '벅 대 벨' 사건으로 바뀌었다.

첫번째 상소

앰허스트 카운티 법원에서 판결이 내려진 그 달에 캐리의 변호사인 어빙 화이트헤드는 주립병원 이사회에 출석했다. 회의록에는 화이트헤드 변호사가 카운티 법원이 버지니아 주 불임시술법에 합헌이라는 판결을 선고했지만 이 사건을 연방대법원까지 상소하겠다고 발언한 것으로 기재되어 있다. 이러한 발언과 함께 화이트헤드는 1925년 6월 앰허스트 카운티 법원의 결정에 상소를 제기했다.

화이트헤드의 상소는 두 가지 헌법적인 문제를 제기하고 있었다. 그는 '간질병자' 혹은 '정신박약자'로서 수용시설에 수용된 사람들의 적법 절차에 따른 권리와 평등권이 침해된다는 주장을 했는데 이러한 것들은 훨씬 전에 스트로드가 우생학적 불임시술법이 안고 있는 약점으로 지적했던 문제들이다. 화이트헤드는 더 나아가 우생학적 불임시술을 규정하고 있는 버지니아 주의 법률이 '잔인하고 비정상적인 형벌'을 금지하는 수정헌법 8조를 위반하는 것이라고 주장했다.

그러나 위의 세 가지 문제점 중 두 가지는 화이트헤드가 버지니아 주 대법원에 제출한 최종 의견서에는 생략되어 있었다. 화이트헤드의 의견서는 오직 적법 절차의 문제에만 초점을 맞추고 있었다. 더구나 그의 의견서는 단지 다섯 쪽에 불과했다. 그는 오직 두 개의 사건만을 언급했고 '먼 대 일리노이Munn v. Illinois' 사건 판결 하나만을 선례로 들고, 그 내용 중에서도 '생명의 박탈'에 관한 정의만을 인용했을 뿐이다. 화이트헤드는 불임시술을 규정하고 있는 버지니아 주의 법률이 불공정한 것이라고 주장하면서 그 이유로써 '증거 능력이 법정되어 있고' 불임시술의 시행이 사회에 이익이 된다는 근거가 잘못되어 있다는 점을 들었다.

화이트헤드의 의견서는 법적인 결론을 내리는 것이라기보다는 법률을 비난하는 것으로 끝을 맺었다. 그는 버지니아 주의 법률을 합헌이라고 선고한다면, "법원의 역할은 단지 행정부처럼 법을 집행하는 것에 그치게 되어 웃음거리가 될 것"이라고 했다.

스트로드 변호사의 의견서는 화이트헤드의 의견서와는 하늘과 땅 차이였다. 우선 스트로드의 의견서는 44쪽에 이르렀다. 화이트헤드의 의견서는 단지 적법 절차와 간단한 전문 증거(법정 밖에서 이루어진 타인의 진술을 내용으로 하는 증거. 원칙적으로 증거 능력이 인정되지 않는다—옮긴이)의 문제만을 다루고 있는 반면 스트로드의 의견서는 재판 과정에서 논의된 각각의 쟁점을 소개하고 그때까지 있었던 사실관계(캐리가 수용시설에 수용된 때부터 프리디의 불임시술 승인 요청, 이

사회와 1심 법원의 결정까지)를 정리한 다음 전문가 증인의 증언을 자세히 인용하고 있었다. 화이트헤드가 단지 한 가지 판례만을 언급한 데 반해 스트로드는 '유사한 입법에 대한 법원의 태도'라는 제목 아래 여섯 건의 판결을 인용해 놓았고 주장이 적시된 부분에서는 수없이 많은 사건을 언급했다. 화이트헤드는 적법 절차에 관한 간단한 주장만을 전개하였으나 스트로드는 첫째 버지니아 주의 법률은 잔인하고 비정상적인 형벌에 처하지 않으며, 둘째 당사자에게 적법 절차를 보장하고 있고, 셋째 그 법률의 입법은 공공의 건강과 안전을 보호해야 하는 주 정부의 의무를 다하려는 적법한 권한 행사에 해당하는 것이라는 주장을 자세히 실어 놓았다. 스트로드는 주 정부의 의도를 고려할 때 이 법률은 어떤 사람의 평등권도 침해하는 것이 아니라고 주장하였다. 화이트헤드가 재판이 '웃음거리'가 될 수 있다고 경계한 데 반하여 스트로드는 입법 정책과 효율성을 고려할 때 법원이 이 문제에 관여할 이유는 없으며 과학의 진보에 따라 장애인과 사회 모두에게 이익이 되는 방향으로 발전하는 것을 막아서는 안 된다고 지적했다.

당연한 결과지만, 1925년 11월 버지니아 대법원은 스트로드의 주장이 보다 설득력이 있다고 판단하였다. 존 웨스트 대법관은 다음과 같은 판결문을 썼다.

캐리 벅은 간질환자 및 정신박약자를 수용하는 주립 수용시설의 관리책임자인 J. H. 벨 박사에게 불임시술에 필요한 난관절제술을 허용한 1심 법원의 판결에 항소하였다.

1924년 1월 23일 캐리 벅은 버지니아 주 법률이 규정한 바에 따라 정신박약자로 판정되었고 간질환자 및 정신박약자 주립 수용시설에 수용되었다. 1924년 9월 10일 당시 위 수용시설의 관리책임자였던 A. S. 프리디는 특별이사회에 캐리 벽에 대한 난관절제술을 허용해 줄 것을 요청하였다. 청문 절차는 적법하게 진행되었으며 제출된 증거에 기초하여 특별이사회는 이 요청을 승인했고, 이에 캐리 벽과 그의 후견인 R. G. 셸턴은 앰허스트 카운티 병원에 소송을 제기하였다. 제출된 증거와 기록에 기초해 1심 판결이 선고되었으며 그 판결에 대해서 본건 항소가 제기되었다.

증거로부터 확인할 수 있는 사실관계는 다음과 같다. 난관절제술은 난소와 자궁 사이의 나팔관을 절제하여 자궁 쪽 끝을 묶는 수술이다. 난소는 손상되지 않으며 기능을 계속한다. 정관절제술은 고환은 건드리지 않은 채 고환으로 연결된 관을 절제하는 수술이다. 이러한 종류의 수술은 건강에 해가 없고 환자의 정신적, 도덕적 상태에 영향을 미치지 않으며 성적 욕구나 기능을 해치지도 않는다. 단지 생식 기능이 정지될 뿐이며 경험 있는 외과 의사가 시술한다면 100퍼센트 성공할 수 있다.

캐리 벽은 간질환자 및 정신박약자 주립 수용시설에 수용될 당시 열일곱이었으며 정신적으로 결함이 있는 사생아를 낳은 경험이 있다. 캐리는 아홉 살 아동에 해당하는 지능이며 그의 어머니는 그보다 먼저 정신박약자로서 같은 수용시설에 수용되었다.

유전 법칙에 따라 캐리 벽은 자신과 같은 사회적으로 부적합한 자녀를 출산할 우려가 있다. 불임시술을 받지 않는다면 캐리는 자연적으로 임신 능력을 상실할 때까지 30년간 수용되어야 하는데 그 비용은 주 정부가 부담해야 한다. 법률에 따라 불임시술을 받는다면 그는 자유의 몸이 될 수 있고 가정에 거주할 수 있으며 일정한 감독을 받을 경우 사회에 부담이 되지 않을 수 있다. 불임시술의 시행은 그와 사회 복지를 증진하는 데 도움이 될 것이다.

항소인은 다음과 같은 점에서 버지니아 주 불임시술법은 연방헌법과 주 헌법에 위배되므로 1심 판결은 무효라고 주장한다.

(1) 버지니아 주 법률은 적법 절차를 보장하지 않는다.
(2) 위 법률은 잔인하고 비정상적인 형벌을 부과한다.
(3) 위 법률은 항소인과 수용시설의 다른 수용인들의 평등권을 침해한다.

1. 적법한 권한이 있는 공정한 재판부가 이해당사자들에게 사전 고지 절차를 거쳐 각자의 주장을 펼 기회를 준 뒤에 내린 판결은 적법 절차의 요청을 충족하는 것이다.

   항소인이 정신박약자라는 판정을 받고 수용시설에 수용된 결정 절차에는 아무런 하자가 없으며 위법한 점을 찾을 수 없다.

   간질환자 및 정신박약자 주립 수용시설의 특별이사회는 법률에 따라 적법한 고지 절차를 거쳤을 때는 관리책임자에게 수용인의 불임시술과 관련된 결정 권한을 부여한다.

   이 사건에서 결정에 이른 절차는 법률 규정을 엄격히 준수하였다. 수용시설의 관리책임자는 사실관계와 그의 주장 근거를 기재한 요청서를 특별이사회에 제출하기 전 수용인과 후견인, 수용인의 어머니에게 그 사본을 전달하고 절차가 진행될 때와 장소를 알려 주었다. 요청서에는 그의 선서진술서가 첨부되어 있고 캐리 벅이 난관절제술을 받을 수 있도록 허용해 달라는 요청이 명시되어 있다. 이사회가 확정한 날짜에 수용인과 그의 후견인, 변호인이 참여한 가운데 이사회는 양측의 주장을 청취하였고, 각 당사자는 자신들이 원하는 증거를 제출하였다. 이사회의 결정이 있은 후 수용인은 카운티 법원에 소송을 제기했고 이어 이 법원에 항소를 제기했다.

본건에서 쟁점이 된 법률은 적법 절차 조항에 부합한다.

2. 위 법률이 잔인하고 비정상적인 형벌을 부과한다는 주장은 받아들일 수 없다.

위 법률은 형벌을 다루는 것이 아니다. 이 법률의 목적은 특정인을 처벌하려는 것이 아니며 유전적인 질적 저하를 방지하고 주민들의 일반적인 지적 수준을 향상시켜 사회적으로 부적합한 계층을 보호하고 사회복지를 증진하려는 데 있다.

증거를 보면 시술은 사실상 아무런 해가 없으며 100퍼센트 안전하고 시술을 받은 수용인 대부분은 석방된다.

형사사건 판결인 펠린 판결에서 법원은 정관절제술이 잔인한 형벌에 해당하지 않는다고 판시한 바 있다.

잔인하고 비정상적인 형벌을 금지하고 있는 연방헌법, 버지니아 주 헌법 9장은 고문이나 비인간적이고 야만적인 형벌을 금지하고 있는 것으로서 이 사건과는 관련이 없다.

3. 위 법률이 항소인이나 혹은 그 밖의 수용인들의 평등권을 침해하는가? 그렇지 않다고 보아야 할 것이다.

타당한 이유가 있다면 주 정부는 적법 절차에 따라 정신 이상자나 정신박약자 혹은 기타 결함이 있는 시민의 자유를 박탈하고 수용시설에 수용할 권한이 있다.

그러한 내용을 법률로 제정할 수 있는 권한은 버지니아 주 헌법에 따라 치안 유지에 관한 주 정부의 권한에 포함되는 것으로 축소될 수 없다.

치안 유지권과 헌법이 충돌할 때에는 헌법이 우선한다. 그러나 그 충돌이 명백하지 않을 때에는 법원이 주 정부의 권한을 제한할 수 없다.

'제이콥슨 대 매사추세츠Jacobson v. Massachusetts' 판결에서 법원은 강제적인 예방접종을 규정한 법률을 유효하다고 결정하면서 다음과 같이 판시했다.

확립된 원칙을 따르면 주 정부의 권한인 치안 유지에는 최소한 공공의 건강과 안전을 보호하도록 법률에 따라 규제할 수 있는 권한이 포함된다. 피고인은 예방접종을 거부하면 형벌에 처하도록 규정되어 있는 법률이 자신의 자유를 침해하는 것이라고 주장한다. 즉 강제적 예방접종 법률은 불합리하고 자의적이고 압제적이므로 자기 스스로 신체 문제를 결정하는 개인의 권리를 침해하는 것이고 예방접종을 거부하는 사람에게 그러한 법률을 적용하는 것은 그 이유가 무엇이든 간에 신체의 기본권 침해에 해당한다는 것이다. 그러나 개인의 자유를 보장하는 미국 헌법은 어떠한 경우에도 제한받지 않는 절대적 권리를 부여하고 있는 것이 아니다. 공동의 이익을 위해서 개인의 권리를 제한해야 하는 여러 경우가 있다.

'헤이즈 대 미주리Hayes v. Missouri' 사건에서 필드 대법관은 다음과 같이 말했다.

"수정헌법 14조가 적용 대상이나 지역에 제한이 있는 법률의 입법을 금지하는 것은 아니다. 단지 같은 법률의 적용을 받는 모든 사람들은 같은 조건과 상황 아래서 동등한 취급을 받아야 하며 동등한 권리와 의무를 부여받는다는 것을 의미할 뿐이다."

　다른 정신적 결함이 있는 사람들을 제외하면 이 법률의 목적은 정신박약자로 판정받고 주립 수용시설에 수용된 사람들의 복리를 증진하고 그들의 출산을 방지하려는 것이다. 불임시술법의 적용 대상이 되는 정신박약자로 판정되려면 먼저 적법한 절차를 거쳐 수용시설에 수용되어야 하고 2개월 이상 전문가의 검사를 받아야 하며 비네-시몽 검사법 등 일반적으로 인정되는 지능 검사의 결과에 따라 정신박약자라는 사실이 확인되어야 한다.

　위 법률 1078조는 아직 정신박약자로 확정되지 않은 사람들을 '정신박약 판정을 받을 개연성이 있는 사람'으로 지칭하고 있으며 이들에 대해서는 아무런 규정을 두지 않고 있다. 이 법률이 사람들을 두 가지 범주로 나누고 서로 다르게 취급하고 있다고 주장하는 것은 근거 없는 것이다. 그러한 두 종류의 범주는 이 법률이 통과되기 전부터 존재하고 있는 것이기 때문이다. 여성 수용인들은 남자 수용인들과 분리되어 있으므로 외부에 있는 정신박약자들과는 달리 이미 출산의 기회를 박탈당한 것이나 다름없으며 불임시술로 자신과 사회 복리가 증진된다는 점이 확실하지 않는 이상 출산 능력을 상실할 때까지 갇혀 있어야 한다. 이 법률이 수용된 사람들을 차별한다고 볼 수는 없다. 아직 수용되지 않은 정신박약자라고 하더라도 법률에 규정된 절차에 따라 수용되고 불임시술을 받을 수 있기 때문이다.

　항소인은 '스미스 대 정신박약자, 간질병환자 검사위원회' 판결에 의존하고 있다. 그 사건에서 문제된 뉴저지 주 법률은 '몇 개의 자선기관에 수용되어 있는' 간질병자에 대한 불임시술을 규정하고 있다. 법원은 그 법률이 자의적으로 사람들을 두 부류로 나누고 한 부류에만 구제 수단을 인정하고 있으므로 결국 스미스의 평등권을 침해한다는 이유로 위헌이라고 선고했다.

그 법률에서 불임시술을 시행할 권리는 버지니아 주 법률과 달리 환자의 복리 증진에 근거한 것이 아니었다. 버지니아 주 법률에 대하여 논의한 바에 비추어 우리는 위 판례가 이 사건에는 적용될 수 없다고 생각한다.

주 정부는 법률의 적용 대상이 되는 사람들에게 적법 절차를 보장하고 평등권을 침해하지 않는 이상 그러한 법률을 만들 권한이 있으며 이와 반대되는 판례는 없다.

위와 같은 점에 비추어 버지니아 주 법률은 합리적으로 적용 대상을 선정한 것으로 보인다. 따라서 연방헌법과 주 헌법에 위배되지 않는다.

1심 판결을 인용한다.

이제 '시험 소송'은 거의 막바지에 접어들었고 캐리 벅이 출산할 권리를 잃는 것도 얼마 남지 않게 되었다. 1925년 12월 7일 버지니아 주 대법원의 판결이 있은 지 한 달도 되지 않아 수용시설의 특별이사회가 소집되었다. 1심 재판이 끝났을 때와 마찬가지로 화이트헤드는 특별이사회에 출석했다. 그는 스트로드와 함께 캐리 벅 사건의 진행 경과를 보고하였다. 이사회 회의록에 기재된 화이트헤드와 스트로드의 발언 내용은 다음과 같다.

오브리 E. 스트로드와 I. P. 화이트헤드 변호사는 이사회에 출석하여 불임시술 시험 소송의 진행 상황을 설명하고 연방대법원에까지 상고를 해야 한다고 주장했다. 그들의 의견을 종합해 볼 때 소송의 진행 경과는 극히 고무적이며 최고법원에 상고하는 데 이보다 더 좋은 상태를 바라기는 힘들다는 것이다.

버지니아 주 불임시술법이 합헌 판결을 받으리라는 확신에 화이트헤드와 스트로드는 그들의 시험 소송의 마지막 단계인 연방대법원에 상고할 준비를 하였다. 화이트헤드는 상고장을 제출했으며 연방대법원은 이 사건을 심리하기로 결정했다. 화이트헤드와 스트로드는 곧 의견서를 제출했다.

연방대법원의 심리

스트로드의 변론은 그가 전에 한 변론과 같은 내용이었다. 그는 주장, 판례 및 변론의 형식마저 전의 것을 그대로 반복했다. 화이트헤드는 놀랍게도 의견서의 양을 세 배나 늘려서 18쪽에 이르는 '장문의' 의견서를 제출하였다. 화이트헤드는 캐리 벅이 수용 과정에서 불임시술의 승인에 이르기까지 적법 절차를 보장받지 못하였다는 주장을 되풀이했다. 그러나 이번에 그는 버지니아 주 대법원에 제출한 상소장에 포함했다가 실제로 법정에서 주장하지 않았던 주장도 의견서에 포함했다. 그는 주장의 초점을 적법 절차 문제에서 평등권 침해의 문제로 바꾸었다. 스트로드가 우려했던 주장을 최초로 제기한 것이다.

화이트헤드는 개인의 '신체적 완전성에 대한 권리'는 수정헌법 14조에서 보장하는 것으로 외과적으로 출산 능력을 제거하는 것은 이러한 권리에 위헌적인 침해라고 주장했다. 지난번 의견서와는 달리 그는 스트로드의 주장을 정면으로 다루었고 주 정부에 공공의 건강과 안전을 보호할 권한이 있는 것은 사실이지만 그렇다고 해서 개인의 기본권을 침해할 수는 없다고 반박했다.

과거의 주장보다는 발전한 것이었지만 화이트헤드의 주장은 여전히 미약했고 또한 너무 늦은 것이었다. 1927년 4월 변론을 거쳐 연방 대법원은 5월 2일 판결을 선고했다. 올리버 웬델 홈즈 대법관이 다음과 같은 판결을 썼다.

이 사건은 앰허스트 카운티 법원의 결정을 인용한 버지니아 주 대법원의 판결에 상고한 사건이다. 그 결정으로 간질환자 및 정신박약자를 수용하는 주립 수용시설 관리책임자는 상고인인 캐리 벅을 상대로 불임시술 승인을 받았다. 상고인은 그러한 승인의 기초가 되는 법률이 수정헌법 14조에서 보장하는 적법 절차 및 평등권을 침해하는 것으로서 위헌적이라고 주장하고 있다.

캐리 벅은 정신박약인 백인 여성으로서 적절한 절차에 따라 위의 시설에 수용되어 있다. 캐리는 같은 수용시설에 있는 정신박약자인 여성의 딸이며 역시 정신박약인 사생아를 낳았다. 그가 1심 재판을 받은 1924년에 그의 나이는 열여덟이었다. 1924년 3월 20일에 제정된 버지니아 주 법률은 일정한 경우에 정신적으로 결함이 있는 자들은 불임시술로써 환자의 건강과 사회 복리의 증진을 허용하고 있다. 남성은 정관절제술을, 여성은 난관절제술을 실시하되 심한 고통이나 생명의 위험이 있어서는 안 된다고 규정하고 있다.

위 법률은 수용시설에 수용되어 있는 사람들 중 대부분이 불임시술을 받고 석방되었을 때 별다른 문제없이 자립하여 그들 자신이나 사회에 이익이 되는데도 그대로 수용한 결과 사회의 부담만 되고 있다고 본다. 또한 정신 이상이나 정신박약의 전파에 있어서 유전은 중요한 역할을 한다고 한다. 따라서 위 법률은 환자의 권리 침해를 막으려는 절차를 준수하기만 하면 위에서 언급한 수용시설을 포함한 일정한 수용시설의 관리책임자가 유전적으로 정신 이상, 정신박약을 전파할 염려가 있는 수용자들에게 불임시술을 시행할 수 있도록 허용하고 있다.

상고인의 주장은 불임시술의 결정에 이르는 절차를 다루기보다는 불임시술 자체를 다룬 것이다. 이에 근거한다면 어떠한 상황에서도 불임시술의 승인은 정당화될 수 없다. 물론 이번 사건의 사실관계에서는 더욱 그러하다고 한다. 1심 법원은 캐리 벅이 "사회적으로 부적합한 자녀를 출산할 가능성이 있으며 불임시술을 받는다고 해도 건강에 해가 되지 않고 오히려 불임시술 덕분에 캐리 자신과 사회 모두의 이익이 증진된다"고 판시한 다음 이를 근거로 시술을 허용하는 결정을 내렸다.

전체적인 입법 의도를 보거나 혹은 이 사건에 특유한 사실관계를 고려할 때 위와 같은 사실관계의 결정에 위법이 있다고 생각되지 않으며 그러한 사실관계가 존재한다면 위와 같은 결정은 충분히 정당화될 수 있다. 사회 전체의 이익 때문에 가장 우수한 시민의 생명을 희생시키는 일도 적지 않다. 사회가 무능력자로 차고 넘치는 것을 막고자 이미 사회에 부담이 되는 사람들에게 그보다 적은 희생을 요구하는 것이 금지된다고 할 수는 없다. 사회에 적응할 능력이 없는 사람들의 자손이 범죄를 저질러 처형되거나 혹은 저능으로 말미암아 굶어죽을 때를 기다리는 것보다는 그들의 출산을 금지하는 것이 사회에 이익이 된다. 법률로 예방접종을 하도록 강제할 수 있는 것과 같은 원리로 나팔관 절제도 강제할 수 있다고 해야 한다. 삼대가 저능으로 판명되었다면 출산을 금지할 이유는 충분하다.

　상고인은 이러한 원칙의 내용에 관계없이 수용시설에 갇힌 사람들에게만 이 법이 적용되고 수용되지 않은 사람들에게는 적용되지 않는다면 위헌이라고 주장한다. 그러한 주장은 이러한 종류의 법률문제에서는 항상 개진되는 것이다. 그러나 모든 수단을 동원하여 같은 조건에 있는 사람들을 동등하게 취급하려는 노력을 하겠다는 입법 의도가 분명하고 그러한 노력이 실천되었다면 문제가 없다고 봐야 한다. 더구나 불임시술을 받은 수용인들이 사회로 복귀하고 그리하여 새로운 사람들이 수용되어 불임시술을 받는다면 더욱 평등한 법률이라고 할 수 있을 것이다.

　상고인의 상고를 기각하고 항소심 판결을 인용한다.

"삼대가 저능으로 판명되었다면 출산을 금지할 이유는 충분하다." 이러한 부끄러운 판시 내용과 함께 대법관들은 8대 1로 우생학적 불임시술을 규정한 주의 법률이 합헌이라고 판결했다. 판결에 반대한 유일한 인물인 피어스 버틀러 대법관조차 소수의견을 쓰지는 않았다.

　화이트헤드는 연방대법원에 재변론을 요청하는 신청서를 제출했고 이 때문에 캐리 벅의 불임시술은 연기되었다. 1927년 10월 연방대법원은 이 요청을 거부했고 캐리 벅에게는 아무런 구제 수단도 없었다.

불임수술

캐리 벅 사건은 '시험 소송'이었지만 사건이 종결되었을 때도 언론의 주목을 받지는 못했다. 《뉴욕타임스》에는 짧은 기사가 실렸을 뿐이고 지역 신문도 크게 다루지 않았다. 캐리 벅의 파일에는 1927년 5월 4일 뉴욕 시 메디슨 스퀘어 가든의 소인이 찍힌 익명의 엽서가 들어 있다. 수신인이 벨 박사로 되어 있는 이 엽서에는 "신이여 정신박약의 법으로부터 캐리 벅을 보호하소서"라고 적혀 있다. '정신박약의 법으로부터'라는 문장에는 줄이 그어져 있고 '불의로부터'라는 단어가 덧붙여져 있다.

상소 절차가 모두 끝났기 때문에 3년 전에 특별이사회가 승인한 조치가 시행되었다. 벨 박사는 1927년 10월 19일 수용시설 의무실에서 캐리 벅에게 불임수술을 시행했다. 벨 박사가 기록한 차트에는 수술에는 별다른 문제가 없었고 감염도 없었다고 적혀 있다. 캐리는 11월 3일 퇴원했다.

캐리의 불임수술은 수용소 밖으로 알려지지 않았다. 그러나 그녀에 대한 연방대법원 판결의 영향력은 버지니아 주 경계를 넘어섰다. 버지니아 주의 법률과 유사한 불임시술법이 있던 주에서는 불임시술을 받는 사람이 급증했다. 다른 주들은 '벅 대 벨' 사건을 계기로 합헌성이 인정된 버지니아 주 법을 모델로 유사한 법률을 만들었다. 미국에서 우생학적 불임시술은 수십 년간 계속되었다. 1950년대 후반까지 미국 전역에서 강제로 불임시술을 받은 사람이 거의 6만 명에 이른다. 버지니아 주에서는 1972년까지 불임시술이 시행되었으며 대략 8천 명이 수술을 받았는데 그 중 절반 이상이 캐리 벅이 수용되어 있던 곳에서 이루어졌다.

'벅 대 벨' 판결이 미국 내에 끼친 영향도 놀랍지만 해외에 미친 영향은 그보다 훨씬 컸다. 1933년 7월 14일 독일은 해리 러플린의 『우생학적 불임시술법』을 모델로 한 법률을 제정했다. 선서증언에서 캐리 벅의 출산 능력을 박탈해야 한다고 주장을 했는데 스트로드가 입안한 버지니아 주 법률의 모델이 된 법전을 만든 바로 그 해리 러플린이었다. 독일의 법률은 캐리 벅을 수용시설에 수용하도록 결정한 법원과 같이 국가가 임명한 재판관들로 법원을 구성하도록 규정하고 있다. 각각의 재판부는 2명의 의사와 한 명의 판사로 구성된다. 법 제정 1년 만에 독일에서 5만 6천 명 이상의 사람들이 강제로 불임시술을 받았다.

'벅 대 벨' 판결이 영향 준 최악은 뉘른베르크 법정에 전범으로 출석한 피고인들이 나치 불임시술법에 대한 선례로 이 판결의 예를 들었다는 것이다. 나치 불임시술법에 따라 12년 만에 대략 200만 명에 이르는 '결함 있는' 사람들이 불임시술을 받았다. 나치 정권이 '결함 있는' 사람들을 불임시술하고 수십만 명의 소위 정신적으로 결함 있는 사람들을 수용소에서 살해하여 소각하기까지 많은 시간이 걸리지 않았다.

'벅 대 벨' 판결은 캐리 벅에게 고통을 주고 수많은 사람들의 인권을 침해하고 심지어 나치 전범들이 이를 인용하기까지 했는데도 아직까지 공식적으로 파기되지 않았다.

연방대법원은 1942년 '스키너 대 오클라호마 Skinner v. Oklahoma' 사건 판결에서 범죄자에게 시행하는 강제적인 불임시술을 위헌이라고 선언했다. 스키너 사건은 캐리 사건과 마찬가지로 상습적인 범죄자에 대한 불임시술을 규정한 1935년도 오클라호마 주 법률을 상대로 벌인 시험 소송이었다. 잭 스키너는 중죄를 세 번 저지른 전과자였는데 십대 때 닭을 훔치다가 체포되었고 나중에 무장 강도죄로 두 번 유죄판결을 받았다.

이 사건을 위헌판결한 근거는 주로 적용 대상 선정의 불공정성에 맞추어졌다. 오클라호마 주의 법률은 절도죄로 세 번 유죄판결을 받으면 불임시술의 대상이 될 수 있지만 횡령죄는 그렇지 않다. 법원은 죄의 종류에 따라 유전 여부가 달라진다는 아무런 증거가 없기 때문에 위와 같은 법률은 평등조항에 위반된다고 본다. 캐리 벅의 사건에서도 이러한 주장이 제기되었지만 연방대법원은 받아들이지 않았다.

이 판결은 '벅 대 벨 사건' 판결에 아무런 영향도 주지 못했다. 연방대법원은 범죄자와는 달리 '정신박약자'라는 이유로 실시되는 강제적인 불임시술이 합헌이라고 선언한 판결을 아직까지 파기하지 않고 있다.

자유, 혼돈 그리고 사과

'정신박약자'로 판정받고 임신 능력을 빼앗긴 캐리는 곧 사람들에게서 잊혀졌다. 프리디 박사는 앰허스트 카운티 법원에서 불임시술을 받은 후 그녀가 자유를 찾을 것이라고 증언했지만 캐리는 자유를 얻지 못했다. 대신 그녀는 수용시설에서 '가석방'되어 이곳저곳에서 가정부로 일하였다. 그녀가 일하는 집에서는 교통비와 최소 금액의 임금을 지급하였다. 고용주들은 캐리의 '발전 상황'을 수용시설에 알릴 수 있고 '문제점'을 발견하면 바로 돌려보낼 수 있었다.

캐리는 처음 가정부로 일했던 콜먼 가정에서 2개월밖에 머무르지 않았으나 버지니아 주 블랜드의 뉴베리 가정에서는 수년간 일을 했다. 뉴베리 부인은 벨 박사에게 보낸 편지에서 캐리가 열심히 일하며 '좋아지고 있다'고 적었다. 그러나 뉴베리 부인은 캐리를 만나 본 후 도대체 그녀가 왜 수용시설로 보내졌는지 의문을 품게 되었다. 벨은 이에 "캐리는 정신박약자로서 수용되었습니다"라는 답변을 했다.

놀랍게도 '정신박약자'인 캐리도 벨 박사에게 정기적으로 편지를 보냈다. 편지에서 그녀는 어머니의 상태를 묻고 자신의 일상을 설명하면서 언제쯤 완전히 자유를 찾을 수 있는지 묻곤 했다.

1933년 봄에 마침내 캐리는 자유의 몸이 되었다. 벨 박사에게 보낸 편지에서 그녀는 그해 5월 14일 윌리엄 이글과 결혼했다고 밝혔다. 결혼으로 캐리는 긴 '가석방' 기간을 끝낼 수 있었다.

벨 박사님께

어제 받은 편지의 답장입니다. 제 남편과 함께 찍은 필름을 동봉합니다. 보고 나서 돌려주시기 바랍니다. 남편과 제가 함께 찍은 유일한 사진이거든요. 사진을 확대하고 몇 장 인화해서 어머니와 도리스에게 보내 주려고 합니다.

저는 잘 지내고 있습니다.

남편과 지난 토요일에 감리교회에 신자로 등록을 했습니다. 아프지 않는 한 주일학교와 예배에 빠지지 않을 생각입니다. 이곳은 바람이 강한 곳입니다. 저희는 정원을 가꾸고 양파와 양상추를 심었습니다. 또 양배추, 토마토, 후추씨도 뿌렸습니다. 여름이 되면 수확하기를 기대하고 있습니다. 어머니께 야채가 자라면 먹을 것과 옷을 보내 드리겠다고 전해 주십시오.

안녕히 계시고 부인께도 안부 전해 주십시오.

캐리는 '당신의 친구인 캐리로부터'라고 서명했다.

이제 이글 부인이 된 캐리는 남편과 함께 버지니아 주 블랜드에서 1941년까지 살았다. 남편과는 나이 차이가 많이 났지만(캐리는 스물여섯이었고 윌리엄 이글은 예순셋의 홀아비였다) 그들은 대공황기에도 평범하고 행복하게 살았다. 윌리엄 이글은 지역사회에서 평이 좋았고 시청에 고용되어 교도관, 수렵 감시인, 경찰관 등 다양한 직업에 종사했으며 경제적으로 어려울 때는 목수일도 했다. 캐리는 집안일을 하고 정원을 가꾸었다.

캐리는 편지에 밝혔듯이 남편 윌리엄과 매주 교회에 나갔고 어린 시절과 마찬가지로 성가대에서 노래를 했다. 그녀는 그 후에도 벨 박사나 그 후임자인 J. B. 아널드 박사에게 편지를 보내서 어머니의 건강을 묻곤 했다. 불행히도 윌리엄 이글은 1941년에 죽었고 캐리는 버지니아 주 프론트 로열로 이사를 갔다.

블랜드에서 보낸 행복한 생활에 비해 프론트 로열에서의 생활은 순탄치 못했다. 그곳에서 그녀는 가정부(돕스 가정, 수용시설 그리고 '가석방' 기간 때와 마찬가지로), 식당 접시닦이 등 고된 일을 했고 사회보장 담당 공무원에게 보고한 내용을 보면 한해는 '이주 노동자'로서도 일을 했다고 한다.

프론트 로열에서 힘든 생활을 보낸 캐리는 과수원 노동자인 찰스 앨버트 디터모어를 만나 1965년 4월 25일 결혼했다. 캐리는 쉰여덟이었고 찰스는 예순 하나였다.

1970년이 되자 캐리의 건강이 나빠지기 시작했다. 캐리와 찰스는 캐리가 고향으로 여기는 샬럿츠빌로 이사했다. 부부는 수도 시설조차 없는 단칸방을 무료로 얻어 살았다. 그들은 1980년까지 10년간 비참할 정도로 가난한 생활을 했고 그해에 캐리는 영양실조로 병원에 입원했다. 입원 후 건강을 조금 회복하자 남편과 함께 버지니아 주 웨인스보로에 있는 양로원으로 옮겼다. 그곳에서 3년을 보낸 후 1983년 1월 28일 일흔일곱에 캐리는 죽음을 맞았다. 결코 자신의 것이 아니었던 그녀의 몸은 샬럿츠빌에 매장되었다. 캐리의 무덤은 자신이 낳고도 함께 살지 못한 딸이 묻힌 언덕의 반대쪽에 만들어졌다. 그녀의 유일한 혈육인 비비안은 1933년 여덟 살에 홍역으로 죽었다.

캐리 벅이 남긴 것은 과연 무엇인가? 그녀의 선택이나 잘못에 기인한 것은 아니지만 캐리 벅은 자손이 없었고 그녀의 유전자를 지닌 사람은 남지 않았다. 대신 아직도 공식적으로 폐기되지 않은 판례만이 남아 있을 뿐이다. 캐리는 인생의 만년에 이르러 이러한 사실을 뼈저리게 느꼈던 것 같다. 죽기 3년 전 그녀를 찾아온 2명의 기자에게 캐리는 이렇게 말했다.

"그 사람들은 나에게 잘못을 했어요. 우리 모두에게 잘못을 했습니다."

최근에 이르러서야 버지니아 주 정부는 캐리를 비롯하여 강제적으로 불임시술을 받은 수천 명의 사람들에게 잘못을 인정했다. 2002년 1월 버지니아 주 의회는—1924년 불임시술법을 통과시킨 바로 그 의회는—우생학적 불임시술의 합법화에 '깊은 유감'을 표시하는 결의안을 채택하였다.

상하원 합동으로 채택한 결의안 내용은 다음과 같다.

캐리 벅을 기리며 이 결의안을 채택한다.

1924년 우리 의회는 우생학과 관련된 두 개의 법률을 제정했다. 그 두 번째 법률은 강제적인 불임시술을 허용하고 있으며 이는 이 고장에서 이루어진 탄식할 만한 우생학 운동 중에서도 가장 끔찍한 것이었다.

이 법을 근거로 '정신이상, 저능, 정신박약, 간질' 증세가 있는 사람들이 그들과 같은 자손을 낳지 못하게 하려고 강제적인 불임시술을 시행했다.

2002년 5월 2일은 버지니아 주에서 1924년에 제정한 우생학적 불임시술법을 연방대법원이 합헌이라고 선언한 '벅 대 벨' 사건 판결이 선고된 지 75주년이 되는 날이다.

벅 판결 이후 미국 내에서 약 6만 명의 사람들이 불임시술을 받았으며 버지니아 주에서도 8천 명이 그러한 시술을 받았다. 그 판결은 독일 우생학 지지자들로부터 찬사를 받았고 그들은 나치 정권에서 만들어진 유사한 법률을 지지했다.

1927년 샬럿츠빌 출신의 가난한 십대 미혼모인 캐리 벅이 이 법률에 따라 최초로 불임시술을 받았다.

과학의 발전에 따라 우생학이나 이에 근거한 불임시술법은 아무런 근거도 없으며 허위라는 것이 밝혀졌다.

벅 사건의 판결을 분석한 법학자 및 역사학자들은 그 판결이 장애인에 대한 편견에 기반을 둔 것으로 결론을 내렸으며 정치적 목적을 이루고자 과학이라는 미명으로 허위 이론을 동원한 예로 생각하고 있다.

학자들은 벅 판결에 포함된 오류들을 지적해 왔으며 그 중에는 삼대째 '정신박약자'로 판정받은 캐리 벅의 딸 비비안이 학교에서 우등상을 받았다는 사실도 포함된다.

2001년 주 의회는 우생학의 이름으로 저지른 잘못과 이 때문에 일어난 피해를 두고 '깊은 유감'을 표한 바 있다.

이제 '벅 대 벨' 판결의 75주년을 맞아 버지니아 주 상하원은 합동으로 캐리 벅을 기리는 결의문을 채택한다.

2002년 5월 2일 버지니아 주지사는 '벅 대 벨' 판결의 75주년을 맞아 "버지니아가 우생학 운동에 참여한 데 진심으로 사과한다"는 성명을 발표했다. 그 성명서는 버지니아 주 샬럿츠빌에 건설된 캐리 벅을 기념하는 고속도로의 준공식에서 낭독되었다. 그러나 도로에 설치된 다음과 같은 안내문의 내용은 사과라기보다는 설명에 가까운 것이다.

1924년 버지니아 주는 다른 대다수의 주와 마찬가지로 우생학적 불임시술법을 제정했다. 버지니아 법률은 주립 수용시설에서 '유전적으로 열등한' 자손을 낳을 것이라고 확신이 드는 사람들에게 불임시술을 허용하였다. 린치버그 부근의 수용시설에 수용되었던 샬럿츠빌의 주민 캐리 벅(1906~1983)은 그 법률에 따라 최초로 불임시술을 받았다. 연방대법원은 1927년 5월 2일 '벅 대 벨' 판결에 따라 버지니아 주의 법률이 합헌이라고 선고했다. 1974년 문제된 부분이 폐지되기 전까지 8천 명 이상의 버지니아 주 시민들이 불임시술을 받았다. 나중에 캐리 벅을 비롯한 대부분 사람들이 '유전적으로 결함이 있는 사람'이 아니라는 사실이 밝혀졌다. 캐리는 이곳 남쪽에 묻혀 있다.

만일 캐리가 살아 있었다면 이런 일을 기뻐했을 것이고 이렇게 아무런 감흥을 주지 못하는 설명도 마다하지는 않았을 것이다. 캐리 벅은 선천적으로 다른 사람들을 신뢰하고 장점을 찾으려고 노력하고 잘못을 저지른 사람도 쉽게 용서하는 성격이었다. 그녀가 기자들에게 사람들이 자신에게 잘못을 저질렀고 자신은 아이를 더 낳고 싶었다고 말한 것은 사실이지만 그녀는 또한 기자들에게 자신이 비탄에 빠져 있지는 않다고 말했다. 그녀의 생각을 이해하기 어려웠던 기자들은 그 이유를 물었다.

그녀의 대답은 50여 년 전 자신을 도와주려는 사람이 없다는 것을 깨닫지 못하고 "여러분께 맡기겠습니다"라고 말하던 모습이나 혹은 수용시설에 인도되는 절차, 이의제기 과정 등에서 결국 모든 일이 잘 될 것이라고 믿고 조용히 앉아 있던 그녀의 모습, 그리고 불임시술을 한 의사에게마저 '당신의 친구'라는 서명을 한 편지를 보낸 그녀의 행동을 떠올리게 한다.

캐리는 기자들에게 이렇게 답변했다.

"저는 일생 동안 다른 사람을 도우려고 노력했고 누구에게나 친절하려고 노력했습니다. 다른 사람을 원망하는 것은 아무에게도 도움이 되지 않습니다."

옮긴이의 말

하버드 로스쿨 교수인 앨런 M. 더쇼비츠 교수는 역사적으로 중요한 사건은 주목할 만한 재판을 통하여 인격을 갖게 되고 재판은 역사의 진행을 들여다보는 독특한 조망을 제공한다고 하였다. 이 책은 미국은 물론 서구 사회의 근현대사에 있어서 작지만 중요한 변화의 계기를 가져온 재판을 다루고 있다. 안락사에 관한 논의, 노예제도의 철폐, 냉전과 매카시즘, 여성의 투표권, 언론의 자유와 통제, 음란물에 대한 사회적 규제, 생명을 담보로 한 의료보험 회사의 횡포, 정신박약자의 불임시술 등 여기에서 다루고 있는 쟁점들은 현재에도 치열한 논쟁의 대상이 되거나 적어도 그 당시 사회에서 격렬한 갈등을 촉발시켰던 문제이다.

이 책에 나오는 재판들은 여러 편의 소설, 논문, 다큐멘터리의 소재가 되었으며 '아미스타드 선상의 반란', '포르노 황제와 전도사' 등은 영화로 만들어지기까지 하였다. 저자들은 각각의 사건이 벌어진 시대 배경, 치열한 공방이 오고가는 생생한 재판정의 모습, 변론에서 보여 주는 양측의 정연한 논리 전개를 통하여 역사의 한 페이지를 장식한 사건의 의미를 재조명한다.

1장 '살 것인가 죽을 것인가'에서는 불의의 사고로 식물인간의 상태에 빠진 딸이 인간적인 죽음을 맞을 수 있도록 생명유지 장치를 제거하려는 부모와, 이에 맞서 어떠한 생명도 포기될 수 없고 '삶의 질'이 생사를 결정하는 기준이 될 수 없다는 의사의 입장이 팽팽하게 맞선다. 이 사건은 안락사(존엄사) 논의를 본격적으로 다루고 있는 동시에 인간의 자기 신체 결정권은 과연 가능한 것인지 묻고 있다.

2장 '아미스타드 선상의 반란'은 노예로 팔려 간 아프리카인들이 자유를 찾기 위하여 선상 반란을 일으킨 이야기이다. 국제조약에 따라 아프리카인들을 해적죄로 재판을 받게 해야 한다는 국가 측의 법리적인 주장에 맞서, 미국 대통령을 지낸 존 퀸시 애덤스는 인간은 상품이 될 수 없음은 물론 자유를 위해 투쟁할 수 있는 권리와 인간의 존엄성을 보호해야 하는 국가의 의무를 역설하였다.

3장 '우리 안의 적'은 매카시즘의 광풍 속에서 블랙리스트에 올라 직업을 잃고 파산 위기에 처한 한 라디오 디제이가 선동 정치에 빼앗긴 인생을 되찾고자 투쟁하는 과정을 생생하게 그리고 있다. 이성이 마비된 어두운 냉전시대의 그림자 속에서 평범한 사람들의 용기와 당대를 대표하는 변호사의 정연한 변론이 예상 밖의 승소를 이끌어 낸다.

4장 '투표권 없는 자유는 가짜다'에서는 단지 투표하였다는 죄로 처벌받는 여성운동가의 재판을 소개하고 있다. 미국에서 흑인 노예들이 해방되어 참정권을 갖게 된 이후에도 여성에게는 투표의 권리를 인정하지 않았다. 이러한 역사적 사실은 성 차별이 없어지기까지 얼마나 많은 사람이 자유와 권리를 쟁취하기 위해 노력했는지 보여 준다.

5장 '진리가 너희를 자유롭게 하리라'는 언론기관에 대한 정부의 탄압을 다룬 재판이다. 해박한 법률 지식을 갖추고 정의를 세우겠다는 결의에 찬 법률가의 완벽한 변론은 사실을 보도하는 한, 집권자에 대해 자유롭게 비판할 수 있음을 웅변한다. 지금은 당연하게 받아들여지는 언론 자유와 국민의 알 권리가 당시 어떤 과정을 거쳐 확립되었는지 빼어난 변호인의 입을 통해 확인할 수 있다.

6장 '포르노 황제와 전도사'는 유명한 포르노 잡지 《허슬러》의 발행인 래리 플린트와 미국 사회에서 존경받는 폴 웰 목사 사이의 소송을 다루고 있다. 플린트는 평소 위선과 허위로 가득하다고 생각한 폴 웰 목사를 상대로 한 패러디 광고로 큰 반향을 일으킨다. 성직자가 어머니와 화장실에서 성교했다는 내용의 '풍자'를 도저히 받아들이지 못할 독자도 있을 것이다. 하지만 래리 플린트에게 손해배상 책임이 없음을 판결한 연방대법원의 판결은 언론 자유의 역사에 한 획을 그은 기념비적인 판결로 평가받는다.

7장 '생명의 가격'은 거대한 의료보험 회사를 상대로 외롭게 싸우는 젊은 변호사의 이야기이다. 보험회사가 수술 비용을 지급하지 않아 누나를 잃게 된 히플러 변호사는 8,910만 달러의 손해배상을 명하는 평결을 받아 냈다. 이 재판으로 생명을 경시하는 의료보험 업계에 경종을 울렸다.

마지막 편인 '훌륭한 태생을 위한 유전자 개량'은 다른 사건들과 달리 사법의 이름으로 저질러진 부정의를 다루고 있다. '정신박약자'

라는 판정을 받은 캐리 벅이라는 여성은 무능력한 변호사의 변호와 우생학을 판단의 잣대로 삼은 법원의 판결로 강제 불임시술을 받게 된다. 저자들은 이 사건을 통하여 의뢰인의 권리를 보호해야 하는 변호사의 임무가 얼마나 중요한지, 잘못된 재판이 얼마나 끔찍한 결과를 초래하는지 보여 준다.

어느 사회나 존재하는 의견 차이나 갈등을 해소하는 방법은 여러 가지가 있다. 그 중 재판을 통해서 결론을 도출하는 방식은 여론을 따른 결정이나 정치적 해결 방식에서 찾을 수 없는 독특한 장점이 있다. 소수파가 발언권을 갖기 힘든 언론 매체나 정치판과는 달리, 재판은 정교하게 짜인 법 규정대로 진행되고 누구에게나 자신의 의견을 말할 기회가 주어진다. 다수가 반대하는 의견이거나 여론의 비난을 받는 행위를 한 사람이더라도 나름의 논리를 펼칠 수 있다. 또한 재판의 당사자들과 변호사들은 소송의 승패에 따라 큰 영향을 받기 때문에 전력을 다해서 주요 쟁점을 부각시키고 가장 효과적인 방법으로 주장을 펼쳐 나간다. 그 과정에서 모든 사람의 주장이 다시 한 번 검증되고 합리적인 결론을 내리기 위하여 노력하게 된다.

이 책에 등장하는 법률가들은 훌륭한 소송 변호사의 전범을 보여 준다. 매카시즘의 폐해를 설파하는 루이스 나이저 변호사의 웅변이나 래리 플린트 사건에서 연방대법관들의 날카로운 질문에 흔들림 없이 언론 자유를 옹호하는 아이작맨 변호사의 변론은 손에 땀을 쥐게 만든다. 심지어 아미스타드호에 타고 있던 아프리카인들을 국제 조약에 따라 노예로 인정해야 한다는 길핀 법무장관의 주장도 그 변론 기술 자체만 본다면 더없이 훌륭하다.

저자들도 특정한 편을 옹호하기보다는 피고 측과 원고 측이 각각의 주장을 관철시키기 위해 어떤 논거를 제시하고 논리를 전개하는지 상세히 소개하고 있다.

흔히 우리 사회에는 다양성을 인정하고 토론을 통해서 문제를 해결하는 풍토가 조성되어야 한다고들 한다. 이 책을 번역하게 된 계기도 이성적이고 논리적인 토론이 갈등을 해결하는 데 어떤 역할을 하는지 소개하고 싶었기 때문이다. 독자들이 신념에 찬 법률가들의 논리 대결을 보면서 합리적인 토론 문화에 대해 다시 한 번 생각할 기회를 가진다면 역자로서는 더없이 큰 보람일 것이다.

시종일관 정치한 논리와 예리한 공방으로 전개되는 논쟁은 언제나 흥미진진하나. 독사들도 각각의 주장을 음미하면서 한 시대를 풍미한 변호사들의 불꽃 튀는 대결을 즐기기 바란다.

2006년 9월
금태섭

세상을
바꾼
법정

1판 1쇄 펴냄 2006년 9월 25일
1판 9쇄 펴냄 2019년 5월 10일

지은이 마이클 리프·미첼 콜드웰
옮긴이 금태섭

주간 김현숙
편집 변효현, 김주희
디자인 이현정, 전미혜
영업 백국현, 정강석
관리 오유나

펴낸곳 궁리출판
펴낸이 이갑수

등록 1999. 3. 29. 제300-2004-162호
주소 10881 경기도 파주시 회동길 325-12
전화 031-955-9818(28, 38)   **팩스** 031-955-9848
E-mail kungree@kungree.com
홈페이지 www.kungree.com
트위터 @kungreepress

ⓒ 궁리출판, 2006.

ISBN 89-5820-071-5   03900

값 25,000원